Ⅰ 北海道・東北

日本民謡事典

竹内 勉［編著］

朝倉書店

民謡の血流が脈拍つ事典

編著者竹内勉氏は当代日本民謡研究の第一人者である。日本全土に根付く民の唄声をあまねく収集してその生成流転の経過を探求し、かつ唄の普及に努めた故町田佳聲氏に師事し、その志を継いで赫々の業績を挙げた。

竹内氏とは、一九七〇年、町田氏の紹介で対面した。「民謡の申し子のような」と町田氏は言い、「昔の唄を知る年寄りがいればすっ飛んで行って、根こそぎ聞き漁《あさ》る男。その根気が凄い。」と評された。事実、その後日本コロムビアから刊行された、彼が編集のＬＰ五枚組の『東京の古謡』を聴いて、集めた曲の豊富さと解説の緻密さに瞠目した。常人を超えた彼の足マメ、聴きマメ、記録マメの成果である。その抜群の三《みつ》マメがやがて日本全国の民謡探訪の旅に彼を駆り立てて、すべてが口承の民謡の歴史の霧を払う役割を担うことになった。

元は、「作者の無い歌、捜しても作者のわかる筈のない歌」と柳田国男氏が定義した「民謡」である。しかし、現在われわれが常時耳にする「民謡」のほとんどは、だれかれの手を経た「鑑賞民謡」である。元の素唄をだれかれが磨き、交わらせ、味付けし、伝授し、うたい広め、商品化もしてきた経過があった。作詞・作曲家名を明示する新民謡も加わった。今となっては、その現状から元唄までを遡源させることは、町田氏が「ラッキョウの皮を剝くような」と嘆じたほどの行き先不明の難作業である。竹内氏は、その難行に敢然と挑み、単身各地の伝承者を訪ね求め、実際に聴き、質《ただ》して変遷の糸を手繰った。また、新旧の音盤を集め比較して、歌唱の新旧を検証した。その観察の逐一を幾つもの著書や音盤解説書に記述したが、それらを集大成して一書に凝縮したのが本事典である。

全四八二曲、すべて編著者が北海道から鹿児島まで六十年以上にわたって現地調査を尽して得た成果を示した。唄の源流が、どこの、どんな唄で、どういう人たちによって伝えられ、どのように変化し、定着したかを詳述する。歌詞も注も詳しい。曲の配列を都道府県別にしたことで、かつて諸国を流浪した唄も異なる圏域に伝播すれば、風土と住民の嗜好に揉まれ、土地の名手の能力で多彩な郷土民謡に分化するという血流が実感できる。民謡の血の脈拍が聴こえるようだ。

編著者は、生涯、どの関連学会にも属さず、孤高の民謡研究の旅を貫いた。が、その旅路に注ぎ込んだ情熱は、地熱となって各地の民謡を鼓舞している。その遺産は多く、尊い。

二〇一七年九月

日本民謡協会理事長　三隅治雄

まえがき

この事典は、日本民謡の中から四八二曲を選び、歌詞（注つき）と、その唄の来歴を掲載したものです。（I巻「北海道・東北」には二〇二曲を収録）

歌詞はなるべく多く載せ、詳しい注をつけ、来歴を詳述しました。編修方針は、次ページ「凡例」に述べたとおりですが、編著者、竹内勉が、全編を一人で執筆しました。（ただし、アイヌ民謡と沖縄民謡は、文化圏が異なり、編著者の研究対象外であったため、採録していません。）

編著者は近所の古老に初めて話を聞いた、中学二年の一九五〇年元日から二〇一五年に他界するまで、北海道〜九州を訪ね歩いて民謡研究に没頭しました。その成果が、本書の随所に散りばめられています。（たとえば、曲名『そんでこ節』『七尾まだら』の意味、『津軽山唄』『佐渡おけさ』『津軽じょんがら節』の解説、『お江戸日本橋』の詞型など）

このたび、書き溜めた原稿の価値を朝倉書店が認めてくださり、やっと出版することができます。編著者に日本各地の、唄や逸話、風土、風俗、郷土史などを教えてくださった方々に対して、また、質問状に答えてくださった、市区町村役場の広報課・観光課や教育委員会、歴史民俗資料館などの皆様に対して、厚くお礼申しあげます。

この事典の企画から出版まで三九年の歳月を費やしましたが、なんとか、太陽の光に浴することができます。編著者の研究費を援助してくださった親族の皆様と一緒に、私も歓喜の唄を唄いたいと思います。

二〇一七年五月

編修協力者　**菅原　薫**

〔町田佳聲《かしょう》と〕**師弟で歩いた、百と七年**　（二〇〇六年　竹内　勉）

凡例

一　この事典は、日本民謡の中から四八二曲を選んで歌詞と注を載せ、その唄について解説したものである。
二　配列は、都道府県別に、曲名の五十音順とした。
三　歌詞は、編著者（竹内勉）が収集したレコード・CD・テープや、各地の唄い手に唄ってもらって録音した音源から起こした。
四　歌詞はなるべく多く載せ、また、口説《くど》き節《ぶし》（長い物語）はなるべく長く載せるように努めた。特に、従来誤唱されてきた語句は訂正し、注記した。
五　歌詞の難語・方言・人名・地名には、詳しい注をつけた。原稿の作成にあたっては、公立図書館で調べ、また、市区町村役場の広報課・観光課や、教育委員会、歴史民俗資料館などに問い合わせた。そして、編著者が知り合いの、各地の民謡家に教示を受けた。
六　解説は、編著者が、北海道から鹿児島まで、六十年以上にわたって調査研究した結果をまとめたものである。
七　北海道のアイヌ民謡と沖縄県の民謡は、文化圏が異なり、編著者が研究対象としなかったため、採録していない。
八　東京都の唄で、従来俗曲として扱われてきた『深川節』『木遣《きや》りくずし』『カッポレ』『お江戸日本橋』『江戸相撲甚句』『江戸大津絵』も、同種の唄が他府県では民謡として扱われているので採録した。
九　解説の冒頭に、その唄が、何県の、どういう唄で、どういう人たちが、どんな時に唄ってきたものであるかを記した。
十　「唄の履歴」の項には、その唄の源流は、どこの、どんな唄で、どういう人たちによってその地に伝えられて、どのように変化し、定着したのかを記した。

はやし詞《ことば》と添《そ》え詞《ことば》

「はやし詞」と、それに似て非なるもの（「添え詞」と命名）の定義が、現在、判然としていない。そこで、本書の編著者（竹内勉）の考えを述べておく。

1　**はやし詞**　はやし手や踊り手が、唄の節尻や唄尻に、また、冒頭に加える言葉や掛け声。唄の雰囲気を出したり、唄をひきたてたり、その場をにぎやかにしたりするためのもの。意味が不明になってしまったものが多い。『新相馬節』の「ハアチョーイ　チョイ」や、『さんさ時雨《しぐれ》』の「ハアヤートオ　ヤートオ」「ハア目出度《めでた》い　目出度い」など。

2　**添え詞**〔本書の編著者の造語〕唄い手が、本来の歌詞に加えて唄う言葉や掛け声。

①　調子を整えるために、本来の歌詞の前に、唄い出しとして加える「ハアー」「サアー」「エー」など。

②　はやし手や踊り手が掛ける「はやし詞」のようなもので、唄い手が節尻や唄尻に加えて唄う部分。『新相馬節』の「ナンダコラヨート」や、『さんさ時雨』の「ショーガイナ」など。

③　本来は「七七七調」の歌詞だった唄に「七七七五調」の歌詞をあてて唄う時、二音不足する四句目の前に、二音を補足するために加える「コリャ」「ソリャ」「アリャ」「アノ」など。

目次（北海道・東北編）

秋田県

山形県

岩手県

宮城県

福島県

北海道

磯《いそ》浜《はま》盆《ぼん》唄《うた》

本唄〔音頭取り〕

〽コォレッサヨーホエー
（アァドシタードシタ）
わたしゃ音頭《おんど》取《と》って　踊《おど》らせるから
①夜明《よあ》け烏《がらす》の　渡《わた》るまでトワ　ヤーレー　コレワイノセー

後ばやし〔踊り手〕

チャーマッカサイサイ　ヤースケドッコイ
ショ　ササヨォイトナー

〽②磯谷《いそや》よい所《とこ》　一度《いちど》はおいで
海《うみ》が呼《よ》んでる　招《まね》いてる

〽③寿都岬《すっつみさき》に　灯台《とうだい》あれど
恋《こい》の闇路《やみじ》は　照《て》らしゃせぬ

〽あなた百《ひゃく》まで　わしゃ九十九《くじゅく》まで
ともに白髪《しらが》の　生《は》えるまで

注①夜が明ける頃に鳴く烏。
②現寿都郡寿都町の地名。渡島半島の、北側の付け根にある。『江差追分』の「せめて歌棄　磯谷まで」で有名な鰊漁場。
③弁慶岬のこと。現寿都町の北西端にあり、日本海へ突き出ている。

北海道の盆踊り唄。北海道の南西端、渡島《おしま》半島から積丹《しゃこたん》半島にかけての日本海側の人たちが、お盆に唄い、踊ってきたものである。

唄の履歴　この唄の源流は、青森県も旧津軽藩領で唄われていた、地固めの「木遣《きや》り唄」である。それが、開拓の人たちによって北海道へ持ち込まれ、「モンキ搗《つ》き」と呼ばれる、手搗きの地固め作業に用いられていた。ところが、大勢の人たちが心を一つにするという点では盆踊りにも利用できるし、故郷の唄でもあり、いつか「盆踊り唄」へと変わっていった。そして、のちには現帯広市や根室市方面にまで広まった。それは、明治時代に入ってからのことである。

しかし、一九三五年頃に、札幌市を中心に『北海ヨサレ節』が流行し始めると、しだいに廃れ、太平洋戦争後の『北海盆唄』の大流行で、すっかり忘れられてしまった。

その唄に、磯谷《いそや》村（現寿都《すっつ》郡寿都町内）出身で札幌市在住の民謡家、松本津和子《つわこ》が、夫の民謡尺八家、松本晁章《ちょうしょう》に伴奏をつけてもらい、曲名も、沿岸部一円で広く唄われてきたことから、『磯浜盆唄』と命名した。そして、一九六五年頃、NHK札幌放送局から放送した。これが大好評で、筆者（竹内勉）も六七年にはこの唄を東京在住の民謡歌手に唄わせ、七一年には松本津和子の唄をNHKの民謡録音集「ふるさとのうた」に加えるなどして紹介した。以来、『磯浜盆唄』は日本中で広く唄われるようになった。

節まわしの型　今日広く唄われている節まわしは、松本津和子のものである。

イヤサカ音頭《おんど》

本唄①

〽②あいが吹《ふ》くのに　なぜ船来《ふねこ》ない
（アァ　イヤサカ　サッサ）
荷物《にもつ》ないのかノー　船留《ふなど》めか
『繰り返し』
ソリャ船留《ふなど》めか　ないのかノー　船留《ふなど》めか
（アァ　イヤサカ　サッサ）

北　海　道

〽③盆《ぼん》の十三日《じゅうさんにち》　④法会《ほうえ》する晩《ばん》げよ
⑤小豆強飯《あずきこわめし》　豆《まめ》もやし

〽わたしゃ聞《き》いてた　障子《しょうじ》の陰《かげ》で
⑥田圃《たんぼ》⑦二反《にたん》は　嫁支度《よめじたく》

〽久《ひさ》しぶりだよ　故郷《こきょう》の月《つき》に
二人並《ふたりなら》んで　踊《おど》るのも

〽⑧場所《ばしょ》の娘《むすめ》と　⑨エゾハマナスは
波《なみ》の飛沫《しぶき》に　濡《ぬ》れて咲《さ》く

〽連《つ》れて行《ゆ》くから　⑩髪結《かみゆ》い直《なお》せ
旅《たび》は辛《つら》いと　泣《な》かぬよに

〽声《こえ》はすれども　姿《すがた》は見《み》えぬ
藪《やぶ》に鶯《うぐいす》　声《こえ》ばかり

〽娘《あね》コこちゃ向《む》け　簪落《かんざしお》ちる
簪《かんざし》 落《お》ちない　顔見《かおみ》たい

〽⑪十七八《じゅうしちはち》なら　山《やま》さもやるが
山《やま》にゃ⑫人刺《ひとさ》す　虫《むし》がいる

〽⑬来《こ》いちゃ来《こ》いちゃで　二度騙《にどだま》された
またも来《こ》いちゃで　騙《だま》すのか

〽恋《こい》の九《ここの》つ　情《なさ》けの七《なな》つ
合《あ》わせ十六《じゅうろく》　⑭投《な》げ島田《しまだ》

〽春《はる》は鈴蘭《すずらん》　紅花《べにはな》 桜《ざくら》
浜《はま》にゃ黄金《こがね》の　花《はな》が咲《さ》く

〽花《はな》の⑮松前《まつまえ》　鰊《にしん》の⑯留萌《るもい》
忘《わす》れしゃんすな　⑰蝦夷《えぞ》の唄《うた》

〽朝《あさ》の鷗《かもめ》に　日暮《ひぐ》れの千鳥《ちどり》
鳴《な》いて夜明《よあ》かす　波《なみ》の声《こえ》

〽鰊《にしん》来《く》る時《とき》や　鷗《かもめ》が知《し》らす
娘心《むすめごころ》は　目《め》で知《し》らす

〽蝦夷《えぞ》の香《かお》りを　昆布《こんぶ》の船《ふね》に
積《つ》んで目出度《めでた》い　⑱福《ふく》の神《かみ》

〔以上五首、須藤隆城作〕

〽お前行《まえゆ》くなら　わしゃどこまでも
北《きた》は⑲千島《ちしま》の　果《は》てまでも

〽船《ふね》は出《で》る出《で》る　鷗《かもめ》は帰《かえ》る
波《なみ》は磯打《いそう》つ　日《ひ》は暮《く》れる

注①一首目のはやし詞や繰り返しは「盆踊り唄」のもの。「仕事唄」のものではない。
②北海道の日本海沿岸では、北〜北東の風。上方方面へ向かう北前船は、この風を利用した。「あいの」とも。
③旧暦七月一三日。月遅れの盆では新暦の八月一三日。盆の始まる日。
④死者の供養をする。
⑤小豆の入った赤飯。
⑥田圃二反を売った金は。
⑦約一九・八アール。
⑧鰊漁場。
⑨北海道のハマナス。バラ科の落葉低木。海岸に群生する。トゲがあり、夏に、バラのような紅色の五弁花をつける。実は赤くて丸い。
⑩髪型は投げ島田（注⑭）であろう。
⑪娘が十七、八歳なら。
⑫誘惑する青年のこと。
⑬方言で「おいで」。この歌詞、尾崎紅葉が『小木おけさ』のために作ったものを流用した。
⑭島田髷の根を低く下げて結い、髷が後ろに反る形にした髪型。結婚した女性が結うもの。
⑮現松前郡松前町。松前城は桜の名所。
⑯現留萌市。北海道中西部にある。
⑰明治以前の北海道の呼び名。
⑱人に幸せや利益をもたらす神。七福神など。
⑲千島列島。北海道北東端とカムチャツカ半島南端の間に連なる島々。

北海道の仕事唄・盆踊り唄。北海道の南西部、渡島《おしま》半島の日本海沿岸の鰊漁場《にしんぎょば》で、ヤン衆（季節労働者）が、網に産みつけられた鰊の卵を棒で叩《たた》き落としながら（⬇二五ページ）唄ってきた唄である。また、この地方へ青森方面から開拓に入った人たちが、お盆に唄い踊ってきた。

別名　子叩き音頭。これは作業内容からの呼び名。『イヤサカ音頭』は、はやし詞からの呼び名。

唄の履歴　この唄の源流は、津軽地方の人たちが持ち込んだ盆踊り唄である。それも、繰り返しの形式やはやし詞から見て、現青森県西津軽郡鰺《あじ》ケ沢《がさわ》町の盆踊り唄『鰺ヶ沢甚句《じんく》』（四一ページ）のようである。

渡島半島では、それを盆踊りに用い、また、鰊漁場で、網についた鰊の子（すなわち卵）を叩き落とす作業にも唄うようになった。この子叩き作業は、急ぐ場合は汲み船などの船上でも行ったが、時間的に余裕がある場合は、浜辺に莚《むしろ》を敷き、その上に網を広げて、ヤン衆だけでなく、女の季節労働者たちも加わって行った。盆踊り唄が子叩き作業の唄に転用されたのは、たぶん、そうした折りだったのであろう。

その『イヤサカ音頭』、札幌市の民謡家今井篁山《こうざん》が、一九三五年頃に三味線の伴奏で唄えるように節まわしを整えた。それが、『ソーラン節』とともに日本中へ広まっていった。

節まわしの型　今日広く唄われている節まわしは、「仕事唄」（子叩き節）は檜山《ひやま》郡江差《えさし》町の近谷《ちかや》林太郎や、積丹《しゃこたん》郡積丹町大字美国《びくに》町の大場信太郎・須田藤太郎のものである。「盆踊り唄」は、今井篁山の唄を、早間に、軽快にしたものである。

江《え》差《さし》追《おい》分《わけ》

前　唄

①（サイィーサイ）
〽荒《あら》い波風《なみかぜ》②（サイー）　もとより覚悟《かくご》ヤンサノ③
エー④（サイー）
乗《の》り出《だ》す船《ふね》は　浮世丸《うきよまる》⑤（サイィサイ）
西《にし》か東《ひがし》か　身《み》は⑥白波《しらなみ》の⑦ネー⑧（サイィサイ）
漂《ただよ》う海原《うなばら》　果《は》てもない

本　唄・定型

（サイィサイ）
〽⑨忍路《おしょろ》（アァサイ）　⑩高島《たかしま》（アァサイ）　及《およ》び
も（アァサイ）ないが（サイィーサイ）
せめて（アァサイ）　⑪歌棄《うたすつ》（サイー）　⑫磯谷《いそや》まで

後　唄

〽鳴《な》くに鳴《な》かれず　飛《と》んでも行《ゆ》けずネー（サイー）
心墨絵《こころすみえ》の　浜千鳥《はまちどり》

前　唄

〽思《おも》いあまりて　磯辺《いそべ》に立《た》てば
哀《あわ》れ淋《さび》しき　波《なみ》の音《おと》
沖《おき》の⑬漁《いさ》り火《び》　かすかに燃《も》えて
遠《とお》く寄《よ》せ来《く》る　笛《ふえ》の色《いろ》

〽故郷《くに》を離《はな》れて　⑭蝦夷地《えぞち》が島《しま》へ
幾夜寝《いくよね》ざめの　波枕《なみまくら》
朝《あさ》な夕《ゆう》なに　聞《き》こゆるものは
友呼《ともよ》ぶ鷗《かもめ》と　波《なみ》の音《おと》

〽⑮松前《まつまえ》⑯江差《えさし》の　⑰津花《つばな》の浜《はま》で
好《す》いたどうしの　泣《な》き別《わか》れ
連《つ》れて行《ゆ》く気《き》は　山々《やまやま》なれど
⑱女《おんな》　通《とお》さぬ　場所《ばしょ》がある

〽波《なみ》は磯辺《いそべ》に　寄《よ》せては返《かえ》す
沖《おき》は荒《あ》れだよ　船頭《せんど》さん
今宵一夜《こよいいちや》で　話《はなし》はつきぬ
明日《あす》の出船《でふね》を　延《の》ばしゃんせ

〽⑲大島《おおしま》⑳小島《こじま》の　間通《あいとお》る船《ふね》は
江差通《えさしがよ》いか　なつかしや
㉑北山颪《きたやまおろし》で　行《ゆ》く先《さき》ゃ曇《くも》る
㉒面舵頼《おもかじたの》むよ　船頭《せんど》さん

〽鷗《かもめ》来《き》て鳴《な》く　江差《えさし》の浜《はま》で
火影《ほかげ》ゆらめく　岸《きし》の宿《やど》
更《ふ》けて静《しず》かに　磯打《いそう》つ波《なみ》も
蝦夷《えぞ》の昔《むかし》を　偲《しの》ぶやら

〽粋《いき》な船子《ふなこ》が　追分唄《おいわけうた》う
連《つ》れて鳴《な》くかよ　浜千鳥《はまちどり》
船《ふね》は追風《おいて》に　帆《ほ》をはらませて
恋《こい》しい忍路《おしょろ》を　さして行《ゆ》く

〽煙《けむ》る渚《なぎさ》に　日《ひ》はたそがれて
沖《おき》に漁《いさ》りの　火《ひ》がともる
江差《えさし》よい所《とこ》　寝《ね》ざめの夜半《よわ》に
軒《のき》に千鳥《ちどり》の　鳴《な》く音聞《ねき》く

〽浮世荒波《うきよあらなみ》　漕《こ》ぎ出《で》てみれば
徒《あだ》や疎《おろ》かに　過《す》ごされぬ
浮《う》くも沈《しず》むも　みなその人《ひと》の
舵《かじ》の取《と》りようと　風《かぜ》しだい

〽波《なみ》は千鳥《ちどり》に　千鳥《ちどり》は波《なみ》に
あとを追《お》うたり　追《お》われたり
恋《こい》の高島《たかしま》　忍路《おしょろ》をさして
二人手《ふたりて》を取《と》る　浜遊《はまあそ》び

〽心細《こころぼそ》さに　磯辺《いそべ》に立《た》てば
寄《よ》せる波《なみ》さえ　むせび泣《な》く
名残《なご》り淋《さび》しく　煙《けむり》をあとに
船《ふね》は港《みなと》を　出《い》でて行《ゆ》く

〽朝《あさ》は朝霧《あさぎり》　夜《よ》は波枕《なみまくら》
潮路《しおじ》はるかに　越《こ》えて行《ゆ》く
蝦夷地恋《えぞちこい》しや　お㉓神威様《かむいさま》よ
せめて想《おも》いを　忍路《おしょろ》まで

〽心細《こころぼそ》さに　磯辺《いそべ》に立《た》てば
帰《かえ》る白帆《しらほ》の　影《かげ》もない
漁《りょう》があるかよ　さぞ寒《さむ》かろう
早《はや》く御無事《ごぶじ》で　帰《かえ》りゃんせ

本　唄・定型

〽月《つき》は照《て》る照《て》る　夜《よ》は更《ふ》け渡《わた》る
磯《いそ》の波音《なみおと》　高《たか》くなる

〽㉔鷗《かもめ》の鳴《な》く音《ね》に　ふと目《め》をさます㉕
あれが蝦夷地《えぞち》の　島《しま》かいな

〽荒《あら》い風《かぜ》にも　あてない主《ぬし》を
やるか蝦夷地《えぞち》の　荒海《あらうみ》へ

〽蝦夷《えぞ》や松前《まつまえ》　やらずの雨《あめ》が
㉖七日七夜《なのかななよ》も　降《ふ》ればよい

〽蝦夷地海路《えぞちかいろ》に　お神威《かむい》なくば
連《つ》れて行《ゆ》きたい　㉗場所《ばしょ》までも

〽主《ぬし》の情《なさ》けは　丈《たけ》にもあまる
なぜに㉘厚司《あつし》が　㉙裄足《ゆきた》らぬ

〽波《なみ》に㉚千里《せんり》の　想《おも》いを乗《の》せて
月《つき》に㉛棹《さお》さす　筏舟《いかだぶね》

〽沖《おき》を眺《なが》めて　ホロリと涙《なみだ》
空飛《そらと》ぶ鷗《かもめ》が　なつかしや

〽松前江差《まつまええさし》の　㉜鷗《かもめ》の島《しま》は
地《ち》から生《は》えたか　浮《う》き島《しま》か

〽雪《ゆき》に叩《たた》かれ　嵐《あらし》に揉《も》まれ
苦労《くろう》して咲《さ》く　寒椿《かんつばき》

〽舟《ふね》は出《で》る出《で》る　鷗《かもめ》は帰《かえ》る
波《なみ》は磯打《いそう》つ　日《ひ》は暮《く》れる

〽浮世《うきよ》の苦労《くろう》も　㉝荒波枕《あらなみまくら》
月《つき》に添《そ》い寝《ね》の　浜千鳥《はまちどり》

本　唄・五字冠り

〽泣《な》いたとて

どうせ行《ゆ》く人　やらねばならぬ
せめて波風《なみかぜ》　穏《おだ》やかに

〽波《なみ》の音《おと》
聞《き》くが嫌《いや》さに　㉞山家《やまが》に住《す》めば
またも聞《き》こゆる　鹿《しか》の声《こえ》

〽松前《まつまえ》の
ずっと向《む》こうの　磯地《いそち》が江差《えさし》
㉟朝《あさ》の別《わか》れが　ないそうな

〽㊱紫《むらさき》の
紐《ひも》にからまる　あの㊲鷹《たか》さえも
落《お》つれば蝦夷地《えぞち》の　藪《やぶ》に棲《す》む

〽三味線《しゃみせん》の
棹《さお》に三筋《みすじ》の手綱《たづな》をつけて
恋《こい》の重荷《おもに》をひかせたい

〽竹《たけ》ならば
割《わ》って見《み》せたい　わたしの心《こころ》
中《なか》に曇《くも》りの　ないわたし

〽松前《まつまえ》は
昆布《こぶ》で屋根葺《やねふ》く　㊳細布《ほそめ》で締《し》める

雨《あめ》の降《ふ》るたび　だしが出《で》る

〽艪《ろ》も櫂《かい》も
波《なみ》に取《と》られて　身《み》は捨《す》て小舟《おぶね》
どこへ取《と》りつく　島《しま》もない

〽奥山《おくやま》の
滝《たき》に打《う》たるる　あの岩《いわ》さえも
いつ掘《ほ》れるともなく　㊴深《ふか》くなる

〽㊵竜田川《たつたがわ》
無理《むり》に渡《わた》れば　㊶紅葉《もみじ》が散《ち》るし
渡《わた》らにゃ聞《き》かれぬ　鹿《しか》の声《こえ》

〽㊷あいの風《かぜ》
別《わか》れの風《かぜ》だよ　あきらめしゃんせ
またいつ逢《あ》うやら　逢《あ》えぬやら

〽㊸明《あ》けの鐘《かね》
ゴンと鳴《な》りゃ　帰《かえ》さにゃならぬ
帰《かえ》しゃいつ来《く》る　あてもない

後　唄

〽浜《はま》の㊹真砂《まさご》に　想《おも》いを書《か》けば
憎《にく》や来《き》て消《け》す　夜半《よわ》の波《なみ》

〽月《つき》をかすめて　千鳥《ちどり》が鳴《な》けば
波《なみ》もむせぶか　蝦夷《えぞ》の海《うみ》

〽何《なに》を夢見《ゆめみ》て　鳴《な》くかよ千鳥《ちどり》
ここは江差《えさし》の　仮《かり》の宿《やど》

〽沖《おき》の鷗《かもめ》の　鳴《な》く声聞《こえき》けば
船乗《ふなの》り稼業《かぎょう》は　やめられぬ

〽㊺恨《うら》みますぞえ　お神威様《かむいさま》は
なぜに女《おんな》の　足止《あしと》める

〽連《つ》れて行《ゆ》く気《き》は　山々《やまやま》なれど
女《おんな》　通《とお》さぬ　場所《ばしょ》がある

〽泣《な》くなと言《い》われりゃ　なおせきあげて
泣《な》かずにいらりょか　浜千鳥《はまちどり》

〽主《ぬし》は㊻奥場所《おくばしょ》　わしゃ㊼中場所《なかばしょ》で
別《わか》れ別《わか》れの　風《かぜ》が吹《ふ》く

〽声《こえ》は㊽高島《たかしま》　静《しず》かに㊾忍路《おしょろ》
㊿忍《しの》ぶ(51)小樽《おたる》の　仲《なか》じゃもの

〽蝦夷《えぞ》は雪国《ゆきぐに》　さぞ寒《さむ》かろう
早《はや》く御無事《ごぶじ》で　帰《かえ》りゃんせ

注①②④⑤⑧はやし詞。『江差追分』では、「添え掛け」と称する。
③⑦添え詞（⬇前五ページ）
⑥「知らない」を掛ける。
⑨⑩現小樽市の地名。積丹《しゃこたん》半島の北側にあり、有名な鰊漁場《にしんぎょば》であった。
⑪⑫北海道の南西部、現寿都《すっつ》郡寿都町の地名。有名な鰊漁場であった。一九六一年三月、松前藩は、アイヌ民族との間で、積丹半島突端の神威岩《かむいいわ》以北には和人を定住させないとする協定を結んだ。そのため、男は忍路・高島へも行くことができたが、女が行くのは禁じられた。
⑬夜、魚を誘い集めるために、舟の上でたく火。
⑭明治以前の、北海道の呼び名。
⑮旧松前藩領。現北海道南西端にある渡島半島の南西部。
⑯⬇解説。
⑰江差港の浜辺。北前船の船乗りや、漁師相手の女を置いた茶屋（浜小屋）が軒を連ねていた。
⑱⬇⑪⑫。
⑲渡島半島南西端の松前郡松前町の西方約五六キロの沖合いにある島。周囲約一六キロ。
⑳大島の手前、松前町から約三〇キロにある島。周囲約四キロ。
㉑北方の山々から吹き下ろす風。本来は越後の歌詞で、「北山」は佐渡島の金北山（一一七三メートル）のこと。なお、以下の句は「船も新し　船頭衆も若い　顔も新顔　初上り」とも。
㉒船首を右へ向けるように舵を取ること。
㉓アイヌ民族の信仰の対象である神威岩。積丹半島の突端、百メートルほどの崖が日本海へ落ち込んだ先にある。高さ約四〇メートル。（⬇注⑪⑫）。
㉔初句、八音で字あまり。
㉕今は「さまし」と唄っているが、「すウ」で節を作っていくのが難しいため、昭和の初めに変えてしまったもの。「さまし」は、聞いていたとおりに島が見えるという感じだが、「さます」は、ふと見ると、見知らぬ島が見えるという感じ。このほうが、遠い蝦夷地へ初めてやってきた人の感慨が深い。
㉖〔「七」は実数ではなく〕何日も何夜も。
㉗鰊漁場。⬇注㊻㊼。
㉘アイヌ語。オヒョウ（ニレ科の落葉高木）の内皮の繊維を織って作った衣服。
㉙衣服で、首の後ろの中央から袖口までの長さ。
㉚約三九二キロ。
㉛竹や木の長い棒を水底へ突っぱって舟を進める。
㉜鴎島。江差港の北側に、防波堤のように横たわる島。今は陸続きになっている。周囲約三キロ。
㉝「あらず」を掛ける。
㉞山の中の家。
㉟当時の日本の最北端、江差まで行けば、朝には別れてしまう、遊女と客の関係ではなく、二人で所帯が持てるそうだ、の意。
㊱色の中で、最も高貴とされるもの。

㊲大名が鷹狩りに用いる鷹。「紐」は、その足についているもの。

㊳細布昆布。昆布の一種で、葉が細長い。

㊴暗に、男女の仲が知らぬうちに深くなっていくことをいう。

㊵奈良県北西部の生駒山地に発して南流し、生駒郡斑鳩《いかるが》町の南で大和川へ注ぐ川（約一五キロ）。紅葉の名所。

㊶川の水に映った紅葉の影が乱れることをいう。

㊷北海道の日本海沿岸では、北～北東の風。上方方面へ向かう北前船は、この風を利用した。

㊸明け六つ（午前六時頃）に寺で鳴らす鐘。

㊹細かい砂。

㊺「恨みあるかよ」「蝦夷地海路の」とも。

㊻江差では、積丹半島の突端にある神威岩より北の鰊漁場をさす。高島・忍路は、この奥場所に入る。

㊼江差では、積丹半島の手前、現岩内郡岩内町から寿都郡寿都町にかけての鰊漁場をさす。歌棄・磯谷は、この中場所に入る。なお、「近場所」は江差周辺で、現二海《ふたみ》郡八雲町熊石から江差や松前郡松前町辺りをさす。

㊽地名に「高い」を掛ける。

㊾地名に「おしよ」を掛ける。

㊿「忍ぶを足るの仲」で、男女が他人に知られないようにひそかに交際し、夫婦関係でない状態で満足している、そういう仲。
(51)現小樽市。積丹半島の北の付け根にある。

北海道のお座敷唄・遊芸唄。

北海道南西部の渡島《おしま》半島の西側、日本海に面した港町、檜山《ひやま》郡江差町の、新地や浜小屋といった花柳界の宴席で、芸者衆が唄ってきたものである。その後、大正時代に入ると、遊芸人たちが舞台の上で唄う唄になった。

江差は、江戸時代に松前藩三港の一つとして栄え、鰊漁《にしんりょう》の根拠地としてもにぎわい、「江差の五月は江戸にもない」と唄われるほどの繁栄を見せた。そして、漁期には本州からの季節労働者（ヤン衆）が、江差から積丹《しゃこたん》半島にかけて十万人も入った。そのため、本州からの江差への影響力は、松前藩三港のうち、城下町福山（現松前郡松前町）や函館（函館市）への影響力よりも強かった。したがって、のちに「追分節」が流行した際の本州への影響力は江差からが最も強く、「追分節」といえば『江差追分』が代表するようになった。

唄の履歴　舞台芸としての『江差追分』は、「前唄」―「本唄」―「後唄」―「送りばやし」の四部から成っている。その中心は「本唄」で、それを引き立てるために、「前唄」や「後唄」がのちに加えられた。

本唄の源流は、信州追分宿《おいわけじゅく》（長野県北佐久郡軽井沢町追分）の飯盛《めしも》り女たちが、酒席で旅人相手に唄っていたお座敷唄「追分節」である（⬇三八一ページ）。

それが越後《えちご》の新潟港（新潟県新潟市）に伝わり、北前船《きたまえぶね》の船乗りが船の舵《かじ》を取りながら唄っているうちに、長く伸ばして唄う唄にと姿を変えた。

そして、新潟の花柳界へ入ってお座敷唄として唄われ、「松前節」とか「松前」と呼ばれるようになった。

「松前節」や「松前」という曲名は、「〽蝦夷《えぞ》や松前やらずの雨が　七日七夜も降ればよい」という歌詞の唄い出し「松前」によって命名されたものである。これに「合の手」の名で、「キタカ瓢簞《ひょうたん》待ってたホイ　お前ばかりが朝起きゃならぬ」「アブラコ　鰈《かれい》　真鰈　百で三枚バッタバタ」などという、節のほとんどない、地口《じぐち》の、長ばやしに近いものがついていた。これは、酒席の唄の特徴で、座を盛り上げるために同席者全員で掛けるものである。

そうした唄が越後瞽女《ごぜ》や座頭によって、また遊女の鞍替《くらが》えなどによって、日本海沿岸を中心に流行し、明治時代初期に江差港にも伝えられた。

江差の花柳界は、段丘上の東端にある「新地《しんち》」（現新地町）と海岸に面した「浜小屋」（現津花町）の二箇所にあった。新地は高級料亭街のため、船問屋や大店《おおだな》の商人、千石船の船頭などが使う場所であった。したがって、そこにいる芸者や遊女たちも高級で、その芸も、上方風の、粋で艶っぽいものであった。そして、ここで唄われる『江差追分』を、「新地節」と呼んでいた。

一方、浜小屋のほうは、海に面した所に急造の小屋を設けたようなあいまい宿で、女たちは海から上がってくる千石船の船乗りやヤン衆を相手に春を売っていた。したがって、ここで唄われる『江差追分』は、野性的で、時には三味線もない野良唄のようなものが多く、それが逆に素人にも口ずさめる唄となっていた。それを「浜小屋節」と呼んでいた。

ところが、鰊がしだいに北の海へ去り、明治三〇年代（一八九七〜）に入ると、千石船は鉄道に押されて姿を消し、北海道の玄関口も江差から函館へと移ってしまった。かくして、江差の花柳界は廃れ、芸者衆も小樽（小樽市）方面へ次々と移っていったため、『江差追分』も消えていった。

そうした中で、一九一〇年、江差で大掛かりな物産共進会が催され、その余興に、江差座で「追分節大会」が開かれた。その五〇名ほどの出場者の中に平野源三郎・越中谷《えっちゅうや》四三郎《しさぶろう》などもいた。しかし、唄い方や節の運びがまちまちで、不便が生じた。そこで、『江差追分』（のちの「本唄」）の統一について相談することになり、一九一一年一一月、詰木石《づみきいし》町（江差町内）のそば屋、久保田リセ宅に、村田弥六・松井トシ・浅木福蔵・四十物《たわらもの》久蔵・小林賢治・鍵谷とみ・桜井某《なにがし》・平野源三郎・高野小次郎・若狭《わかさ》豊作《とよさく》・藤江貞磨などが集まった。（この会合の年を、「江差追分会」では一九〇九年としている。しかし、筆者竹内勉は、「正調江差追分」の家元争いの中で、一九五七年三月三日に佐々木千代吉名で発表された文書の記述によって、一九一一年説を採ることにした。）

この会合で、山岸栄八と福田悦三郎の節まわしを受け継いだ若狭豊作の唄が、のちの『江差追分』の「本唄」の本筋になったようである。また、前記の文書には、その時に「七節七息《ななふしなないき》」で唄うことに取り決めた、とある。しかし、東京に初めて江差の『江差追分』を紹介した平野源三郎が吹き込んだレコードを聞くと、七節七息にはなっていない。そうした固定化は、この会合のあとに江差で行われていったようである。

一九一〇、一一年頃、東京在住者によって『江差追分』が次々にレコードに吹き込まれたが、それは、江差の人たちにとっては衝撃だったようで、そうした中で、「正調」という固定化が行われたのであろう。

平野源三郎は、一九一二年頃、ニッポノホンレコードに、駒助という芸者の三味線伴奏で『江差追分』を吹き込んでいる。その平野は、家計が破《は》綻《たん》したため、上京して街頭で煎《い》り豌豆《えんどう》を売る計画を立て、客集め用の唄として『江差追分』を使うつもりであった。しかし、北海道選出代議士の浅《あさ》羽《ば》靖《しずか》に紹介する者があり、浅羽の頼みで、音楽学者の田中正平が「追分を聴く会」を開いた。それは、一九一二年六月二八日のことで、場所は神田《かんだ》美土代《みとしろ》町（現東京都千代田区）のキリスト教青年館で、五〇人ばかりの人が集まって聴く会であった。

これが好評で、七月一三日には「公開演奏会」が催され、これがまた大評判であった。この二つの演奏会が引き金となって、一一月一日・二日の両日、「日本追分節名人大会」が開かれた。

こうした会が好評を博したのには、次のようなことが、大きく作用していた。すなわち、東京では、明治二〇年代（一八八七〜）には、すでに「松前節」が流行しており、また、東京には、越後出身者が多かった。そして、尺八で伴奏する人たちが出現した。

越後出身者は、越後瞽女の唄う「松前節」に慣れ親しんでいたので、『江差追分』の節を、よく知っている唄として口ずさむことができた。また、明治新政府によって虚無僧《こむそう》の制度が解体されるに及んで、普化《ふけ》尺八の人々が『江差追分』の伴奏を務めることで生計を立てるようになってきたのである。かくして『江差追分』の「本唄」を商売にする遊芸人も出てきたが、「本唄」を二首続けて唄うという演出法を取っていた。

前唄と**後唄**の源流は、潮待ちや風待ちのために長崎県の田助《たすけ》港（平戸市田助町）へ港入りする帆船の船乗りたちが、伝馬船を降ろして艪《ろ》を漕《こ》ぎながら唄っていた『エンヤラヤ』である。それが田助の花柳界へ入って、お座敷唄になった。

その『エンヤラヤ』が、帆船の船乗りたちによって、越後の新潟港へ伝えられ、一八九九〜一九〇二年頃、新潟の花柳界を中心に流行していた。それを越後瞽女たちは、「松前節」の「本唄」のあとに、「合の手」の名で加えた。瞽女たちは長編の唄（口説節《くどきぶし》）を売り物にしていたから、『エンヤラヤ』を何首も繰り返すことによって、「松前節口説」を作り上げたのである。

『江差追分』では、その「合の手」の『エンヤラヤ』を、「前唄」として二首分、「後唄」として一首分加えた。こういう演出法を考えたのは、関西尺八界の琴古流の内田秀堂で、その考えを、一九二一年夏に、北海道出身の『江差追分』の唄い手、三浦為七郎にすすめた。それを芸として確立した三浦は、のちに「江差追分の神様」と呼ばれるようになった。舞台演出の確立者としての功績をたたえてなのであろう。

残る**送りばやし**は、大正時代に入って、「前唄」「後唄」が加えられたあとに作られたもので、尺八演奏家がつけたものと思われるが、作曲者は全く不明である。

さて、江差では、大正時代末から昭和時代の初めにかけて、二派が対立していた。一方は、「新地節」の「江差追分会本部」で、新地の料亭「高砂《たかさご》」の主人高野小次郎が中心になっていた。もう一方は「詰木石節」の「正調江差追分会」で、越中谷四三郎が中心になっていた。「詰木石節」は、越中谷が「浜小屋節」を舞台用に整えた節まわしで、彼の住む詰木石町から取った呼び名である。この二派が主導権を激しく争ったが、花柳界が寂れ、芸者がいなくなる江差にあっては、高野小次郎一人が頑張っても「江差追分会本部」は分が悪く、やがて消えていった。そして、あとは、「野良唄」的なものに尺八を加えた、「正調江差追分会」の天才的唄い手、越中谷四三郎の唄い方一色になって今日に及んでいる。

補足　江差には、『江差追分』と源流を同じくする、『江差三下り』（次項）という唄もある。

節まわしの型　今日広く唄われている節まわしは、「前唄」と「後唄」は、三浦為七郎のものである。「本唄」は、若狭豊作の節を元にして越中谷四三郎が作り上げたものである。

江差三下り《えさしさんさがり》

前ばやし

（アァ　オセセノ　セッセ）
（イヤ　ホーイ）

本唄

〽江差《えさし》①（ヨー）港《みなと》の（ヨー）弁天《べんてん》②（アヨー）
様《さま》は
（アァ　オセセノ　セッセ）
わしが（ヨー）ためには（ヨー）守《まも》り神《がみ》
（アァ　オセセノ　セッセ）

本唄

〽碓氷峠《うすいとうげ》③の　権現様《ごんげんさま》④は
わしがためには　守《まも》り神《がみ》

〽沖《おき》は寒《さむ》かろ　着《き》て行《ゆ》かしゃんせ
情《なさ》け厚《あつ》し（厚司）⑤の　蝦夷《えぞ》⑥衣《ごろも》
〔宮崎湖舟作〕

〽心細《こころぼそ》さよ　身《み》は浮《う》き舟《ふね》の
誰《たれ》も舵《かじ》取《と》る　人《ひと》はない

〽酒《さけ》で洗《あら》えば　忘《わす》れるはずの
恋《こい》が身《み》を灼《や》く　泊《と》まり船《ぶね》

〽船《ふね》を押《お》し出《だ》しゃ　波風《なみかぜ》まかせ
あとは御無事《ごぶじ》を　神頼《かみだの》み

〽ふとしたことから　つい馴⑦《な》れ初《そ》めて
今《いま》じゃ他人《たにん》と　思《おも》われぬ

〽峠越《とうげこ》えれば　灯《あかり》が見《み》える
砧⑧《きぬた》打《う》つのは　誰《たれ》じゃやら

〽主《ぬし》の帰《かえ》りを　荒磯⑨《ありそ》に待《ま》てば
雪《ゆき》に見《み》えねど　木遣⑩《きや》り声《ごえ》

〽文⑪《ふみ》の上書《うわが》き　薄墨《うすずみ》なれど
中《なか》に濃《こ》い字《じ》（恋路）が　書《か》いてある

注①⬇解説。
②江差港沖合いの鷗島《かもめじま》にある厳島《いつくしま》神社。弁天をまつる。弁天は弁財天の略で、七福神の一。福徳・財宝・音楽・穀物などの神。女神で、宝冠をつけ、琵琶《びわ》を抱える。
③長野・群馬県境にある、中山道の峠（九五六メートル）。その約九キロ西に追分宿があった。
④碓氷権現熊野皇大《こうたい》神社。碓氷峠の、中山道の北側、長野・群馬県境上にある。
⑤アイヌ語。オヒョウ（ニレ科の落葉高木）の内皮の繊維を織って作った衣服。
⑥「蝦夷」は、明治以前の北海道の呼び名。
⑦男女が親しくなり始めて。
⑧麻・楮《こうぞ》・葛《くず》などで織った布を、柔らかくしたり艶を出したりするために、石や木の台の上に置いて、木槌《きづち》でたたくこと。また、その音。
⑨「あらいそ」の転。
⑩『鰊場《にしんば》音頭』（一二三ページ）の一連の唄。
⑪手紙の表に書いてある、あて名など。

北海道のお座敷唄。北海道南西部の渡島《おしま》半島の西側、日本海に面した港町、檜山《ひやま》郡江差町の花柳界の宴席で、芸者衆が唄ってきたものである。

唄の履歴　この唄の源流は、信州追分宿《おいわけじゅく》（長野県北佐久郡軽井沢町追分）の飯盛《めしも》り女たちが、酒席で旅人相手に唄っていたお座敷唄「追分節」である（⬇三八一ページ）。

この曲名は、「〽嫌な追分身の毛がよだつ　身の毛どころか髪の毛も」という歌詞が人気を集めたために、唄い出しの語から付けられたものである。それが、のちには「追分宿名物の唄」の意で「追分節」と呼ばれるようになった。その唄が越後《えちご》の新潟港（新潟県新潟市）に伝わって長く伸ばして唄う唄になり、さらに江差に伝わって『江差追分』（前項）の「本唄」になった。

また、「追分節」は、街道を往来する駄賃付け馬子が馬を曳《ひ》きながら唄う「馬方節」に、飯盛り女たちが三下り調の三味線伴奏を加えたものなので、「馬方三下り」とも呼ばれた。その唄が、江戸時代後期の文化文政（一八〇四〜三〇）頃に、瞽女《ごぜ》・座頭・旅人の移動や、遊女の鞍替《くらが》えなどによって日本中へ広まった。そして、江差にも伝えられ、酒席で流《は》行《や》り唄として唄われた。

津軽海峡の南側の青森県下には『津軽三下り』（正式な曲名は「津軽馬方三下り」）や『南部馬方三下り』が伝わっており、この地方の「ほいど」（⬇三五ページ）たちが好んで唄っていたようである。

北海道の場合も、江差だけで唄われていたわけではない。たとえば、松前藩の城下町、現松前郡松前町でも、広川ミエが伝えている。広川は、一九〇九年、一七歳の時から唄ってきたという。

ところが、北海道の唄所は江差であるため、また、江差の人たちが早くからこの唄をレコードに吹き込んだりして普及してきたため、世間では『江差三下り』で通っていた。しかし、江差以外の人たちの中には、それを快く思わず、「江差町」の「三下り」ではなく、「松前藩領」の「三下り」だとして、「松前三下り」と呼んだ人もいる。

この「松前三下り」という曲名は、城下町「松前町の三下り」の意にも取れるので、松前町では、一九六六年に「松前町三下り」としての「松前三下り」を町の無形文化財に指定した。その節まわしは広川ミエのものであるが、『江差三下り』とはあえて異なった節まわしにしたという工夫が裏目に出て、唄をお座敷唄調から馬方節調へ戻すような感じになってしまった。しかし、広川は一九七八年九月一四日に八七歳で亡くなり、たぶん、北海道の「馬方三下り」は「江差町馬方三下り」に一本化されるのであろう。

さて、その『江差三下り』、元唄は「碓氷峠《うすいとうげ》の権現様は　わし（または「主」）のためには守り神」と唄われていた。これは、信州追分宿から中山道《なかせんどう》を東へ寄った峠の熊野皇大《こうたい》神社を詠んだものである。ところが、江差では、一九五七年になって、「碓氷峠の権現様」は北海道には似つかわしくないという理由で「江差港の弁天様は」と改めている。それはそれでいいが、元唄は、生い立ちをはっきりさせるためにも残すべきである。仮に、もし長野県との関係をなんとしても断ち切りたいなら、『江差追分』の「追分」という言葉も改める必要が生じてくる。

なお、『江差三下り』には「アー　オセセノ　セッセ」というはやし詞がついている。千葉県南房総市白浜町の『朝の出掛け』も「馬方三下り」系統の唄であるが、これには「アーヤマセデセッセ」というはやし詞がついている。これは、たぶん「山背でセッセ」で、山背風なので急いで出航しろ、といった意味なのであろう。『江差三下り』のはやし詞は、それが変化したものと思われる。

今日の『江差三下り』は、江差の「鰊場音頭《にしんばおんど》」の名音頭取りであった近谷林太郎《ちかや》が、小樽の芸者熊野リツから習った唄を土門譲《どもんじょう》に教えたものである。この頃から、この唄は長くのばす、ゆったりした唄になった。

節まわしの型　今日広く唄われている節まわしは土門譲のもの、三味線とはやし詞は近江《おうみ》タキのものである。

江差餅搗《えさしもちつ》きばやし

前奏

〽①アァドッコイ　（アァドッコイ）

こね②り

〽③新家《あらや》さ盆《ぼん》が来《き》て　④灯籠《とうろう》さがた

（アァドッコイ）

灯籠《とうろう》だと思《おも》ったら　福《ふく》さがた

（アァドッコイ）

福《ふく》も福《ふく》だよ　⑤お多福《たふく》だ

（アァドッコイ）

⑥ヨイヤーマカセ　ヨイヤマカセェ

（アァドッコイ）

か⑦らみ

〽あいィやー⑧松前《まつまえ》⑨江差《えさし》の　⑩津花《つばな》の浜《はま》でヨ

（アァイッチャヨイ　ヨイヨイト）

⑪あやこ酌《しゃく》とはソーレ　しおらしや

（アァイッチャヨイ　ヨイヨイト）

合⑫取り

〽⑬合取《あいど》り　合取《あいど》り

（アァドッコイ）

後奏

〽⑭アァドッコイ　コラコラ　ドッコイサ

（アァドッコイ　コラコラ　ドッコイサ）

からみ

〽あいやそれそれ　それがやめらりょか

やめりゃ世間《せけん》の　笑《わら》い草《ぐさ》

〽松前江差《まつまええさし》の　⑮鷗《かもめ》の島《しま》は

地《ち》から生《は》えたか　浮《う》き島《しま》か

注①何度も繰り返す。
②臼の中の蒸したモチ米を、数人の搗き手が、時計まわりにまわりながら横杵《よこきね》で練りつぶす作業。
③新盆の家。昨年の盆から今年の盆までの間に亡くなった人のいる家。
④新盆の家で吊るす、ちょうちん型の灯籠。
⑤お多福面。丸顔の女の面で、額《ひたい》が高く、頰《ほほ》がふくれ、鼻が低い。福を招くという。
⑥何度も繰り返す。
⑦練りつぶした米を、数人の搗き手が横杵を順に振りおろして搗く作業。
⑧旧松前藩領。現北海道渡島半島の南西部。
⑨⬇解説。
⑩江差港の浜辺。北前船の船乗りや、漁師相手の女を置いた茶屋（浜小屋）が軒を連ねていた。
⑪船乗り相手の酌婦。春を売る女でもある。北海道～青森の呼び名。
⑫臼の中の餅を手でひっくり返したり、水を加えたりすること。また、その役の人。なお、⬇解説。
⑬⑭何度も繰り返す。
⑮鷗島。江差港の北側に、防波堤のように横たわる島。今は陸続きになっている。周囲約三キロ。

北海道の祝い唄。北海道南西部の渡島《おしま》半島の西側、日本海に面した港町、江差（檜山郡江差町）の海産物問屋・料亭などの大店《おおだな》や、網元では、正月用の餅を、出入りの若者たちに搗かせた。その人たちが、杵《きね》の拍子に合わせて唄ってきたものである。

この餅搗き、お祝いとお祭りのような性格が濃く、江差も豊川町・愛宕《あたご》町辺りの青年たちは好んで出かけていって、手平鉦《てびらがね》・三味線・笛・太鼓などの伴奏で、にぎやかにはやしながら搗いていた。唄は、本来は掛け声だけしかなかったものと思われるが、海産物問屋や料亭という大店で搗くので、取引先や近所の人たちに見せるための派手なものになっていった。そして、種々の流行《はや》り唄が利用されたりしているうち、今日の形にまとまった。

この唄は、「前奏」—「こねり」—「からみ」—「合取《あいど》り」—「後奏」の組唄になっている。こうした形式は、「江差餅搗きばやし保存会」が一九三二年にNHKラジオで初放送する折りに会長の夏原律太郎が考えたものである。

作業と唄の関係は、臼を運ぶ道行きから始まる。お祝いということで、臼には紅白の綱が結びつけられている。それを車にのせ、搗き手が曳《ひ》いて、集合場所から餅搗きを依頼された家までの道中を行列に仕立てて乗り込む形を取った。この時にはやすのが**前奏**部分である。

次は**こねり**とか「こなし」と呼ばれる作業（一般には「練り」と呼ぶ）に入る。まず、蒸したモチ米を臼の中へ入れる。普通は三升分でひと臼である。これを、五人か七人の搗き手が臼の周囲を時計まわりにまわりながら、横杵《きね》で練りつぶしていく。こうすると、搗く時に、米が臼の外へ飛び散らないようになる。

三つ目は、**からみ**で、一般には「掛け搗き」と呼ぶ作業である。三人か五人の搗き手が横杵を順に振りおろして、練りつぶしてある米を軽快に搗いていく。この時、搗き手が曲芸まがいの杵の動かし方をするなどして、見物人を楽しませる。その搗き手たちが臼を中心にからみ合うように見えるので、「からみ」と呼ぶのであろう。

四つ目の**合取り**は、一般には「上げ搗き」と呼ばれる仕上げ搗きで、太い、大きな横杵で、一人がゆっくり杵を振りかぶって搗く。その時、臼の中の餅を手でひっくり返す役の人を「合取り」と呼ぶところから、この名が生まれたのであろう。この作業によって、餅に粘りが加わる。

終わりの**後奏**部分は、餅が目出度く搗き上がると、搗き手たちは臼を次の依頼者の家へと運ぶが、その道中ばやしにあたる。そして、次の家でも同じことを繰り返し、江差の大店を一軒ずつまわっていく。これに対して、店のほうでは、なにがしかの礼金を包んで与えた。それが、若い衆には正月の小遣いになった。

唄の履歴　**前奏**は、臼の移動中に掛ける、単純な掛け声の繰り返しである。

次の**こねり**の源流は、木出しや地固めの「木遣《きや》り唄」である。杵で臼の中の米を押しつぶす作業には力がいるし、他の搗き手と拍子をそろえる必要があるので、重いものを共同で動かす折りの「木遣り唄」が用いやすかったのであろう。歌詞は、祝いの唄なので、目出度い文句を即興で作って唄い、次の歌詞が出てこないと、「ヨイヤーマカセ　ヨイヤマカセ」と、はやし詞を繰り返してつないでいった。

三つ目の**からみ**の源流は、津軽か南部（いずれも青森県）辺りの酒席の唄「あいや節」である。「あいや節」といっても、今日の舞台芸になる前のもので、帆船の船乗りたちによって江差にも伝えられ、花柳界で唄われていた。したがって、一種の流行り唄として誰もが知っていたから、「からみ」の唄に利用した、ぐらいのことなのであろう。

四つ目の**合取り**は、手で餅をひっくり返す役の人は拍子が取れないと危険なので、搗き手と返し手の間合いを取るための掛け声的なものである。本来は「アー　ドッコイ」だけだったのであろうが、返し手に声援を送るために、「合取り　合取り」を加えたのであろう。

最後の**後奏**は、すべてが終わって臼を片づけ、次の家へ向かって移動する時に掛ける。これは、黙って去るのは不自然なので掛け声を掛けたという程度のことである。

なお、同じようなものが、秋田県の土崎港（秋田市土崎）に、『唐臼からみ』の名で伝わっている。「あいや節」の用い方なども同じであり、相互になんらかの関係があるのであろうが、詳しいことは不明である。

節まわしの型　今日広く唄われている節まわしは、江差餅搗きばやし保存会のものである。

女《じょ》工《こう》節《ぶし》

定型

〽わしとお前《まえ》は　繋《つな》ぎ船《ぶね》
もしも途中《とちゅう》で　切《き》れたなら
流《なが》れ流《なが》れて　①函館《はこだて》の
恋《こい》しい港《みなと》で　待《ま》ち合《あ》わす

〽故郷《こきょう》離《はな》れて　来《き》ておれば
②文《ふみ》の来《く》るのを　待《ま》つばかり
③千島通《ちしまがよ》いの　便《たよ》り船《ぶね》
今日《きょう》は来《く》るやら　来《こ》ないやら

字あまり

〽④女工女工《じょこうじょこう》と　⑤軽蔑《けいべつ》するな
女工《じょこう》の詰《つ》めたる　缶詰《かんづめ》は
横浜検査《よこはまけんさ》に　合格《ごうかく》し
女工《じょこう》さんの⑥手柄《てがら》は　⑦外国《がいこく》までも

〽朝《あさ》は早《はや》くから　起《お》こされて
夜《よる》は十二時《じゅうにじ》まで　夜業《やぎょう》して
⑧腰《こし》がだるいやら　眠《ねむ》いやら
思《おも》い出《だ》しゃ⑨女工《じょこう》さんが　嫌《いや》になる

〽女工女工《じょこうじょこう》と　馬鹿《ばか》にするな
今《いま》は女工《じょこう》を　しておれど
家《うち》に帰《かえ》れば　お嬢《じょう》さん
その時見初《ときみそ》めて　ちょうだいな

〽缶詰工場《かんづめこうば》に　来《き》てみれば
欠《か》けた茶碗《ちゃわん》に　欠《か》けお碗《わん》
箸《はし》のび⑩こたこ　よいけれど
若布《わかめ》に⑪切《き》り干《ぼ》し　菜《な》っ葉汁《ぱじる》

〽高《たか》い山《やま》から　沖見《おきみ》れば
白波立《しらなみた》てて　旗立《はたた》てて
またも積《つ》んできた　⑫蟹《かに》の山《やま》
可愛《かわ》い女工《じょこう》さん　また夜業《やぎょう》

〽いくら夜業《やぎょう》が　続《つづ》いても
主《ぬし》さんの乗《の》ってる　船《ふね》なれば
どうぞ大漁《たいりょ》を　なさるよう
わたしも工場《こうば》で　共苦労《ともぐろう》

〽缶詰工場《かんづめこうば》に　二度来《にどく》る者《もの》は
親《おや》のない子《こ》か　継母育《ままははそだ》ち
親《おや》のない子《こ》は　泣《な》き泣《な》き⑬稼《かせ》ぐ
⑭監獄部屋《かんごくべや》より　まだ辛《つら》い

〽嫌《いや》な工場《こうば》も　今月限《こんげつかぎ》り
遅《おそ》くて来月《らいげつ》　半《なか》ば頃《ごろ》
皆《みな》さん長々《ながなが》　お世話《せわ》さま
いずれお礼《れい》は　⑮着《つ》きしだい

〽恋《こい》というもの　辛《つら》いもの
他人《ひと》に笑《わら》われ　指《ゆび》さされ
お友達《ともだち》にも　気《き》がねして
それでも添《そ》えるやら　添《そ》えぬやら

〽主《ぬし》さん器量《きりょう》よし　卵《たまご》に目鼻《めはな》
わたしゃ見《み》ったくない　⑯土手南瓜《どてかぼちゃ》
いくら見《み》ったくない　わたしでも
一度《いちど》は花咲《はなさ》く　こともある

〽泣《な》いてくれるな　気《き》が弱《よわ》い
たとえ一度《いちど》は　別《わか》れても
好《す》いて好《す》かれた　仲《なか》じゃもの
岸打《きしう》つ波《なみ》さえ　⑰二度返《にどかえ》す

〽たとえ海山《うみやま》　隔《へだ》てても
文《ふみ》のやり取《と》り　しておくれ
文《ふみ》のやり取《と》り　していても
会《あ》わねば濃《こ》い字《じ》(恋路)が　薄《うす》くなる

〽わたしの心《こころ》と　⑱色丹《しこたん》は
ほかに気《き》(木)がない　待《ま》つ(松)ばかり
便《たよ》り出《だ》せども　返事《へんじ》なし
焦《こ》がれて死《し》ねとの　ことかいな

〽遠《とお》く離《はな》れて　来《き》ておれば
便《たよ》り来《く》るのを　待《ま》つばかり
月《つき》に一度《いちど》の　お便《たよ》りを

互《たが》いに見《み》せ合《あ》う　睦《むつ》まじさ

注①北海道南西部の、函館市の港。本州から北海道への出入り口。
②手紙。
③千島列島。北海道北東端とカムチャツカ半島南端の間に連なる島々。
④缶詰工場の女子工員。
⑤「見下げるな」とも。
⑥「誉れは」とも。
⑦「外国へ」とも。
⑧「足が」とも。
⑨「缶詰所が」「工場が」とも。
⑩長さがそろわないこと。
⑪切り干し大根。大根を短冊形に、または細長く切って干した保存食品。水で戻して、みそ汁の具や煮付けにする。
⑫タラバガニ。
⑬働く。
⑭刑務所のこと。
⑮故郷に着いたらすぐに。
⑯川の土手などになっている南瓜。品がなくて不細工なもののたとえ。
⑰「また返す」とも。
⑱色丹島。北海道の東端、根室半島の北東約七五キロにある島。

北海道の仕事唄。北海道の東端、根室・釧路《くしろ》地方から千島列島・旧樺太《からふと》（現サハリン）にかけての、タラバガニ缶詰《かんづめ》工場などで働く女工たちが、仕事をしながら、気を紛らわせるために唄ってきたものである。

タラバガニの缶詰工場は、一九〇四年に、根室出身の碓氷《うすい》勝三郎が国後島《くなしり》の古釜布《ふるかまっぷ》で始めたのが最初である。続いて和泉《いずみ》勝平も着手し、〇六年にアメリカのニューヨークの「ヂュ　デ　ウイリヤム商会」へ輸出した。これがきっかけで、缶詰工場が次々に造られた。

一工場の女工は百人ほどで、一〇人から一二、三人ぐらいが一組となり、それぞれに月組・星組・花組・雪組などの名がついていた。宿舎は一部屋十畳ぐらいの広さで、一人に一畳分が割り当てられていた。これら女工の多くは、東北地方からの出稼ぎであった。

仕事は朝五時か六時に始まり、午前一〇時頃に一五分の休憩がある。そしてすぐ仕事を続け、一時半から正午にかけて三〇分の昼食。また仕事で、午後三時前後に一五分の休憩、夕方五時まで働いて夕食をとる。そのあと、さらに一一時か一二時近くまで夜業で働き続けた。そんな長時間労働の中で眠くなった時や作業にあきた時に唄ったのが『女工節』である。なお、給金は、大正時代初めで、男子工員の日給七〇銭に対して、女子工員は二五銭であったという。

唄の履歴　この唄の源流は、『ラッパ節』の変化した『ナット節』（二〇ページ）である。それが、番屋のヤン衆（季節労働者）や飯場の労働者が酒席で唄っているうちに、女工たちの間にも広まっていった。

その後、『ナット節』のほうは三浦為七郎によって舞台用の唄に仕立て直されていったが、「缶詰所節」となった唄のほうは埋もれてしまった。ところが、昭和五〇年代（一九七五〜）に入って、歯舞島《はぼまい》で働いていた前川礼子（根室市在住、のち札幌市へ転居）の唄が世に出てきた。そして一九七八年春、東京芸術大学の卒業生、田中真理子・斎藤律子が根室を訪ねたのに端を発し、根室市音楽協会会長の大隅太八が中心になって保存会を結成した。

節まわしの型　今日広く唄われている節まわしは、前川礼子のものである。

ソーラン節《ぶし》

◆舞台芸の唄◆

前ばやし
（アァドッコイ）
〽ヤァーレン　ソーラン　ソーラン　ソーラン　ソーラン
ソーラン　ソーラン　（ハイハイ）

本　唄〔音頭取り〕
〽鰊《にしん》①来《き》たかと　鴎《かもめ》に問《と》えば
わたしゃ立《た》つ鳥《とり》　波《なみ》に聞《き》けチョイ

後ばやし〔はやし手〕
ヤサエー　エンヤァサー　ドーコイショ
アァドッコイショ　ドッコイショ

〽見《み》たか沖揚《おきあ》げ②　聞《き》いたか音頭《おんど》③
浜《はま》に黄金《こがね》の　花《はな》が咲《さ》く
〽今宵《こよい》一夜《いちや》は　緞子《どんす》④の枕《まくら》
明日《あす》は出船《でふね》で　波枕《なみまくら》
〽漁場《ぎょば》の娘《あね》コは　白粉《おしろい》いらぬ

北海道

銀《ぎん》の鱗《うろこ》で　肌光《はだひか》る

〽一度《いちど》おいでよ　⑤積丹《しゃこたん》⑥美国《びくに》
主《ぬし》と解《と》きたい　⑦古代文字《こだいもじ》

〽⑧余市《よいち》⑨古平《ふるびら》　⑩参道越《さんどうこ》えりゃ
恋《こい》しなつかし　美国町《びくにまち》

〽夢《ゆめ》の積丹《しゃこたん》　美国《びくに》の浜《はま》は
主《ぬし》に見《み》せたい　ものばかり

〽沖《おき》で鷗《かもめ》の　鳴《な》く声聞《こえき》けば
船乗《ふなの》り稼業《かぎょう》は　やめられぬ

〽嫁《よめ》コ取《と》るなら　⑪鰊場《にしんば》の娘《あね》コ
色《いろ》は黒《くろ》いが　気立《きだ》てよい

〽男度胸《おとこどきょ》なら　⑫五尺《ごしゃく》の体《からだ》
ドンと乗《の》り出《だ》せ　波《なみ》の上《うえ》

〽船《ふね》は出《で》る出《で》る　鷗《かもめ》は帰《かえ》る
波《なみ》は磯打《いそう》つ　日《ひ》は暮《く》れる

〽流《なが》れ流《なが》れて　着《つ》いたる島《しま》は
黄金花咲《こがねはなさ》く　⑬蝦夷《えぞ》ヶ島《がしま》

〽玉《たま》の素肌《すはだ》が　飛沫《しぶき》に濡《ぬ》れりゃ
浮気鷗《うわきかもめ》が　見《み》て騒《さわ》ぐ

〽波《なみ》の背《せ》の背《せ》で　ドンと打《う》つ波《なみ》は
可愛《かわ》いお方《かた》の　度胸試《どきょだめ》し

〽唄《うた》に日暮《ひぐ》れて　鷗《かもめ》に明《あ》けて
寄《よ》せる鰊《にしん》の　鱗波《うろこなみ》

〽鰊《にしん》来《き》たとて　鷗《かもめ》が知《し》らす
娘心《むすめごころ》は　目《め》で知《し》らす

〽ばたばた⑭ためくな　なんぼばためでも
網《あみ》コさ入《はい》った　⑮鰊《にしん》だも

〽⑯津軽雇《つがるやと》いと　⑰信翁天《しかべ》の鳥《とり》コ
いつも春来《はるき》て　秋帰《あきかえ》る

〽今朝《けさ》も早《は》よから　沖揚《おきあ》げ音頭《おんど》
晩《ばん》にゃ俺等《おいら》も　⑱飲《の》めるべが

〽孫子《まごこ》の代《だい》まで　雇《やと》いはさせるもんでね
⑲三平汁《さんぺいじる》⑳まぐらって　㉑時化《しけ》来《く》れば㉒くたばる

〽㉓乗《の》りがよいぞと　船頭《せんど》が怒鳴《どな》る
意気《いき》も揃《そろ》った　沖揚《おきあ》げに

〽吹《ふ》くな㉔だし風《かぜ》　騒《さわ》ぐな㉕あいよ
㉖群来《くき》た鰊《にしん》が　みな逃《に》げる

〽㉗ヤン衆可愛《しゅかわ》いや　ソーラン節《ぶし》で
ちょっと飲《の》ませば　また㉘稼《かせ》ぐ

注
①「沖の鷗に　潮時問えば〔聞けば〕」とも。
②⬇解説。
③『沖揚げ音頭』（ソーラン節）。
④厚地で、光沢のある絹織物。布面に縦糸を浮かせ、横糸で紋様を織り込んだもの。高級品。
⑤北海道中西部の、積丹半島一帯。
⑥現積丹郡積丹町内。かつて鰊漁で栄えた。
⑦現小樽市手宮町にある手宮洞窟（海食洞）の壁に刻まれた、象形文字様のもの。古代文字かどうかは未詳。
⑧現余市郡余市町。積丹半島の北側の付け根にある、かつての鰊漁場。
⑨現古平郡古平町。余市町の西にある。
⑩古平町の琴平神社の参道。一九六〇年、道路改良工事のために神社は移転し、かつての参道が、古平から美国へ通じる道路の一部となっている。
⑪春、産卵のためにやってくる鰊を建て網で獲る漁場と、その鰊の処理場を併せていう。
⑫約一五二センチ。
⑬明治以前の北海道の呼び名。
⑭ばたつくな、あばれるな、の意。
⑮鰊だもの。
⑯網元に雇われたヤン衆で、現青森県津軽地方から

来た人。
⑰アホウドリの一種。
⑱酒が飲めるであろうか。
⑲塩鮭と野菜を、酒粕を入れて煮込んだもの。
⑳沢山食って。
㉑風雨のため、海が荒れること。
㉒死ぬ。
㉓網の中への、鰊の入りぐあい。
㉔内陸から海へ向かって吹く風。北海道の日本海沿岸では東風。
㉕同地方では、北～北東の風。
㉖群れになってやってきた鰊が。
㉗鰊漁に従事する季節労働者。アイヌ語のヤウン衆（内地野郎）の訛ったもの。
㉘働く。

北海道の仕事唄。北海道の日本海沿岸、とりわけ積丹《しゃこたん》半島を中心とする鰊漁場《にしんぎょば》で、ヤン衆《しゅう》（季節労働者）たちが、「沖揚げ作業」の折りに唄ってきたものである。また、酒席や舞台上でも唄われてきた。

「沖揚げ」は、海中の網の中の鰊を、長い柄のついた、袋状の網（タモ網）を用いて船上へ汲みあげる作業である。二人のヤン衆が柄を持ち、もう一人が二股の棒でタモ網を突き上げる。その三人の動作をそろえるために、この唄を唄った。

別名　沖揚げ音頭。これは作業内容からの名称。『ソーラン節』は、はやし詞からの名称。

唄の履歴　この唄の源流は、現青森県上北《かみきた》郡野《の》辺地《へじ》町辺りの「荷揚げ木遣《きや》り」で、船の荷物を積み替える折りに唄っていた唄である。

一八五〇年に、佐藤伊三右衛門が、江差《えさし》（檜山郡江差町）・歌棄《うたすつ》（寿都郡寿都町字歌棄町）・磯谷《いそや》（寿都町字磯谷町）へ、南部（青森県東部から岩手県中央部一帯）の鰰漁《はたはたりょう》に使用する建て網漁法を持ち込んで、鰊漁を行った。その時、沖揚げ作業に「荷揚げ木遣り」を利用したようである。

さて、一九三五年頃、札幌市在住の民謡家今井篁山《こうざん》が、その『ソーラン節』の節まわしを三味線の伴奏に乗せて唄えるように整えると、酒席でも盛んに唄われるようになった。そして、一九五七、五八年頃、『江差追分』の唄い手、初代浜田喜一が、美声と張る声を生かすべく、節まわしを工夫した。すなわち、唄い出しの「ヤーレン」に小節を挿入して伸ばし、また、五回繰り返す「ソーラン」の三つ目を「ソラン」と縮めて変化をつけた。その唄い方が人気を呼んで、この唄は日本中へ広まっていった。

節まわしの型　今日広く唄われている節まわしは、「仕事唄」（ヤン衆節）は積丹郡積丹町大字美国《びくに》町の音頭取り、大場信太郎・須田藤太郎などのものである。また、「舞台芸の唄」の「浜田喜一節」は、檜山《ひやま》郡江差町出身の初代浜田喜一のものである。

出《で》船《ふね》音《おん》頭《ど》

〽ハァー　アァエー
エンヤエッサエッサ　①出船《でふね》の朝《あさ》だヨォ
（ソラ　エンヤコーラー）
主《ぬし》の音頭《おんど》で　船足揃《ふなあしそろ》えヨー
若《わか》い俺等《おいら》は（ホーイサ　ホイサト）　波乗《なみの》り越《こ》えて
そうだその意気《いき》　ドンントネー

〽エンヤソラソラ②　朝日《あさひ》が昇《のぼ》る
踊《おど》る鷗《かもめ》は　出船《でふね》の友《とも》だ
海《うみ》の俺等《おいら》は　荒波育《あらなみそだ》ち

〽エンヤエッサエッサ　朝霧《あさぎり》ついて
船《ふね》は艪《ろ》まかせ　艪《ろ》は主《ぬし》まかせ
行《ゆ》くよ俺等《おいら》は　果《は》てない海《うみ》に

注①鮭鱒漁・蟹漁・鱈漁など、長期間にわたる漁のために出航していくこと。
②歌詞を三つ唄う場合、函館民謡界では、変化をつける意味で二首目だけを「ソラソラ」に替えている。

北海道の、祝い唄形式の新民謡。北海道の南端、それも津軽海峡に面した函館港《はこだて》（函館市）に、毎年五月、鮭鱒《さけます》船団が集結し、北洋（北太平洋・ベーリング海・オホーツク海）へ向けて出航していった。その出漁風景を唄にしたものである。北洋では、蟹漁《かにりょう》・鱈漁《たらりょう》なども盛んに行われていた。

唄の履歴　この唄は、函館の民謡家田原賢声が、一九五九年一二月に作ったものである。田原は、一九歳で津軽三味線の名人白川軍八郎に弟子入りした人で、誰でも唄えて、親しみやすい新民謡を作ることでは民謡界屈指の人である。しかし、この唄は、完成したあと二年ほどは世に出ることがなかった。

一九六二年一月中旬、函館市民会館でのチャリティショーの中で、佐々木基晴《もとはる》がこの唄を紹介した。だが、初のレコード化は函館の人の手ではなく、札幌民謡界の加藤直美によるもので、それも一九七〇年六月二五日になってコロムビアレコードに吹き込まれた。それ以来、明るく、軽快な唄として日本中へ広まっていった。

節まわしの型　今日広く唄われている節まわしは、佐々木基晴のものである。

道《どう》南《なん》口《く》説《どき》

上げ

〽オイヤァー　サーエー

口《く》説《どき》

〽オイヤァ①上《かみ》で言《い》うなら　②矢越《やごし》の岬《さき》よ
③下《しも》で言《い》うなら　④恵山《えさん》のお山《やま》
登《のぼ》り⑤一里《いちり》で　下《くだ》りも一里《いちり》
恵《え》山《さん》お山《やま》の　⑥権現様《ごんげんさま》よ

オイヤァわずか下《さ》がれば　⑦湯茶屋《ゆちゃや》がござる
草鞋腰《わらじこし》につけ　⑧椴法華《とどほっけ》通《とお》りゃ
恋《こい》の⑨根田内《ねたない》　情《なさ》けの⑩古武井《こぶい》
想《おも》いかけたる　あの⑪尻岸内《しりきしない》

オイヤァ沖《おき》に見《み》えるは　アリャ⑫武井《むい》ノ島《しま》
武《む》井《い》ノ島《しま》には　⑬鮫穴《さめあな》ござる
とろりとろりと　⑭浜中通《はまなかとお》りゃ
沖《おき》の鷗《かもめ》に　⑮千鳥《ちどり》が浜《はま》よ

オイヤァ⑯戸井《とい》の岬《みさき》を　左《ひだり》にかわし
汐《しお》の名《な》をとって　⑰汐首《しおくび》の浜《はま》
顔《かお》を隠《かく》して　⑱釜谷《かまや》を過《す》ぎりゃ
⑲小安《おやす》⑳肝焼《きもや》く　㉑みな谷地山《やちやま》よ

オイヤァ昔古来《むかしこらい》の　㉒古川尻《ふるかわじり》よ
わずか下《さ》がれば　㉓目名《めな》が沢《さわ》よ
目名《めな》が沢《さわ》には　㉔栃《とき》の木《き》ござる
四月十日《しがっとおか》は　㉕石倉参《いしくらまい》り

オイヤァ黒《くろ》い岩《いわ》とは　㉖黒岩《くろいわ》の村《むら》
㉗銭《ぜに》の瓶出《かめで》た　㉘銭亀《ぜにがめ》(銭瓶)の沢《さわ》
㉙志海苔昆布《しのりこんぶ》は　㉚名代《なだい》の昆布《こんぶ》
枕《まくら》揃《そろ》えて　一夜《いちや》も㉛根崎《ねさき》

オイヤァ着《つ》いた所《ところ》は　㉜湯川村《ゆのかわむら》よ
さても恐《おそ》し　㉝鮫川《さめかわ》ござる
お前《まえ》㉞砂盛《すなもり》　わしゃ㉟高盛《たかもり》よ
ついに見《み》えたよ　㊱函館《はこだて》の町《まち》

下の句

今夜《こんや》の泊《と》まりは　㊲新川茶屋《しんかわちゃや》で泊《と》まるサーエー

口　説

〽わたしゃこの地《ち》の荒浜育《あらはまそだ》ち
声《こえ》の悪《わる》いのは　親譲《おやゆず》りだよ
節《ふし》の悪《わる》いのは　師匠《ししょ》ないゆえに
ひとつ唄《うた》いましょ　はばかりながら

主《ぬし》と別《わか》れた　㊳山《やま》の上茶屋《うえちゃや》で
鷗《かもめ》鳴《な》く鳴《な》く　㊴臥牛《がぎゅう》のお山《やま》
甲斐性《かいしょ》ないゆえ　㊵弁天様《べんてんさま》に
ふられふられて　函館立《はこだてた》てば

着《つ》いた所《ところ》が　㊶亀田《かめだ》の村《むら》で
右《みぎ》へ行《い》こうか　左《ひだり》に行《い》こか
ままよ㊷七重浜《ななえはま》　㊸久根別過《くねべつす》ぎて
行《ゆ》けば情《なさ》けの　㊹上磯《かみいそ》ござる

沖《おき》の大船《たいせん》　白波分《しらなみわ》ける
わたしゃ㊺茂辺地《もへじ》の　道踏《みちふ》み分《わ》ける
ここは知《し》られた　㊻当別《とうべつ》の浜《はま》
雨《あめ》が降《ふ》ろうと　わしゃ㊼釜谷《かまや》せぬ

上《のぼ》り一里《いちり》で　下《くだ》りも一里《いちり》
浜《はま》に下《さ》がれば　㊽白神《しらかみ》の村《むら》
波《なみ》は荒浜《あらはま》　㊾荒谷《あらや》を過《す》ぎて
㊿大沢渡《おおさわわた》って　(51)及部《およべ》にかかりゃ
ついに見《み》えたよ　(52)松前城下《まつまえじょうか》

下の句

今夜《こんや》の泊《と》まりは　城下《じょうか》の茶屋《ちゃや》で泊《と》まるサー
エー

〔佐々木逸郎作〕

注①〔自分のいる所から見て〕京都の皇居（江戸時代）に、より近い所をさす。ここでは南西の方。
②矢越岬。上磯郡知内町と松前郡福島町の境にある。
③京都の皇居から、より遠い場所をさす。ここでは北東の方。
④渡島半島の南東端にある火山（六二八メートル）。
⑤約三・九三キロ。
⑥恵山大権現神社。
⑦湯治場で、飲食も可能な店。
⑧旧椴法華村（現函館市東端の地区）。
⑨函館市恵山地区の地名。
⑩⑪函館市東部の山地に発して南東流し、恵山地区で太平洋へ注ぐ川。また、その流域の地名。
⑫函館市戸井地区の南東部にある島。周囲約七二〇メートル。海鳥の楽園。
⑬武井ノ島の西部にある洞穴。鮫の住みかだろうということで、俗に鮫穴と呼ぶ。
⑭旧地名。現戸井地区の浜町。
⑮地名ではなく、千鳥が飛ぶ浜辺。
⑯戸井地区の南東部にある。
⑰戸井地区の中南部にある、汐首町の海岸。
⑱⑲戸井地区の地名。
⑳心を悩ます。腹を立てる。「小安」に続けて、「ちょっと安心したり、心配したりする」の意か。
㉑〔戸井地区西端を南西流する谷地川辺りは〕谷地（湿地）や山ばかりだ。
㉒函館市古川町の、汐泊《しおどまり》川の河口。
㉓汐泊川の上流の沢。「メナ」はアイヌ語で、上流の意。
㉔高さ二五メートルほどになる落葉高木。葉は掌状で大きく、赤い斑紋のある、白い、小さな花を房状につける。種子から澱粉を取り、また栃餅を作る。材は家具・道具類に用いる。
㉕石倉稲荷神社。函館市石倉町にある。境内の二本の栃の木は御神木で、一本の枝でつながっており、神社は「栃の木様」と呼ばれる。
㉖現函館市新湊町内。
㉗かつて、中国の古銭の入った瓶が出土したという。
㉘旧銭亀沢村。現函館市銭亀町一帯。
㉙現同市志海苔町の沖合いで取れる昆布の名。
㉚有名な。評判の高い。
㉛函館市根崎町。「寝る」を掛ける。
㉜現同市湯川町。
㉝湯川町を流れる川の名。
㉞地名ではなく、次の「高盛」と対にしたもの。ただし、湯川町は、鮫川が流れるため、砂丘が多い。
㉟函館市高盛町。
㊱現函館市の中心街。

㊲現函館市上新川町の昭和橋近くに、数軒の茶屋があった。

㊳函館市南部にそびえる函館山（三三四メートル）北側の山裾（現山ノ上町辺り）にあった茶屋。

㊴臥牛山。函館山の別称。

㊵弁財天。七福神の一。福徳・財宝・音楽・穀物などの神。女神で、宝冠をつけ、琵琶《びわ》を抱える。その弁天をまつる厳島《いつくしま》神社が現函館市弁天町にある。

㊶現函館市亀田町。

㊷北斗市南東部の海岸、また、地名。

㊸北斗市の地名。

㊹現北斗市内の、旧上磯町中心部。

㊺㊻北斗市の地名。

㊼上磯郡木古内町の地名。

㊽現松前郡松前町内。

㊾現松前町の地名。

㊿大沢川。松前町大沢で松前湾へ注ぐ川。
(51)及部川。松前町南東部で松前湾へ注ぐ川。
(52)松前藩が築いた松前城（福山城）の城下町。現松前町松城辺り。

北海道の遊芸唄。北海道の南西端、渡島《おしま》半島の番屋などで、「坊様《ぼさま》」や「ほいど」（➡三五ページ）たちが、好んで唄っていたものである。

番屋には鰊漁《にしんりょう》に従事するヤン衆（季節労働者）が住んでいて、彼らはこの人たちに唄を聞かせ歩いて、生活の資を得ていた。

唄の履歴　この唄の源流は、越後《えちご》の『新保広大《しんぽこうだい》寺《じ》』（四〇五ページ）である。それが流行《はや》り唄となり、瞽女《ごぜ》や座頭のような盲目の遊芸人たちが好んで唄い歩くようになった。ところが、瞽女たちは長編の口説節《くどきぶし》を語って聞かせるのが商売であるから、七七七五調二十六音であった『新保広大寺』を長編化させた。すなわち、上の句七七と下の句七五の間に、七七七七の四句を一単位にして挿入し、これを必要なだけ繰り返す形式の口説節に仕立て直したのである。

その「新保広大寺口説」を持って北海道へ渡った瞽女や、瞽女の唄を覚えた津軽・南部の「坊様」

や「ほいど」によって、この口説節は北海道中へ広まった。そして、初期の歌詞は「鈴木主人《もんど》」や「白井権八《ごんぱち》」などの物語であったが、のちには、その地方の人々の生活や地名を詠み込んだ歌詞が生まれた。

　一九六三年頃、函館の民謡家佐々木基晴《もとはる》がそれを発掘して伴奏をつけ直し、『津軽じょんがら節』（青森）の古い形式の口説節のような形にまとめて、NHK札幌放送局から初放送した。この時の歌詞は、現函館市東端の恵山《えさん》から津軽海峡の海岸沿いを函館市中心部へ向かう道中づくしで、そこから西の歌詞はなかった。そこで、一九六四年に、NHK札幌放送局の民謡番組プロデューサー須藤辰雄が、渡島半島南西端の松前城下（松前郡松前町）までの道中づくしの歌詞を佐々木逸郎に作らせ、「ふるさとの唄」というテレビ番組の中で発表した。これで、恵山から松前町までの地名を一通り詠み込んだ歌詞がそろったのである。

　なお、唄い出しとしまいの「サーエ」は「新保広大寺口説」の特徴で、その唄は「サエ節」という曲名で呼ばれる場合もある。

節まわしの型　今日広く唄われている節まわしは、佐々木基晴のものである。

道《どう》南《なん》盆《ぼん》唄《うた》

〽ひとつ唄《うた》います　音頭取《おんどと》り頼《たの》む
音頭取《おんどと》りようで　手《て》が揃《そろ》う
《繰り返し》〔踊り手〕
ヤリャ手《て》が揃《そろ》う
音頭取《おんどと》りようで　手《て》が揃《そろ》う

〽わしが音頭《おんど》取《と》って　踊《おど》らせるから
①夜明《よあ》け烏《がらす》の　渡《わた》るまで

〽夜明《よあ》け烏《がらす》は　夜《よ》に迷《まよ》って鳴《な》く
わたしゃあなたに　迷《まよ》って泣《な》く

〽唄《うた》はよいもの　仕事《しごと》ができる
話《はなし》や悪《わる》いもの　手《て》が止《と》まる

〽今年《ことし》や豊年《ほうねん》　泥田《どろた》の水《みず》も
飲《の》めば②甘露《かんろ》の　味《あじ》がする

〽踊《おど》り踊《おど》るなら　③科《しな》よく踊《おど》れ
科《しな》のよい娘《こ》を　嫁《よめ》に取《と》る

〽惚《ほ》れているのに　まだ気《き》がつかぬ
色気《いろけ》ないのか　困《こま》りもの

注①夜が明ける頃に鳴く烏。
②仏教で、天から降る甘い霊液。苦悩をいやし、長寿を保たせ、死者を蘇生させるという。
③しぐさ。体の動きから受ける感じ。

北海道の盆踊り唄。北海道も本州に最も近い函《はこ》館《だて》市とその周辺の人たちが、お盆に唄い踊ってきたものである。

唄の履歴　この唄の源流は、旧南部藩領北部で、お盆に唄い踊られている『なにゃとやら』（七一ページ）である。

　それが開拓者として入った人たちによって北海道へ持ち込まれ、お盆に唄い踊られるようになった。ところが、一九三五年頃に今井篁山《こうざん》の唄う『北海ヨサレ節』が流行し始めると、しだいに姿を消し、太平洋戦争後の『北海盆唄』の大流行ですっかり廃ってしまった。

　それを函館の民謡家佐々木基晴《もとはる》が一九六三年に復元し、それまでの曲名「亀田盆唄」を、より広い地域を表す『道南盆唄』に改めた。そして、NHK札幌放送局の番組で放送した。

　その後、一九六六年六月、「キンカン素人民謡名人戦」（フジテレビ）の「今月のおさらい」の中で佐藤松子が紹介し、それをきっかけに急速に日本中へ広まっていった。

節まわしの型　今日広く唄われている節まわしは、佐々木基晴のものである。

道南《どうなん》艪《ろ》漕《こ》ぎ唄《うた》

前ばやし

〽〔船頭〕　オォスコーエー
〔漕ぎ手〕オォスコー　エンヤー
〔船頭〕　エンヤーサァ　オースコーエー
〔漕ぎ手〕オースコー　エンヤー

本　唄〔船頭〕

〽沖《おき》で鴎《かもめ》が　鳴《な》くその時《とき》は
浜《はま》は大漁《だいりょ》の　花《はな》が咲《さ》く

後ばやし

〔漕ぎ手〕オースコーエ　オォスコー　エンヤー
〔船頭〕　エンヤーサァ　オースコーエー
〔漕ぎ手〕オースコー　エンヤー

〽押《お》せや押《お》せ押《お》せ　二挺艪《にちょろ》で押《お》せや
押《お》せば港《みなと》が　近《ちか》くなる

〽泣《な》いてくれるな　出船《でふね》の時《とき》は
沖《おき》で艪櫂《ろかい》が　手《て》につかぬ

〽①松《まつ》とつけるな　女《おんな》の子《こ》には
松《まつ》は他人《たにん》の　門《かど》に立《た》つ

注①門松は家の門口に立っている。しかし、人が他人の門口に立つのは、門付け芸人か、物もらいになった場合である。そうなってはいけないから、の意。

北海道の仕事唄。北海道と本州の間に横たわる津軽海峡の、函館《はこだて》沖で働く船頭やヤン衆（季節労働者）が、鰊漁《にしんりょう》の折りに、「サンパ船」を漕ぎながら唄ってきたものである。サンパ船は、サッパ船ともいい、長さ二五尺から三五尺（約七・六メートルから一〇・六メートル）の船で、ヤン衆が六〜八人で漕ぐ。

唄の履歴　この唄の源流は、北海道中の鰊漁場《にしんぎょば》で唄われてきた「船漕ぎ音頭」である。元は、たぶん、山から木材を運び出す折りの「木遣《きや》り唄」であろう。そのため、その唄には、はやし詞の部分だけしかなかった。そこで、函館では、港に入った千石船から伝馬船をおろし、それを漕ぐ折りの「舟唄」の唄部分を取り入れた。

伝馬船は、母船が港の岸壁に横付けできない時に、母船と岸壁の間を往来する小舟である。北前《きたまえ》船《ぶね》と呼ばれる、大坂方面からの千石船の場合は、母船から伝馬船をおろすと、その中央に油単《ゆたん》のようなものを掛けた米俵を置き、その上に船頭が腰掛け、左右に、櫂《かい》を立てた二人を太刀持ちよろしく控えさせて港入りを行った。その折りの櫂漕ぎの唄である。函館沖のヤン衆たちは、その唄を、サンパ船の櫂を漕ぐ時に利用した。

その『道南艪漕ぎ唄』、一九七〇年六月二二日に、函館の民謡家佐々木基晴《もとはる》がコロムビアレコードに吹き込み、以後、しだいに広まっていった。

節まわしの型　今日広く唄われている節まわしは、佐々木基晴のものである。

十《と》勝《かち》馬《うま》唄《うた》

〽霞《かす》む野《の》っ原《ぱら》　ハー当年《とね》①っ子《こ》跳《は》ねて
馬《うま》の②十勝《とかち》にヨー　春《はる》が来《く》る
（ハイィハイ）

〽③葦毛《あしげ》④栗毛《くりげ》は　木陰《こかげ》で遊《あそ》ぶ
草《くさ》も青々《あおあお》　夏《なつ》の色《いろ》

〽野山走《のやまはし》って　萩《はぎ》まで食《く》って
肥《こ》える十勝《とかち》の　秋《あき》の馬《うま》

〽雪《ゆき》の⑤蝦夷松《えぞまつ》　⑥椴松眺《とどまつなが》め
馬《うま》は気楽《きらく》に　冬《ふゆ》を越《こ》す

〽⑦木出《きだ》し⑧山出《やまだ》し　⑨バチ橇曳《ぞりひ》いて
汗《あせ》を凍《こお》らす　馬《うま》もある

注①今年生まれた子馬。とうねんこ。
②北海道の南東部、十勝平野を中心とする一帯。
③白い毛に黒や濃褐色の毛が混じっている馬。
④黒みをおびた茶色の毛の馬。
⑤⑥マツ科の常緑高木。北海道・南千島・サハリン等に自生。高さは、蝦夷松は四〇メートル、椴松は三〇メートルに達する。
⑦伐り倒した木を、加工できる所まで運び出すこと。
⑧伐り倒した木を、山から里まで運び出すこと。
⑨「バチバチ」という橇。冬、馬に曳かせて丸太を運ぶ。丸太の両端を前後二つの部分に載せ、間をくさりでつなぐ。

北海道の、仕事唄形式の新民謡。北海道の南東部、それも太平洋に面した馬産地、十勝地方の牧場で、若駒を育てる牧童たちが仕事をしながら口ずさむために作られたものである。

唄の履歴　この唄の作詞者は詩人大野恵造、作曲者は尺八家堀井小二郎である。

一九六五年九月一三日、十勝民謡連盟は、両人を帯広市へ招き、「馬」の唄を作ってくれるよう依頼した。翌六六年三月と四月に試聴会が催され、七月に民謡家橋本芳雄がテイチクレコードに吹き込んだ。そして、八月一三日には、帯広公民館で、地元の唄い手によって発表された。節は『小諸馬子唄《こもろまごうた》』(長野)と『江差追分《えさしおいわけ》』(北海道)を合成したようなものである。その後、函館市の民謡家佐々木基晴《もとはる》がレコードに吹き込んだりして、しだいに広まっていった。

節まわしの型　今日広く唄われている節まわしは、佐々木基晴のものである。

ナット節《ぶし》

〽波《なみ》の花散《はなち》る　北海《ほっかい》を
思《おも》い出《だ》したら　また来《き》てね
①木彫《きぼ》りの子熊《こぐま》を　供《とも》にして
アリャ御無事《ごぶじ》で②内地《ないち》へ　戻《もど》りゃんせ
(ハァナット　ナット)

〽まわる浮世《うきよ》に　住《す》みながら
さっぱりお金《かね》は　まわらない
無理《むり》にまわせば　③手《て》がまわる
苦《くる》しいやりくり　目《め》がまわる

〽沖《おき》に見《み》えるは　どこの船《ふね》
あれが④日魯《にちろ》の　大勢丸《たいせいまる》
大勢丸《たいせいまる》には　用《よう》はない
乗《の》ってる船長《せんちょ》さんに　用《よう》がある

〽一杯飲《いっぱいの》んで帰《かえ》るは　よけれども
家《うち》へ戻《もど》れば　女房《にょうぼう》が
お茶《ちゃ》を出《だ》すにも　ふくれ面《つら》
お茶菓子《ちゃがし》⑤金平糖《コンペートー》で　⑥角《つの》だらけ

〽朝《あさ》の三時《さんじ》から　起《お》こされて
晩《ばん》の八時《はちじ》まで　夜業《やぎょう》する
⑦体《からだ》　だるいやら　眠《ねむ》いやら
思《おも》えば⑧北海道《ほっかいどう》が　嫌《いや》になる

〽遠《とお》く離《はな》れて　来《き》ておれば
便《たよ》り来《く》るのを　待《ま》つばかり
月《つき》に一度《いちど》の　お便《たよ》りを
互《たが》いに見《み》せ合《あ》う　睦《むつ》まじさ

〽裏《うら》の畑《はたけ》に　蕎麦播《そばま》いて
そのまた隣《とな》りに　粟播《あわま》いて
そのまた隣《とな》りに　黍播《きびま》いて
側《そば》(蕎麦)通《とお》って会《あ》わ(粟)なきゃ　気味《きび》(黍)悪《わる》い

〽鳥《とり》も留《と》まらぬ　枯《か》れ枝《えだ》に
君《きみ》が情《なさ》けで　花《はな》が咲《さ》く
咲《さ》いて実《み》のなる　それまでは
どうせわたしも　ひと苦労《くろう》

〽夜《よる》の夜中《よなか》に　目《め》をさまし
主《ぬし》さん来《き》たかと　出《で》てみれば
誰《だれ》もいやせぬ　風《かぜ》の音《おと》
迷《まよ》えば風《かぜ》にも　だまされる

〽ひとり故郷《くにで》出て　⑨樺太《からふと》へ
蟹《かに》の⑩缶詰所《かんづめしょ》で　働《はたら》いて
好《す》いた女工《じょこう》さんと　気《き》が合《あ》って
今《いま》じゃ工場《こうば》で　共稼《ともかせ》ぎ

〽鳥《とり》が鳴《な》く鳴《な》く　鳥《とり》が鳴《な》く
広《ひろ》い工場《こうば》の　屋根《やね》で鳴《な》く
屋根《やね》で鳴《な》く気《き》は　ないけれど
主《ぬし》さんに焦《こ》がれて　鳴《な》くわいな

〽一度咲《いちどさ》く花《はな》　二度《にど》までは
咲《さ》かせたいとは　思《おも》えども
月《つき》に⑪群雲《むらくも》　花《はな》に風《かぜ》

とかく浮世《うきよ》は　ままならぬ
〽棚《たな》の上《うえ》には　盆《ぼん》がある
⑫長押《なげし》の上《うえ》には　槍《やり》がある
家《うち》の裏《うら》には　蔵《くら》がある
ぼんやり（盆・槍）暮《く》ら（蔵）すは　⑬穀潰《ごくつぶ》し
〽⑭染屋《そめや》の裏《うら》では　狐《きつね》が鳴《な》いた
藍《あい》（愛）が薄《うす》いで　コン（紺・来ん）と鳴《な》いた
酒屋《さかや》の裏《うら》では　犬《いぬ》が鳴《な》いた
盃《さかずき》小《ちい》さいとて　ワン（椀）と鳴《な》いた
〽⑮連絡船《れんらくせん》の　ドラが鳴《な》る
⑯函館港《はこだてみなと》は　涙雨《なみだあめ》
会《あ》うは別《わか》れと　知《し》りながら
なんでまた鴎《かもめ》が　鳴《な》くのやら
〽会《あ》いたい見《み》たいが　籠《かご》の鳥《とり》
もしもこの身《み》が　飛《と》べるなら
⑰番屋《ばんや》の屋根《やね》に　巣《す》を作《つく》り
焦《こ》がれて鳴《な》く声《こえ》　聞《き》かせたい
〽誰《だれ》に買《か》われて　行《ゆ》くのやら
⑱おばこけしの　片《かた》えくぼ
知《し》らぬ他国《たこく》で　ふるさとの

夢《ゆめ》見《み》て鳴《な》くだろ　⑲明《あ》け暮《く》れに
〽ドンと⑳舳先《へさき》に　打《う》つ波《なみ》は
千両万両《せんりょうまんりょう》の　鱗波《うろこなみ》
向《む》こう鉢巻《はちまき》　伊達《だて》じゃない
ヤンサ乗《の》り出《だ》せ　波《なみ》の上《うえ》
〽波《なみ》は磯《いそ》打《う》つ　鴎《かもめ》は帰《かえ》る
空飛《そらと》ぶ鴎《かもめ》は　なつかしや
空飛《そらと》ぶ鴎《かもめ》が　もの言《い》うならば
便《たよ》り聞《き》いたり　聞《き》かせたり
〽来年《らいねん》来《く》るやら　来《こ》ないやら
来《き》てもまた会《あ》えるやら　会《あ》えぬやら
わたしゃ深山《みやま》の　水車《みずぐるま》
花咲《はなさ》く春《はる》まで　くる（来る）くると
〽一輪咲《いちりんさ》いても　花《はな》は花《はな》
一夜《いちや》の嵐《あらし》に　散《ち》るは嫌《いや》
たとえ草履《ぞうり》の　鼻緒《はなお》でも
切《き》れて気持《きも》ちの　よいものか
〽素足丸出《すあしまるだ》し　絣《かすり》着《き》て
蓆前掛《むしろまえか》け　頬《ほお》かぶり
ろくな化粧《けしょ》さえ　させられず

思《おも》えば涙《なみだ》が　先《さき》に立《た》つ
〽高《たか》い山《やま》から　見《み》おろせば
工場《こうば》の様子《ようす》は　よいけれど
三度《さんど》の食事《しょくじ》も　お決《き》まりで
若布《わかめ》に㉑切《き》り干《ぼ》し　㉒おから汁《じる》
〽㉓函館桟橋《はこだてさんばし》から　沖見《おきみ》れば
沖《おき》に見《み》えるは　㉔田村丸《たむらまる》
田村丸《たむらまる》には　用《よう》はない
乗《の》ってる船長《せんちょ》さんに　用《よう》がある
〽わしとお前《まえ》は　繋《つな》ぎ船《ぶね》
もしも途中《とちゅう》で　切《き》れたなら
流《なが》れ流《なが》れて　函館《はこだて》の
恋《こい》しい港《みなと》で　待《ま》ち合《あ》わす
〽主《ぬし》は船乗《ふなの》り　風《かぜ》まかせ
行《ゆ》くも帰《かえ》るも　ままならぬ
せめて一夜《ひとよ》を　明《あ》かしたい
泊《と》めておきたや　繋《つな》ぎたや
〽㉕蝦夷《えぞ》は北国《きたぐに》　離《はな》れ島《じま》
さぞや寒《さむ》かろ　淋《さび》しかろ
主《ぬし》と暮《く》らせば　厭《いと》やせぬ

雪《ゆき》に黄金《こがね》の　花《はな》が咲《さ》く

〽わたしゃ㉖石狩《いしかり》　浜育《はまそだ》ち
咲《さ》いた㉗ハマナス　紅《べに》の色《いろ》
明日《あす》は晴《は》れやら　曇《くも》りやら
㉘神威岬《かむいみさき》に　陽《ひ》が昇《のぼ》る

注①アイヌが彫った、熊の置き物。
②北海道の人たちが、本州をさす呼び名。
③両手を背中にまわされて縛られることから、逮捕される、の意。
④日魯漁業。水産会社の名。
⑤小さくて丸い砂糖菓子。まわりに、角のようなものが沢山突き出ている。
⑥女房が角を出している（怒っている）意をこめる。
⑦「腰が」とも。
⑧「缶詰所が」「女工が」とも。
⑨現サハリン（ロシア領）。
⑩タラバガニの缶詰工場。
⑪急に群がり集まってくる雲。
⑫和室の鴨居の上に取り付けてある横木。
⑬飯を食うだけで、なんの役にも立たない人。
⑭染物屋。
⑮青函連絡線。青森と函館を結ぶ、旧国鉄の連絡船。青函トンネルが開通したため、一九八八年に廃止された。
⑯北海道南西部の、函館市の港。本州から北海道への出入り口であった。
⑰ヤン衆たちが寝泊まりする小屋。
⑱「おばこ」の姿をしたこけし。「おばこ」は秋田県・山形県の方言で、若い娘の意。「こけし」は、もと、東北地方特産の、木の人形。丸い頭に、円筒形の胴がついている。
⑲夜明けや、日の暮れに。
⑳船首。
㉑切り干し大根。大根を短冊形に、または細長く切って干した保存食品。水で戻して、みそ汁の具や煮付けにする。
㉒豆腐を作る時に豆乳をしぼり取った、その残りかす（おから）を入れたお汁。おからは、最も安い食品の一。
㉓「函館山から」「工場の窓から」とも。
㉔青函連絡船の名。
㉕明治以前の北海道の呼び名。
㉖北海道中西部の、石狩湾の沿岸。
㉗バラ科の落葉低木。海岸に群生する。とげがあり、夏に、バラのような紅色の五弁花をつける。実は、赤くて丸い。
㉘積丹半島突端の岬。『江差追分』に「女通さぬ場所がある」と唄われた所。

北海道の仕事唄。北海道の東端、根室・釧路《くしろ》地方から千島列島・旧樺太《からふと》（現サハリン）にかけての、タラバガニ缶詰《かんづめ》工場などで働く女工たちが、単純な作業にあきるところから、気を紛らわせるために唄ってきたものである。

タラバガニの漁期は一月から六月までで、女工たちは、カニ漁が終わると、近くのパルプ工場や煉瓦《れんが》工場、さらには炭坑へと移動していった。

唄の履歴　この唄の源流は、明治から大正時代にかけて大流行を見せた『ラッパ節』で、演歌師の総帥《そうすい》であった添田《そえだ》唖蟬坊《あぜんぼう》が作ったものである。

日露戦争の始まった一九〇四年、「一つとせ」の『心中節』で唄本を売っていた、読売りの渋井 某《なにがし》の妻が、この頃の演歌師の唄うものが、いずれも政治色の濃い、固いものばかりなので、くだけたものが欲しいと、唖蟬坊に依頼した。そこで唖蟬坊が苦笑しながら、

〽畳叩《たた》いて　こちの人
悋気《りんき》で言うのじゃ　ないけれど
一人でさしたる　傘《かさ》なれば
片袖濡《かたそでぬ》れよう　はずはない

などという、七五調四行の今様形式の歌詞九首を作った。そして、はやし詞には、一八八七年頃に、寄席で橘家円太郎が、鉄道馬車の御者が吹くラッパのまねをして人気を博したことから、そのラッパの音をまねて「トコトットット」と加えた。しかし、世間では、日露戦争中ということもあって、軍隊ラッパと勘違いをした。

その『ラッパ節』は、流行《はや》り唄として日本中へ広まっていった。ところが、大正時代初め頃かと思われるが、船乗りや漁師たちは、ラッパのはやし詞を「ラット　ラット」と替えて唄うようになった。（一九七七年一二月八日、現鹿児島県南さつま市坊津《ぼうのつ》町の長谷常雄の話などによる。）このラットとは、機械船の舵輪（rudder）のことで、のちには、それまでの帆船に対して洋式機械船をさすようになった。したがって、「ラット　ラット」とは「この船は西洋式の機械船なり」という意味である。

そうした唄が船乗りや漁師たちによって北海道方面へ持ち込まれた。ところが、陸《おか》の人たちは「ラット　ラット」というはやし詞とは無縁であり、ラットが納豆と語呂が似ているところから、誰かが面白がって「ラット」を「ナット」と替えてしまったのであろう。

その『ナット節』、工場により、時代によって、

いろいろな唄い方があったようであるが、今日の節まわしは、『江差追分《えさしおいわけ》』の名人、三浦為七郎が舞台用にまとめたものである。また、同系統の唄で、昭和五〇年代（一九七五〜）に根室市を中心にはやったものは、『女工節』（一一ページ）と呼んで区別している。

なお、沢田貞美が新しい歌詞をつけ、今井篁山《こうざん》が節まわしを改めて、『北洋節』（二七ページ）を作った。

節まわしの型　今日広く唄われている節まわしは、三浦為七郎のものである。

浜小屋《はまごや》おけさ

口説《くどき》

（ハァアリャサー　サッサー）
〽ここは北国《きたぐに》　鰊場《にしんば》①の
恋《こい》は仮初《かりそ》め　仮《かり》の宿《やど》

下の句

添《そ》えぬ一夜《ひとよ》の　仮《かり》の宿《やど》
（アリャサー　サッサー）

〽今日《きょう》は来《く》る来《く》る　主《ぬし》が来《く》る
会《あ》わぬ先《さき》から　身《み》が燃《も》える
顔《かお》②もまともにゃ　見《み》られない

〽一夜泊《いちやど》まりの　海《うみ》の鳥《とり》
女心《おんなごころ》も　知《し》らずして
明日《あす》は鷗《かもめ》と　波枕《なみまくら》

〽遠《とお》③くチラチラ　星《ほし》が散《ち》る
あれは主乗《ぬしの》る　船《ふね》かいな
泣《な》いてさらばが　言《い》えなんだ

〽風《かぜ》の便《たよ》りに　聞《き》く主《ぬし》は
今《いま》は内地《ないち》④の　空《そら》の下《した》
呼《よ》べど届《とど》かぬ　空《そら》の下《した》

注①春、産卵のためにやってくる鰊を建て網で獲る漁場と、その鰊の処理場を併せていう。
②一般に「とてもまともにゃ　顔見えぬ」と唄っているが、「見えぬ」では意味が通じない。「見れぬ」は誤用、「見られぬ」では字あまり。
③三門博の浪曲「唄入り観音経」の冒頭の名文句。
④北海道の人たちが、本州をさす呼び名。

北海道の、酒盛り唄形式の新民謡。北海道の南西部、渡島《おしま》半島の五厘沢《ごりんざわ》温泉（檜山郡江差町五厘沢）の人たちが、酒宴などで唄ってきたものである。五厘沢温泉は、松前三港の一つ、江差港の北約一二キロの所にあり、日本海に面している。

唄の履歴　この唄の源流は、浪曲家の寿々木米若《すずきよねわか》が「佐渡情話」の中で唄った、『佐渡おけさ』の「米若節」である。それを日本中の浪曲愛好者が口ずさんでいたと思われるが、そういう人が五厘沢温泉にもいたのであろう。

一九六六年三月、五厘沢温泉へ行った長谷川満（のちに森田圭一と改名）が旅館敬老館の浴場で、風呂たきの老婆がその唄を口ずさむのを聞いた。その後、一九七二年春、長谷川の弟子の松本保（東京都中野区江古田）が唄うのを再び聞いた。折りから発掘民謡ブームであったから、長谷川満はその節まわしを整え、歌詞を作り、伴奏を加えて、自らコロムビアレコードに吹き込んだ。その解説書に、長谷川の話をそのまま筆者（竹内勉）が載せたことから、この唄は北海道の伝承民謡として扱われるようになった。

しかし、その後、長谷川自身が、新作であることと、『浜小屋おけさ』なる曲名も自分の命名であることなどを明らかにしたので、曲名・歌詞は長谷川満の作、節は「寿々木米若節」ということに収まった。（「浜小屋」とは、江差港の海岸沿いにあった大衆飲食街のことである。）したがって、北海道民謡として定着するかどうかは、これからの歳月が決める。

節まわしの型　今日広く唄われている節まわしは、長谷川満（森田圭一）のものである。

美国《びくに》鰊《にしん》場《ば》音頭《おんど》

一　網起こし音頭

1　前①音頭
2　切り声②音頭
3　松前木遣《きや》り

〽［船頭］ソーラ　エェーイ　花《はな》③の函館《はこだて》④ヤーエ

イ

（〔ヤン衆〕ヤァットコセー　ヨーイヤナ）

ソーラー紅葉《もみじ》の⑤江差《えさし》ヨーイトナー

（ソーラ　エイヤー）

（アリャリャ　ドッコイ　ヨーイトコヨーイトコナー）

4　後⑥音頭

二　沖揚げ音頭（ソーラン節）

前ばやし

〽〔船頭〕エェヤーレン　ソーラン　ソーラン　ソーラン　ソーラン

（〔ヤン衆〕ハイ　ハイイ）

本　唄〔船頭〕

鰊《にしん》来《き》たかと　鷗《かもめ》に問《と》えば

わたしゃ立《た》つ鳥《とり》　波《なみ》に聞《き》けチョイ

後ばやし〔ヤン衆〕

ヤサエー　エンヤァサー　ドーコイショ

アァドッコイショ　ドッコイショ

三　子叩《こたた》き音頭（イヤサカ音頭）

前ばやし

〽〔船頭〕アァイヤサカ　サッサ

（〔ヤン衆〕アァイヤサカ　サッサ）

本　唄

〔船頭〕あいの⑦吹《ふ》くのに　なぜ船来《ふねこ》ない

（〔ヤン衆〕アァイヤサカ　サッサ）

〔船頭〕荷物《にもつ》ないのかノー　船留《ふなど》めか

《繰り返し》

〔ヤン衆〕ソリャ船留《ふなど》めか

〔船頭〕ないのかノー　船留《ふなど》めか

（〔ヤン衆〕アァイヤサカ　サッサ）

後ばやし

〔船頭〕ヨォイヨーイ　ヨイヨイ　ヨイイ

〔ヤン衆〕アリャリャン　コリャリャン　ヨーイィトナー

（〔ヤン衆〕アァヨイヨイ　ヨイヨイ）

松前木遣り

〽開《ひら》く函館《はこだて》　⑧桔梗《ききょう》の紋《もん》

〽これでも⑨起《お》きねば　神々頼《かみがみたの》む

〽熊《くま》の⑩積丹岳《しゃこたんだけ》　潮焼《しおや》け男《おとこ》だ

〽⑪厚苫《あとまえ》かわせば　⑫美国《びくに》の娘《あね》ちゃ

〽恋《こい》の⑬観音崎《かんのんざき》　⑭宝《たから》の小島《こじま》

〽⑮女郎小岩《じょろうこいわ》曇《くも》れば　⑯ゴメ島《じま》晴《は》れる

〽千両万両《せんりょまんりょ》の　旗《はた》が立《た》つ

注①②船頭とヤン衆による掛け声。

③桜の花。

④現函館市中心部。函館港は松前藩三大港の一で、津軽海峡に面している。

⑤現檜山郡江差町。北海道南西部にある。松前藩三大港の一として、また、鰊漁の根拠地としてにぎわった。

⑥船頭とヤン衆による掛け声。

⑦北海道の日本海沿岸では、北～北東の風。

⑧函館市にある五稜郭のこと。上から見ると星形で、桔梗の花に似ている。一八六四年に箱館奉行所として築かれた、西洋式の平城。

⑨網を引き上げられなければ。

⑩積丹半島の先端部にある火山（一二三五メートル）。

⑪あつとま岬。アイヌ語の「アットマイ」（豊かな所）から。美国漁港の東方約二一・五キロにある。付近は、有名な鰊漁場であった。

⑫現積丹郡積丹町大字美国町。積丹半島の北側にある。

⑬美国町の観音寺近くにある岬。

⑭宝島。美国町茶津内の沖合いにある。付近は、有名な鰊漁場であった。

⑮積丹岬近くの海上にある岩。高さ約二〇・五メートル。アイヌのシララ姫が源義経と別れ、泣いて立ちつくすうちに岩に化したという伝説がある。

⑯宝島の手前、陸地から二〇メートルほどの所にある、岩の島。高さ約一〇メートルの岩は、ゴメ（鷗）が口を開いて飛んでいるように見える。

北海道の仕事唄。北海道の、日本海沿岸部の鰊《にしん》漁場《ぎょば》で働く船頭やヤン衆（季節労働者）たちが、作業に合わせて唄い、掛けてきた唄や掛け声を組唄にまとめたものである。

舞台で演じる時は、各漁場によって、また、演唱時間の関係によっていろいろな組み合わせ方がある。その代表的なものは、「船漕《ふなこ》ぎ音頭」―「網起こし音頭」（前音頭・切り声音頭・松前木遣《きや》り・後音頭）―「沖揚げ音頭（ソーラン節）」―「子叩《たた》き音頭（イヤサカ音頭）」――「船漕ぎ音頭」である。しかし、これだと、短くまとめても十一、二分を必要とするので、一般には前後の「船漕ぎ唄」を略す。（これは単純な木遣りなので、本書でも割愛する。）なお、ここに掲出したのは、積丹《しゃこたん》郡積丹町大字美国町のものである。

鰊漁《にしんりょう》は、建て網と呼ばれる定置網で行う。まず、長さ三六〇から五四〇メートルほどの網の垣根へ鰊を誘導する。この網の奥には長さ五四メートル、幅一五メートルほどの袋網がついていて、そこへ鰊の群れを集め、入り口を閉じる。その網をしぼっていく折りの唄が「網起こし音頭」の**前音頭**である。船には、音頭を取るだけで高給をもらっている「ハオイ船頭」が乗っており、このハオイ船頭とヤン衆が掛け合いで演じる。（そのため、「前音頭」は「ハオイ音頭」ともいう。）ハオイ船頭の受け持つ部分を「上声《うわごえ》」（「音頭」とも）、ヤン衆の受け持つ部分を「下声《したごえ》」（「付声《ふごえ》」とも）と呼ぶ。

網をたぐっていくと、鰊が外へ逃げようとする。そこで、たぐる手を速めるために唄を替える。それが**切り声音頭**である。

次は、網に入った鰊を、汲み船が仕掛けた枠網の中へ移し替える。枠網を汲み船が囲むようにし、十数人のヤン衆が網をたぐる。この時、ヤン衆の力をそろえるために唄うのが**松前木遣り**である。網をしぼってきて、いよいよ重くなってくると、網をたぐる手が鈍くなる。速くしないと魚が逃げる。そこで、さらに力を加えるため、唄を替え、鋭く、激しくたぐる。この時も「切り声音頭」を用いるが、これを**後音頭**という。

さて、枠網をしぼって起こしたら、網を汲み船の船べりに吊るす。そして、中の鰊を大タモ網で汲み上げる。タモ網は直径三尺（約九一センチ）で、長さ一丈（約三メートル）の柄がついている。二人のヤン衆が柄を持ち、もう一人が、アンバイ棒と呼ばれる、長さ八尺の、先が二股になっている棒にタモ網の底をひっかけて突き上げ、船上へ引き揚げる。この作業が沖揚げで、この時の唄が**沖揚げ音頭**（ソーラン節）である。

この「沖揚げ音頭」は、本来は三人の力をそろえるためのものである。しかし、魚の群れが押し寄せている間は休み時間が取れないため、睡眠不足で、立ったまま眠る者さえある。したがって、卑猥《ひわい》な歌詞のものまで唄って眠気ざましにし、ヤン衆を元気づけた。それだけに色の混じった文句が多いので、舞台で演じる場合は歌詞を選ぶ必要がある。

なお、アンバイ棒は、単にタモ網を突き上げるだけの道具ではなく、船べりをたたいて、リズム楽器の役もさせていた。

ところで、鰊は産卵のためにやってくるので、建て網や枠網に卵を産みつける。そうすると海水が抜けなくなるから、時々網を広げ、棒でたたいて鰊の子（すなわち卵）を落とす。その時に唄うのが**子叩き音頭**（イヤサカ音頭）である。

唄の履歴　**網起こし音頭**の**前音頭**の源流は、森林で材木などを運び出す折りに唄う「木出し木遣り」の、それもごく単純な形のものである。それを海上へ持ち出して利用したのであろう。**切り声音頭**の源流も、やはり陸上の木遣り唄で、それを海上へ持ち出したものである。ただ、しまいのはやし詞部分は、次の「松前木遣り」のはやし詞の変形で、「松前木遣り」へ移る導入部にもなっている。

松前木遣りの源流は、伊勢神宮の社殿建て替え用の木材を氏子が曳く時に唄う「お木曳《きひ》き木遣り」の一種である。社殿の建て替えは二〇年ごとに行われてきたが、なぜ「松前木遣り」という曲名がついているかは不明である。この唄は日本列島の沿岸部一円に広く分布しているが、瀬戸内海の塩《し》飽《あく》諸島の人たちが帆船の船乗りになって、伊勢信仰とともに日本中の港へ持ちまわったようである。それが東北地方の沿岸部にも伝えられた。そして、ヤン衆として北海道へ渡った人たちが、鰊の大漁を祝う唄として扱い、この網起こしの折りに唄ったのであろう。次の**後音頭**は、前の「切り声音頭」の変形である。

沖揚げ音頭（ソーラン節）の源流は、旧南部藩領の野辺地《のへじ》の「荷揚げ木遣り」である（➡一五ページ）。積丹半島の「沖揚げ音頭」は、美国の網元斎藤彦三郎の使用人、金次が広めたものである。彼は、のちに古平《ふるびら》（古平郡古平町）へ移って、山口金次と名乗ったという。

最後の**子叩き音頭**（イヤサカ音頭）の源流は、津軽地方の盆踊り唄である（➡三ページ）。

節まわしの型　今日広く唄われている節まわしは、美国町の「鰊場音頭」の音頭取り、大場信太郎や須田藤太郎のものである。

船漕《ふなこ》ぎ流《なが》し唄《うた》

上げ〔船頭〕
〽ヤーセエノヤセー（ホヤーセ）
ヤーサァノヤセー
ヤーセエホー（キタカ　ホイサー）

地口《じぐち》〔船頭〕
〽あの岬《さき》越《こ》えればナァ　また岬出《さきで》てくるナァ
はやしを揃《そろ》えてナァ　櫂先揃《かいさきそろ》えてナァ

納め〔船頭・漕ぎ手〕
揃《そろ》えてホォエー（キタカ　ホイサー）

地口
〽①やませに雨《あめ》だろ　鰊《にしん》の大漁《たいりょう》
親方喜《おやかたよろこ》ぶ　②ヤン衆《しゅ》は疲《つか》れる
〽鰊《にしん》の大漁《たいりょ》で　③沖揚《おきあ》げ終《お》われば
④荷《に》まわし忙《いそが》しい　ヤン衆《しゅ》は船漕《ふねこ》ぎだ
〽⑤寿都《すっつ》に⑥だしある　山《やま》には雪《ゆき》ある
沖《おき》には波《なみ》ある　親方金《おやかたかね》ある

注①北海道の太平洋沿岸では、夏に吹く、冷たい、北東〜東の風。日本海沿岸では、山を越えて吹いてくる東風。
②鰊漁に従事する季節労働者。アイヌ語のヤウン衆(内地野郎)の訛ったもの。
③鰊漁で、網の中の鰊を、長い柄のついた、袋状の網を用いて船上へ汲みあげる作業。
④荷造り。
⑤現寿都郡寿都町。渡島半島の、北側の付け根にある鰊漁場。
⑥内陸から海へ向かって吹く風。北海道の日本海沿岸では東風。

北海道の仕事唄。北海道で鰊漁《にしんりょう》に従事するヤン衆（季節労働者）が、漁場に仕掛けた定置網へ向かう船を漕ぎながら唄ってきたものである。

その船は「サンパ船《ぶね》」や「サッパ船」と呼ばれる、長さ二五尺から三五尺（約七・六メートルから一〇・六メートル）の船で、ヤン衆が六〜八人で漕ぐ。浜から漁場の定置網への往来に、櫂先《かいさき》をそろえるため、「ハオイ船頭」が船の舳先《へさき》で音頭を取り、漕ぎ手のヤン衆たちがはやし、掛け合い形式で唄った。（「ハオイ船頭」は唄だけで高給が取れたので、「羽織り船頭」が訛ったのかもしれない。）

船漕ぎの唄は、漁場へ向かう時は勇んで、鋭く、速く、戻りは帰るだけなのでゆっくりで、漕ぎ方に合わせて何種類もの唄がある。この『船漕ぎ流し唄』は「立ち櫂」の折りの唄で、この時は少しゆっくり漕ぐ。漕ぎ手は、船頭が唄う時は櫂の取手の下のほうで手で一度取手をたたき、次のはやしで漕ぐ。

唄の履歴　この唄の源流は、山から木出しをする折りなどに用いる、単純な「木遣《きや》り唄」のようなもので、それを海上へ持ち出したのであろう。

その唄が釧路《くしろ》の漁民の間で「流し唄」の名で唄われているのを、札幌市の民謡家松本晁章《ちょうしょう》が採集し、今日の節まわしに整えた。そして、三味線の伴奏を、同じ札幌市の民謡家佐々木孝に依頼し、一九六五年に佐々木基晴《もとはる》の唄でNHK札幌放送局より放送した。

翌年、松本の弟子が「キンカン素人民謡名人戦」（フジテレビ）に出場してこの唄を唄ったところ、審査員を務めていた掛川尚雄（コロムビアレコードのディレクター）が、すぐに専属の唄い手、斎藤京子に吹き込ませた。その唄は、音域が狭く、節の上で難しい箇所がなく、また、合唱にも適していた。それに、北海道には、それまで舞台映えのする節まわしの舟唄がなかったので、たちまち評判になり、日本中へ広まっていった。

節まわしの型　今日広く唄われている節まわしは、松本晁章の唄を引き継いだ佐々木基晴のものである。

ホーホラホイ節《ぶし》

前ばやし
〽〔船頭〕ホォホラ　ホーホイ
〔漕ぎ手〕ホォホラ　ホーホイ
〔船頭〕ヤサホーホラ　ホーホイ
〔漕ぎ手〕ヤサホーホラ　ホーホイ

本唄
〽〔船頭〕この岬《さき》かわせばナァ　〔漕ぎ手〕また岬《さき》ござる
〔船頭〕漕《こ》げや艪櫂《ろかい》を　〔漕ぎ手〕ヤサホーホラ　ホォホイ

〔漕ぎ手〕ヤサホーホラ　ホォホイ

〽雨《あめ》が降《ふ》ろうと　嵐《あらし》が来《こ》ようと
漕《こ》ぐ手揃《てそろ》えて

〽①知人《しりと》の岬《みさき》が　チラリと見《み》える
陸《おか》じゃあの娘《こ》が

〽可愛《かわい》いあの娘《こ》の　手《て》を振《ふ》る姿《すがた》
霧《きり》がじゃまして

注①釧路港の南方にある岬。

北海道の仕事唄。北海道の東端に近い釧路《くしろ》市の西部、新富士や大楽毛《おたのしげ》の漁師たちが、鰊漁《にしんりょう》の折りに、船を漕《こ》ぎながら唄ってきたものである。

唄の履歴　この唄の源流は、北海道も積丹《しゃこたん》半島方面のヤン衆（季節労働者）が、沖に仕掛けた建て網と浜との間を往来する「サンパ船《ぶね》」（「サッパ船」とも。⬇前項）を漕ぐ、「流し櫂《かい》」（「三枚櫂」とも）の折りの掛け声である。この時は、最ものんびりと、ゆっくりと漕ぐ。船頭（音頭取り）が「ホーホーラ　ホーホイー」と唄う間は、漕ぎ手（ヤン衆）は櫂を流しておき、「ヤサホーホラ　ホーホイー」とはやす時に三回櫂を漕ぐ。

そうしたものが、ヤン衆の移動とともに釧路地方にも広まったが、そのうちに掛け声からしだいに唄としての色合いが濃くなってきた。積丹半島方面では、船頭と漕ぎ手とで「オーホーラ　ホーホー」を交互に二回ずつ繰り返したあと、「いくら大家の」と船頭が唄うと、漕ぎ手が「オーホーラ　ホー　ホー」と同じはやし詞を掛けていく形式を取っている。これに対して、釧路では漕ぎ手のはやし詞を省いて、船頭が七七七調の歌詞を続けて唄うようになったのである。

一九六七年六月、NHKテレビ「ふるさとの歌まつり」の中で、地元釧路の中村敏衛がこの唄を唄った。当時は、ちょうど埋もれている唄が次々にマスコミに登場してくる時期で、同地の川上忠雄がすぐにこの番組の唄を元に、今日の形に整え直した。

ところが、この時、「ホーホラ　ホーホイー」という掛け声部分がアイヌの唄のように思えたことから、アイヌメノコ（少女）の「舟唄」にして世に出そうと考えた関係者が、釧路アイヌの長老山本多助や釧路市公民館館長丹葉節郎に参加を願った。そのため、本来は漁師の民謡だったものがアイヌメノコの、唱歌のような唄になってしまった。これに札幌市の民謡家佐々木孝が伴奏をつけ、一九六八年三月、釧路公民館で、川上忠雄の手により発表会が催された。レコード化は七〇年六月二四日で、川上がコロムビアレコードに吹き込んだ。それ以来、アイヌメノコの唄ということで、女性の民謡愛好者の間に広まっていった。

節まわしの型　今日広く唄われている節まわしは、川上忠雄のものである。

北洋節《ほくようぶし》

〽晴《は》れの①出船《でふね》の　黒煙《くろけむり》
海《うみ》だ男《おとこ》の　行《ゆ》く所《ところ》
たとえ飛沫《しぶき》に　濡《ぬ》れよとて
鳴《な》いてくれるな　浜千鳥《はまちどり》

〽昇《のぼ》る朝日《あさひ》の　②北洋《ほくよう》に
躍《おど》る黄金《こがね》の　鱗波《うろこなみ》
水産日本《すいさんにほん》　この腕《うで》に
かけた男《おとこ》の　花《はな》が咲《さ》く

〽③はやて④千里《せんり》の　波枕《なみまくら》
俺等《おいら》船乗《ふなの》り　度胸《どきょ》まかせ
唄《うた》う鷗《かもめ》の　心意気《こころいき》
なんで惜《お》しかろ　この命《いのち》

〽⑤北斗星座《ほくとせいざ》の　夢《ゆめ》乗《の》せて
揺《ゆ》れるマストに　大漁旗《たいりょばた》
会《あ》えば別《わか》れる　身《み》じゃとても
明日《あす》は港《みなと》だ　腕《うで》が鳴《な》る

注①鮭鱒漁・蟹漁・鱈漁などのために、北洋へ向けて出航していくこと。
②北太平洋と、ベーリング海・オホーツク海。
③急に激しく吹き起こる風。疾風。
④約三九二七キロ。

⑤北斗七星。

北海道の、酒盛り唄形式の新民謡。北海道の中心、札幌市の人たちが、酒席で唄ってきたものである。

唄の履歴　この唄は、北海道根室（根室市）地方の蟹缶詰《かにかんづめ》工場で女工たちが唄っていた『ナット節』（二〇ページ）に、一九三七年頃、札幌の沢田貞美が新しい歌詞をつけたものである。理由は、女工が唄う『ナット節』の歌詞は卑猥《ひわい》で、放送には向かなかったためである。その折り、節まわしも、札幌の民謡家、今井篁山《こうざん》が改めて重厚な唄い方をし、しかも、開けゆく北海道を支える海の男たちのためにと、過度な表現で唄い広めた。それだけに、今となると少し不自然であるから、歌詞を改め、もっと素直に唄うほうがよいであろう。

節まわしの型　今日広く唄われている節まわしは、今井篁山のものである。

補足　歌詞は新たに作って、北海道の風物や、漁民など庶民の生活・人情を詠み込んだものに取り替えるほうがよい。

北海金掘り唄《ほっかいかなほりうた》

〽お米《こみ》や①三文《さんもん》する（アァドッコイサット）
鉱山《おやま》は盛《さか》る
（コラショット）
桝《ます》や②斗掻《とか》きでコーリヤァ　金計《きんはか》る
（アァチンカラカーン　チンカラカン）
（チンカラカンノ　ドッコイサ　コーラ
ショット）

〽③大雪山《だいせつやま》から　吹《ふ》きくる風《かぜ》は
鉱山繁昌《おやまはんじょ》と　吹《ふ》いてくる

〽④内地《ないち》出《で》る時《とき》ゃ　涙《なみだ》で出《で》たが
今《いま》は北海道《ほっかいど》で　笑《わら》い顔《がお》

〽浮世《うきよ》離《はな》れた　鉱山《おやま》に住《す》んで
花《はな》と月雪《つきゆき》　唄暮《うたぐ》らし

〽朝《あさ》も早《は》よから　⑤カンテラさげて
⑥坑内通《こないがよ》いも　主《ぬし》のため

〽親子《おやこ》二代《にだい》で　鉱山《おやま》に住《す》んで
孫《まご》が⑦道産子《どさんこ》で　三代目《さんだいめ》

〽よかれよかれや　諸山《もろやま》よかれ
まして我《わ》が鉱山《やま》　なおよかれ

〽二度《にど》と来《こ》まいぞ　⑧金山地獄《かなやまじごく》
来《く》れば帰《かえ》れる　あてもない

〽鶴《つる》が舞《ま》います　⑨鶴子《つるし》の山《やま》で
鉱山繁昌《おやまはんじょ》と　舞《ま》い下《さ》がる

注①「二束三文」の三文で、大変安い、の意。
②桝の中へ米や豆などを入れたあと、上を平らにならすための棒。
③北海道の中央部に広がる火山群の総称。旭岳（二二九〇メートル）を主峰とし、二千メートル級の山々が連なる。
④北海道の人たちが、本州をさす呼び名。
⑤携帯用の灯油ランプ。多くはブリキ製。
⑥炭坑の坑道内。
⑦北海道産の馬から転じて、北海道生まれの人。
⑧明治時代までの鉱山は、多発する落盤事故や、地下水浸出などのため、鉱夫の寿命は二、三年といわれた。それに、納屋制度による、下請けの親方の人使いの荒さも重なって、生き地獄と呼ばれていた。
⑨鶴子銀山。佐渡島（現新潟県佐渡市佐和田町）にあった銀山。一六世紀には日本最大の銀山として栄えた。この歌詞は、ここで作られたもの。

北海道の仕事唄。北海道南西部の轟《とどろき》金山の鉱夫たちが、爆薬を仕掛ける穴をくりぬく時に、「石刀《せっとう》」（柄の長い金槌《かなづち》）で石ノミをたたきながら唄ってきたものである。轟金山は小樽市の南隣りの赤井川村にあった鉱山で、一九〇四年に操業を開始したが、銀も産出した。（「石刀」と作業内容については六〇九ページ参照）

唄の履歴　この唄の源流は『別子《べっし》石刀節』（六〇八ページ）であろう。日本中の鉱山・炭坑や工事現場の「石刀節」は共通の節なので、その唄が採掘鉱夫の移動などによって日本中へ広まったものと思われる。

轟金山の場合は、佐渡島の相川金山（新潟県佐渡市相川町）の鉱夫が持ち込んだという話が残っており、それを裏づける歌詞（上掲最後のような）も伝わっている。その「石刀節」を、昭和三〇年代（一九五五～）に入って、札幌市の民謡家今井篁山《こうざん》が今日の節まわしにまとめて伴奏をつけ、『北海金掘り唄』と命名して自ら唄い広めた。

節まわしの型　今日広く唄われている節まわしは、今井篁山のものである。

北海《ほっかい》けんりょう節《ぶし》

上の句

〽さても　アァー目出度《めでた》い　①松前様《まつまえさま》よ

口説《くどき》

②割菱御紋《わりびしごもん》は　③綾《あや》④錦《にしき》
前《まえ》に大漁《だいりょ》の　海原《うなばら》や
⑤岳《だけ》の千軒《せんげん》　黄金《こがね》湧《わ》く
城《しろ》は栄《さか》えて　⑥千代八千代《ちよやちよ》
中《なか》は鶴亀《つるかめ》　⑦五葉《ごよ》の松《まつ》
枝《えだ》も栄《さか》えて　葉《は》も茂《しげ》る

下の句

アァ鶴々《つるつる》と　アァー〔⑧鳴《な》き〕　明《あ》ける国《くに》

〽さても目出度《めでた》い　元旦《がんたん》や
年《とし》の初《はじ》めに　千代八千代《ちよやちよ》
鶴《つる》の一声《ひとこえ》　⑨祝《いわ》わなん

⑩若水汲《わかみずく》んで　⑪屠蘇酒《とそざけ》に
⑫一富士二鷹《いちふじにたか》　三茄子《さんなすび》
明《あ》けて嬉《うれ》しや　⑬初夢《はつゆめ》か

〽さても珍《めずら》し　この家《や》の座敷《ざしき》
奥《おく》の座敷《ざしき》は　⑭涼《すず》み座敷《ざしき》
⑮六尺屏風《ろくしゃくびょうぶ》を　立《た》てまわし
⑯折《お》り目《め》折《お》り目《め》に　鷹《たか》を描《か》く
鷹《たか》はさえずる　なんと聞《き》く
福々《ふくふく》と　福《ふく》を呼《よ》ぶ

注

①松前藩主、松前氏のこと。
②松前氏の家紋。菱形を、「×」の線によって四等分した形。
③交差させた縦糸または横糸の浮きが布面に斜線となって表れた、美しい絹織物。
④金銀糸や色糸を縦横に交差させて美しい模様を織り出した、厚手の絹織物。
⑤松前半島中央部の大千軒岳（一〇七二メートル）。江戸時代には松前藩の金山があった。
⑥何千年もの、長い年月。
⑦五葉松。松科の常緑高木。山地に自生。高さ三〇メートルになるが、庭木や盆栽にする。針形の葉が五本ずつ小枝に密に束生し、夫婦と三人の子にたとえて一家繁栄の象徴とされる。
⑧下の句は、本来は七五調であるが、現在は二音欠いたまま唄われている。本来の語と思われる「鳴き」を補って唄うほうがよい。
⑨〔鶴が一声発するように〕祝って欲しい。
⑩元日の朝に、その年初めて井戸から汲んだ水。霊力が宿っているとして年神に供え、調理やお茶に用いる。
⑪お正月に、一年の邪気を払い、延命を願って飲む薬酒。
⑫初夢に見ると目出度いとされるもの。
⑬その年最初に見る夢。元日の夜や、二日の朝または夜見た夢をさすのが一般的。よい夢を見ると幸せになるという。
⑭よく風が通るように工夫してある座敷。
⑮高さ、約一・八メートルの屏風。
⑯屏風は、幅三尺ごとに折れるようになっている。その各面に。

北海道の祝い唄。北海道南西部の渡島《おしま》半島の西側、日本海に面した江差《えさし》港（檜山郡江差町）の人たちが、祝いの席で唄ってきたものである。

唄の履歴　この唄の源流は、新潟県下の『越後《えちご》松坂』（三九三ページ）である。それが、江戸時代後期に、座頭や瞽女《ごぜ》など盲目の遊芸人によって日本中へ広められ、東北地方から、さらに北海道にまで伝えられた。

その唄は、座頭の最高位である「検校《けんぎょう》」を座頭の尊称として用いたため、「座頭の唄」で「検校節」（訛《なま》って「けんりょう節」）と呼ばれた。これに「謙良節」という漢字をあてるのはよくない（➡三九五ページ）。

さて、『北海けんりょう節』の歌詞で北海道のことを詠んだものは冒頭に掲げた一首しかなく、他はすべて『津軽けんりょう節』と同じものである。また、節まわしは成田雲竹（青森県西津軽郡森田村〈現つがる市内〉出身）の『津軽けんりょう節』そのままである。加えて、『津軽けんりょう節』は雲竹が旧南部藩領内の現岩手県二戸《にのへ》市浄法寺《じょうぼうじ》町の駐在所に勤務していた頃に覚えたものらしく、津軽にはほかに「けんりょう節」は存在しない。これらのことを考え合わせると、現在の『北海けんりょう節』は雲竹の『津軽けんりょう節』を焼き直したもので、それも昭和三〇年代（一九五五〜）の民謡ブームの中で作られたものと思われる。

その『北海けんりょう節』、一九八〇年の「第三回日本民謡大賞」（日本テレビ主催）で松本知一《ともいち》が唄って優勝してから、広く唄われるようになった。

節まわしの型　今日広く唄われている節まわしは、松本知一のものである。

北海大漁節《ほっかいたいりょうぶし》

〽ハァー春《はる》は海《うみ》からヨー　景気《けいき》があがるヨー
　エー（チョイサー）
烏賊《いか》に鮭鱒《さけます》チョイィ　ヤーレン　ソーラン
ソーラン　鰊船《①にしんぶね》ヨー
《繰り返し》〔祝い座敷の同席者〕
ヤーレン　ソーラン　ソーランン　鰊船《にしんぶね》ヨー

〽②大漁大漁《たいりょたいりょ》だ　踊《おど》りもはずむ
婆《ばば》も娘《あね》コも　にぎやかに

〽鰊《にしん》待《ま》ち待《ま》ち　船頭衆《せんどしゅ》は浜《はま》で
あの娘《こ》待《ま》つより　気《き》が揉《も》める

〽恋《こい》の③枠網《わくあみ》　わたしは鰊《にしん》
あなたまかせの　タモ④しだい

〽嬶《かか》よ喜《よろこ》べ　何《なに》か買《か》ってやろか
今年《ことし》や鰊《にしん》で　浜大漁《はまだいりょ》

〽漁場《ぎょば》の育《そだ》ちで　働《はたら》き者《もの》に
娘《むすめ》やりたや　銭《ぜに》コ添《そ》えて

〽大漁続《たいりょつづ》ける　千両万両《せんりょうまんりょ》
網《あみ》も⑤鰊《にしん》で　黄金色《こがねいろ》

〽金波銀波《きんぱぎんぱ》の　飛《と》び散《ち》る飛沫《しぶき》
沖《おき》じゃ大漁《たいりょ》の　旗印《はたじるし》

注①鰊漁で、沖合いに仕掛けた定置網と浜との間を往来する和船。長さ二五尺〜三五尺（約七・六メートル《メートル》〜一〇・六メートル《メートル》）で、六〜八人乗り。「サンパ船《ぶね》」「サッパ船」と呼ぶ。
②「大漁大漁で」は誤唱。松本一晴作詞は「大漁大漁だ」である。
③漁網にかかった多量の鰊を、一時的に集めておくための網。
④タモ網。長い柄のついた、袋状の網で、枠網の鰊を船上へ汲みあげるのに用いる。
⑤鰊の卵（数の子）で。

北海道の、祝い唄形式の新民謡。北海道は、鰊《にしん》漁《りょう》という巨大産業が育ちながら、歴史が浅いのと、定住者が少なく、出稼ぎ労働者（ヤン衆）を中心に漁を行ったため、大漁祝い唄は存在しない。そこで作られたのがこの唄である。

唄の履歴　この唄の作詞者は松本一晴、作曲者は須藤隆城《りゅうじょう》である。一九五〇、五一年頃、札幌市の民謡家須藤隆城は、『八木節《やぎぶし》』（栃木・群馬）の唄い出し「ハー」の節と『ソーラン節』（一三ページ）のはやし詞《ことば》を組み合わせて、今日の『北海大漁節』の曲だけを作り上げた。しかし、歌詞はないので、在来の民謡の歌詞をあてはめ、弟子たちに唄わせていた。そのため、曲名もなかった。

ところが一九五二年五月、札幌市狸小路のレコード店、菊屋にセールスに来た松本一晴が、菊屋の主人菊地七郎の紹介で須藤と会い、この唄を聞いた。翌五三年、松本は勝手に今日の歌詞を作り、曲名も「北海大漁踊り唄」とつけて須藤の所へ持ち込んだ。そして、すぐに須藤の弟子、佐々木登紀恵の唄で発表させた。

その後、コロムビア札幌営業所から東京の本社へ、近頃札幌ではやっている唄があるという連絡が入り、東京在住の唄い手でレコード化された。その「北海大漁踊り唄」は、昭和三〇年代（一九五五〜）中頃になって、『北海大漁節』と改名された。

節まわしの型　今日広く唄われている節まわしは、佐々木登紀恵のものである。

北海鱈釣り口説《ほっかいたらつりくどき》

上　げ

〽オイィヤー　サーエー
（アァキタコラ　サッサー）

口説《くどき》

〽①上《かみ》で言《い》うなら　②神威《かむい》の岬《さき》よ
次《つぎ》に③美国《びくに》　④丸山《まるやまみさき》岬
⑤下《しも》で言《い》うなら　⑥オタモイ様《さま》よ
上《のぼ》り⑦一町《いっちょう》に　下《くだ》りも一町《いっちょう》

（アァキタコラ　サッサー）

アァ都合《つごうあ》合わせて　二町《にちょう》の山《やま》よ
折《お》りと折《お》りとに　参詣《さんけ》をいたし
参詣《さんけ》いたした　⑧その折《お》りからに
⑨奉納米《おさんごま》撒いては　⑩柏手《かしわで》たたく

（アァキタコラ　サッサー）

下の句

わしの⑪願《ねが》いが　叶《かの》うたならば

（アァキタコラ　サッサー）

〽五月戻《ごがつもど》りに　⑫縁幕《えんまく》あげる
わしの居所《いどころ》　尋《たず》ねて聞《き》けば
わしの居所《いどころ》　⑬弁天様《べんてんさま》よ
嫌《いや》な稼業《かぎょう》は　鱈釣《たらつ》り稼業《かぎょう》
若《わか》い者《もの》から　年寄《としょ》りまでも
涙《なみだ》こぼさぬ　人《ひと》とてないや
鶏《とり》と一緒《いっしょ》に　早起《はやお》きいたし
朝日頂《あさひいただ》いて　⑭飯鍋《ままなべ》かけて
餌《えさ》を切《き》り切《き》り　居眠《いねむ》りなさる

〽さァさ船頭《せんど》さん　支度《したく》はよいか
飯《めし》を食《た》べたら　⑮帆柱《ほばしら》立《た》てて
⑯気嵐《けあらし》立《た》つ中《なか》　帆《ほ》を捲《ま》き上《あ》げて
⑰表《おもて》若《わか》い衆《しゅ》に　⑱漁労長《りょうふ》を頼《たの》む
⑲胴《どう》の間《ま》若《わか》い衆《しゅ》に　⑳帆足《ほあし》を頼《たの》む
㉑艫《とも》の船頭《せんど》に　㉒舵前《かじまえ》頼《たの》む
㉓舵《かじ》をだまして　きりきりねじる
指《さ》して行《ゆ》くのは　㉔雄冬《おふゆ》の沖《おき》よ
とろりとろりと　㉕厚苫《あとまえ》通《とお》る

〽さァさ船頭《せんど》さん　ここらはどうだ
㉖推石《ちぢ》をドンとやりゃ　㉗百五十尋《ひゃくごじゅうひろ》よ
さァさ船頭《せんど》さん　㉘縄打《なわう》ちましょか
縄《なわ》もよう打《う》った　㉙三十五枚《さんじゅうごまい》
打《う》ってしばらく　休《やす》もじゃないか
頃《ころ》はいつよと　尋《たず》ねて聞《き》けば
頃《ころ》は正月《しょうがつ》　十六日《じゅうろくにち》の
二日三日《ふつかみっか》の　㉚げんべの疲《つか》れ
眠《ねむ》り過《す》ごせば　兄貴《あにき》が起《お》こす

〽さァさ若《わか》い衆《しゅ》　起《お》きよじゃないか
㉛積丹岳《しゃこたんだけ》の　雲行《くもゆ》き見《み》れば
㉜西《にし》か㉝玉風《たまかぜ》　㉞ひかたの風《かぜ》よ
㉟昔年寄《むかしとしょ》りの　たとえを聞《き》けば
ひかた風《かぜ》とは　㊱人取《ひとと》る風《かぜ》だ

家《うち》へ帰《かえ》れば　親方厳《おやかたきび》し
なんぼ親方《おやかた》　厳《きび》しばとても
縄《なわ》と命《いのち》は　替《か》えられしまい
縄《なわ》を切《き》り捨《す》て　逃《に》げよじゃないか

注①〔自分のいる所から見て〕京都の皇居（江戸時代）に、より近い所をさす。ここでは南の方。
②神威岬。積丹半島の突端にある。
③現積丹郡積丹町内。積丹半島の北側にあり、鰊漁場として栄えた。
④古平漁港の北方にある小さな岬。周辺は、石狩湾の漁業根拠地。
⑤京都の皇居から、より遠い所をさす。ここでは北の方。
⑥オタモイ地蔵。小樽市オタモイ四丁目にある。一八四八年に場所請負人の西川徳兵衛が海難者供養のために建立。子授けや婦人病などに霊験があるという。「オタモイ」はアイヌ語で、砂浜の入り江、の意。
⑦六〇間（約一〇九メートル）。
⑧初吹き込みの時は「この折り」であったが、直前が過去形なので、「その折り」のほうがよい。
⑨拝む時に神社や祠へ向かってまく、少量の米。
⑩拝む時、両手の平を打ち合わせること。「柏木」は誤唱。
⑪「願いを」は誤唱。「を」なら、「叶えた」となるはず。
⑫神社やお堂の軒先にめぐらす、祭礼用の幕を奉納する。
⑬古平町大字港町辺り。弁天をまつる厳島《いつくしま》神社のある所。弁天は弁財天の略で、七福神の一。福徳・財宝・音楽・穀物などの神。女神で、宝冠をつけ、琵琶《びわ》を抱える。
⑭鍋で飯を炊くのは、釜を準備できない場合の便法。

⑮「帆を捲き上げて　今朝の嵐に　セミ元つめて」とも。
⑯北の海で、冬、気温が急激に下がった時、海面から水蒸気が発生して一面にもやがかかった状態になること。
⑰船首にいる若い漁師。
⑱漁の指揮を取る実権を持つ役職で、船長より実力者。
⑲船の中央部の、荷を積む場所。
⑳帆の下端が動かないように甲板に結びつける、何本もの麻綱。
㉑船尾。
㉒舵取りの役。
㉓力を入れたりゆるめたりしながら、舵を操作して。
㉔北海道の中西部、石狩・留萌《るもい》郡境にある岬。その先端は百メートルほどの断崖となって日本海へ落ち込んでいる。
㉕厚苦岬《あつとまみさき》のこと。アイヌ語の「アットマイ」（豊かな所）から。美国漁港の東方約二・五キロにある。付近は、有名な鰊漁場であった。
㉖水深を計るために海へ投げ込む石。
㉗約二七〇メートル。
㉘延縄《はえなわ》のこと。魚を釣るための漁具。一本の長い縄に、浮きのついた縄と釣り針のついた枝縄を沢山つけて海中に仕掛けるもの。
㉙延縄の長い縄は平たいざるに渦巻き状に入れ、枝縄と餌のついた針は、ざるの縁から外へ垂らす。そのため、延縄の仕掛けを一枚、二枚のように数える。
㉚さいころを用いて行う博奕《ばくち》。
㉛積丹半島の先端部にある火山（一二五五メートル）。
㉜西風。
㉝北海道の日本海沿岸では、シベリア大陸から吹き出してくる、強い北西風。
㉞同地方では、強い南西風。
㉟年寄りの中でも特に高齢の人。
㊱人の命を取る、の意。船が遭難しやすい風。

北海道の、遊芸唄形式の新民謡。北海道の中西部、それも日本海へ突き出た積丹《しゃこたん》半島の北側、古平《ふるびら》郡古平町の漁師たちが、鱈釣り船の様子を口説《くどき》節《ぶし》にあてはめたもので、「鱈釣り物語口説」というべきものである。

別名　一般に「鱈釣り唄」「北海鱈釣り唄」と呼ばれているが、そういう曲名では鱈釣り漁の仕事唄を連想するので、本書では「鱈釣り口説」とした（⬇後記）。

唄の履歴　この唄の源流は、越後《えちご》の『新保広大寺《しんぼこうだいじ》』（四〇五ページ）である。それは流行《はや》り唄となって日本中へ広まったが、その歌詞は七七七五調二十六音であった。ところが、越後の瞽女《ごぜ》たちは、上の句七七と下の句七五の間に、七七七七の四句を一単位にして入れて語っていく、長編の口説節に仕立て直した。

その「新保広大寺口説」を持って北海道へ渡った瞽女や、瞽女の唄を覚えた津軽・南部の「坊様《ぼさま》」や「ほいど」（⬇三五ページ）が、鰊漁《にしんりょう》のヤン衆（季節労働者）が住む番屋などをまわって唄い歩いた。こうしてこの口説節は、しだいに北海道中へ広まっていった。

一九五七年頃、古平町大字丸山町の田村栄蔵と大島豊吉（ともに一九〇四年生まれ）が、半年ほどかけて鱈釣り漁師の生活を歌詞にまとめ、先の口説節にのせて一九五八年に発表した。しかし、さして評判にならないままで終わった。ところが一九六四年、札幌市の民謡家旭吟城《あさひぎんじょう》が、古平町の北隣りの美国《びくに》（積丹郡積丹町大字美国町）でこの唄を聞き、すぐに尺八の松本晁章《ちょうしょう》と三味線の佐々木孝に頼んで節まわしを整え、伴奏をつけてもらった。そして、寺崎英治に唄わせたといわれている。

しかし、全く同系の唄『道南口説』（一六ページ）が、函館市の佐々木基晴《もとはる》によって復元され、世に出てきたのが一九六三年頃であり、その流行に刺激されて登場してきたこの唄の発表は、もう少しあとの、昭和四〇年代（一九六五～）に入ってではないかと考えられる。NHK札幌放送局の民謡番組プロデューサー、須藤辰雄（『北海大漁節』の作曲者須藤隆城の息子。旭吟城は隆城の門人）の話では、録音テープ（NHKの資料かもしれない）を寺崎英治に渡して節まわしの整理を命じ、伴奏は先の松本・佐々木両人に依頼し、一九六五年六月に初放送したという。この唄が世に出るきっかけは、このほうが本当のような気がする。あるいは、旭吟城が録音テープを須藤辰雄の元へ持ち込んだとすれば、話は一つにまとまることになる。ともあれ、一九七〇年六月二五日に、寺崎英治の唄を覚えた川原加代子が、この唄を「松前鱈釣り唄」の名でコロムビアレコードに吹き込んだ。

今日、古平町役場の向かい側に「たらつり節発祥の町」という碑が建っている。この記念碑の曲名であるが、日本民謡の曲名の命名法には、古来、決まりが存在している（詳しくは、NHKブックス「日本の民謡」参照）。その旧来の伝統にのっとれば、名詞＋動詞の連用形（「田植え」「草刈り」「木挽き」「艪漕《ろこ》ぎ」など）には「唄」をつけ、「節」は用いない。川原加代子が吹き込んだ時も、「鱈釣り唄」であった。

ところで、「鱈釣り唄」のように、名詞＋動詞の連用形に「唄」を加えた曲名は、日本民謡では「仕事唄」である。すなわち、「鱈釣り唄」は鱈釣り作業の折りの「仕事唄」であるはずである。しかし、この唄の内容は、遊芸人が語る「口説節」に、鱈釣り漁師物語の歌詞を加えた替え唄であるから、『道南口説』『雇い口説』などの範疇《はんちゅう》に入る。したがって、「鱈釣り口説」「古平漁師口説」といった曲名のほうが、内容にふさわしい。そのため、これから数十年後のことを考えて、本書では、曲名を『北海鱈釣り口説』に改めておく。

節まわしの型　今日広く唄われている節まわしは、寺崎英治の唄を覚えた川原加代子のものである。

補足　現在一般に唄われている歌詞は札幌市民謡界の人たちが唄っているもので、田村栄蔵と大島豊吉がまとめた歌詞とは異なる部分が、かなりある。

北海《ほっかい》たんと節《ぶし》

本　唄

〽ハァー一《ひと》つ日《ひ》の本《もと》　北海道《ほっかいどう》に
生《い》きるこの身《み》の　ありがたや　ありがたや
（ホイイ）

地《じ》　口《ぐち》

「①蝦夷《えぞ》はよい所《とこ》　野《の》も山《やま》も（ソレ）
昇《のぼ》る朝日《あさひ》に　鱗波《うろこなみ》」（ソレ）

後　唄

黄金銀《こがねしろがね》　たんとたんと
②相子《あいこ》の上作《じょうさく》　その③訳《わけ》だんよ

〽二《ふた》つ二人《ふたり》の　共稼《ともかせ》ぎなら
荒《あら》い波風《なみかぜ》　厭《いと》やせぬ
「逢《あ》いに④北見《きたみ》の　⑤鶴《つる》の舞《まい》
⑥拓北原野《たくほくげんや》の　真《ま》ん中《なか》で」
ともに手《て》を取《と》り　たんとたんと
相子《あいこ》の上作《じょうさく》　その訳《わけ》だんよ

〽三《みっ》つ港《みなと》にゃ　入《い》り船出船《ふねでふね》
間《あい》の連絡《れんらく》　宝船《たからぶね》
「⑦花《はな》の⑧函館《はこだて》　⑨夜《よる》知《し》らぬ
謎《なぞ》は⑩手宮《てみや》の　⑪古代文字《こだいもじ》」
思案顔《しあんがお》して　たんとたんと
相子《あいこ》の上作《じょうさく》　その訳《わけ》だんよ

〽四《よっ》つ夜明《よあ》けの　鐘《かね》鳴《な》り渡《わた》る
都《みやこ》⑫札幌《さっぽろ》　人通《ひとどお》り
「遠《とお》い流《なが》れの　⑬石狩川《いしかりがわ》に
可愛《かわい》い鈴蘭《すずらん》　浮《う》いて来《く》る」
秋《あき》は⑭秋味《あきあじ》　たんとたんと
相子《あいこ》の上作《じょうさく》　その訳《わけ》だんよ

〽五《いっ》つ粋《いき》だよ　空焼《そらや》く煙《けむり》
裸一貫《はだかいっかん》　⑮黒《くろ》ダイヤ
「炭坑《たんこう》暮《ぐ》らしは　⑯後生楽《ごしょうらく》で
⑰浮世波風《うきよなみかぜ》　とんと知《し》らぬ」
⑱竪坑《たてこう》⑲三千尺《さんぜんじゃく》　たんとたんと
相子《あいこ》の上作《じょうさく》　その訳《わけ》だんよ

〽六《むっ》つ⑳室蘭《むろらん》　製鉄場《せいてつじょう》に
燃《も》ゆる男《おとこ》の　腕《うで》を振《ふ》り
「平和日本《へいわにほん》の　再建《さいけん》に
日頃鍛《ひごろきた》えた　この体《からだ》」
国《くに》のためなら　たんとたんと
相子《あいこ》の上作《じょうさく》　その訳《わけ》だんよ

〽七《なな》つ波間《なみま》に　群《む》れ立《た》つ鷗《かもめ》
踊《おど》る若《わか》い衆《しゅ》　大漁旗《たいりょばた》
「船《ふね》は帆《ほ》まかせ　度胸《どきょ》まかせ
若《わか》い船頭《せんど》さんの　粋《いき》なこと」
浜《はま》じゃ娘《むすめ》が　たんとたんと
相子《あいこ》の上作《じょうさく》　その訳《わけ》だんよ

〽八《やっ》つ山《やま》なら　㉑大雪山《だいせつざん》の
自然《しぜん》の名所《めいしょ》や　㉒旭川《あさひかわ》
「㉓十勝平野《とかちへいや》に　㉔金《かね》が降《ふ》る
㉕狩勝峠《かりかちとうげ》の　㉖時雨《しぐれ》どき」

締《し》めた帯広《㉗おびひろ》　たんとたんと
相子《あいこ》の上作《じょうさく》　その訳《わけ》だんよ

〽九《ここの》つ恋《こい》しや　阿寒湖《㉘あかんこ》めぐり
情《なさ》け釧路《㉙くしろ》の　灯《ひ》が招《まね》く
「主《ぬし》と根室《㉚ねむろ》は　霧《きり》の中《なか》
沖《おき》の汽笛《きてき》が　気《き》にかかる」
㉛やませ吹《㉜ふ》いたら　たんとたんと
相子《あいこ》の上作《じょうさく》　その訳《わけ》だんよ

〽十《とお》に椴山《㉝とどやま》　切《き》り開《ひら》いても
まだまだ広《ひろ》いのは　北海道《ほっかいどう》
「おいでおいでと　野山《のやま》が招《まね》く
来《き》てみりゃのどかな　楽天地《らくてんち》」
ほんによいよい　たんとたんと
相子《あいこ》の上作《じょうさく》　その訳《わけ》だんよ

注①明治以前の北海道の呼び名。
②「相子」は拳遊びで引き分け、「上作」は上出来。したがって、「引き分けで上出来だ」の意であろう。
③そういう訳ですよ。「だんよ」は、「ダンノオ節」のはやし詞「ダンノオ」が訛ったもの。
④北海道の北東部、オホーツク海に面した旧国名で、現北見市・網走市・稚内市・紋別市、及び網走支庁（四郡）・宗谷支庁（四郡）。「来た」を掛ける。
⑤雄と雌が向き合って翼を広げ、求愛のために跳びはねている様子をいう。
⑥現旭川市江丹別町を中心とする原野。
⑦はなやかで、美しい。
⑧函館市。
⑨函館の盛り場は、夜どおし、昼のようににぎやかだ。
⑩小樽市手宮町。
⑪手宮洞窟（海食洞）の壁に刻まれた、象形文字様のもの。古代文字かどうかは未詳。
⑫札幌市。
⑬北海道中央部の石狩岳に発し、西流、南西流して石狩湾へ注ぐ川（約三六五キロ）。長さは北海道一。
⑭鮭のこと。
⑮石炭のこと。
⑯なんの苦労も感ぜず、のんきに暮らすこと。
⑰世の中の辛いこと。
⑱地下の石炭採掘現場へ通じる坑道で、地表から垂直に掘って作ったもの。
⑲約九百メートル。ただし、実数ではなく、「白髪三千丈」のような表現で、非常に深い、という意味。
⑳室蘭市。
㉑北海道の中央部に広がる火山群の総称。旭岳（二二九〇メートル）を主峰とし、二千メートル級の山々が連なる。
㉒旭川市。
㉓北海道の南東部、十勝川の中・下流域に広がる平野。
㉔小豆《あずき》（「赤いダイヤ」と呼ばれる）の収穫が多いことをいう。
㉕日高山脈の北部、上川郡新得町と空知郡南富良野町の境にある峠（七二六メートル）。
㉖時雨の降る頃。「時雨」は、初冬の雨で、しばらくの間激しく降ってはやみ、降ってはやみするもの。
㉗帯広市。
㉘北海道の北東部、釧路市阿寒町にある湖。周囲約二三キロ。マリモで有名。
㉙釧路市。
㉚根室市。「眠ろう」を掛ける。
㉛北海道の太平洋沿岸では、夏に吹く、冷たい、北東〜東の風。
㉜やませが吹いたら、海は時化て不漁になるし、冷害になるし、気をつけないと、の意。
㉝椴松の生い茂っている山。椴松は松科の常緑高木で、北海道・南千島・サハリン等に自生。高さは三〇メートルほどになる。

北海道の遊芸唄。北海道の中心、札幌市の民謡家たちが、舞台上などで好んで唄ってきたものである。

唄の履歴　この歌の源流は『秋田たんと節』（一〇七ページ）である。それを、黒沢三一（現秋田県大仙市太田町出身）が、一九三六年頃、コロムビアレコードに吹き込んだところ、大変な人気を集めた。そこで、津軽の民謡家高谷左雲竹《たかやさうんちく》が、一九三七、三八年頃に、『津軽じょんがら節』の前奏を加え、津軽式の小節を加えた、歯切れのよい、熱っぽい唄い方の『津軽たんと節』を作り出した。

その唄を聞いた札幌市の民謡家今井篁山《こうざん》が、沢田貞美（『北洋節』の作詞者）に新しい歌詞を作ってもらい、節まわしを整理した。そして、三九年頃に、山田栄一（ポリドール専属の作曲家。以前は札幌の映画館の活弁の音楽指揮者）の編曲、ポリドール管弦楽団の伴奏でレコードに吹き込み、大当たりを取った。そのため、この『北海たんと節』は北海道中へ広まっていった。

節まわしの型　今日広く唄われている節まわしは、今井篁山のものである。

補足　昭和一〇年代（一九三五〜）に作られた歌詞なので、今日の民謡としてはなじまないところがある。そうした点は、北海道の風物や、庶民の生活・人情などを詠んだものに取り替えるほうがよい。

北海《ほっかい》にかた節《ぶし》

〽新潟《にがた》①　浜中《はまなか》②の　花売《はなう》り婆様《ばさま》
花《はな》も売《う》らずに　油《あぶら》③　売《う》る

〽新潟《にがた》④うきみに　誠《まこと》があれば
丸《まる》い卵《たまご》も　角《かく》となる

〽蝦夷《えぞ》⑤の厚司《あつし》⑥は　寒《さむ》さをしのぐ
着《き》てもみしゃんせ　都人《みやこびと》⑦

〽新潟《にがた》⑧さんには　惚《ほ》れては駄目《だめ》よ
明日《あす》は出船《でふね》で　泣《な》き別《わか》れ

〽押《お》せや押《お》せ押《お》せ　船頭《せんど》も水手《かこ》⑨も
押《お》せば港《みなと》が　近《ちか》くなる

注①現新潟県新潟市。この歌詞でも、「にかた節」が越後生まれであることがわかる。
②浜辺の中ということらしい。
③無駄話をして、時間を無駄にする、の意。
④芸者のこと。
⑤明治以前の北海道の呼び名。
⑥アイヌ語。オヒョウ（ニレ科の落葉高木）の内皮の繊維を織って作った衣服。
⑦北海道の港の人たちにとっては、江戸の人よりは、船の往来で身近な京・大坂の人のことと見るほうがよいであろう。
⑧北前船の船乗り。大坂方面から新潟を経由してやってくるための呼称。
⑨船の乗組員で、船頭以外の者。

北海道の遊芸唄。北海道の中西部、それも港町小樽《おたる》（小樽市）を中心とする日本海沿岸部で、唄を商売にしてまわる瞽女《ごぜ》や、坊様《ぼさま》・「ほいど」と呼ばれた人たちが唄っていたものである。

瞽女は、三味線をひき、唄を唄って門付けをする、盲目の女芸人である。坊様は、盲目の、男の遊芸人である。

そして、「ほいど」（祝詞人《ほぎびと》の転）は、祝福芸のお礼に金品・米などをもらい歩いた人たちのことで、のちには乞食《こじき》と混同された。

唄の履歴　この唄の源流は、新潟県下の『越後《えちご》松坂』（三九三ページ）である。それは、のちに「〽新潟松坂　習いたかござれ…」などの唄い出しから「新潟節」（訛って「にかた節」）と呼ばれた。その唄が帆船の船乗りや、瞽女・座頭など盲目の遊芸人によって日本中へ広まり、小樽にも伝えられた。

この「にかた節」に「荷方節」という漢字をあてるのは、荷物運びの仕事唄を連想させるので、さけるべきである。

さて、北海道へ渡った遊芸人が本州で食いつめた人たちだったせいか、番屋のヤン衆（季節労働者）相手に唄った唄だったせいか、小樽の「にかた節」は、かなりあくの強い、したたかな唄になっていた。ところが、一九五四年頃に秋田県の永沢定治が小樽の芸人歌子からこの「にかた節」を習い、浅野梅若の協力を得て『秋田にかた節』（一一二ページ）にまとめあげた。そして、それをレコードに吹き込むと、この曲のほうが有名になった。そのため、『北海にかた節』は『秋田にかた節』のまがいもののように思われてしまっているが、両者には、かなりの違いがある。

節まわしの型　今日広く唄われている節まわしは、坂元琴江や佐々木登紀恵のものである。

北海《ほっかい》盆唄《ぼんうた》

〽ハァーはやし太鼓《たいこ》に（アァードシタードシター）　手拍子《てびょうし》コラ揃《そろ》えヨー
（アァ　ソレカラ　ドシター）
櫓《やぐら》ナァ櫓囲《やぐらかこ》んでコーリャ（アァ　ヤーレット）　アァレッサナー盆踊《ぼんおど》りヨー
（ハーエンヤー　コーラヤット　ドッコイ　ドッコイ　ドッコイナット）

〽北海名物《ほっかいめいぶつ》　数々《かずかず》あれど
おらが国《くに》サの　盆踊《ぼんおど》り

〽踊《おど》り見《み》に来《き》て　踊《おど》りの中《なか》で
いつか手《て》を振《ふ》る　浴衣《ゆかた》がけ

〽唄《うた》に誘《さそ》われ　太鼓《たいこ》に魅《ひ》かれ

北海道

今来《いまき》たこの道《みち》　二度三度《にどさんど》
〽踊《おど》り揃《そろ》うて　輪《わ》になる頃《ころ》は
月《つき》も浮《う》かれて　丸《まる》くなる

〽波《なみ》の花散《はなち》る　①津軽《つがる》の海《うみ》を
越《こ》えて②蝦夷地《えぞち》へ　いつ来《き》たか

〽③来《き》たは十七《じゅうしち》　蕾《つぼみ》の頃《ころ》に
今《いま》は二十一《にじゅういち》　花盛《はなざか》り

〽唄《うた》えはやせよ　叩《たた》けよ太鼓《たいこ》
月《つき》の世界《せかい》に　届《とど》くまで

〽山《やま》で暮《く》らせば　わびしいものよ
水《みず》に④辛夷《こぶし》が　散《ち》るばかり

〽山《やま》は⑤大雪《だいせつ》　雲間《くもま》に晴《は》れて
蝦夷《えぞ》の昔《むかし》を　語《かた》るやら

〽⑥阿寒大雪《あかんだいせつ》　⑦支笏《しこつ》に⑧洞爺《とうや》
つきぬ絵巻《えまき》の　北《きた》の国《くに》

〽恋《こい》の⑨大沼《おおぬま》　情《なさ》けの⑩小沼《こぬま》
燃《も》ゆる想《おも》いの　⑪駒ケ岳《こまがたけ》

〽三味《しゃみ》が聞《き》こゆる　湯《ゆ》の町月夜《まちづきよ》
沖《おき》にゃ⑫漁《いさ》り火《び》　鳴《な》く千鳥《ちどり》

〽盆《ぼん》が来《き》たのに　踊《おど》らぬ者《もの》は
木仏金仏《きぶつかなぶつ》　石仏《いしぼとけ》

〽⑬五里《ごり》も六里《ろくり》も　山坂越《やまさかこ》えて
会《あ》いに来《き》たのに　帰《かえ》さりょか

〽盆《ぼん》が来《き》たたって　お正月来《しょうがつき》たたって
親父《おやじ》が着《き》せなきゃ　丸裸《まるはだか》

〽⑭チャンコ茶屋《ちゃや》の嬶《かか》　お茶出《ちゃだ》せ茶出《ちゃだ》せ
煙草盆出《たばこぼんだ》せ　煙管出《きせるだ》せ

〽浜《はま》は大漁《たいりょ》で　砂利《じゃり》まで⑮光《ひか》る
娘《あね》コ年頃《としごろ》　肌光《はだひか》る

〽踊《おど》り踊《おど》る娘《こ》が　なぜ足袋《たび》はかぬ
はけば汚《よご》れる　裾切《すそき》らす

〽そよぐ夜風《よかぜ》に　誘《さそ》いの太鼓《たいこ》
月《つき》の世界《せかい》に　届《とど》くまで

〽主《ぬし》が唄《うた》えば　踊《おど》りが締《し》まる
櫓太鼓《やぐらだいこ》の　音《ね》もはずむ

〽消《け》すな灯台《とうだい》　またつく気《き》なら
可愛《かわ》い夜船《よぶね》の　帰《かえ》るまで

〽海苔《のり》かするめか　⑯松前乙女《まつまえおとめ》
磯《いそ》の香《か》がする　味《あじ》がする

〽沖《おき》でドントは　波音瀬音《なみおとせおと》
陸《おか》でドントは　⑰樽《たる》ばやし

〽盆《ぼん》の踊《おど》りに　つい見初《みそ》められ
嫁《よめ》にくれとは　恥《は》ずかしや

〽踊《おど》り上手《じょうず》な　あの娘《こ》の笑顔《えがお》
月《つき》も見《み》とれて　足止《あしと》める

〽俺《おれ》もお前《まえ》も　⑱道産子《どさんこ》どうし
というて鰊《にしん》の　子《こ》ではない

〽空《そら》の星《ほし》さえ　夜遊《よあそ》びなさる
わしの夜遊《よあそ》び　無理《むり》はない

〽⑲小樽《おたる》晴《は》れても　⑳高島曇《たかしまくも》れ

曇《くも》[21]りゃ大漁《たいりょ》が　続《つづ》くわけ
〽海《うみ》が呼《よ》ぶ呼《よ》ぶ　飛沫《しぶき》が招《まね》く
咲《さ》いたハマナス[22]　誰《たれ》を待《ま》つ

注①津軽海峡。
②明治以前の北海道の呼び名。
③北海道に渡って来たのは。
④木蓮科の落葉高木。春、葉が出ないうちに白い花をつけるため、春告げ花になっている。
⑤大雪山。北海道の中央部に広がる火山群の総称。旭岳（二二九〇メートル）を主峰とし、二千メートル級の山々が連なる。
⑥阿寒湖。北海道北東部にある。周囲約二六キロ。
⑦支笏湖。北海道南西部にある。周囲約四〇キロ。
⑧洞爺湖。支笏湖の南西にある。周囲約四五・五キロ。
⑨北海道南西部、渡島半島の東部にある。周囲約二四キロ。
⑩大沼の西隣りにある。周囲約一六・三キロ。
⑪大沼の北方にそびえる火山（一一三三メートル）。
⑫夜、魚を誘い集めるために、舟の上でたく火。
⑬約一九・六キロ。
⑭女郎屋。「チャンコ」は、女性性器の意の越後方言が北海道入りしたもの。
⑮鰊のうろこで。
⑯北海道娘。「松前」は、北海道の南西端、渡島半島の南西部にあった旧藩名。ここでは、北海道全体をさす。
⑰盆踊り唄の伴奏のために、空き樽をたたく音。
⑱北海道産の馬から転じて、北海道生まれの人。
⑲現小樽市。
⑳高島岬。現小樽市の北端にあり、石狩湾へ突き出ている。付近は、代表的な鰊漁場であった。
㉑曇りの日は、鰊の大群が産卵のために岸近くへ寄ってくる。
㉒バラ科の落葉低木。海岸に群生する。とげがあり、夏にバラのような紅色の五弁花をつける。実は赤くて丸い。

北海道の盆踊り唄。北海道の中央部、夕張《ゆうばり》市の炭坑を中心として暮らしてきた人たちが、お盆に唄い踊ってきたものである。

唄の履歴　この唄の源流は、越後《えちご》（新潟県）の北部、北蒲原《かんばら》地方に広く分布している盆踊り唄の「甚句《じんく》」である。それは日本中へ広まって、『相馬盆唄』（福島）・『三浜《さんぴん》盆唄』（茨城）・『日光和楽踊り』（栃木）・『秩父《ちちぶ》音頭』（埼玉）など、多くの盆踊り唄を生んだ。これらの唄の特徴は、七七七五調の歌詞の四句目の前に「アレサ」（または「ヤレサ」）が入ることである。そこで、民謡研究家の町田佳聲《かしょう》は、この系統の唄に「アレサ型（ヤレサ型）盆踊り唄」と命名した。

さて、その越後の盆踊り唄は、明治時代の初めに北蒲原方面から入植した人たちによって北海道へ持ち込まれた。初期の入植者たちは、海の玄関口である小樽市周辺に住みつくことが可能であったが、あとから移ってきた人たちや、この辺りでこれといった職業につけなかった人たちは、しだいに内陸部へと流れていった。そうした人たちが当時落ち着く先はといえば、炭坑であった。そのため、夕張炭坑での「盆踊り唄」は、越後時代の歌詞と節で唄われていた。その後、この唄は、炭坑夫が各地の炭坑へ移動することによって、北海道一円の炭坑へ広まっていった。

太平洋戦争に敗れてまもなくの一九四五年八月二三日、NHKは時の政府の復興政策の一環として、炭坑で働く人たちの慰安のために「炭坑へ送る夕べ」というラジオ番組を開始した。その中で、この唄が「北海炭坑節」の名で紹介された。そして、一九五二年になって、札幌市の民謡家今井篁《こう》山《ざん》がキングレコードに吹き込むと、本州でも、しだいに唄う人たちが出てきた。

その後、一九五八年秋、流行歌手三橋美智也《みはしみちや》が、流行歌調の節まわしに改めた唄をレコード化したが、これは、当時キングレコードで民謡の編曲を担当していた山口俊郎の手による編曲である。これが爆発的な流行をし、『北海盆唄』は、あっという間に日本中へ広まった。

節まわしの型　今日広く唄われている節まわしは、北海道では今井篁山のもの、本州以西では三橋美智也のものである。

北海《ほっかい》ヨサレ節《ぶし》

上の句

〽ハァー揃《そろ》た揃《そろ》たよ　踊《おど》り手《て》が揃《そろ》た
（コイサッサー）

口説《くどき》

手足《てあし》引《ひ》く手《て》に　科《しな》[1]つけて
唄《うた》が揃《そろ》えば　気《き》も揃《そろ》う

下の句

みんな揃《そろ》うて　ヨサレ節《ぶし》　ヨサレ　ソーラ

北海道

ヨーイー
（ハァエンヤー　コーラヤット　ドッコイ　ドッコイ　ドッコイナット）

〽盆《ぼん》の踊《おど》りを　踊《おど》らぬ奴《やつ》は
当世不向《とうせふむ》きの　遅《おく》れ者《もの》
②科《しな》のよしあし　いいじゃないか
下駄《げた》の減《へ》るまで　踊《おど》りゃんせ

〽そよぐ夜風《よかぜ》に　誘《さそ》いの太鼓《たいこ》
いつか知《し》らずに　櫓下《やぐらした》
心《こころ》も躍《おど》る　盆唄《ぼんうた》に
昼《ひる》の疲《つか》れも　どこへやら

〽熊《くま》と③毬藻《まりも》と　④追分節《おいわけぶし》は
自慢話《じまんばなし》の　種《たね》になる
国《くに》の名物《めいぶつ》　数《かず》あれど
わけて盆唄《ぼんうた》　ヨサレ節《ぶし》

〽盆《ぼん》の踊《おど》りに　化粧《けしょう》はいらぬ
襷《たすき》花笠《はながさ》　なおいらぬ
心《こころ》明《あか》るく　輪《わ》になって
親《おや》も子《こ》も来《こ》い　孫《まご》も来《こ》い

〽⑤蝦夷地《えぞち》よい所《とこ》　一度《いちど》はござれ
北《きた》の米蔵《こめぐら》　千両箱《せんりょばこ》
波《なみ》に黄金《こがね》の　花《はな》が咲《さ》き
祝《いわ》う大漁《たいりょ》の　祝《いわ》い唄《うた》

〽蝦夷《えぞ》の海辺《うみべ》に　流《なが》れる唄《うた》は
岩《いわ》に砕《くだ》けて　寄《よ》せ返《かえ》る
追分混《おいわけま》じりの　波飛沫《なみしぶき》
沖《おき》の鷗《かもめ》も　舞《ま》い踊《おど》る

〽揃《そろ》い浴衣《ゆかた》に　⑥縮緬帯《ちりめんおび》か
ぐるり輪《わ》になりゃ　チョイト可愛《かわ》い
今宵《こよい》⑦十三日《じゅうさんにち》　盆踊《ぼんおど》り
さす手《て》引《ひ》く手《て》に　花《はな》が咲《さ》く

〽盆《ぼん》の⑧十六日《じゅうろくにち》や　地獄《じごく》も祭《まつ》り
⑨閻魔様《えんまさま》さえ　踊《おど》るそな
爺《じじ》もお婆《ばば》も　それ踊《おど》れ
今宵《こよい》お盆《ぼん》だ　夜明《よあ》かしだ

〽あの娘《こ》十八《じゅうはち》　村一番《むらいちばん》の
踊《おど》り上手《じょうず》で　よく⑩稼《かせ》ぐ
嫁《よめ》にゆくのか　婿取《むこと》るか
月《つき》も十五夜《じゅうごや》　気《き》にかかる

〽音頭取《おんどと》るのは　小粋《こいき》な若《わか》い衆《しゅ》
踊《おど》るあの娘《こ》の　片《かた》えくぼ
仲《なか》を取《と》り持《も》つ　ヨサレ節《ぶし》
添《そ》わせやりたや　花《はな》どうし

注①なまめかしいしぐさを加えて。
②しぐさや姿から受ける感じの、よさや悪さ。
③北海道の阿寒湖や塘路湖に自生する、緑色で球状の淡水藻。
④『江差追分』（三ページ）のこと。
⑤明治以前の北海道の呼び名。
⑥よりをかけない生糸と、よりの強い生糸を平織りにして縮めた絹布。布面に細かいしぼがある。
⑦旧暦七月十三日。月遅れの盆では新暦の八月十三日。盆の始まる日。
⑧旧暦七月十六日。月遅れの盆では新暦の八月十六日。盆の終わる日。
⑨死んだ人の罪に判決を下す、地獄の王様。
⑩働く。

北海道の盆踊り唄。北海道全域の人たちがお盆に唄い踊ってきたものである。

唄の履歴　この唄の源流は、青森県津軽地方の、長編の「ヨサレ節」である。それは、今日の北海道に残る『ヨサレ盆唄』のような、七五調の偶数句を並べていく、自由な形式のものであったと思われる。

ところが、一九三五年頃、札幌市在住の民謡家今井篁山《こうざん》が、「上の句」（七七）と「下の句」（七五）の間の「口説《くどき》」部分を七五調二行（二十四音）に整理して、札幌を中心に唄い始めた。ちょうどこの頃、北海道の入植者は二代目の時代へと入り、それぞれの出身県の盆踊り唄にこだわらなくなっていた時期であったことから、『北海ヨサレ節』は、たちまち北海道中へ広まっていった。

節まわしの型　今日広く唄われている節まわしは、今井篁山のものである。

青森県

鰺《あじ》ヶ《が》沢《さわ》甚《じん》句《く》

〽①鰺《あじが》ヶ沢《さ》育《そだ》ちで　色《いろ》こそ黒《くろ》いが
味《あじ》は②大和《やまと》のノー　③吊《つ》るし柿《がき》

《繰り返し》〔踊り手〕
ソリャ吊《つ》るし柿《がき》　大和《やまと》のノー　吊《つ》るし柿《がき》
（④ハァイヤサカ　サッサト）

〽⑤七里長浜《しちりながはま》　⑥高山稲荷《たかやまいなり》
⑦松《まつ》の屏風《びょうぶ》に　潮煙《しおけむり》

〽⑧西《にし》の八幡《はちまん》　港《みなと》を守《まも》る
主《ぬし》の留守居《るすい》は　嬶守《かかまも》る

〽⑨新地夜遊《しんちよあそ》び　体《からだ》に毒《どく》よ
沖《おき》で釣《つ》りすりゃ　身《み》の薬《くすり》

〽飲《の》めや唄《うた》えや　新地《しんち》の茶屋《ちゃや》は
夜《よる》にゃ⑩姐《あね》コが　化《ば》けて出《で》る

〽あっちゃ投《な》げこちゃ投《な》げ　枕《まくら》を投《な》げて
投《な》げた枕《まくら》に　⑪咎《とが》はない

〽住《す》まば鰺《あじ》ヶ《が》沢《さ》　遊《あそ》ばば⑫舞戸《まいど》
新地《しんち》　⑬姐《あね》コにゃ　油断《ゆだん》すな

〽俺《おれ》の裏庭《かぐず》の　⑭南蛮《なんばん》の花《はな》コ
白《しろ》く咲《さ》いても　⑮赤《あか》くなる

〽姉《あね》と妹《いもと》に　⑯紫《むらさき》着《き》せて
どちが姉《あね》やら　妹《いもと》やら

〽一人娘《ひとりむすめ》に　桜《さくら》とつけて
桜《さくら》咲《さ》くたび　咲《さ》かせたい

〽浜《はま》は大漁《だいりょ》で　陸《おか》また繁昌《はんじょ》
出船入《でふねい》り船《ふね》　にぎやかさ

〽踊《おど》り踊《おど》らば　⑰科《しな》よく踊《おど》れ
科《しな》のよいのを　嫁《よめ》に取《と》る

〽浜《はま》は⑱弁天《べんてん》　嬶《かか》たち守《まも》る
朝夕大漁《あさゆうだいりょ》の　神参《かみまい》り

注①➡解説。
②旧国名。現奈良県全域。柿の名産地。
③渋柿の皮をむき、ひもで吊るして日に干したもの。渋味が消え、甘くなる。
④地元では「ヤードセー　ヤードセー」。
⑤津軽半島の西岸、十三湖から鰺ヶ沢まで直線状に連なる砂浜。全長約二八キロ。
⑥七里長浜の中ほど（つがる市車力町）にある神社。農業・漁業の神。
⑦松の防風林の茂る屏風山砂丘。七里長浜の東に連なる。高さ四五〜八〇メートル、幅約四キロ。
⑧鰺ヶ沢港西の白八幡神社。
⑨鰺ヶ沢港西の町。旧遊廓街。
⑩遊女のこと。
⑪人からとがめられるような、悪いこと。罪。
⑫舞戸町。現鰺ヶ沢駅の周辺で、商店街。
⑬「淀町《よどまち》や」とも。淀町は新地町の隣り町で、ここにも遊廓があった。
⑭唐辛子。ナス科の植物で、高さ六〇センチほど。
⑮実は。
⑯紫色の着物。紫の染料は高価で、高貴な人が着るもの。それを娘に着せるというのは、最高のぜいたくである。
⑰しぐさ。体の動きから受ける感じ。
⑱鰺ヶ沢港の北西方、海へ突き出た弁天崎にある胸

肩神社のこと。海難防除の神。

青森県の盆踊り唄。青森県も津軽半島の南西端にある鰺ヶ沢町（西津軽郡）の人たちが、お盆に唄い踊ってきたものである。

唄の履歴　この唄の源流は不明であるが、同系統の唄は津軽半島から弘前《ひろさき》市方面、さらには北海道の渡島《おしま》半島の西海岸一円にまで及んでいる。

秋田県の内陸部にも同系統の節の地固め唄が残っているが、これには「アリャリャン　コリャリャン　ヨーイトナ」という、『松前木遣《きや》り』と同じはやし詞がついている。このような唄は、大勢の人たちが同じ動作をするのに都合がよいため、盆踊りに転用されたのであろう。

それが鰺ヶ沢にも伝えられて『鰺ヶ沢甚句』になったものと思われるが、かつては鰺ヶ沢より、南隣りの深浦町（西津軽郡）のほうが盛んだったというから、その辺りを中心に広まったとも考えられる。ともあれ、『どだればち』や『嘉瀬《かせ》の奴《やっこ》踊り』などは、『鰺ヶ沢甚句』と同系統であり、北海道の『イヤサカ音頭』は、その北海道化したものである。

その『どだればち』や『嘉瀬の奴踊り』の詞型は七七七七調であるが、『鰺ヶ沢甚句』は近世調の七七七五調になっており、また、下の句を繰り返す形式になっている。したがって、この唄のほうが『どだればち』や『嘉瀬の奴踊り』よりも新しい形の唄と見ることができる。

さて、『鰺ヶ沢甚句』は、昭和時代の初めまでは、お盆に、新地町の遊廓に近い水昌寺の境内で唄い踊られていた。その節まわしを、太平洋戦争後の昭和二〇年代（一九四五～）末頃になって成田雲竹が整え、高橋竹山が伴奏をつけて唄い広めた。

はやし詞には、「ヤーアドセー　ヤーアドセー」「ヤーアドセー　ドダバドセー」もあるが、これは、『出雲音頭《いずも》』（島根）と同系統の、西日本地方の「盆踊り口説《くどき》」が鰺ヶ沢化した『鰺ヶ沢口説』のはやし詞である。成田雲竹の話では、舞台で唄うと、このはやし詞では客が笑ってしまうため、雲竹が「ハーイヤサカ　サッサト」に替えたのだという。

なお、今日、地元の人々が復元して「正調鰺ヶ沢甚句」と呼んでいるものは、小山内《おさない》しな（一九六六年に八〇歳）の唄を元にしたもので、脱「成田雲竹節」の傾向が強い節まわしである。

節まわしの型　今日広く唄われている節まわしは、成田雲竹のものである。

嘉瀬《かせ》の奴踊《やっこおど》り

前口上

（アァヨヤナカ　サッサ）

上の句〔問い掛け手・男〕

〽さァさこれから　奴踊《やっこおど》り踊《おど》る

下の句〔返し手・女〕

①さァさこれから　奴踊《やっこおど》り踊《おど》る

（アァヨヤナカ　サッサ）

本　唄・定型

上の句〔問い掛け手・男〕

〽②嘉瀬《かせ》と③金木《かなぎ》の　間《あいだ》の④川《かわ》コ

（ハイイ）

下の句〔返し手・女〕

⑤小石流《こいしなが》れて　木の葉《こは》コ沈《しず》む

（アァヨヤナカ　サッサ）

本　唄・定型

〽嘉瀬《かせ》はよい所《とこ》　お米《こめ》の出所《でどこ》
黄金波《こがねなみ》打《う》つ　実《みの》りの秋《あき》よ

〽見《み》たい見《み》せたい　夢《ゆめ》でもよいが
恋《こい》し⑥喜良市《きらいち》　⑦アリャ山桜《やまざくら》

〽鮎《あゆ》は瀬《せ》につく　鳥《とり》や木《き》に留《と》まる
わたしゃあなたの　アリャ目《め》に留《と》まる

〽⑧津軽《つがる》よい所《とこ》　住《す》みよい所《ところ》
娘《むすめ》やりたや　⑨アノ婿《むこ》も欲《ほ》し

〽月《つき》が出《で》たのに　なぜ顔《かお》見《み》せぬ
お前葉隠《まえはがく》れ　アノきりぎりす

〽雨《あめ》が降《ふ》るのに　よく来《き》た娘《あね》コ

笠《かさ》にひらひら　濡《ぬ》れてる落《お》ち葉《ば》
〽どうせ踊《おど》るなら　二三度《にさんど》まわれ
奴踊《やっこおど》りなら　アノ夜明《よあ》けまで
〽今年《ことし》ゃ豊作《ほうさく》　皆《みな》⑩踊《おど》るべし
稲《いね》の田圃《たんぼ》が　まず揺《ゆ》らいだな
〽⑪お山掛《やまか》げだきゃ　初孫《はつまご》⑫授《さ》じだ
手足大《てあしおお》きくて　アリャ相撲《すもう》取《と》りだ
〽あまり長《なが》いは　御座《おんざ》の⑬じゃまに
まずはこれにて　また次《つぎ》の段《だん》

本唄・字あまり

〽稲妻《いなずま》ピカピカ　雷《かみなり》ゴロゴロ　意気地《いくじ》なし親《おや》
父《じ》
荊棘株《ばらかぶ》さ⑭ひっかかって　千両箱拾《せんりょうばこひろ》った
〽竹《たけ》の切《き》り口《くち》　⑮スコタンコタンと
なみなみたっぷり　溜《た》まりし水《みず》は
飲《の》めば⑯甘露《かんろ》の　アリャ味《あじ》がする

注①「手拍子揃《そろ》えて　科《しな》よく踊る」とも。
②⬇解説。
③現五所川原市金木町金木。
④小田《こだ》川。岩木川の支流。
⑤「石コ」とも。
⑥金木町の地名。嘉瀬の北東にある。
⑦⬇解説。
⑧現青森県の西部。
⑨⬇解説。
⑩一緒に踊りましょう。
⑪岩木山神社の奥社（岩木山の山頂にある）に参詣したら。旧暦八月一日の未明、岩木山周辺の農民たちが、白衣を着、御幣を捧げて山頂へ登り、神社に初穂を奉納し、御来光を拝む。
⑫さずかった。
⑬「さわり」とも。
⑭「刺さって」「ぶっ刺さって」とも。
⑮しずくの垂れる音。
⑯仏教で、天から降る甘い霊液。苦悩をいやし、長寿を保たせ、死者を蘇生させるという。

　青森県の盆踊り唄。青森県の北西部、津軽半島の中ほどにある嘉瀬（五所川原市金木町内）の人たちが、お盆に唄い踊ってきたものである。

唄の履歴　この唄の源流は不明であるが、『鰺ヶ沢《あじがさわ》甚句』や『どだればち』などと同系統の唄である。ただし、『鰺ヶ沢甚句』のような繰り返しがついていない、単純な形であり、詞型は七七七七調である。

　七七七七調は、江戸時代に入って七七七五調が生まれる前の詞型であるが、『嘉瀬の奴踊り』も四句目が「木の葉コ沈む」「実りの秋よ」のように七音になっている。そして、のちに作られた歌詞で五音のものには「アリャ」「アノ」などを補って、七音にして唄っている。『鰺ヶ沢甚句』は七七七七五調になっているので、『嘉瀬の奴踊り』は、それよりも古い形を残している唄ということになる。

　また、秋田県の内陸部に同系統の節の地固め唄があるが、これには「アリャリャン　コリャリャン　ヨーイトナー」という、『松前木遣《きや》り』と同じはやし詞がついている。このような唄は、大勢の人が同じ動作をするのに都合がよいから、盆踊りに転用されたのであろう。そして、弘前《ひろさき》方面へ広まったものは『どだればち』に、嘉瀬に伝えられたものは『嘉瀬の奴踊り』になったものと思われる。

　ところで、『嘉瀬の奴踊り』は、南北朝時代に、足利《あしかが》氏に追われた南朝の臣、鳴海伝之丞《なるみでんのじょう》を慰めるため、下僕の徳助が踊ったのが始まりだという伝説がある。しかし、節も踊りもそう古いものではなく、せいぜい江戸時代後期以降のものである。嘉瀬では、踊り手たちが仮装などで衣装競べをするうちに、大名行列の供奴をまねた姿が人気を集め、いつか曲名も「奴踊り」となったのである。

節まわしの型　今日広く唄われている節まわしは、佐藤寿明《としあき》のものである。

黒石《くろいし》ヨサレ節《ぶし》

七七七五調

〽黒石《くろいし》ヨサレ節《ぶし》　どこにもないよサアンヨォ
（アァイッチャホー　イッチャヤホイ）
唄《うた》ってみしゃんせ　味《あじ》があるヨサレ　サアンヨー
（アァイッチャホー　イッチャヤホイ）

〽①ヨサレヨサレと　どこでもはやる
まして②黒石《くろいし》　なおはやる

〽③温湯《ぬるゆ》④板留《いたどめ》　鰹節《かつぶし》ゃ要《い》らぬ
⑤中野《なかの》(中の)お不動様《ふどさま》　だし⑥になる

〽信《しん》と誠《まこと》の　種《たね》さえ播《ま》けば
一生《いっしょ》散《ち》らない　花《はな》が咲《さ》く

〽二十日鼠《はつかねずみ》は　五升樽担《ごしょだるかつ》いで
富士《ふじ》の山《やま》さ行《い》って　昼寝《ひるね》した

〽十七盛《じゅうしちさか》りだな　十九盛《じゅうくさか》りだな
⑦俺《おら》に任《まか》せれば　十九盛《じゅうくさか》りだな

七五七五調

〽ヨサレ⑧駒下駄《こまげた》の　緒《お》コ切《き》れた
⑨たてても　なく　また切《き》れた

〽さても上手《じょうず》な　⑩鶯《うぐいす》よ
どこで生《う》まれて　声《こえ》が立《た》つ

〽真《しん》の深山《みやま》の　奥《おく》の山《やま》
笹《ささ》の露《つゆ》飲《の》み　声《こえ》が立《た》つ

〽港港《みなとみなと》に　船泊《ふねと》まる
止《と》めて止《と》まらぬ　恋《こい》の道《みち》

〽⑪山猫来《やまねこき》たとこ　夢《ゆめ》に見《み》た
命限《いのちかぎ》りに　逃《に》げ走《はし》る

注①「ヨサレヨサレは」とも。「黒石ヨサレ節」は誤唱。
②⇩解説。
③④黒石市の中央部にある温泉。
⑤中野神社。黒石市南中野にある。温湯と板留の間にあるので、「中野」は「中の」を掛ける。
⑥口実になる。中野神社参詣を口実にして温泉へ行く、の意。「だし」は「鰹節」の縁語。
⑦俺と結婚すれば。
⑧一つの木材から、台と歯を一緒にくりぬいて作った下駄。馬のひづめの形をしている。
⑨緒をすげ替えて。
⑩「鶯鳥よ」とも。
⑪前掲の「〽二十日鼠は…」に続けて唄われる歌詞。本来は、長い歌詞の一節。

青森県の盆踊り唄。青森県の中央部、黒石津軽氏一万石の旧城下町、黒石（黒石市）の人たちが、お盆に唄い踊ってきたものである。この盆踊りは、輪踊り形式ではなく、前へ進んでいく行進踊り形式である。これは、病害虫を村内から村はずれまで追い払っていく虫送りの形式を借りて、村人に害を及ぼす無縁仏の霊を村から追い出そうとするものである。そのため、にぎやかな伴奏とはやし詞に特徴がある。

唄の履歴　この唄の源流は不明である。しかし、「〽よしゃれおかしゃれ　その手は食わぬ　その手食うよな　野暮じゃない」という歌詞を元唄とする「よしゃれ節」で、江戸時代の、関東地方以西の、花柳界の流行《はや》り唄ではないかと思われる。

それは、天保年間（一八三〇〜四四）頃、山形の花柳界では、「庄内節」の名で、拳《けん》遊びの唄として流行した。そうしたものが、時を同じくして現秋田県・青森県・岩手県下へも広まってきた。その「よしゃれ節」とか「ヨサレ節」とか呼ばれる唄は「七・七七調」で、「上の句」の節と「下の句」の節がほとんど同じであった。

ところが、江戸時代には「七七七五調」の歌詞が大流行したため、この唄も「七七七七」に「七七七五」の歌詞をあてはめて唄われるようになった。それが今日の『花輪よしゃれ』（秋田）や『雫《しずく》石《いし》よしゃれ』（岩手。現在は『南部よしゃれ』と呼ばれている）の詞型である。

津軽では、一九〇四、〇五年頃、嘉瀬《かせ》の桃（本名、黒川桃太郎）という芸人が、「新内入りヨサレ節」と称して、「上の句」（七七）と「下の句」（七五）の間に「二上り新内」を挿入して唄い始めた。しかし、俗曲の「二上り新内」は、一部の粋人には好まれたが、津軽の風土にはなじみにくかった。そのため、「二上り新内」部分は、七五調三行（三十六音）を一単位にして繰り返していく、「調子変わりのヨサレ節」と呼ばれる「口説節《くどきぶし》」へと変化していき、今日の『津軽ヨサレ節』（六六ページ）になった。

その津軽の長編の「ヨサレ節」は、北海道へ伝わって『ヨサレ盆唄』となった。それは、全編が七五調の口説節で七五の偶数句を何度繰り返すかは、歌詞によってまちまちである。

一方、一九三五年頃、札幌市在住の民謡家今井篁山《こうざん》が『北海ヨサレ節』（三七ページ）をまとめあげた。それは、「上の句」（七七）と「下の句」（七五）の間の口説部分を「七五・七五」だけにしたものである。

さて、黒石では、その「ヨサレ節」を、無縁仏という悪霊を村はずれまで追っていく行進踊りの唄に用いた。こうした唄に必要なのは、形式が単純で、覚えやすく、歌詞が次々と作れ、また、声が出しやすく、元気よく唄えることである。そこで、口説部分「七五・七五」の後の七五と、「下の句」の七五を生かし、各句末に「ヨサレ　サアンヨー」を加えて、誰もが自由に歌詞を作って唄うことができるようにした。

「ヨサレ　サアンヨー」は、「ヨサレ節」の特徴であり、聞かせ所でもあるので、この「簡略型ヨサレ節」は、行進踊りに格好のものとして発展していった。

その後、江戸時代流行の詞型「七七・七五調」の歌詞をこれにあてはめて唄うようになったため、『黒石ヨサレ節』は変形の変形の、そのまた変形となっていった。しかし、伝承民謡としては、「七五・七五調」に固定するのがよいであろう。

その『黒石ヨサレ節』、今日では他の地方の「ヨサレ節」や「よしゃれ節」とは大きく異なった、軽快な唄になっている。

節まわしの型　今日広く唄われている節まわしは、地元黒石市のものである。また、都会の民謡界では浅利《あさり》みきのものである。

白銀《しろがね》ころばし

〽ハァー①白銀育《しろがねそだ》ちで　色《いろ》こそ黒《くろ》い
（アイヨー）
②味《あじ》は③大和《やまと》の　④吊《つ》るし柿《がき》
（ハァキタカサッサー　キタコラサー）

〽行《ゆ》けや⑤鮫浦《さめうら》　帰《かえ》れや⑥湊《みなと》
ここは思案《しあん》の　⑦湊橋《みなとばし》

〽白銀沖《しろがねおき》から　帆《ほ》を捲《ま》き上《あ》げて
⑧湊川口《みなとかわぐち》　さし来《き》たる

〽⑨鮫《さめ》で⑩蕪島《かぶしま》　白銀《しろがね》⑪三島《みしま》
湊川口《みなとかわぐち》　⑫明神様《みょうじんさま》

〽寄《よ》せてくだんせ　戻《もど》りの節《せつ》に
⑬一祝《ひといわ》いなりとも　白銀《しろがね》に

〽鮫《さめ》で飯《の》む茶《ちゃ》は　渋茶《しぶちゃ》もうまい
鮫《さめ》は⑭水柄《みずがら》　⑮心柄《こころがら》

〽⑯一《いち》をゆるめて　二《に》の糸締《いとし》めて
⑰三《さん》でお前《まえ》の　心《こころ》ひく

〽銚子《ちょうし》をそばに　⑱有明《ありあ》け立《た》てて
一《ひと》つあげます　燗《かん》ざまし

〽⑲やませ吹《ふ》かせて　⑳松前渡《まつまえわた》る
あとは野《の》となれ　山《やま》となれ

〽銚子持《ちょうしも》て来《こ》い　盃《さかずき》いらぬ
俺《おれ》とお前《まえ》は　㉑くくみ酒《ざけ》

〽㉒島《しま》の鴎《かもめ》さ　嫁取《よめと》る時《とき》は
㉓鰯《いわし》なますに　鯖《さば》の寿司《すし》

〽㉔沖《おき》の蕪島《かぶしま》　㉕弁天様《べんてんさま》は
わしのためには　守《まも》り神《がみ》

〽器量《きりょう》に迷《まよ》わず　姿《すがた》に惚《ほ》れず
金《かね》で買《か》われぬ　心意気《こころいき》

〽山坂山坂《やまさかやまさか》　山坂越《やまさかこ》えて
逢《あ》いに来《き》たのを　帰《かえ》さりょか

〽鮫《さめ》と湊《みなと》の　㉖間《あいだ》の狐《きつね》
わしも二三度《にさんど》　だまされた

〽気《き》になる気《き》になる　田圃《たんぼ》の狐《きつね》

これほど待《ま》つのに　コン（来ん）と鳴《な》く

〽田舎《いなか》なれども　鮫浦見《さめうらみ》れば
沖《おき》に蕪島《かぶしま》　背《せ》に恵比須《㉗えびす》

〽白銀育《しろがねそだ》ちは　紙衣《㉘かみこ》の性《しょう》だか
少《すこ》し揉《も》めれば　切《き》れたがる

〽送《おく》りたいぞや　送《おく》られまいか
せめて四《㉙よ》ツ谷《や》の　森《もり》までも

〽早《はや》く行《ゆ》きたい　あの山越《やまこ》えて
行《ゆ》けば見《み》もする　逢《あ》いもする

注①➡解説。
②「添うてみやんせ　味がよい〔あとがよい・実がある〕」とも。
③旧国名。現奈良県全域。柿の名産地。
④渋柿の皮をむき、ひもで吊るして日に干したもの。渋味が消え、甘くなる。
⑤現八戸市鮫町の海岸。
⑥同市湊町。
⑦八戸市の中央部を北流する新井田《にいだ》川河口近くの橋。付近は遊廓街であった。
⑧「湊」は地名。新井田川河口の東にある。
⑨現八戸市北東部の地名。「鮫は」とも。
⑩八戸港の北東端にある島（今は陸続き）。周囲約八〇〇メートル。標高約一九メートル。海猫の繁殖地。頂上に厳島《いつくしま》神社がある。
⑪三島神社。現八戸市白銀にある。
⑫川口神社。現八戸市湊町にある。
⑬お祝いのための、ひと座敷の酒宴。
⑭良質の水に恵まれた所で。
⑮住んでいる人たちの気質のよい所だ。
⑯三味線の一の糸。
⑰三の糸。
⑱有明け行灯《あんどん》。夜通しともしておく行灯。行灯は、木や竹の枠に紙をはり、中に火をともす照明具。
⑲青森県の太平洋沿岸では、夏に吹く、冷たい、北東～東の風。帆船は、この風を利用する。
⑳旧松前藩領。北海道南西部の渡島《おしま》半島にあった。
㉑一つの器で酒を飲み合うこと。
㉒蕪島。
㉓生の鰯や野菜などを適当な大きさに切り、酢で調味した料理。
㉔三七八ページ下段五首目の歌詞の替え唄。
㉕蕪島の頂上にある厳島神社。祭神の弁天は弁財天ともいい、七福神の一。福徳・財宝・音楽・穀物などの神。女神で、宝冠をつけ、琵琶《びわ》を抱える。
㉖白銀遊廓の遊女をさす。
㉗恵比須浜神社。祭神の恵比須は七福神の一。福徳・漁・商売繁昌などの神。右手に釣り竿を持ち、左手で鯛を抱える。
㉘柿渋をぬった和紙で作った着物。木綿や麻より安価で暖かいが、濡れたり、こすれたりすると弱い。
㉙本八戸駅の北東方、現柏崎五丁目・小中野一丁目辺りの地名。

青森県のお座敷唄。青森県の南東端にあった、八戸《はちのへ》港の白銀遊廓《ゆうかく》（現八戸市白銀）の酒席で、船乗りや漁師、さらには近郷の若い衆相手の遊女たちが唄っていたものである。

唄の履歴　この唄の源流は、江戸時代末期から明治時代初期に江戸の花柳界を中心に大流行した「二上り甚句《じんく》」である。それが各地へ広まって八戸港にも伝えられ、白銀の花柳界で唄われた。

白銀遊廓へ通う人たちは、ここの遊女を「狐《きつね》」とか「ころばし」と呼んでいた。「狐」は客をだますからであり、「ころばし」は、すぐ寝る、すなわち春を売るの意であるが、そのうち、唄のほうも『白銀ころばし』と呼ぶようになった。それは、

〽白銀ころばし　色こそ黒いが
味は大和の　吊るし柿

といった歌詞があったためであろう。しかし、あまりに露骨なので、昭和の初めにラジオ放送が始まると、電波に乗せにくくて、ほとんど唄われなくなった。

太平洋戦争前は、そういうわけで公然とは唄いにくいため、「狐」や「ころばし」の意味をぼかして、八戸市の民謡家上野翁桃などが細々と唄っていた。戦後は、八木田洋子や荒谷《あらや》みつがレコードに吹き込んでいる。

節まわしの型　今日広く唄われている節まわしは、上野翁桃あたりのものらしい。

田名部《たなぶ》おしまコ節《ぶし》

上の句〔問い掛け手・男〕

〽田名部《①たなぶ》おしまコ《②》の　音頭取《おんどと》る声《こえ》は
下の句〔返し手・女〕
大安寺柳《③だいあんじやなぎ》のノー　蟬《せみ》の声《こえ》
（アァヤッサー《④》　ヤッサー）

〽田名部《たなぶ》横町《⑤よこまち》の　川《かわ》の水飲《みずの》めば

八十《はちじゅう》婆様《ばさま》も　若《わか》くなる

〽八十《はちじゅう》婆様《ばさま》が　若《わか》くもなれば
焼《や》いた魚《さかな》が　泳《およ》ぎ出《だ》す

〽踊《おど》り踊《おど》るなら　寺《てら》の前《まえ》で踊《おど》れ
寺《てら》の和尚様《おしょうさま》　見《み》て褒《ほ》める

〽音頭取《おんどと》ってて　橋《はし》から落《お》ちた
橋《はし》の下《した》でも　音頭取《おんどと》る

〽今年《ことし》やよい年《とし》　⑥世《よ》の中繁昌《なかはんじょ》
⑦米《こめ》は一石《いちこく》　粟二石《あわにこく》

〽沖《おき》の白波《しらなみ》　風《かぜ》ゆえ揉《も》める
わたしゃ主《ぬし》ゆえ　気《き》が揉《も》める

〽心中《しんじゅ》しましょか　⑧髪切《かみき》りましょか
⑨髪《かみ》は生《い》きもの　身《み》が大事《だいじ》

〽⑩好《す》ぎど好《す》ぎだば　野原《のはら》で寝《ね》でも
青《あお》い畳《ただみ》で　寝《ね》だごどぐ

〽わしの心《こころ》と　⑪城ヶ沢《じょうがさわ》の崎《さき》は
よそに気《き》(木)はない　待《ま》つ(松)ばかり

〽今夜《こんや》の踊《おど》りは　締《し》まらぬ踊《おど》り
⑫五尺縄《ごしゃくなわ》もて　締《し》めておけ

〽踊《おど》り踊《おど》るも　昨日今日《きのうきょう》ばかり
明日《あす》は野山《のやま》へ　草刈《くさか》りに

注①➡解説。
②明治時代に田名部にいたとされる、「しま」という名の女性。盆踊り唄の名手。
③むつ市大畑町にある寺。山号は円祥山。境内に、柳の木が数十本自生している。
④地元では「ヨイサノ　サーッサ」「盆だア　盆だア」とも。雲竹節では「アー　イヤサカ　サッサ」。
⑤むつ市田名部町の旧地名。
⑥農作物が豊作で。
⑦一反（九・九二アール）あたりの収穫量のこと。一石は一〇斗で、約一八〇リットル。四斗入りの俵で二俵半。
⑧尼になりましょうか、の意。
⑨髪は、切ってもまた伸びてくる。しかし、命は一度失ったら蘇ってこないから、心中はよしなさい。
⑩好きな人どうしならば。
⑪むつ市の中南部にあり、陸奥《むつ》湾に面している。
⑫約一五二センチ。

青森県の盆踊り唄。青森県も下北《しもきた》半島の北部、むつ市田名部町地方の人たちが、お盆に唄い踊ってきたものである。

唄の履歴　この唄の源流は、旧南部藩領の北部でお盆に唄い踊られている『なにゃとやら』（七四ページ）である。そのうちの田名部地方のものは、「〽田名部おしまコの…」という文句で有名になり、「おしまコ節」の名で呼ばれている。

伝説によると、南部二七代の藩主重直公が田名部を巡視された折りに、接待役の代官が、盆踊りの音頭取りで美声の美人おしまを招いたところ、ひどく気に入って、この唄を「田名部おしまコ」と呼ぶようになったという。しかし、この話は、重直公（一六一六年生まれ）と大安寺の開山、一東《いっとう》異寅《いいん》和尚が、寺子屋で席を同じくしたことがあったため、南部藩主と和尚とおしまの三人を結びつけて作られたものである。また、おしまはそれほど古い時代の人ではなく、明治時代の人のようである。しかも、「〽田名部おしまコの…」という歌詞は、男女の踊り手の一方が即興で上の句を作って唄えば、他方が下の句を作って唄い返す「掛け唄」（二〇一ページ）の中で生まれてきたものらしい。

『田名部おしまコ節』は、昭和二〇年代（一九四五〜）のしまい頃、成田雲竹が高橋竹山に依頼して三味線の伴奏をつけてもらい、それから青森県外の人たちにも知られるようになった。しかし、この時に津軽仕立てにしたためと、雲竹の歯切れのよい芸風のために南部色が消えてしまっている。したがって、今日の三味線の手を残したまま、もう一度、ゆっくりで、重い、野趣豊かな唄い方へ戻す必要がある。

節まわしの型　今日広く唄われている節まわしは、「地元節」は川上シゲ・宮本しわのもの、「成田雲竹節」は成田雲竹のものである。

津軽《つがる》あいや節《ぶし》

〽あいやナー　①あいが吹《ふ》くのに　②なぜ船来《ふねこ》ない
荷物《にもつ》ないのかソレモヨイヤー　船留《ふなど》めか

〽あいや③岩木《いわき》の　夜明《よあ》けの烏《からす》
夢《ゆめ》の続《つづ》きを　なぜ④騒《さわ》ぐ

〽花《はな》はよけれど　あの木《き》の高《たか》さ
どうかこの手《て》の　届《とど》くよに

〽唄《うた》が流《なが》れる　お国《くに》の唄《うた》が
⑤ヨサレ⑥じょんがら　⑦あいや節《ぶし》

〽今宵《こよい》目出度《めでた》い　花嫁姿《はなよめすがた》
親《おや》も見《み》とれて　嬉《うれ》し泣《な》き

〽破《やぶ》れ障子《しょうじ》に　鶯《うぐいす》描《か》いて
寒《さむ》さこらえて　春《はる》(貼る)を待《ま》つ

〽俺《おら》も若《わか》い時《とき》や　⑧薄《すすき》か⑨尾花《おばな》
今《いま》はやつれて　炭俵《すみだわら》

〽⑩あいやも⑪やくや　煙草《たばこ》の煙《けむり》
⑫しだいしだいに　薄《うす》くなる

〽わしとお前《まえ》は　松葉《まつば》の性《しょう》か
枯《か》れて落《お》ちても　二人連《ふたりづ》れ

〽遠《とお》く離《はな》れて　気《き》を揉《も》むよりも
浮気《うわき》されても　そばがよい

〽⑬津軽娘《つがるむすめ》に　蝶々《ちょうちょ》が留《と》まる
留《と》まるはずだよ　花《はな》じゃもの

〽鮎《あゆ》は瀬《せ》につく　鳥《とり》や木《き》に⑭留《と》まる
⑮人《ひと》は情《なさ》けの　下《した》に住《す》む

口説《くどき》

〽青森県《あおもりけん》は　⑯陸奥《むつ》の国《くに》
南津軽郡《みなみつがるぐん》は　大鰐町《おおわにまち》の
料理屋《りょうりや》の　姐《ねえ》さん方《がた》は
お伊勢参《いせまい》りに　喉《のど》が乾《かわ》いて
貰《もろ》うた茶碗《ちゃわん》で　長柄《ながえ》の柄杓《ひしゃく》で
水《みず》の四五杯《しごはい》も　飲《の》んだが
それでも声《こえ》が　出《で》ないならば
子《ね》丑《うし》寅《とら》卯《う》　辰巳《たつみ》の隣《とな》りの
⑰午《うま》の尻《しり》より　声《こえ》が出《で》る

〽山沢《やまざわ》さ　行《い》った⑱きゃ
す⑲ぐだきゃ　見《み》んだきゃ
鉄砲《てっぽう》だきゃ　撃《う》ったきゃ
獲《と》ったきゃ　鍋《なべ》だきゃ
炊《か》しいだきゃ　煮《に》てたきゃ
⑳家《うち》にいる人《ひと》　親一人《おやひとり》

〽岩木《いわき》お山《やま》は　高嶺《たかね》の雪《ゆき》を
水《みず》に融《と》かして　お化粧《けしょう》させて
清《きよ》い体《からだ》で　嫁入《よめい》るからは
必《かなら》ず帰《かえ》ると　思《おも》うじゃないよ
今日《きょう》より他人《ひと》の　妻《つま》として
固《かた》く正《ただ》しく　麗《うるわ》しく
山《やま》の姿《すがた》を　そのままに
齢《よわい》重《かさ》ねて　㉑千代八千代《ちよやちよ》

注①青森県の日本海沿岸では、北～北東の風。上方方面へ向かう北前船は、この風を利用した。「あいの風吹く　船来ないふしぎ」とも。
②「船まだ見えぬ」とも。
③岩木山。青森県の南西部にそびえる山（一六二五メートル）。
④「さます」とも。
⑤津軽ヨサレ節。
⑥津軽じょんがら節。
⑦津軽あいや節。
⑧「野原の薄」とも。
⑨薄の花。動物の尾に似ている。
⑩「あいや節」の唄い出しと、「もしもし」の意の「あいや」を掛けたもの。
⑪もやもやした。

⑫港の女と船乗りの男の仲が薄くなることを、煙草の煙にたとえた。
⑬現青森県西部地方の。
⑭「宿る」とも。
⑮「若い姐さん　目に留まる」とも。
⑯旧国名。現青森・岩手・宮城・福島県全域と秋田県の一部。
⑰十二支の午から、動物の馬に転じた。
⑱「…したらば」の意。「行ったきゃ」は、行ったらば、「見んだきゃ」は、見たらば。
⑲「…だよ」の意。「すぐだきゃ」は、すぐだよ、「鉄砲だきゃ」は、鉄砲だよ。
⑳大騒ぎして料理したが、食べてくれる人は親一人だけだ、の意。
㉑何千年もの長い年月。

青森県のお座敷唄・遊芸唄。青森県の西部、日本海に面した深浦（西津軽郡深浦町）・鰺ヶ沢《あじがさわ》（鰺ヶ沢町）・小泊《こどまり》（北津軽郡中泊町）や、青森（青森市）の港町の宴席で、船乗り相手の遊女たちが唄ってきたものである。近年は、津軽の遊芸人たちの、手踊りや傘踊りを加えた、舞台用の唄にもなっている。

唄の履歴　この唄の源流は、九州天草《あまくさ》は牛深港（熊本県天草市牛深町）の『牛深はいや節』（六七四ページ）である。それが帆船の船乗りたちによって日本中の港へ持ちまわられ、津軽の港町にも、西まわり航路の千石船で伝えられた。その途中、京都丹後の宮津港（宮津市）辺りで、唄い出しの「はいや」が「あいや」となり、曲名も「あいや節」と変わった。「は」が「あ」と聞こえたためか、「はえ（南風）」の意味が通じなくなったためであろう。その「あいや節」が越後《えちご》からさらに北上して津軽入りしたようである。

ところが、津軽の芸人たちがこの唄を舞台で手踊りを加えて演じ始めた昭和二〇年代（一九四五～）から、しだいに技巧的になり、小節を他の唄い手より一回でも多く加えることで客受けをねらうようになった。しかし、今は小節が多ければよしとする考え方から卒業することが必要なところへきている。また、今は唄も三味線も速くなりすぎ、強く、荒くなってしまっているので、お座敷唄は元の、しみじみとした音へ戻し、「芸者節」（お座敷唄）と「遊芸人節」とをきちんと区別するべきである。

また、今日の『津軽あいや節』の踊りでは蛇の目傘を用いるものが有名になっている。これは鳥海山麓（秋田県由利本荘市鳥海町）の猿倉人形芝居の「がん鉄和尚」（四〇五ページの広大寺の和尚の作り替えと思われる）の姿を模したもので、初めは、小屋掛け興行の客集めに木戸口で踊る『津軽ばやし』のものであった。『津軽あいや節』を本来のお座敷唄へ戻そうと考えるなら、この傘踊りは室内ではなじまない。やはり、旧来の手踊りか扇子踊りにするべきであろう。

なお、襷《たすき》の早掛けを演じて客を楽しませる手法もあるが、一踊りに一度が限度で、客の拍手をねだって二度も三度も行うのは、下品である。

節まわしの型　今日広く唄われている節まわしは、「遊芸人節」の山田百合子《ゆりこ》のものである。

津軽《つがる》オハラ節《ぶし》

上げ

〽サァー　①さァさ出《だ》したがよいヤー

口説《くどき》

アァー哀《あわ》れ浮世《うきよ》の　ならいとて
人《ひと》の②さだめは　常《つね》ならず
栄華誇《えいがほこ》りし　平家《へいけ》とて
はかなき夢《ゆめ》と　滅《ほろ》びたり
アァー三日見《みっかみ》ぬ間《ま》の　桜花《さくらばな》
月《つき》に影《かげ》さす　③群雲《むらくも》や
④小野小町《おののこまち》の　身《み》の⑤果《は》ては
雪《ゆき》の野末《のずえ》で　吹《ふ》き晒《さら》す
アァー暗《くら》い夜空《よぞら》の　流《なが》れ星《ぼし》
きらっと輝《かがや》き　消《き》えてゆく
わたしの思《おも》いも　あのように
燃《も》えて短《みじか》い　ひとときよ

下の句

ほんとにせつないオハラァ　アァー恋心《こいごころ》

上げ

〽さァさ出《だ》したがよい

口説

⑥山越《やまこ》え野越《のこ》え　深山越《みやまこ》え
あの山越《やまこ》えれば　紅葉山《もみじやま》

紅葉《もみじ》の下《した》には　鹿《しか》がおる
鹿《しか》がホロホロ　泣《な》いておる
なぜに鹿《しか》さん　泣《な》いておる
わしの泣《な》くのは　ほかじゃない
はるか向《む》こうの　木《き》の陰《かげ》に
⑦六尺余《ろくしゃくあま》りの　狩人《かりゅうど》が
⑧五尺二寸《ごしゃくにすん》の　⑨鉄砲担《てっぽかつ》ぎ
前《まえ》に赤毛《あかげ》の　犬連《いぬつ》れて
後《うし》ろに黒毛《くろげ》の　犬連《いぬつ》れて
あれに撃《う》たれて　死《し》んだなら
〔死《し》するこの身《み》は　厭《いと》わねど〕
あとに残《のこ》りし　妻《つま》や子《こ》は
どうして月日《つきひ》を　送《おく》るやら

下の句

思《おも》えば涙《なみだ》が　先《さき》に立《た》つ
⑩津軽名物《つがるめいぶつ》　アノ七不思議《ななふしぎ》
世《よ》にも珍《めずら》し　不思議《ふしぎ》なことよ
⑪西海岸《にしかいがん》は　⑫北金ヶ沢《きたかねがさわ》
ここの名物《めいぶつ》　銀杏《いちょう》の幹《みき》は
⑬幾星霜《いくせいそう》の　今《いま》の世《よ》に
神《かみ》のお授《さず》け　お乳《ちち》が出《で》るよ
⑭同《おな》じ郡《こおり》の　⑮十三村《じゅうさんむら》は
夏冬通《なつふゆとお》して　⑯雪囲《ゆきがこ》い
雨《あめ》が降《ふ》っても　⑰草履《ぞうり》ばき
⑱北《きた》の郡《こおり》の　⑲金木町《かなぎまち》
⑳嘉瀬《かせ》と㉑金木《かなぎ》の　間《あいだ》の㉒川《かわ》コ
小石流《こいしなが》れて　木《こ》の葉《は》が沈《しず》む
ここの隣《とな》りの　㉓長富堤《ながとみづつみ》
春秋変《はるあきか》わらぬ　浮《う》き島《しま》ござる
葦《あし》に節《ふし》なし　黄金葦《こがねあし》
㉔南津軽《みなみつがる》の　㉕猿賀村《さるかむら》
猿賀神社《さるかじんじゃ》の　池《いけ》の雑魚《ざこ》
なんの罰《ばつ》やら　㉖めっこだに㉗ボロだ
同《おな》じ郡《こおり》の　㉘蔵館《くらだて》の
㉙大日如来《だいにちにょらい》　㉚萩桂《はぎかつら》
萩《はぎ》か桂《かつら》か　見分《みわ》けがつかぬ
㉛津軽富士《つがるふじ》の　中腹《ちゅうふく》に
㉜黒《くろ》ん坊《ぼ》の沼《ぬま》と　いう所《ところ》
沼《ぬま》の周《まわ》りは　わずかに㉝四五町《しごちょう》
沼《ぬま》の真《ま》ん中《なか》に　浮《う》き島《しま》ありて
風《かぜ》の吹《ふ》きようで　西東《にしひがし》
流《なが》れて歩《ある》く　不思議島《ふしぎじま》
一度来《いちどき》てみよ　㉞四方《よも》の君《きみ》

注①➡解説。
②運命。
③急に群がり集まってくる雲。
④平安時代前期の女流歌人。六歌仙の一。絶世の美女で、秋田生まれというが、不詳。
⑤人生の終わり。
⑥「野越え山越え」とも。
⑦約一八二センチ。
⑧約一五八センチ。
⑨火縄式の単発銃。
⑩青森県の西部。
⑪津軽の。
⑫西津軽郡深浦町の地名。
⑬沢山の歳月を経た。
⑭西津軽郡。
⑮青森県北西部の十三湖西岸にあった。現五所川原市内。
⑯十三は、千石船が出入りする良港として栄えた所だが、一三四〇年の大津波で砂丘と化してしまった。その砂丘の上にある民家は、風が強いので、夏でも板で囲われている。
⑰砂丘で、雨が降ってもぬからないから。
⑱北津軽郡。
⑲現五所川原市金木町。
⑳金木町の地名。
㉑現金木町金木。
㉒小田川《こだ》。岩木川の支流。
㉓現五所川原市長富にある溜め池。
㉔南津軽郡。
㉕現平川市尾上町内。
㉖片方の目が見えなくて。
㉗あばただ。
㉘旧村名。現南津軽郡大鰐《おおわに》町内。古くは「館越《たてこし》の」とも。「館越」は旧蔵館村の字名。「越館の」は誤り。
㉙大円寺。通称、大日様。本尊は、寺伝では大日如来とされるが、実物は阿弥陀如来である。
㉚花蘇芳《はなずおう》の木。マメ科の落葉低木。中国原産。高さ約四メートル。春、心臓形の葉が出る前に、小さな紅紫色の蝶形花を枝の節々に沢山つける。
㉛岩木山の別称。青森県の南西部にそびえる山（一六二五メートル）。
㉜岩木山の西側中腹（西津軽郡鰺ヶ沢町の南東端）にある沼。底なし沼といわれる。

㉝四三六から五四五《メートル》ぐらい。
㉞日本中の人たち。

青森県の遊芸唄。青森県の西部、旧津軽藩領の遊芸人たちが、巡業先の舞台で唄ってきたものである。「津軽三つ物」の一。

唄の履歴　この唄の源流は、日本海の港町で船乗り相手の女たちがはやらせた、「オハラ節」とか「オワラ節」と呼ばれる唄である。それは、七七七五調の「甚句《じんく》」の一種で、四句目の五音の前に「オハラ」とか「オワラ」が挿入されるのが特色となっている。その唄が、海路、日本中の港へ広まり、青森県下の港々にも伝えられた。そして、一九〇四、〇五年頃までは、青森湾の沿岸部（茂浦《もうら》・浅虫・野内《のない》・横内《よこうち》）から青森市街地にかけて、広く唄われていた。南部の八戸《はちのへ》港（八戸市）でも『八戸甚句』の名で唄われていたので、かなり広く流行していたと考えられる。

この唄の本来の曲名は「オハラ節」（または「オワラ節」）であった。しかし、のちに、

〽塩釜街道から　巾着《きんちゃく》拾った
開けてみたとこ　質札ばかり

という、『塩釜甚句』（宮城）の歌詞が好まれ、元唄のような扱いを受けるようになって、唄い出しから「塩釜」とか「塩釜甚句」と呼ばれるようになった。

一九〇四、〇五年頃、北津軽郡嘉瀬《かせ》村（現五所川原市金木町内）出身の、通称「嘉瀬の桃」（本名、黒川桃太郎）が、その「塩釜」の上の句と下の句の間に「二上り新内」などの「あんこ」を入れて唄い、人気を博した。しかし、津軽の芸人の十八番は長編の口説節《くどきぶし》『津軽じょんがら節』であったから、商売上、この唄もまた口説化するのが有利だった。そこで、次のような形式の唄に仕立て直した。

上の句―七七
口　説―七五・七五・七五・七五の倍数
下の句―七・オハラ・五

この「口説」部分の七五調四行は、二行ずつ対にすることができ、さらに前半二行と後半二行でもう一つ対比させることができる。そして、この部分を必要なだけ繰り返せば、いくらでも長編化することができる。

さて、その長編化した唄を唄う時は、まず初めに、「上の句」にあたるところを、

〽調子変わりの　塩釜甚句

と唄ってから「口説」部分へと入っていった。そのうちに、これを略して、

〽さァさ出したがよい

となり、二首目や、他の唄い手が続けて唄う時には、

〽またも出したがよい

と唄ってから「口説」部分を語っていった。

この「調子変わりの塩釜甚句」は、その後、「塩釜オハラ節」と呼ばれるようになった。

一九三一年、函青《かんせい》くに子が三〇歳でこの唄をコロムビアレコードに吹き込んだところ、爆発的なヒット曲となり、コロムビアレコードの売り上げを、藤原義江と二分するほどであった。

大正時代の末頃、当時の曲名漢字化指向の中で、成田雲竹は、「塩釜オハラ節」を、「鹿児島小原良《オハラ》節」（鹿児島）・「越中小原《オワラ》節」（富山）と並べて三大「オハラ節」にするべく、「津軽小原節」と改名した。しかし、太平洋戦争後は、節まわしが大きく変わって「新節」も生まれた。また、「旧節」は、秋田の芸人たちによって『秋田オハラ節』へと生まれ変わってもいる。

なお、『津軽オハラ節』の歌詞は、各芸人が、ひいきや後援者・知人などに作ってもらって唄ってきたもので、一般の民謡歌詞のような、伝承的なものではない。したがって、本書では、代表的なものと津軽名物ものを掲げておく。

節まわしの型　今日広く唄われている節まわしは、「新節」は浅利《あさり》みきのもの、「旧節」は函青くに子のものである。

津《つ》軽《がる》音《おん》頭《ど》

口説《くどき》・定型（七五調）

〽①岩木《いわき》お山《やま》は　よい姿《すがた》
②津軽娘《つがるむすめ》は　見《み》て育《そだ》つ

〽③津軽《つがる》お山《やま》は　④険《けわ》しとな
鬼《おに》も蛇《じゃ》も出《で》る　⑤獣《しし》も出《で》る

〽あの手《て》この手《て》に　⑥ささぎの手《て》
いやでも絡《から》まる　⑦源法《げんぼう》の手《て》

口説・字足らず

〽西《にし》の⑧鰺ヶ沢《あじがさ》の　⑨茶屋《ちゃや》のナー
茶屋《ちゃや》の娘《むすめ》は　⑩蛇《じゃ》の姿《すがた》

口説・定型（七七七五調）

〽⑪七里長浜《しちりながはま》　⑫高山稲荷《たかやまいなり》
俺《おら》がためには　守《まも》り神《がみ》

〽⑬大戸瀬《おおどせ》⑭小戸瀬《こどせ》は　⑮千畳敷《せんじょうじき》よ
浜《はま》が⑯時化《しけ》れば　⑰満潮《しお》となる

〽⑱山田薬師《やまだやくし》で　おら家《うち》の嬶《かか》は
⑲五穀成就《ごこくじょうじゅ》と　⑳目《め》をつぶる

〽四月八日《しがつようか》は　㉑薬師《やくし》の参詣《さんけい》
㉒山田《やまだ》　㉓大館《おおだて》　㉔間《あい》の森《もり》

〽雲《くも》か霞《かすみ》か　㉕桜《さくら》の花《はな》か
㉖外ヶ浜《そとがはま》かや　㉗夏泊《なつどまり》

注①岩木山。青森県の南西部にそびえる山（一六二五メートル）。
②現青森県西部地方の。
③岩木山のこと。
④のちに「険しいお山」「険しい山で」とも。
⑤けもの類の総称。
⑥ササギ（マメ科の一年草）のつるを絡ませるために立てる竹や木。
⑦鰺ヶ沢の遊女の別称。
⑧現西津軽郡鰺ヶ沢町。鰺ヶ沢港は津軽藩の米などを回漕する主要港であった。
⑨鰺ヶ沢町の西部、新地町に遊廓があった。
⑩四代目津軽藩主信政の頃、木造《きづくり》新田開発のために秋田・新潟などから労働者が集まったが、働いた金を茶屋遊びに使ってしまう。親方衆は、鰺ヶ沢の茶屋の女は蛇の姿だと言って、茶屋遊びを戒めたという。
⑪津軽半島の西岸、十三湖から鰺ヶ沢まで直線状に連なる砂浜。全長約二八キロ。
⑫七里長浜の中ほど（つがる市車力町）にある神社。農業・漁業の神。
⑬大戸瀬崎。西津軽郡深浦町の北西端にある岬。
⑭大戸瀬崎西方の、干潮時に表れる海岸段丘の名。
⑮大戸瀬崎の西にある広い岩場。一七九二年の大地震で、凝灰質泥岩の海底台地が隆起したもの。
⑯風雨のために海が荒れれば。
⑰近年は「まんちょうとなる」と唄うが、昭和一〇年代までは「しおとなる」（五音）であった。これが正しい。
⑱現つがる市森田町にある。
⑲「五穀豊穣大願成就」の中抜き。「五穀」は、人間にとって主要な五種の穀物。米・麦・粟《あわ》・黍《きび》（または稗《ひえ》）・豆のこと。
⑳（目を閉じて）お祈りをする。
㉑山田薬師。
㉒㉓森田町の地名。
㉔山田薬師は、森田町の中央部にある山田と、西部にある大館の間の森の中にある。
㉕「椿」とも。
㉖龍飛崎《たっぴざき》から青森市に至る、津軽半島の北岸・東岸一帯の呼び名。
㉗夏泊岬。青森市の北東方、夏泊半島の突端にある。

青森県の遊芸唄。青森県の西部に広がる旧津軽藩領に門付けにやってくる盲目の遊芸人で、秋田坊（秋田県下の芸人らしい）と呼ばれる人たちが、好んで唄っていたものである。

唄の履歴　この唄の源流は不明である。かつては、琵琶《びわ》法師のような人たちが長編の物語を、唄うというより語ってきたが、それは、七五七五の二十四音を一単位にして、同じ節を繰り返していくものであった。そうした唄を、津軽では、秋田坊が唄っていたので「秋田節」と呼んでいた。

それを、西津軽郡森田村（現つがる市内）出身の成田雲竹が、子供の頃、祖父の膝の上で覚え、口三味線の伴奏まで頭に納めていた。しかし、その三味線の手は復元できず、太平洋戦争前は、無伴奏か、あしらいの伴奏で唄わざるをえなかった。それでも、一応雲竹の持ち唄にはなっていたので、時折り、放送などにもかけていたが、一九二九年に雲竹がレコードに吹き込む時、梅田豊月に伴奏をつけてもらった。そして、津軽の人が唄うのに「秋田節」というのも妙だからと、雲竹が「津軽節」と改めた。しかし、この頃は新民謡の小唄と音頭が人気を集めていた時だっただけに、この流行にあやかって、雲竹は『津軽音頭』と再び改名した。

大平洋戦争後、成田雲竹は高橋竹山という名三味線ひきとめぐりあい、コンビを組む。そこで、この『津軽音頭』の三味線の手を復元してもらい、今日の琵琶《びわ》まがいの伴奏が誕生したのである。この伴奏は、竹山が数多く創作した三味線の手の中でも屈指の名曲で、あるいは竹山の代表曲かもしれない。それを成田雲竹・高橋竹山のコンビでキングレコードに吹き込んだのは、昭和も二〇年代（一九四五〜）後半に入ってからのことであった。

歌詞は、本来は口説節《くどきぶし》で、長編のものであったが、雲竹はその一部しか覚えていなかったため、補った歌詞はすべて七七七五調になってしまっている。

　なお、毎年六月の第二日曜日を成田雲竹の墓前法要の日と定め、青森市三内霊園の墓前で、午前一一時より僧侶の読経に続いて弟子一同が『津軽音頭』を唄うことになっている。

節まわしの型　今日広く唄われている節まわしは、成田雲竹のものである。

津軽願人節《つがるがんにんぶし》

〔太夫役〕
〽昔《むかし》ナァー①江戸《えど》より　②願人《がんにん》和尚《おしょう》が
寝物語《ねものがたり》にヤンレー　この唄《うた》を
〔才蔵役〕
サアサァーヤアトコセェー　ヨイヤナ
アリャリャン　コレワイセェー　コノ　ナ
ンデモセー
③長ばやし〔太夫役・才蔵役〕
アァ④住吉《すみよし》さんの　御祈禱御祈禱《ごきとうごきとう》

〽俺《おら》が国《くに》サで　自慢《じまん》なものは
⑤お山参詣《やまさんけい》と　七夕《たなばた》よ

〽⑥お湯《ゆ》でよく効《き》く　⑦酸ヶ湯《すかゆ》に⑧岳湯《だけゆ》
⑨大鰐《おおわに》　⑩蔵館《くらだて》　⑪浅虫《あさむし》よ

〽俺《おら》が国《くに》サに　高山《たかやま》ござる
⑫岩木《いわき》お山《やま》に　⑬八甲田山《はっこうださん》

〽杉《すぎ》は秋田《あきた》よ　檜《ひのき》は⑭津軽《つがる》
負《ま》けず劣《おと》らず　国《くに》の華《はな》

〽津軽《つがる》よい所《とこ》　住《す》みよい所《ところ》
山《やま》も田《た》もある　海《うみ》もある

注①現東京都東部。江戸幕府の所在地。「蝦夷《えぞ》より」は誤唱。
②➡解説。
③唄い納める時に掛ける。
④住吉神社。現大阪市住吉区にある。
⑤岩木山山頂にある岩木山神社奥社に参詣すること。旧暦八月一日の未明、岩木山周辺の農民たちが、白衣を着、御幣を捧げて山頂へ登り、神社に初穂を奉納し、御来光を仰ぐ。
⑥温泉。
⑦八甲田山の最高峰大岳（一五八五メートル）の西麓（青森市荒川）にある温泉。
⑧岳温泉。岩木山の南西麓（弘前市岩木町）にある。
⑨⑩南津軽郡大鰐町にある温泉。
⑪青森市浅虫にある温泉。
⑫岩木山。青森県の南西部にそびえる山（一六二五メートル）。
⑬青森県の中央部に広がる火山群の総称。
⑭現青森県の西部。

　青森県の遊芸唄。青森県の西部に広がる旧津軽藩領で、願人坊主たちが、伊勢信仰普及のために唄ってきたものである。願人坊主とは、伊勢参りに行かれない人たちに代わって伊勢神宮（三重県伊勢市）にお参りし、また、そのお札を配り歩いて、家内安全・商売繁昌を祈る、大道宗教家ともいうべき人たちである。

唄の履歴　この唄の源流は、伊勢神宮の遷宮祭のために、氏子たちが社殿建て替え用の建築材を曳《ひ》いて運ぶ折りの「お木曳き木遣《きや》り」のうちの「ヤートコセー」（通称『伊勢音頭』）である。遷宮祭は、二〇年に一度ずつ行われてきた。

　その唄を、各地の代願人（願人坊主）が、伊勢神宮のありがたい唄として、伊勢土産として、また、自分の身元をはっきりさせるべく唄い歩いた。それをまた住吉神社（大阪市住吉区）の代願人が、「住吉踊り」の名で、長柄の傘の下で鉦《かね》をたたきながら唄い踊った。そのうち、しだいに地方訛《なま》りが加味されて、多種多様な「伊勢音頭」となったが、その津軽化したものが『津軽願人節』である。この唄を世に出したのは西津軽郡森田村（現つがる市内）の成田雲竹であるが、どこの誰から習ったのかは不明である。ただ、青森県の東部、旧南部藩領の三戸《さんのへ》郡下に「願人踊り」が伝わっており、ひょっとしたら、そうしたものを「成田雲竹節」に仕立て直したのかもしれない。

　なお、曲名は単に「伊勢音頭」と呼ばれていたが、一九六三年になって、雲竹が「願人節」と呼び始めた。そして、ビクターレコードに吹き込んだ時に、レコード会社側が「津軽」を冠せたようである。

節まわしの型　今日広く唄われている節まわしは、成田雲竹のものである。

津軽《つがる》けんりょう節《ぶし》

上の句

〽さても見事《みごと》な　①津軽富士《つがるふじ》

口説《くどき》

冬《ふゆ》は真白《ましろ》く　春青《はるあお》く
夏《なつ》は墨染《すみぞ》め　秋錦《あきにしき》

下の句

アァ衣替《ころもが》えする　鮮《あざ》やかさ

〽さても目出度《めでた》い　②正月様《しょうがつさま》よ
年《とし》の初《はじ》めに　③千代八千代《ちよやちよ》
鶴《つる》の一声《ひとこえ》　④祝《いわ》わなん
⑤若水汲《わかみずく》んで　⑥屠蘇酒《とそざけ》を
⑦一富士二鷹《いちふじにたか》　三茄子《さんなすび》
明《あ》けて嬉《うれ》しや　⑧初夢《はつゆめ》で

〽さても⑨珍《めずら》し　この家《や》の座敷《ざしき》
奥《おく》の座敷《ざしき》は　⑩涼《すず》みの座敷《ざしき》
⑪六尺屏風《ろくしゃくびょうぶ》を　立《た》てまわし
⑫折《お》り目折《めお》り目《め》に　鷹《たか》を描《か》く
鷹《たか》はさえずる　なんと⑬鳴《な》く
福々《ふくふく》と　福《ふく》を呼《よ》ぶ

〽さても目出度《めでた》い　正月様《しょうがつさま》よ
⑭門《かど》に立《た》てたる　⑮五蓋松《ごかいまつ》
風《かぜ》がそよそよ　雪《ゆき》⑯ほろげ
降《ふ》りくる雪《ゆき》は　黄金《こがね》なり
庭《にわ》に這《は》い出《で》る　亀《かめ》の舞《ま》い
⑰つるつる（鶴々）と唄《うた》う　⑱はね釣瓶《つるべ》

〽さても見事《みごと》な　この家《や》の⑲家柄《やがら》
金《かね》の柱《はしら》に　黄金《こがね》の⑳垂木《たるき》
屋根《やね》は㉑小判《こばん》で　柿葺《こけらぶ》き
右《みぎ》の廊下《ろうか》の　音聞《おとき》けば
大工《だいく》㉒左官《しゃかん》の　音《おと》がする
左《ひだり》の廊下《ろうか》の　音聞《おとき》けば
千両万両《せんりょうまんりょう》の　音《おと》がする
ここの亭主《ていしゅ》の　喜《よろこ》びだ

〽昨夜迎《ゆうべむか》えた　花嫁見《はなよめみ》れば
立《た》てば芍薬《しゃくやく》　座《すわ》れば牡丹《ぼたん》
歩《ある》く姿《すがた》は　百合《ゆり》の花《はな》
右《みぎ》の手筋《てすじ》の　色見《いろみ》れば
㉓恵比寿《えびす》㉔大黒《だいこく》　㉕福《ふく》の神《かみ》
左《ひだり》の手筋《てすじ》の　色見《いろみ》れば
大判小判《おおばんこばん》の　金《きん》の色《いろ》
㉖ここさこの嫁《よめ》　授《さず》った嫁《よめ》
命《いのちなが》　永らえ　末広《すえひろ》く
ここのお家《いえ》は　末御繁昌《すえごはんじょう》

仲睦《なかむつ》まじく　来《き》て見《み》れば
家内揃《かないそろ》って　和合《わごう》する
孫曽孫玄孫《まごひこやしゃご》に　至《いた》るまで
㉗稼《かせ》ぐに朝起《あさお》き　忘《わす》るるな
長《なが》く栄《さか》えて　繁昌《はんじょう》する

〽屋敷《やしき》まわりに　来《き》てみれば
金蔵米蔵《かねぐらこめぐら》　宝蔵《たからぐら》
蔵《くら》の㉘鍵取《かぎと》り　誰々《だれだれ》か
一《いち》に大黒《だいこく》　二《に》に恵比寿《えびす》
三《さん》の鍵取《かぎと》り　福《ふく》の神《かみ》
ここのお家《いえ》は　繁昌《はんじょう》する

〽㉙鳥海山《ちょうかいさん》から　㉚津軽《つがる》を見《み》れば
銭《ぜに》が流《なが》れる　川《かわ》もある
金《かね》の流《なが》れる　川《かわ》もある
そこで津軽《つがる》は　繁昌《はんじょう》する

注①岩木山の別称。青森県の南西部にそびえる山（一六二五メートル）。「岩木富士」は誤唱。
②正月にやってきてその家の繁栄や豊作を約束してくれる神。年神様。歳徳神《としとくじん》。
③何千年も栄えるようにと。
④〔鶴が一声発するように〕祝って欲しい。
⑤元日の朝に、その年初めて井戸から汲んだ水。霊力が宿っているとして年神に供え、調理やお茶に用いる。
⑥お正月に、一年の邪気を払い、延命を願って飲む薬酒。

⑦初夢に見ると目出度いとされるもの。
⑧その年最初に見る夢。元日の夜や、二日の朝または夜見た夢をさすのが一般的。よい夢を見ると幸せになるという。
⑨「目出度い」と唄う人もいるが、二首目との混同であろう。
⑩よく風が通るように工夫してある座敷。
⑪高さ約一・八メートルの屏風。竹のすだれを用いるなどして、風が通るようにしてあるものであろう。
⑫屏風は、幅三尺ごとに折れるようになっている。その各面に。
⑬「聞く」とも。
⑭家の門口。
⑮枝葉が、笠を五つ重ねたような形になっている松の木。
⑯振るい落とし。
⑰前行の「亀」に対し、はね釣瓶の音で「鶴」を出した。
⑱柱で支えた横木の一方の端に桶をつるし、他方の端につけた石などの反動を利用して井戸水を汲み上げるもの。
⑲家の造作。
⑳屋根板を支えるために、屋根の最高部から軒にかけ渡した木。
㉑小判を重ね合わせて屋根を葺くこと。
㉒さかん。壁塗り職人。
㉓七福神の一。福徳・漁・商売繁昌などの神。右手に釣り竿を持ち、左手で鯛を抱える。
㉔大黒天。七福神の一。福徳・財宝・食物などの神。右手に打ち出の小槌《こづち》を持ち、左肩に大きな袋をかつぎ、米俵二俵の上に立つ。
㉕人に幸せや利益をもたらす神。
㉖ここの家に。
㉗働く。
㉘鍵を管理する役の者。
㉙岩木山の南峰（一五〇二メートル）。
㉚現青森県の西部。

青森県の祝い唄。青森県の西部、旧津軽藩領の人たちが、祝いの席で唄ってきたものである。

唄の履歴　この唄の源流は、新潟県下の『越後《えちご》松坂』（三九三ページ）である。それが、江戸時代後期に、座頭や瞽女《ごぜ》など盲目の遊芸人によって日本中へ広められた。

その唄は、座頭の最高位である「検校《けんぎょう》」を座頭の尊称として用いたため、「座頭の唄」で「検校節」（訛《なま》って「けんりょう節」）と呼ばれた。これに「謙良節」という漢字をあてるのは、よくない（⬇三九五ページ）。なお、松波〔松崎〕謙良がこの唄を作ったというのは単なる伝説にすぎない。

さて、その「けんりょう節」、座頭や瞽女が唄っていた時は三味線のひき語りであったが、東北地方の人たちが覚えて唄うようになると、三味線がないため、また、祝い唄としての性格上、だんだん、ゆっくりと伸ばして唄うものへと変わっていった。（日本には、祝い唄は長く伸ばし、祝詞《のりと》風に仕立てるものだという考え方がある。）

ところで、津軽の「けんりょう節」は早く廃ってしまったようで、今日唄われている節まわしの唄は、成田雲竹（西津軽郡森田村〈現つがる市内〉出身）が旧南部藩領内の現岩手県二戸《にのへ》市浄法寺《じょうぼうじ》町の駐在所に勤務していた頃に覚えたものであるらしい。節の運びは、その辺りの「けんりょう節」とほとんど同じである。本人も、生前、その頃盛んに唄の勉強をしたと言っていたので、まずまちがいがない。しかし、今日広く唄われている『津軽けんりょう節』は、すっかり「成田雲竹節」になっており、津軽化しているから、立派な津軽民謡と考えてよい。

節まわしの型　今日広く唄われている節まわしは、成田雲竹のものである。

津軽木挽き唄《つがるこびきうた》

〽ハァー木挽《こび》きゃよいもの　ハァ板《いた》さえ挽《ひ》けば　ヨー
ハァー刻《きざ》み①煙草《たばこ》に　ナンダァ米《こめ》②の飯《めし》ヨー
（ハァシャリッコン③　シャリッコン）

〽木挽《こび》き稼業《かぎょう》は　のんきなものだ
明《あ》け暮《く》れ谷川《たにがわ》　水《みず》の音《おと》

〽木挽《こび》きゃ夏冬《なつふゆ》　山家《やまが》④に住《す》めば
里《さと》の妻子《つまこ》の　夢《ゆめ》ばかり

〽朝《あさ》は小鳥《ことり》の　鳴《な》く声聞《こえき》いて
夜《よる》は狐《きつね》の　遠吠《とおぼ》えを

〽木挽《こび》きゃ明《あ》け暮《く》れ　木屑《きくず》に惚《ほ》れて
いつも身《み》につけ　放《はな》しゃせぬ

〽木挽《こび》きゃ春来《はるき》て　秋山《あきやま》⑤さがる
家《うち》じゃ赤子《あかご》も　はい出《だ》した

〽挽《ひ》けど⑥しゃくれど この木《き》は挽《ひ》けぬ
どこのどなたの 松《まつ》じゃやら
〽朝《あさ》は米《こめ》の飯《めし》 昼麦飯《ひるむぎめし》で
晩《ばん》は⑦蕎麦粥《そばがゆ》 ⑧千本漬《せんぼんづ》け

注①〔巻き煙草でなく〕きせるに詰めて吸うための煙草。煙草はかつては高価なもので、山里では、干したイタドリの葉などを煙草代わりにしていた。したがって、「刻み煙草」はぜいたく品の代名詞。
②白い米だけの飯。江戸時代の農民の常食は、アワやヒエ。米を炊く時も、雑穀・大根・芋などを混ぜて、量を増やしていた。
③唄い手自身が、唄い納める時に掛ける。
④山の中の家。
⑤木挽き職人は農業兼業の人が多く、田植え後に山へ入って木挽きをし、秋の刈り入れ前に自分の村へ戻っていく。
⑥鋸の中央がへこむような形で木を挽くこと。
⑦殻を取った蕎麦の実に水と調味料を加えて炊いたもの。
⑧大根を細く切って漬けたもの。

青森県の仕事唄。青森県も津軽地方の山々で働く木挽き職人たちが、木材を大割りにしたり、板に挽いたりする折りに、大鋸《おおのこ》を引く手に合わせて唄ってきたものである。（木挽きが唄を唄う理由については一七八ページ参照）

唄の履歴　この唄の源流は、旧南部藩領（岩手県中央部から青森県東部一帯）の『南部木挽き唄』（一七七ページ）である。南部木挽きは、冬の農閑期を利用して東日本各地の山へ入って働く際、故郷の木挽き唄を唄った。それが津軽へも持ち込まれたのである。それだけに、その節は共通であったが、節まわしは十人十色であった。

ところが、西津軽郡森田村（現つがる市内）出身の成田雲竹が、潔癖な性格と格調高い芸風から、頑固なまでに折り目正しく唄い、激しくもすっきりした節まわしの『津軽木挽き唄』にまとめあげて、昭和の初めにキングレコードに吹き込んだ。それが青森県下へ広まっていった。

節まわしの型　今日広く唄われている節まわしは、成田雲竹のものである。

津軽《つがる》三下《さんさ》がり

〽ハァー棄《す》てて行《ゆ》く 父《ちち》を恨《うら》んで くれるじゃないよ
アァー血《ち》を吐《は》く思《おも》いの ①ほととぎす
〽竹《たけ》ならば 割《わ》って見《み》せたい わたしの心《こころ》
中《なか》に曇《くも》りの ないわたし
〽奥山《おくやま》で 小鳥千羽《ことりせんば》の 鳴《な》く声聞《こえき》けば
親《おや》を呼《よ》ぶ鳥《とり》 鳩《はと》ばかり
〽あきらめて 余念《よねん》ないのに また顔見《かおみ》せて
二度《にど》の思《おも》いを させるのか
〽②韓信《かんしん》が 股《また》をくぐるも 時節《じせつ》と時節《じせつ》
踏《ふ》まれし草《くさ》にも 花《はな》が咲《さ》く
〽③鳴沢川《なるさわがわ》 ④湯舟《ゆぶね》⑤小屋敷《こやしき》 恋《こい》しくねども
⑥川《かわ》に流《なが》した ⑦腰刀《こしがたな》
〽⑧十腰内《とこしない》 ⑨一振《ひとふ》り足《た》らぬ この刀《かたな》
⑩建石《たていし》小屋敷《こやしき》 ⑪北浮田《きたうきた》

注①ほととぎすは、血を吐くまで鳴き続けるという。
②中国、漢代の武将。若い時、大勢の人の前で、町の乱暴者に「命が惜しいなら、俺の股をくぐれ」と侮辱されたが、よくがまんをしてくぐったことで有名。
③青森県の南西部にそびえる岩木山に発し、北流、西流して西津軽郡鰺ヶ沢《あじがさわ》町で日本海へ注ぐ川（約三キロ）。以下二首、鳴沢川流域の地名を列挙しただけの歌詞だが、「十腰内」という地名を珍しがって言葉遊びをしている。
④⑤現鰺ヶ沢町の地名。
⑥次の「十腰内」を導くための表現。
⑦武士が腰に差す、つばのない、短い刀。
⑧現弘前市北西端の地名。「腰」は、刀を数える助

数詞。「十本はない」と解して、次へつなげる。
⑨「振り」は、刀を数える助数詞。刀が十本はない＝一本足りないのは、鳴沢川に流してしまったからだ、の意。
⑩⑪現鰺ヶ沢町の地名。

青森県の遊芸唄。青森県の西部に広がる旧津軽藩領の遊芸人たちが、巡業先の舞台や座敷で、手踊りを添えて、最も大切にして唄ってきたものである。

唄の履歴　この唄の源流は、信州追分宿《おいわけじゅく》（長野県北佐久郡軽井沢町追分）の飯盛《めしも》り女たちが、酒席で旅人相手に唄っていたお座敷唄「追分節」である（⬇三八一ページ）。それは、街道を往来する駄賃付け馬子が唄う「馬方節」に、飯盛り女たちが三下り調の三味線伴奏を加えたものなので、「馬方三下り」とも呼ばれた。

その唄が、江戸時代後期の文化文政（一八〇四～三〇）頃に流行《はや》り唄として日本中へ広まり、津軽にも、瞽女《ごぜ》や座頭のような盲目の遊芸人によって伝えられた。津軽では、数ある歌詞の中から、七七七五の前にさらに五音加えた五・七七七五調の「五字冠《かぶ》り」だけを、「津軽馬方三下り」の名で好んで唄ったようである。そして、のちには「馬方」を略して『津軽三下り』と呼ぶようになった。

この唄は、初期は『南部馬方三下り』（七五ページ）のような単純なものであったが、津軽の芸人たちの手にかかって、しだいに技巧に技巧が加えられ、「馬方三下り」時代の面影は全く失われて、これ以上華麗な唄にはできないであろうと思われるところまで仕立て直された。そのように節まわしを技巧的にしたのは初代津軽家すわ子で、この唄を十八番にしていた。

また、三味線の糸を左手の指で押さえながら、ヒューンとしごく音を出す技巧を編み出したのは、白川軍八郎ではないかといわれている。

今日、津軽の芸人たちが最も大切にしているのは、この唄であり、この手踊りである。

節まわしの型　今日広く唄われている節まわしは、初代津軽家すわ子のものである。

津《つ》軽《がる》塩《しお》釜《がま》

〽①野内《のない》 ②笊石《ざるいし》　鮑《あわび》の出所《でどこ》
お③湯《ゆ》の浅虫《あさむし》オワラ　④貝《かい》ばかり
（ハァオーワラナー　オーワラナー）

〽⑤塩釜《しおがま》たてた　なんと言《い》うてたてた
釜《かま》さ水汲《みずく》んで　牛《べこ》さ柴《しば》⑥つけろ

〽船《ふね》は出《で》て行《ゆ》く　煙《けむり》は残《のこ》る
残《のこ》る煙《けむり》は　⑦癪《しゃく》の種《たね》

〽⑧裸島《はだかじま》さえ　潮風《しおかぜ》ァ嫌《いや》だ
まして⑨茂浦《もうら》は　潮煙《しおけむり》

〽⑩塩釜街道《しおがまかいどう》から　巾着拾《きんちゃくひろ》った
開《あ》けてみたとこ　中《なか》に質札《しちふだ》ばかり

〽⑪浜《はま》の町《まち》から　沖眺《おきなが》むれば
鰯大漁《いわしたいりょ》の　⑫まね揚《あ》げた

〽島《しま》の鴎《かもめ》が　もの言《い》うならば
便《たよ》り聞《き》きたい　聞《き》かせたい

注①青森市北東部の地名。
②野内のすぐ北にある久栗坂《くぐりざか》の別称であった。
③浅虫温泉。青森市の北東端にある。
④女性性器の陰語で、女ばかり、の意。
⑤製塩用の鉄釜に火を入れた。
⑥「つけた」と唄う人が多いが、正しくは「つけろ」。
⑦腹を立てる原因。
⑧浅虫温泉北方の岬の西にある、岩の小島。周囲約九〇メートル、高さ約四五メートル。潮が引くと歩いて渡れ、名所となっている。
⑨茂浦島。裸島の北方約三キロにある。周囲約一・四キロ。
⑩現宮城県仙台市から塩釜市へ通じる、山沿いの旧街道。⬇解説。
⑪浜町。青森市の旧町名。現本町・安方町辺り。
⑫大漁を陸の人たちに知らせる印。帆柱に笠や幟などを吊るす。

青森県の酒盛り唄。青森市の旧市内や、浅虫・野内《のない》・横内《よこうち》・茂浦《もうら》・深沢などの漁師たちが、酒席で唄ってきたものである。

唄の履歴　この唄の源流は、本州も日本海側の港町で江戸時代後期に生まれた、「オワラ節」とか「オハラ節」と呼ばれる唄である。それは、七七七五調の歌詞の四句目の五音の前に「オワラ」とか「オハラ」という語が挿入されるためにつけられた曲名である。

その唄が、帆船の船乗りたちによって流行《はや》り唄として各地の港へ持ちまわられ、種々の「オワラ節（オハラ節）」を生み出した。青森県下や北海道に持ち込まれたものは、『オワラ米とぎ唄』（島根）と同系統の唄であり、『鹿児島オハラ節』（鹿児島）や『越中オワラ節』（富山）とは大きく異なっているが、そうした唄が、一九〇四、〇五年頃までは青森市近辺の沿岸部で広く唄われていた。なお、八戸《はちのへ》港（八戸市）に伝わっている『塩釜』（八戸甚句）も津軽地方のものと同系統の唄である。

その「オワラ節（オハラ節）」が「塩釜」と呼ばれるのは、次の理由による。すなわち、現宮城県の塩釜港（塩釜市）の酒席の騒ぎ唄で、「はいや節」が変化した『塩釜甚句』（一九八ページ）の中の歌詞（前掲五首目）が興味を呼んで各地で広く唄われ、この「オワラ節（オハラ節）」の歌詞にも利用された。そして、その唄い出しから、「塩釜」と呼ばれるようになったのである。

ところが、浅虫・野内・横内・茂浦・深沢といった青森湾沿岸は、製塩が盛んで、その塩田で働く人たちもこの唄を唄ったため、「塩釜」は、製塩作業の仕事唄のように考えられたりして、正体のわかりにくいものになっている。

節まわしの型　今日広く唄われている節まわしは、成田雲竹のものである。

津軽《つがる》じょんがら節《ぶし》

〽ハァーお国自慢《くにじまん》の　じょんがら節《ぶし》よ
若《わか》い衆《しゅ》①唄《うた》って　主《あるじ》のはやし
娘《むすめ》踊《おど》れば　稲穂《いなほ》も踊《おど》る

〽梅《うめ》に鶯《うぐいす》　仲《なか》よいけれど
なぜに昼来《ひるき》て　夜帰《よるかえ》るのか
せめて一夜《いちや》の　お泊《と》まりなされ

〽②岩木白雪《いわきしらゆき》　五月《ごがつ》に融《と》ける
そよと吹《ふ》く風《かぜ》　緑《みどり》の風《かぜ》に
③おばこ桜《ざくら》が　薄紅《うすべに》散《ち》らす

〽津軽《つがる》よい所《とこ》　④お山《やま》が高《たか》く
水《みず》がきれいで　女《おんな》がよくて
声《こえ》が自慢《じまん》の　じょんがら節《ぶし》よ

里の娘

〽国《くに》は津軽《つがる》の　⑤岩木《いわき》の川原《かわら》
三日続《みっかつづ》きの　大雨降《おおあめふ》りで
そのや雨《あめ》にて　大川濁《おおかわにご》る
国《くに》の殿様《とのさま》　馬《うま》に乗《の》り掛《か》げで
川原近《かわらちか》くに　お出《で》ましなさる
里《さと》の娘《むすめ》は　大根洗《だいこんあら》う
これを見《み》て通《とお》る　馬上《ばじょう》の殿《との》は
無理《むり》な難題《なんだい》　娘《むすめ》に掛《か》げだ
そこで娘《むすめ》の　言《い》うこと聞《き》けば
国《くに》の殿様《とのさま》　何言《なにい》わしゃんす
川《かわ》が狭《せま》いたて　⑥後《うし》ろ跳《ば》ねならぬ
石《いし》コ小《ちい》せいたて　⑦歯《は》が立《た》つもだな
山《やま》が低《ひく》いたて　背負《しょ》われだもだな
針《はり》が細《ほそ》いたて　飲《の》まれだもだな
裸《はだか》で野原《のはら》さ　寝《ね》られだもだな
ここの道理《どうり》を　よく聞《き》き分《わ》げで
おらが領分《りょうぶん》　よく見《み》てまわれ
水《みず》の出《で》ないよに　百姓守《ひゃくしょうまも》れ
これに殿様《とのさま》　感心《かんしん》してか
娘《むすめ》欲《ほ》しさに　貰《もら》いを掛《か》げで
奥《おく》の御殿《ごてん》に　納《おさ》まった

うまいものづくし

〽一《いち》にいつ食《く》っても　数《かず》の子《こ》うまいじゃ
二《に》に鰊《にしん》の　昆布《こぶ》巻《ま》きゃうまいじゃ
三《さん》に盃《さかずき》さ　⑧諸白《もろはく》ァうまいじゃ
四《し》に⑨酢《す》ぐめだ　⑩カスべがうまいじゃ
五《ご》に牛蒡《ごぼう》の⑪デンブがうまいじゃ
六《むっ》つ無闇《むやみ》に　⑫けの汁《しろ》うまいじゃ
七《なな》つァなんたて　納豆《なっとう》うまいじゃ
八《やっ》つやたらに　飲《の》んだり食《く》ったり

九《ここの》つァ細《こま》かに　調《しら》べてみたら
十《とお》に⑬所《ところ》の　牡丹餅《ぼたもち》うまいじゃ
十一《じゅういち》⑭いがさま　塩辛《しおから》うまいじゃ
十二《じゅうに》煮豆《にまめ》さ　大根漬《だいこんづ》けうまいじゃ
十三《じゅうさん》秋刀魚《さんま》の　塩焼《しおや》きゃうまいじゃ
十四《じゅうし》ァしっかり　調《しら》べてみたら
十五《じゅうご》ァ胡麻味噌《ごまみそ》　なんたってうまいじゃ

注①「唄えば」とも。
②岩木山。青森県の南西部にそびえる山（一六二五メートル）。
③若い桜の木が薄紅色の花を。「おばこ」は年頃の娘。
④岩木山のこと。
⑤岩木川。青森県南西部の白神山地に発して北東流し、津軽平野を北西流して十三湖へ注ぐ川（約一〇キロ）。
⑥後ろ向きに跳ぶことはできない。
⑦歯が立つものではない。
⑧蒸し米も麹も、精白した米を用いて造った、上等の酒。
⑨酢漬けにした。
⑩魚の赤鱏《あかえい》。
⑪砂糖やしょうゆで煮込み、乾燥させたもの。
⑫正月料理。野菜・山菜・こんにゃく・高野豆腐・油あげなどを一緒に煮込んだもの。
⑬その土地の。
⑭いかにも。非常に。

青森県の遊芸唄。青森県の西部、旧津軽藩領の「坊様《ぼさま》」とか「ほいど」と呼ばれる遊芸人たちが唄ってきたものである。「坊様」は「瞽女《ごぜ》の坊」「座頭の坊」といった、盲目の遊芸人のことである。

「ほいど」は「祝詞人《ほぎびと》」で、中世以後、祝詞《のりと》を称えて福を招く、祈禱師《きとうし》のような人たちをさす言葉であった。彼らは、神の姿を模した「大黒舞」や「お福」などの祝福芸人として、祝って演じる芸能の代償に、金や米・餅《もち》などをもらって歩いたことから、いつか乞食《こじき》と混同されて、「ほいど」は乞食をさす言葉になってしまった。その「坊様」や「ほいど」が門付けや座敷で、ひき語りの三味線に合わせて語ってきた「口説節《くどきぶし》」が、『津軽じょんがら節』である。これに『津軽ヨサレ節』『津軽オハラ節』を加えて「津軽三つ物」と呼ぶ。

唄の履歴　この唄の源流は、越後《えちご》の『新保広大寺《しんぼこうだいじ》』（四〇五ページ）である。それは、本来は七七七五調の短い唄であったが、語り物を商売にする越後瞽女たちが長編化させ、

唄い出し―殿さ・サーエー
上の句―七七
口　説―七七七七の倍数
下の句―七五・ヤンレー（サーエー）

という形式のものを作り上げた。これが「新保広大寺口説」とか「殿さ節」「ヤンレ節」と呼ばれる唄である。

この唄は、のちに瞽女・座頭・読売り・飴《あめ》売りなど、種々の遊芸人たちによって、日本中へ広められた。特に北海道の日本海沿岸部は、内地からの出稼ぎ労働者（ヤン衆）が働く鰊漁場《にしんぎょば》としてにぎわったため、多くの遊芸人たちもまた北海道へ渡っていった。その中に津軽の「坊様」とか「ほいど」とか呼ばれる遊芸人もいた。この人たちは、そうした唄を北海道で覚えたのか青森で覚えたのか定かでないが、北海道と青森の双方で、商売として唄い歩いた。

一九〇三年正月、北津軽郡鶴田村（現鶴田町）で、初の掛け小屋興行が行われた。浪岡のサワ子・飯詰《いいづめ》のスワ子（のちの初代津軽家すわ子）・下繁田《しもしげた》のマヨ子・広船のとら子たちが、木戸銭を取り、娘たちの手踊りを加えて唄会を催したのである。『津軽じょんがら節』はそれ以前から手踊りをつけて演じられていたが、手踊りがつくと旧来の「口説節」ではまだるっこしいため、しだいに、「唄い出し」「上の句」「下の句」「ヤンレー」を略して、「口説」部分だけを唄うようになっていった。

さて、『津軽じょんがら節』の前身の「新保広大寺口説」の「口説」部分は、「七七調二行」を一単位にして繰り返していく。それは、唄が単調にならないように、前の行を高い節に、後の行を低い節にというように、対照的な節を並べて唄っていくものであった。ところが、今日の『津軽じょんがら節』の歌詞は、「七七調三行」だけの短いものになっている。どうしてそうなったのか。

現埼玉県比企《ひき》郡玉川村（現ときがわ町内）出身の安藤改助《かいすけ》（本命改吉。一八四五年生まれ）は、一八六八年頃に東京神田の「祭文語《さいもんがた》り」東一陽《あずまいちよう》の弟子になり、のちに利根《とね》川流域の「新保広大寺口説」に「祭文」（「浪花節《なにわぶし》」の前身）の語り口を取り入れた。それは「七五調三行」を一単位にして繰り返していくもので、安藤は、「七七調二行」を一単位とする「新保広大寺口説」を、「七七調三行」一単位に仕立て直したのである。そして、その間に「間奏」として「祭礼ばやし」を加えた。それを「軍談音頭・改助節」と呼んでいたが、一九〇五年に日露戦争の戦勝祝いに、その「改助節」を「東《あずま》

音頭《おんど》」と改称して、東京の浅草劇場で一週間にわたって興行した。（その「東音頭」が、利根川流域へ広まり、やがて『八木節』を生み出した。⬇二六八ページ）

　その当時浅草に在住していた、津軽三味線の名手梅田豊月《ほうげつ》（本名鈴木豊五郎。一八八五年、北津軽郡梅田村〈現五所川原市内〉生まれ）は、上京した津軽民謡の唄い手をレコード会社に紹介したり、その伴奏を務めたりしていた。そして、「東音頭」をまねて、長編の七七調『津軽じょんがら節』の歌詞を三行ずつにくぎり、間に三味線の「間奏」を加えたようである。また、当時のレコードはSP盤で、片面三分しか収録できないため、「七七調三行」だけの短詞型の歌詞二首分か三首分を、「間奏」つきで収録したようである。こうした仕立て方が、津軽の芸人たちの間に定着した。その後、長編の歌詞を新たに作るのは難しいこともあって、新作の歌詞は、「七七調三行」（四十二音）だけの、短いものになっていったのであろう。（『津軽じょんがら節』の、「七七調三行」を一単位とする演奏法と、「七七調三行だけの短詞型の歌詞」が生まれた経緯について、筆者《竹内勉》は以上のように考えている。）

　その『津軽じょんがら節』は、津軽三味線の早《はや》間化《まか》と手踊りの軽快化によって、唄がどんどん速くなっていった。それが、今日呼ぶところの「旧節」である。したがって、「旧節」は、明治時代末期頃に手踊り一座の中で育ってきた、地方《じかた》用の唄と思われる。

　ところが、手踊り用として唄われたため、軽快になりすぎて、それまでの語り物としての楽しさが失われてしまった。そこで、今度は唄をゆっくりに戻し、息つぎの箇所を増やし、さらに南部民謡の小節の技巧を加味した技巧的な唄に作り直す者が現れた。それが、今日呼ぶところの「中節《なかぶし》」である。しかし、この「中節」は津軽の遊芸人にとっては「南部節」的な組み立て方に違和感があり、津軽の歯切れのよさもそこなわれてしまった。そこで、もう一度「旧節」に近い形へ戻した。それが「新節」である。

　年代でいえば、「口説節」は一八八七年頃まで、「旧節」は一八九七年以降、「中節」は一九二六年ぐらいまでの節であり、「新節」は一九二八、二九年頃から現在までの節である。今日では、手踊り用の唄としての「旧節」と、唄を聞かせるための「新節」とが共存し、「中節」は姿を消し始めている。

　この唄を「じょんがら節」と呼ぶのは、「じょんがらまかす」（おもしろいことを言う、冗談めかす、の意）からだという。しかし、石川県下に、盆踊り口説の『柏野じょんがら』や『野々市《ののいち》じょんがら』などがある。これは「チョンガレ節」（「浪花節」の前身）が訛《なま》ったものである。曲節は『津軽じょんがら節』とは別のものであるが、その呼び方が、石川県方面出身のヤン衆や北前船《きたまえぶね》の船乗りたちによって、津軽や北海道へ持ち込まれたのではないかと思われる。

　節まわしの型　今日広く唄われている節まわしは、浅利《あさり》みきのものである。

津軽《つがる》たんと節《ぶし》

本唄

〽ハァー一《ひと》つ出《だ》しましょ　①津軽《つがる》の唄《うた》を
節《ふし》もおなじみ　たんと節《ぶし》たんと節《ぶし》

地口

「コリャ婆《ば》っちゃも爺《じ》っちゃも　若返《わかがえ》り
どじょコも鮒《ふな》コも　踊《おど》り出《だ》す」

後唄

②岩木《いわき》のお山《やま》じゃ　たんとたんと
お月《つき》さんも浮《う》かれ出《だ》す　その③訳《わけ》だんよ

〽義理《ぎり》と情《なさ》けに　せめたてられて
切《き》るに切《き》られぬ　三味《しゃみ》の糸《いと》
「人目忍《ひとめしの》べば　罰《ばち》（撥《ばち》）当《あ》たる
切《き》れればあなたが　④放《はな》れ駒《ごま》」
人《ひと》は⑤三筋《みすじ》でたんとたんと
心《こころ》が一筋《ひとすじ》　その訳《わけ》だんよ

〽蝶《ちょう》よ花《はな》よと　育《そだ》てた娘《むすめ》
今日《きょう》は他人《たにん》の　手《て》に渡《わた》す
「箪笥《たんす》　⑥長持《ながもち》　⑦挟《はさ》み箱《ばこ》
これほど揃《そろ》えて　やるからは
二度《にど》と戻《もど》るな　出《で》てくるな」
言《い》われてほろりと　たんとたんと

落《お》とした涙《なみだ》こそ　その訳《わけ》だんよ

〽水《みず》の流《なが》れに　月影《つきかげ》浮《う》かべ
そばでくるくる　水車《みずぐるま》
「くるくるまわれば　春《はる》が来《く》る
花咲《はなさ》きゃ小鳥《ことり》が　会《あ》いに来《く》る」
秋《あき》(飽き)が来《く》るまで　たんとたんと
止《と》めて止《と》まらぬ　その訳《わけ》だんよ

〽縁《えん》がないとて　別《わか》れてみたが
鳥《とり》は枯《か》れ木《き》に　二度《にど》留《と》まる
「世間《せけん》は理屈《りくつ》の　花咲《はなさ》かす
女子《おなご》は情《なさ》けの　花咲《はなさ》かす」
咲《さ》くも散《ち》らすも　たんとたんと
浮世《うきよ》の風《かぜ》だよ　その訳《わけ》だんよ

〽わしもなりたい　りんごのように
紙《かみ》の袋《ふくろ》を　被《かぶ》せられ
「虫除《むしょ》け風除《かぜよ》け　男除《おとこよ》け
色《いろ》よきゃ甘味《あまみ》も　ついてくる」
好《す》いたお方《かた》に　たんとたんと
手数《てすう》をかけられ　その訳《わけ》だんよ

〽酒《さけ》を飲《の》まして　どうする気《き》だよ
二升《にしょ》や三升《さんじょ》で　つぶれやせぬ
「朝《あさ》は朝酒《あさざけ》　夜《よ》は夜酒《よざけ》
⑧五郎八茶碗《ごろはちぢゃわん》と　添《そ》い寝《ね》する」
酒《さけ》で死《し》ぬのは　どじょうばかり
ふざけちゃ嫌《いや》だよ　その訳《わけ》だんよ

〽沖《おき》は白波《しらなみ》　さぞ辛《つら》かろう
荒《あら》い雨風《あめかぜ》　気《き》にかかる
「⑨やませが吹《ふ》けば　目《め》をさまし
⑩西《にし》が強《つよ》けりゃ　眠《ねむ》られぬ
どうぞ御無事《ごぶじ》と　手《て》を合《あ》わせ」
遠《とお》く思《おも》いは　たんとたんと
⑪千島《ちしま》の空《そら》へと　その訳《わけ》だんよ

注
①現青森県の西部地方。
②岩木山。青森県の南西部にそびえる山（一六二五メートル）。
③そういう訳ですよ。「だんよ」は、「ダンノオ節」のはやし詞「ダンノオ」が訛ったもの。
④綱から放れて自由に走りまわる馬。「駒」は、馬と、三味線の駒（三味線の弦と胴の間に挟んで、弦を支えるもの）を掛ける。
⑤三本の糸から、三味線のこと。人は三味線をひくのが大事で。
⑥衣服・調度品などをしまっておくための、大きな箱。木製で、ふたつき。
⑦衣服などを持ち運ぶための、浅い箱。ふたに取りつけた棒を担ぐ。「鋏箱」ではない。
⑧普通より大きめの、安物の飯茶碗。
⑨青森県の日本海沿岸では、山を越えて吹いてくる東風。
⑩西風。
⑪千島列島。北海道北東端とカムチャツカ半島南端の間に連なる島々。ここでは、北洋漁業へ出かけた漁師たちが働いている場所をさす。

青森県の遊芸唄。青森県の西部、津軽地方の遊芸人たちが、巡業先の舞台で唄ってきたものである。

唄の履歴　この唄の源流は、秋田県の『秋田たんと節』（一〇七ページ）である。

一九三六年に黒沢三一が『秋田たんと節』をレコード化して人気を博すと、津軽の芸人高谷《たかや》左雲《さうん》竹《ちく》が、三七、三八年頃、それを津軽風に仕立て直し、『津軽たんと節』の名で唄い始めた。津軽式の小節を加え、前奏に『津軽じょんがら節』の前奏をつけ、津軽三味線の伴奏に乗せて、力強く、たくましく、派手に唄い、しかも、高く声を張る、速い唄にし、秋田の唄を津軽化したのである。以来、津軽の芸人たちが、舞台で好んで唄うようになった。

節まわしの型　今日広く唄われている節まわしは、浅利《あさり》みきのものである。

津軽道中馬方節《つがるどうちゅううまかたぶし》

〽①矢立《やだて》ハァー峠《とうげ》の　ハァ夜風《よかぜ》をハァ受《う》けてヨー
ハァ②飽《あ》きたハァ夜長《よなが》を　ハァー後《あと》にするヨ
ー
（ハイィ　ハイハイト）

〽③一夜五両《いちやごりょう》でも　馬方嫌《うまかたいや》だ
鳴《な》るは④轡《くつわ》の　音《おと》ばかり

〽心細《こころぼそ》さよ　⑤博労《ばくろ》の夜道《よみち》
⑥七日七夜《なのかななよ》の　露《つゆ》を踏《ふ》む

〽⑦袖《そで》と袖《そで》から　手《て》を入《い》れかけて
これが博労《ばくろ》の　⑧幕《まく》の内《うち》

〽⑨ここはどこよと　尋《たず》ねて聞《き》けば
ここは⑩津軽《つがる》の　⑪関《せき》の橋《はし》

〽腰《こし》に⑫馬沓《うまぐつ》　お手《て》には手綱《たづな》
⑬七里長浜《しちりながはま》　唄《うた》で越《こ》す

〽ここではやらぬ　⑭葦毛《あしげ》の駒《こま》も
⑮江戸《えど》で三百両《さんびゃくりょう》の　値《ね》をつける

注①平川市碇《いかり》ヶ関《がせき》と秋田県大館市の境にある峠（二五八メートル）。羽州街道が通じている。
②馬の移動は、主に、通行人の少ない夜間に行った。馬と一緒に歩き続け、長い、孤独な夜に飽きた、の意。「秋田」ではない。
③たとえ一晩の稼ぎが五両でも。五両は、女中奉公の二年間の給金ぐらいにあたる。
④手綱をつけるために、馬の口にくわえさせる金具。
⑤牛馬の仲買いを職業とする人。獣医を兼ねる人もいる。
⑥〔実数ではなく〕何日も何夜もの。
⑦牛馬市では、相手の袖へ手を入れて指を握り合い、他人にわからないようにして値段を決める。
⑧「幕の内」という、独得の商法だよ。
⑨「朝の夜明けに　峠を越せば」は誤唱。
⑩現青森県の西部。
⑪碇ヶ関。現平川市碇ヶ関にあった関所。津軽三関の一。
⑫馬の足につける、丸形の草鞋《わらじ》。藁《わら》を編んで作る。
⑬津軽半島の西岸、十三湖から鰺《あじ》ヶ沢《がさわ》まで直線状に連なる砂浜。全長約二八キロ。
⑭白い毛に黒や濃褐色の毛が混じっている馬。
⑮現東京都東部。江戸幕府の所在地。

青森県の仕事唄。青森県の西部、旧津軽藩領の博労たちが、夜間、何頭もの馬を曳《ひ》いて馬市へ移動する折りに唄ってきたものである。

唄の履歴　この唄の源流は、旧南部藩領（岩手県中央部から青森県東部一帯）の博労たちが唄っていた「夜曳《よび》き唄」（⬇一七七ページ）である。

それは、博労仲間を通じて東北地方一円へ広まっていったが、博労が唄う唄は、馬に聞かせるものであり、しかも一人で唄うものであるから、十人十色の節まわしであった。ところが、昭和時代に入って各地の「夜曳き唄」がレコードに吹き込まれると、吹き込んだ唄い手の故郷の、津軽・秋田・宮城・相馬・最上などといった旧国名や県名を冠せて、それらを区別するようになった。また、最初にレコード化した人の節まわしを他の人たちが踏襲するようになったため、のちには、あたかもそれぞれの節まわしがその県や地方を代表する唄い方のように考えられていった。

さて、この『津軽道中馬方節』は青森県西津軽郡森田村（現つがる市内）の成田雲竹が広めた節まわしである。レコードに初めて吹き込んだのは一九三二年一二月で、キングレコードであった。ただし、その時の曲名は「馬方節」であった。

しかし、同じ青森県でも旧南部藩領の八戸《はちのへ》市在住の民謡家上野翁桃、三戸郡上長苗代村（現八戸市内）の民謡家小笠原すえなどは、同系統の「夜曳き唄」を「道中馬方節」と呼んでいた。そして、小笠原は一九三六年九月にコロムビアレコードに「道中馬方節」の名で吹き込んだ。それから二年後の三八年五月、成田雲竹は再度キングレコードに吹き込んだが、やはり曲名は「馬方節」であった。

その後、一九五七年五月一三日にNHKラジオ「民謡を訪ねて」に出演した雲竹は、今度はこの唄を「南部馬方節」の名で呼んだ。翌五八年、旧南部藩領出身の佐藤義朗が「道中馬方節」という曲名で、日本民謡協会全国大会の一位になった。このあたりから「道中馬方節」という曲名がしばしば登場するようになる。しかし、津軽の成田雲竹の弟子たちは、これに反発して、逆に「津軽馬子唄」という名を用い始めた。そして、六〇年一二月一八日の東京放送「素人歌合戦」で、後藤吟竹（留太郎）が「道中馬方節」の名を用いた。筆者（竹内勉）の記録では、昭和三〇年代（一九五五〜）には成田雲竹は「道中馬方節」の名では唄っておらず、どうやら雲竹門下が、脚光をあびてきた旧南部領の「道中馬方節」という曲名を借用したようである。とはいっても、矢立峠を詠み込んだ歌詞などがあり、羽州街道を往来した博労の生活を唄っているので、節まわしとともに津軽の唄であることに違いはない。

一九七五年頃より、青森県東部の旧南部藩領、八戸市の民謡家山道巧たちの巻き返しがあり、南部民謡が続々と世に出始めると、津軽と区別するべく、南部領の「夜曳き唄」に「南部道中馬方節」なる曲名をつけ、それまでの成田雲竹系の「道中馬方節」を『津軽道中馬方節』と呼ぶようになった。今日では、津軽でもそのように呼んでいる。

節まわしの型　今日広く唄われている節まわしは、成田雲竹のものである。

津軽《つがる》ばやし

〔音頭取り〕
〽ハァー岳《だけ》①の　岳《だけ》の白雪《しらゆき》　朝日《あさひ》で融《と》けるヤア
〔付け手〕
融《と》けてヤァ　流《なが》れてヤア　流《なが》れてヤアー
〔音頭取り〕
ソレッサァ里《さと》に出《で》るノーヤァ
《繰り返し》〔付け手〕
融《と》けて流《なが》れてオヤア　ナンダアカ里《さと》に出《で》る
（アァキタコラ　ハイハイ）

〽鳴《な》くな鶏《にわとり》　まだ夜《よ》は明《あ》けぬ
明《あ》けりゃお寺《てら》の　鐘《かね》が鳴《な》る

〽今朝《けさ》の約束《やくそく》　帰《かえ》すは嫌《いや》だ
やらずの雨《あめ》でも　降《ふ》ればよい

〽越後《えちご》②出《で》る時《とき》ゃ　涙《なみだ》で出《で》たが
今《いま》じゃ越後《えちご》の　風《かぜ》も嫌《いや》

〽越後村上《えちごむらかみ》③　新茶《しんちゃ》の出所《でどこ》
娘《むすめ》やりたや　お茶《ちゃっ》摘みに

注①高い山。ここでは、青森県の南西部にそびえる岩木山（一六二五メートル）のこと。
②旧国名。佐渡島を除く現新潟県全域。
③現新潟県村上市。➡解説。

青森県の遊芸唄。青森県西部の津軽地方の芸人たちが、興行の客寄せに、木戸口の外で傘踊りを演じる時に唄ってきたものである。

その踊りは蛇の目傘を持って踊るもので、人垣ができても傘の頭は人垣の外から見えるため、客寄せには都合がよい。踊り手は、人が集まってきたところで、踊りながら木戸口を通って小屋の中へ入ってしまう。すると、客もつられて木戸口へと入っていくのである。

唄の履歴　この唄の源流は、右掲の歌詞でも知られるように、越後《えちご》の村上（新潟県村上市）の「茶摘み唄」である。

村上市は、お茶の栽培では北限地といわれているが、一六二〇年に、村上藩大年寄、徳光屋覚左衛門が、宇治・伊勢から茶の実を買い求めて栽培したのが始まりである。その村上茶を製造するお茶師たちが、茶の葉を焙炉《ほいろ》で蒸し、手でよりをかけていく茶作り作業の時に唄を唄った。それは、この辺りで盆踊りや酒盛りにも唄われている「越後甚句」のうちの、さしずめ「村上甚句」ともいうべきものであった。

村上茶の茶畑へは、茶摘みの季節労働者として、各地から人が集まってきたが、その中に津軽の人たちもいて、ここで覚えた茶作り唄を、茶畑で茶を摘みながら口ずさんだ。そして、故郷津軽へ戻ってからも、酒盛り唄として、「越後甚句」の名で唄っていた。

それを金太・豆蔵の津軽人形芝居が、幕開きの、人形の「傘踊り」の下座用の唄に利用した。それが評判になると、民謡一座の人たちも幕開きの唄に利用し始めた。その始まりは興行師寺島勝負《しょうぶ》の、「新盛団」という一座（浅利《あさり》みきや木田林松栄《きだりんしょうえい》たちがいた）で、昭和一〇年代（一九三五〜）のことである。その後、この唄は木戸口での客寄せの「傘踊り唄」に用いられるようになった。

なお、曲名は「越後甚句」のほかに「津軽はやしコ」とも呼ばれていた。

筆者（竹内勉）が一九七六年六月一四日に村上市瀬波の茶畑で、相馬スエノ（七〇歳）に唄ってもらった「茶摘み唄」は、

〽越後村上　新茶の出所
娘やりたい　ソレサお茶摘みに
　ハアー　ヨイ　ヨイ　ヨイ　ヨイ

というものであった。『津軽ばやし』と節も歌詞もそっくりであるが、下の句は繰り返さなかったので、この繰り返しは津軽で加えたものである。

さて、その曲名、津軽の「越後甚句」では妙だということで、昭和三〇年代の中頃から『津軽ばやし』と呼ぶようになった。

節まわしの型　今日広く唄われている節まわしは、浅利みきのものである。

津軽山唄《つがるやまうた》「西通り山唄《にしどおりやまうた》」

上　げ

〽〔音頭取り〕ヤーエーデャー　津《つ》が　〔付け手〕①津軽富士《つがるふじ》ゃヤーエー

口説《くどき》

〔音頭取り〕冬《ふゆ》は真白《ましろ》く　②春《はる》　〔付け手〕春《はる》
青《あお》くヤエー
〔音頭取り〕夏《なつ》は③墨染《すみぞ》め　④秋《あき》　〔付け手〕秋《あき》
錦《にしき》ヤエー
〔音頭取り〕衣替《ころもが》えする　鮮《あざ》　〔付け手〕鮮《あざ》
やかさヤエー

上　げ

〽ヤーエーデャー　⑤十《じゅう》ご七《しち》

口　説

⑥十七《じゅうしち》になるから　山登《やまのぼ》り
⑦沢《さわ》を登《のぼ》るに　笛吹《ふえふ》けば
峰《みね》の小松《こまつ》⑧は　みな靡《なび》く

〽ヤーエーデャー　十《じゅう》ご七《しち》
⑨十七《じゅうしち》になるから　⑩山《やま》を床《とこ》
肩《かた》に鉞《まさかり》　腰《こし》に鉈《なた》
⑪板屋花《いたやはな》の木《き》　伐り溜《た》めて
⑫流《なが》し届《とど》けて　⑬捲《ま》き揃《そろ》え
⑭これを見《み》せたや　我《わ》が親《おや》に

〽ヤーエーデャー　十《じゅう》ご七《しち》
沢《さわ》を登《のぼ》るに　⑮独活《うど》掻《か》けば
⑯独活《うど》の白芽《しろめ》を　⑰食《く》い初《そ》めた

〽ヤーエーデャー　十《じゅう》ご七《しち》
今朝《けさ》の⑱朝草《あさくさ》　どこで刈《か》った
⑲葛《くず》と薄《すすき》の　相交《あいま》ざり
馬《うま》につけても　⑳ゆさゆさと
これを見《み》せたい　㉑両親《ふたおや》に

〽ヤーエーデャー　㉒浪岡《なみおか》の
㉓源常林《げんじょばやし》の　㉔銀杏《いちょう》の木《き》は
枝《えだ》は浪岡《なみおか》　葉《は》は㉕黒石《くろいし》
花《はな》は㉖弘前《ひろさき》　㉗城《しろ》に咲《さ》く
実《さね》はお城《しろ》の　㉘御典薬《ごてんやく》

〽ヤーエーデャー　正月《しょうがつ》は
㉙門《かど》に門松《かどまつ》　㉚注連《しめ》を張《は》り
松《まつ》と㉛譲《ゆず》り葉《は》　㉜お供《そな》えと
祝《いわ》いの㉝屠蘇《とそ》に　㉞若《わか》の水《みず》

〽ヤーエーデャー　春来《はるく》れば
鹿《か》㉟の子交《こま》じりの　雪《ゆき》も消《き》え
㊱鶉《うずらひばり》　雲雀の　声《こえ》もする
人《ひと》の心《こころ》も　穏《おだ》やかに

注①岩木山の別称。青森県の南西部にそびえる山（一六二五メートル）。
②「春」を繰り返して、「春、春青く」と唄う。「春、春は青く」は、唄いにくい人が「は」を加えたもの。
③墨で染めたような、黒い色の着物。
④前々項と同様、「秋、秋錦」と唄う。
⑤今は「十五七」とされているが、➡解説。「十七歳の人」の意。
⑥今は「十五に」と唄っているが、本来は「十七に」で、十七歳になる時から、の意。字あまりであるが、本書では、本来の語へ戻す。
⑦「山を」とも。
⑧「が・も」とも。
⑨「今年初めて　山登り」とも。
⑩「山を床にして」の意。「山男」は誤り。
⑪板屋楓《かえで》と花楓。ともにカエデ科の落葉高木。板屋楓の黄葉と花楓の紅葉は鮮やかなので、山の神の霊が宿っていると考えられていた。
⑫谷川を流して、木を筏《いかだ》に組む場所へ届けて。「大沢小沢に」とも。
⑬束ねて。「囲いおく」とも。
⑭「末は黄金《こがね》の　山となる」とも。
⑮山独楽の芽を掻き取れば。山独楽は、山野に自生する、ウコギ科の多年草で、香りと苦みのある山菜。みそなどをつけて生食し、ゆでて酢みそあえ・ごまあえなどにする。若芽はてんぷらや粕漬けに、伸びた茎は皮をむき、煮物や油いためにす

る。生長すれば、草丈二㍍に及ぶ。
⑯前句とのつながりが悪いのは、元々が、「歌問答」で他の人が唄い継いだためである。
⑰春に地中から鋭く伸びる芽を取って食べ、その霊力を体内に取り込むこと。
⑱早朝に、牛馬の飼料用の草を野山で刈ること。また、その草。
⑲豆科の、つる性の多年草で、山野に自生。葉の裏は白い。根から葛粉を取る。
⑳「よそよそと」とも。「そよそよと」は誤りであろう。
㉑「我が親に」とも。
㉒現青森市浪岡町。一四世紀末期から一五七八年までの約二百年間、南朝の重臣北畠親房の子孫が本拠地としていた所。
㉓浪岡町北中野にあった林。
㉔樹齢一千年といわれ、青森市の天然記念物。
㉕現黒石市。
㉖現弘前市。
㉗弘前城。津軽藩主の居城。平山城で、一六一一年に二代藩主信枚《のぶかず》が築城。
㉘津軽藩主のための薬。
㉙家の門口。
㉚注連縄《しめなわ》。神聖な場所を画するためや、魔よけのために張る縄。
㉛灯台草科の常緑高木。他の木と異なり、春、新しい葉が出てから古い葉が落ちる。後継者へ確実に引き継ぎをする見本で、縁起物として正月の飾りに用いる。
㉜神に供える餅。鏡餅。
㉝お正月に、一年の邪気を払い、延命を願って飲む酒。
㉞若水。元日の朝に、その年初めて井戸から汲んだ水。霊力が宿っているとされて、年神に供え、調理やお茶に用いる。
㉟シカの子の体毛のように、茶色に白い斑点が交じっている模様。地上のそちこちに残雪のあることをいう。
㊱キジ科の鳥。体長二〇㌢ほど。尾が短く、ずんぐりした体形で、羽は茶褐色・黄褐色・黒色が交じる。日本では北海道・本州北部の草原で繁殖し、冬は中部以南へ渡る。また、採卵・食肉用に飼育される。

青森県の祝い唄。青森県も旧津軽藩領の人たちが、山仕事の入山式で、また、里での祝いの席で唄ってきたものである。

唄の履歴　この唄の源流は、東北六県に広く分布する、『そんでこ節』（一七一ページ）を母胎とする唄である。

「そんでこ」は、「その手児《てこ》」の転で、「その乙女」「その若い娘」の意と思われるが、時代が下ると意味がわからなくなったため、「十よ七」（十七歳の娘）に差し替えられた。それは、室町時代以前のことかもしれない。

ところが、「十よ七」の「よ」が発音しにくい人たちが、「十お七」と唄った。その「お」が「ご」となり、それに数字の「五」をあてはめて「十五七」と表記するようになった。

この、「十五七…」と唄い出す唄は、『そんでこ節』時代と同様、「歌垣《うたがき》」の「歌問答」に用いられていた。それが、のちに「山の神」へ捧げる「祝い唄」として唄われるようになると、現青森県弘《ひろ》前《さき》市高杉にあった御蔵奉行所《おくらぶぎょうしょ》の様子を詠《よ》んだ歌詞が人気を集め、その唄い出しの語から「高杉山唄」と呼ばれるようになった。

その後、その「高杉山唄」の「新節」が生まれた。冒頭に「ヤーエーデャー」を加え、また、各節尻に付く「添え詞」（前四ページ）を整理し、単純にしたものである。「歌垣」の「歌問答」で、男が「問い掛け唄」の歌詞を即興で作って唄えば、女が「返し唄」の歌詞を、これまた即興で作って唄い返す。「ヤーエーデャー」は、この二人を励まし、場を盛り上げるべく、周囲の人たちが、「入れ句」として用いていた語である。その意味は、「ヤー」（「サァー」の変化したものらしい）・「エー（詠《え》え）デャー」で、「さぁ唄えよ」と、けしかける言葉である。そのため、「高杉山節」の「新節」は、「ヤエデャ山唄」とも呼ばれた。

一九三七年四月二六日、成田雲竹がNHK秋田放送局からラジオで『津軽山唄』を放送する折りに津軽の「山唄」を岩木川を中心にして大きく二つに分けた。そして、岩木川の西地区、西津軽郡下の節まわしを「西通り」と命名し、「東通り」は、東地区、南津軽郡下の節まわしだと説明した。

その「西通り」が「ヤエデャ山唄」で、今日の『津軽山唄「西通り山唄」』である。

成田雲竹は、岩手県二戸《にのへ》郡浄法寺《じょうぼうじ》町（現二戸市内）の駐在所に勤務していた頃、その辺りで「南部山唄」と呼ばれる唄を採集した。それが今日の『津軽山唄「東通り山唄」』で、雲竹は、旧南部藩領の、古風な節まわしの山唄を、津軽民謡に仕立て直したのである。

なお、『津軽山唄』は、「津が　津軽富士ゃ」「春　春青く」「秋　秋錦」のように、「二音」を繰り返す唄い方になっている。これは、祝いの席で「音頭取り」が唄い始め、この「二音」を繰り返す箇所から同席の人たちが斉唱していた名残りである。それを、成田雲竹が一人で通して唄う形式に改めたため、「二音」が重複することになったのである。

その「西通り山唄」、いろいろな唄い方があったが、太平洋戦争前までは成田雲竹（西津軽郡森田村〈現つがる市内〉出身）と、川崎きえ（南津軽郡大杉村〈現青森市内〉出身）の、二通りの唄い方に代表されていた。しかし、主導権争いの末、当時、詩吟調と酷評された、鋭く、簡潔な唄い方の「成田雲竹節」が残った。念仏調と酷評された、表情豊かな唄い方の「川崎きえ節」は全く姿を消し、のちには、若美家《わかみや》五郎が唄うだけになってしまった。

節まわしの型　今日広く唄われている節まわしは、成田雲竹のものである。

津軽山唄《つがるやまうた》「東通り山唄《ひがしどおりやまうた》」

上げ

〽〔音頭取り〕ヤーエーデャ　ハー雪《ゆき》　〔付け手〕雪《ゆき》が降《ふ》るヤーエー

口説《くどき》

〔音頭取り〕雪《ゆき》にナーハー　ヤーエー　アー暮《く》れゆく　ハー年《とし》　〔付け手〕①年《とし》の瀬《せ》ややヤーエー

〔音頭取り〕明《あ》けりゃナーハー　ヤーエー　アー晴《は》れゆく　ハー鶴《つる》　〔付け手〕②鶴《つる》の声《こえ》　ヤーエー

上げ

〽ヤーエーデャ　③岳々《だけだけ》の

口説《くどき》

岳《だけ》の陰《かげ》の　④樺桜《かばざくら》
⑤津軽繁昌《つがるはんじょ》と　⑥咲《さ》いた樺《かば》

☆〔歌詞は「西通り山唄」と共通〕

注①その年の暮れ。年末。
②「鶴の一声」は字あまり。「鶴声が」とするレコードもあるが、意味が通じない。
③高い山々。ここでは、青森県の南西部にそびえる岩木山などをさす。「岳の岳」とも。
④山桜のこと。
⑤現青森県南西部。旧津軽藩領。
⑥「咲いた花」とも。「咲く樺桜」「咲いたか樺桜」と唄う人もいるが、字あまり。

青森県の祝い唄。青森県も旧南部藩領の、現下《しも》北《きた》郡・上北《かみきた》郡・三戸《さんのへ》郡から現岩手県北部地方の人たちが、山仕事の入山式で、また、里での祝いの席で唄ってきたものである。

唄の履歴　この唄の源流は、東北六県に広く分布する、『そんでこ節』（一七一ページ）を母胎とする唄で、山の神へ祈願する唄であった。それは、山仕事で入山する時に山の神へ身の安全を祈って唄い、また、下山した時に安全を感謝して唄っていたものであるが、のちには、里の祝いの席でも、祝い唄として唄われるようになった。

青森県下の「山唄」は、土地によって節まわしが異なるが、成田雲竹は、一九三七年四月二六日にＮＨＫ秋田放送局からラジオで放送する折りに、旧津軽藩領内の「山唄」を大きく二つに分けた。そして、岩木川の西地区、西津軽郡下の節まわしを「西通り」と、岩木川の東地区、南津軽郡下の節まわしを「東通り」と命名した。その分け方が民謡界へ広まっていった。しかし、今日の『津軽山唄「東通り山唄」』は、雲竹が、旧南部藩領内の「山唄」を、津軽風に仕立て直したものである。（詳細は『津軽山唄「西通り山唄」』の解説を参照）

節まわしの型　今日広く唄われている節まわしは、成田雲竹のものである。

津軽《つがる》ヨサレ節《ぶし》

上の句

〽アァー渡《わた》り鳥《どり》さえ　あの山越《やまこ》える

口説《くどき》

アァー雲《くも》も流《なが》れて　後《あと》を行《ゆ》く
①津軽恋《つがるこい》しや　母恋《ははこい》し
りんご畑《ばたけ》が　目《め》に浮《う》かぶ
②アァー花《はな》の散《ち》る頃《ころ》　故郷《くに》を出《で》て
辛《つら》い浮世《うきよ》の　雨風《あめかぜ》に
泣《な》いて今年《ことし》で　はや三年《みとせ》
アァー母《はは》は今頃《いまごろ》　③背戸《せど》に出《で》て
沈《しず》む夕日《ゆうひ》に　目《め》を濡《ぬ》らし
呼《よ》んでいるだろ　わしの名《な》を

下の句

早《はや》く行《ゆ》きたや　母《はは》のそばアァー　ヨサレ

ソーラヨイヤアー

〽津軽《つがる》④青森《あおもり》　出《で》て行《ゆ》く船《ふね》は
波《なみ》を蹴立《けた》てて　どこへ行《ゆ》く
鳥《とり》も通《かよ》わぬ　⑤北《きた》の海《うみ》
漁場《りょうば》目《め》ざして　日《ひ》を重《かさ》ね
海《うみ》が男《おとこ》の　職場《しょくば》なら
留守《るす》は女《おんな》の　守《まも》り所《どこ》
心《こころ》おきなく　行《ゆ》かしゃんせ
⑥千里離《せんりはな》れて　幾月《いくつき》ぞ
一人聞《ひとりき》く夜《よ》の　磯嵐《いそあらし》
無事《ぶじ》を祈《いの》れば　寝《ね》つかれぬ
やがて逢《あ》う日《ひ》を　心待《こころま》ち

〔杵淵一郎作〕

☆〔伝承歌詞はなく、創作物ばかりなので、本書では割愛する〕

注①現青森県の西部。
②以下、前三行の節を繰り返していく。
③家の裏口。
④青森市の青森港。
⑤オホーツク海。
⑥約三九二七キロ。

青森県の遊芸唄。青森県西部に広がる旧津軽藩領の、「坊様《ばさま》」とか「ほいど」（⬇五九ページ）と呼ばれる遊芸人たちが、門付けをしながら唄ってきたものである。それは、のちに舞台芸になって、津軽の芸人たちの巡業用の唄へと発展していった。「津軽三つ物」の一。

唄の履歴　この唄の源流は不明である。しかし、「〽よしゃれおかしゃれ　その手は食わぬ　その手食うよな　野暮じゃない」という歌詞を元唄とする「よしゃれ節」で、江戸時代の、関東地方以西の、花柳界の流行《はや》り唄ではないかと思われる。それは、天保年間（一八三〇～四四）頃に、東北地方でも広く唄われ、酒盛りや盆踊りに利用されたようである。山形県下の花柳界では、拳《けん》遊びの唄として「庄内節《しょうないぶし》」の名で唄われていた。その後、そうした唄のしまいに「ヨサレ　サアンヨー」「ヨサレ　ソーラヨイヤー」などがつくようになると、このほうに人々の注目が集まった。そして、曲名も、唄い出しの「よしゃれ」によってではなく、はやし詞から「ヨサレ節」と呼ばれるようになったようである。

さて、その「ヨサレ節」の詞型は、初めは「七七七七調」であったが、これに、江戸時代流行の詞型「七七七五調」の歌詞をあてはめて唄うようになった。ところが津軽では、一九〇四、〇五年頃、北津軽郡嘉瀬《かせ》村（現五所川原市金木町内）出身の、通称「嘉瀬の桃」（本名、黒川桃太郎）が、上の句（七七）と下の句（七五）の間に「二上り新内」を「あんこ」として挿入して唄い始めた。

しかし、「二上り新内」の流行が下火になったこと、新内が津軽の風土になじみにくいこと、津軽の芸人は、『津軽じょんがら節』に代表されるように、口説節《くどきぶし》を本業とすることなどから、しだいに、「二上り新内」の代わりに、七五調三行（三十六音）を必要なだけ入れて繰り返して、口説節にする方法を編み出した。その形式は、次のようになる。

上の句　七七
口　説　七五・七五・七五の倍数
下の句　七五・ヨサレ　ソーラヨイヤー

そして、口説部分のくぎり（七五調三行）ごとに、小節を連続させて節を落とす技巧で客の興味を集めるようになった。（なお、口説節は、前置きとして、最初に「調子変わりのヨサレ節」と断ってから唄う。）

今日、『津軽じょんがら節』が、踊り唄として、手踊り用の早間の唄になってしまい、また、歌詞も七七・七七・七七だけの短いものになり、物語性が失われてしまった。したがって、津軽の典型的な長編の口説節は、この『津軽ヨサレ節』と『津軽オハラ節』しかない。

なお、『津軽ヨサレ節』の歌詞は、各芸人が、ひいきや後援者・知人などに作ってもらって唄ってきたものである。一般の民謡歌詞のような、伝承的なものではないので、本書では、参考用に二首だけ掲出しておく。

節まわしの型　今日広く唄われている節まわしは、初代津軽家すわ子と伴奏の白川軍八郎がまとめたものを、いろいろな芸人が引き継いできているようである。

十三《とさ》の砂山《すなやま》

上の句〔音頭取り〕

〽①十三《とさ》の砂山《すなやま》ナァーヤーエ　米《こめ》ならよかろナ
ー

下の句〔踊り手〕
②西《にし》の③弁財衆《べんざいしゅう》にゃエ　ただ積《つ》ましょ　ただ積《つ》
ましょ
《繰り返し》
〔音頭取り〕弁財衆《べざいしゅう》にゃナァヤーエ　弁財　衆《べざいしゅう》
にゃ西《にし》のナー
〔踊り手〕西《にし》の弁財衆《べんざいしゅう》にゃエ　ただ積《つ》ましょ
ただ積《つ》ましょ

〽十三《とさ》を出《で》る時《とき》ゃ　涙《なみだ》で出《で》たが
④尾崎《おさき》かわせば　先《さき》ゃ急《いそ》ぐ

〽名所名所《めいしょめいしょ》と　⑤十三名所《じゅうさんめいしょ》
出船入り船《でふねいりふね》　そりゃ名所《めいしょ》

〽恋《こい》の⑥小泊《こどまり》　情《なさ》けの⑦下前《したまえ》
思《おも》い⑧脇元《わきもと》　気《き》は十三《じゅうさん》

〽つつじ椿《つばき》は　山《やま》でこそ咲《さ》くが
今は⑨十三船《とさぶね》の　⑩艫《とも》で咲《さ》く

〽沖《おき》の黒《くろ》いは　⑪蟹田《かにた》の嵐《あらし》
親父《おやじ》帆《ほ》を捲《ま》け　舵《かじ》を取《と》れ

〽ここで踊《おど》れば　⑫庄屋殿《しょうやどの》ァ⑬叱《しか》る
庄屋《しょうや》も若《わか》い時《とき》ゃ　⑭踊《おど》たびゃね

〽さァさ出《で》た出《で》た　⑮唐土船《もろこしぶね》よ
波《なみ》に揺《ゆ》られて　そよそよと

〽船《ふね》は小《ち》さくとも　⑯開《かい》の口《くち》無《ね》ァども
陸《おか》さあがれば　⑰一《いち》の客《きゃく》

〽十三《とさ》⑱米《こめ》の浜《はま》　錨《いかり》はいらぬ
好《す》きな⑲あやこに　繋《つな》がれる

〽船《ふね》を押《お》せ押《お》せ　押《お》さねば行《ゆ》かぬ
押《お》せば⑳権現崎《ごんげんざき》ゃ　近《ちか》くなる

〽踊《おど》り踊《おど》りたし　この子《こ》は泣《な》くし
この子《こ》泣《な》かせて　踊《おど》らりょか

注
①⬇解説。
②関西地方の。
③弁財船の船乗りたち。弁財船は千石船の別称で、北前船のこと。
④尾崎山。十三湖の北西、日本海へ突き出た小泊岬の先端にある山（三二九メートル）。
⑤⬇解説。
⑥小泊港。小泊岬の北側の付け根にある港。現北津軽郡中泊町内。
⑦小泊岬の南側にある港。現中泊町内。
⑧下前と十三港の中間にある港。現五所川原市内。
⑨十三湖でシジミ漁などに用いる、底の平らな小舟。
⑩船尾。
⑪現東津軽郡外ヶ浜町の地名。津軽半島の中東部にあり、陸奥湾に面している。沖合いは、風が吹くと難所となる。
⑫江戸時代に、代官から任命されて村の行政を行った農民。
⑬「おこる」とも。
⑭踊ったであろうにね。
⑮中国の船。
⑯大型和船の両側の柵の所にある、乗組員の出入り口。
⑰一番の上客。金を沢山使う、お金持ちの客のこと。
⑱米の積み出し港の意か。「酒田興野の浜」（⬇解説）をもじったものと思われる。
⑲船乗り相手の酌婦。春を売る女でもある。青森から北海道にかけての呼び名。
⑳小泊岬の別称。山頂の尾崎神社に、海の守護神、竜神権現をまつるところから。

青森県の盆踊り唄。青森県の北西部、十三湖《じゅうさんこ》と日本海に挟まれた十三《じゅうさん》（五所川原市内）の人たちが、お盆に唄い踊ってきたものである。

十三は、今でこそ砂に埋もれた寒村であるが、文明年間（一四六九～八七）の「廻船式目」によれば「全国七湊」の一つで、土地の豪族安東氏の商業港としても栄えた。ところが、一三四〇年に大津波に襲われ、安東氏も一四三二年に南部氏に追われて、北海道へ移ってしまった。それでも、江戸時代初期までの十三港は、青森港・鰺ヶ沢《あじがさわ》港・深浦港とともに津軽藩の四浦と呼ばれたが、やがて水深が浅くなり、鰺ヶ沢港の隆盛に押されて寂れてしまった。

唄の履歴　この唄の源流は、千石船の本船から

伝馬船をおろして港入りする折りに、「櫂漕《かいこ》ぎ唄」として唄われていた『酒田節《さかたぶし》』である。その曲名は、

〽酒田興屋《こや》の浜　米ならよかろ
　西の弁財衆に　ただ積ましょ

という元唄の唄い出しから取られている。「酒田興屋の浜」は、現山形県酒田市の、最上《もがみ》川河口の北側の砂丘地帯にある。興野は新開地という意味で、ここは遊廓としてにぎわった。

その『酒田節』は、千石船の船乗りたちによって各地の港へ持ちまわられたため、日本中に広まった。その折りに小泊《こどまり》（北津軽郡中泊町内）あたりに入港した千石船の伝馬船漕ぎの唄を、十三湖の漁師らがまねて、「十三湖舟唄」として唄ったようである。それは、昭和の初めまで残っており、繰り返し部分のない、本来の『酒田節』に近いものであった。

ところが、舟唄としての『酒田節』が流行《はや》り唄として酒席や盆踊りで唄われ始めると、繰り返しをつけた踊り唄となった。そうしたものが、昭和初期までは下北《しもきた》半島や現八戸《はちのへ》市方面にも残っていたので、かつては青森県下一円でもかなり広く流行したようである。十三《じゅうさん》でもお盆に唄い踊られ、唄い出しの語から『十三《とさ》の砂山』と呼ばれるようになった。

その『十三の砂山』を、一九五一年一一月二日に東京の日比谷公会堂で催された「郷土芸能大会」（文部省主催）に出演した成田雲竹が、高橋竹山の伴奏で「成田雲竹節」に仕立て直して発表した。そして、帰郷する前にキングレコードに吹き込んだ。

なお、地名の「十三」は、一七世紀末までは「トサ」であったが、津軽藩主が土佐守《とさのかみ》に任ぜられたのをはばかって「ジュウサン」と改めたという。しかし、七七七五調の歌詞に「ジュウサンの砂山」では字あまりになるので、旧来の「トサ」を用いている。

節まわしの型　今日広く唄われている節まわしは成田雲竹のもので、速目の唄になっている。「地元節」はゆったりとしていて、御詠歌風の感じがする。

どだればち

上の句〈問い掛け手〉

〽①どだば②どだればちゃ　③誰婆《だればあ》ちゃ孫《まご》だ

下の句〈返し手〉

どだば④太郎兵衛《たろべえ》どんなァ　よく似《に》だもだな

（ホォーイ　ホイ）

〽どだば⑤家《え》コの父《てで》や　雨降《あめふ》る中《なか》に
笠《かさ》もかぶらねで　⑥けらコも着《き》ねで

〽高《たか》い山《やま》コから　田《た》の中見《なかみ》れば
見《み》れば田《た》の中《なか》　稲《いに》ゃよく⑦もでる

〽烏鳴《からすな》く鳴《な》く　お宮《みや》の屋根《やね》で
烏《からす》ァその日《ひ》の　アリャ⑧役《やく》で鳴《な》く

〽どだば意気《いき》よいでァ　⑨津軽《つがる》の⑩ねぷた
笛《ふえ》や太鼓《たいこ》に　心《こころ》も躍《おど》る

〽⑪大石坂《おおいしざか》より　⑫松坂《まつざか》よりも
俺《おれ》の親父《おやじ》の　言《い》うこと⑬おっかね

〽嫁《よめ》コ貰《もら》うなら　津軽《つがる》の娘《あね》っコ
気立《きだ》て優《やさ》しく　器量《きりょ》コもいいだし

〽唄《うた》はよいもの　仕事《しごと》ができる
話《はなし》ゃ悪《わる》いもの　その手《て》が止《と》まる

〽どだば⑭向《む》げの波《なみ》ゃ　⑮口無《くちね》ェなどだば
口《くち》も手《て》もある　⑯から骨《ぼね》ァ病《や》める

〽今夜《こんや》の踊《おど》り場《ば》さ　⑰唖蟬《おっせみ》ァ役《やく》だ
踊《おど》って唄《うた》ってけろ　他村《たむら》の若衆《わげしゅ》

〽山《やま》で赤《あか》い奴《やつ》ァ　木《こ》の葉《は》の葉《は》の葉《は》
里《さと》で赤《あか》い奴《やつ》ァ　稲荷《いなり》の鳥居《とりい》

〽⑱原子《はらこ》⑲羽野木沢《はのきじゃ》の　⑳持子沢《もっこじゃ》の烏《からす》
今日《きょう》も㉑稼《かせ》げと　声高《こえたか》く鳴《な》く

〽俺《おら》ちゃ死《し》んだて　泣《な》く奴《やつ》ァ無《ね》べェな
山《やま》の烏《からす》と　アリャ親《おや》ばかり

注①②➡解説。
③どのお婆さんの。
④中津軽郡新和村（現弘前市内）の庄屋の名。
⑤分家の親父が。
⑥藁《わら》などを編んで作った、簑《みの》のようなもの。
⑦根元から沢山の茎が分かれて、よく茂る。
⑧役目で。
⑨現青森県の西部。
⑩夏の行事。歴史上の人物や武者の像、動物などを紙で作り、中に灯をともすもの。これをかついだり車や船に載せたりして、町や海上を笛・太鼓でねりまわる。この唄は弘前地方の盆踊り唄なので、「ねぷた」と発音する（青森市では「ねぶた」）。
⑪⑫現弘前市内の坂の名。
⑬こわい。
⑭（二重の輪になって踊っている）向かい側の踊りの輪（の皆さん）。
⑮（唄わないのは）口がないからだな。
⑯骨惜しみしているのだよ。怠けているだけのことだよ。
⑰鳴かない蟬（雌蟬）の役をしているな。
⑱⑲⑳現五所川原市の地名。「原子」は市の南東部にあり、その南に、「羽野木沢」「持子沢」が続く。
㉑働け。

青森県の盆踊り唄。青森県も津軽藩の旧城下町弘前《ひろさき》（弘前市）や郊外の人たちが、お盆に唄い踊ってきたものである。

別名　津軽甚句（➡後記）。

唄の履歴　この唄の源流は不明であるが、『鰺ヶ《あじが》沢《さわ》甚句』や『嘉瀬《かせ》の奴踊《やっこおど》り』などと同系統の唄である。

七七七七調の詞型は、江戸時代に入って七七七五調が生まれる前のものであるが、『どだればち』も四句目が「よぐ似だもだな」「けらコも着ねで」のように七音になっている。そして、のちに作られた歌詞で五音のものには「アリャ」などを補って、七音にして唄っている。また、秋田県の内陸部に同系統の節の地固め唄が残っているが、これには「アリャリャン　コリャリャン　ヨーイトナ」という、『松前木遣《きや》り』と同じはやし詞がついている。このような唄は、大勢の人が同じ動作をするのに都合がよいから、たぶん、こうした唄が先にあって、のちに盆踊りに転用されたのであろう。

それが嘉瀬へ伝えられて『嘉瀬の奴踊り』に、弘前方面へ広まって『どだればち』になったものと思われる。また、鰺ヶ沢へ伝えられて『鰺ヶ沢甚句』となったものは、すっかり七七七五調になり、しかも下の句を繰り返す複雑な形式へと変化しているので、『どだればち』はこれより古風な形と見ることができる。

曲名の『どだればち』は、唄い出しの「どだばどだればちゃ」（どうしたのだ、どこのどいつだ）から取ったものである。この唄は、かつては「掛け唄」（➡二〇一ページ）で、若い男女の一方が上の句の歌詞を即興で作って唄えば、他方が下の句の歌詞を作って唄い返すものであったと思われる。その唄問答の初めに、「どだばどだればちゃ」という文句が、あいさつ代わりに広く用いられたのであろう。

その『どだればち』、旧来は太鼓の伴奏だけで唄っていたが、昭和二〇年代（一九四五〜）末に成田雲竹・高橋竹山コンビが今日の節まわしに整え、三味線の伴奏をつけた。その折り、雲竹ははやし詞を「ハー　イヤサカ　サッサト」としたが、地元では「ホーイ　ホイ」である。それが本来のはやし詞で、しかも、異性の気をひくために、また、煽情的な雰囲気を作るために裏声が用いられている。ところが、太平洋戦争前から戦後まもなくにかけては、雲竹がこの唄を舞台で唄うと、はやし詞のところで客が笑ってしまうので、しかたなくはやし詞を替えたのである。今では、そういう客はいないので、本来のはやし詞へ戻すほうがよい。

なお、昭和三〇年代中頃から、地名重視の曲名のつけ方が流行し、『どだればち』も、東京で「津軽甚句」と改称された。しかし、旧来の曲名のほうが津軽的であり、しかも内容をよく表しているので、本書では『どだればち』としておく。

節まわしの型　今日広く唄われている節まわしは、成田雲竹のものである。

とらじょ様《さま》

上の句〔問い掛け手・男〕
〽①とらじょ様《さま》から　何《なに》買《か》ってもらた
下の句〔返し手・女〕
白粉《おしれ》コ七色《なないろ》　②蛇《じゃ》の目傘《めがさ》
（チョイサァ　チョイサ）

〽何《なに》も知《し》らない　③なされ節一《ぶしひと》つ
④なにゃとなされた　なにゃとやら

〽雨《あめ》コ降《ふ》ってきた　白粉《おしれ》コ落《お》ちる
⑤唐傘《からかさ》コ買《か》ってけろ　とらじょ様《さま》

〽⑥南部《なんぶ》よい所《とこ》　⑦粟飯《あわめし》⑧稗飯《ひめし》
喉《のど》にひっからまる　⑨干《ほ》し菜汁《なじる》

〽南部殿様《なんぶとのさま》　牡丹餅好《ぼたもちす》きで
昨夜七皿《ゆうべななさら》　今朝八皿《けさやさら》

〽娘《あね》っコ⑩ちゃんちゃらめで　粥《かゆ》コ鍋《なべ》⑪まげだ
杓子《しゃくし》ァ⑫及《およ》ばねで　手《て》でさらった

〽親父貰《おやじもら》てけェだ　⑬お方《がた》コば欲《ほ》しぐねェ
ならば⑭天間《てんま》の　⑮美代子欲《みよこほ》し

〽美代子欲《みよこほ》しだって　及《およ》びもないが
ならば妹《いもと》の　三重子《みえこ》でも

〽雨《あめ》が降《ふ》ってきた　洗濯物濡《せんたくものぬ》れる
背中《せなか》で餓鬼《がき》ゃ泣《な》く　飯焦《ままこ》げる

〽親父《おやじ》ァ⑯飯食《ままけ》でァ　芋汁《いもじる》さめる
さめて美味《うま》いのは　南瓜汁《かぼちゃじる》

〽⑰盆《ぼん》の十六日《じゅうろくにち》　踊《おど》らぬ奴《やつ》は
鬼《おに》か狐《きつね》か　山猫《やまねこ》か

〽盆《ぼん》の十六日《じゅうろくにち》　正月《しょうがつ》から待《ま》ちだ
待《ま》ちだ十六日《じゅうろくにち》ゃ　今夜《こんや》ばかり

〽盆《ぼん》が来《き》たどや　⑱踊《おど》るべし跳《は》ねろ
年《ねん》に一度《いちど》の　盆《ぼん》じゃもの

〽声《こえ》がよいので　どしてと聞《き》けば
小松林《こまつばやし》の　蟬《せみ》の声《こえ》

〽踊《おど》り踊《おど》るも　今日限《こんにちかぎ》り
明日《あす》は野山《のやま》へ　萩刈《はぎか》りに

〽烏鳴《からすな》いても　気《き》にかけさるな
烏《からし》ゃその日《ひ》の　⑲役《やく》で鳴《な》く

〽川《かわ》の向《む》かいから　⑳十七八《じゅしちはちまね》招ぐ
十七八《じゅしちはち》でない　㉑萱《かや》の穂《ほ》だ

〽義理《ぎり》のある奴《やつ》ァ　踊《おど》ってけろや
ここは立《た》ち見《み》の　場所《ばしょ》じゃない

〽踊《おど》り踊《おど》らば　前《まえ》より後《うし》ろ
後《うし》ろ姿《すがた》は　誰《だれ》も見《み》る

〽踊《おど》りお庭《にわ》を　ドンドと踏《ふ》めば
㉒一分雪駄《いちぶせった》の　緒《お》コ切《き》れた

〽唄《うた》の数《かず》なら　千百覚《せんひゃくおぼ》えだ
唄《うた》の掛《か》け合《あ》い　してみたい

〽踊《おど》りたいけど　この子《こ》でならぬ
この子捨《こす》てましょ　あの川《かわ》へ

〽盆《ぼん》の十六日《じゅうろくにち》　雨降《あめふ》るならば
㉓寺《てら》の十文字前《じゅうもんじめえ》で　地蔵《じぞう》も泣《な》く

〽声《こえ》の立《た》つよに　我《わ》が身《み》も立《た》てば
人《ひと》に一言《ひとこと》も　言《い》われまい

注①⬇解説。
②中央の丸と周辺の輪を赤・黒または紺色に塗って、蛇の目の形を表した図柄の傘。
③『とらじょ様』や『なにゃとやら』の別称。歌詞「なにゃとなされた」から生まれた曲名。
④『なにゃとやら』新節の下の句から。
⑤〔中国風の傘の意〕細く割った竹を骨とし、油紙をはった傘。
⑥旧南部藩領（現青森県東部から岩手県中央部一帯）

はよい所だ。実は反語で、こんな貧しい所はない、の意。
⑦粟の飯は、冷めたらパラパラで、食べられたものではない。
⑧「ひえめし」の略。稗飯は、米を混ぜて炊けば暖かいうちはよいが、冷めたら、まずいものの代表。
⑨干した大根の葉（保存野菜）を、水で戻して具にしたみそ汁。貧しい食べ物の代表。
⑩「ちょちょらめで」とも。おっちょこちょいで。
⑪ひっくり返した。
⑫まにあわなくて。
⑬妻。
⑭天間林村。現上北郡七戸町内。
⑮実在した美人。本名、附田《ふだ》みえ。一八九一年一二月一〇日に天間館に生まれた。働き者であったという。
⑯御飯を食べろとさ。
⑰旧暦七月十六日。月遅れの盆では新暦の八月十六日。盆の終わる日。
⑱一緒に踊りましょう。
⑲役目で。
⑳十七、八歳の娘。年頃の娘のこと。
㉑薄《すすき》。
㉒竹の皮で作った草履の裏に、厚さ一分（約三ミリ）の、獣の革をはったもの。
㉓寺の前の十字路。

青森県の盆踊り唄。青森県も旧南部藩領（青森県東部）の八戸《はちのへ》市や三戸《さんのへ》郡の人たちがお盆に唄い踊ってきたものである。

唄の履歴　この唄の源流は、旧南部藩領の北部でお盆に唄い踊られている『なにゃとやら』（七四ページ）である。

その『なにゃとやら』は八戸でも唄い踊られていたが、そのうち、江戸時代末期から明治時代にかけて、八戸に住んでいたという小間物問屋「トラゾー」を唄った歌詞（前掲一・三首目など）が人気を集めた。（「トラゾー」にあたる漢字は、「寅蔵・寅造・寅三・虎蔵…」など、いろいろ考えられるが、不明である。）そして、いつか曲名も、「トラゾー様」が訛って「トラジョ様」となった。

その『とらじょ様』を、現三戸郡南部町出身の夏坂菊男が、昭和三〇年代（一九五五〜）に入って、三味線の伴奏を加えて唄い広めた。

節まわしの型　今日広く唄われている節まわしは、夏坂菊男のものである。

ナオハイ節《ぶし》

本唄・上の句〔音頭取り・女〕

〽寺《てら》のナァオハイ　ハオハイ　和尚様《おしょうさま》と
（〔踊り手・男〕ハァイヤサカ　ドッコイショ）
日陰《ひかげ》の李《すもも》ヤーイ
《繰り返し》〔付け手・男〕
日陰《ひかげ》の李《すもも》ヤーサーイ

本唄・下の句〔音頭取り・女〕

①赤《あか》くナァオハイ　ハオハイ　ならぬに
（〔踊り手・男〕ハァイヤサカ　ドッコイショ）
ヤーヨネ落《お》ちたがるヤーイ
《繰り返し》〔付け手・男〕
ヤーヨネ落《お》ちたがるヤーサーイ
《繰り返し》〔音頭取り・女〕
ヤリャ落《お》ちたがる　ヤーイノ　ヤレコノ
サーリトナ
（〔踊り手・男〕ヨイヨイノ　ヨイテコナ）

後唄〔音頭取り・女〕

〽②なにもサァーサ　坊様《ぼうさま》ヤーイ
《繰り返し》〔付け手・男〕
なにもサーサァ　坊様《ぼうさま》ヤーサーイ

〽寺《てら》の前《まえ》の　石地蔵《いしじぞう》
③めらし背負《しょ》って　逃《に》げた
どこまで逃《に》げたや
④大坂《おおさか》まで逃《に》げた
⑤大坂人形《おおさかにんぎょう》は　顔《かお》ばかり

〽寺《てら》のあげ灯籠《どうろう》　⑥亡者《もうじゃ》のためだ
あげて降《お》ろせば　⑦寺《てら》のため

〽⑧十三《とさ》の街道端《けいどばた》さ　⑨十七八《じゅうしちはち》死《し》んでら
十七八《じゅうしちはち》⑩もじょぐねでァ　⑪産《も》った親《おや》⑫もじょい
でァ

〽村《むら》の端《はず》れコさ　⑬十七《じゅうしち》死《し》んでだ
十七《じゅうしち》ァもじょぐねェや　親《おや》ァもじょい

もじょいたて　もじょぐねェたて
あのくれェもじょいもの　俺見《おらみ》だごどァね
　ものが
もじょいたて　なにもじょいたて
父《てで》の気持《きも》ちコ　まだもじょい

〽向《む》かいの山《やま》で　⑭鋤踏《すきふ》む親父《おやじ》
⑮こわけりゃ休《やす》め　⑯けらコ敷《し》いて休《やす》め

〽⑰盆《ぼん》の十三日《じゅうさんにち》　⑱法会《ほえ》する晩《ばん》げだ
⑲小豆強飯《あずきこわめし》　豆《まめ》もやし
それで仏様《ほとけさま》　喜《よろこ》ぶ

〽百《ひゃく》になる婆様《ばさま》に　猫《ねこ》の皮着《かわき》せた
爪《つめ》コ無《な》ばならぬ　それもて⑳かっちゃげ

〽今夜《こんや》の月《つき》の夜《よ》は　いつもより白《しろ》いでァ
いつもより白《しろ》いでァ

〽盆《ぼん》が来《き》たたて　我《わ》が親来《おやこ》ない
盆《ぼん》の㉑禊萩《みそはぎ》　我《わ》が親《おや》だ

注①和尚は、出世して赤い衣が着られるようにならないうちに、また、娘が一人前にならないうちに、いい仲になりたがる。「落ちる」は、戒律を破る、の意。
②なにも、それまでしないでも、の意。
③年頃の娘。
④現大阪市の中心部。
⑤文楽人形は顔は立派だが、胴体はがらんどうである。娘はまだ子供で、大人になっていない、の意。
⑥死者の供養のためだ。
⑦寺の金もうけのためになる。
⑧青森県北西部にある十三湖《じゅうさんこ》西岸の地名。本来の名称は「とさ」で、港町として栄えた所だが、一七世紀末に「じゅうさん」と改称。現五所川原市内。
⑨十七、八歳の娘。年頃の娘のこと。
⑩かわいそうではない。
⑪産みの親。
⑫かわいそうだ。
⑬十七歳の娘。年頃の娘。
⑭幅広の刃のついた金具に柄をつけた、櫂《かい》のような形の農具。柄の付け根の、金具の肩を足で踏んで地中にさし込み、柄を手で上下させて土を掘り起こす。
⑮疲れたら。
⑯藁《わら》などを編んで作った、蓑《みの》のような形のもの。雨の時や、物を背負う時に用いる。
⑰旧暦七月十三日。月遅れの盆では新歴の八月十三日。盆の始まる日。
⑱死者の供養をする。
⑲小豆の入った赤飯。
⑳ひっかけ。
㉑湿地に生える多年草。高さ約八〇センチ。紅紫色の小花を沢山つけ、全体で穂状になる。お盆に仏前に供える。ミゾハギとも。

青森県の盆踊り唄。青森県の津軽半島の北西部、北津軽郡市浦《しうら》村（現五所川原市内）や中里町（現中泊町内）の人たちが、お盆に唄い踊ってきたものである。

この唄は、男女が掛け合いで唄う。女が音頭を取ると、男がそれを受ける形式で、女の唄う部分を「上音頭《うえおんど》」、男の唄う部分を「下音頭《したおんど》」と呼ぶ。これは、女は高い声で唄い、男は一オクターブ下の低い声で唄うために生まれた名称である。そして、「繰り返し」部分を除く「本唄」を上、「繰り返し」を下とも考えていたようである。

別名　なにもササ。

唄の履歴　この唄の源流は不明であるが、かなり古いもので、江戸時代前期か室町時代の、念仏踊り系統の唄らしい。曲名となっている『ナオハイ』や『なにもササ』の「ナオ」「なに」は、「南無」なのかもしれない。

したがって、本来は信仰を説くような宗教的な歌詞があったと思われるが、のちには坊さんといろ、社会的地位の高い人を皮肉る歌詞に興味が移っていって、今日のようなものになったと考えられる。そして、その「後唄」の歌詞の一部を取って、「坊様《ぼさま》踊り」とも呼ばれた。

この唄、かっては「掛け唄」（➡二〇一ページ）であったようであるが、今は「繰り返し」をつけて、女と男が掛け合いで唄っている。男は女のオクターブ下の音程で唄い、はやし詞は、男たちが、高音部を裏声にして相手の性欲を刺激し、煽情的に掛けている。

その『ナオハイ節』、有識者の間ではかなり関心が持たれているが、民謡界では、古風すぎるのと、津軽三味線の伴奏がつけにくいので扱いかね、地元の人たちしか唄わない。その中で成田収玉が、昭和三〇年代（一九五五〜）に無理に伴奏を加えて放送したが、やはりなじまずに終わった。

節まわしの型　今日広く唄われている節まわし

は、旧中里町の人たちのものである。

なにゃとやら

旧節（五七五調）

〽①なにゃとやらヨー
なにゃとなされたキャサアエ
なにゃとやらヨ

新節（七七七五調）

〽なにゃとなされた　なにやらとやら
なにゃとなされた　なにゃとやら

長②ばやし〔踊り手〕

〽その唄《うた》　返《かえ》せエー

☆〔他の歌詞は、『田名部《たなぶ》おしまコ節』や『とらじょ様』を参照〕

注① 『どうした　どうなされた　どうした』の意。
② 次の歌詞が出にくいような時に掛ける。

青森県・岩手県の盆踊り唄。旧南部藩領北部（青森県の下北《しもきた》半島から岩手県遠野市にかけての地方）の人たちが、お盆に唄い踊ってきたものである。

唄の履歴　この唄の源流は不明である。五七五という詞型で、東北地方最古の盆踊り唄と考えられるが、歌詞は上掲一番目のものだけしか伝わっていない。歌意には諸説があるが、意味不明ともいわれ、あげく、ヘブライ語だという説まで登場した。しかし、そうしたものではない。

「掛け唄」（⬇二〇一ページ）の輪踊りでは、歌詞は踊り手が即興で作って交互に唄い合っていた。そのため、歌詞が尽きてだれも唄わないと、伴奏が手拍子か太鼓しかないので、踊りが中断してしまう。そこで、つなぎに、上掲一番目の文句を繰り返し唄っていたのである。そして、その部分だけは伝承歌詞として今日まで伝わり、ほかの、即興で作った歌詞はすぐ消えてしまうので伝わらなかった。その結果、歌詞一首しかない、奇妙な唄ということになっている。

ところで、七七七五調が生まれたのは江戸時代に入ってからであるが、その詞型が盛んになると、『なにゃとやら』の即興の歌詞も七七七五調に替わった。そのため、つなぎ用の文句も、上掲二番目のように、七七七五調に改められた。

また、その即興の歌詞が定着して今日に伝えられているのが、『田名部《たなぶ》おしまコ節』（四六ページ）や『とらじょ様』（七〇ページ）である。

なお、『なにゃとやら』は、のちに、東北地方一円で、多くの盆踊り唄や酒盛り唄を生み出した。

節まわしの型　今日広く唄われている節まわしは、八戸《はちのへ》市と周辺の人たちが唄っているものである。

南部《なんぶ》あいや節《ぶし》

〽あいやヤアレェー　①間《あい》の山《やま》には　②お杉《すぎ》にお玉《たま》ヤアレェー
お杉三味《すぎしゃみ》ひくヤ③レェー　ハァーお玉踊《たまおど》るヤアレェー

〽あいやちょっと④聞⑤《き》く　煙草《たばこ》の煙《けむり》
⑥しだいしだいに　薄《うす》くなる

〽飲《の》めや⑦大黒《だいこく》　唄《うた》えや⑧恵比寿《えびす》
鶴《つる》と亀《かめ》とは　舞《ま》い遊《あそ》ぶ

〽鮎《あゆ》は瀬《せ》につく　鳥《とり》や⑨木《き》の枝《えだ》に
⑩人《ひと》は情《なさ》けの　下《した》に住《す》む

〽あいや⑪酒田《さかた》の　川真ん中《かわまなか》で
あやめ咲《さ》くとは　しおらしや

〽⑫鮫《さめ》の⑬蕪島《かぶしま》　まわれば⑭一里《いちり》
鴎《かもめ》飛《と》ぶ飛《と》ぶ　船止《ふねと》める

〽⑮島《しま》の鴎《かもめ》が　嫁取《よめと》る時《とき》は
⑯鰯《いわし》なますに　鯖《さば》の寿司《すし》

〽なぜに⑰長《ちょう》の字《じ》　⑱長《なが》いと読《よ》むか
なぜに吉《きち》の字《じ》　⑲吉《よし》と読《よ》む
〽酒《さけ》はもとより　好《す》きでは飲《の》まぬ
逢《あ》えぬ辛《つら》さで　やけで飲む

注①伊勢神宮（三重県伊勢市）の内宮《ないくう》と外宮《げくう》の間にある「尾部坂」の通称。
②間の山の二間間口の掛け小屋で、伊勢神宮の参詣者を相手に、三味線をひき、唄い踊り、時には春を売る女芸人を、代々お杉・お玉の名で呼んだ。
③「コリャ」とも。
④「いやそれ」とも。
⑤味わってみる。「出る」とも。
⑥港の女と船乗りの仲が薄くなることを、煙草の煙にたとえた。
⑦七福神の一。福徳・財宝・食物などの神。右手に打ち出の小槌《こづち》を持ち、左肩に大きな袋をかつぎ、米俵二俵の上に立つ。
⑧七福神の一。福徳・漁・商売繁昌などの神。右手に釣り竿を持ち、左手で鯛を抱える。
⑨「木に留まる」とも。
⑩「わたしゃおまえの　気に留まる」「わたしゃあなたの　目に留まる」とも。
⑪現山形県酒田市。最上川の河口にある。「新潟の」とも。
⑫現八戸市北東部の地名。
⑬八戸港の北東端にある島（今は陸続き）。周囲約八〇〇メートル、標高約一九メートル。海猫の繁殖地。
⑭約三・九三キロ。
⑮蕪島。
⑯生の鰯や野菜などを適当な大きさに切り、酢で調味した料理。
⑰帆船の帆に書いてある屋号のこと。
⑱船旅が長いことを嘆いているのである。
⑲吉印の帆の船は、すべてが吉であろうが、船旅が長くなり、長い間会えないのに、それで「よし」とはなんということだ、の意。

青森県のお座敷唄。青森県南東端の漁港八戸《はちのへ》（八戸市）の花柳界の宴席で、芸者衆が船乗りや漁師を相手に唄ってきたものである。

唄の履歴　この唄の源流は、九州天草《あまくさ》は牛深港（熊本県天草市牛深町）の『牛深はいや節』（六七四ページ）である。それが帆船の船乗りたちによって瀬戸内海へ持ち込まれると、大坂発下関《しものせき》まわり松前（北海道）行きの北前船《きたまえぶね》で、西まわり航路上の日本海の各港へ伝えられた。

その間、京都丹後の宮津港（宮津市）辺りで、唄い出しの「はいや」が「あいや」となり、曲名も「あいや節」と変わった。「は」が「あ」と聞こえたためか、「はえ（南風）」の意味が通じなくなったためであろう。

その「あいや節」が、酒田《さかた》（山形県酒田市）以北の港では、今度は東まわり航路の帆船に積み替えられ、津軽海峡を抜けて太平洋側へ出た。そして、八戸港にも伝えられたのである。

津軽の「あいや節」は、その後、津軽の芸人たちによって、今日のような技巧過多の、他所とは全く異なったものに変わっていくが、伝えられた当初は、この『南部あいや節』と同じ程度の節まわしであったと思われる。

なお、「大西玉子節」は七七七五のしまい五音の前に「コリャ」が入り、「荒谷《あらや》みつ節」や「川守田《かわもりだ》きわ節」は「ヤレー」が入る。前者は酒田の「はいや節」と同種であり、後者は新潟県下の多くの「おけさ」と同種で、節まわしは『塩釜甚句』（宮城）や『潮来《いたこ》甚句』（茨城）と同系統である。したがって、八戸港には、いろいろな形の「はいや節」が伝えられていたようである。

節まわしの型　今日広く唄われている節まわしは、大西玉子のものである。

南部《なんぶ》馬方《うまかた》三下《さんさが》り

〽一人《ひとり》ハァー淋《さび》しや　ハァー①博労《ばくろう》の夜道《よみち》
鳴《な》るはハァー②轡《くつわ》の　音《おと》ばかり
〽朝《あさ》の出掛《でが》けに　山々《やまやま》見《み》れば
③霧《きり》のかからぬ　山《やま》はない
〽辛《つら》いものだよ　博労《ばくろ》の夜道《よみち》
④七日七夜《なのかななよ》の　⑤長手綱《ながたづな》
〽⑥南部《なんぶ》よい所《とこ》　名馬《めいば》の出所《でどこ》
一度《いちど》おいでよ　駒買《こまか》いに
〽嬶《かか》よ今来《いまき》た　味噌米《みそこめ》あるか
なんの味噌米《みそこめ》　⑦塩《しお》もない
〽今宵一夜《こよいいちや》で　峠《とうげ》を越《こ》せば

さぞや妻子《つまこ》が　待《ま》ちかねる

注①牛馬の仲買いを職業とする人。獣医を兼ねる人もいる。
②手綱をつけるために、馬の口にくわえさせる金具。
③朝霧がかかると、日中はよい天気になる。
④〔実数ではなく〕何日も何夜もの。
⑤手綱を何日も曳き続けること。
⑥旧南部藩領。現青森県東部から岩手県中央部一帯。
⑦庶民は、米・味噌・醤油さえあれば、最低限度の生活ができるとされた。「塩もない」は、最低限度の生活さえもできない、の意。

青森県の遊芸唄。旧南部藩領の、青森県東部から岩手県二戸《にのへ》郡にかけての遊芸人たちが、酒席で、博労姿で唄い踊ってきたものである。歌詞が「馬方節」のものばかりなのは、曲名の「馬方」から、博労が馬を追う振りを付けたためである。

唄の履歴　この唄の源流は、信州追分宿《おいわけじゅく》（長野県北佐久郡軽井沢町追分）の飯盛《めしも》り女たちが、酒席で旅人相手に唄っていたお座敷唄「追分節」である（⬇三八一ページ）。それは、街道を往来する駄賃付け馬子が唄う「馬方節」に、飯盛り女たちが三下り調の三味線伴奏を加えたものなので、「馬方三下り」とも呼ばれた。

その唄が、江戸時代後期の文化文政（一八〇四～三〇）頃に、流行《はや》り唄として日本中へ広まり、旧南部藩領にまで及んだ。この地方では、それを他所と区別する意味で『南部馬方三下り』と呼び、遊芸人たちが好んで唄い、踊ってみせた。

今日の踊りは、現青森県三戸郡南部町の栗山金治が振り付けたものである。栗山は、一八七七年、伊勢参りの途中、二見ヶ浦（三重県伊勢市二見町）で、京都の旅役者大倉太夫一行の踊りを見て、そのまま一座に入った。そして、一八八〇年に故郷へ戻り、現南部町剣吉《けんよし》の諏訪《すわ》神社の祭礼で創作踊りを興行にかけたところ、大当たりを取った。その主要出し物が『南部馬方三下り』で、たぶん、曲名からか歌詞から、博労と馬を中心にした振り付けを考えたのであろう。

節まわしの型　今日広く唄われている節まわしは、夏坂菊男・五十嵐《いがらし》すえあたりのものらしい。

補足　南部地方には、『南部馬方三下り』と源流を同じくする、『南部追分』（次項）という唄もある。

南《なん》部《ぶ》追《おい》分《わけ》

〽①西《にし》は②追分《おいわけ》　東《ひがし》は③関所《せきしょ》
せめて④峠《とうげ》の　茶屋《ちゃや》までも

〽西《にし》は追分《おいわけ》　東《ひがし》は関所《せきしょ》
関所《せきしょ》⑤番所《ばんしょ》で　ままならぬ

〽会《あ》いたい見《み》たいは　山々《やまやま》なれど
悲《かな》しや浮世《うきよ》は　ままならぬ

〽送《おく》りましょうか　送《おく》られましょか
せめて⑥桝形《ますがた》の　茶屋《ちゃや》までも

〽沖《おき》を眺《なが》めて　ほろりと涙《なみだ》
空《そら》飛《と》ぶ鷗《かもめ》が　なつかしい

注①本来は『信濃追分』（三七八ページ）の歌詞。
②信州追分宿。⬇解説。
③交通の要所や藩境に設けて、通行人や荷物の取り締まりを行った施設。中山道の碓氷《うすい》関所をさす。現群馬県碓氷郡松井田町横川にあった。
④碓氷峠。上州（群馬県）と信州（長野県）の境にある、中山道の峠（九五六メートル）。茶店は、その境界上にあった。「桝形の」とも。
⑤交通の要所に設けた、小さな関所。
⑥追分宿の西の出入り口の、桝形の外にあった茶店兼商人宿。十一軒あった。桝形は、高さ六尺ほどの石垣で四角に囲った交通取締所。大名や役人はその中を、一般の旅人はその脇を通って宿場に出入りした。

青森県の遊芸唄。青森県の東部、旧南部藩領内の、「坊様《ぼさま》」とか「ほいど」（⬇五九ページ）と呼ばれる遊芸人たちが、客を相手に唄ってきたものである。

唄の履歴　この唄の源流は、信州追分宿《おいわけじゅく》（長野県北佐久郡軽井沢町追分）の飯盛《めしも》り女たちが、酒席で旅人相手に唄っていたお座敷唄「追分節」である（⬇三八一ページ）。

この曲名は、「〽嫌な追分身の毛がよだつ　身の毛どころか髪の毛も」という歌詞が好んで唄われたために、唄い出しの語から付けられたものである。それが、のちには「追分宿名物の唄」の意で

「追分節」と呼ばれるようになった。

その唄が、江戸時代後期の文化文政（一八〇四〜三〇）頃に流行《はや》り唄として日本中へ広まり、旧南部藩領内にも、瞽女《ごぜ》や座頭のような盲目の遊芸人によって伝えられた。

南部地方には、この『南部追分』と源流を同じくする『南部馬方三下り』（前項）もあり、二つの唄が共存している。

節まわしの型　今日広く唄われている節まわしは、夏坂菊男のものである。

南部《なんぶ》俵《たわら》積《つ》み唄《うた》

前口上〔才蔵〕

〽ハァー①春《はる》の初《はじ》めに　この家《や》旦那様《だんなさま》さ
②七福神《しちふくじん》の　お供《とも》してコラ
③俵《たわら》積《つ》みに　参《まい》りた

本　唄

〽〔太夫〕ハァーこの家《や》　旦那様《だんなさま》の
奥《おく》のお座敷《ざしき》　見《み》てやれば
〔才蔵〕腰《こし》の曲《ま》がった　お爺《じい》さんと
白髪《しらが》の生《は》えたる　お婆《ばあ》さん
〔太夫〕千両箱《せんりょうばこ》に　④腰《こし》おろしコラァ
万両箱《まんりょうばこ》に　⑤肘《ひじ》を掛《か》け
〔才蔵〕金《きん》の屏風《びょうぶ》を　立《た》てまわしコラァ
金《きん》の火鉢《ひばち》に　金茶釜《きんちゃがま》
〔太夫〕金《きん》の楊枝《ようじ》を　くわえてコラァ
〔才蔵〕金《きん》の⑥表《おもて》の　御畳《おんたたみ》
〔太夫〕⑦デンデン⑧高麗《こうらい》の　虎《とら》の皮《かわ》コラァ
〔才蔵〕これに⑨お座《すわ》り　旦那様《だんなさま》

納め唄〔太夫・才蔵〕

〽ハァー目出度《めでた》いな　目出度《めでた》いな
この家《や》旦那様《だんなさま》は　百万長者《ひゃくまんちょうじゃ》と申《もう》される

本　唄

〽この家《や》　旦那様《だんなさま》の
お屋敷《やしき》をば　見《み》てやれば
蔵《くら》の数《かず》は　四十八《しじゅうはち》
⑩いろは蔵《ぐら》とは　このことか
一《いち》の蔵《くら》は　銭蔵《ぜにぐら》
次《つぎ》の蔵《くら》は　金蔵《かんねぐら》
次《つぎ》のお蔵《くら》は　宝蔵《たからぐら》
次《つぎ》の蔵《くら》から　俵蔵《たわらぐら》
俵蔵《たわらぐら》には　米《こめ》を積《つ》む
七万五千《しちまんごせん》の　御俵《おんたわら》をば
七十五人《しちじゅうごにん》の　人足《にんそく》で
⑪大黒柱《だいこくばしら》を　取《と》り巻《ま》いて
⑫背戸《せど》から⑬千石《せんごく》　⑭門《かど》から万石《まんごく》
⑮ヤッコラサアの　掛《か》け声《ごえ》で
⑯棟木《むなぎ》までよと　積《つ》み上《あ》げた
さても見事《みごと》に　積《つ》み上《あ》げた
お褒《ほ》め下《くだ》んせ　旦那様《だんなさま》
お祝《いわ》い下《くだ》んせ　嬶様《かかさま》

〽この家《や》　旦那様《だんなさま》の
⑰御馬屋《おんまや》をば　見《み》てやれば
⑱前口《まえぐち》⑲三十三間《さんじゅうさんげん》で　奥行三十三間《おくゆきさんじゅうさんげん》で
三十三間《さんじゅうさんげん》⑳四面《しめん》の　御馬屋《おんまや》に
繋《つな》ぎ留《と》めたる　馬《うま》の毛《け》は
一《いち》に㉑栗毛《くりげ》　二《に》に㉒葦毛《あしげ》
三《さん》に㉓虎斑《とらぶち》　㉔かんかし毛《げ》
中《なか》の黄金柱《こがねばしら》に　繋《つな》ぎ留《と》めたる　馬《うま》の毛《け》は
誰《だれ》がつけたか　大御《おおみ》㉕鹿毛《かげ》

〽この家《や》　旦那様《だんなさま》の
奥様《おくさま》をば　見《み》てやれば
首《くび》コ長《なが》くて　鶴《つる》だな
色《いろ》コ白《しろ》くて　㉖白女《はくじょ》だな
あまたの番頭《ばんとう》　呼《よ》び集《あつ》め
あまたの簞笥《たんす》　引《ひ》き出《いだ》す
あまたの帳面《ちょうめん》　取《と》り出《いだ》す
お金《かね》の貸《か》しを　調《しら》べて
何《なに》から何《なに》まで　調《しら》べた

注①新しい年の初めに。
②福徳をもたらす七体の神。恵比須《えびす》・大黒天・毘沙《びしゃ》門《もん》天・弁財天・布袋《ほてい》・福禄寿・寿老人。
③⬇解説。
④「腰を掛け」とも。

⑤「腰を掛け」は誤唱。前行と混同したもの。
⑥畳表。畳の表面につけるござ。藺草《いぐさ》を織り合わせたもの。
⑦不詳。「伝々」かもしれない。
⑧朝鮮のこと。
⑨「お座れ」は誤唱。
⑩「いろは」四八文字から、四八棟の蔵。
⑪日本家屋の中心部にある、最も太い柱。その家を支える、最も大事な柱とされる。
⑫家の裏口。
⑬四斗入りの俵で二千五百俵。一石は一〇斗で、約一八〇《リットル》。
⑭家の門口。表口。
⑮「ヤッコラセー」とも。
⑯屋根の二つの斜面が合わさる所（屋根の一番高い所）に渡してある木。
⑰馬を飼っておく小屋。うまや。
⑱間口。
⑲約六〇《メートル》。「三十三」は縁起的な数字。
⑳正方形。
㉑黒みをおびた茶色の毛。
㉒白い毛に黒や濃褐色の毛が混じっているもの。
㉓虎の背中の毛のような、黒と黄茶色のまだら模様の毛。とらふ。虎毛。
㉔不詳。「半葦毛」の訛りか。
㉕鹿の毛のように茶褐色で、足の下部とたてがみ・尾が黒いもの。
㉖色白の女。

青森県の祝福芸唄。青森県東部の旧南部藩領、八戸《はちのへ》市や三戸《さんのへ》郡下の農村へ正月にまわってくる、「俵積み」とか「福俵」とか呼ばれる祝福芸人たちが唄ってきたものである。

この芸人たちは、日常は農業などを営んでいるが、正月がくると、二、三人が一組になって、農家を一軒一軒、門付けしてまわる。俵は米俵の模型のようなもので、長さ三〇センチほど、直径二〇センチほど。これに紅白の綱を結びつけ、農家の土間から座敷へ投げ入れたり、引き寄せたり、積み上げたりしながら、その家に豊作がやってくることを予祝し、お金か、米の一合か餅の一切れかをもらうのである。そして、御祝儀を沢山出してくれた家では、蔵や馬小屋などの前でも同じことを演じ、蔵の繁栄や牛馬の健康などを祈願した。

こうした祝福芸人は、かつては日本中に存在したようで、今日でも岐阜県下の山間部には残っており、その歴史は、鎌倉時代か室町時代あたりまでさかのぼれるのかもしれない。

唄の履歴　この唄の源流は、そうした祝福芸人が唱えていた、目出度づくしの、それも七五調の文句である。それを現三戸郡三戸町の俵積みの人たちが伝えてきた。

その唱え文句を覚えた八戸の水梨勉が、一九六一年八月にNHKテレビ「のど自慢素人演芸会」に出場して唄った。それを、当日、三味線伴奏者として参加していた、八戸の民謡家山道巧が聞き、興味を持った。そして三ヶ月後、盲目の唄い手荒《あら》谷《や》みつと計って節まわしに手を加え、『津軽たんと節』（青森）の伴奏の手をつけてまとめあげた。このあたりから、唄が少し速くなってきた。

一九六二年一月にさらに手を加え直し、二月の「南部芸能大会」（八戸市民会館で開催）で、唄中村孝志・三味線山道巧、それに踊りつきで発表した。

その後、荒谷みつの師匠である館松栄喜《だてまつえいき》が好んで唄って広がり始めた。それを南部民謡の唄い手、夏坂《なつさか》菊男が東京へ紹介し、折りからの発掘民謡ブームと、『秋田大黒舞』（一〇六ページ）の大流行の中で、たちまち日本中へ広まっていった。その後、民謡舞踊の人たちが盛んに踊るようになると、踊りがそろいやすいようにと、唄がどんどん速くなっていった。しかし、本来はそんなに速い唄ではないし、歌詞に意義があるので、聞き手が、聞いて意味を理解できるぐらいの速さで唄うことが大切である。

節まわしの型　今日広く唄われている節まわしは、夏坂《なつさか》菊男のものである。

南部《なんぶ》にかた節《ぶし》

〽①新潟《にがた》ハァー出《で》てから　ハァー昨日今日《きのうきょう》で七日《なのか》
七日《なのか》ハァーなれども　ハァーまだ会《あ》わぬ

〽新潟《にがた》出てから　②青島沖《あおしまおき》は
船《ふね》は出船《でふね》で　ままならぬ

〽新潟《にがた》出てから　まだ③帯《おび》解《と》けぬ
帯《おび》は解《と》けぬに　気《き》は解《と》ける

〽笠《かさ》を忘《わす》れた　峠《とうげ》の茶屋《ちゃや》に
雨《あめ》の降《ふ》るたび　思《おも》い出《だ》す

〽④港出《みなとで》た船《ふね》　帰《かえ》りは大漁《たいりょ》

⑤五色《ごしき》の旗立《はたた》て　祝《いわ》い酒《ざけ》
〽⑥湊橋《みなとばし》から　沖眺《おきなが》むれば
出船入《でふねい》り船《ふね》　大漁船《たいりょうぶね》
〽笠《かさ》を手《て》に持《も》ち　皆様《みなさま》さらば
⑦重《かさ》ね重《がさ》ねの　暇乞《いとまご》い

注①新潟港（新潟県新潟市）。信濃川の河口にある。
②富山湾岸にある青島（富山県魚津市）のことらしい。松原の美しい所。
③夜、寝間着に着替えてゆっくり寝ることができない。
④八戸港を。
⑤五種類の色。大漁旗の場合は、赤・白・青・黄・緑。
⑥八戸市の中央部を北流する新井田《にいだ》川の、河口近くの橋。
⑦「笠」に語呂を合わせたもの。

青森県の祝い唄。青森県も太平洋に面した八戸《はちのへ》港（八戸市）を中心に、三戸《さんのへ》郡から岩手県二戸《にのへ》郡にかけての旧南部藩領の人たちが、祝いの席で唄ってきたものである。

唄の履歴　この唄の源流は、新潟県下の『越後《えちご》松坂』（三九三ページ）である。それは、のちに「〽新潟松坂　習いたかござれ…」などの唄い出しから「新潟節」（訛って「にかた節」）と呼ばれた。その唄が、帆船の船乗りや、瞽女《ごぜ》（⬇三五ページ）や座頭など盲目の遊芸人によって日本中へ広められた。

八戸港に伝えられた「にかた節」（⬇三五ページ）は、旧南部藩領内の坊様《ぼさま》や「ほいど」たちによって唄われ、また、領民の祝いの席や宴席で唄われるようになり、内陸部の三戸郡・二戸郡下へも広まった。

なお、「にかた節」に「荷方節」という漢字をあてるのは、荷物運びの仕事唄を連想させるので、さけるべきである。

節まわしの型　今日広く唄われている節まわしは、夏坂《なつさか》菊男のものである。

南部餅搗き唄《なんぶもちつうた》

◆地元節◆

上げばやし〔才蔵役〕
〽アァ出《だ》したり　出《だ》したり
出《だ》したり　出《だ》したり

前　唄〔太夫役〕
〽オイヤァーサアエー
（〔踊り手〕エヤコラ　エヤコラ　エヤコラ　サッサー）
国《くに》は①下北《しもきた》　②下田屋村《しもたやむら》よ
心揃《こころそろ》えて　働《はたら》く乙女《おとめ》

本　唄〔太夫役〕
〽揃《そろ》た揃《そろ》たよ　餅搗《もちつ》きゃ揃《そろ》た
秋《あき》の出穂《でほ》より　イヨサよく揃《そろ》た
（〔才蔵役〕チョイ）
イイヤ　ヨイヨホホイ　ヨイヨホホイ
ヨーイトナー

後　唄〔才蔵役〕
〽ソーラ　ヨイコノ　舞《ま》いを舞《も》うて
寄《よ》せたらヨーイト　ヨーイト　ヨホホイエー

後ばやし〔才蔵役〕
〽アァ搗《つ》けたか　まだかい
酒持《さけも》って　来《こ》い来《こ》い

納め唄〔太夫役〕
〽ヨーイヤ皆様退屈《みなさまたいくつ》　ここはヨイトコサァー
サー　タント一休《ひとやす》みサーエー

◆夏坂菊男節◆

前　唄
〽③奥州《おうしゅう》④南部《なんぶ》の　⑤大畑《おおはた》なれや
出船入《でふねい》り船《ふね》　⑥繁華《はんか》の港《みなと》
陸《おか》は豊年《ほうねん》　⑦瑞穂《みずほ》の宝《たから》

本　唄
〽揃《そろ》た揃《そろ》たよ　餅搗《もちつ》きゃ揃《そろ》た
秋《あき》の出穂《でほ》より　よく揃《そろ》た

後　唄
〽宵《よい》は宵《よい》から　舞《ま》いを舞《も》うて
寄《よ》せて寄《よ》せたら

後ばやし
〽搗《つ》けたか搗《つ》けたか　搗《つ》けたかな
⑧しゃんとしやがれ　夕顔奴《ゆうがおめ》

しゃんとしやがれ　南瓜奴《かんぼちゃめ》

本　唄

〽臼《うす》は新《あたら》し　餅搗《もちつ》きゃ若《わか》い
赤《あか》い襷《たすき》に　鉢巻《はちま》き締《し》めて

〽揃《そろ》た揃《そろ》たよ　若《わか》い衆《しゅ》が揃《そろ》た
鉢巻《はちま》き姿《すがた》で　餅《もち》を搗《つ》く

〽⑨門《かど》に門松《かどまつ》　祝《いわ》いの小松《こまつ》
かかる白雪《しらゆき》　みな黄金《こがね》

〽この家座敷《やざしき》は　目出度《めでた》い座敷《ざしき》
四方《しほう》の隅《すみ》から　黄金涌《こがねわ》く

〽色《いろ》は黄金色《こがねいろ》　穫《と》り入《い》れすんで
七《なな》つの蔵《くら》へ　米俵《こめだわら》積《つ》んで

〽船《ふね》も新《あたら》し　船頭衆《せんどしゅ》も若《わか》い
船《ふね》に俵《たわら》を　積《つ》み重《かさ》ね

〽今日《きょう》は⑩日《ひ》もよし　天気《てんき》もよいし
この家餅搗《やもちつ》き　⑪今年米《ことしまい》

〽今年《ことし》ゃよい年《とし》　⑫よい世《よ》の中《なか》で
老《お》いも若《わか》きも　皆出《みなで》て踊《おど》る

〽梅《うめ》の香《かお》りを　桜《さくら》にこめて
枝垂《しだ》れ柳《やなぎ》に　咲《さ》かせたい

〽搗《つ》いた⑬お供《そな》え　神々様《かみがみさま》へ
家内揃《かないそろ》うて　笑《わら》い顔揃《がおそろ》た

〽搗《つ》いたお餅《もち》は　⑭十三七《じゅうさんなな》つ
お月様《つきさま》にも　あげまする

〽餅《もち》でよいのは　⑮千本餅《せんぼんもち》よ
またもよいのは　⑯力餅《ちからもち》

〽あまり長《なが》いは　餅搗《もちつ》けすぎる
ここは搗《つ》けた頃《ころ》　ドンと⑰あげて⑱切《き》る

注①青森県北東部の、下北半島北部。
②現下北郡東通村内。
③陸奥《むつ》の国（旧国名）。現青森・岩手・宮城・福島県全域と秋田県の一部。
④旧南部藩領。➡解説。
⑤現むつ市大畑町。
⑥人が多く、にぎやかな。
⑦日本国の美称。
⑧きちんと。しっかり。「さっと」は誤唱。
⑨家の門口。
⑩暦の上での、その日の縁起もよい。
⑪今年穫れた米。新米。
⑫農作物のできがよくて。
⑬神に供える餅。鏡餅。
⑭陰暦十三日の七つ時（午後四時頃）の月。
⑮杵で千回搗いた餅。念入りに搗いた餅のこと。
⑯気力をつけるために食べる餅。また、出産の時、母乳がよく出るようにと、産婦の里方からおくる餅。汁の餅。
⑰臼の中から餅を取りあげて。
⑱唄をやめる。

青森県の祝い唄。青森県も下北《しもきた》半島北部にある下北郡東《ひがしどおり》通村やむつ市大畑町の女たちが、小正月を中心に、女だけで組を作って門付けしてまわる時に唄い踊ってきたものである。その衣装は、ビロードの前掛けをし、鉢巻きに襷《たすき》姿で、手に小さな杵《きね》と臼《うす》を持つ。女たちは、家々の門口で唄い踊って、その家の今年の豊作を祈願し、お礼に、いくらかの金をもらうのである。

別名　南部餅搗き踊り。

唄の履歴　この唄の「前唄」「納め唄」の源流は、『新保広大寺《しんぼこうだいじ》』（四〇五ページ）である。それが遊芸人たちによって日本中へ広められ、この「餅搗き踊り」の中にも取り込まれた。

「本唄」の源流は、旧南部藩領（現青森県東部から岩手県中央部一帯）内の「地固め唄」である。これが、下北地方の本来の「餅搗き唄」と思われる。

「後唄」は、「掛け搗き」（三人か五人の搗き手が手杵を順に振りおろして、練りつぶしてある米を搗く）の時に唄っていたか、にぎやかにするために、のちに加えたものなのであろう。また、「長ばやし」は、唄の初めや間に、気分を変えるなどのために加えた、地口《じぐち》のようなものである。

古来、日本人は、杵を男性性器に、臼を女性性器に見立て、餅搗きを、子が生まれる、すなわち、人が増えて、物が増えて目出度いことと考えていた。そのため、「餅搗き踊り」を、小正月の豊年予祝行事に利用したのである。

節まわしの型　今日広く唄われている節まわしは、八戸《はちのへ》市を中心とする「南部民謡協会」の唄を覚えた夏坂《なつさか》菊男のものである。

八戸小唄《はちのへこうた》

〽唄《うた》に夜明《よあ》けた　鷗《かもめ》の港《みなと》
船《ふね》は出《で》て行《ゆ》く　南《みなみ》へ北《きた》へ
（アァヨーイヤサ）
①鮫《さめ》の岬《みさき》は　潮煙《しおけむり》

〽煙《けむ》る波止場《はとば》に　船着《ふねつ》く頃《ころ》は
白《しろ》い翼《つばさ》を　夕日《ゆうひ》に染《そ》めて
②島《しま》の海猫《うみねこ》　誰《たれ》を待《ま》つ

〽錨《いかり》おろせば　狭霧《さぎり》の中《なか》に
紅《あか》い灯影《ほかげ》が　チラチラ見《み》える
行《ゆ》こかなつかし　③湊橋《みなとばし》

〽④岳《だけ》の日和《ひより》に　稲《いね》の花盛《はなざか》り
娘踊《むすめおど》れよ　⑤おしまコ踊《おど》り

城下二万石《じょうかにまんごく》　菊《きく》の里《さと》

〽粉雪《こゆき》さらさら　⑥白山颪《はくさんおろし》
⑦長根《ながね》リンクを　スケートで行《ゆ》けば
躍《おど》る姿《すがた》に　月《つき》の影《かげ》

注①鮫角岬《さめかく》。八戸港の東方にある。
②蕪島《かぶ》。八戸港の北東端にある島（今は陸続き）。周囲約八〇〇《メートル》、標高一九《メートル》。海猫の繁殖地。
③八戸市の中央部を北流する新井田川《にいだ》の、河口近くの橋。付近は遊廓街であった。
④階上岳《はしかみ》。八戸市の南方、青森・岩手県境にそびえる山（七四〇《メートル》）。
⑤『田名部おしまコ節』（四六ページ）による盆踊り。
⑥八戸市の西部にある丘。
⑦八戸市営総合運動場にあるスケート場。

青森県の、お座敷唄形式の新民謡。青森県南東端の、太平洋に面した漁港八戸（八戸市）の花柳界で、芸者衆が唄ってきたものである。作詞者は法師浜桜白《ほしはまおうはく》、作曲者は後藤桃水となっている。

唄の履歴　この唄が作られたきっかけは、一九三一年二月に地元新聞社主催で開かれた、「八戸を語る」と題する座談会である。その席で、八戸を宣伝する唄を作ろうという話が出た。当時は、新民謡運動が盛んで、御当地ソング作りの最盛期であった。

同年八月頃、神田重雄市長が、新聞記者を集めて新曲作りの計画を発表した。歌詞は、記者の一人、法師浜桜白が作り、それをたたき台にして記者仲間が手直しをし、神田市長名で発表した。そして、曲は、民謡家後藤桃水（宮城県桃生郡鳴瀬町〈現東松島市内〉）に依頼した。しかし、実際に作曲したのは、弟子の吉木桃園（小学校教員）で、『生《お》保内節《ぼないぶし》』（一一二ページ）を土台にして節づけし、これに桃水が手を加えたようである。また、踊りは、宮城県塩釜市の料亭の女将《おかみ》、三枡《みます》よしが振り付けた。そして、同年一〇月に、八戸市鮫《さめ》の料亭石田家の座敷で、後藤桃水と吉木桃園が地元の芸者衆に唄の指導を行った。この時は尺八の譜だったので、芸者の才三（本名、橋本こと）たちが、三味線の譜に直した。そして、翌三二年の春、『八戸小唄』は三八城《みやぎ》公園の観桜会で発表された。

一九三二年六月、この唄はＮＨＫ仙台放送局から初放送され、一一月には市内パレードも行われた。初レコード化は、八戸の小中野券番から出ていた芸者粂八《くめはち》で、三三年三月のことである。

その後、一九五四年、大西玉子がコロムビアレコードに吹き込んだが、「鶴さん亀さん鶴さん亀さん」というはやし詞を加えたため、地元から苦情が出て、このはやし詞をやめることになった。しかし、唄のほうは、大西玉子のものが広まっていった。

ところが、大西玉子が地元八戸の人ではないことからか、パレード用にか、昭和五〇年代（一九七五～）に入ると、八戸市民謡界の人たちが「正調八戸小唄」なる唄い方を作り出した。一行目の七七の次に「アーサアテ」を、唄の終わりに「ハー　キタアサ」を加えて脱花柳界調を行い、荒く、力強く、たくましく唄うようにしたのである。しかし、唄が作られ、広まってきた過程は花柳界中心であったことを考えると、これは改悪である。本来のお座敷唄へ戻すべきであるし、二ヶ所に加えたはやし詞は唄の流れをこわすので、はずすべきである。

節まわしの型　今日広く唄われている節まわしは、大西玉子のものである。

ホーハイ節《ぶし》

上の句〔問い掛け手・男〕

〽稲《いね》の花《はな》①ホーハイ　ホーハイ　ホーハイ　②白《しイろ》
いジャナーイイ

下の句〔返し手・女〕

白《しろ》い花実《はなみの》る
（ホォーイ　ホイ）

〽③津軽富士《つがるふじ》ゃ高《たか》い　名《な》は④岩木山《いわきさん》よ

〽⑤愛宕山高《あたごやまたか》い　雲《くも》に届《とど》くまで

〽愛宕山高《あたごやまたこ》うけりゃ　⑥雲《くも》に橋架《はしか》けて

〽婆《ばば》の腰《こし》ゃ曲《ま》がた　曲《ま》がた腰《こし》ゃ直《の》らぬ

〽⑦吉見《よしみ》⑧さるけ⑨谷地《やち》　さるけ谷地《やち》⑩のがる

〽沼《ぬま》の水赤《みずあか》い　変《か》わったこと無《ね》ばいい

〽今年《ことし》ゃ⑪雪余計《ゆきよけい》だでゃ　豊年万作《ほうねんまんさく》だ

〽⑫お玉家《たまえ》コどごだ　お玉家《たまえ》ココごだ

〽りんごの花白《はなしろ》い　白《しろ》い花《はな》⑬見事《みごと》

〽娘《あね》コ顔赤《かおあか》い　なに恥《は》じかしば

〽愛宕山高《あたごやまたか》い　⑭賀田町《よしだまち》ゃ長《なが》いでゃ

注①二つの「ホー」と、三つ目の「ホーハイ」は裏声で唄う。
②「しイろい」の「イ」は裏声で唄う。
③岩木山の別称。
④青森県の南西部にそびえる山（一六二五メートル）。
⑤現弘前市岩木町にある山。初代津軽藩主為信が愛宕山勝寿院橋雲寺を創建し、藩主代々の祈願所とした。
⑥寺名の橋雲寺から作った歌詞。
⑦現つがる市木造の妙堂川西岸の地名。
⑧泥炭。
⑨湿地。
⑩ぬかる。湿地へ足を踏み入れると、深く刺さっていくことをいう。
⑪雪が多いよ。雪の多い年は豊作だといわれる。
⑫現青森市鶴ヶ坂にあったお玉茶屋。美人のお玉が店をきりまわしていた。
⑬「実る」とも。
⑭現岩木町賀田。愛宕山の南東約一・五キロの所で、大浦氏（のちの津軽氏）の城があった。後年、津軽藩では、初代藩主為信が津軽統一の旗揚げをした地として、番人をおいて守っていた。

青森県の盆踊り唄。青森県の西部、つがる市森田町の人たちが、お盆に唄い踊ってきたものである。

唄の履歴　この唄の源流は不明である。詞型は八八とか、九八・八九・十八とかで、他には存在しない。しかも、裏声を用いる。裏声を用いる盆踊り唄といえば、若い男女の「掛け唄」（二〇一ページ）が想像できるが、「お玉家《え》コどごだ　お玉家ココごだ」も、典型的な問答形式になっている。

この唄の本来の詞型は、八八や九八などではなく、五七七七五（三十一音）で、前半の五七七を男の「問い掛け手」が唄うと、女の「返し手」が後半の七五を即興で作って唄い返していた時代があったのであろう。

ところが、江戸時代になると、五七七七五は古風すぎて作りにくくなり、しかもまだるっこしいので、短くしようとして二句目と三句目を省き、四句目の七を二つに分けたため、五四三五（また、五三四五）という奇妙な詞型が生まれたのではなかろうか。それを、「掛け唄」が行われなくなった時代の人たちが、五四・三五で九八型（また、五・三・四五で八九型）のように考えて歌詞を作るようになったのであろう。八八や十八…は、その字足らずや字あまり型であろう。

なお、盆踊りの裏声は、異性を煽情的にするためのものである。「ホーハイ」という裏声の部分も、踊り手（はやし手）が「問い掛け手」と「返し手」の双方をあおるためのものであったと思われる。

節まわしの型　今日広く唄われている節まわしは、成田雲竹のものである。

弥《や》三《さぶ》郎《ろう》節《ぶし》

〽〔太夫役〕一《ひと》っつアエェ
　①木造新田《きづくりしんでん》の　②相野村《あいのむら》
　村《むら》のはずれコの　③弥三郎《やさぶろ》エェ
〔才蔵役〕④コレモ弥三郎《やさぶろ》エー

〽二《ふた》つアエェ
二人三人《ふたりさんにん》と　人頼《ひとたの》んで
⑤大開《おびらき》の万九郎《まんくろ》から　嫁貰《よめもら》た

〽三《みっ》つアエェ
⑥三《み》つ物揃《ものそろ》えて　貰《もら》た嫁《よめ》
貰《もら》てみだどごァ　気《き》に合《あ》わねェ

〽四《よっ》つアエェ
⑦夜草朝草《よぐさあさくさ》　欠《か》かねども
遅《おそ》く戻《もど》れば　⑧いびられる

〽五《いっ》つアエェ
⑨いびられは⑩じかれ　睨《にら》められ

ほーはいぶ~やさぶろう

〽六《むっ》つアエェ
無理《むり》な親衆《おやしゅ》に　使《つか》われて
十《とお》の指《ゆび》コから　⑫血《ち》コ流《なが》す

日《ひ》に三度《さんど》の　⑪口《くち》つもる

〽七《なな》つアエェ
なんぼ稼《かせ》いでも　働《はだ》れェでも
つける⑬油《あぶら》コも　つけさせねェ

〽八《やっ》つアエェ
弥三郎《やさぶら》ァ⑭家《え》コばり　日《ひ》コ照《て》らねェ
⑮藻川《もがわ》の林《はやし》コさも　日《ひ》コ照《て》らねェ

〽九《ここの》つアエェ
ここの親《おや》たちゃァ　皆鬼《みなおに》だ
⑯ここさ来《く》る嫁《よめ》ァ　皆馬鹿《みなばか》だ

〽十《とお》とアエェ
⑰隣《となり》　知《し》らずの　牡丹餅《ぼたもち》コ
嫁《よめ》さ食《か》せねで　⑱みな隠《かく》す

〽十一《じゅういち》アエェ
⑲十一日《じゅういちにち》は　⑳蔵開《くらびら》き
蔵《くら》も開《あ》げねで　嫁《よめ》いびる

〽十二《じゅうに》アエェ
㉑十二山《じゅうにやま》の神《かみ》ァ　㉒餅搗《もちっ》きで
嫁《よめ》も㉓食《く》でだら　㉔門《かど》まわれ

〽十三《じゅうさん》アエェ
㉕十三所八方《じゅうさんしょはっぽう》から　嫁貰《よめもら》っても
ここの婆様《ばさま》の　気《き》に合《あ》わねェ

〽十四《じゅうし》アエェ
㉖湿《しめ》り打《う》たねで　籾搗《もみっ》がせ
垂《た》らす涙《なみだ》コで　籾《もみ》ァ搗《つ》げだ

〽十五《じゅうご》アエェ
縁《えん》のないものァ　是非《ぜひ》もない
泣《な》きの涙《なみだ》コで　㉗暇貰《ひまもら》た

注①江戸時代の、津軽藩の行政区域名。津軽平野の北西部で、岩木川の下流域。この地方の新田開発は一六一五年から始まった。
②江戸時代から一八八九年まで上相野村と下相野村があった。現つがる市森田町内。「下相野」とも。
③姓は伊藤。その屋敷は、現森田町大字下相野字住野蔵二〇番地にあった。
④「ヤリャ」とも。
⑤現北津軽郡鶴田町妙堂崎字大開。一説には、現五所川原市大開という。
⑥簞笥・長持・挟み箱。長持は、衣服・調度品などをしまっておくための、大きな箱。木製で、ふた

付き。挟み箱は、衣服などを持ち運ぶための、浅い箱。ふたに取りつけた棒をかつぐ。
⑦夕方や朝方に、牛馬の飼料用の草を野山で刈ること。
⑧しつこく、いじめられる。
⑨「いびったり揉んだり　嘲《あじゃ》めだり」とも。
⑩仲間はずれにされ。
⑪御飯を十分には食べさせない。
⑫あかぎれになって。
⑬鬢《びんづ》付け油。髪油。
⑭家にばかり。家にだけ。
⑮現五所川原市の地名。
⑯「こうだつ覚ったら　誰ァ来べな」とも。
⑰餅を搗く時と違って、牡丹餅を作る時は音がしないので、「隣知らず」という。
⑱「親子ばり」とも。
⑲一月一一日。
⑳その年初めて蔵の扉を開け、家産が増えるように祈ること。蔵の入り口にお神酒を供え、鏡餅を割って雑煮や汁粉を作る。
㉑山の神の別称。一年に一二人の子を産むからとも、一二日が祭日だからとも。一二月一二日は山の神の祭日で、一二ヶ月分の神々に一二箇の餅を供える。
㉒「角生えでる　こごの親たち　よぐ似でる」とも。
㉓餅が食いたいなら。
㉔餅をもらいに、門付けをしてまわれ。
㉕多くの所。
㉖籾に少し水分を与えて搗くと殻が取れやすいが、水分を与えないと、なかなか取れない。
㉗妻のほうから申し出て、離婚した。

青森県の遊芸唄。青森県も津軽半島の西の付け根の所に広がる現つがる市森田町辺りへまわってくる、瓦版売り《かわらばん》（読売り）が、唄本を売りながら唄っていたものである。

唄の履歴　この唄の源流は、読売りが唄っていた、「一つとせ」とか「心中節」と呼ばれる唄である。

読売りとは、心中事件などが起こると、すぐに、半紙を半分か四つ切りにしたぐらいの紙に、一番から一〇番か一五番、時には二〇番までの数え唄形式の歌詞を作って刷り、その一部を唄いながら唄本を売り歩く商売の人たちのことである。彼らは、二人連れか、三味線ひきを伴っての三、四人連れである。その格好は、頭に置き手ぬぐいをするか笠をかぶるかし、柄物《がらもの》の派手な着物に三尺帯を締め、襟《えり》には小さな提灯《ちょうちん》をさす。そして、左手に唄本を、右手に「字突き」と呼ばれる棒を持ち、それで唄本をポンポンたたきながら唄うのである。

さて、この唄の主人公弥三郎とは、一八〇八年頃に西津軽郡下相野村（現つがる市森田町内）に住んでいた、伊藤という姓の、名主ぐらいの格を持つ人であった。弥三郎は隣村の水元村（現北津軽郡鶴田町）大開《おおびらき》の万九郎の娘を嫁にもらったが、母親と一緒に嫁いびりをして追い出してしまった。この一件が読売りの手にかかって唄本に作られ、唄われたのである。

その唄を、旧森田村の成田雲竹が覚えていたが、村の恥であるとして唄わなかった。ところが、太平洋戦争後になってその考えをいさめる人が現れ、雲竹は『弥三郎節』を舞台で唄う決心をした。そして、一九五一年一一月二日に、東京の日比谷公会堂で催された「郷土芸能大会」（文部省主催）で初披露した。その折りに、節まわしとテンポを雲竹自身が改め、相三味線の高橋竹山に伴奏をつけてもらった。それから二、三日後にキングレコードに吹き込んだものが、しだいに広まっていった。

節まわしの型　今日広く唄われている節まわしは成田雲竹のもので、速間の、軽快な唄である。「地元節」（読売節）は、ゆったりとした唄である。

ヨサレ大漁節《たいりょうぶし》

上げ〔才蔵役〕

〽ヨサレヨサレト　ヨサ一《ひと》つとせ

本唄〔太夫役〕

〽高《たか》い山《やま》から　①見《み》まわせば
②八太郎岬《はったろさき》まで　③総凪《そうなぎ》だ　この大漁《たいりょ》トセー

後ばやし〔才蔵役〕

〽ヨサレェ　サアンヨー

〽二《ふた》つとせ
④二櫂《ふたか》もかけねど　⑤鰯《いわし》曳《ひ》く
積《つ》み込《こ》み積《つ》ませて　喜《よろこ》んだ

〽三《みっ》つとせ
⑥三釜一挺《みかまいっちょ》の　脂《あぶら》もの
⑦大々《だいだい》⑧背黒《せぐろ》に　⑨大中羽《おおちゅうば》

〽四《よっ》つとせ
嫁《よめ》も出《で》て見《み》ろ　孫《まご》も出《で》ろ

出《で》た船《ふね》ゃ残《のこ》らず　⑩総印《そうはみ》だ

〽五《いつ》つとせ
いつ来《き》てみても　この浜《はま》は
陸《おか》は万作《まんさく》　浜大漁《はまたいりょ》

〽六《むっ》つとせ
⑪昔　年寄《むかしとしょ》りの　話《はなし》には
⑫唄《うた》は文句《もんく》で　⑬世《よ》にづまる

〽七《なな》つとせ
波《なみ》も立《た》たない　風《かぜ》もない
どろどろ海《うみ》の　潮濁《しおにご》り

〽八《やっ》つとせ
⑭櫓　雪駄《やぐらせった》の　頬被《ほおかむ》り
港《みなと》の若《わか》い衆《しゅ》は　喜《よろこ》んだ

〽九《ここの》つとせ
ここは今晩《こんばん》　締《し》めどころ
口元《くちもと》⑮くくんで　締《し》めておけ

〽十《とお》とせ
とにもかくにも　大港《おおみなと》
港《みなと》さ景気《けいき》は　来《き》たわいな

注①一般に「見ながせば」と唄われているが、「見まわせば」が正しいようだ。
②八戸市の北部、馬淵《まべち》川河口の西側にある山。
③風も波もなく、見渡すかぎり海面が穏やかで、出漁に絶好の天気だ。
④櫂を二漕ぎもしないうちに。
⑤網に鰯がいっぱいになって、網をたぐる。
⑥三釜炊くと油缶一杯分の魚油がとれる、脂肪のたっぷりある鰯。
⑦大きな大きな。
⑧背黒鰯。片口鰯のこと。
⑨大羽鰯と中羽鰯。大羽鰯は大形の真鰯。中羽鰯は中形の真鰯で、二年魚。
⑩すべての船が大漁の目印を出している。
⑪年寄りの中でも特に高齢の人。
⑫意味が通じにくいが、「唄の文句は」であるらしい。
⑬世の中の理屈にあっている。
⑭歯の高い下駄。下駄の歯が、たとえてみると、盆踊りの櫓のように見えるほど高いもの。
⑮くくって。ひもでしばって。

青森県の遊芸唄。青森県南東端の漁港八戸《はちのへ》（八戸市）で、読売りのような遊芸人が、半紙の四つ折りぐらいの大きさの唄本を売り歩きながら唄ってきたものである。

唄の履歴　この唄の源流は、江戸時代に読売りが唄っていた、「一つとせ」の、「心中節《くどきぶし》」などと呼ばれる数え唄で、これに、長編の口説節になる前の「ヨサレ節」の終わりの部分を、「後ばやし」として加えたものである。

ところで、八戸には『大漁世の中節』という数え唄が伝わっている。この唄は、『ヨサレ大漁節』から「ヨサレ節」の要素を除いた形になっていて、歌詞部分は三首ほど共通である。したがって、『ヨサレ大漁節』は、『大漁世の中節』を土台にし、これに『ヨサレ節』を加味してまとめたもので、それは、八戸が鰯の大漁でにぎわった一八九四～九六年頃のことと思われる。

その『ヨサレ大漁節』、古民謡の伝承者小笠原すえ（三戸郡上長苗代村字尻内。現八戸市内）が覚えていたのを、民謡研究家町田佳聲《かしょう》が一九四〇年八月一五日に自分の録音機で収録した。しかし、歌詞がところどころ聞き取れないため、いろいろ推測して言葉をあてはめた。

昭和三〇年代（一九五五～）の中頃、町田は、その時の録音を元に、民謡歌手佐藤松子の唄、藤本秀夫の三味線で復元し、キングレコードに吹き込ませた。それがしだいに広まったが、歌詞の不確実なところはそのまま つ いてまわった。しかし、昭和四〇年代後半に八戸の民謡家が唄うようになってから、歌詞はしだいに整い始めた。そこで本書では、筆者（竹内勉）が、町田佳聲収録のものと八戸で唄われるものを合成し、意味の通るようにまとめておいた。

節まわしの型　今日広く唄われている節まわしは、佐藤松子のものである。

りんご節《ぶし》

〽春《はる》はりんごの　①いと花盛《はなざか》りヨォー
②蜜《みつ》にあこがれヨーホイィ　エー③舞《ま》う蝶々《ちょうちょ》

〽夏《なつ》は青葉《あおば》の　緑《みどり》の林《はやし》
④いとし乙女《おとめ》の　頬被《ほおかむ》り

〽⑤秋《あき》の実《みの》りを　もぎ取《と》る若衆《わげしゅ》
ねじり鉢巻《はちま》き　豆絞《まめしぼ》り

〽冬《ふゆ》は⑥蔵入《くらい》り　⑦お囲《かこ》い娘《むすめ》
花《はな》の都《みやこ》へ　⑧お嫁入《よめい》り

〽⑨津軽娘《つがるむすめ》は　幸《しあわ》せ者《もの》だ
りんご育《そだ》ての　親《おや》じゃもの

〽津軽娘《つがるむすめ》は　りんごの性《しょう》だな
肌《はだ》もきれいだし　色《いろ》もよい

〽りんご食《た》べては　色艶《いろつや》よいと
今日《きょう》も朝《あさ》から　りんご酒《ざけ》

〽故郷《くに》のりんごを　褒《ほ》めるじゃないが
色艶《いろつや》ばかりか　味《あじ》⑩津軽《つがる》

〽玉《たま》のほどよさ　もぐ手《て》のうまさ
風《かぜ》が吹《ふ》きます　そよそよと

注①大変な。
②「いとし乙女の…」は誤唱で、一首目と混同したもの。
③「舞い遊ぶ」は誤唱。主語がなくなる。
④「蜜にあこがれ…」は誤唱で、一首目と混同したもの。
⑤秋の収穫。熟したりんごのこと。
⑥蔵へ入るのは、りんご。
⑦箱入り娘。りんごを大切に貯蔵しておくことをいう。
⑧出荷すること。
⑨現青森県西部地方の。
⑩「違う」の意の方言「つがる」を掛ける。

青森県の、酒盛り唄形式の新民謡。青森県下の人たちが、酒席で唄ってきたものである。

りんごはヨーロッパでは早くから栽培されていたが、日本で栽培されるようになったのは一八七二年以降である。そのため、りんごを主題にした歌謡曲はあっても、民謡はなかった。そこで、一九五四年に成田雲竹が作詞作曲した。

唄の履歴　この唄は、南津軽郡藤崎町林崎のりんご生産業者が、成田雲竹（西津軽郡森田村〈現つがる市内〉）にりんごのコマーシャルソング作成を依頼したのに始まる。雲竹は歌詞一四、五首を作り、節をつけ、高橋竹山に伴奏をつけてもらって、一九五四年六月、青森放送の「民謡教室」という番組の中で発表した。

そして、一九六一年、佐藤リツがビクターレコードに吹き込み、以来、りんごの可愛いらしさが前面に出て、子供や少女の唄う唄として日本中へ広まっていった。

節まわしの型　今日広く唄われている節まわしは、佐藤リツのものである。

ワイハ節《ぶし》

〽米《こめ》とりんごはヨーイナァ　①津軽《つがる》の命《いのち》
穫《と》れよ作《つく》れよヨーイナァ　サー　ワイハー
国《くに》のため

〘②はやし詞〙〔唄い手〕
娘《あね》っこよう聞《き》けワイハー　どで③ごえしば

〽津軽生《つがるう》まれで　言葉《ことば》コ悪《わる》いが
一度会《いちどあ》ってみせ④　根《ね》は正直《しょうじき》

〽津軽娘《つがるむすめ》は　りんごの性《しょう》だな
色《いろ》もきれいだし　味《あじ》がよい

〽津軽言葉《つがることば》は　隠《かく》しても知《し》れる
⑤ワイハ⑥どってん　ぶぢまげだ

〽一度来《いちどき》てみよ⑦　りんごの盛《さか》り
色《いろ》と味《あじ》とにゃ　誰《たれ》も好《す》く

〽唄《うた》と踊《おど》りで　名《な》の出《で》た所《ところ》
⑧ヨサレ⑨ホーハイ　⑩山唄《やまうた》か

〽杉《すぎ》は秋田《あきた》で　檜《ひのき》は津軽《つがる》
負《ま》けず劣《おと》らず　国《くに》の華《はな》

〽津軽《つがる》よい所《とこ》　住《す》みよい所《ところ》
嫁《よめ》にやりたい　婿《むこ》も欲《ほ》し
〽俺《おら》が国《くに》サで　自慢《じまん》なものは
⑪ねぶた灯籠《とうろ》と　笛太鼓《ふえたいこ》

注①⇒解説。
②この「はやし詞」は唄の中に組み込まれているので、唄い手自身が掛ける。
③どうでございましょうか。「そでごえしょ」（そうでございましょ）とも。
④方言で「みへ」とも。
⑤おやまあ。
⑥びっくり仰天した。
⑦「みへ」とも。
⑧津軽ヨサレ節。
⑨ホーハイ節。
⑩津軽山唄。
⑪夏の行事。歴史上の人物や武者の像、動物などを紙で作り、中に灯をともすもの。これをかついだり、車や船にのせたりして、町や海上を笛・太鼓でねりまわる。青森市では「ねぶた」、弘前市では「ねぷた」と発音する。

青森県の、酒盛り唄形式の新民謡。青森県の西部に広がる津軽地方の人たちが、酒席で唄ってきたものである。

唄の履歴　この唄は、成田雲竹（西津軽郡森田村〈現つがる市内〉）が、一九三三年に海外で作ったものである。同年一月二五日、雲竹は横浜港から南洋へ唄行脚《あんぎゃ》に出発した。そして、九ヶ月間、サイパン・テニヤン・ヤップ・パラオ・アンガール・トラック・ポナペ・マタラニウム・モートロックスなどの島々をまわって、『江差追分《えさしおいわけ》』を指導した。その旅先で、故郷津軽をしのび、津軽言葉「ワイハ」（おやまあ）という感嘆詞を元に、歌詞と曲を自分で作った。

しかし、さして評判にもならなかったが、一九五一年一一月四日か五日に、成田雲竹はキングレコードに吹き込んだ。その後、佐藤リツがビクターレコードに吹き込み、それからしだいに広まっていった。

節まわしの型　今日広く唄われている節まわしは、佐藤リツのものである。

秋田県

秋田《あきた》飴《あめ》売《う》り唄《うた》

〽ハァーわたしゃ商売《しょうばい》　飴《あめ》売《う》り商売《しょうばい》
鉦《かね》っコ叩《たた》いて　毎日《まいにち》まわる
①ハァー②神宮寺《じんぐうじ》新町《しんまち》　日暮《ひぐ》れに通《とお》たば
姉《あね》と妹《いもと》が　門立《かど》ちなさる
ハァー姉《あね》も③よいども　妹《いもと》に劣《おと》る
妹《いもと》欲《ほ》しさに　④御立願《ごりょがん》掛《か》ける
ハァー一《いち》に⑤乙《きのと》の　大日様《だいにちさま》よ
二《に》に新潟《にがた》の　⑥白山様《はくさんさま》よ
ハァー三《さん》に⑦讃岐《さぬき》の　⑧金毘羅様《こんぴらさま》よ
四《し》に⑨信濃《しなの》の　⑩善光寺様《ぜんこうじさま》よ
ハァー五《いつ》つ⑪筏《いかだ》の　⑫仙人様《せんにんさま》よ
六《ろく》に⑬六角堂《ろっかくどう》の　六地蔵様《ろくじぞうさま》よ
ハァー七《なな》つ⑭南部《なんぶ》の　⑮恐山様《おそれざんさま》よ
八《やっ》つ⑯八幡《やはた》の　⑰八幡様《はちまんさま》よ
ハァー九《ここの》つ⑱熊野《くまの》の　⑲権現様《ごんげんさま》よ
十《とお》に⑳所《ところ》の　㉑産土神様《うぶすなさま》よ
ハァー掛《か》けた御立願《ごりょがん》　かなわぬ時《とき》は
㉒三十三尋《さんじゅさんひろ》の　大蛇《だいじゃ》となりて
ハァー角《つの》が生《は》えくる　牙《きば》生《は》えかかる
堰々川々《せきぜきかわかわ》に　橋《はし》とぞ架《か》かり
ハァー㉓往来《おうらい》の㉔道者衆《どうしゃしゅ》を　皆々《みなみな》㉕落《お》として
悩《なや》ますヤンレー

〽㉖本荘《ほんじょう》大工町《だいくちょう》　㉗平助《へいすけ》どんのお松《まつ》
今年初《ことしはじ》めて　㉘馴染《なじ》みを持《も》ったば
盆《ぼん》に着《き》れとて　㉙浴衣地《ゆかたじ》三反《さんたん》貰《もら》った
何《なん》と染《そ》めよと　㉚染屋《そめや》に聞《き》いたら
一《いち》に朝顔《あさがお》　二《に》に杜若《かきつばた》
三《さん》に下《さ》がり藤《ふじ》　四《し》に㉛獅子牡丹《ししぼたん》
五《いつ》つ㉜イヤマの　千本桜《せんぼんざくら》
六《むっ》つ紫《むらさき》　桔梗《ききょう》の花《はな》よ
七《なな》つ南天《なんてん》　八《や》つ山吹《やまぶき》よ
九《ここの》つ㉝こぼれ梅《うめ》　散《ち》らしてつけて
十《とお》に㉞殿《との》さんから　暇《いとま》を貰《もら》って
早《はや》く所帯《しょたい》持《も》ち　安堵《あんど》させよ

注①以下、前二行の節を繰り返す。
②現秋田県大仙市北楢岡。
③「よけれど」「よいけど」とも。
④望みがかなうように神仏に祈り、願うこと。「りょがん」は「りつがん」「りゅうがん」の転。
⑤新潟県の現胎内市乙《きのと》にある乙宝寺《おっぽうじ》の俗称。本尊が大日如来。真言宗智山派。
⑥白山神社。新潟市にある。
⑦旧国名。現香川県全域。
⑧金刀比羅宮《ことひらぐう》の俗称。仲多度郡琴平町にある。
⑨旧国名。現長野県全域。
⑩山号は定額山。長野市にある。
⑪秋田県横手市山内《さんない》筏。「和泉《いずみ》の　若宮様よ」とも。
⑫筏隊山《ばったいさん》神社。正式には阿羅羅《あらら》仙人社といい、一三二五年に現岩手県和賀郡の仙人峠から勧請したと伝える。
⑬愛知県稲沢市にある長光寺の通称。六角堂は六角形の地蔵堂で、その延命地蔵立像は日本六地蔵の一。一二三五年の造立。重要文化財。汗かき地蔵と称され、国家に異変があれば全身に汗をかくと伝える。
⑭旧南部藩領。現岩手県中央部から青森県東部一帯。
⑮青森県北東部、下北半島にある恐山菩提寺（円通寺）。日本三大霊場の一。
⑯福岡県北九州市の西部一帯。
⑰豊山八幡神社。八幡東区春の町にある。
⑱紀伊半島の南部、和歌山県南東部と三重県南部一帯。
⑲熊野三山。熊野本宮大社（和歌山県田辺市本宮町）・熊野速玉大社（新宮市）・熊野那智大社（東牟婁郡那智勝浦町）の三社。
⑳その土地の。その地方の。

㉑その人の生まれた土地を守る神。
㉒約六〇メートル。「世にも恐し」とも。
㉓「ござる〔渡る・参る〕行者衆の　足止めなさる」とも。
㉔仏道の修行者。
㉕「脅して」とも。
㉖現秋田県由利本荘市肴町。
㉗女郎屋の屋号。「助平」を逆にして屋号らしくしたもの。
㉘同じ女のもとに何度も通う客。
㉙「晒三尺」は誤り。
㉚染め物屋。
㉛唐獅子（ライオンを装飾化したもの）に牡丹を配した図柄。
㉜未詳。奈良県吉野郡吉野町の、吉野川右岸にある「妹山《いもやま》」（二六〇メートル）のことか。あるいは「奥山《いりやま》」のことか。
㉝「小梅を　散らしに染めて」とも。
㉞女郎屋「平助」の経営者。

秋田県の遊芸唄。秋田県下をまわって晒《さら》し飴を売り歩く飴屋が、客集めのために唄っていたものである。

飴屋は、豆絞りの手ぬぐいで頬《ほお》かぶりをし、派手な模様の着物を裾《すそ》短く着込み、紺の股《もも》引きをはき、草鞋《わらじ》がけであった。肩から飴箱をさげ、摺《す》り鉦《がね》をたたきながらやってくると、「飴売り唄」を唄い踊ってみせて、飴を買わせた。

唄の履歴　この唄の源流は、越後《えちご》の『新保広大寺《しんぼこうだいじ》』（四〇五ページ）である。それが流行《はや》り唄となり、瞽女《ごぜ》や座頭のような盲目の遊芸人たちが好んで唄い歩くようになった。その歌詞は七七七五調の短いものであったが、それでは客に聞かせてもすぐ終わってしまい、座がもてない。そこで、上の句（七七）と下の句（七五）の間に、七七調二行（二十八音）を一単位として挿入して唄っていく、長編の口説節《くどきぶし》を作った。それが「新保広大寺口説」とか「ヤンレ節」とか呼ばれるもので、その唄を、飴売りたちもまねたのである。

その『秋田飴売り唄』、黒沢三一（現大仙市太田町出身）が、一九三六年一〇月にテイチクレコードに、翌年にはコロムビアレコードに吹き込むなどして広まっていった。

節まわしの型　今日広く唄われている節まわしは、黒沢三一のものである。

補足　秋田地方では、一八六六年に天然痘が流行した。前掲一首目の歌詞に登場する姉妹は現大仙市北楢岡《ならおか》の、アバタ顔の娘で、姉は鈴木ソノ（一九〇五年に五五歳で他界）、妹は鈴木クニ（一九四一年に八七歳で他界）という。妹のほうがアバタがひどかったが、逆に妹を嫁にしたいとする文句が評判になった。この歌詞を作ったのは、同じ町のオカネ婆《ばっぱ》こと小林カネ（一九一七年に八一歳で他界）である。ただし、全くの創作ではなく、流行り唄の歌詞（➡二九八・四三〇ページ）を替えたものである。

秋田《あきた》臼《うす》挽《ひ》き唄《うた》

本　唄・定型

〽〔音頭取り〕臼《うす》の横目《①よこめ》は　削《けず》れば直《なお》るエー
娘《あね》ちゃ　〔付け手〕横目《②よこめ》は　削《③けず》られぬ

長ばやし

〽〔音頭取り〕ハァ五合《④ごんご》と五合《ごんご》は　一升《⑤いっしょ》じゃないか
〔付け手〕一升《いっしょ》(一生)と定《さだ》めりゃ　五合桝《ごんごます》いらない

本　唄・定型

〽臼《うす》も婆《⑥ばば》だし　挽《ひ》き手《て》も婆《ばば》だ
落《お》ちる籾《もみ》まで　古籾《ふるもみ》だ

〽臼《うす》の轆轤《⑦ろくろ》さ　牡丹餅《ぼたもち》上《あ》げて
まわるたんびに　ひとかじり

本　唄・字あまり

〽臼挽《うすひ》き頼《たの》だば　婆《ばば》どご頼《たの》だ
婆《ばば》も若《わか》い時《とき》ゃ　なんぼよがった⑧

〽裏《うら》の小窓《こまど》から　蒟蒻玉《⑨こんにゃくだま》投《な》げた
⑩こんにゃ来《く》るとの　知《し》らせだか

〽今年《ことし》ゃ上作《じょうさく》だよ　田《た》の稲《いね》見《み》たか
丈《たけ》は五尺《⑪ごしゃく》で　穂《ほ》は二尺《⑫にしゃく》

〽米《こめ》は沢山《たくさん》　計《はか》りつくされぬ
俵《⑬たわら》を立《た》てて　箕《⑭み》で計《はか》る

〽臼《うす》も挽《ひ》⑮きあげた　籾《もみ》もよくできた
早《はや》⑯くあがれよ　若《わか》い衆《しゅ》たち

注①放射状に並んでいる歯が、横にずれてしまったもの。
②やぶにらみ。斜視。
③「直されぬ」とも。
④約〇・九リットル。
⑤約一・八リットル。
⑥古いし、の意。
⑦粘土臼の、回転する部分。⬇解説。
⑧どんなに美人だったろうか。
⑨蒟蒻芋。蒟蒻（植物）の球茎で、里芋に似ている。これをすりおろし、消石灰を加えて、食品の蒟蒻にする。
⑩「蒟蒻」と「今夜来る」を掛ける。
⑪約一五二センチ。一尺は約三〇・三センチ。
⑫「三尺」と唄う人もいるが、それでは語呂が悪くなる。
⑬米俵を。
⑭穀物を入れて上下にふるい、殻やごみを除くための農具。豊作なので、桝で正確に計らずに、箕で大ざっぱに計る、の意。
⑮籾を全部摺り終えた。
⑯今日の仕事を終わりにしろよ。

秋田県の仕事唄。秋田県の南西部、子吉《こよし》川流域の農民たちが、粘土臼《ねんどうす》で籾摺《もみす》り作業をする時に唄ってきたものである。粘土臼とは、粘土を詰めた樽《たる》を二つ合わせたような形で、上の樽を回転させて間に入れた籾を摺り、殻を除く。臼の歯は、樽に樫《かし》の板を放射状に並べて作ってある。中国大陸から伝わったため、「唐臼《とううす》」とも呼ばれる。

唄の履歴　この唄の源流は、子吉川流域で広く唄われてきた、『秋田竹刀《しない》打ち唄』（一〇四ページ）のような地固め唄である。それを力を合わせて重い粘土臼をまわす時に利用した。

その『秋田臼挽き唄』、現にかほ市金浦《このうら》の加納初代《かのうはつよ》が得意にして唄ううちに人気が集まり、しだいに広まっていった。しかし、昭和四〇年代（一九六五～）に入って、浅野梅若一門が三味線の伴奏をつけて唄うようになってからは、平凡な唄になってしまっている。

節まわしの型　今日広く唄われている節まわしは、加納初代の唄に三味線の伴奏をつけた、浅野和子のものである。

秋田馬方節《あきたうまかたぶし》

〽ハァー朝《あさ》の出掛《でが》けに　ハァー東《ひがし》を見《み》ればヨー
（ハイイ　ハイ）
ハァー黄金混《こがねま》①じりの　オォ霧《きり》が降《ふ》る
（ハイイ　ハイ）

〽今宵一夜《こよいいちや》で　名残《なご》りはつきぬ
明日《あす》の出立《でだ》②ちを　延《の》ばしゃんせ

〽長《なが》い道中《どうちゅ》で　雨降《あめふ》るならば
わしの涙《なみだ》と　思《おも》てくれ

〽博労《ばくろ》③さん
晩《ばん》の泊《と》まりは　どこよと聞《き》けば
泊《と》まりゃ秋田《あきた》④か　本荘町《ほんじょうまち》⑤

☆〔歌詞は『秋田馬子唄』と共通〕

注①朝霧が降ると、日中はよい天気になる。「霧のかからぬ　山はない」とも。
②出発。「出だし」ではない。
③牛馬の仲買いを職業とする人。獣医を兼ねる人もいる。「馬喰」の字は、馬で喰っている悪い奴の意が強いので、通常は用いない。
④現秋田市。佐竹氏二〇万五千石の旧城下町。
⑤現由利本荘市内。六郷氏二万石の旧城下町。

秋田県の仕事唄。秋田県下の博労《ばくろう》たちが、馬市などへの往来に、夜間、何頭もの馬を曳《ひ》いて移動する折りに唄ってきたものである。

別名　東京などでは『秋田馬子唄』と混同されている。（⬇後記）

唄の履歴　この唄の源流は、旧南部藩領（岩手県中央部から青森県東部一帯）の博労たちが唄っていた「夜曳《よび》き唄」（⬇一七七ページ）である。それが、博労仲間や馬市を通じて東北地方一円へ広まっていった。しかし、その節まわしは、博労の個人差があるため、十人十色であった。

今日の『秋田馬方節』は、加納初代《かのうはつよ》（現にかほ市金浦《このうら》）が、親しい博労から習った節まわしといわれている。それを一九二九、三〇年頃、コロムビアレコードに吹き込んだ。曲名は「馬方節」で、尺八伴奏は菊池《きくち》淡水であった。そのレコードは両面が馬方節で、二首ずつ入っているが、節まわしは少しずつ異なる。現在、『秋田馬方節』として節まわしが定着しているのは、表面の二首目のものである。

なお、今日「〽あべやこの馬…」の歌詞で唄われるものは黒沢三一の節まわしであるが、これは『秋田馬子唄』（二一六ページ）と呼んで区別する。

節まわしの型　今日広く唄われている節まわしは、加納初代のものである。

秋田《あきた》追分《おいわけ》

前　唄

（アァー　サイー　サイサイ）
〽別《わか》れて今更《いまさら》
（アァ　サイー）
未練《みれん》じゃないが①ヤンサノエー
（アァ　サイー）
主《ぬし》はいずこで　暮《く》らすやら
（サイィー　サイ）
雨《あめ》の降《ふ》る日《ひ》も　風吹《かぜふ》く夜《よ》さもネー
（アァ　サイー）
思《おも》い出《だ》しては　忍《しの》び泣《な》き
（サイィー　サイ）

本　唄・五字冠り

（アァサイー　サイサイ）
〽泣《な》いたとて（サイー）
どうせ②行《ゆ》く人（アァ　サイー）やらねば
（アァ　サイー）
せめて（サイー）波風《なみかぜ》（アァ　サイー）
穏《おだ》やかに
（サイィー　サイー）

後　唄

なにとぞなにとぞ（サイー）③かなわせたま
えネー
（アァ　サイー）
御礼参《おんれいまい》りは　二人連《ふたりづ》れ

前　唄

〽春《はる》の花見《はなみ》は　④千秋公園《せんしゅうこうえん》
夏《なつ》は⑤象潟《きさかた》　⑥男鹿島《おがしま》か
秋《あき》は⑦田沢《たざわ》か　⑧十和田《とわだ》の紅葉《もみじ》
冬《ふゆ》は⑨大湯《おおゆ》か　⑩大滝《おおたき》か

本唄・五字冠り

〽⑪太平《たいへい》の
山《やま》の上《うえ》から　はるかに見《み》れば
水澄《みずす》みみなぎる　⑫八郎潟《はちろうがた》

後　唄

〽誰《たれ》を待《ま》つやら　⑬徯后《きみまち》（君待ち）坂《ざか》よ
主《ぬし》と二人《ふたり》で　⑭抱返《だきがえり》（抱き帰り）

前　唄

〽鳥《とり》も留《と》まらぬ　枯《か》れ木《き》の枝《えだ》に
主《ぬし》の情《なさ》けで　花《はな》が咲《さ》く
花《はな》が咲《さ》いても　実《み》がなるまでは
どうせわたしも　一苦労《ひとくろう》

本　唄

〽昇《のぼ》る朝日《あさひ》の　誠《まこと》に惚《ほ》れて
笑《わら》い初《そ》めしか　梅《うめ》の花《はな》

後　唄

〽春《はる》の⑮弥生《やよい》に　鳴《な》く鶯《うぐいす》は
梅《うめ》の木恋《きこい》しと　鳴《な》く⑯であろ

前　唄

〽浮《う》くも沈《しず》むも　⑰時世時節《ときよじせつ》で
どうせこの身《み》は　⑱水稼業《みずかぎょう》
⑲泥水稼業《どろみずかぎょう》は　してさえおれど
⑳立《た》つる操《みさお》は　一筋《ひとすじ》に

本唄・五字冠り

〽㉑大海《たいかい》の
水《みず》を飲《の》んでも　鰯《いわし》は鰯《いわし》
泥水《どろみず》飲《の》んでも　鯉《こい》は鯉《こい》

後　唄

〽身《み》には㉒菰《こも》着《き》て　縄帯《なわおび》㉓すれど
心《こころ》　濁《にご》らぬ　樽《たる》の酒《さけ》

注①『江差追分』の「前唄」と同じく、本来は「ヤンサノエー」である。ここを「気にかかる」とするのは秋田の人たちの工夫であるが、これは、次行の内容説明になってしまう。したがって、元のままのほうがよい。
②本来は『江差追分』の歌詞だから、大坂方面へ帰っていく、千石船の船乗りと考えるのがよい。
③神様、結婚したいという希望をかなえさせてください。
④秋田市の中心部にある公園。秋田藩主、佐竹氏の居城（久保田城）跡。
⑤秋田県南西端の、にかほ市象潟町。かつては宮城県の松島と並び称される景勝地であったが、一八〇四年の地震で海底が隆起し、陸地と化した。芭蕉の「奥の細道」で有名。
⑥男鹿半島。秋田県中西部にある、日本海へ突き出た半島。
⑦田沢湖。県中東部にある。周囲約二〇キロ。水深は四二三・四メートルで、日本一。
⑧十和田湖。秋田県と青森県の境にある。周囲約四四キロ。周辺は原生林におおわれた紅葉の名所。
⑨鹿角市の温泉地。花輪から十和田湖へ通じる道沿いにある。
⑩大館市中南部の温泉地。古くは、秋田藩主の湯治場であった。
⑪太平山（一一七一メートル）。秋田市の北東端にあり、山頂に太平山三吉神社奥宮が鎮座。
⑫秋田県の中西部、男鹿半島の付け根にあった湖。周囲約八一キロ、最深部で四・七メートル。約八割が干拓され、現在は広大な田園となっている。
⑬徯后坂公園。能代市二ツ井町にある、米代川沿いの景勝地。一八八一年、東北地方巡幸の明治天皇が青森県よりここに到着された時、皇后から労をねぎらう歌が届いていたことから、翌年六月に命名したもの。
⑭抱返渓谷。仙北市の東部を南西流する玉川中流部の景勝地。地名は抱返神社に由来する。
⑮陰暦三月。
⑯「じゃろう」は改悪。
⑰その時々の巡り合わせで。「時世と時節」は誤り。
⑱水商売。
⑲遊女の生活。
⑳純粋に愛する気持ち。
㉑広い海。ここでは日本海。
㉒真菰《まこも》や藁《わら》を織って作った蓆《むしろ》。
㉓「締めて」は誤唱。

秋田県の巡業唄。秋田県下の民謡家たちが、巡業先の舞台で、客を楽しませるために唄ってきたものである。

唄の履歴　この唄の源流は『江差追分《えさしおいわけ》』（三ページ）である。その何よりの証拠に、『秋田追分』も「前唄」―「本唄」―「後唄」の三つぞろいになっている。その「江差追分くずし」を考えたのは、南秋田郡五城目町岩野の鳥井森鈴（本名、儀助。一八九九年生まれ）である。この人は、天性の美声に加えて器用な人で、小節を多用して技巧的な唄を唄う一方、滑稽物も得意であった。

　その鳥井が、小節を多用する技巧的な「追分節」をどこで覚えたかというと、まず初めは五城目の沢石キワか井内ジョッコから「在郷追分」を習ったようである。「在郷追分」とは、この辺りで唄っていた「北海道追分」という意味である。その後、大正時代末に津軽の芸人登坂美声《とさかびせい》から習った、小節の多い「登坂節」が、今日の『秋田追分』の中心になっているようである。今日の『秋田追分』の「前唄」に見られるような小節過多の技巧を『江差追分』にまで持ち込むようなことは、津軽の芸人でなければしないであろう。

　ところが、当時は、三浦為七郎を初めとする正統派の『江差追分』の全盛時代である。この頃の唄い手が目ざすところは、技巧を抑えた、すっきりした節まわしであるだけに、小節の多い鳥井森鈴の『江差追分』は邪道とされていた。そして、いつかつけられた名前が、江差の唄ではない、「秋田」の、それもまがいものの「追分節」という意味での『秋田追分』であった。それ以来昭和四〇年代（一九六五～）まで、事情を知る人たちは『秋田追分』を認めなかった。それでも鳥井の美声は評判で、一九二六年三月、ワシ印レコードに『秋田追分』を吹き込んだ。しかし、北海道や東京では認めなかった。

　太平洋戦争後になって民謡ブームが始まり、客が本格的な格調高いものよりは、技巧過多で刺激が強く、あくの強いものを好む風潮の中で、小節多用の『秋田追分』は人気を集め始め、昭和三〇年代の初め頃から、秋田の民謡界で盛んに唄われるようになった。しかし、「本唄」はなかなかくずしにくく、『江差追分』から抜け出せなかったため、「前唄」に技巧をこらして、これだけを唄うようになった。そして、一九六八年の「ＮＨＫのど自慢全国コンクール」で、浅野和子が浅野梅若の「添え掛け」で唄って優勝するに及んで急激に日本中へ広まっていった。それでも、昭和四〇年代前半は「前唄」にしか人気がなかった。その間に大勢の芸人の工夫で、「鳥井森鈴節」ではない、別の唄へとしだいに変化し、五星会の長谷川久子と佐々木常雄の掛け合い、佐々木常雄と佐々木実の掛け合いなどが客に受けて、いつか秋田県を代表する唄になっていった。

節まわしの型　今日広く唄われている節まわしは、鳥井森鈴の唄を浅野梅若が覚え、弟子の浅野和子に教えたものである。

秋田《あきた》おばこ

問い掛け唄〔男の唄い手〕
〽①おばこナアー（ハイィ　ハイ）　②なんぼになる
（ハイィ　ハイ）

返し唄〔女の唄い手〕
③この年暮《としく》らせば　十《とお》と七《なな》つ
（ハァオイサカ　サッサー　オバコダ　オバコダ）

問い掛け唄
〽④十七《じゅうしち》おばこなら　⑤なして花《はな》コなど　咲《さ》がね⑥どや

返し唄
咲《さ》げば実《み》もやなる　咲《さ》がねば日陰《ひかげ》の　色紅《いろもみ》葉《じ》

〽おばこどごさ行《い》く　後《うし》ろの⑦小沢《おさわ》コさ　⑧ほ菜《な》コ折《お》りに
ほ菜《な》コ⑨かずけ草《ぐさ》　⑩こだしコ枕《まくら》コに　⑪沢《さわ》なりに

〽おばこ連《つ》れたば　⑫玉川《たまがわ》の湯元《ゆもと》まで　連《つ》れられた
縁《えん》でないと見《み》えて　⑬時雨《しぐれ》の涙《なみだ》コで　泣《な》き別《わか》れ

〽おばこ心持《こころも》ち　⑭辰子潟《たつこがた》の透《す》き通《とお》る　水《みず》の色《いろ》
ちょいと眺《なが》めば　十五夜《じゅうごや》お月様《つきさま》　影《かげ》をさす

〽おばこ心持《こころも》ち　池《いけ》の端《はた》の蓮《はす》の葉《は》の　溜《た》まり水《みず》
少《すこ》し⑮触《さわ》る時《とき》ゃ　コロコロ転《ころ》んで　⑯側《そば》に寄《よ》る

〽おばこ来《く》るかやと　⑰橋《はし》の袂《たもと》さ　寝《ね》て⑱待《ま》った
おばこ来《き》もやせ⑲ぬ　蛍《ほたる》の虫《むし》コなど　飛《と》んでくる

〽おばこ造《つく》った酒《さけ》　濁《にご》り酒《さけ》の甘《あま》いので　⑳砂糖《さとう》しんこ
なんぼ㉑下戸《げこ》だて　おばこさえ酌《しゃく》に立《た》てば　三杯《さんばい》飲《の》める

〽おばこどこさ行《い》く　㉒院内山《いんないさん》の㉓観音様《かんのんさま》さ　願《がん》掛《か》けに
何《なん》の願《がん》だやら　俺《おら》だ馬《うま》コさよい馬《ま》っ子《こ》　㉔産《も》たせださに

〽おばこ心持《こころも》ちゃ　十五夜《じゅうごや》お月様《つきさま》の　丸《まる》い顔《かお》
少《すこ》し㉕曇《くも》るづど　逢《あ》いたさ見《み》たさの　影《かげ》がさす

〽おばこなぜ来《こ》ぬ　風邪《かぜ》コでも引《ひ》いたかやと　案《あん》じられる
寝《ね》てもいもせず　親《おや》たち出《だ》さねば　籠《かご》の鳥《とり》

注
①年頃の娘。
②何歳になるのか。
③一二月末日を越せば。年齢は、満ではなく、数え年で数えた。
④十七歳の娘。年頃の娘のこと。
⑤どうして。「なにして」は、「何して」と書いたものを、方言のわからない人がそのまま読んだための誤り。
⑥詞型上五音なので、「とナー」は誤り。
⑦小さな沢。「小山コさ」とも。
⑧夜衾草《よぶすまそう》。キク科の多年草で、林下や谷沿いに自生する。高さ約二メートル。葉はコウモリが羽を広げたような形をしている。香りのよい若芽を食用にする。
⑨かこつけて、口実に利用した草。「若いとて」とも。
⑩かずらで編んだ、腰につける小さな籠《かご》。
⑪沢の形に沿って寝る。
⑫玉川温泉。玉川の上流、仙北市の北中部にある。強酸性硫黄泉で万病に効く。湯量は北日本一。
⑬初冬の雨で、しばらくの間激しく降ってはやみ、降ってはやみするもの。

⑭田沢湖の別称。辰子姫伝説（一三五ページ）からの呼び名。湖の周囲約二〇㌔。水深は四二三・四㍍で、日本一。
⑮「触るづど」（触ると）とも。
⑯「そんま（すぐ）落ちる」とも。
⑰「田圃のはンずれさ　出て待ぢだ」とも。
⑱「待ぢだ」とも。
⑲「せで」とも。
⑳うるち米を粉に挽き、砂糖を入れて作った菓子。
㉑酒の飲めない人だって。
㉒院内岳（七五一㍍）。田沢湖の南岸にある。
㉓院内観音（現大蔵神社）。産馬の神。八〇七年に坂上田村麻呂が創建。辰子姫が願掛けをしたという伝説がある（一三五ページ）。
㉔産ませたいために。
㉕曇るという。

秋田県の手踊り唄。秋田県中東部の旧城下町角館《かくのだて》（仙北《せんぼく》市角館町）と周辺の人たちが、祭礼の「桟敷《さじき》踊り」で唄い踊ってきたものである。

祭礼は成就院《じょうじゅいん》薬師（角館町西勝楽町）のものであったが、明治時代以降は神明社（同町岩瀬）の祭礼と合わせて行われ（九月七～九日）、「飾山囃子《おやまばやし》」の山車《だし》の行列が出る。この時、道路沿いの民家の軒先に仮設舞台（桟敷）を作り、ここで娘たちが手踊りを披露した。地方《じかた》は、芸好きの人たちが三味線・笛・太鼓・鉦《かね》などを演奏し、近郷に伝わる種々の唄を唄った。こうして唄い踊るのを「桟敷踊り」と呼ぶ。その唄の中に『秋田おばこ』もあった。

唄の履歴　この唄の源流は不明である。しかし、歌詞の基本型は八八五・八八五という、古い時代からのものであり、上の句と下の句とが、または、第一句と第二・三句とが問答形式になっている。しかも、「〽おばこ…」と唄い出すものが多いが、「おばこ」は秋田県・山形県の方言で、年頃の娘のことである。そして、秋田県下の「おばこ」という本来の唄は、歌詞も節も、山形県下の現在の『庄内おばこ』（二四六ページ）と同じようなものであったらしい。

そうした唄を、現山形県から秋田県にかけての神社や寺の縁日の夜籠《よごも》りで、信者たちが「掛け唄」（二〇一ページ）として唄っていた。

「掛け唄」は、仙北市岡崎の大蔵神社（旧院内観音）の祭礼でも盛んに行われ、ここを中心に周辺の農村へ広まった。しかし、節まわしに個人差があるため、しだいに異なったものになり、それぞれの地名を冠せて、『神代《じんだい》おばこ』（仙北市神代）、『生保内《おぼない》おばこ』（同市生保内）、『白岩《しらいわ》おばこ』（同市角館町白岩）などと呼んで区別していた。

その「掛け唄」としての「おばこ」を角館の「桟敷踊り」にも用いていたのである。ところが、「飾山囃子」の笛の名手笛王斎《てきおうさい》が、娘の佐藤貞子《さだこ》（一八八五年生まれ）の手踊り用として、「神代おばこ」を笛を中心に編曲した。節の上げ下げを鋭くし、早間の軽快な唄に作り替えたもので、それは日露戦争（一九〇四、〇五年）頃のことと思われる。それ以来、秋田の「おばこ」は、山形県下の「おばこ」と大きく異なり始めた。

佐藤貞子は手踊りの名人で、一座を結成し、興行をして各地をまわった。そのため、単に「おばこ節」と呼ばれていたこの唄の曲名を、「仙北おばこ」と変え、さらに『秋田おばこ』と、大きくした。この『秋田おばこ』という曲名が定着したのは、一九二〇年に佐藤がワシ印レコードに吹き込んでからで、レコード会社側が「秋田」の二字を冠せたものと思われる。

一九二二年、佐藤貞子社中は、東京の平和大博覧会の全国芸能競演大会に秋田県代表として参加し、日本一になった。この時から、佐藤貞子の「おばこ」は県下で第一のものとして認められるようになった。

なお、佐藤のレコードは、唄い出しが「おばこオーオーオー」であり、今日のように「おばこオーナアーアー」とは唄っていない。これは、土崎港（秋田市土崎）の芸者衆がお座敷唄として唄ううちに、感情を盛り込むために変えたものである。また、はやし詞のしまいを「オバコデ　ハイハイ」とするのは黒沢三一の唄が最初のようだから、たぶん「仙北歌謡団」結成の一九一八年七月以降のことである。

以上は、いずれも「手踊り唄」としての『秋田おばこ』である。ところが、一九五五年になって、千葉千枝子（現大仙市仙北町）が、畠山浩蔵の尺八伴奏で、この唄をゆっくり唄うものに仕立て直し、節の上げ下げを抑えた、『生保内節』のような平板な唄い方に変えた。それに、浅野梅若が三味線の手をつけた。これがその年の「ＮＨＫのど自慢全国コンクール」で一位となり、以来、この唄い方と伴奏で広まっていった。そのため、少し平板になりすぎているので、藤井ケン子の唄程度まで躍動感を加えるほうがよい。

なお、秋田県下の「おばこ」は、庄内の博労たちが、馬産地の南部（現岩手県中央部から青森県東部一帯）へ通う途中、生保内宿に庄内の「おばこ」

を伝えたのが母胎となっているという説が一般的になっている。しかし、「おばこ」は庄内地方と生保内地方にだけ存在するのではなく、山形県下・秋田県下に広く分布している。したがって、「おばこ」は出羽の国一円で「掛け唄」として広く唄われていたものであり、その単純な形が『庄内おばこ』、手を加えて技巧的にしたのが『秋田おばこ』と考えるほうがよいであろう。

節まわしの型　今日広く唄われている節まわしは、千葉千枝子のものである。

秋田《あきた》オハラ節《ぶし》

上げ

（ハイ　キター）
（ハイ　ヨー）
〽ハァー　①さァさ出《だ》したがよい
（ハイ　キター）
（ハイ　ヨー）

口説《くどき》

ハァー野越《のこ》え山越《やまこ》え　深山越《みやまこ》え
あの山越《やまこ》えれば　紅葉山《もみじやま》
紅葉《もみじ》の下《した》には　鹿《しか》がおる
鹿《しか》がホロホロ　泣《な》いておる
鹿《しか》さん鹿《しか》さん　なぜ泣《な》くの
（ハイ　キター）
（ハイ　ヨー）
ハァーわたしの泣《な》くのは　ほかじゃない
はるか向《む》こうの　木《き》の陰《かげ》に
②六尺余《ろくしゃくあま》りの　狩人《かりゅうど》が
③五尺二寸《ごしゃくにすん》の　④鉄砲担《てっぽかつ》ぎ
前《まえ》には赤毛《あかげ》の　犬連《いぬつ》れて
後《うし》ろに黒毛《くろげ》の　犬連《いぬつ》れて
（ハイ　キター）
（ハイ　ヨー）
ハァーあれに撃《う》たれて　死《し》んだなら
死《し》ぬるこの身《み》は　厭《いと》わねど
あとに残《のこ》りし　妻《つま》や子《こ》は
どうして月日《つきひ》を　送《おく》るやら
（ハイ　キター）
（ハイ　ヨー）

下の句

思《おも》えば涙《なみだ》が　オハラァー先《さき》に立《た》つ

〽ここは⑤本所《ほんじょ》の　松坂町《まつざかちょう》
⑥吉良《きら》の屋敷《やしき》の　通用門《つうようもん》
前《まえ》にできたる　酒店《さけみせ》は
主人《しゅじん》が⑦貝賀《かいが》　弥左衛門《やざえもん》
帳付《ちょうづ》けいたすは　二代目《にだいめ》⑧岡野金右衛門《おかのきんえもん》
外用役《そとようやく》は⑨神崎《かんざき》　⑩間《はざま》の両勇士《りょうゆうし》
男《おとこ》ばかりの　所帯《しょたい》とて
近所隣《きんじょとな》りの　娘御《むすめご》が
我《わ》れも我《わ》れもと　出入《でい》りする
あまた遊《あそ》びに　来《く》る中《なか》に
ひときわ目《め》に立《た》つ　よい娘《むすめ》
⑪相生町《あいおいちょう》は　⑫お船蔵《ふなぐら》
大工《だいく》の棟梁《とうりょう》　政右衛門《まさえもん》
娘《むすめ》はお花《はな》と　いいまして
年《とし》は⑬二八《にはち》か　⑭二九《にく》(憎)からず
⑮京《きょう》でいうなら　⑯鴨川《かもがわ》や
⑰江戸《えど》でいうなら　⑱隅田川《すみだがわ》
水《みず》で晒《さら》せし　雪《ゆき》の肌《はだ》
柳　腰《やなぎごし》やら　しなやかに
にっこり笑《わら》う　愛嬌《あいきょう》は
ほころびかかる　百合《ゆり》の花《はな》
義侠《ぎきょう》に厚《あつ》い　金右衛門《きんえもん》
忠義《ちゅうぎ》の二字《にじ》に　替《か》えられず
大工棟梁《だいくとうりょう》　政右衛門《まさえもん》
お花《はな》が苦心《くしん》の　⑲絵図面《えずめん》は
まさしく義士《ぎし》に　役立《やくだ》って
目出度《めでた》く本懐《ほんかい》　遂《と》げにけり

〽ほんにあなたは　栃木県《とちぎけん》
心　静岡県《こころしずおかけん》に　もたしゃんせ
お酒《さけ》を飲《の》めば　長野県《ながのけん》
酔《よ》うてむやみに　茨城県《いばらきけん》
あることないこと　福島県《ふくしまけん》

女房《にょうぼ》お前《まえ》は　秋田県《あきたけん》
できたその子《こ》は　新潟県《にいがたけん》
少《すこ》しは世間《せけん》を　宮城県《みやぎけん》
いつまで和歌山《わかやま》じゃ　あるまいし
これほど言《い》うとも　山形県《やまがたけん》なら
あとはなんにも　岩手県《いわてけん》

〔鳥井森鈴作〕

注①二首目の歌詞へ入る時や、他の人が続けて唄う時は「またも出したがよい」となる。
②約一八二センチ。
③約一五八センチ。
④火縄式の単発銃。
⑤現東京都墨田区両国。
⑥吉良上野介《こうずけのすけ》義仲。江戸時代中期の幕臣。一七〇一年、赤穂藩主浅野内匠頭《たくみのかみ》長矩《ながのり》を辱めて江戸城中で切られ、負傷。翌年、切腹した浅野の遺臣、大石良雄以下赤穂四十七士に討たれた。
⑦⑧赤穂四十七士の一。
⑨神崎与五郎則休《のりやす》。赤穂四十七士の一。
⑩間十次郎光興《みつよし》。赤穂四十七士の一。
⑪本所相生町。現墨田区両国。
⑫船をしまっておく建物。
⑬二×八で、十六歳。
⑭十八歳にはなっていない。
⑮現京都市。
⑯京都市北部の山地に発し、市街東部を南流して桂川へ注ぐ川（約三一キロ）。
⑰現東京都東部。江戸幕府の所在地。
⑱東京都の東部を南流して東京湾へ注ぐ川（約二五キロ）。埼玉県西部の山地に発して南東流する荒川旧流の最下流部で、東京都北区の岩淵水門より下流の呼称。
⑲吉良邸の。

秋田県の遊芸唄。秋田県下の民謡家たちが、巡業先の舞台で好んで唄ってきたものである。

唄の履歴　この唄の源流は『津軽オハラ節』（四九ページ）である。それも、昭和時代の初めに一世を風靡《ふうび》した函青《かんせい》くに子の節まわしである。

秋田県は北で津軽と接しているため、秋田の芸人たちは、巡業先で津軽の芸人たちと同じ舞台を踏む機会も多い。しかし、津軽の舞台芸としての語り物「津軽三つ物」（ヨサレ節・じょんがら節・オハラ節）に押されがちであった。そこで、津軽の芸も取り入れようとした。その始まりは『秋田おばこ』の元祖佐藤貞子《さだこ》（一八八五年生まれ）で、一九三二、三三年頃、『津軽オハラ節』を秋田化させた。取り入れたのは、函青くに子が三一年に大当たりを取った節まわしである。秋田化一番の特徴は、函青が高い音を聞かせ所にしているのに対して、低い音を聞かせ所にしたことである。そして、それを旧南秋田郡川尻《かわしり》村（現秋田市内）出身の村岡一二三《ひふみ》（一九〇七年生まれ）が確立した。村岡の芸は、高い声を張るものではなく、落とす節と低い声を生かす芸で、独自の「村岡一二三節」を作り上げた。それが今日の『秋田オハラ節』である。

その村岡が一九六八年四月一六日に南秋田郡天王町（現潟上市内）の巡業先で唄っているのを聴いた筆者（竹内勉）が、その時の三味線伴奏者浅野梅若に相談して、同年一一月八日、浅野和子にコロムビアレコードに吹き込ませた。それ以来、秋田県の「津軽物」として広まっていった。

なお、村岡一二三の唄がレコード化されたのは、ずっと後の、七三年二月になってからである。

節まわしの型　今日広く唄われている節まわしは、村岡一二三の唄を元にした、浅野和子のものである。

秋田音頭《あきたおんど》

口上

〽ヤァートセー　①コラ秋田音頭《あきたおんど》です
（キタカ　サッサー）
コイ　サッサー
（コイナー）
コラいずれこれより　御免蒙《ごめんこうむ》り
音頭《おんど》の　②無駄《むだ》を言《い》う
（アァハイ　ハイ）
③お耳障《みみざわ》りも　あろうけれども
さっさと　④出《だ》しかける
（ハイ　キタカ　サッサー）
コイ　サッサー
（コイナー）

音頭

コラ秋田名物《あきためいぶつ》　⑤八森《はちもり》　⑥鰰《はたはた》
⑦男鹿《おが》では　男鹿《おが》⑧ブリコ
⑨能代《のしろ》⑩春慶《しゅんけい》　⑪檜山《ひやま》⑫納豆《なっと》で
⑬大館《おおだて》　⑭曲《ま》げわっぱ

（ハイィ　キタカ　サッサー
コイ　サッサー　サッサー）
（コイナー）

音頭

〽秋田《あきた》の国《くに》では　雨《あめ》が降《ふ》っても
⑮唐傘《からかさ》　などいらぬ
手頃《てごろ》の⑯蕗《ふき》の葉《は》　さらりとさしかけ
さっさと　出《で》て⑰行《い》がえ

〽秋田《あきた》の女子《おなご》　⑱なして綺麗《きれい》だと
聞《き》くだけ　⑲野暮《やぼ》だんす
⑳小野小町《おののこまち》の　㉑生《う》まれ在所《ざいしょ》
お前《め》はん　㉒知《し》らねのげ

〽秋田《あきた》よい所《とこ》　名物沢山《めいぶつたくさん》
東北《とうほく》　一番《いちばん》だ
㉓金山《かなやま》㉔木山《きやま》に　㉕花咲《はなさ》く㉖公園《こうえん》
美人《びじん》が　舞《ま》い踊《おど》る

〽㉗山《やま》コで見渡《みわた》しゃ　㉘金《かね》コに㉙杉《すぎ》コ
湧《わ》き出《だ》す　㉚油《あぶら》コだ
里《さと》の娘《あね》コは　綺麗《きれい》な㉛面《つら》コで
炭《すみ》コ　売《う》りに来《き》た

〽俺家《おらえ》のお㉜多福《たふく》　滅多《めった》にないこと
㉝鬢《びん》とって　髪結《かみゆ》うた
お寺《てら》さ行《い》くとて　芝居《しばい》さ行《い》ったば
みんなに　笑《わら》われた

〽棚《たな》コの隅《すま》コの　笊《ざる》コの㉞蒜《ひる》コ
味噌《みそ》コで　㉟和《あ》えたとさ
㊱かさコで掬《すく》って　㊲座頭《ざと》コさ食《か》せたら
美味《うま》いと　喜《よろこ》んだ

〽㊳岩永左衛門《いわながざえもん》　㊴阿古屋《あこや》㊵責《せ》めるに
㊶胡弓《こきゅう》と　琴三味線《ことしゃみせん》
向《む》かいの姑《しゅうと》が　嫁《よめ》どこ責《せ》めるに
火箸《ひばし》と　㊷灰《はい》ならし

〽さっと降《ふ》る雨《あめ》　濡《ぬ》れて来《く》るかと
㊸嬶《かか》さ傘《かさ》持《も》って　迎《むか》えに通《かよ》たれば
知《し》らぬ娘《あね》ちゃと　㊹チャラチャラチャラチャラチャ
ラ
じゃれて　戻《もど》ってきた

〽地震《じしん》バラバラ　雷《かみなり》ゴロゴロ
稲妻《いなずま》　ピッカピカ
婆様《ばさま》早《は》よ出《で》れ　㊺桑原桑原《くわばらくわばら》
これは　㊻万歳楽《まんざいらく》

〽踊《おど》るも跳《は》ねるも　若《わか》いうちだよ
俺《おら》ように　年《とし》ァ行《い》けば
踊《おど》りだけだば　しっかり踊《おど》っても
さっぱり　褒《ほ》めでけねェ

〽お前《め》たちお前《め》たち　踊《おど》りコ見《み》るたて
あんまり　口開《くちあ》くな
今《いま》だばいいども　春先《はるさき》などだば
雀《すずめ》コ　巣《す》コ懸《か》ける

〽秋田名物《あきためいぶつ》　コの字《じ》づくしを
摘《つ》まんで　言《い》うならば
㊼ぼっコに㊽がっコ　かさコに小皿《こざら》コ
酢《す》っコに　醤油《しょうゆ》っコ

注①「ヨーイヤナ」とも。
②「地口です」とも。
③聞いて不愉快なことも。「当たり障りも」とも。
④唄い始める。
⑤現山本郡八峰町内。秋田県の北西端にあり、日本海に面している。
⑥スズキ目の海魚。体長約二五センチ。冬、秋田県・山形県の沿岸に産卵のために近づく。塩で漬けてショッツルを作り、また、鍋物の材料にする。
⑦現男鹿市。県の中西部、日本海へ突き出た男鹿半島にある。
⑧鰰の卵。雌の腹中の卵のほかに、海藻に産みつけられた卵が海岸に打ち寄せられて、丸く固まっているものも食用にする。

⑨現能代市。県の北西部、米代川の河口にある。
⑩春慶塗り。漆塗りの技法の一。黄や赤に着色した木地に、透き通った漆をかけ、木目を出す。和泉《いずみ》の国堺（現大阪府堺市）の春慶が応永年間（一三九四～一四二八）に創始。
⑪現能代市内。米代川支流の檜山川中流にある。
⑫檜山地方独自の製法の納豆。高温で半乾燥させる。臭みがなく、日持ちがよい。醤油味より塩味で食べる。
⑬現大館市。県の北東部にある。
⑭曲げ物。檜や杉の薄い板を曲げて作った入れ物。
⑮〔中国風のかさの意〕細く割った竹を骨とし、油紙をはった傘。
⑯秋田蕗。大形の蕗で、高さ二メートル、茎の直径五センチ、葉の直径一・五メートルに達する。一八四〇年頃、現秋田市仁井田で栽培し始めた。
⑰行きますよ。
⑱どうして。「なにして」は、「何して」と書いたものを、方言のわからない人がそのまま読んだための誤り。
⑲「こげだえす」（愚かですよ）とも。
⑳平安時代前期の女流歌人。六歌仙の一。絶世の美女で、秋田生まれというが、不詳。
㉑生まれ故郷。
㉒知らないのかい。
㉓鉱山。
㉔杉や檜の山。
㉕桜の花。
㉖現秋田市の千秋公園（久保田城跡）をさす。
㉗「コ」は、東北方言の接尾語。名詞に付けて、小さい意や、親しみの情を表す。
㉘金山。
㉙秋田杉の山。
㉚石油。
㉛顔で。
㉜お多福面に似た、顔立ちの悪い女。自分の妻のこと。お多福面は丸顔の女の面で、額が高く、頬がふくれ、鼻が低い。
㉝側頭部の髪の形を整えて。
㉞野蒜。ユリ科ネギ属の多年草。高さ約五〇センチ。山野に自生する。茎葉と球根をおひたし・酢味噌あえなどにする。
㉟あえ物にしたそうだ。
㊱お椀のふた。

㊲男の盲人。

㊳浄瑠璃・歌舞伎「壇浦兜軍記《だんのうらかぶとぐんき》」（通称「阿古屋の琴責め」）中の人物。平家の残党詮議をする、源氏の評定所の侍。平景清の行方を捜すため、阿古屋を拷問する。

㊴景清の愛人とされる、伝説上の人物。京都五条坂の遊女。

㊵拷問する。

㊶岩永ではなく、秩父庄司（畠山）重忠が、阿古屋に胡弓・琴・三味線をひかせ、その音色に乱れがないので、景清の居所を知らないとして放免する。

㊷火鉢や炉の灰を平らにするのに用いる金属製の道具。

㊸「嬶さん」の下略。妻が。

㊹男女がいちゃついている様子。

㊺落雷をさけるために唱える、まじないの言葉。語源は、「和泉名所図会《いずみめいしょずえ》」によると、昔、現大阪府和泉市桑原にある西福寺の井戸に雷が誤って落ち、近所の老婆にその中へ閉じ込められてしまった。その時、逃がしてもらう代わりに、二度と桑原には近づかない約束をした。そのため、「桑原」と唱えると、雷は落ちないのだという。また、「皇《こう》都午睡《とごすい》」によると、菅原道真は流刑地で死んで雷神となったが、自分の旧領地、桑原には落雷しなかったためだという。

㊻雅楽の曲名。祝賀の宴で演じられることから、「落雷がなくて、おめでたい」の意らしい。

㊼赤んぼ。

㊽漬け物。


秋田県の祭礼踊り唄・盆踊り唄。秋田市と秋田県中東部を中心に、県下の人たちが、祭礼やお盆に唄い踊ってきたものである。

唄の履歴　この唄の源流は、秋田藩の城下町久保田（現秋田市）の花柳界で、拳《けん》遊び（狐・鉄砲・庄屋のジャンケン）の時に下座《げざ》として地口《じぐち》式にはやしていたものらしい。そのため、『さんさ時雨《しぐれ》』（一九七ページ）のはやし詞に用いられている「ヤートトオ」が入っており、柔術のような手振りがついているのであろう。また、拳を突き出す格好が、いつか柔術の型のように見られたりしたようで、仙北《せんぼく》市角館《かくのだて》町には「拳ばやし」の名さえある。

そうしたものが角館の祭礼の「桟敷《さじき》踊り」（九五ページ）に取り入れられ、娘たちの手踊り唄になった。ところが、地口《じぐち》で、節らしいものがついていないために替え唄が容易で、種々の歌詞が作られ、興味の中心も歌詞へと移っていった。また、曲名も、御当地の歌詞を唄うという意味の「お国音頭」から「仙北音頭」へ、さらに『秋田音頭』へと、世間への通りがよい名へと変わっていった。こうした曲名変更には、『秋田おばこ』で名を馳せた踊りの名手、佐藤貞子《さだこ》（現仙北市神代《じんだい》出身）一座の、手踊り興行で客受けするようにというねらいがあったようである。

一方、『秋田音頭』の踊りであるが、角館の「桟敷踊り」では、明治時代の末頃、秋田市寺町の芝居小屋「凱旋座《がいせんざ》」の下足番をしていた福ちゃんと亀ちゃんが、東京の芸人の舞台にヒントを得て、「傘踊り」を振り付けた。芸者（三味線ひき）の刃傷沙《にんじょうざ》汰《た》を芝居仕立てにしたもの（「明治一代女」のようなもの）である。これも、唄のための踊りではなく、唄は下座のような扱いである。

節まわしの型 今日広く唄われている節まわしは、民謡を興行で演じる人たちが手を加えてきたものである。一人の唄い手が作り出した型ではない。

秋田草刈り唄《あきたくさかりうた》

〽朝《あさ》の出掛《でが》けに　どの山見《やまみ》ても
①霧《きり》のかからぬ　アリャ山《やま》はない

〽俺《おれ》とお前《まえ》は　草刈り仲間《くさかりなかま》
草《くさ》を②ないない　③七巡《ななめぐ》り

〽田舎《いなか》なれども　俺《おら》がの里《さと》は
西《にし》も東《ひがし》も　④金《かね》の山《やま》

〽峰《みね》の白百合《しらゆり》　揺《ゆ》れたと見《み》たら
草刈《くさか》る⑤おばこの　頬被《ほおかむ》り

〽馬《うま》に草積《くさつ》み　野道《のみち》を行《ゆ》けば
あがる雲雀《ひばり》が　⑥畑打《はたけう》つ

〽草刈《くさか》り草野《くさの》の　草葉《くさば》の露《つゆ》に
きらきら冷《つめ》たい　⑦朝月夜《あさづきよ》

〽山《やま》の小藪《こやぶ》で　鳴《な》くきりぎりす
思《おも》い切《き》れ切れ　切《き》れと鳴《な》く

〽遠《とお》く離《はな》れて　見《み》ることならぬ
たびたび見《み》るのは　夢《ゆめ》ばかり

〽お前峰《まえみね》の松《まつ》　わしゃ沢《さわ》の杉《すぎ》
見下《みさ》げられるも　無理《むり》はない

注①朝霧がかかると、日中はよい天気になる。
②荷ない荷ない、の意。束ねた草を背負って。
③〔実数ではなく〕何回も何回もまわること。
④鉱山。
⑤年頃の娘。
⑥畑を耕す時は、鍬を振り上げ、振り下ろす。雲雀が畑から真上へ飛び上がり、真下へ降りていくさまが、農民には畑を耕しているように見えるのである。
⑦朝方に空に出ている月。

秋田県の仕事唄。秋田県中東部の農村で、農民たちが朝草刈りの折りに唄ってきたものである。

朝草刈りとは、夏の午前四時や五時頃に、馬を曳《ひ》いて野山へ出て、牛馬の飼料にしたり牛馬小屋の中に敷いたりするための草を刈る作業である。早朝だと、草が水分を含んでいて鎌で刈りやすいし、新鮮な草を牛馬に与えることができる。

「草刈り唄」は、草を刈りながら唄うのではなく、草刈り場への往来や、草刈る手を休めた時に唄うのである。その理由は、連れている馬が、突然とび出した兎や鳥などに驚いて跳ねたりするのをさけるためである。また、山中での怪我《けが》や急病は命取りになりかねないので、万一の場合は捜してもらえるように、自分の居場所を周囲の人たちに知らせておくためである。なお、唄が聞こえている間は異状なく働いている証にもなる。したがって、遠くの峰や谷にまで届けとばかりに、美声で、のびのびと、おおらかに唄う。これに呼応して、周辺の人たちも、掛け声を掛けたり、唄い継いだりするのである。時には、同じ山で働く異性の人を誘うための恋唄にも利用した。

唄の履歴 この唄の源流は、新潟県下の『越後《えちご》松坂』（三九三ページ）である。それは、「〽新潟松坂　習いたかござれ…」などの唄い出しから、「新潟節」（訛って「にかた節」）とも呼ばれた。

その「にかた節」が瞽女《ごぜ》や座頭といった盲目の遊芸人たちによって日本中へ広められ、秋田県下にも伝えられた。それを県中東部（仙北《せんぼく》地方）では祭礼の折りの「掛け唄」（➡二〇一ページ）に用いた。そのため、人々は暇さえあれば「にかた節」の稽古をした。その、よい稽古場が草刈り場であり、そこへ往来する路上であった。したがって、草刈り唄は「にかた節」一色になっていき、節まわしも、しだいに、ゆっくりとした、長いものになっていった。それが「草刈りにかた」などと呼ばれる唄で、今日の『秋田草刈り唄』である。

節まわしの型 今日広く唄われている節まわしは、仙北地方の唄い手たちのものである。

秋田酒屋米磨ぎ唄《あきたさかやこめとうた》

上の句〔音頭取り〕
〽米磨《こめと》ぎのヤーヨーイ　始《はじ》まる時《とき》は（〔酒屋職人〕アァヨイショ）　鶴《つる》と亀《かめ》
下の句〔酒屋職人〕
①鶴《つる》と亀《かめ》ヤーヨーイ　②流《なが》しに降《お》りて（〔音頭取り〕アァヨイショ）　舞《ま》い遊《あそ》ぶ
《繰り返し》〔音頭取り・酒屋職人〕
ヨイトコーリャ　舞《ま》い遊《あそ》ぶ

〽③燕《つばくろ》が　酒屋《さかや》の④破風《はふ》に　巣《す》をかけて
夜明《よあ》ければ　⑤酒出《さけだ》せ売《う》れと　囀《さえず》るよ

〽⑥米磨《こめと》ぎは　楽《らく》だと⑦見《み》えて　楽《らく》じゃない
寒中《かんちゅ》にも　裸足《はだし》に裸《はだか》　楽《らく》じゃない

〽⑧十七八《じゅうしちはち》　柳《やなぎ》の下《した》で　芹《せり》を摘《つ》む
芹摘《せりつ》めば　柳《やなぎ》が招《まね》き　からまるよ

〽⑨新屋町《あらやまち》　⑩勝平山《かつひらやま》で　見渡《みわた》せば
前《まえ》は⑪川《かわ》　後《うし》ろは⑫港《みなと》　船《ふね》が着《つ》く

〽娘《あね》ちゃ聞《き》け　後《うし》ろのくね⑬で　鳩《はと》が鳴《な》く
鳴《な》くじゃない　長者《ちょうじゃ》になれと　囀《さえず》るよ

〽⑭湯沢町《ゆざわまち》　柳《やなぎ》の葉《は》より　まだ細《ほそ》い
⑮細《ほそ》いとて　⑯一夜《いちや》や二夜《にや》は　泊《と》めておく

〽泊《と》めたとて　ひとりは寝《ね》せぬ　抱《だ》いて寝《ね》る
抱《だ》いて寝《ね》りゃ　親《おや》より子《こ》より　なつかしい

注
①「鶴亀は」は誤唱。ここは、前の五音をそっくり繰り返すのが本来の形である。
②酒蔵の、米や酒造り用具を洗う所。「洗い場」とも。
③つばめ。
④切り妻屋根の、「〈」の形の飾り板。
⑤「長者になれと」とも。
⑥一八一ページ上段一首目の歌詞の替え唄。
⑦「見せて」は誤唱。
⑧十七、八歳の娘。年頃の娘のこと。
⑨現秋田市南西部の地名。
⑩旧雄物川と日本海に挟まれた、標高四九メートルほどの高地。市民の憩いの場。
⑪雄物川。秋田県南東部の山地に発して横手盆地を北西流し、秋田市西部で日本海へ注ぐ川（約一四九キロ）。
⑫土崎港（現秋田港）。現秋田市土崎の、旧雄物川河口にある。県下最大の港。
⑬屋敷林。屋敷の周りに植えてある木々。
⑭現湯沢市。酒蔵が多い。この歌詞は、一八一ページ「乙部町…」の替え唄。
⑮秋田方言で「細いたて」とも。細いたって、の意。
⑯「一夜と」は、「や」の音が続くための誤唱。

秋田県の仕事唄。秋田県下の酒蔵の洗い場で、酒屋職人たちが酒の原料米の糠《ぬか》を水で洗い落とす作業をしながら唄ってきたものである。

米磨ぎは半切り桶《おけ》で行った。それは直径五尺（約一五二センチ）、深さ一尺ほどの、浅くて平たい、たらいのような桶である。その桶に精白した米一斗（約一八リットル）と水七〜八升（約一二・六〜一四・四リットル）を入れて三つほど並べ、又の字形の枠《かせ》を左右へ半回転させながら洗うか、足で踏んで洗う。洗米の時間は米の品種や精米歩合によって異なるが、普通は唄を二首唄って水を取り替え、三回（六首）唄うと磨ぎ上がりとなる。「米磨ぎ唄」は時計代わりであった。

唄の履歴　この唄の源流は、岩手県南東端の現陸前高田市気仙《けせん》町辺りの人たちが唄っていた祝い唄『気仙坂』（一六八ページ）である。それは、元は「木遣《きや》り唄」であったから、みんなで重い物を動かす時に力を結集させる唄としての性格と、神々に願いを掛ける祝い唄としての性格を持っている。そのため、岩手県下一円で農作業唄など、種々の力仕事用の唄になっていき、紫波《しわ》郡辺りでは、酒屋職人が米磨ぎ作業に利用した。

さて、南部杜氏《とうじ》たちが出稼ぎ仕事として東北六県下の酒蔵へ出かけるようになると、先々の酒蔵でこの唄を米磨ぎ作業の時に唄った。それを秋田県下の酒蔵職人もまねて唄うようになった。そのうちに地元に合った歌詞が作られ、やがて唄も秋田風に仕立て直されていった。

この歌詞、本来は五七五・〔五〕七五で、上の句の終わり五音を下の句の初めで繰り返す形式であったが、のちには、その繰り返し部分に別の語を入れて唄うようになっていった。

『秋田酒屋米磨ぎ唄』は、一九六七年に東京で催された「第一八回　全国民俗芸能大会」で湯沢市の杜氏たちが披露してから注目され始めた。そして、発掘民謡ブームの六七、六八年頃から、三味線の伴奏がつけられて広まっていった。しかし、本来は無伴奏か尺八伴奏の唄である。

節まわしの型　今日広く唄われている節まわしは、秋田市民謡界のものである。

秋田酒屋仕込み唄《あきたさかやしこみうた》

〽ハァー酒屋《さかや》①杜氏衆《とうじしゅ》をヤーエ　馴染《なじ》みに持《も》たばノーヤーエェ
②水屋《みじゃ》の窓《まど》からヤーエ　③粕貰《かすもら》たヨー
《繰り返し》〔酒屋職人〕
水屋《みじゃ》の窓《まど》からヤーエェ　粕貰《かすもら》たヨー

〽粕《かす》も粕今朝《かすけさ》の　粕《かす》は困《こま》った
あまりうまさに　④ききすぎた

〽⑤銘酒《めいしゅ》⑥□□□□　誰《た》が名《な》を⑦くれた
諸国諸大名《しょこくしょだいみょう》が　名《な》を⑧くれた

〽諸国諸大名《しょこくしょだいみょう》　数《かず》ある中《なか》で
⑨出羽《でわ》の秋田《あきた》の　⑩佐竹様《さたけさま》

〽揃《そろ》た若《わか》い衆《しゅ》に　印袢纏《しるしばんてん》着《き》せて
このやお蔵《くら》で　酒造《さけつく》る

注①酒造り職人。また、その長。
②酒造り用具を洗ったり、米をといだりするための洗い場。
③酒の搾り粕。
④体にきく。酔っ払った、の意。
⑤よく銘柄を知られた、上質の日本酒。
⑥その酒蔵で造る酒の銘柄を入れて唄う。
⑦⑧「つけた」とも。
⑨旧国名。現秋田県・山形県全域。
⑩秋田藩主。常陸《ひたち》の国の領主佐竹義宣が、関ヶ原の戦いで徳川方に参軍せず、一六〇二年に秋田へ転封。二〇万五千石に減封されたが、以後明治維新まで一二代相承。

秋田県の仕事唄。秋田県南東部にある湯沢市の酒蔵で、酒屋職人たちが酒の醪《もろみ》を仕込む作業をしながら唄ってきたものである。

酒を醸造する時は、まず、蒸《む》し米《まい》と麹《こうじ》に水と酵母を加えて「酛《もと》」（酒母）を造る（一八一ページ）。次に、その酛に蒸し米・麹と水を加えて醪を造る。しかし、一度に大量に加えると、酵母菌が疲れてしまって、働きが鈍くなる。そこで、初日に「初《はつ》添《ぞ》え」、一日休んで三日目に「中添え」、四日目に「留め添え」と、三回に分けて仕込み桶《おけ》の中へ加えていく。

各回とも、加えて一〇時間ほどすると、蒸し米と麹が水を吸って浮き上がってくる。それを、桶の周囲の台上から、数人の酒屋職人が蕪櫂《かぶらがい》で突いて掻き混ぜる。この蕪櫂は、柄の長さ三メートルほどで、先に直径一五センチほどの円形の板がついている。これを両手で桶の中ほどまで軽く二回突き立て、次に底まで右手一本で深く突き込む。この一連の作業が「仕込み」で、職人たちの動作がそろうように、櫂に合わせて唄を唄う。それが「酒屋仕込み唄」である。

唄の履歴　この唄の源流は、岩手県南東端の現陸前高田市気仙《けせん》町辺りの人たちが唄っていた祝い唄『気仙坂』（一六八ページ）である。

それは、もとは木遣《きや》り唄であったから、みんなで重い物を動かす時に力を結集させる唄としての性格と、神々に願いを掛ける祝い唄としての性格を持っていた。その『気仙坂』を、南部杜氏《とうじ》と酒屋職人たちが、秋田県下の酒蔵へ酒造りに出かけ、酒の「仕込み」をする時に利用した。それが「仕込み唄」として定着したのである。

その『秋田酒屋仕込み唄』、一九七〇年七月に、秋田県出身で東京都在住の民謡家吉田節美や岡田敏美がレコード化したことから広まった。ちょうどこの頃は発掘民謡ブームで、種々の唄が世の中に出てきたが、安直に三味線や尺八の伴奏で唄う形式のものが多かった。この唄もまた三味線伴奏の唄に仕立てたため、櫂突き作業という感じが失われてしまっている。これからは、もう一度無伴奏の、しかも音頭取りと他の酒屋職人たちとの掛け合いの唄へ戻してから、伴奏をつけ直す必要がある。

節まわしの型　今日広く唄われている節まわしは、吉田節美や岡田敏美のものである。

秋田酒屋酛摺り唄《あきたさかやもとすりうた》

上の句〔音頭取り〕

〽ハァー①さんさ酒屋《②さかや》のヤーエ（〽はやし手〕ハイイ）　始《はじ》まる時《とき》はノーヤーエェ

（〽はやし手〕アァドッコイ）

下の句〔酒屋職人〕

篦《へら》も杓子《しゃくし》もヤーエ　アリャ手《て》につかぬヨー

（〽酒屋職人・はやし手〕アァドッコイ　ドッコイ）

〽宵《よい》に③酛摺《もとす》る　夜中《よなか》に④蒸《ふ》かす
⑤朝《あさ》の夜明《よあ》けに　酒造《さけつく》る

〽篦《へら》と杓子《しゃくし》を　両手《りょうて》に持《も》てば
酒屋者《さかやもの》だと　人《ひと》が言《い》う

〽酒屋《さかや》若《わか》い衆《しゅ》は　大名《だいみょう》の暮《く》らし
⑥前《まえ》に六尺《ろくしゃく》　立《た》てて飲《の》む

〽酒屋《さかや》若《わか》い衆《しゅ》とは　知《し》らぬで貰《もら》った
酒《さけ》も飲《の》めるし　気《き》も荒《あら》い

〽揃《そろ》た揃《そろ》たよ　若《わか》い衆《しゅ》が揃《そろ》た
秋《あき》の出穂《でほ》より　まだ揃《そろ》た

〽揃《そろ》た若《わか》い衆《しゅ》に　袢纏《はんてん》着《き》せて
この家《や》お蔵《くら》で　酒造《さけつく》る

〽⑦銘酒《めいしゅ》⑧□□□□　誰《た》が名《な》を⑨くれた
諸国諸大名《しょこくしょだいみょう》が　名《な》を⑩くれた

〽諸国諸大名《しょこくしょだいみょう》　数《かず》ある中《なか》に
⑪出羽《でわ》の秋田《あきた》の　⑫佐竹様《さたけさま》

〽またも酒屋《さかや》の　⑬石吊《いしづ》り跳《は》ね木《き》
しだいしだいに　⑭重《おも》くなる

注①一八四ページ上段二首目の歌詞の替え唄。この「さんさ」は、「酒屋」の「さ」を導くためのもの。
②酒造り作業の。
③桶の中の、水を含んだ蒸《む》し米と麹《こうじ》を、先に円板のついた棒で突いて摺りつぶす作業をする。
④酒米を蒸かす。
⑤「朝も早うから」「今朝の寒さに」とも。
⑥「六尺」は、仕込み用の、直径六尺（約一八二センチ）の桶。「五尺六尺　立てて飲む」とも。しかし、「前に六尺」のほうが、酒蔵の状況がはっきりしてよい。
⑦よく銘柄を知られた、上質の日本酒。
⑧その酒蔵で造る酒の銘柄を入れて唄う。
⑨⑩「つけた」とも。
⑪旧国名。現秋田県・山形県全域。
⑫秋田藩主。常陸《ひたち》の国の領主佐竹義宣が、関ヶ原の戦いで徳川方に参軍せず、一六〇二年に秋田へ転封。二〇万五千石に減封されたが、以後明治維新まで一二代相承。
⑬酒を搾る時に用いる棒。一方を固定し、他方に重しの石を吊る。
⑭重しの石は、だんだん数を増やしていくので。

秋田県の仕事唄。秋田県下の酒蔵で、酒屋職人たちが酛摺り作業（一八一ページ）をしながら唄ってきたものである。

別名　古くから「秋田酒屋唄」と呼ばれてきたが、酒屋唄は作業工程によって何種類もあるので、表記の曲名のほうがよい。

唄の履歴　この唄の源流は、現岩手県紫波《しわ》郡から和賀郡にかけての農民たちが、粘土臼で籾《もみ》摺りをする時に唄っていた「籾摺り唄」である。それを、この地方の南部杜氏《とうじ》が南部藩領内の酒蔵へ持ち込み、「酛摺り唄」に利用した。ところが、南部杜氏は、辛抱強い性格と腕がよいことから、冬の農閑期の出稼ぎ作業として酒造りに出かけ、ついには東北六県下の酒造りを手掛けるようになった。そして、秋田県下の酒蔵でも、南部の「酛摺り唄」をそのまま用いたのである。それを、秋田県下の見習い職人たちが覚え、自分たちだけで酒造りを行うようになっても、唄は南部杜氏のものを唄った。しかし、長い歳月の間に杜氏や酒屋職人の個性その他が混じり合って、今日では岩手県下の唄とは別の感じの節まわしになっている。

さて、その「酒屋酛摺り唄」を黄金井酒造（秋田市新屋）で覚えた鳥井森鈴（南秋田郡五城目町）が、今日の節まわしに改めて、一九三〇年にビクターレコードに吹き込み、秋田県を代表する酒造り唄にした。

なお、永井果心は、この唄を世に出したのは永沢定治で、一九四九、五〇年頃、南秋田郡五城目町と湯沢市の「酒屋酛摺り唄」を搗き交ぜて作ったと主張している。しかし、その五城目町は鳥井森鈴の居住地なので、永沢は、節まわしか字配りを少し変えたというようなことがあるのかもしれない。

節まわしの型　今日広く唄われている節まわしは、鳥井森鈴のものである。

秋田竹刀打ち唄《あきたしないうちうた》

〽ハァー揃《そろ》た揃《そろ》たよ　①竹刀打《しないう》ち揃《そろ》たヨォー
稲《いね》の（ハイィ）出穂《でほ》より　よく揃《そろ》たヨー
（ハァジョヤサー　ジョヤサ）

〽お山白雪《やましらゆき》　朝日《あさひ》で融《と》ける
融《と》けて流《なが》るる　川《かわ》の水《みず》

〽力《ちから》出《だ》せ出《だ》せ　若《わか》い時《とき》ゃ二度《にど》ない
汗《あせ》と力《ちから》の　ある限《かぎ》り

〽目出度嬉《めでたうれ》しや　思《おも》うこと叶《かの》うた
池《いけ》に鶴亀《つるかめ》　②五葉《ごよ》の松《まつ》

〽お前松《まえまつ》（待つ）の木《き》　わしゃ胡桃《くるみ》（来る身）の木《き》
便《たよ》り梨《なし》（無し）の木《き》　気《き》が③紅葉《もみじ》

〽唄《うた》はよいもの　仕事《しごと》がはずむ
明日《あす》の力《ちから》が　出《で》るものよ

〽目出度嬉《めでたうれ》しや　思《おも》うこと叶《かの》うた
晴《は》れて添《そ》う日《ひ》を　待《ま》つばかり

注①➡解説。
②五葉松。マツ科の常緑高木。山地に自生。高さ三〇メートル《メートル》になるが、庭木や盆栽にする。針形の葉が五本ずつ小枝に密に束生し、夫婦と三人の子にたとえて一家繁栄の象徴とされる。
③「揉める」の意を掛ける。

秋田県の仕事唄。秋田県の南東部、子吉《こよし》川流域の現由利本荘《ゆりほんじょう》市の農民たちが、川の堤防を築く折りに唄っていたものである。

セメントがなかった時代、堤防を築く時は、まず工事現場をいくつかにくぎる。一区画は約五間（約九メートル《メートル》）で、一番下に細い木の枝を敷きつめ、その上に小石を並べる。さらに粘土を三～四寸（約九～一二センチ《センチ》）の厚さで置き、上から砂をかける。それを三人から五人で杵《きね》でたたいて搗《つ》き固める。杵は、幅が二尺（約六〇センチ《センチ》）ほどの、櫂《かい》のような形をした棒で、これを振りかぶっては打ちおろして固めていく。そして、その上へ先と同じ材料を同じ順に重ねて、さらに搗き固める。その人たちは近郷の農民で、主に女であったが、搗き固める動作がそろうように、音頭取りが唄を唄ったのである。

こうした組が何十組も横へつながるため、遠くから見ると、五〇人から百人ほどの人たちが、あたかも剣道の竹刀を上段に振りかぶり、振りおろしているように見える。そこで「竹刀打ち」と呼ばれた。

唄の履歴　この唄の源流は、江戸時代後期から明治時代に日本中で大流行した「甚句《じんく》」である。由利地方には酒盛り唄として伝えられたものと思われるが、みんなが知っている唄ということで「竹刀打ち」に利用したのであろう。

なお、『秋田竹刀打ち唄』には、「ジョヤサー」というはやし詞がついている。これは太平山三吉《みよし》神社の梵天《ぼんでん》祭りに唄われる『三吉節』（一三九ページ）のはやし詞である。地固めに、三吉神社の加護を願ったのであろう。ちなみに、この地方の籾《もみ》摺《す》り唄『秋田臼挽《うすひ》き唄』はこれと全く同じ節であるが、それには、このはやし詞はついていない。

節まわしの型　今日広く唄われている節まわしは、湯沢市雄勝町院内《おがちまちいんない》の三浦善吉のものである。

秋田甚句《あきたじんく》

古　調（七七七七調）

上の句〔問い掛け手〕

〽①甚句踊《じんくおど》らば（ソレー）　②三十《さんじゅ》が盛《さか》り
（アァオイサカ　サッサー　キタサカ
サイサイ）
（キタカ　コリャコリャ　キタサカ　サ

ーッサ）

下の句〔返し手〕

三十過《さんじゅうす》ぎれば（ソレー）その③子《こ》が踊《おど》る
（アァオイサカ　サッサー　キタサカ
サイサイ）
（キタカ　コリャコリャ　キタサカ　サ
ーッサ）

新　調（七七七五調）

〽甚句踊《じんくおど》らば　④科《しな》よく踊《おど》れ
科《しな》のよい娘《こ》を　嫁《よめ》に取《と》る

〽わしとお前《まえ》は　枯《か》れ葉《は》の松《まつ》よ
どこへ落《お》ちるも　二人連《ふたりづ》れ

〽お前吹《まえふ》く風《かぜ》　わしゃ飛《と》ぶ木《こ》の葉《は》
どこへ落《お》ちるも　風次第《かぜしだい》

〽どこへ着《つ》くとも　二人《ふたり》はままよ
⑤田沢《たざわ》の潟《かた》の　波《なみ》まかせ

〽⑥十七八《じゅうしちはち》なら　山《やま》さもやるが
山《やま》にゃ⑦人刺《ひとさ》す　虫《むし》がいる

〽相性見《あいしょうみ》たれば　柳《やなぎ》と柳《やなぎ》
⑧同《おな》じ沢目《さわめ》の　糸柳《いとやなぎ》

〽甚句《じんく》いささか　師匠取《ししょうと》って習《なろ》た
師匠《ししょう》に劣《おと》らぬ　⑨竹《たけ》の節《ふし》

〽甚句《じんく》さなかに　誰《た》が茄子投《なすな》げた
茄子《なす》の棘《とげ》やら　茨《いばら》やら

〽お前百《まえひゃく》まで　わしゃ九十九《くじゅうく》まで
ともに白髪《しらが》の　生《は》えるまで

〽⑩甚句踊《じんくおど》りの　始《はじ》まる時《とき》は
箆《へら》も杓子《しゃくし》も　手《て》につかぬ

〽⑪盆《ぼん》の十三日《じゅうさんにち》　二度《にど》あるならば
親《おや》の墓所《はかしょ》さ　二度参《にどまい》る

〽今宵踊《こよいおど》れば　七晩《ななば》げ踊《おど》る
⑫下駄《げた》コ減《へ》らしは　やめてけれ

注①『秋田甚句』による盆踊り。
②三十歳が一番よい時期。
③「新調」（七七七五調）の歌詞は、五音の前に「ササ」を加えて唄っている。
④しぐさ。体の動きから受ける感じ。
⑤田沢湖。秋田県中東部にある。周囲約二〇キロ。水深は四二三・四メートルで、日本一。
⑥十七、八歳の娘。年頃の娘のこと。
⑦誘惑する若い男。
⑧同じ狭い沢にある枝垂れ柳。すぐからみあうことから、好き、の意。
⑨尺八のような、いい声が出る。
⑩一八四ページ上段二首目の歌詞の替え唄。
⑪旧暦七月十三日。月遅れの盆では新暦の八月十三日。盆の始まる日。
⑫踊りが下手で、下駄がすり減るだけの踊り。

秋田県の盆踊り唄・手踊り唄。秋田県の中東部現仙北《せんぼく》市角館《かくのだて》町の人たちが、お盆に唄い踊ってきたものである。のちには、祭礼の「桟敷《さじき》踊り」に取り入れられ、娘たちの手踊りを加えて唄い踊られるようになった。（祭礼と「桟敷踊り」については九五ページ参照）

唄の履歴　この唄の源流は、旧南部藩領の北部でお盆に唄い踊られている『なにゃとやら』（七四ページ）である。

『なにゃとやら』は、初期は五七五調であったが、「掛け唄」（二〇一ページ）に用いられ始めると七七・七七調が生まれてきた。その歌詞は、上の句（七七）と下の句（七七）が問答形式になっている。その詞型が残存しているものが前掲の「古調」である。ところが、江戸時代に入って七七七五調の詞型が盛んになると、その詞型の歌詞をあてはめて唄うようになった。その時、四句目（本来は七音）は二音不足するため、「ササ」を加えて「ササ＋五音」にして唄うので、「ササなにゃとやら」と呼ばれた。その要領で唄うのが、上掲の「新調」である。

さて、今日『秋田甚句』と呼ばれている唄は、昭和三〇年代（一九五五〜）初め頃までは、はやし詞から、「サイサイ」とも呼ばれていた。一方、鹿角《かづの》市地方には「ジンコ」という曲名も伝わっている。これは「順コ」の訛《なま》ったものらしい。盆踊りの、一人の音頭取りが唄って踊らせる音頭形式に対して、「順コ」は、踊り手が順番コに唄い合う形式をさすようである。その「ジンコ」が訛って「ジンク」となり、これに「甚句」という文字をあてたものと思われる。

その「サイサイ」は、のちに角館の「桟敷踊り」に取り上げられ、しだいににぎやかなものになっていった。そして、佐藤貞子《さだこ》（現仙北市神代《じんだい》出身）が、『秋田おばこ』とともに興行で用いると、単なる「サイサイ」や「甚句」では商売しにくいため、「仙北サイサイ」とか「仙北甚句」と呼ぶようにした。ところが、昭和時代の初期には民謡の曲名は片仮名軽視、漢字偏重であったから、「仙北甚句」のほうが用いられ、やがて『秋田甚句』と、県名を冠せた曲名になった。かくして、今日では秋田県下の『秋田甚句』は、すべて「佐藤貞子節」一色になっている。

節まわしの型　今日広く唄われている節まわしは、佐藤貞子のものである。

秋田大黒舞《あきただいこくまい》

〽〔太夫〕①明《あ》きの方《かた》から
　②福大黒《ふくだいこく》　舞《ま》い込《こ》んだナァー
〔才蔵〕さァさ舞《ま》い込《こ》んだ　舞《ま》い込《こ》んだナァ
〔太夫〕何《なに》が先《さき》に立《た》って　舞《ま》い込《こ》んだナァー
〔才蔵〕コラ③御聖天《ごしょうてん》が　先《さき》に④立《た》ち
　若大黒《わかだいこく》が　舞《ま》い込《こ》んだナー
〔太夫〕四方《しほう》の棚《たな》を　見渡《みわた》せばナァー
〔才蔵〕⑤鏡《かがみ》の餅《もち》も　⑥十二重《じゅうにがさ》ね
　神《かみ》のお膳《ぜん》も　⑦十二膳《じゅうにぜん》
〔太夫〕コラ⑧大《だい》としょう
〔才蔵〕⑨代々《だいだい》と　飾《かざ》られたや
　さァ何《なに》よりも　目出度《めでた》いとナー

後ばやし

〔太夫〕コラ目出度《めでた》い　目出度《めでた》い　商売繁昌《しょうばいはんじょう》
〔才蔵〕御家内繁昌《ごかないはんじょう》
〔太夫・才蔵〕皆様《みなさま》⑩おまめで　金儲《かねもう》けどっさり

〽春《はる》の初《はじ》めの　⑪初夢《はつゆめ》は
⑫如月山《きさらぎやま》の　楠《くすのき》で
船《ふね》を⑬造《つく》りて　今《いま》おろし
銀柱《しろがねはしら》　押《お》し立《た》てて
黄金《こがね》の千両《せんりょ》も　含《ふく》ませて
⑭綾《あや》や⑮錦《にしき》の　帆《ほ》を上《あ》げて
宝《たから》の島《しま》に　馳《は》せ込《こ》んで
積《つ》んだる宝《たから》の　数々《かずかず》を
この家《や》のお蔵《くら》に　納《おさ》めおく
何《なに》よりも　目出度《めでた》いと

〽⑯なに舞《まい》もかに舞《まい》も　大黒舞《だいこくまい》を見《み》さいな
⑰大黒様《だいこくさま》と　いう人《ひと》は
一《いち》に俵《たわら》を　踏《ふ》んまえて
二《に》ににっこり　笑《わら》って
三《さん》に盃《さかずき》　さすように
四《よっ》つ⑱世《よ》の中《なか》　よいように
五《いっ》つ泉《いずみ》の　涌《わ》くように
六《むっ》つ⑲無病《むびょう》　息災《そくさい》で
七《なな》つ何事《なにごと》　ないように
八《やっ》つ屋敷《やしき》を　⑳改《あらた》めて
九《ここの》つお蔵《くら》を　おっ建《た》てて
十《とお》で㉑トンと　納《おさ》めた
㉒千秋万歳《せんしゅうばんざい》　家《うち》の宝《たから》
外《そと》にはやらず　大黒舞《だいこくまい》とは見《み》さいな

〽目出度《めでた》いな　目出度《めでた》いな
大黒様《だいこくさま》と　いう人《ひと》は
朝《あさ》から晩《ばん》まで　にこにこと
一《いち》に俵《たわら》を　踏《ふ》んまえて
二《に》ににっこり　笑《わろ》うて
三《さん》に盃《さかずき》　手《て》に持《も》って
四《よっ》つ世《よ》の中《なか》　よいように
五《いっ》つ㉓出雲《いずも》の　㉔若恵比須《わかえびす》
六《むっ》つ無病《むびょう》　息災《そくさい》に

七《なな》つ何事《なにごと》　ないように
八《やっ》つ屋敷《やしき》を　とり揃《そろ》え
九《ここの》つこの家《や》の　㉕若恵比須《わかえびす》
十《とお》でとっくり　納《おさ》まった

注①その年の年神がやってくる、縁起のよい方角。「明けのほう」ではない。
②福の神である大黒天。大黒天は七福神の一。福徳・財宝・食物などの神。右手に打ち出の小槌《こづち》を持ち、左肩に大きな袋をかつぎ、米俵二俵の上に立つ。
③大聖歓喜自在天の略。歓喜天。招福・息災・夫婦和合・子宝の神。
④「立つ」は誤唱。
⑤鏡餅。神に供える餅。お供え。
⑥⑦一年は十二ヶ月なので、年神への供え物も十二組。
⑧大きい、立派なのにしよう、の意の合の手。「大と小」ではない。
⑨何代も続いて。
⑩元気で。
⑪その年最初に見る夢。元日の夜や、二日の朝または夜見た夢をさすのが一般的。よい夢を見ると幸せになるとされる。
⑫二月の山。船や建築に用いる木は、二月に山に入って伐り倒し、寝かせておくことから。
⑬「造りし」は誤唱。
⑭交差させた縦糸または横糸の浮きが布面に斜線となって表れた、美しい絹織物。
⑮金銀糸や色糸を縦横に交差させて美しい模様を織り出した、厚手の絹織物。
⑯以下二行、「大黒様という人は　なんして色は黒いぞ　マカダン国の　人なれば　それで色は　黒いぞ」とも。
⑰「大黒舞と」は誤唱。
⑱稲などの、農作物のできが。
⑲病気をしないで、健康であること。
⑳「平らめて」とも。
㉑「とっくり　納まった」とも。
㉒千年も万年も。
㉓旧国名。現島根県東部。
㉔松江市美保関《みほのせき》町の美保神社の祭神事代主命《ことしろぬしのみこと》は、恵比須になぞらえられている。また、「若」は、若水・若山（初山）のように、新年に初めて行う事柄を意味するので、「若恵比須」は、美保神社へ初参りをすることであろうか。なお、近畿地方では、元日の早朝に売り歩く、恵比須の像を刷ったお札を「若恵比須」という。これを門や歳徳棚《としとくだな》にはって福を祈る。
㉕若旦那のこと。

　秋田県の祝福芸唄。正月から小正月にかけて、秋田県南西部の現由利本荘《ゆりほんじょう》市地方の家々をまわる、門付けの祝福芸人たち（「大黒舞」と呼ぶ）が唄い舞ってきたものである。（「大黒」と「大黒舞」については一六〇ページを参照）

唄の履歴　この唄の源流は不明であるが、「大黒舞」は室町時代にはすでに西日本地方で演じられていた。それが東北地方にまで及び、秋田県下にも伝えられて、子吉《こよし》川上流の上川《かみかわ》地区（由利本荘市大内町）の人たちも、正月や小正月に唄い、舞っていた。

　この『秋田大黒舞』は、ゆっくりで地味な『山形大黒舞』が民謡界で人気を失い始めた一九六六年頃から、それに代わって、軽快な大黒舞として広まっていった。そして、一九六八年四月一〇日、佐々木常雄と長谷川久子が掛け合い形式でコロムビアレコードに吹き込み、たちまち日本中へ広まった。

　その時の伴奏は五星会の手によって行われたが、三味線の手は、太平洋戦争後まもなく、鳥井森鈴（南秋田郡五城目町出身）が浅野梅若に依頼し、浅野は「秋田万歳」の手を利用して伴奏をつけていた。また、今日の踊りは、かなり前から大内町の旅まわり一座の人たちが盛んに舞台にかけていたため、この一座の振りである。

　ところで、近頃は三味線がゆっくりひけない、踊りがゆっくりではひざがもたない、動作がそろいにくいなどの理由から、だんだん速くなって、大黒舞のおおらかさが失われてきている。したがって、元のゆっくりした唄へ戻す必要がある。

　なお、この唄は、今日では一人の唄い手が通して唄うことが多いが、本来は「太夫」と「才蔵」との掛け合い形式で演じてきたものである。また、一首目中段の「コラ大としょう」は合の手なので、一人で通して唄う場合は、他の人が掛ける。

節まわしの型　今日広く唄われている節まわしは、佐々木常雄・長谷川久子のものである。

秋《あき》田《た》たんと節《ぶし》

本　唄〔太夫役〕
〽ハァー　一《ひと》つ　①人目《ひとめ》の　関所《せきしょ》を破《やぶ》り
連《つ》れて行《ゆ》くのが　現《あらわ》れた　現《あらわ》れた
地《じ》　口《ぐち》
〔太夫役〕コラお②江戸《えど》へ行《ゆ》くとて　③津軽《つがる》行《い》

った」
「〔才蔵役〕 津軽《つがる》にお江戸《えど》が あるものか」
後 唄〔太夫役・才蔵役〕
④業恥晒《ごうはじさら》して たんとたんと
⑤相子《あいこ》の上作《じょうさく》 その⑥訳《わけ》だんよ
〽二《ふた》つ二人《ふたり》の 口約束《くちやくそく》を
どこのどやつが しゃべったやら
「コラうちの女房《にょうぼ》の 寝《ね》ているに」
「起《お》こして聞《き》かせて 腹立《はらた》たせ」
有《あ》ること無《な》いこと たんとたんと
相子《あいこ》の上作《じょうさく》 その訳《わけ》だんよ
〽三《みっ》つ⑦導《みちび》く 和尚《おしょ》さん方《がた》も
今《いま》の浮世《うきよ》は ⑧あれじゃもの
「⑨南無喝囉怛那《なむからたんのう》 哆羅耶耶《とらやや》」
「何遍申《なんべんもう》しても ⑩後生《ごしょ》ならぬ」
娘《あね》ちゃに色目《いろめ》を たんとたんと
相子《あいこ》の上作《じょうさく》 その訳《わけ》だんよ
〽四《よっ》つ夜酒《よざけ》コ なかなかやめぬ
茨《ばら》の根《ね》っコから 茨《ばら》コ出《で》る
「わしに似《に》たとこ 少《すこ》しも無《ね》え」
「⑪先《せん》の親父《おやじ》に そっくりで」
冷《ひ》やでも燗《かん》でも たんとたんと
相子《あいこ》の上作《じょうさく》 その訳《わけ》だんよ
〽五《いっ》つ⑫いずめごを 愛《あい》する親《おや》は
二《ふた》つ三《みっ》つの 心持《こころも》ち
「⑬チョズチョズ ⑭アワワワ」
「⑮ワワズボワワズボ ⑯カッペロリン」
⑰も一《ひと》つ笑《わら》えでゃ たんとたんと
相子《あいこ》の上作《じょうさく》 その訳《わけ》だんよ
〽六《むっ》つ⑱婿《むこ》行《ゆ》く 歩《ある》く時《とき》知《し》れる
西《にし》の小堰《こぜき》から 鴨《かも》コ飛《と》ぶ
「なんぼ⑲大家《たいけ》の 兄《あに》ちゃでも」
「他人《たにん》の⑳納戸《なんど》に 手《て》を入《い》れて」
知《し》れたら恥《はじ》だべ たんとたんと
相子《あいこ》の上作《じょうさく》 その訳《わけ》だんよ
〽七《なな》つ仲人《なこど》は ㉑七段語《ななだんかた》る
語《かた》り尽《つ》くして 貰《もら》た嫁《よめ》
「足《あし》が長《なが》いに 手《て》が長《なが》い」
「髪《かみ》がちぢれて 面赤《つらあか》い」
それでもよいとて たんとたんと
相子《あいこ》の上作《じょうさく》 その訳《わけ》だんよ
〽八《やっ》つ休《やす》みない 女郎衆《じょろしゅ》の勤《つと》め
㉒見《み》てはよいもの 辛《つら》いもの
「三年三月《さんねんみつき》で 十一両《じゅういちりょう》」
「お客《きゃく》にお金《かね》は さっぱり無《ね》え」
暮《く》らしに難儀《なんぎ》する たんとたんと
相子《あいこ》の上作《じょうさく》 その訳《わけ》だんよ
〽九《ここの》つこの世《よ》で 悪《あく》する者《もの》は
死《し》ねば地獄《じごく》で 責《せ》められる
「赤鬼黒鬼《あかおにくろおに》 口開《くちあ》いて」
「地獄《じごく》の境《さかい》で 待《ま》っている」
㉓鉄《くろがね》ぼくとうで ㉔ガンガガンガン
相子《あいこ》の上作《じょうさく》 その訳《わけ》だんよ
〽十《とお》に㉕土佐節《とさぶし》 土産《みやげ》に貰《もら》た
猫《ねこ》に盗《と》られて ㉖南無三宝《なむさんぼう》
「㉗鼠捕《ねずみと》らずの 棚探《たなさが》し」
「㉘下女《げじょ》のおさんに 憎《にく》まれて」
いつも火箸《ひばし》で ガンガガンガン
相子《あいこ》の上作《じょうさく》 その訳《わけ》だんよ
〽一《いち》に一度《いちど》の ㉙作神祭《さくがみまつ》り
㉚五穀豊《ごこくゆた》かで ㉛神楽立《かぐらだ》て
「コラ日和《ひより》のよいのは なによりだ
四十九度《しじゅうくたび》の お詣《まい》りに
願《ねが》えば叶《かな》う ㉜お日《ひ》さんに」
㉝箪笥《たんす》の底着《そこき》て たんとたんと

相子《あいこ》の上作《じょうさく》　その訳《わけ》だんよ

〽二《に》ににぎやか　㉞春《はる》立《た》つ空《そら》は
霞《かすみ》の中《なか》から　㉟田畑《たはた》打《う》ち
「間《あい》に柴刈《しばか》り　鉈《なた》さげて
勇《いさ》める駒《こま》を　引《ひ》き出《だ》して
鞍置《くらお》きあげて　乗《の》り込《こ》んで
のどかな㊱小唄《こうた》を　聞《き》きながら
今《いま》のはやりの　たんと節《ぶし》」
なるたけ㊲張《は》っちゃげて　たんとたんと
相子《あいこ》の上作《じょうさく》　その訳《わけ》だんよ

〽三《さん》に桜《さくら》が　また咲《さ》く梅《うめ》も
風《かぜ》の気《け》もなく　咲《さ》きくずれ
「㊳遊山帰《ゆさんがえ》りは　にぎわしく
㊴藤茶屋松茶屋《ふじちゃやまつぢゃや》に　立《た》ち寄《よ》って
また桜《さくら》を　思《おも》い出《だ》し」
唄《うた》え踊《おど》れで　たんとたんと
相子《あいこ》の上作《じょうさく》　その訳《わけ》だんよ

〽四《し》に四月《しがつ》は　田植《たう》えの終《お》わり
どこの村《むら》でも　㊵お早苗振《さなぶ》り
「㊶下戸《げこ》も㊷上戸《じょうご》も　大《だい》㊸ハンキ
㊹終《お》わったないで　ハンキ飲《の》み」
家毎《やごと》に祝《いわ》う　たんとたんと
相子《あいこ》の上作《じょうさく》　その訳《わけ》だんよ

〽五《ご》に㊺御人夫《ごにんぶ》　㊻いきしやしきも
㊼村《むら》の端《はじ》まで　嬉《うれ》しがる
「㊽おとうまわりは　㊾いさぎよく
お国《くに》へ入《はい》れば　㊿お陸尺《ろくしゃく》
声《こえ》もなおなお　立《た》つように」
(51)駕籠節《かごぶし》なんど　たんとたんと
相子《あいこ》の上作《じょうさく》　その訳《わけ》だんよ

〽六《ろく》に六月《ろくがつ》　みな出《で》て揃《そろ》う
(52)早稲《わせ》も(53)晩稲《おくて》も　花盛《はなざか》り
「(54)六《ろく》もんむらさの　上作《じょうさく》で」
行《い》き来《き》の話《はなし》も　たんとたんと
相子《あいこ》の上作《じょうさく》　その訳《わけ》だんよ

〽七《しち》に新米《しんまい》　(55)お上《かみ》にあげる
(56)チンチョチンチョと　雀《すずめ》まで
「いよいよ(57)にやかす　盆踊《ぼんおど》り
(58)番楽太鼓《ばんがくたいこ》で　(59)大神楽《だいかぐら》」
相撲《すもう》や芝居《しばい》も　たんとたんと
相子《あいこ》の上作《じょうさく》　その訳《わけ》だんよ

〽八《はち》に浜辺《はまべ》の　鰯《いわし》の大漁《たいりょ》
浜《はま》はいずこも　銀《ぎん》の色《いろ》
「(60)陸作田作《おかさくたさく》は　万作《まんさく》で
続《つづ》いて(61)細布《ほそめ》も　そのとおり」
お国《くに》の繁昌《はんじょ》で　たんとたんと
相子《あいこ》の上作《じょうさく》　その訳《わけ》だんよ

〽九《く》に苦《く》もなく　(62)新貢《しんぐ》を納《おさ》め
家《いえ》で餅搗《もちつ》く　音《おと》ばかり
「婚礼祝儀《こんれいしゅうぎ》を　くだされて
皆《みな》うち集《あつ》めて　喜《よろこ》んで
働《はたら》いた甲斐《かい》こそ　今知《いまし》れた」
お上《かみ》のお慈悲《じひ》も　たんとたんと
相子《あいこ》の上作《じょうさく》　その訳《わけ》だんよ

〽十《とお》に殿様《とのさま》　(63)御運《ごうん》のお方《かた》
孫末代《まごまつだい》も　限《かぎ》りなし
「(64)士農工商《しのうこうしょう》　(65)穏《おだ》やかに
子供《こども》に対《たい》して　みたならば
親《おや》に不幸《ふこう》は　しないよに
神《かみ》も仏《ほとけ》も　粗末《そまつ》すな」
信心《しんじん》するにも　たんとたんと
相子《あいこ》の上作《じょうさく》　その訳《わけ》だんよ

注①世間の目を無視して。
②現東京都東部。江戸幕府の所在地。
③旧津軽藩領。現青森県西部。
④非常に恥ずかしい思いをして。
⑤「相子」は拳遊びで引き分け、「上作」は上出来。

したがって、「引き分けで上出来だ」の意であろう。
⑥そういう訳ですよ。⬇解説。
⑦人々を指導していく。「道説く」とも。
⑧あんなにいいかげんだ。
⑨お経の文句で、梵語の写音。三宝（仏・法・僧）に帰依し奉る、の意。
⑩死後に極楽へ生まれ変わることができない。
⑪先夫によく似ていて。
⑫赤ん坊。
⑬一般には「チョチチョチ」。両手を打って赤ん坊をあやす時に出す言葉。
⑭手を口にあてたり、口から離したりして赤ん坊をあやす時に出す言葉。
⑮顔で輪を描きながら赤ん坊をあやす時に出す言葉。
⑯いないいない、ばあ。手で顔を隠し、その手をはずして、赤ん坊をあやす時に出す言葉。
⑰〔赤ん坊に〕もう一回笑ってみせろよ。
⑱婿に行った人が通っていく。その歩いていく時はすぐわかる。その理由は、西の川の小さな堰の所にいる鴨が驚いて飛び立つので。「婿行く」は「婿嫁」とも。
⑲大金持ちの家。
⑳衣類・家財などをしまっておく部屋から勝手に物を取り出して。転じて、他人の奥さんと不倫して。
㉑結婚相手としてどんなによい娘であるか、物語を七段分も語るように長々と話す。
㉒見栄えはよいものだが。
㉓鬼の金棒。「ぼくとう」は棒。
㉔金棒でたたく音。
㉕現高知県産の、良質の鰹節。
㉖しまった、の意。
㉗猫が鼠を捕らないで、〔鰹節を盗ろうと〕棚の上を探して。
㉘お手伝いさんの「おさん」。人名だが、台所仕事をする女の意も表す。
㉙農作業の神様に感謝する祭り。
㉚人間にとって主要な五種の穀物。米・麦・粟《あわ》・黍《きび》（または稗《ひえ》）・豆のこと。
㉛神楽を奉納すること。
㉜太陽。
㉝よそ行きの着物を着て。簞笥の一番下に大切にしまっているものを着て、の意。
㉞立春の日の空。
㉟田畑を鍬《くわ》や鋤《すき》で掘り起こして。
㊱流行《はや》り唄。

㊲声を張り上げて。

㊳山遊びをした帰り。

㊴飲食のできる店。実在の店名ではなく、「藤」には不死、「松」には待つの意があるのかもしれない。

㊵田植えが終わって、田の神を山へ送る儀礼。農作業は、すべて休みとなる。

㊶酒を飲めない人。

㊷酒を沢山飲む人。

㊸「中途半端」から転じて、ばかばかしい、さらに転じて、ばか騒ぎ。ドンチャン騒ぎ。

㊹田植えが終わったねえ、ということで。

㊺藩の仕事のために、労力を提供すること。

㊻意味不詳。「行きし屋敷も」か。

㊼村中で。

㊽父親の身なり。

㊾すっきりしていて。

㊿駕籠かき。
(51)「駕籠かき唄」、別名「雲助唄」。今日の「長持唄」の元唄。
(52)稲の品種で、早期に実るもの。
(53)稲の品種で、標準時期より遅れて、秋も遅くなって実るもの。
(54)意味不詳。「六郷村（現仙北郡美郷町六郷）さも」か。
(55)藩に上納する。
(56)雀の鳴き声と、「珍重」を掛ける。
(57)はやしたてる。
(58)山伏神楽の一種。
(59)大掛かりな神楽。伊勢の「太神楽」ではない。
(60)畑の作物。
(61)細布昆布。昆布の一種で、葉が細長い。
(62)今年の年貢（税）。
(63)幸運な。
(64)どの職業の人もすべて。
(65)揉めごとがなく。

秋田県の巡業唄。秋田県下の民謡家たちが、巡業先の舞台で好んで唄ってきたものである。

唄の履歴　この唄の源流は、仙北市角館《かくのだて》町に郷土芸能として伝わる山伏神楽の一種「熊堂番楽《ばんがく》」の「名取川橋架けの場」で唄われる唄である。

この場面は、親方が「橋を架けるから、一戸につき三千三百三十三尋《ひろ》の縄を出せ。」というお触れを出す。それを老人が村中へ触れまわり、橋を架ける準備をし、藁《わら》を打つ。この時、「藁打ちたんと節」を唄う。それで、農作業の藁打ち唄を番楽の中に取り込んだかのように考えがちであるが、日本には藁打ち唄はない。打ちながら唄を唄ったにしても、「甚句」や「木遣《きや》り唄」を転用したと思われる。

また、はやし詞「相子の上作」は、拳遊びの下座用の唄のはやし詞であり、「その訳だんよ」の「ダンヨ」は、「ダンノオ節」のはやし詞「ダンノオ」から来ている。「ダンノオ節」は江戸時代末期から明治時代にかけて流行した数え唄であるから、その頃に流行《はや》り唄を番楽の中へ取り入れたのであろう。

一九三六年頃、「仙北歌謡団」のリーダー、小玉暁村が勧めたものと思われるが、団員の黒沢三一（現大仙市太田町出身）が、その番楽の藁打ち唄を、「たんと節」の名でコロムビアレコードに吹き込んだ。これがきっかけでこの唄はたちまち秋田県下へ広まった。

それをすぐに津軽の高谷左雲竹《たかやさうんちく》が『津軽たんと節』に、札幌の今井篁山《こうざん》が『北海たんと節』に作り替えて、東北から北海道地方一円へ広まった。

昭和三〇年代（一九五五〜）の初め、斎藤京子が、巡業用の唄として、中間の「地口《じぐち》」部分を酒盛り唄の『おこさ節』（秋田）や『真室川《まむろがわ》音頭』（山形）に置きかえ、あんこ入りの「新たんと節」としてレコードに吹き込んだ。考え出したのは、巡業を手掛けていた、父の二代目大船繁三郎か、三浦華月あたりであろう。その「たんと節」部分の節まわしは全く変わっていないが、津軽風の早間の唄になっている。

節まわしの型　今日広く唄われている節まわしは、黒沢三一のものである。

秋田長持唄《あきたながもちうた》

〽①蝶《ちょう》よナーヨー花《はな》よとヨー
（ハァー　ヤレヤレー）
育《そだ》てた娘《むすめ》
今日《きょう》はナーヨォー②晴《は》れてのヨー　オヤァー
お嫁入《よめい》りナァーエー

〽笠《かさ》を手《て》に持《も》ち　さらばと言《い》うて
③重《かさ》ね重《がさ》ねの　暇乞《いとまご》い

〽目出度《めでた》目出度《めでた》の　両親様《ふたおやさま》よ
長《なが》のお世話《せわ》に　なりました

〽④ドンと上《あ》げたる　⑤長持簞笥《ながもちたんす》
目出度《めでた》目出度《めでた》で　担《かつ》ぎ出《だ》す

〽今日《きょう》は⑥吉日《きちにち》　⑦日柄《ひがら》もよいし
なにか万《よろず》の　⑧吉相祝《きっそういわ》い

〽仲人《なこうど》する人《ひと》　⑨大黒《だいこく》⑩恵比須《えびす》
今度行《こんどい》く嫁《よめ》　⑪福《ふく》の神《かみ》

〽目出度《めでた》目出度《めでた》の　重《かさ》なる時《とき》は
⑫天《あま》の岩戸《いわと》も　押《お》し開《ひら》く

〽さァさお立《た》ちだ　お名残《なご》り惜《お》しい
今度来《こんどく》る時《とき》ゃ　孫連《まごつ》れて

〽簞笥《たんす》長持《ながもち》　七棹八棹《ななさおやさお》
あとの荷物《にもつ》は　馬《うま》で来《く》る

〽故郷《こきょう》恋《こい》しと　思《おも》うなよ娘《むすめ》
故郷当座《こきょうとうざ》の　仮《かり》の宿《やど》

〽亭主今来《ていしゅいまき》た　簞笥《たんす》を渡《わた》す
開《あ》けてみしゃんせ　みな黄金《こがね》

〽⑬門《かど》に門松《かどまつ》　祝《いわ》いの柳《やなぎ》
家《うち》の亭主《ていしゅ》は　福招《ふくまね》く

注①娘を可愛がって大事に育てるさま。
②「他人の　手に渡す」とも。ただし、これは花嫁の家付近（婿方の人のいない所）で唄うもの。披露宴などで唄う場合は、上掲の歌詞にする。
③「笠」と語呂を合わせたもの。
④力を入れて持ち上げた。
⑤衣服・調度品などをしまっておくための、大きな箱。木製で、ふたつき。両端の金具に棹を通して、二人以上で担ぐ。
⑥なにかをするのに縁起のよい日。
⑦暦の上での、その日の縁起のよしあし。
⑧吉兆があるように祈ること。
⑨大黒天。七福神の一。福徳・財宝・食物などの神。右手に打ち出の小槌《こづち》を持ち、左肩に大きな袋をかつぎ、米俵二俵の上に立つ。
⑩七福神の一。福徳・漁・商売繁昌などの神。右手に釣り竿を持ち、左手で鯛を抱える。
⑪人に幸せや利益をもたらす神。
⑫神話で、天上界にある岩屋の戸。天照大神《あまてらすおおみかみ》（太陽神）が、弟の素戔嗚尊《すさのおのみこと》の乱暴な行動に怒ってこの岩屋にこもったため、世の中がまっ暗になった。神々は、その戸を開けるのに苦労した。
⑬家の門口。

秋田県の祝い唄。秋田県の中西部、秋田市雄和《ゆうわ》町一円の農村で、婚礼の折りに、嫁入り道具の長持・箪笥《たんす》などを担いで運ぶ人たちが、花嫁行列（➡二一九ページ）の道中で唄ってきたものである。

唄の履歴　この唄の源流は、『箱根駕籠《かご》かき唄』である。それが、三五八ページに述べたように大名行列の荷物運びの唄になり、さらに、助郷《すけごう》制度で大名行列に狩り出された各地の農民たちによって花嫁行列の唄になった。

今日『秋田長持唄』と呼ばれている唄は雄和町大正寺のものである。同地出身の浅野梅若（秋田三味線の名手）がそれを弟子の浅野千鶴子に教え、自らはやし手を務めて一九六一年度の「NHKのど自慢全国コンクール」で唄わせ、優勝した。以来、この長持唄は広く唄われるようになったが、この時から若い女性の唄になってしまった。もう一度、中年以上の男の唄へ戻すほうがよい。

節まわしの型　今日広く唄われている節まわしは、浅野千鶴子のものである。

秋田《あきた》にかた節《ぶし》

定　型

〽高《たか》いお山《やま》の　御殿《①ごてん》の桜《さくら》
枝《えだ》は七枝《②ななえだ》　アァー八重《やえ》に咲《さ》く

〽高《たか》い山《やま》から　谷底見《たにぞこみ》れば
瓜《うり》や茄子《なすび》の　花盛《はなざか》り

〽今日《きょう》は吉日《③きちにち》　日柄《④ひがら》もよいし
何《なに》か万《よろず》の　吉相祝《⑤きっそういわ》い

〽目出度《めでた》いものは　胡桃《くるみ》の花《はな》よ
長《⑥なが》く咲《さ》けども　末丸《⑦すえまる》く

〽義理《ぎり》に詰《⑧つ》まれば　鶯鳥《うぐいすどり》も
梅《うめ》を離《はな》れて　藪《やぶ》で鳴《な》く

〽来《く》るか来《く》るかと　待《ま》たせておいて
どこにそれたか　夏《なつ》の雨《あめ》

字あまり

〽⑨新潟寺町《にがたてらまち》の　花売《はなう》り婆様《ばさま》
⑩花《はな》も売《う》らずに　⑪油売《あぶらう》る

注
①秋田藩主の居城、久保田城。現千秋公園はその城跡。
②次の「八重」との語呂合わせ。
③なにかをするのに縁起のよい日。
④暦の上での、その日の縁起のよしあし。
⑤吉兆があるように祈ること。
⑥細長い、房のような花が咲く。薄緑色で、栗の花に似ている。
⑦その実は、花の形と異なって丸い。末は円満に、の意。
⑧「迫れば」は誤り。
⑨現新潟市西堀前通り辺り。白山神社付近から北へ二、三ヶ寺が一列に並んでいる。
⑩墓参り用の花。
⑪無駄話をして、時間を無駄にする、の意。

秋田県の巡業唄。秋田県下の民謡家たちが、巡業先の舞台で唄ってきたものである。

唄の履歴　この唄の源流は、新潟県下の『越後《えちご》松坂』（三九三ページ）である。それは、のちに「〽新潟松坂　習いたかござれ…」などの唄い出しから、「新潟節」（訛って「にかた節」）と呼ばれた。その唄が帆船の船乗りや、瞽女《ごぜ》・座頭など盲目の遊芸人によって日本中へ広められたが、秋田県下に伝えられたものは「祝い唄」や「掛け唄」（二一〇一ページ）に利用された。この「にかた節」に「荷方節」という漢字をあてるのは、荷物運びの仕事唄を連想させるので、さけるべきである。

さて、一九五四年頃、民謡家の永沢定治が、北海道小樽市で女芸人歌子に『北海にかた節』（三五ページ）を習った。しかし、歌子は伴奏は知らなかったので、永沢は伴奏をつけることを浅野梅若に依頼した。浅野は、故郷（現秋田市雄和町大正寺）の浅野喜一や藤原武夫に、この辺りの「にかた節」の三味線の手法を習ってまとめ、浅野の特技であるすくい撥《ばち》と二の糸を生かした手法を確立した。そして、NHKラジオの「民謡歳時記」で、唄永沢定治・三味線浅野梅若・尺八畠山浩蔵で初放送した。それから、尺八を渡辺嘉章《かしょう》にかえてキングレコードに吹き込んだ。それは一九五四年のうちのことである。その後、この『秋田にかた節』は浅野梅若の三味線と浅野和子の唄で広まっていった。

節まわしの型　今日広く唄われている節まわしは、永沢定治のものである。

秋田《あきた》人形《にんぎょう》甚句《じんく》

〽はやしはずめば（ハイ　ハイィ）　浮《う》ッかれッて踊《おど》る
（キタカサッサァー　ハイィー）
踊《おど》る人形《にんぎょ》の（ハイ　ハイィ）　キタカサッサァー①科《しな》のよさ
（キタカサッサァー　ハイィー）

〽今宵《こよい》おいでの　皆様方《みなさまがた》よ
これを御縁《ごえん》に　末長《すえなが》く

〽駒《こま》にまたがり　②由利原《ゆりはらゆ》行けば
山《やま》は③鳥海《ちょうかい》　④秋田富士《あきたふじ》

〽わたしゃ白百合《しらゆり》　由利原育《ゆりはらそだ》ち
浮世《うきよ》の風《かぜ》には　靡《なび》きゃせぬ

〽どこに靡《なび》くか　あの⑤糸柳《いとやなぎ》
風《かぜ》の吹《ふ》くたび　気《き》にかかる

〽好《す》きになったら　惚《ほ》れてもみるが
惚《ほ》れて振《ふ》られりゃ　恥《は》ずかしい

〽黄金花咲《こがねはなさ》く　秋田《あきた》の里《さと》の
人形甚句《にんぎょじんく》の　ほどのよさ

〽咲《さ》いて牡丹《ぼたん》と　言《い》われるよりも
散《ち》って桜《さくら》と　言《い》われたい

〽稲《いね》の出穂《でほ》より　⑥おばこが揃《そろ》た
嫁御探《よめごさが》さば　今《いま》のうち

注①しぐさ。体の動きから受ける感じ。
②秋田県の南西部、鳥海山の北裾に広がる高原。
③秋田県と山形県の境にそびえる山（二二三七メートル）。
④鳥海山の別称。
⑤枝垂れ柳。
⑥年頃の娘。

秋田県の遊芸唄。秋田県の南西部、鳥海山北裾《きたすそ》の由利本荘《ゆりほんじょう》市鳥海町を中心に活躍していた「猿倉人形芝居」の人たちが、下座《げざ》用に唄っていたものである。

「猿倉人形芝居」は、一人で二体の人形を使うもので、現鳥海町百宅《ももやけ》の池田与八（一八五八年生まれ）が、東京浅草の吉田文楽座で修業し、明治一〇年代（一八七七〜）に始めた。そのため、「百宅人形」「秋田文楽」などと呼ばれた。

その後、現鳥海町猿倉出身の弟子真坂藤吉（一八七二年生まれ）が各地を巡業するようになって、呼び名も「猿倉人形芝居」となった。秋田県下には、明治から大正時代にかけて三〇からの一座があったが、のちには現由利本荘市の木内勇吉（一八九九年生まれ）一座だけになり、県の無形文化財に指定された。

その「猿倉人形芝居」の演目の一つ、「鑑鉄和尚」（『新保広大寺《しんぼこうだいじ》』の和尚のもじり。⬇四〇五ページ）の中で、和尚が托鉢の途中、酒を飲み、酔って傘踊りをするくだりで下座として唄っていたのが、この『秋田人形甚句』の元となった唄である。

唄の履歴　この唄の源流は、江戸時代末期から明治時代初期に江戸の花柳界を中心に大流行した「二上り甚句《じんく》」である。

それを、「猿倉人形芝居」の一座が、どこで覚えたかは不明であるが、下座に用いた。隣県の宮城県栗原市文字《もんじ》には同系統の『文字甚句』（二一三ページ）が伝わっているので、そのような遊芸唄を流用したのかもしれない。ともあれ、秋田県下の甚句は佐藤貞子が広めた『秋田甚句』（二〇四ページ）一色なので、この『秋田人形甚句』は珍しがられ、人気を集めた。

一九七〇年二月、秋田県大館市大町のレコード商下平文雄が、自主企画の「秋田の歌ッコ」を制作するにあたって、この「猿倉人形芝居」中の甚句に目をつけた。そして、伊藤要に歌詞を作らせ、伴奏の三味線の手は浅野梅若に整えさせ、浅野和子の唄でコロムビアレコードに吹き込ませた。そのはやし詞《ことば》「キタカサッサァハイー」は、それまでの民謡にはなかった大道芸的な発声のために人気が集まり、この『秋田人形甚句』はしだいに唄われるようになった。

節まわしの型　今日広く唄われている節まわし

は、浅野和子のものである。

秋《あき》田《た》節《ぶし》

〽俺《おら》が秋田《あきた》は　美人《びじん》の出所《でどこ》
お米《こめ》にお酒《さけ》　①秋田杉《あきたすぎ》
（ハァ　ソレソレ）
それに名《な》のある　おばこ節《ぶし》②
③こけし人形《にんぎょ》に　④蕗土産《ふきみやげ》
（ハァ　イヤサカ　サッサー）

〽⑤雄物川《おものがわ》をば　流《なが》れる筏《いかだ》
桜《さくら》や石油《せきゆ》の　櫓《やぐら》見《み》て
⑥土崎港《つちざきみなと》に　ドンと着《つ》きゃ
あの妓《こ》のお酌《しゃく》で　あがり酒《ざけ》⑦

〽俺《おら》も行《ゆ》きたい　⑧男鹿島巡《おがしまめぐ》り
⑨八郎潟《はちろうがた》をば　右《みぎ》に見《み》て
可愛《かわ》いおばこ⑩の　船《ふね》に乗《の》り
行《ゆ》けば鷗《かもめ》も　波枕《なみまくら》

〽俺《おら》が秋田《あきた》の　言葉《ことば》コ好《す》きだ
雪《ゆき》コで⑪達磨《だるま》コ　こせ⑫でみた
炭《すみ》コでまなぐコ⑬　鼻《はな》コつけ
⑭耳《みみ》コの大《おお》きいのに　福《ふく》が来《く》る

注①秋田で産出する杉。良質の建材である。
②秋田おばこ。
③東北地方製の、木の人形。女の子の顔をかいた丸い頭に、円筒形の胴がついている。
④秋田蕗は大形で、高さ二メートル、茎の直径五センチ、葉の直径一・五メートルに達する。茎を煮物や砂糖漬けにする。一八四〇年頃、現秋田市仁井田で栽培し始めた。
⑤秋田県南東部の山地に発して横手盆地を北西流し、秋田市西部で日本海へ注ぐ川（約一四九キロ）。
⑥現在の秋田港。現秋田市土崎の旧雄物川河口にある。県下最大の港。
⑦その日の仕事が終わって飲む酒。
⑧男鹿半島（秋田県の中西部にある）沿岸の島々を船でまわる観光。
⑨男鹿半島の付け根にあった湖。周囲約八一キロ、最深部で四・七メートル。約八割が干拓され、現在は広大な田園となっている。
⑩年頃の娘。
⑪雪達磨。
⑫作って。「こさえて」の訛り。
⑬目。「まなこ」の訛り。
⑭俗に、耳たぶの大きい人は金持ちになるという。

秋田県の、酒盛り唄形式の新民謡。秋田県下の名物・名所をたたえたお国自慢の歌詞で、作詞者は初代藤田周次郎、作曲者は小野峰月である。

唄の履歴　この唄の源流は不明であるが、元になった節を覚えていた小野峰月（秋田市下浜桂根）は「酒田節《さかたぶし》」と呼んでいたという。酒田は現山形県酒田市のことで、その辺りの酒盛り唄ではなかったかと思われる。初代藤田周次郎（青森県西津軽郡深浦町）は、夫人が秋田県の現大仙市太田町出身であったことから、夫人の実家で小野峰月を紹介された。小野は太平洋戦争前からの民謡家であるが、その折り、こんな唄を唄っているが、うまくいかないと藤田に持ちかけた。それが先の「酒田節」で、一九五三年秋か五四年春頃のことであった。

そこで、二人で相談して歌詞をまとめ、伴奏をつけ、『秋田節』と命名した。

一九五八年に、藤田周次郎は一人上京し、同年九月にこの唄をキングレコードに吹き込んだ。三味線伴奏は相馬節子と梅山芳雄であった。それ以来、秋田の人にはお国自慢づくしの歌詞が喜ばれ、また、秋田民謡特有の小節がほとんど入っておらず、さして技巧もいらないので、初心者に唄いやすいこともあって、しだいに広まっていった。

節まわしの型　今日広く唄われている節まわしは、初代藤田周次郎のものである。

秋田船方節《あきたふなかたぶし》

上の句

〽ハァー（ハァヤッショー　ヤッショー）
①三十五反《さんじゅうごたん》の（ハァヤッショー　ヤッショー）
帆《ほ》を捲《ま》き上《あ》げて（ハァヤッショー　ヤッショー）

口説《くどき》

鳥《とり》も通《かよ》わぬ　沖走《おきはし》る

その②時化《しけ》に　遭《お》うたなら
（ハァヤッショー　ヤッショー）
綱《つな》も錨《いかり》も　手《て》につかぬ
今度《こんど》船乗《ふなの》り　やめよかと
（ハァヤッショー　ヤッショー）
とはいうものの　港入《みなとい》り
あがりてあの③妓《こ》の　顔見《かおみ》れば
（ハァヤッショー　ヤッショー）

下の句

辛《つら》い船乗《ふなの》り　④一生《いっしょ》⑤末代《まつだい》⑥孫子《まごこ》の代《だい》まで
やめられぬ
（ハァヤッショー　ヤッショー）

〽雨風《あめかぜ》激《はげ》しい　この節《せつ》なれば
わたしの商売《しょうばい》　船乗《ふなの》りで
辛《つら》い船乗《ふなの》り　やめましょと
とはいうものの　⑦金浦港《このうらみなと》
あがりてあの妓《こ》の　顔見《かおみ》れば
辛《つら》い船乗《ふなの》り　一生末代《いっしょまつだい》トコ船頭《せんどう》さん　やめ
らりょか

〽明日《あす》は行《ゆ》きます　この川出《かわで》ます
見送《みおく》りましょうか　⑧日和山《ひよりやま》
日和山《ひよりやま》とは　別《わか》れ所《どこ》
⑨紅葉《もみじ》のような　手《て》を振《ふ》って
糸《いと》より細《ほそ》い　声《こえ》を出《だ》し
申《もう》し上《あ》げます　船頭《せんど》さん
お前《まえ》は船乗《ふなの》り　わしゃ⑩勤《つと》め
来春《らいはる》来《く》るやら　来《こ》ないやら
仮《かり》の契《ちぎ》りと　言《い》いながら
思《おも》い出《だ》しゃ涙《なみだ》が　トコ船頭《せんどう》さん　先《さき》に立《た》つ

〽たまたまおいでの　お客様《きゃくさま》に
お茶飲《ちゃの》みばかりじゃ　気《き》がすまぬ
肴《さかな》は⑪八郎潟《はちろうがた》　名産《めいさん》で
白魚公魚《しらうおわかさぎ》　鯔鯰《ぼらなまず》
お酌《しゃく》はこの町《まち》　⑫一流《いちりゅう》で
お粗末《そまつ》ながらも　トコ船頭《せんどう》さん　召《め》し上《あ》が
れ

〽雨《あめ》で言付《ことづ》け　風《かぜ》では便《たよ》り
聞《き》けばお主《ぬし》は　お煩《わずら》い
お側《そば》で介抱《かいほう》　したいけど
わたしゃ勤《つと》めの　この体《からだ》
そこで神々《かみがみ》へ　願《がん》を掛《か》け
一《いち》に⑬乙《きのと》の　大日如来《だいにちにょらい》
二《に》には新潟《にがた》の　⑭白山様《はくさんさま》へ
三《さん》に⑮讃岐《さぬき》の　⑯金毘羅様《こんぴらさま》へ
四《し》には⑰信濃《しなの》の　⑱善光寺様《ぜんこうじさま》へ
五《いっ》つ⑲出雲《いずも》の　⑳荒神様《こうじんさま》へ
願《ねが》い掛《か》けます　トコ船頭《せんどう》さん　主《ぬし》のため

注

①三五反の麻布で作った帆。一反は、幅二尺五寸（約七六センチ）、長さ二丈六尺（約七・九メートル）か八尺。千五百石積みぐらいの大型船の帆である。
②風雨のため、海が荒れること。
③「妻や子の」は、最近改悪したもの。千石船の船乗りは毎年八ヶ月間船暮らしなので、家庭よりも港のなじみの遊女のほうに関心があった。
④この世に生まれてから死ぬまでの間。
⑤死んでから後の世。
⑥以下八音は字あまりで、『酒田船方節』では唄わない。
⑦秋田県の南西部、現にかほ市金浦にある港。
⑧帆船時代、港近くの小山に登って天候を見定め、出港を決めたため、その小山を「日和山」と呼んだ。この唄の場合は、秋田県下と限定せず、「船方節」共通の歌詞の「日和山」と考えるほうがよい。
⑨以下二行、『道中伊勢音頭』の歌詞を利用したもの。
⑩遊女の身分。
⑪秋田県の中西部、男鹿半島の付け根にあった湖。周囲約八一キロ、最深部で四・七メートル。約八割が干拓され、現在は広大な田園となっている。
⑫一流の芸者。
⑬新潟県の現胎内市乙《きのと》にある乙宝寺《おっぽうじ》の俗称。本尊が大日如来。真言宗智山派。
⑭白山神社。新潟市にある。
⑮旧国名。現香川県全域。
⑯金刀比羅宮《ことひらぐう》の俗称。仲多度郡琴平町にある。
⑰旧国名。現長野県全域。
⑱山号は定額山。長野市にある。
⑲旧国名。現島根県東部。
⑳民間信仰で、㋐カマドや囲炉裏の神、また、㋑屋

敷や同族・集落の守護神。出雲の、どこの荒神かは不明。なお、出雲地方には、㋑の神として、荒神を屋敷内にまつっている家が多い。

秋田県のお座敷唄。秋田県の中西部、それも雄《お》物《もの》川が日本海へ注ぐ河口に開けた港町、土崎（秋田市土崎）の花柳界の宴席で、千石船の船乗り相手の女たちが唄ってきたものである。

唄の履歴　この唄の源流は『さんこ節』（五六一ページ）である。それが、のちに『出雲《いずも》節』となり、さらに「船方節」となった（⬇四一六ページ）。その唄が、海路、土崎港（現秋田港）にも伝えられたのである。

その「船方節」、土崎の花柳界でお座敷唄として唄われていたが、昭和一〇年代（一九三五〜）に入ると現にかほ市金浦《このうら》出身の加納初代《かのうはつよ》が、この唄を十八番にして、舞台で、ラジオで、レコードで紹介し、有名になっていった。

太平洋戦争後は、男鹿《おが》市北浦の森八千代が節まわしに技巧を加え、唄い出しの「ハー」と、終わりの「辛い」で声を張る節まわしを確立した。それを覚えた佐々木常雄が、一九五八年三月二一日の第一一回「NHKのど自慢全国コンクール」で唄って優勝した。伴奏は、三味線浅野梅若、尺八畠山浩蔵、太鼓成田与次郎であった。それ以来、この『秋田船方節』は、海の唄の全くなかった秋田県を代表する唄として、日本中へ広まっていった。

節まわしの型　今日広く唄われている節まわしは、佐々木常雄のものである。

秋田《あきた》馬子《まご》唄《うた》

〽ハァー①あべやハアこの馬《うま》　急《いそ》げや川原毛②《からげ》
（ハイイ　ハイ）
ハァー西《にし》のハアお山《やま》に　アリャ日《ひ》が暮《く》れる
（ハイイ　ハイ）

〽一人淋《ひとりさび》しや　博労③《ばくろ》の夜道《よみち》
あとに④轡⑤《くつわ》の　音《おと》ばかり

〽あべや鹿毛駒⑥《かげこま》　急《いそ》げや栗毛⑦《くりげ》
明日《あす》は相模⑧《さがみ》の　駒⑨《こま》の市《いち》

〽さても粋《いき》だよ　博労《ばくろ》さんの浴衣《ゆかた》
肩《かた》に鹿毛駒《かげこま》　裾栗毛《すそくりげ》

〽辛《つら》いものだよ　博労《ばくろ》の夜道《よみち》
七日七夜⑩《なのかななよ》の　長手綱⑪《ながたづな》

〽二両《にりょう》で買《か》った馬《うま》　十両《じゅうりょう》で売《う》れた
八両儲《はちりょうもう》けた　初博労⑫《はつばくろ》

〽袖⑬《そで》から袖《そで》へと　手《て》を入《い》れ探《さぐ》る
これが博労《ばくろ》の　幕⑭《まく》の内《うち》

〽長《なが》い道中《どうちゅう》で　雨降《あめふ》るならば
わしの涙《なみだ》と　思《おも》てくれ

〽七⑮《なな》つ八《や》つ曳《ひ》く　親方《おやかた》よりも
一《ひと》つ手曳⑯《てび》きの　主《ぬし》がよい

〽あのや博労《ばくろ》さん　どこで夜《よ》が明《あ》けた
三十三坂⑰《さんじゅうさんさか》　七《なな》つ目《め》で

☆〔歌詞は『秋田馬方節』と共通〕

注①一緒に行こうよ。
②「かわらげ」の略。尾とたてがみが黒く、体は少し黄ばんだ白い毛並み（川原の薄《すすき》色）の馬。
③牛馬の仲買いを職業とする人。獣医を兼ねる人もいる。「馬喰」の字は、馬で喰っている悪い奴の意が強いので、通常は用いない。
④「鳴るは」とも。
⑤手綱をつけるために、馬の口にくわえさせる金具。
⑥鹿のような、茶褐色の毛の馬。
⑦黒みをおびた茶色の毛の馬。
⑧旧国名。現神奈川県のほぼ全域。「南部の」とも。
⑨馬市。馬の売買をする市。
⑩〔実数ではなく〕何日も何夜もの。
⑪手綱を何日も曳き続けること。
⑫牛馬の仲買人としての、初めての仕事。
⑬博労は、牛馬の市で値をつける時、周囲の人たちにわからないようにするため、取引き相手の袖へ手を入れ、指を握り合って値段を決める。
⑭「幕の内」という独特の商法だよ。
⑮一人で七頭も八頭もの馬を連れて歩ける熟練者。
⑯一頭の馬だけ、しかも手綱を曳くことでしか馬を動かせない初心者。

⑰〔実数ではなく〕沢山の坂。「四十三坂」とも。

秋田県の仕事唄。秋田県下の博労《ばくろう》たちが、馬市などへの往来に、夜間、何頭もの馬を曳《ひ》いて移動する折りに唄ってきたものである。

別名　東京などでは『秋田馬方節』と混同されている。（➡後記）

唄の履歴　この唄の源流は、旧南部藩領（岩手県中央部から青森県東部一帯）の博労たちが唄っていた「夜曳《よび》き唄」（➡一七七ページ）である。

それが、博労仲間や馬市を通じて東北地方一円へ広まり、秋田県下にも伝えられた。ただ、博労には個人差があるため、いろいろの節まわしがあった。秋田県下の、こうした「夜曳き唄」は種々レコードに吹き込まれているが、第一号は佐藤貞《さだ》子《こ》（現仙北《せんぼく》市神代《じんだい》出身）がワシ印レコードに吹き込んだ「馬方節」で、昭和時代の初めらしい。次が、一九二九、三〇年頃、加納初代《かのうはつよ》（現にかほ市金浦《このうら》出身）がコロムビアレコードに吹き込んだ「馬方節」で、今日、「〽朝の出掛けに…」の歌詞で唄われている節まわしである。それから三、四年遅れて一九三三年頃、黒沢三一（現大仙市太田町出身）が、コロムビアレコードに吹き込んだ。その曲名は、やはり「馬方節」であった。それが今日「〽あべやこの馬…」の歌詞で唄われているものである。

この「〽あべや…」の歌詞は、佐藤貞子のレコードの二番目に、

〽あべやこの馬　急げや川原毛《からげ》
　高きお山に　日が暮れる

と唄われており、一部異なるが、同類の歌詞は広く唄われていたようである。しかし、節まわしは佐藤のものとは異なるので、黒沢三一は現大仙市辺りの博労から習ったのであろう。

ところで、曲名はいずれも「馬方節」で区別がつかないため、秋田県下の民謡界では、「加納初代節」（〽朝の出掛けに…）を『秋田馬方節』（九一ページ）、「黒沢三一節」（〽あべやこの馬…）を『秋田馬子唄』と呼ぶようになった。それは昭和一〇年代（一九三五～）のことと思われる。東京などでは現在でも曲名が混乱しているので、注意が必要である。

節まわしの型　今日広く唄われている節まわしは、黒沢三一のものである。

娘《あね》コもさ

本　唄〔音頭取り〕

〽娘《あね》コもさヤーエ　①誇《ほこ》らば誇《ほこ》れ　若《わか》いうち

返し唄〔祝い座敷の同席者〕

桜花《さくらばな》ヤーエ　咲《さ》いてののちに　②誰《だれ》折《お》ろうば

〽折《お》りたくば　訪《たず》ねてござれ　③沢雨《さわあめ》に
　④別《わか》れるに　糸《いと》より細《ほそ》く　別《わか》れます
〽恋《こい》しさに　空飛《そらと》ぶ鳥《とり》に　⑤文《ふみ》をやる
　この文《ふみ》を　落《お》として給《たも》うな　頼《たの》みおく
〽一代《いちだい》の　風切《かざき》り羽《ばね》を　落《お》とすとも
　⑥こなさんの　預《あず》かり文《ふみ》は　忘《わす》れまい
〽⑦雨垂《あまだ》れが　池《いけ》になるまで　思《おも》たども
　思《おも》たども　⑧今夜《こんや》ならぬと　文《ふみ》が来《き》た
〽その文《ふみ》を　月《つき》の明《あ》かりで　読《よ》んでみたば
　読《よ》んでみたば　涙《なみだ》ばかりで　書《か》いた文《ふみ》
〽⑨つばくろは　⑩床屋《とこや》の⑪屋根《やね》に　巣《す》をかけて
　夜明《よあ》ければ　⑫金鋳《かねい》け鋳《い》けと　囀《さえず》らせ
〽⑬東山《ひがしやま》　⑭駒形山《こまがたやま》の　八重桜《やえざくら》
　八重桜《やえざくら》　⑮田沢《たざわ》の潟《かた》に　吹《ふ》きおろす
〽⑯白岩《しらいわ》の　⑰雲巌寺《うんがんじ》ほどの　⑱寺《てら》はない
　前《まえ》は⑲川《かわ》　後《うし》ろは高《たか》い　⑳愛宕山《あたごやま》
〽見《み》おろせば　㉑上方《かみがた》ましの　㉒瀬戸《せと》も焼《や》く
　その瀬戸《せと》に　㉓色模様《いろもよう》つけて　流行《はや》らかす
〽娘《あね》コもさ　そなたを妻《つま》に　持《も》つならば
　足駄《あしだ》はき　枝《えだ》なき木《き》にも　登《のぼ》ります

注①自慢するなら自慢しろ。
②「誰折ろうか」に同じ。誰が折るだろうか、誰も折りはしない。「折らば」は、もし折るならば、の意だから誤唱。

③谷間に降る雨。
④「別るる」（文語形）とも。
⑤手紙。
⑥この方の。「おまえより」とも。
⑦雨垂れが集まって池になるまでの長い時間。
⑧今夜は逢うことができないと書いた手紙。
⑨つばめ。
⑩鉱石の精錬所。
⑪「破風《はふ》」とも。
⑫鉱石を精錬しろと。
⑬秋田県中東部の山々。
⑭秋田駒ヶ岳（一六三七メートル）のこと。仙北市の中東部、岩手県境近くにそびえる火山。
⑮田沢湖。秋田県の中東部にある。周囲約二〇キロ。水深は四二三・四メートルで、日本一。
⑯仙北市角館町中央部の地名。
⑰曹洞宗の寺。一四五〇年創建。
⑱「寺も」は誤唱。
⑲玉川。秋田県北東部の山地に発して南流、南西流し、大仙市大曲の北西部で雄物川へ注ぐ川（約九八キロ）。
⑳白岩にある山（三二二メートル）。
㉑京都・大坂より立派な。
㉒瀬戸物。陶磁器。白岩焼をさす。
㉓美しい色の模様。

秋田県の祝い唄。秋田県中東部にあった鉱山周辺の農村の人たちが、祝いの席で唄ってきたものである。

唄の履歴　この唄の源流は、岩手県南東端の現陸前高田市気仙《けせん》町辺りの人たちが祝い唄として唄っていた『気仙坂』（一六八ページ）である。それは、もとは「木遣《きや》り唄」であったから、みんなで重いものを動かす時に力を結集させる唄としての性格と、神々に願いを掛ける祝い唄としての性格を持っていた。そのため、東北地方一円の銭座で鉄銭を鋳造する踏鞴《たたら》職人たちが、鞴《ふいご》を押す時の「銭吹き唄」に利用したが、のちには秋田県中東部の鉱山の踏鞴押しの仕事唄になった。また、この地方の鉱山では金も産出したので、金を産み出す目出度い唄として、祝いの席でも唄われた。それが、鉱山が閉山してしまったあとも、周辺の農村部に祝い唄として残った。曲名の『娘コもさ』は、前掲最初の歌詞の唄い出しを取ったものである。

一九三四年、その唄を神代《じんだい》村（現仙北市内）出身の佐藤貞子《さだこ》がレコード（パールフォン）に吹き込んだ。同じ年、中川村（現同市角館町内）の田中サダも吹き込んでいる。その後、黒沢三一（現大仙市太田町出身）の唄が世間へ広まっていったが、黒沢がテイチクレコードに吹き込んだのは、一九三六年のことである。しかし、この『娘コもさ』が評判になったのは、現由利本荘《ゆりほんじょうし》市大内町の佐々木実が初代浜田喜一の元に入門し、師匠ゆずりの甘い美声で、一九六一年にキングレコードに吹き込んでからである。ちょうどこの頃、『気仙坂』が日本中へ広まり始め、その流行に乗ったものである。そのため、南部（岩手県中央部から青森県東部一帯）の重い唄い方をさけすぎて、甘く、流行歌的にしてしまったきらいがある。

節まわしの型　今日広く唄われている節まわしは、佐々木実のものである。

岡本新内《おかもとしんない》

〽せめて一夜《ひとよ》さ　①仮《か》り寝《ね》にも
妻《つま》と一言《いちごん》　言《い》われたら
この②一念《いちねん》も　③晴《は》れべきに
どうした因果《いんが》で　片想《かたおも》い
嫌《いや》がらしゃんす　顔見《かおみ》れば
わたしゃ愚痴《ぐち》ゆえ　エェなお可愛《かわ》い

〽せめて雀《すずめ》の　片羽《かたは》でも
翼《つばさ》があるなら　このように
泣《な》いて焦《こ》がれは　せぬものを
④焼《や》け野《の》の雉子《きぎす》　夜《よる》の鶴《つる》
⑤滋賀唐崎《しがからさき》の　⑥一《ひと》つ松《まつ》
わたしゃ焦《こ》がれて　いるわいな

〽せめて十日《とおか》や　五日《いつか》でも
泊《と》まりゃしゃんする　ことならば
この悲《かな》しみも　あるまいに
明日《あす》は出船《でふね》の　別《わか》れ酒《ざけ》
晴《は》れる天気《てんき》が　うらめしい

〽すがる袂《たもと》を　ふり放《はな》し
口《くち》で叱《しか》れど　心《こころ》では
同《おな》じ思《おも》いの　憂《う》き別《わか》れ

鳴く蟬《せみ》よりも　なかなかに
鳴《な》かぬ蛍《ほたる》が　身《み》を焦《こ》がす
帰《かえ》るこの身《み》は　なお辛《つら》い

〽⑦初手《しょて》は互《たが》いに　知《し》らぬ仲《なか》
ふとしたもつれが　縁《えん》となり
お前《まえ》の女房《にょうぼ》に　なるならば
⑧手鍋《てなべ》もおろか　⑨綴《つづ》れ着《き》て
苦労《くろう》に苦労《くろう》を　重《かさ》ねても
添《そ》うた縁《えん》なら　嫌《きら》やせぬ

〔高橋掬太郎作〕

注①朝まで寝るつもりでなく、しばらくの間寝ること。
②心に深く思いつめたこと。
③正しくは「晴れるべきに」、文語形なら「晴るべきに」。唄いにくいために変えてしまったもの。時間をかけて直すほうがよい。
④この諺は、子を思う親の情が非常に深いことを表す。ここではそれを転用して、男を思う女の気持ちが深いことをいう。
⑤現滋賀県大津市の中東部、琵琶湖南西岸にある景勝地。「唐崎の夜雨」は近江八景の一。
⑥一本松。唐崎神社にある古松。「一人で待つ」意を掛ける。
⑦最初は。
⑧〔貧しくて家政婦も雇えずに〕自分で炊事の苦労をするのはもとより、そのうえ。
⑨ぼろの着物。

秋田県のお座敷唄。秋田県南東部の、羽州《うしゅう》街道の旧宿場町横手（横手市）の花柳界の宴席で、芸者衆が唄ってきたものである。

おかもとし

唄の履歴　この唄の源流は、江戸時代末期に江戸で大流行した酒席の唄「よしこの節」（「どどいつ」の前身）である。それを、廓《くるわ》などへ通う人たちが歩きながら、ゆっくりと、長く伸ばして唄う「投げ節」にした。その「投げ節」（別名「ひやかし節」、廓をひやかして歩きながら唄う唄）に、花柳界でもう一度二上りの三味線の手をつけ直したところから、「二上り」とか「二上り節」と呼ばれるようになった。そして、声を長く引き、哀調切々と唄う感じが新内の語り口に似ているため、のちには「二上り新内」という名を生んだ。

その「二上り新内」の前身である「二上り」は、江戸の花柳界を中心に広まり、やがて日本各地の花柳界へと広まっていった。たとえば、水戸《みと》（茨城県水戸市）の花柳界へ伝えられたものは、今日『水戸の二上り』と呼ばれている。秋田の場合は、流行《はや》り唄であるだけに種々の経路を通じて伝えられていると思われるが、今日横手に伝わっている唄は、江戸時代末期から明治時代初期に、歌舞伎役者の市川団之丞《だんのじょう》が持ち込んだといわれている。団之丞は市川団十郎の弟子であったが、師匠の想い人を連れて駆け落ちし、横手の西方約一五キロにある沼館（現横手市雄物川町内）へ逃れてきた。そして、生計を立てるために近所の人たちに唄や踊りを教え始めたという。その折りに、曲名の「二上り」が「岡本ッコ」に改められた。新内語りの流派「岡本」にちなんだのかもしれない。それに、東北方言で名詞の下につける「コ」を加えたものである。

その後、三代目市川三代次こと佐藤儀助が中心になってこの「岡本ッコ」を広めたが、大正時代中頃には、時代の移り変わりで江戸趣味が姿を消す中でこの唄も廃っていった。

ところが、一九一七、一八年頃、横手芸者の一寸平《ちょっぺい》（本名、柿崎ヨシ）が、一九、二〇歳の若さで、近所のマルタマ蕎麦《そば》屋のおかみさん福田エシ（本当はイシだろう）から唄を習い、二一首を復元した。そして、踊りは、古着商の佐藤ハマの記憶によって、二年越しで三首目までの振りを再現した。

かくして「岡本ッコ」は一寸平の持ち芸として、しだいに人気を集めて横手名物になった。そうした中で秋田 魁《さきがけ》新聞社の主筆であった安藤和風が、「岡本ッコ」という曲名では軽すぎることから、当時流行の「二上り新内」と結びつけて『岡本新内』と改名した。この曲名が活字になったのは、一九三七年四月二五日と二六日に東京九段の軍人会館（現九段会館）で催された、若柳吉三郎一門の踊りの会の時であった。

同じ頃、NHK秋田放送局の局長が、江戸芸的なところにひかれて一寸平をひいきにし、ラジオにたびたび起用したので、「一寸平の岡本新内」として有名になっていった。しかし、一寸平は、本来は踊りの人で、当時の人たちの関心は、唄より踊りであった。

その一寸平、初めは置屋の名を冠せて黄金家《こがねや》一寸平と名乗っていたが、のちには『岡本新内』の元祖の意味もあって、岡本一寸平と名乗った。

節まわしの型　今日広く唄われている節まわしは、岡本一寸平のものである。

おこさ節《ぶし》

〽お前《まえ》来《く》るかやと　一升買《いっしょうか》って待《ま》ってたネ
（アラ　おこさのサー）
あまり来《こ》ないのでコラヤノヤッ　コラ飲《の》ん
　で待《ま》ってたヨ
《はやし詞》〔唄い手・はやし手〕
おこさでおこさで　本当《ほんと》だね

〽鳴《な》くな鶏《にわとり》　まだ夜《よ》が明《あ》けぬ
明《あ》けりゃお寺《てら》の　鐘《かね》が鳴《な》る

〽それは全《まった》くだよ　鶏《にわとり》や裸足《はだし》だ
鶏《にわとり》や裸足《はだし》でも　嬶《かか》持《も》ってる

〽これも全《まった》くだよ　俺嬶女子《おらかかおなご》だ
親父《おやじ》俺《おれ》より　年上《としうえ》だ

〽わしとあなたは　御門《ごもん》の扉《とびら》
朝《あさ》に別《わか》れて　晩《ばん》に逢《あ》う

〽誰《だれ》がなんと言《い》うても　飲《の》んだほうが得《とく》だ
まさか三百年《さんびゃくねん》も　生《い》きられまいし

〽盆《ぼん》と正月《しょうがつ》　一度《いちど》に来《き》たら
炬燵《こたつ》抱《かか》えて　蚊帳《かや》かぶる

〽俺《おれ》とお前《まえ》は　羽織《はお》りの紐《ひも》コ
固《かた》く結《むす》んで　胸《むね》に置《お》く

〽恋《こい》の古傷《ふるきず》　お医者《いしゃ》はないか
なぜか今夜《こんや》は　また痛《いた》む
〔西条八十作〕

〽色《いろ》の白《しろ》い人《ひと》　心《こころ》が悪《わる》い
花《はな》にたとえりゃ　茨《ばら》の花《はな》

〽茨《ばら》の花《はな》コでも　器量《きりょ》よく咲《さ》けば
痛《いた》いながらも　手《て》を伸《の》べる

〽秋田《あきた》よい所《とこ》　唄《うた》もたんとだ①
②おばこ③生保内《おぼない》　おこさ節《ぶし》

〽わしとお前《まえ》は　火箸《ひばし》に劣《おと》る
火箸夜昼《ひばしよるひる》　二人《ふたり》連《づ》れ

〽お酒《さけ》飲《の》む人《ひと》　花《はな》なら蕾《つぼみ》
今日《きょう》も酒《さけ》(咲《さ》け)酒《さけ》　明日《あす》も酒《さけ》

〽遠《とお》く離《はな》れて　案《あん》ずるよりも
浮気《うわき》されても　そばがよい

〽船《ふね》で来《く》る人《ひと》　心《しん》から可愛《かわ》い
命《いのち》帆《ほ》に掛《か》け　波枕《なみまくら》

注①「沢山ある」の意と、『秋田たんと節』を掛ける。
②秋田おばこ。
③生保内節。

秋田県の酒盛り唄。秋田県下一円で、太平洋戦争後に爆発的な流行を見せ、県下の人たちが酒席で手拍子に合わせて唄ってきたものである。

唄の履歴　この唄の源流は全く不明である。ただ、茨城県鹿島地方の沿岸部に、漁師の酒盛り唄として、似たような唄がある。それも、潮待ちの間に口ずさむ『ゲンタカ節』ではない、曲名不詳の、流行《はや》り唄のようなものらしい。また、その唄と酷似したものに伊豆《いず》の新島《にいじま》（東京都新島本村）の酒盛り唄『チョイナ節』があり、四句目は「コーラヨー○○○○ヨ」となっている。これが「コラヤノヤッ　コラ」となったのかもしれない。それを、上掲二首目の歌詞「〽鳴くな鶏…」の間に挟み、その歌詞に合わせたはやし詞「起こさで起こさで　本当だね」を加えたことから『おこさ節』が育っていったのであろう。

　さて、その流行のきっかけも、これまた不明であるが、太平洋戦争後まもなく、一九四七、四八年頃から流行した。ということは、太平洋戦争に出征した人たちが、軍隊で覚えたためであると思われる。とすると、茨城県と軍隊を結ぶものは土浦の航空隊と考えるのが、一番筋が通る。その唄を、終戦で軍隊解散に伴って故郷へ帰る兵士たちが持ち帰った。（その中に秋田県人もいたのであろう。）そして、酒盛り唄に用いられるようになり、二、三年後には日本各地で大流行した。秋田が始まりなのか、青森や北海道が早かったのか、当時でもよくわからないほど日本中ではやり始め、レコードも、秋田県・青森県・北海道などの民謡として各社から発売された。

その中で、一九四八年一月に三浦華月が、三月に久保幸江《ゆきえ》がコロムビアレコードに吹き込んでいる。この時、久保用に西条八十《やそ》が作詞したものは、前掲九首目の「〽恋の古傷…」や、「〽風にあかりを　消させておいて　忍び込むのが　窓の月」などであった。

ところで、流行り唄の宿命で、「どどいつ」まがいの宴席用の歌詞しかなく、唄を育てた地域や風土を詠んだようなものは一首もない。

その『おこさ節』、他県では廃ってしまったため、今日では秋田民謡ということになった。となれば、秋田の風土を詠んだ歌詞を加える必要があるであろう。

節まわしの型　今日広く唄われている節まわしは、太平洋戦争後の流行り唄時代そのままのものである。

生保内田植え踊り《おぼないたうえおどり》

〽ソレヤナァイ①朝《あさ》ヨ計《はか》の　一《いち》の②水口《みなくち》に
③生《お》えたる松《まつ》は　何松《なにまつ》
（ハァ　ソレソレ　ソレソレー）

〽何松《なにまつ》と　④人《ひと》は問《と》わば
祝《いわ》い立《た》てたる　若松《わかまつ》

〽若松《わかまつ》の　一《いち》の小枝《こえだ》に
殿《との》の鷹《たか》が　巣《す》をかけ

〽巣《す》の中《なか》に　手入《てい》れて見《み》れば
子持《こも》ち鷹《たか》は　九《ここの》つ

〽⑤一《ひと》つ捕《と》りて　殿《との》に参《まい》らす
⑥八《や》つを長者《ちょうじゃ》と　⑦呼《よ》びかけた

〽呼《よ》ぶも呼《よ》んだし　呼《よ》ばれましたや
⑧朝日長者《あさひちょうじゃ》と　呼《よ》ばれた

注①田植えをする際に各人に割り当てられた、朝の分担区域。
②田への、水の取り入れ口。ここに松・椿・つつじなどの枝を立てて、田の神をまつる。
③「はえたる」「植えたる」とも。
④「人問わば」とも。
⑤九羽のひなのうち、一羽は殿様へ捧げ、残る八羽は長者へあげたいと声を掛けた。
⑥江戸時代の、金山などの鉱業税は生産額の九分の一だったので、「九・一・八」という数字は、それに由来するものらしい。
⑦「呼ばれた」は、次の歌詞との混同で、誤唱。
⑧朝日のように昇り調子の（隆盛に向かっている）長者。「朝日の長者と」とも。

秋田県の祭礼唄。秋田県の中東端、仙北《せんぼく》市生保内の農民たちが、小正月の行事として、豊作を祈願して唄い踊ってきたものである。「田植え踊り」とは、田の神に秋の豊作を約束させるために、稲作の作業過程を踊りに仕立てて、唄に合わせて順に演じ、それを田の神に奉納する豊年予祝踊りで、東北地方一円に広く分布している。

別名　秋田田植え踊り（ただし、⬇後記）。

唄の履歴　この唄の源流は、中世の「田楽《でんがく》」である。かつて、大がかりな田植えには、専門の「田楽法師」のような人たちが太鼓などをたたきながら唄を唄って田の神をまつり、早乙女《さおとめ》たちに田植えをさせた。その芸能は、今日でも中国地方の山間部に残っていて、「花田植え」「はやし田」「太鼓田植え」などと呼ばれている。鎌倉時代には、日本列島の、稲作を営んでいる土地ではどこでも、田植えに共通の唄が用いられたらしく、今日でも四国・九州から、南の種子島《たねがしま》（鹿児島県熊毛郡）にまで残っている。東北地方にもその頃に持ち込まれたのであろうが、この地方では、田植えで演じるよりは小正月の予祝行事のほうに重点が移って、室内の祭礼唄になっていった。

江戸時代に入ってからは、現青森・岩手・宮城・山形・福島・新潟の六県下で新しい田植え唄が生まれなかった土地では、この唄で田植えも行うようになった。生保内でも、この唄は「田植え踊り唄」であり、「田植え唄」でもあった。

さて、『生保内田植え踊り』は、音頭取り（田植えの指揮者で、中国地方ではサンバイさんと呼ぶ）が、田ならし・苗運び・田植えの順に唄い演じ、早乙女役の女性たちに苗を植えさせる。しかも、途中に一服の休憩までである。今日のこの形式は、「田沢湖町郷土芸能振興会」の田口秀吉らが中心になって、昭和三〇年代（一九五五〜）に整えたものである。昭和四〇年代に入ると、田植えの唄の部分だけを独立させて三味線の伴奏がつけられたが、それは、現仙北市神代《じんだい》を本拠地とする民族歌舞団「わらび座」が始めたようである。そして、一九六八年に五星会の千葉良子《よしこ》がそれをコロムビアレコードに吹き込んだ。この時の本人の話では、近頃生保内で流行し始めた、ということであった。そのレコード化以来、米所秋田の唄として広まっていった。

なお、曲名を「秋田田植え踊り」と呼ぶ人もいるが、秋田県下には「田植え踊り」が数多く存在するので、後日、他のものが世に出てきた時のことを考え、筆者（竹内勉）は、所在地名を冠せて『生保内田植え踊り』とする。

節まわしの型　今日広く唄われている節まわしは、千葉良子のものである。

生《お》保《ぼ》内《ない》節《ぶし》

〽吹《ふ》けや生保内東風《①おぼねだし》　七日《なのか》も八日《ようか》も
　（ハイイ　ハイ）
吹《ふ》けば宝風《②たからかぜ》ノォ　稲実《いねみの》る
　（ハイイ　キターサッサー　キターサッ）

〽なんぼ隠《かく》しても　生保内衆《おぼねしゅ》は知《し》れる
藁《わら》で髪結《かみゆ》うて　編《③あ》み笠《がさ》で

〽わしとお前《まえ》は　田沢《④たざわ》の潟《かた》よ
深《ふか》さ知《し》れない　御座《⑤ござ》の石《いし》

〽とろりとろりと　沖行《おきゆ》く船《⑥ふね》も
十七招《⑦じゅうしちまね》けば　岸《きし》に寄《よ》る

〽吹《ふ》けや生保内東風《おぼねだし》　秋吹《あきふ》くならば
黄金波打《こがねなみう》つ　前田圃《まえたんぼ》

〽風《⑧かぜ》の間《ま》に間《ま》に　別《わか》れていても
末《⑨すえ》はまとまる　糸柳《⑩いとやなぎ》

〽鯉《こい》の滝登《たきのぼ》り　なんと言《い》うて登《のぼ》る
身上《⑪しんしょ》あがれと　言《い》うて登《のぼ》る

〽涼《すず》し涼《すず》しと　言《い》う川端《かわばた》に
なぜか蛍《ほたる》は　身《み》を焦《こ》がす

〽ドドと鳴《⑫な》る瀬《せ》に　絹機《⑬きんばた》たてて
波《なみ》に織《お》らせて　瀬《せ》（背）に着《き》せる

〽生保内《おぼね》生保内《おぼね》と　⑭やすめてけるな
後《うし》ろ駒ヶ岳《⑮こまがたけ》　前《まえ》田沢《⑯たざわ》

〽固《かた》い約束《やくそく》　あてにはならぬ
岩《いわ》も砕《くだ》けて　砂利《じゃり》となる

〽雨《あめ》はドンドと　雨戸《あまど》にさわる
心迷《こころまよ》わす　南風《みなみかぜ》

〽来《こ》いと言《い》うたとて　今来《いまく》るものか
今《いま》は夜明《よあ》けの　窓明《まどあ》かり

〽葦《よし》を束《たば》ねて　降《ふ》るよな雨《あめ》に
通《かよ》い来《く》るのを　帰《かえ》さりょか

注①②➡解説。「おぼね」は「おぼない」の訛り。
③元は「手鼻かむ」であったが、汚いので替えたもの。
④田沢湖。周囲約二〇キロ。水深は四二三・四メートルで、日本一。
⑤田沢湖北岸の水中にある、平坦な岩礁。秋田藩二代目藩主、佐竹義隆がその岩の上に座ったことからの名称。そばに御座石《ござのいし》神社があり、湖の主、辰子姫をまつる。
⑥「近くの男たちはもとより、はるか沖を行く船（の船乗り）でさえも」の意だから、「船は」は誤唱。
⑦十七歳の娘。年頃の娘のこと。「十七」は「おばこ」（若い娘）とも。
⑧「風の吹きようで　別れてみたが」とも。
⑨最後はからみ合って一つになる。「いつか結ばる」とも。
⑩枝垂れ柳。
⑪その家の財産が増え、家格が上がるようにと。

⑫流れる水が音を立てている、川の浅い所。
⑬絹の布を手足で操作して織る機械を備えて。音の美しい所で織れば、布も美しく織り上がる、という気持ち。
⑭見くだしてくれるな。
⑮秋田駒ヶ岳（一六三七メートル）。田沢湖の北東方にそびえる火山。
⑯田沢湖。

秋田県の酒盛り唄・手踊り唄。秋田県の中東端、南部盛岡（岩手県盛岡市）へ通じる秋田街道の旧宿場町、生保内（現仙北《せんぼく》市内）の人たちが、酒席で唄ってきたものである。のちに、現仙北市角館《かくのだて》町の祭礼の「栈敷踊り《さじき》」に取り入れられ、角館と周辺の人たちが、娘たちの手踊りを加えて唄い踊るようになった。（祭礼と「栈敷踊り」については九五ページ参照）今日では、秋田県下一円で、酒盛り唄として唄われている。

唄の履歴　この唄の源流は不明である。『生保内節』の発祥地、生保内に伝わる『正調生保内節』（一一七ページ）と呼ばれる旧節は、「コイコイトー」というはやし詞を持っている。地元の人たちは豊作を願って唄ったというが、節は「甚句《じんく》」とは異なる。したがって、豊年を予祝する祝福芸人のような者が、南部（岩手県）方面から秋田街道を仙岩峠越えでやってきて、秋田県側最初の宿場町生保内で唄った唄が、のちに生保内の酒盛り唄として定着したのであろう。

さて、この唄、生保内では、初めは「ノーコラ節」と呼んでいたが、「〽吹けや生保内東風《おぼねだし》…」という歌詞が生まれると、曲名も、唄い出しの語から、「生保内東風」となった。この生保内東風は、田沢湖の北東方にそびえる秋田駒ヶ岳から吹きおろしてくる東風《ひがしかぜ》のことである。生保内は高原にあり、四方を山に囲まれている。この風は、早春には雪を融かす風になり、夏には雨を降らせ、秋には早霜を防ぎ、稲刈り前には水田を干し上げてくれる便利な風で、「宝風」と呼ばれてきた。

その「生保内東風」なる唄が、のちに角館の「栈敷踊り」に登場するようになった。それを、一九一八年に「仙北歌謡団」を結成した小玉暁村が、小学校の教員出身だったこともあって、オルガンでまとめあげた。そのため、地元、生保内の節まわしと異なったものになった。それに、角館の西宮徳末《とくすえ》が三味線の伴奏をつけ、今日の『生保内節』の節まわしを確立した。それは昭和の初め頃のことである。そして、一九三六年一〇月には、「仙北歌謡団」の一員であった黒沢三一（現大仙市太田町出身）がテイチクレコードに吹き込み、以来、その節まわしが広まっていった。

節まわしの型　今日広く唄われている節まわしは、黒沢三一の唄を土台にして、上の句二息、下の句一息にしたものである。

オヤマコサンリン

〽オヤマコサンリンは　どこからはやる
　秋田《あきた》の①仙北《せんぼく》　②角館《かくのだて》

《はやし詞》〔踊り手〕
オヤマコサンリン　オヤマコサンリン

〽お山越《やまこ》えれば　また③山続《やまつづ》き
　いつの日《ひ》我《わ》が家《や》に　帰《かえ》るやら

〽来《く》るか来《く》るかと　待《ま》たせておいて
　よそへそれたか　④まぐれ雲《ぐも》

〽お前《まえ》吹《ふ》く風《かぜ》　わしゃ飛《と》ぶ木《こ》の葉《は》
　どこへ落《お》ちるも　風次第《かぜしだい》

〽主《ぬし》は牡丹《ぼたん》で　わたしは蝶々《ちょうちょ》
　花《はな》に⑤うかうか　日《ひ》を暮《く》らす

〽主《ぬし》は風鈴《ふうりん》　わしゃ⑥短冊《たんざく》よ
　振《ふ》られながらも　ついている

〽春《はる》が来《き》たとて　垣根《かきね》の草《くさ》も
　思《おも》い思《おも》いの　花《はな》が咲《さ》く

〽⑦忘《わす》れ草《ぐさ》とて　植《う》えてはみたが
　思《おも》い出《だ》すよな　花《はな》が咲《さ》く

〽晴《は》れたようでも　またすぐ曇《くも》る
　⑧心短《こころみじか》の　秋《あき》の月《つき》

〽お前思《まえおも》えば　照《て》る日《ひ》も曇《くも》る

ひく三味線《しゃみせん》も　手《て》につかぬ

〽身《み》には⑨菰着《こもき》て　縄帯《なわおび》すれど
心《こころ》濁《にご》らぬ　樽《たる》の酒《さけ》

〽サンリン(三厘)サンリンと　合《あ》わせて六厘《ろくりん》
今《いま》のはやりの　⑩天保銭《てんぽせん》は⑪八厘《はちりん》

〽風《かぜ》の模様《もよう》で　別《わか》れていても
末《すえ》に結《むす》ばる　⑫糸柳《いとやなぎ》

〽たとえ山中《やまなか》　三軒家《さんげんや》でも
住《す》めば都《みやこ》の　風《かぜ》が吹《ふ》く

〽⑬門《かど》に松竹《まつたけ》　祝《いわ》いの柳《やなぎ》
心《こころ》⑭注連縄《しめなわ》(締め縄)　⑮七五三《しちごさん》

〽オヤマコサンリンは　どこからはやった
⑯江戸《えど》の⑰吉原《よしわら》　女郎衆《じょろしゅ》から

〽オヤマコサンリン　どこでもはやる
江戸《えど》でも京都《きょうと》でも　大坂《おおさか》でも

〽わしとお前《まえ》は　⑱尺《しゃく》ない帯《おび》よ
巡《めぐ》り合《あ》えども　結《むす》ばれぬ

〽主《ぬし》とわたしは　田圃《たんぼ》の案山子《かかし》
⑲あまた⑳雀《すずめ》に　憎《にく》まれる

〽思《おも》いかけたら　㉑千里《せんり》も隣《となり》
一里《いちり》二里《にり》なら　障子《しょうじ》の陰《かげ》

注①秋田県の中東部、旧仙北郡地方。
②現仙北市角館町。
③「山ござる」とも。
④迷い雲。「はぐれ雲」は誤り。「夏の雨」とも。
⑤「浮かれて」とも。
⑥風鈴についている、風を受けるための細長い紙。
⑦藪萱草の別称。ユリ科の多年草。草原に自生。夏、細長い葉の間から八〇チセンほどの花茎を立て、先に赤黄色の花を次々につける。花は八重の一日花で、朝開花し、夕方しぼむ。
⑧気短な。
⑨真菰《まこも》や藁《わら》を織って作った蓆《むしろ》。
⑩天宝通宝。天保六年（一八三五）以降に江戸幕府が鋳造した銅銭。
⑪一八七一年、明治政府は天保銭を八厘の価値で通用させた。一銭に二厘足りないことから、「ちょっと足りない」、すなわち、馬鹿の代名詞になった。
⑫枝垂れ柳。
⑬家の門口。
⑭神聖な場所を画するためや、魔よけのために張る縄。
⑮注連縄は左縒りにない、途中から藁《わら》を七本・五本・三本と垂らす。
⑯現東京都東部。江戸幕府の所在地。
⑰吉原遊廓。現東京都台東区千束にあった。
⑱長さの足りない帯。
⑲沢山の。
⑳やかましい鳥ということから、うわさ話をしたがる人々。
㉑約三九二七キロ。一里は約三・九キロ。

秋田県の手踊り唄。秋田県中東部の旧城下町　角館《かくのだて》（仙北市角館町）の祭礼で、「桟敷《さじき》踊り」を演じる人たちが唄い踊ってきたものである。（祭礼と「桟敷踊り」については九五ページ参照）また、秋田の芸人たちが、巡業先の舞台などで唄ってきた。

別名　お山コ節。お山コ三里。（ただし、⬇後記）

唄の履歴　この唄の源流は、江戸時代後期から明治時代に日本中で大流行した「甚句《じんく》」である。それが、天保年間（一八三〇～四四）に、江戸で「親馬鹿チャンリン　蕎麦屋《そばや》の風鈴」とはやす文句と結びついて、これまた日本中で大流行した。

その流行の折りに、

〽親馬鹿チャンリン　どこからはやる
江戸の吉原　仲ノ町

などの歌詞が生まれた。そのはやし詞は、たぶん「親馬鹿チャンリン　親馬鹿チャンリン」だったろうと考えられる。それが訛って「オヤマコチャンリン」、さらに「オヤマコサンリン」と変わっていった。

その後、二度目の流行が東京では一八七八年二月に始まっている。その時のものが秋田県下へ伝えられたようで、酒席の唄として唄われた。それが「桟敷踊り」に登場すると、しだいに今日の節まわしにまとめあげられていった。そして、昭和時代に入ると、黒沢三一から山田美津子へと引き継がれて広まっていった。その間に、漢字崇拝者が「お山コ三里」という文字をあてたりしたが、本来の意味とは全く異質なので、本書では、はやし詞そのままの片仮名書きへ戻しておく。

今日、早間の唄い方とのんびりした唄い方の二通りがあるが、本来は踊り唄なので、のんびりしたものではない。のんびりした節まわしは、山田美津子が、「望郷お山コ三里」として哀愁深い節作りをし、舞台で唄った、それが広まったものである。

節まわしの型　今日広く唄われている節まわしは、早間のものが角館のもの、のんびりした、哀調のものが山田美津子のものである。

補足　角館には「オヤマコシャンリン」と呼ぶ人もいるが、これは「サ」の発音が苦手なためで、正式には「オヤマコサンリン」である。

喜《き》代《よ》節《ぶし》

〽〔音頭取り〕①床《とこ》に掛《か》け物《もの》　③七福神《しちふくじん》よ
〔音頭取り・④同席者〕庭《にわ》に松竹《まったけ》　鶴《つる》と亀《かめ》
〔音頭取り〕これの
〔音頭取り・同席者〕座敷《ざしき》に　舞《ま》い遊《あそ》ぶ
祝《いわ》いましたや　鶴《つる》の声《こえ》

〽これの御門《ごもん》に　白斑《しろぶち》の鷹《たか》
⑤御知行増《ごちぎょうま》されと　巣《す》をかけた
年《とし》の暮《く》れには　⑥五万石《ごまんごく》
祝《いわ》いましたや　この⑦君《きみ》よ

〽これのお⑧坪《つぼ》に　⑨紫竹《しちく》の竹《たけ》よ
節《ふし》は九《ここの》つ　葉《は》は七《なな》つ
いつか日《ひ》をみて　伐《き》り初《そ》めて
⑩綾《あや》や⑪錦《にしき》の　掛《か》け竿《ざお》に

〽これの館《やかた》の　田《た》の⑫水口《みなくち》に
咲《さ》いたる花《はな》は　なに花《ばな》だ
黄金《こがね》の花《はな》か　米《よね》の花《はな》
はては⑬身上《しんしょ》の　あがり花《ばな》

〽謡《うた》い初《ぞ》めには　⑭浦島太郎《うらしまたろう》
銀《ぎん》の盃《さかずき》　取《と》り出《いだ》し
黄金銚子《こがねちょうし》で　⑮泉酒《いずみざけ》
命《いのちなが》永らえと　飲《の》ませたい

注①床の間。
②掛け軸。
③福徳をもたらす七体の神。恵比須《えびす》・大黒天・毘沙《びしゃ》門《もん》天・弁財天・布袋《ほてい》・福禄寿・寿老人。
④祝い座敷の同席者。
⑤将軍や大名から俸給として家臣に与えられる土地が増えるようにと。
⑥〔一石は二・五俵〕十二万五千俵の米（約九千キロトル《リットル》）が収穫できる土地。
⑦殿様。
⑧坪庭。建物や塀で囲まれた、小さな庭。
⑨中国から伝来した淡竹《はちく》の栽培変種で、稈《かん》が黒紫色の竹。黒竹。
⑩交差させた縦糸または横糸の浮きが布面に斜線となって表れた絹織物。
⑪金銀糸や色糸を縦横に交差させて美しい模様を織り出した、厚手の絹織物。
⑫水の取り入れ口。苗代の水口に松・椿・つつじなどの枝を立てて田の神をまつり、この枝を水口花という。
⑬この家の財産が増えて、家格が上がっていくしるし。
⑭謡曲「浦島」。
⑮地下から湧き出す、不老不死の酒。

秋田県の祝い唄。秋田県中東部の旧城下町角館《かくのだて》（仙北市角館町）を中心とする一円の農村の人たちが、祝いの席で唄ってきたものである。

唄の履歴　この唄の源流は不明である。しかし、節の感じでは、山形県を中心に、秋田県・宮城県下で唄われている唄、『七階節』『いざやまき』『三階節』『やすとこ』などと同系統である。江戸の歌舞伎踊りの唄か、上方の踊り唄のようなものが、武士か町人によって東北地方へ伝えられてしだいに農村部にも広まり、やがてその亜流のような形の唄が派生していったのではないかと思われる。したがって、年代は定めにくいが、江戸時代中期前後のものであろう。そして、本来は三味線の伴奏や踊りがついていたと考えられるが、農村では謡曲代わりとして用いられたようである。

なお、この唄は「ザックラ節」とか「きよ節」と呼ばれていた。「大判小判がザックラ」のような文句があったか、富が「ザックラ」になるように「ザックラ　ザックラ」というはやし詞がついていたのではないかと思われる。また、今日「きよ節」に「喜代」（代を喜ぶ）という文字をあてて曲名としている。これは、ひょっとしたら「京節」、すなわち京都方面から伝わった唄とか、京風の唄とかいった意味合いであったのかもしれない。

その『喜代節』を、戸沢竹蔵という俚謡の伝承者が覚えていて、婚礼の太夫役として好んで唄っていた。それを「仙北歌謡団」の小玉暁村や黒沢三一が覚えた。その両人の唄を武田忠一郎が楽譜にして「東北民謡集」（日本放送協会編）に載せた。

一九六六年正月、NHK秋田放送局が「七草リレー放送」というラジオ番組を作るについて、正月の祝い唄としてふさわしいものを探した時、武田が採譜した黒沢の唄の楽譜を元に復元が行われた。復元の役を引き受けたのは佐々木実で、オルガンで音に戻し、三味線の手をつけていった。そして、放送は長谷川久子の唄で行われた。しかし、三味線伴奏をつけたせいか、旧来の息継ぎの箇所が変わり、謡曲風の感じも除かれてしまった。

その後まもなく、秋田の珍しい唄ばかり拾って唄う、秋田県出身で東京都在住の民謡家角田正孝《かくたまさたか》が東芝レコードに吹き込み、以来、東京を中心に、民謡の発声のできない、細い声の人たちの間に広まった。これからは、もう一度、俗曲風ではなく、謡曲風の祝い唄へ戻すほうがよい。

節まわしの型　今日広く唄われている節まわしは、角田正孝のものである。

久保田節《くぼたぶし》

〽エエー①岳《だけ》の白雪《しらゆき》　朝日《あさひ》で融《と》ける
アァー融《と》けて流《なが》るる　ヤレッサエー②旭川《あさひかわ》

〽旭川《あさひかわ》から　流《なが》れて末《すえ》は
秋田《あきた》③おばこの　化粧《けしょ》の水《みず》

〽④雄物下《おものくだ》れば　お蔵《くら》が見《み》える
出船《でふね》入《い》り船《ふね》　⑤港町《みなとまち》

〽東《ひがし》⑥太平《たいへい》　西《にし》⑦高清水《たかしみず》
間《あい》の⑧城山《しろやま》　⑨佐竹様《さたけさま》

〽⑩男鹿《おが》の島山《しまやま》　波間《なみま》に浮《う》かぶ
夕日照《ゆうひて》る照《て》る　⑪向浜《むかいはま》

〽⑫油湧《あぶらわ》く湧《わ》く　櫓《やぐら》が繁《しげ》る
国《くに》も栄《さか》える　宝井戸《たからいど》

〽山《やま》は太平《たいへい》　稲穂《いなほ》が実《みの》る
実《みの》る稲田《いなだ》は　⑬広山田《ひろやまだ》

〽⑭新屋《あらや》よい所《とこ》　米蔵《こめぐら》建《た》てて
酒《さけ》は名《な》に負《お》う　⑮新屋酒《あらやざけ》

注①高い山。秋田市北東端の太平山（一一七一メートル）のこと。山頂に太平山三吉《みよし》神社の奥宮がある。
②太平山に発して秋田市内を南西流し、雄物川へ注ぐ川（約四九キロ）。
③年頃の娘。
④雄物川。秋田県南東部の山地に発して横手盆地を北西流し、秋田市西部で日本海へ注ぐ川（約一四九キロ）。
⑤土崎港（現秋田港）。秋田市土崎の、旧雄物川河口にある。県下最大の港。
⑥太平山。
⑦現秋田市中西部の地名。標高三〇～五〇メートルの台地で、奈良時代から秋田城があった所。
⑧秋田藩主佐竹氏の居城（久保田城）のあった所。現千秋公園。
⑨秋田藩主。常陸《ひたち》の国の領主佐竹義宣が、関ヶ原の戦いで徳川方に参軍せず、一六〇二年に秋田へ転封。二〇万五千石に減封されたが、以後明治維新まで一二代相承。
⑩男鹿半島。秋田県中西部の、日本海へ突き出た半島。
⑪現雄物川河口と旧流の間の砂丘地帯。
⑫石油。
⑬秋田市北東部の地名。
⑭秋田市南西部の地名。
⑮新屋表町には、黄金井酒造・新政酒造などの酒蔵が軒を連ねる。

秋田県の、酒盛り唄形式の新民謡。秋田県の中西部、雄物《おもの》川の北岸に開けた佐竹藩の旧城下町秋田を詠んだ新民謡である。

「久保田」は、秋田市の旧地名。曲名は、本来なら「秋田節」とでもするべきところであったが、それでは語呂が悪いし、風情もない。そのため、一六〇三年に佐竹義宣が神明山（現在の千秋公園）に城を築いて以来明治維新まで呼んできた旧地名を取ったものである。

唄の履歴　一九五〇年一一月二五日、秋田市で開かれた「供米完遂大会」が終わって、その慰労会が川反《かわばた》の料亭「たまもと」で催された折りに、時の秋田市長児玉政介が、女中から硯《すずり》を借り、一気にさらさらと書きあげたのが『久保田節』の歌詞である。しかし、それがすぐ『久保田節』になったのではなく、その後、児玉政介が市長を退任する一九五二年に退任記念に新民謡を作ることになり、先の歌詞を利用したのである。

曲は、当時秋田民謡の第一人者であった永沢定治が作ったが、その翌年に死亡してしまったため、詳しいことは、今日となっては不明である。

節まわしの型　今日広く唄われている節まわしは、山田美津子あたりのものが中心になって、しだいにまとまってきたようである。

正調《せいちょう》生保内節《おぼないぶし》

〽吹《ふ》けや生保内東風《①おぼねだし》　七日《なのか》も八日《ようか》も
吹《ふ》けば宝風《②たからかぜ》ノー　稲実《いねみの》る
（コイィ　コイ　コイ　コイトー）

☆〔歌詞は『生保内節』と共通〕

注①田沢湖の北東方にそびえる秋田駒ヶ岳から吹きおろしてくる東風。「おぼね」は「おぼない」の訛り。
②豊作をもたらし、人々に恵みを与える風。

秋田県の酒盛り唄。秋田県中東端の生保内（現仙北《せんぼく》市内）の人たちが、酒席で唄ってきたものである。生保内は、仙岩峠越えに旧南部藩領の盛岡（岩手県盛岡市）へ通じる秋田街道の、秋田県側最後の宿場町であった。

唄の履歴　この唄は、『生保内節』（一二二ページ）の旧節と考えるのがよいであろう。『生保内節』は『正調生保内節』より先に世間に広く知られるようになったが、それは次のような事情による。現仙北市角館《かくのだて》町の祭礼の「桟敷《さじき》踊り」に『生保内節』が取り上げられると、「仙北歌謡団」の小玉暁村がオルガン伴奏用に、平板な節に手直しした。その曲に西宮徳末《とくすえ》が三味線の伴奏をつけたが、それは今日の『正調生保内節』の「新節」的なものであった。

それに反発した生保内では、田口秀吉が中心になり、これが本物という考えで普及を計り始めた。一九五五年、田口は、「田沢湖町郷土芸術振興会」を設立し、生保内の「生保内節」（今日の『正調生保内節』）の保存・普及を開始した。それに参加した田口キヨノが、老人から習った節まわしを元に、本人も三味線をひくため、しだいに端唄風の「田口節」にまとめあげていった。昭和四〇年代（一九六五～）に入ると、生保内の活動も注目をあびるようになり、放送などにも登場するようになったが、それは「生保内節元唄」という扱いであった。

ところが、一九六六年八月四日の「ふるさとのうたまつり」（ＮＨＫＴＶ）に田口キヨノが登場したあたりから、地元では「元唄」とか「旧節」という扱いを嫌い、これこそ正統の節まわしなりという意識が目立ち始め、『正調生保内節』の名が生まれた。そして、一九六八年五月九日、五星会の長谷川久子が、三味線佐々木実・太鼓佐々木常雄・はやし詞千葉良子《よしこ》で、コロムビアレコードに初の吹き込みをした。「近頃、生保内ではやり始めてきた」というのが、その時の佐々木常雄の話であった。それから二年後の七〇年に田口キヨノの唄がレコード化された。

節まわしの型　今日広く唄われている節まわしは、長谷川久子のものである。

仙北《せんぼく》にかた節《ぶし》

定型

〽ハァー義理《ぎり》に詰《①つ》まれば　鶯鳥《うぐいすどり》も
梅《うめ》を離《はな》れて　藪《やぶ》で鳴《な》く

〽さすぞ盃《さかずき》　中見《なかみ》てあがれ②
中《なか》に鶴亀《つるかめ》　五葉《③ごよ》の松《まつ》

〽恵比須《④えびす》大黒《⑤だいこく》　車《くるま》に乗《の》せて
鶴《つる》と亀《かめ》とに　曳《ひ》かせたい

〽障子開《しょうじあ》ければ　紅葉《もみじ》の座敷《ざしき》
鶴《つる》のはやしで　亀踊《かめおど》る

秋田県

〽今日《きょう》は吉日《⑥きちにち》　日柄《⑦ひがら》もよいし
いつもこのよに　暮《く》らしたい

〽目出度《めでた》いものは　胡桃《くるみ》の花《はな》よ
長《⑧なが》く咲《さ》いても　末丸《⑨すえまる》く

〽一《いち》に嫁取《よめと》り　二《に》に孫《まご》もうけ
三《さん》に七《なな》つの　蔵建《くらた》てる

〽早稲《⑩わせ》は三升穫《さんじょど》り　中稲《⑪なかて》は七升《ななしょ》
まして晩稲《⑫おくて》は　箕《⑬み》で計《はか》る

〽身《み》には菰着《こもき》て　縄帯《なわおび》しても
心《こころ》濁《にご》らぬ　樽《たる》の酒《さけ》

五字冠り

〽元日《がんじつ》に
鶴《つる》の音《ね》を出《だ》す　あの井戸車《⑭いどぐるま》
瓶《かめ》(亀)に汲《く》み込《こ》む　若《⑮わか》の水《みず》

〽新玉《⑯あらたま》の
年《とし》の初《はじ》めに　筆《⑰ふで》とり初《そ》めて
万《よろず》の宝《たから》を　かき集《あつ》め

〽床《とこ》の間《ま》に
飾《かざ》り置《お》いたる　松竹梅《しょうちくばい》は
小野小町《⑱おののこまち》の　筆《ふで》の跡《あと》

〽炭俵《すみだわら》
元《もと》をただせば　野山《のやま》の薄《すすき》
月《つき》と遊《あそ》んだ　こともある

〽朝顔《あさがお》の
花《はな》のようなる　盃《さかずき》欲《ほ》しい
今日《きょう》も咲《さ》け(酒)咲《さ》け　明日《あす》も咲《さ》け

〽つばくろは⑲
五軒《ごけん》真《ま》ん中《なか》に　巣《す》を組《く》みおいて
黄金《こがね》くわえて　巣《す》に運《はこ》ぶ

〽高砂《⑳たかさご》の
松《まつ》の下葉《したば》の　行《ゆ》く末見《すえみ》れば
二人並《ふたりなら》んで　共白髪《ともしらが》

〽からからと
大戸《おおど》のくぐり㉑　開《あ》けるは誰《たれ》ぞ
誰《たれ》であるまい　福《㉒ふく》の神《かみ》

注①「迫れば」は誤り。
②召しあがれ。

③五葉松。マツ科の常緑高木。山地に自生。高さ三〇メートルになるが、庭木や盆栽にする。針形の葉が五本ずつ小枝に密に束生し、夫婦と三人の子にたとえて一家繁栄の象徴とされる。
④七福神の一。福徳・漁・商売繁昌などの神。右手に釣り竿を持ち、左手で鯛を抱える。
⑤大黒天。七福神の一。福徳・財宝・食物などの神。右手に打ち出の小槌《こづち》を持ち、左肩に大きな袋をかつぎ、米俵二俵の上に立つ。
⑥なにかをするのに縁起のよい日。
⑦暦の上での、その日の縁起のよしあし。
⑧細長い、房のような花が咲く。薄緑色で、栗の花に似ている。
⑨その実は、花の形と異なって丸い。末は円満に、の意。
⑩稲の品種で、早期に実るもの。
⑪稲の品種で、標準時期に実るもの。
⑫稲の品種で、標準時期より遅れて、秋も遅くなって実るもの。
⑬穀物を入れて上下にふるい、殻やごみを除くための農具。豊作なので、枡で正確に計らずに、箕で大ざっぱに計る、の意。
⑭井戸の上に吊るして綱をかけ、つるべを上下させるのに用いる滑車。「車井戸」とも。
⑮若水。元日の朝に、その年初めて井戸から汲んだ水。霊力が宿っていると考えられ、年神に供え、調理やお茶に用いる。
⑯「年」に係る枕詞。
⑰その年に初めて字を書くこと。書き初め。
⑱平安時代前期の女流歌人。六歌仙の一。絶世の美女で、秋田生まれというが、不詳。
⑲つばめ。
⑳現兵庫県高砂市の高砂神社にある相生の松。根元から黒松（男松）と赤松（女松）が分かれ出ており、仲がよく、長生きする夫婦にたとえられる。
㉑くぐり戸。家の表口の大きな戸の一角に作られた

出入り口の戸。通用口で、かがんで出入りする。
㉒人に幸せや利益をもたらす神。七福神など。

秋田県の祝い唄。秋田県中東部（仙北《せんぼく》地方）の農村の人たちが、婚礼などの祝いの席で唄ってきたものである。

唄の履歴　この唄の源流は、新潟県下の『越後《えちご》松坂』（三九三ページ）である。それは、のちに「〽新潟松坂　習いたかござれ…」などの唄い出しから「新潟節」（訛《なま》って「にかた節」）と呼ばれた。その唄が帆船の船乗りや、瞽女《ごぜ》や座頭など盲目の遊芸人によって日本中へ広められ、秋田県の仙北地方に伝えられたものは、種々の祝いの席で唄われている。

ところで、この「にかた節」は仙北地方の祭礼の「掛け唄大会」でも用いられていたが、本来、祝い唄で、神社へ奉納するには格好の唄と考えられていたのであろう。したがって、「掛け唄」（二〇一ページ）としての「にかた節」は、遊びの唄ではなく、「祭礼祝い唄」と見るほうがよい。

なお、「にかた節」に「荷方節」という漢字をあてるのは、荷物運びの仕事唄を連想させるので、よくない。

さて、その「にかた節」、太平洋戦争後に、永沢定治・浅野梅若のコンビによって『秋田にかた節』（一二二ページ）が世に出てくると、それと区別するため、『仙北にかた節』と呼ぶようになった。それ以前は、室内で唄うものは「座敷にかた」、屋外で野良仕事の時などに唄うものは「草刈りにかた」などと呼んでいたのである。

今日の『仙北にかた節』は「座敷にかた」である。この唄には、前奏と間奏に三味線の曲びきまがいの部分がついており、唄の部分は尺八の伴奏に替わる。これは、瞽女や座頭がひき語りで唄っていた時代の名残りである。つまり、唄う時は三味線をひいていられないので、本来は無伴奏であったが、のちにそこへ尺八を加えたものである。

節まわしの型　今日広く唄われている節まわしは、黒沢三一あたりのものなのであろう。

大正寺《だいしょうじ》おけさ

〽①おけさアー　おけさ何《なに》する　②行灯《あんどん》の陰《かげ》で
③忍《しの》ぶ男《おとこ》のサァーマー　帯《おび》くける
（アリャサー　アリャサー）

〽おけさどこへ行《ゆ》く　徳利《とっくり》さげて
④晩《ばん》げ父《とと》飲む　酒《さけ》買《か》いに

〽おけさ十八《じゅうはち》　花《はな》なら蕾《つぼみ》
誰《たれ》に咲《さ》くやら　気《き》にかかる

〽おけさどこへ行《ゆ》く　あの山越《やまこ》えて
遠《とお》い親元《おやもと》　逢《あ》いに行《ゆ》く

〽ドンと叩《たた》いた　太鼓《たいこ》の音《おと》に
さァさ踊《おど》ろよ　おけさ節《ぶし》

〽鮭《さけ》の⑤子《こ》ごもり　⑥江戸《えど》まで上《のぼ》る
上《のぼ》る大正寺《だいしょうじ》　おけさ節《ぶし》

〽鮎《あゆ》は⑦瀬《せ》につく　鳥《とり》や木《き》に留《と》まる
人《ひと》は情《なさ》けの　下《した》につく

注①出雲崎（新潟県三島郡出雲崎町）にいた遊女の名という説もあるが、不詳。船乗り相手の、港の女ぐらいに考えておくほうがよい。
②竹や木の枠に紙をはり、中に火をともす照明具。
③ここを「可愛い妹の」とするのは、色事めいた歌詞を敬遠して、伊藤要が替えたもの。
④「今夜父の飲む」とも。
⑤腹に卵を抱えていること。
⑥現東京都東部。江戸幕府の所在地。
⑦川の流れの速い所。

秋田県の酒盛り唄。秋田県の中西部、それも雄《お》物《もの》川の下流にあって、船着き場を持つ農村大正寺（現秋田市雄和《ゆうわ》町内）の人たちが、酒席で唄ってきたものである。

唄の履歴　この唄の源流は、九州天草《あまくさ》の牛深《うしぶか》港（熊本県天草市牛深町）で生まれた『牛深はいや節』（六七四ページ）である。それが、海路日本中へ広まり、越後《えちご》（佐渡島を除く現新潟県全域）では「おけさ」という女性を唄った歌詞と結びついた（➡四一三ページ）。

その「おけさ節」が、新潟県下のみならず東北地方へも広まったが、秋田県下には、海路、金浦《このうら》港（にかほ市金浦）や土崎港（秋田市土崎）まで運ばれたのであろう。そして、金浦経由なら陸伝いに、土崎経由なら雄物川の川船によって大正寺へと伝えられたものと思われる。大正寺の人たちは、その唄を酒席で唄ったが、また、新波《あらわ》神社の祭礼に、境内で唄い踊って奉納した。

一九六六年三月一八日、東京神田の駿河台《するがだい》ホテルに宿泊中の浅野梅若（大正寺出身）から、筆者（竹内勉）は大正寺の「おけさ」の三味線伴奏だけ聞き出した。その後、六八年四月一六日に、大正寺で、伊藤文治（一九〇四年生まれ）に思い出してもらって唄を録音した。このテープを元に、同年一一月八日、唄浅野和子・三味線浅野梅若・尺八加藤昇風・太鼓浅野若子で、コロムビアレコードに吹き込んだ。その際、伊藤要が、前掲一首目の歌詞の一部を手直しし（⬇注③）、数首を補作した。曲名は「秋田おけさ」として発売になったが、それから二、三年後に『大正寺おけさ』と改名され、今日に至っている。

なお、越後地方の「おけさ」は、「〽おけさエーおけさ何する…」のように、七七七五調の歌詞の唄い出し三音を独立させた形で唄い始める。したがって、前掲五首目の「ドンと叩《たた》いた…」のような歌詞だと「〽ドンとエー」と唄い始めるのであるが、『大正寺おけさ』では、歌詞に関係なく、「〽おけさエー」と唄い始める。

節まわしの型　今日広く唄われている節まわしは、伊藤文治の録音を元にして浅野和子が唄ったものである。

長者《ちょうじゃ》の山《やま》

〽盛《さか》る盛《さか》ると（ハイ　ハイィ）　①長者《ちょうじゃ》の山盛《やまさか》
るナー
（ハイ　ハイィ）
盛《さか》る長者《ちょうじゃ》の山《やま》　サァサ末永《すえなが》くナー
（ハイィ）

〽山《やま》さ②野火《のび》ついた　沢《さわ》まで③焼《や》ける
なんぼか蕨《わらび》コ　④ほけるやら

〽山家深山《さんかみやま》の　⑤真蔓葡萄《さなづらぶどう》コ
⑥わけのない木《き》に　からまらぬ

〽たとえ山中《やまなか》　三軒家《さんげんや》でも
住《す》めば都《みやこ》の　風《かぜ》が吹《ふ》く

〽縁《えん》は切《き》れても　間《ま》のよい時《とき》は
情《なさ》け言葉《ことば》を　掛《か》けてけれ

〽⑦忘《わす》れ草《ぐさ》とて　植《う》えてはみたが
思《おも》い出《だ》すよな　花《はな》が咲《さ》く

〽齢《とし》はゆけども　気《き》は若柳《わかやなぎ》
いつかこの気《き》(木)が　失《う》せるやら

〽わしとお前《まえ》は　鳥居《とりい》の柱《はしら》
肩《かた》を並《なら》べて　⑧ままならぬ

〽お前若竹《まえわかたけ》　わしゃ梅《うめ》の花《はな》
ともに⑨高砂《たかさご》　松《まつ》(待つ)ばかり

〽ここの座敷《ざしき》に　生《は》えたる藤《ふじ》は
藤《ふじ》と思《おも》たら　黄金蔓《こがねづる》

〽山家深山《さんかみやま》の　あの朧月《おぼろづき》
声《こえ》も届《とど》かぬ　ほととぎす

〽年《とし》の初《はじ》めに　⑩縄《なわ》ない初《そ》めて
継《つ》ぎ目《め》継《つ》ぎ目《め》に　金《かね》がなる

〽今日《きょう》はいかなる　⑪吉日《きちにち》なるか
黄金《こがね》混《ま》じりの　⑫霧《きり》が降《ふ》る

〽お父様《とさま》　⑬大黒《だいこく》　お母様《かさま》⑭恵比須《えびす》
参《まい》るお客《きゃく》は　⑮福《ふく》の神《かみ》

〽踊《おど》るお庭《にわ》を　ドンドと踏《ふ》めば
粋《いき》な⑯雪駄《せつだ》の　⑰緒《お》が切《き》れる

〽来《こ》いと七声《ななこえ》　来《く》るなと八声《やこえ》
あとの一声《ひとこえ》　気《き》にかかる

注①現秋田県中東部では、大小の金山が発見されて、多くの長者が生まれた。
②野山の枯れ草を焼く火。春先に、草の芽がよく出るように、また、害虫駆除のために焼くもの。
③「焼けた」と唄う人が多いが、「焼ける」だと、焼けていくのを目の前にしている感じが出る。
④生える。
⑤山葡萄。
⑥なんの関係もない木。ただ近くにあるというだけの木。
⑦藪萱草《やぶかんぞう》の別称。ユリ科の多年草。草原に自生。夏、細長い葉の間から八〇㌢ほどの花茎を立て、先に赤黄色の花を次々につける。花は八重の一日花で、朝開花し、夕方しぼむ。
⑧思うようにならない。
⑨現兵庫県高砂市。一帯は松の名所であった。また、謡曲「高砂」の一節が結婚式で小謡《こうたい》として謡われるので、結婚式を待つ、の意を掛ける。
⑩農家の仕事始めの儀礼。正月二日や小正月などに行う。
⑪なにかをするのに縁起のよい日。
⑫朝霧が降ると、日中はよい天気になる。
⑬大黒天。七福神の一。福徳・財宝・食物などの神。右手に打ち出の小槌《こづち》を持ち、左肩に大きな袋をかつぎ、米俵二俵の上に立つ。
⑭七福神の一。福徳・漁・商売繁昌などの神。右手に釣り竿を持ち、左手で鯛を抱える。
⑮人に幸せや利益をもたらす神。
⑯せった。竹皮の草履の裏に獣の革をはったもの。
⑰鼻緒。

秋田県の手踊り唄。秋田県の中東部、旧城下町角館《かくのだて》（仙北《せんぼく》市角館町）と周辺の人たちが、祭礼の「桟敷《さじき》踊り」で唄い踊ってきたものである。（祭礼と「桟敷踊り」については九五ページ参照）

唄の履歴　この唄の源流は、江戸時代後期から明治時代に日本中で大流行した「甚句《じんく》」である。その「甚句」の一種が、秋田街道の仙岩峠（秋田県と岩手県の境）近くにある国見温泉に湯治にきた老婆たちによって、「掛け唄」（二〇一ページ）として、「婆《ばば》踊り」の名で唄われた。そして、誰かが、

〽盛る盛ると　長者の山盛る
　盛る長者の山　今宵限り

という歌詞を作ったが、この皮肉な歌詞が人気を集め、『長者の山』と呼ばれるようになった。ところが、この文句は、遊びとしては大変面白いし、「掛け唄」としては傑作であるが、まじめな人には不向きで、いつか今日唄われるように、「今宵限り」が「末長く」に改められていった。そうした唄が秋田街道経由で生保内《おぼない》（仙北市内）へ伝えられ、酒盛り唄として唄われるうち、角館の「桟敷踊り」にも取り上げられた。

その『長者の山』を黒沢三一（現大仙市太田町出身）が、一九三五年頃、「仙北歌謡団」を主宰する小玉暁村の勧めでコロムビアレコードに吹き込んだ。しかし、黒沢は「掛け唄」時代のことをよく知っていてか、なかなか唄いたがらなかった。

節まわしの型　今日広く唄われている節まわしは、黒沢三一のものである。

ドンパン節《ぶし》

〽唄《うた》コで夜明《よあ》けた　我《わ》が国《くに》は
①天《あま》の岩戸《いわと》の　初《はじ》めより
尺八《しゃくはち》三味線《しゃみせん》　笛太鼓《ふえたいこ》
忘《わす》れちゃならない　郷土《くに》の唄《うた》
（ドンドン　パンパン　ドンパンパンパン
　ドンドン　パンパン　ドンパンパンパン
　ドドパパ　ドドパパ　ドンパンパン）

〽唄《うた》コ聞《き》くなら　黙《だま》って聞《き》け
上手《じょうず》もあれば　下手《へた》もある
みんなもここさ来《き》て　唄《うた》ってみれ
なかなか思《おも》うよに　いがねェもんだ

〽娘山《あねやま》さ行《い》ぐが　行《い》がねがや
今蕨《いまわらび》っコ　盛《さか》りだ
酒屋《さかや》の本当《ほんと》に　いいところ
②一瓢《ひとふくべ》っコ　背負《しょ》いかけて

〽踊《おど》り踊《おど》らば　俺唄《おらうた》う
みんな輪《わ》になれ　揃《そろ》ったら
ドンパン踊《おど》りを　始《はじ》めるぞ
それ打《う》てやれ打《う》て　大太鼓《おおだいこ》

秋田県

〽自慢《じまん》コするなら 負《ま》けないぞ
お酒《さけ》は本場《ほんば》 米本場《こめほんば》
秋田《あきた》の③蕗《ふき》は 日本一《にほんいち》
④小野小町《おののこまち》が 出《で》た所《ところ》

〽踊《おど》りやるなら 俺唄《おらうた》う
太鼓叩《たいこたた》いて 景気《けいき》よく
本当《ほんと》にそうだよ その意気《いき》で
手拍子揃《てびょうしそろ》えて 一踊《ひとおど》り

〽秋田《あきた》よい国《くに》 米《こめ》の国《くに》
女《おんな》のよいのは 日本一《にほんいち》
小野小町《おののこまち》が 出《で》た所《ところ》
お嫁《よめ》さん貰《もら》うなら 皆《みな》おいで

〽いつ来《き》てみても 井戸端《いどばた》で
きれいに咲《さ》くのは 菖蒲花《あやめばな》
秋田《あきた》の⑤おばこに よく似《に》てる
可愛《かわい》い花《はな》だよ 皆《みな》おいで

〽酒《さけ》飲《の》む人《ひと》は 可愛《かわい》いね
飲《の》んでくだ巻《ま》きゃ なお可愛《かわ》い
ふらりふらりと 九人連《くにんづ》れ
右《みぎ》に左《ひだり》に 四人連《よにんづ》れ

〽笑《わら》ってくれるな 俺言葉《おらことば》
⑥あのせこのせに ⑦そだなんす
言《い》うまいと思《おも》っても すぐに出《で》る
俺《おら》が秋田《あきた》の 国訛《くになま》り

〽朝間《あさま》に起《お》きれば 飲《の》みたがる
戸棚《とだな》の隅《すみ》コさ 手《て》コ入《い》れて
あちこち見《み》ながら 笑《わら》い顔《がお》
茶碗《ちゃわん》で五六杯《ごろっぱい》 知《し》らん顔《かお》

注①神代の昔から。「天の岩戸」は、神話で、天上界にある岩屋の戸。天照大神《あまてらすおおみかみ》（太陽神）が、弟の素戔嗚尊《すさのおのみこと》の乱暴な行動に怒ってこの岩屋にこもったため、世の中がまっ暗になった。神々は、その戸を開けるのに苦労した。
②瓢箪一つに一杯の酒。
③大形の蕗で、高さ二メートル、茎の直径五センチ、葉の直径一・五メートルに達する。一八四〇年頃、現秋田市仁井田で栽培し始めた。
④平安時代前期の女流歌人。六歌仙の一。絶世の美女で、秋田生まれというが、不詳。
⑤年頃の娘。
⑥「あのさ」と「このさ」と。
⑦そうですね。

秋田県の酒盛り唄。秋田県中東部に広がる仙北《せんぼく》地方の人たちが、酒席で、手拍子に合わせて唄ってきたものである。

別名 円満蔵甚句《えまぞうじんく》。

唄の履歴 この唄の源流は、『秋田甚句』（一〇四ページ）である。現大仙市中仙町豊川の大工円満蔵が、『秋田甚句』の伴奏のうちの鼓の打ち方を口譜《くちふ》にして口ずさんでいるうちに作り出したものである。

円満蔵は一八六八年の生まれで、本名を高橋市蔵という。一六歳で一人前の大工になり、一八歳の時には彫刻にまで手をのばし、「東北の左甚五郎」といわれた人である。「円満蔵」とは、その屋号であった。

円満蔵は生来の唄好きで、祭礼などの余興にも唄ったりしていたが、『秋田甚句』は三味線にのりにくい唄なので、これをなんとかしようと考えた。そこで、仙北地方で唄われている、『秋田甚句』の亜流である「娘《あね》コ節」のはやし詞「チェッ チェッ サイサイ チェッ サイサイ」にヒントを得て、鼓の音をまねて「ドンドン パンパァ ドンパンパァ ドンドンパンパンパァ ドンパンパァ ドドパパ ドドパパ ドンパンパァ」というはやし詞を作り、これで唄うようにしたようである。

こうしたことを円満蔵が思いつくには、秋田県と岩手県の県境、仙岩峠の西と東にある現仙北市生保内《おぼない》や現岩手郡雫石《しずくいし》町で唄われていた、『秋田甚句』くずしの酒盛り唄『ドドサイ節』の存在があった。この唄は、はやし詞が「ドンドンサイサイ ドドサイサイ ドンドンサイサイ サァーイ」というものである。

この円満蔵の唄が、奇妙なはやし詞から「ドンドンパンパァ」と呼ばれ、「円満蔵甚句」と呼ばれるようになったのは、一九三二、三三年頃のことらしい。その後、三五年頃になって、大工仲間の唄い手黒沢三一が今日の節まわしに近いものにまとめあげ、このあたりから三味線の伴奏もつくようになったようである。

さて、太平洋戦争後まもなく、三浦華月がこの唄を整理して小野峰月に唄わせ、レコードに吹き込ませた。曲名は「ドンドンパンパン」であった。そして、一九五三年には角田正孝《かくたまさたか》がキングレコードに吹き込み、それが急速に広まっていった。この時の曲名はまだ「ドンドンパンパン」であった。この呼び方は昭和三〇年代（一九五五〜）ぐらいまで続いた。しかし、その一方で、しまらない、長すぎる曲名に嫌気がさしたのか、五七年には地元秋田でも『ドンパン節』と呼ぶようになった。初代鈴木正夫は、この年に『ドンパン節』の名でビクターレコードに吹き込んでいる。この頃から、この唄は日本中で大流行し、秋田の民謡家たちは、舞台のフィナーレの唄に利用し始めた。

節まわしの型　今日広く唄われている節まわしは、黒沢三一の唄を元にして、秋田県下の男性民謡家たちがまとめあげてきたものである。

能代船方節《のしろふなかたぶし》

前ばやし

〽ヤッシー　ホイサー
（ヤッシー　ホイサー）
ヤサホーイ　サノサァ　エンヤラホー　エンヤー
（ハァ　エンヤー　ホイサー）

上の句

〽①能代橋《のしろばし》から
（ハァ　エンヤー　ホイサー）
沖眺《おきなが》むれば
（ハァ　エンヤー　ホイサー）

口説《くどき》

②三十五反《さんじゅごたん》の　帆《ほ》を捲《ま》いて
③米代川《よねしろがわ》に　入《はい》る時《とき》
大《おお》きな声《こえ》をば　張《は》り上《あ》げて
④ホラホーイ　サノサァ　エンヤラホー　エンヤー
（ハァ　エンヤー　ホイサー）

下の句

思《おも》い出《だ》しゃ　船乗《ふなの》り　エーやめられぬ
（ハァ　エンヤー　ホイサー）

〽能代《のしろ》よい所《とこ》　入《い》り船出船《ふねでふね》
千両万両《せんりょまんりょ》の　花《はな》が咲《さ》く
咲《さ》いた花《はな》なら　手折《たお》れもしようが
なぜにあの娘《こ》が　⑤手折《たお》られぬ
能代繁昌《のしろはんじょ》の　元《もと》じゃもの

〽⑥杉《すぎ》が名物《めいぶつ》　能代《のしろ》の港《みなと》
積《つ》んだる荷物《にもつ》は　⑦柾目板《まさめいた》
⑧大森稲荷《おおもりいなり》を　後《あと》に見《み》て
恋《こい》しい港《みなと》を　さして行《ゆ》く
波《なみ》は船頭衆《せんどしゅ》の　子守《こも》り唄《うた》

〽錨《いかり》おろして　東《ひがし》を見《み》れば
風《かぜ》が持《も》てくる　笛《ふえ》の音《ね》や
杉《すぎ》の香《かお》りの　ほどのよさ
男《おとこ》自慢《じまん》の　港柄《みなとがら》
七夕祭《たなばたまつ》りの　意味深《いみふか》く
港《みなと》能代《のしろ》の　男意気《おとこいき》

〽三十五反《さんじゅごたん》の　帆《ほ》をはらませて
寄《よ》せくる波《なみ》も　厭《いと》いなし
どうせ船乗《ふなの》り　渡《わた》り鳥《どり》
明日《あす》はいずこの　港《みなと》やら
鳴《な》くなまた来《く》る　浜千鳥《はまちどり》

注
①米代川に架かる、長さ三八〇メートルの橋。一八九九年に完成。以下、「船方節」共通の歌詞「日和山から沖眺むれば…」の替え唄。
②三五反の麻布で作った帆。一反は、幅二尺五寸（約七六センチ）、長さ二丈六尺（約七・九メートル）か八尺。千五百石積みぐらいの大型船の帆である。
③秋田県北東部の山地に発して西流し、能代市で日本海へ注ぐ川（約一三六キロ）。
④⬇解説。
⑤折って自分のものにすることができない。妻にできない、の意。
⑥秋田杉。良質の建材。
⑦木目が平行に通っている、上質の板。
⑧大森稲荷神社。能代港の東方、清助町の現能代公

園内にあった。

秋田県のお座敷唄。秋田県の北西部、それも米代《よねしろ》川が日本海へ注ぐ河口に開けた港町、能代（能代市）の花柳界の宴席で、千石船の船乗り相手の女たちが唄ってきたものである。

別名　能代船唄（⬇後記）。

唄の履歴　この唄の源流は『さんこ節』（五六一ページ）である。それが、のちに『出雲節《いずも》』となり、さらに「船方節」となった（⬇四一七ページ）。その唄が、海路、能代港にも伝えられたのである。

その能代の「船方節」では、唄の途中に「掛け声」が挿入されており（中段一〇行目）、それが特徴となっている。この掛け声は、千石船が伝馬船を降ろし、港入りする折りの櫂漕《かいこ》ぎ唄のものであるが、能代で生まれたものではない。山形県酒田《さかた》市の花柳界に伝わる『酒田船方節』の、

〽酒田の日和山《ひよりやま》　みな米ならば
伝馬降ろして　櫂《かい》をさし
ソーラホーイ　サーノサー
エンヤラホーエーヤ
ソーラホーイ　サーノサー
エンヤラホーエーヤ
ホーエー　サーノサー
エンヤラホーエーヤ
そう言《い》うて船頭さんが
ヤサコラサー（若い衆頼むと）　みな積ませ

を仕立て直したものである。ちなみに、『能代船方節』を初レコード化した大島とみ子の話では、前掲一首目の唄にはその掛け声が入っていたが、三首目の唄には入っていなかった、しかし、入れたり入れなかったりはおかしいので、全部入れるようにしたという。このことから見ても、この掛け声は一首目の歌詞にだけ加えていたもので、唄の形式として付いていたのではなかったのである。

さて、この唄は「能代船唄」とも呼ばれている。それは、この掛け声部分や「前ばやし」などから、能代の人たちが、この唄は船漕ぎ唄であると考えたためと思われる。しかし、「船方節」系統の唄は、日本各地の港に花柳界のお座敷唄として伝わっており、酒田の「船方節」もお座敷唄である。能代の酒席でも、客の船乗りたちが船を漕ぐまねをして見せるようなことがあったであろう。したがって、能代の人たちの中に、だからこそ船を漕ぐのに都合のよい唄と考えて船漕ぎ唄に利用した人もいたかもしれない。しかし、分類上はお座敷唄と考えるほうがよい。そこで、筆者（竹内勉）は曲名をあえて『能代船方節』に改めておく。

その『能代船方節』を復活させたのは太平洋戦争後で、それもアマチュアの民謡会「能代鼓手蘭交会」である。この会が結成された折りに、会員の老人が記憶していた唄を元に復元した。そして、会長 袴田与四雄《はかまだよしお》の弟が三味線の伴奏をつけて、会員の間で唄い始めた。

その会の一員、大島とみ子が愛知県名古屋市の大会で加藤（現梅若）梅朝の伴奏で唄ったのを、キングレコードの掛川尚雄が聞き、一九六四年に吹き込ませた。それ以来、『秋田船方節』より唄いやすい「船方節」として広まっていった。

節まわしの型　今日広く唄われている節まわしは、大島とみ子のものである。

八《はち》郎《ろう》節《ぶし》

上　げ〔才蔵役〕

〽一《ひと》つとせ

本　唄〔太夫役〕

人《ひと》は一代《いちだい》　名《な》は末代《まつだい》よ
恋《こい》に上下《じょうげ》の　隔《へだ》てなし

納　め〔太夫役・才蔵役〕

①八郎様《はちろうさま》には　②田沢姫《たざわひめ》

〽二《ふた》つとせ
ふるいつくよな　田沢姫《たざわひめ》
③その身《み》は変《か》わらず　④幾千代《いくちよ》も
万《よろず》の神《かみ》へと　祈願《きがん》する

〽三《みっ》つとせ
皆《みな》さん⑤御承知《ごしょうち》の　⑥田沢湖《たざわこ》は
姫鱒名産《ひめますめいさん》　名《な》も高《たか》し
これぞ⑦辰子《たつこ》の　置《お》き土産《みやげ》

〽四《よっ》つとせ
よく聞《き》けや八郎《はちろう》と　いう人《ひと》は
⑧十和田《とわだ》の⑨奥入瀬《おいらせ》の　生《う》まれにて
元《もと》は十和田《とわだ》の　主《ぬし》なれど

〽五《いつ》つとせ
色《いろ》と恋《こい》との　争《あらそ》いに
⑩南祖坊《なんそぼう》に　うち敗《やぶ》れ
⑪男鹿半島《おがはんとう》へと　追《お》い出《だ》さる

〽六《むっ》つとせ
昔話《むかしばなし》に　聞《き》くなれば
冬《ふゆ》の寒《さむ》さを　しのぐため
⑫八郎田沢《はちろうたざわ》に　冬籠《ふゆごも》り

〽七《なな》つとせ
長《なが》き歴史《れきし》の　物語《ものがたり》
⑬三里《さんり》に⑭七里《しちり》の　この潟《かた》に
⑮ゴリの獲《と》れるは　アリャ不思議《ふしぎ》

〽八《やっ》つとせ
やれ出《だ》せ漕《こ》ぎ出《だ》せ　大漁船《たいりょぶね》
⑯八郎湖名産《はちろうこめいさん》　鰈《かれい》に鮒《ふな》
白魚《しらうお》に公魚《わかさぎ》　鰡鯰《ぼらなまず》

〽九《ここの》つとせ
ここは景勝《けいしょう》　第一位《だいいちい》
⑰男鹿島名所《おがしまめいしょ》　観光地《かんこうち》
十和田《とわだ》とともに　名《な》も高《たか》し

〽十《とお》とせ
時《とき》は観光《かんこう》の　時代《じだい》なり
新作民謡《しんさくみんよう》　八郎節《はちろうぶし》
三味《しゃみ》や太鼓《たいこ》で　唄《うた》い出《だ》せ

注①②⬇解説。「田沢姫」は辰子のこと。
③容姿が美しいままであるように。
④幾千年も。
⑤「御存知」は誤唱。
⑥秋田県の中東部にある。周囲約二〇キロ。水深は四二三・四メートルで、日本一。
⑦⬇解説。
⑧十和田湖。秋田・青森県境にある。周囲約四四キロ。
⑨奥入瀬渓谷。十和田湖北東部から流出する奥入瀬川の最上流部、湖から焼山までの部分。
⑩⬇解説。
⑪秋田県中西部の、日本海へ突き出た半島。
⑫⬇解説。
⑬約一一・八キロ。八郎潟の東西の長さ。
⑭約二七・五キロ。八郎潟の南北の長さ。
⑮鰍《かじか》の一種。小形の淡水魚で、全長一五センチほど。頭と口が大きく、ずんぐりした体形で、水底に棲む。「ゴリ」は、「三里・七里」と並べて「五里」としゃれたもの。
⑯八郎潟のこと。男鹿半島の付け根にあった湖。周囲約八一キロ、最深部で四・七メートル。約八割が干拓され、現在は広大な田園となっている。
⑰男鹿半島のこと。

秋田県の遊芸唄。秋田県下をまわって小さな歌詞集を売り歩く読売りたちが唄ってきたもので、題材は八郎潟《はちろうがた》伝説である。

その昔、八郎太郎は十和田湖の水を飲んで竜と化し、湖の主になった。しかし、熊野権現の修験者、南祖坊の法力に敗れて十和田湖を追われ、米代《よねしろ》川を下って八郎潟に住みついた。

一方、現仙北《せんぼく》市院内の神成沢に住む阿部三之丞《さんのじょう》の娘で、美人の辰子は、永遠に美しくありたいと願って、院内岳中腹の院内観音（現大蔵神社）へお百度参りを始めた。百日目の晩、観音様が現れ、「北方の泉を求めて行けば、その願いはかなうだろう。」とのお告げがあった。辰子はその泉を求めて岩清水まで来たが、のどがひどく渇き、水をゴクゴク飲み続けた。すると、辰子の姿はたちまち竜と化し、その前に、大鳴動とともに大きな湖ができた。それが田沢湖で、辰子の竜はこの湖の主になった。その後、辰子と八郎は深い契りを結び、冬は、八郎が僧に姿を変えて田沢湖で暮らすようになった。そのため、八郎潟は凍り、田沢湖は決して凍らなくなったという。

ところで、読売りには二派ある。一派は、昼間、町の辻などに立って、教訓的な文句を摺《す》った瓦版《かわらばん》を売る人たちである。もう一派は、二人か三人が一組になって、時には三味線ひきを加え、頭には笠をかぶるか置き手ぬぐいをし、着物は柄物の派手な格好に三尺帯を締め、襟《えり》には小さな提灯《ちょうちん》をさして唄本を売り歩くのである。唄本は、心中事件などを唄に仕組んだ歌詞を半紙二つ切り程度の瓦版に摺ったものである。これを左手に持ち、右手には簪《かんざし》のような、字突きと呼ばれるものを持ち、それで唄本をポンポンたたきながら、「読売り節」とか「心中節」と呼ばれる節にのせて唄い、売り歩く。『弥三郎節』（青森）も、その「読売り節」の一つである。

唄の履歴　この唄の源流は、読売りの人たちが唄っていた「読売り節」である。「読売り節」には、客が集まってから物語を語る「口説節《くどきぶし》」と、歩きながら唄って客を集めるための「一つとせ」とがある。

「一つとせ」は数え唄形式で、世の中の出来事などを一番から一〇番とか一五番までの歌詞に作って唄うもので、題材の多くが心中事件であったことから、「心中節」とも呼ばれた。そうしたものが読売りの人たちを通じて秋田県下にも伝えられ、県内の読売りによって唄われていた。その中に八郎潟伝説の歌詞があって人気を集め、いつかこの歌詞の唄を『八郎節』と呼ぶようになった。

ところが、読売りは、明治時代になるとしだいに姿を消し始め、大正時代末から昭和の初めですっかり絶え、『八郎節』もやがて忘れられていった。そうした中で、民謡家の鳥井森鈴（南秋田郡五城目町出身）が、一九五三年頃にこの唄を復活させ、七番以降の歌詞を補作した。しかし、それは、八郎潟伝説にちなんだものではなく、八郎潟の風景を詠んだ、観光用のものであった。

鳥井は、まもなくコロムビアレコードに吹き込み、それ以後、この『八郎節』は数え唄の面白さと、八郎潟伝説への興味とによって、しだいに広まっていった。

節まわしの型　今日広く唄われている節まわしは、鳥井森鈴のものである。

補足　一九六三年五月一日、五城目町の雀館《すずめたて》公園に、『八郎節』一番の歌詞を刻んだ記念碑が建立された。なお、七番以降の歌詞は、当時急造したもので、伝承民謡としては不向きである。旧来の歌詞を見つけて復元するか、八郎潟伝説を題材として新たに作詞するほうがよい。

ひでこ節《ぶし》

問い掛け唄〔男の唄い手〕

〽①十七八《じゅうしちはち》ナァー　今朝《けさ》のナー（ハイィ　ハイ）
若草《わかぐさ》（ハイィ）どこで刈《か》ったナー　コノひでこナー
（アラ　ひでこナァ　アラ　ひでこナー）

返し唄〔女の唄い手〕

どこで刈《か》ったナァ　②烏帽子《えぼし》ナー（ハイィ　ハイ）長嶺《ながね》の（ハイィ）その下《した》でナー
コノひでこナァー
（アラ　ひでコナァ　アラ　ひでこナー）

〽その下《した》で　③葛《くぞ》の若萌《わかも》え　④葉広草《はびろぐさ》
葉広草《はびろぐさ》　馬《うま》につければ　ゆさゆさと

〽ゆさゆさと　馬屋《まや》に降ろせば　みな黄金《こがね》
みな黄金《こがね》　うちの御亭主《ごていしゅ》は　出《で》て褒《ほ》める

〽十七八《じゅうしちはち》　沢《さわ》を登《のぼ》るに　笛吹《ふえふ》けば
笛吹《ふえふ》けば　峰《みね》の小松《こまつ》は　みな靡《なび》く
みな靡《なび》く　下通《したとお》る若《わか》い衆《しゅ》　⑤足淀《あしよど》む

〽⑥十七《じゅうしち》が　今年初《ことしはじ》めて　山登《やまのぼ》り
山登《やまのぼ》り　沢《さわ》の出口《でぐち》に　小屋掛《こやか》けて
小屋掛《こやか》けて　肩《かた》に鉞《まさかり》　腰《こし》に鉈《なた》
腰《こし》に鉈《なた》　⑦板屋花《いたやはな》の木《き》　⑧三重《さんじゅ》だな
三重《さんじゅ》だな　⑨伐《き》らせ給《たま》えや　山《やま》の神《かみ》
山《やま》の神《かみ》　早《はや》く出《だ》したや　⑩出戸浜《でとはま》に

〽よい酒《さけ》コ　親《おや》に飲《の》ませて　わが飲《の》めば
わが飲《の》めば　砂糖《さとう》か⑪甘草《かんぞう》か　⑫夏梨《なつなし》か
夏梨《なつなし》か　一夜造《いちやづく》りの　甘酒《あまざけ》か

注①十七、八歳の娘。年頃の娘のこと。
②烏帽子岳（一四七八メートル）。秋田県仙北市と岩手県岩手郡雫石《しずくいし》町の境にある。ただし、烏帽子岳は岩手県側の呼称。秋田県側では乳頭山と呼ぶ。「長嶺」は、里から見て、山の頂上部が横に長いもの。「日干し長根」は誤り。
③「くず」の訛り。葛は、豆科の、つる性の多年草で、山野に自生。葉の裏は白い。根から葛粉を取る。
④「萵苣（ちしゃ・ちさ）」の別称。「掻きぢしゃ」のこと。キク科の二年草で、高さ一メートルほど。茎に互生する葉を、下葉から掻き取ってサラダや酢あえにする。葉は苦味があるので湯を通すが、若い葉は生食用。茎は煮物用・漬け物用。中国原産。日本では平安時代から栽培されている。
⑤足が前へ進まない。
⑥十七歳の娘。
⑦板屋楓《かえで》と花楓。ともに楓科の落葉高木。板屋楓の

黄葉と花楓の紅葉は鮮やかなので、山の神の霊が宿っていると考えられ、山の人たちは大切にしてきた。

⑧木の枝が三段重ねだな。「三重棚」「三十棚」は誤記。

⑨本来の歌詞は「大沢小沢に　張りこめて　張りこめて」。

⑩現潟上《かたがみ》市天王町の地名。藩政時代、田沢湖周辺の人々は、年貢米の代わりに薪を納めた。玉川・雄物川を利用して河口の土崎（現秋田市内）へ運び、出戸浜の塩田の燃料にしたもの。

⑪マメ科の多年草。中国北部に自生。日本では、まれに栽培される。高さ約一メー《トル》。根に甘みがあるため甘味料にし、また、せき止め・痛み止め・解毒などの薬用とする。

⑫「青梨」の別称。梨の一品種。実は、皮の色が薄い緑色で、丸くて小形。

秋田県の手踊り唄。秋田県中東部の旧城下町角館《かくのだて》（仙北《せんぼく》市角館町）と周辺の人たちが、祭礼の「桟敷《さじき》踊り」で、娘たちの手踊りを加えて唄い踊ってきたものである。（祭礼と「桟敷踊り」については九五ページ参照）

別名　「秀子節」という漢字をあてるのは不適（➡後記）。

唄の履歴　この唄の源流は、岩手県の『そんでこ節』（一七一ページ）である。それは、野山の「歌垣《うたがき》」（➡二〇一ページ）で若い男女の「歌問答」に用いられていたが、のちには、山村の人たちが山の神へ捧げる唄となって東北地方各地へ広まった。そして、「そでこ節」「しょんでこ節」「しょんねこ節」「しょねこ節」「しゅでこ節」「しでこ節」「ひでこ節」などと呼ばれるようになった。

現秋田県仙北市・仙北郡地方に伝えられた唄は「しでこ節」『ひでこ節』と呼ばれているが、秋田県下でも、かつては野山での「歌問答」用の唄だったと思われる。それが、のちに酒席の酒盛り唄になり、さらに角館の祭礼の「桟敷踊り」に取り入れられると、娘たちの手踊りが加えられて、三味線・笛・太鼓・鉦《かね》の伴奏を伴う、今日の美しい節まわしに整えられた。

ところで、『そんでこ節』の「そんでこ」は「その手児《てこ》」の転で、「その乙女」「その若い娘」の意らしい。「歌問答」で、男が女たちに「その乙女はナ…」と問い掛けると、これに対して、一人の女が歌詞を即興で作って唄い返すのである。しかし、「そんでこ」の意味も、「しでこ」「ひでこ」の意味もわからなくなったため、山菜の「しおでこ」（牛尾菜）を唄った唄だと誤解されるようになった。

なお、曲名を「秀子節」と書くのは、唄の内容と関係のない女性名を「ひでこ」にあてたものなので、仮名書きにするほうがよい。

節まわしの型　今日広く唄われている節まわしは、角館の「桟敷踊り」用になってからのものである。

本荘追分《ほんじょうおいわけ》

〽ハァー①本荘《ほんじょう》（ハイ　ハイ）　ハァ名物《めいぶつ》（ハイ　ハイ）　ハー②焼《や》き山《やま》の（ハイ　ハイ）
ハァ蕨《わらび》ヨー
（キタサァー　キタサー）
焼《や》けば焼《や》くほど（ハイ　ハイ）　ハァ太《ふと》くなる
（キタサァー　キタサー）

〽あちらこちらに　③野火《のび》つく頃《ころ》は
梅《うめ》も桜《さくら》も　ともに咲《さ》く
〔小野紅葉作〕

〽④江戸《えど》で⑤関取《せきとり》る　本荘《ほんじょう》の米《こめ》は
おらが⑥在所《ざいしょ》の　田《た》で育《そだ》つ
〔小島彼誰作〕

〽⑦出羽《でわ》の富士《ふじ》見《み》て　流《なが》る筏《いかだ》
着《つ》けば本荘《ほんじょう》で　⑧あがり酒《ざけ》
〔豊島健彦作〕

〽流《なが》す筏《いかだ》に　御神酒《おみき》を乗《の》せて
下《くだ》る⑨子吉《こよし》は　春《はる》の川《かわ》

〽鈴《すず》の音《ね》頼《たよ》りに　峠《とうげ》を越《こ》せば
恋《こい》し本荘《ほんじょう》は　おぼろ月《づき》
〔以上二首、斎藤路光作〕

〽お酒《さけ》飲《の》む人《ひと》　花《はな》なら蕾《つぼみ》
今日《きょう》も酒《さけ》(咲け)酒《さけ》　明日《あす》も酒《さけ》

秋田県

〽⑩本荘《ほんじょう》二《に》万石《まんごく》　昔《むかし》の夢《ゆめ》よ
今《いま》は桜《さくら》の　花吹雪《はなふぶき》

〽⑪立石堂《たていしどう》の　立石堂《たていしどう》の坂《さか》
⑫ホロと泣《な》いたり　泣《な》かせたり

〽主《ぬし》は浮気《うわき》な　⑬田《た》ごとの月《つき》よ
どこに誠《まこと》を　照《て》らすやら

〽本荘追分《ほんじょうおいわけ》　聞《き》かせておいて
生《い》きた魚《さかな》を　食《く》わせたい
〔牧野好一郎作〕

〽本荘《ほんじょう》よい所《とこ》　海辺《うみべ》の町《まち》よ
山《やま》の宝《たから》を　船《ふね》で出《だ》す
〔斎藤安蔵作〕

〽本荘《ほんじょう》⑭古雪《ふるゆき》　⑮三筋《みすじ》の町《まち》よ
出船《でふね》入《い》り船《ふね》　引《ひ》き留《と》める
〔光風園牧夫作〕

〽本荘港《ほんじょうみなと》の　浮《う》き船《ふね》見《み》れば
⑯蝦夷《えぞ》地通《ちがよ》いの　宝丸《たからまる》
〔鈴木幸八作〕

〽⑰南無《なむ》や⑱大仏《だいぶつ》　⑲赤田《あかた》におわす
行《ゆ》こか⑳身《み》のため　主《ぬし》のため
〔大村幸七作〕

注①➡解説。
②山焼きをした山。春先に、山に火を放って枯れ草や害虫の卵を焼く。灰が肥料になり、蕨などがよく育つ。
③野山の枯れ草を焼く火。
④現東京都東部。江戸幕府の所在地。
⑤諸国の米の番付を作った時、大関の位になる。
⑥住んでいる所。また、故郷。「お国の」とも。「田圃の」は誤り。
⑦秋田県と山形県の境にそびえる鳥海山（二二三〇メートル）の別称。「出羽」は旧国名で、現秋田県・山形県全域。
⑧その日の仕事が終わって飲む酒。
⑨子吉川。鳥海山など秋田県南部の山地に発して北西流し、本荘で日本海へ注ぐ川（約六三キロ）。
⑩一六二三年、六郷兵庫頭政乗が二万石に封ぜられた。
⑪由利本荘市矢島町立石にある立石神社のこと。
⑫三八〇ページ上段、三音省略型一首目の歌詞の替え唄。
⑬山の斜面に作られた、小さな、狭い田一枚一枚に映る月。
⑭現由利本荘市古雪町。帆船時代の港町で、子吉川河口南岸にある。
⑮三味線の町の意で、花街のこと。
⑯明治以前の北海道の呼び名。
⑰大仏を信じ敬い、帰依すること。
⑱赤田の大仏。曹洞宗大徹派長谷寺にある十一面観音。高さ二丈六尺五寸。日本三大観音の一。
⑲由利本荘市北西部の地名。
⑳自分自身。

秋田県のお座敷唄。秋田県の南西部にある本荘（由利本荘市《ゆりほんじょうし》）の花柳界の宴席で、芸者衆が唄ってきたものである。本荘は、子吉川《こよし》の河口に開けた港町であり、酒田街道と本荘街道が分岐する宿場町であり、本荘藩二万石の城下町であった。

唄の履歴　この唄の源流は、信州追分宿《おいわけじゅく》（長野県北佐久郡軽井沢町追分）の飯盛《めしも》り女たちが、酒席で旅人相手に唄っていたお座敷唄「追分節」である（➡三八一ページ）。それは、江戸時代後期の文化・文政（一八〇四〜三〇）頃に、流行《はや》り唄として日本中へ広まり、この本荘にも伝えられた。

一九二五年になって、折りからの新民謡運動の影響を受けて、本荘生まれの俳人小島彼誰《かわたれ》が選者になり、鳥海新聞でこの唄の歌詞の懸賞募集を行った。そして入選したのが、前掲二首目の「〽あちらこちらに…」、四首目の「〽出羽の富士見て…」や、一一首目の「〽本荘追分　聞かせておいて…」などであった。

その『本荘追分』、昭和時代（一九二六〜）に入ると、現にかほ市金浦《このうら》の加納初代がコロムビアレコードに吹き込むなどして広まっていった。その後、森八千代などによって、節まわしがしだいに舞台用の華麗なものになっていったが、一九五七年、「NHKのど自慢全国コンクール」で長谷川久子（現秋田市雄和町平尾鳥出身）が日本一になり、以後、秋田県を代表する唄になった。この時伴奏を務めた浅野梅若は、金浦の重力《じゅうりき》市太郎から一九二九年に習った『本荘追分』の手を元にし、津軽三味線の梅田豊月から学んだ技巧を加味して、独特なリズムに乗せた三味線の手を編み出した。『本荘追分』は、その伴奏の格好よさも手伝って、今日では秋田県の名曲の一つになっている。

節まわしの型　今日広く唄われている節まわしは、長谷川久子のものである。

港《みなと》の唄《うた》

〽沖《おき》の鷗《かもめ》に　①父《とど》さん聞《き》けばヨー
わたしゃ立《た》つ鳥《とり》　波《なみ》に聞《き》け
（ホーラホー　サーノサァ　エンヤラ
ホー　エーンヤー
ホーラホォ　サーノサー　エンヤ
ラホー　エーンヤー）

〽今日《きょう》の泊《と》まりは　いずこの空《そら》だ
風《かぜ》と波《なみ》とで　日《ひ》が暮《く》れる

〽遠《とお》く離《はな》れて　母《かか》さん思《おも》って
裏《うら》の②ハマナス　花《はな》が咲《さ》く

〽③男鹿《おが》の山《やま》だよ　④港《みなと》の浜《はま》だ
春《はる》を迎《むか》える　鰊船《にしんぶね》

〽あちらこちらで　嫁取《よめと》る話《はなし》
俺《おら》が嫁《よめ》コは　どこにいる

〽赤《あか》いハマナス　焦《こ》がる色《いろ》に
染《そ》めて着《き》せたや　⑤黄八丈《きはちじょう》

〽傘《かさ》にさすよな　秋田《あきた》の⑥蕗《ふき》は
雪《ゆき》に埋《う》もれて　芽《め》が育《そだ》つ

注①秋田県西海岸の鰰漁《はたはたりょう》で亡くなった父親の消息を。
②バラ科の落葉低木。海岸に群生する。とげがあり、夏に、バラのような紅色の五弁花をつける。実は赤くて丸い。
③男鹿半島の寒風山（三五五メートル）。男鹿半島は、秋田県中西部にある、日本海へ突き出た半島。
④船川港。男鹿半島の南側の付け根にある。
⑤伊豆八丈島名産の絹織物。八丈刈安を用いて染めた黄色の糸に黒や茶色の糸を加えて、縦縞や格子縞を織り出すもの。秋田ではハマナスの根などで染め、秋田八丈という。
⑥大形の蕗で、高さ二メートル、茎の直径五センチ、葉の直径一・五メートルに達する。一八四〇年頃、現秋田市仁井田で栽培し始めた。

秋田県の、酒盛り唄形式の新民謡。この唄の設定は、秋田県西海岸の鰰漁《はたはたりょう》で父を失い、北海道へヤン衆（季節労働者）として渡っていった若者が、望郷の念にかられて、故郷秋田をしのんで唄うというものである。秋田市土崎出身の劇作家金子洋文が作詞、作曲した。

唄の履歴　この唄は、新民謡ブームの一九三九年頃、土臭さのない唄を作る東京の作詞家や作曲家に反発して、金子洋文が作ったものである。詞は、鰰漁で父親を失った青年をモデルにし、北海道から故郷秋田をしのぶ形式にして四首作った。節は、「〽沖の鷗に…」のくだりは「追分節《おいわけぶし》」を利用し、掛け声は、千石船が伝馬船で港入りする時や、それを模した、土崎の七夕《たなばた》で子供たちが山車《だし》を曳《ひ》く時の掛け声を用いて作り上げた。しかし、当時はさしたる評判にならなかった。

ところが、一九六〇年、臨済宗海禅寺（土崎港中央二丁目）住職の藤田渓山が、男鹿《おが》半島の観光用にキングレコードに吹き込んだ。資金は男鹿観光協会が提供したが、観光のために「〽男鹿の山だよ…」という文句を利用したかったのである。この時、歌詞が四首では少なすぎるので、金子らが三首追加した。このレコード化から、『港の唄』はしだいに広まっていった。

節まわしの型　今日広く唄われている節まわしは、秋田市民謡界の若い女性歌手たちのものである。

補足　この唄を「港甚句」と呼ぶ人がいるが、「甚句」ではない。また、「港甚句」なら、伝承民謡であるはずだし、同名の唄が新潟県下に存在する。したがって、『港の唄』と呼ぶべきである。

三《み》吉《よし》節《ぶし》

〽わたしゃ①太平《おいだら》　ハアー②三吉《みよし》の③子供《こども》
（ジョヤサー）
人《ひと》に④押《お》し負《ま》け　大嫌《だいきら》い
（ジョヤサー　ジョヤサー）

〽今日《きょう》は⑤吉日《きちにち》　⑥日柄《ひがら》もよいし
何《なに》か万《よろず》の　⑦吉相祝《きっそういわ》い

〽⑧出羽《でわ》の秋田《あきた》の　⑨三吉《みよし》の神《かみ》は
諸国鎮守《しょこくちんじゅ》の　軍神《いくさがみ》

〽出羽《でわ》の秋田《あきた》の　三吉《みよし》の神《かみ》は
押《お》すな押《お》すなの　大繁昌《だいはんじょ》

〽⑩伊勢《いせ》へ七度《ななたび》　⑪高野《こうや》へ八度《やたび》
出羽《でわ》の三吉《みよし》に　月参《つきまい》り

〽⑫岳《だけ》の白雪《しらゆき》　朝日《あさひ》で融《と》ける
融《と》けて流《なが》れて　港《みなと》まで

五字冠り

〽⑬太平山《たいへいざん》の
⑭一《いち》の鳥居《とりい》に　蛙《かわず》が登《のぼ》る
明日《あす》の天気《てんき》は　雨《あめ》となる

注①おいだらやま。太平山（注⑬）の別称。
②三吉神社の氏子。
③「息子」とも。
④押し合って負けること。先を争って梵天を奉納しようとすることをいう。
⑤なにかをするのに縁起のよい日。
⑥暦の上での、その日の縁起のよしあし。
⑦吉兆があるように祈ること。
⑧旧国名。現秋田県・山形県全域。
⑨➡解説。
⑩伊勢神宮。三重県伊勢市にある神社。
⑪高野山。和歌山県北東部にある山地。山頂に真言宗総本山金剛峯寺《こんごうぶじ》がある。
⑫高い山。ここでは、秋田市東部の山々。
⑬秋田市の北東端にそびえる山（一一七一メートル）。山頂に太平山三吉神社奥宮がある。
⑭神社の参道に入って最初の鳥居。「石の鳥居」は誤唱。かつては、一の鳥居のほかに二の鳥居・三の鳥居の歌詞があった。

秋田県の祭礼唄。秋田市赤沼にある太平山三吉神社総本宮で、毎年、初縁日（新暦一月一七日）の早朝より行われる「梵天祭《ぼんでん》り」に、梵天を担ぐ若者たちが唄ってきた、祭りの道中唄である。

梵天祭りは、秋田県中東部の仙北《せんぼく》地方を中心に小正月の頃行われるもので、近郷の神社へ梵天を奉納する行事であるが、三吉神社の祭りが最も有名である。梵天とは、本来は男性の性器をかたどったもので、それを二メートルほどの纏風《まといふう》に作り変え、子孫繁栄と豊作を祈願して奉納するのである。

三吉神社は「勝利の神」でもあり、毎年、八〇本からの梵天が奉納されるが、押し合って、より先に奉納すればご利益が大きいとされるため、若者たちは先を争って奉納する。

唄の履歴　この唄の源流は、新潟県下の『越後《えちご》松坂』（三九三ページ）である。それは、のちに「〽新潟松坂　習いたかござれ…」などの唄い出しから「新潟節」（訛って「にかた節」）と呼ばれた。その唄が、帆船の船乗りや、瞽女《ごぜ》・座頭など盲目の遊芸人によって日本中へ広められたが、秋田県仙北地方では種々の祝いの席で唄われ、祭礼の「掛け唄大会」にも用いられるようになった。そして、その「掛け唄」（二〇一ページ）の稽古に野良仕事などをしながら唄ううち、節まわしが、しだいにゆったりしたものになっていった。

さて、三吉神社へ奉納する若者たちは、祭礼の前日、その年作った梵天を担いで、悪魔払いのような形で自分たちの町村内を、祝儀をもらいながら巡り歩く。その道中唄として「にかた節」を利用した。「にかた節」は祝い唄であり、「掛け唄」として神社へ奉納してきた唄であり、野外でも唄ってきた唄であるため、しだいに「梵天唄」として定着していった。そして、やがては梵天の奉納に神社へ駆け込む際の、景気づけの唄にまで利用されるようになった。

その『三吉節』、南秋田郡太平村《たいへい》（現秋田市内）の田中誠月が、太平洋戦争前に得意にして唄っていたが、その頃から今日の節まわしが確立していった。そして、永沢定治が磨きをかけ、その後、進藤勝太郎が普及に努めた。

節まわしの型　今日広く唄われている節まわしは、進藤勝太郎のものである。

山形県

あがらしゃれ

〽ハアー①たんと飲《の》んでくりょ　②何《なに》ゃないたてもヨー
（ハア　コイチャー）
わしの気持《きも》ちが　③酒肴《さけさかな》
（アリャ飲《の》め　アリャ飲《の》め）

〽酒《さけ》が嫌《いや》だか　お酌取《しゃくと》り嫌《いや》だか
お酌嫌《しゃくいや》なら　替《か》わります

〽飲《の》まば飲《の》め飲《の》め　④二斗入《にとい》りの臼《うす》で
それで足《た》らねば　⑤こがで飲《の》め

〽⑥あがらしゃれ⑦無《ね》なや　お前《め》⑧そげだや
お前《め》あがらねば　気《き》がすまぬ

〽雁《かり》も白鳥《はくちょう》も　⑨めごい鳥《とり》でゃ御座《ござ》んね
わたしゃめごい鳥《とり》　お酌取《しゃくと》り

〽銭桝金桝《ぜにますかねます》　宝《たから》の桝《ます》よ
⑩この家身上《やしんしょ》も　のぼります（桝）

〽お酒飲《さけの》む人《ひと》　花《はな》なら蕾《つぼみ》
今日《きょう》も咲《さ》け（酒）咲《さ》け　明日《あす》も咲《さ》け

〽こちの座敷《ざしき》は　目出度《めでた》い座敷《ざしき》
鶴《つる》がお酌《しゃく》で　亀《かめ》が飲《の》む

字あまり

〽⑪大沢三千石《おおさわさんぜんごく》　⑫居《い》だぐねじゃねども
朝飯《あさめし》ゃ昼飯《ひるめし》　昼飯《ひるめし》ゃ夜飯《よめし》
夜飯《よめし》ゃ夜中《よなか》で　⑬たんと困《こま》る

〽⑭ひとつばりゃ　あがらしてもよがろや
⑮皿鉢飲《さはちの》まれねば　茶碗酒《ちゃわんざけ》

注①沢山。
②なにがないとしても。
③酒の肴だよ。
④約三六リットル。
⑤大きな桶。
⑥召しあがれ。
⑦飲んでないじゃないか。
⑧どうしてそうなのか、そんなことではしょうがない。
⑨可愛い鳥ではございません。
⑩この家の財産が増え、家格が上がります。
⑪旧大沢村は、新庄藩領内で、一七六六年には三〇五一石。
⑫住んでいたくないわけではないけれども。
⑬大変に。「どど」は誤唱。
⑭一杯だけなら召しあがってもよいでしょう。
⑮どんぶり鉢で。

山形県の酒盛り唄。山形県の北中部、最上《もがみ》郡真《ま》室川《むろがわ》町大沢の人たちが、酒勧め唄として唄ってきたものである。招いた客の両側に女が座り、ひざで押さえつけるようにして、無理にでも酒を飲ませる。その折りに、その座の人たちが一緒にこの唄を唄った。「あがらしゃれ」は、酒を召しあがれの意である。

酒を無理に飲ませるのは、古くは、酒を飲んで酔い、正気を失うと神の世界へ行けるという考え方があったため、酔わせることが最大のもてなしであった。その酒を勧めるのに、言葉ではなく、唄が用いられた。そうした古い習俗が、大沢では太平洋戦争前まで続けられていた。

唄の履歴　この唄の源流は、江戸時代後期から明治時代に日本中で大流行した「甚句《じんく》」で、酒勧めの習俗に比べると新しい。元はそれに見合った唄があったのに、手拍子に合う酒盛り唄用の「甚句」と取り替えたのであろう。

その『あがらしゃれ』、太平洋戦争後になって山形県の民謡界の人たちによって三味線の伴奏がつけられた。そして、一九五一年、『真室川音頭』を大流行させた伊藤一子《かずこ》（真室川町出身）が上京し、その人気を借りて、伴奏つきの『あがらしゃれ』をビクターレコードに吹き込んだ。それ以来、西の『黒田節』（福岡県）に対する東の『あがらしゃれ』は、酒勧め唄の双璧《そうへき》となり、歌詞の面白さで広く唄われるようになった。

節まわしの型　今日広く唄われている節まわしは、伊藤一子のものである。

かくま刈《か》り唄《うた》

〽ハァー山《やま》でガサガサ　狐《きつね》か狸《たぬき》
　（チョイサー）
①なんの狐《きつね》だべ　ハァー②かくま刈《か》り　かくま
刈《か》り
　（チョイイィ　チョイサー）

〽山《やま》は深《ふか》いし　かくまは伸《の》びた
お山繁盛《やまはんじょ》と　烏鳴《からすな》く

〽山《やま》で赤《あか》いのは　つつじか椿《つばき》
お稲荷様《いなりさま》の　③鳥居《とりい》だべ

〽山《やま》のぜんまい　なぜ腰曲《こしま》がる
雪《ゆき》に圧《お》されて　腰曲《こしま》がる

注①どうして狐であろうか。
②➡解説。
③鳥居だろう。「鳥居だか」とも。

山形県の仕事唄。山形県の中東部、それも天童市から関山峠に至る街道（作並《さくなみ》街道）沿いの農民たちが、燃料用の雑木を刈りに山へ行く、その往来や、仕事の手を休めた時などに唄ってきたものである。

「かくま」とは、燃料にする雑木で、親指ほどの太さの枝が株の元に何本も出ている木（粗朶《そだ》）のことであり、「かくま刈り」とは、それを鎌《かま》で刈り取る作業のことである。（山で唄を唄う理由については一〇〇ページ参照）

唄の履歴　この唄の源流は、現宮城県仙台市中西部（青葉区大倉）の西方寺《さいほうじ》の縁日に、近郷から集まってきた信者たちが、「掛け唄」として唄っていた『定義節《じょうげぶし》』（二〇一ページ）である。西方寺は定義如来を安置する浄土宗の寺で、作並街道の沿道に湧出する作並温泉の北東方約六キロにある。

山形県下の人たちは、その西方寺へ参詣に出かけ、『定義節』を覚えて故郷に持ち帰った。そして、山仕事の折りなどに「掛け唄」の練習を兼ねて唄ううちに、しだいに節が伸びて、今日の『かくま刈り唄』となっていった。

それを、一九四〇年頃より山形市の民謡家加藤桃菊《とうぎく》が甘い声で唄い始め、「山唄」として山形県下へ広まっていった。

節まわしの型　今日広く唄われている節まわしは、加藤桃菊のものである。

木場《きば》の木流《きなが》し唄《うた》

〽ハァー娘十七《むすめじゅうしち》　深山《みやま》のッコラ紅葉《もみじ》ヨー
　（ハァ　ドッコイナー）
ハァーちらりほらりとドッコイ　コラー色《いろ》
がつくヨー
　（ハァ　ドッコイ　ドッコイ　ドッコイ
ナー）

〽①可愛《かわ》い殿御《とのご》が　②木流《きなが》す時《とき》は
水《みず》も湯《ゆ》となれ　③風吹《かぜふ》くな

〽④木場《きば》の木流《きなが》しゃ　あひるか鴨《かも》か
雪《ゆき》の降《ふ》る日《ひ》も　川《かわ》の中《なか》

〽来《く》るか来《く》るかと　川上見《かわかみみ》れば
河原柳《かわらやなぎ》に　風《かぜ》ばかり

〽⑤吾妻山《あずまやま》から　納豆鉢《なっとうばち》ぶんまいた

それで⑥米沢《よねざわ》　⑦糸《いと》だらけ

注①一八〇ページ中段五首目の歌詞の替え唄。
②⬇解説。
③木流しは真冬の作業なので、風が吹くと余計に寒い。
④⬇解説。
⑤米沢市と福島市の境付近にある火山群の総称。最高峰は西吾妻山（二〇三五メートル）。
⑥現米沢市。⬇解説。
⑦米沢は米沢織の産地。

山形県の仕事唄。山形県の南東端、現米沢市木場町一帯で働いていた木出し職人たちが、材木を川に流して運びながら唄っていたものである。

その材木は、米沢城下の人たちが薪《たきぎ》として用いるものである。米沢南西部の山の木を六尺（約一・八メートル）ほどの長さに切った丸太で、「バイタ」（売丸太の意かもしれない）と呼ばれた。その丸太を、鬼面《きめん》川を利用して、バラで次々に流し、木場町で陸揚げした。その木流しは、慶長年間（一五九六～一六一五）以後、毎年、農閑期の一一月に入ってから行われた。

木出し職人は、丸太が岩や浅瀬につかえるのを鳶口《とびぐち》でひっかけて流すため、「川狩り職人」とか「沢流《さなが》し職人」と呼ばれた。その姿は、一九三六年まで見られたという。

唄の履歴　この唄の源流は不明であるが、節は酒盛り唄の「甚句《じんく》」である。たぶん、宴席の唄を、木流しの現場へ持ち出して唄ったのであろう。このような作業では「木遣《きや》り唄」を用いるのが普通であるが、米沢では、農民たちが農閑期の手間取り仕事として木場で働いていたため、その「甚句」を鼻唄まじりに口ずさんでいたのかもしれない。

『木場の木流し唄』に伴奏がつけられ、広く唄われるようになったのは、昭和四〇年代（一九六五～）中頃のことである。

節まわしの型　今日広く唄われている節まわしは、大泉広あたりのものである。

酒《さか》田《た》甚《じん》句《く》

本　唄（前半）

〽①日和山《ひよりやま》
沖《おき》に②飛島《とびしま》　朝日《あさひ》に白帆《しらほ》
月《つき》も浮《う》かるる　③最上川《もがみがわ》

地《じ》　口《ぐち》

「船《ふね》はどんどん　えらい景気《けいき》
④今町《いままち》⑤舟場町《ふなばちょ》　⑥興野《こや》の浜《はま》」

本　唄（後半）

毎晩《まいばん》お客《きゃく》は　⑦ドンドン　シャンシャン
シャン⑧酒田《さかた》は　よい港《みなと》
繁昌《はんじょう》じゃ　おまへんか

はやし詞

（ハー　テヤテヤ）

〽海原《うなばら》や
仰《あお》ぐ⑨鳥海《ちょうかい》　あの峰高《みねたか》し
間《あい》を流《なが》るる　最上川《もがみがわ》
「船《ふね》はどんどん　えらい景気《けいき》
さすが酒田《さかた》は　大港《おおみなと》」
千石万石《せんごくまんごく》　横付《よこづ》けだんよ
ほんまに酒田《さかた》は　よい港《みなと》
繁昌《はんじょう》じゃ　おまへんか

〽⑩庄内《しょうない》の
酒田名物《さかためいぶつ》　なによと問《と》えば
お米《こめ》にお酒《さけ》に　⑪おばこ節《ぶし》
「あらま本当《ほんと》　素敵《すてき》
⑫港音頭《みなとおんど》で　大陽気《おおようき》」
毎晩《まいばん》お客《きゃく》は　ドンドンシャンシャン
シャン酒田《さかた》は　よい港《みなと》
繁昌《はんじょう》じゃ　おまへんか

注①酒田市の北西部、最上川の河口近くにある小高い山。帆船時代は、この山に登り、天候を見定めて出航を決めたり、出船・入り船を見届けたりした。
②酒田港の北西三九キロの、日本海海上に浮かぶ小島。周囲約一〇キロ。
③山形県南部の山地に発して北流、北西流し、酒田市で日本海へ注ぐ川（約二三一キロ）。日本三急流の一。
④現酒田市市街地の中央部にあった旧町名。舟場町・興屋の浜とともに遊廓街であった。
⑤現酒田市市街地の南西部の町。酒田港に臨む。「船町」は誤唱。
⑥現酒田市市街地の北東部にあった旧町名。『酒田節』に「酒田興屋の浜　米ならよかろ」と唄われ

ている。
⑦太鼓や三味線の音を模したもの。
⑧酒田港。
⑨山形県と秋田県の境にそびえる山（二二三七メートル）。別称、出羽富士・秋田富士。
⑩庄内地方。現山形県北西部。
⑪庄内おばこ。
⑫『酒田甚句』のこと。

山形県のお座敷唄。山形県の北西部、それも最《も》上《がみ》川が日本海へ注ぐ河口、酒田市の花柳界で、芸者衆が酒席の騒ぎ唄として唄ってきたものである。

唄の履歴　この唄の源流は、江戸時代末期から明治時代初期に日本中の花柳界で大流行した「本調子甚句《じんく》」である。それが、江戸時代末期頃に、はやし詞「そうじゃおまへんか」が加えられて、大坂地方を中心に唄われた。その『そうじゃおまへんか節』が酒田にも伝えられ、酒田の風物を詠み込んだ歌詞が作られた。今日唄われている歌詞は存外新しく、大正時代か、昭和に入ってからのものかもしれない。節のほうは、『おてもやん』（熊本）などと同系統で、ほとんど変化を見せていない。

その『酒田甚句』、昭和時代に入ると、酒田の花柳界の芸者の中から唄い手が現れず、地元の渡辺喜太郎の唄が広まったため、粋さよりも素朴さのほうが前面に出るようになってしまった。もう一度、花柳界のお座敷唄へ戻すほうがよい。

節まわしの型　今日広く唄われている節まわしは、渡辺喜太郎の唄を覚えた黒石よしえのもの、東京では橘 玉枝《たちばなたまえ》のものである。

酒田《さかた》船方節《ふなかたぶし》

上の句

〽お前来《まえく》るなら　①酒田《さかた》へおいで
　（ハァ　ヤッショー　マカショ）

口説《くどき》

②飽海《あくみ》③田川《たがわ》は　米《こめ》の里《さと》
北《きた》と東《ひがし》は　山《やま》また山《やま》で
④羽黒《はぐろ》⑤月山《がっさん》　⑥鳥海山《ちょうかいざん》は
これぞ宝《たから》の　山《やま》ぞかし
　（ハァ　ヤッショー　マカショ）

下の句

いまに黄金《こがね》の　トコホンマニィ花《はな》が咲《さ》く
　（ハァ　ヤッショー　マカショ）

〽雨風激《あめかぜはげ》しき　この節《せつ》なれば
わたしの商売《しょうばい》　船乗《ふなの》りで
辛《つら》い船乗《ふなの》り　やめましょか
とはいうものの　⑦最上川《もがみがわ》
入《はい》りてあの⑧妓《こ》の　顔見《かおみ》れば
どうして船乗《ふなの》り　⑨一生《いっしょ》⑩末代《まつだい》　やめらりょか

〽あまり辛《つら》さに　出《で》て浜見《はまみ》れば
白《しろ》き鷗《かもめ》が　⑪三《み》つ連《づ》れで
また三《み》つ連《づ》れで　睦《むつ》(六つ)まじく
おのれの体《からだ》を　舟《ふね》にして
脚《あし》は艪《ろ》として　櫂《かい》として
羽《はね》は帆《ほ》にして　船遊山《ふなゆさん》
あれ見《み》やしゃんせ　嬶《かか》さんよ
あの鳥《とり》でさえ　あのように
夫婦仲《ふうふなか》よく　睦《むつ》まじく
わたしゃ添《そ》われぬ　はずがない

〽⑫入《い》り船《ふね》したなら　知《し》らせておくれ
うちで待《ま》つ身《み》に　ならしゃんせ
雨《あめ》の降《ふ》る夜《よ》も　風《かぜ》の夜《よ》も
案《あん》じ過《す》ごして
夜《よ》の目《め》もちっとも　眠《ねむ》りゃせぬ

〽⑬三十五反《さんじゅごたん》の　帆《ほ》を捲《ま》き上《あ》げて
鳥《とり》も通《かよ》わぬ　沖走《おきはし》る
⑭時化《しけ》に遭《お》うたる　その時《とき》は
綱《つな》も錨《いかり》も　手《て》につかぬ
⑮何度船《なんどふな》乗《の》り　やめよかと
とは思《おも》えども　港入《みなとい》り
可愛《かわ》いあの妓《こ》の　あの顔見《かおみ》れば
辛《つら》い船乗《ふなの》り　やめられぬ

注①庄内地方の玄関口である酒田港へ、の意。ここを「庄内へ」とするのは改悪。「酒田に」とも。
②山形県北西部の庄内地方のうち、最上川以北をさす。旧飽海郡など。

③庄内地方のうち、最上川以南をさす。旧東田川郡・旧西田川郡など。
④山形県の中西部にある山（四三六メートル）。修験道の霊山で、出羽三山の一。羽黒山神社がある。
⑤県中央部にある山（一九八〇メートル）。修験道の霊山で、出羽三山の一。山頂に月山神社がある。
⑥山形県と秋田県の境にそびえる山（二二三七メートル）。別称、出羽富士・秋田富士。
⑦山形県南部の山地に発して北流、北西流し、酒田市で日本海へ注ぐ川（約二三一キロ）。「酒田の港」とも。
⑧「なじみの」とも。「妻や子の」は、最近改悪したもの。千石船の船乗りは、毎年約八ヶ月間船暮らしなので、家庭よりも港のなじみの遊女のほうに関心があった。
⑨この世に生まれてから死ぬまでの間。
⑩死んでから後の世も。
⑪夫婦と子の三羽連れ。三つと三つで睦（六つ）まじく、というしゃれなので、「道連れで」は誤唱。
⑫この歌詞は『寺泊船方節』にもある。
⑬三五反の麻布で作った帆。一反は、幅二尺五寸（約七五センチ）、長さ二丈六尺か八尺（約七・八メートルか八・四メートル）。千石船は二五反帆なので、千五百石積みぐらいの大型船である。
⑭風雨のため、海が荒れること。
⑮「今度」とも。

山形県のお座敷唄。山形県の北西部、それも最《も》上《がみ》川が日本海へ注ぐ河口に開けた港町、酒田（酒田市）の花柳界の宴席で、千石船の船乗り相手の女たちが唄ってきたものである。

唄の履歴　この唄の源流は『さんこ節』（五六一ページ）である。それが、のちに『出雲《いずも》節』となり、さらに「船方節」となった（➡四一七ページ）。その唄が、海路、酒田港にも伝えられたのである。

その「船方節」、本来は、日本各地の港町の花柳界で、同じ節まわしで唄われていたはずであるが、唄う個人によって、しだいに差が生じた。特に舞台用の唄になると、新潟港（新潟市）では鈴木節美の節まわし（『新潟船方節』）が、土崎港（秋田市土崎）では森八千代の節まわし（『秋田船方節』）が広まったため、大きく異なった感じになっている。そして、酒田港では佐藤亀太郎という地元民謡家の節まわしが代表的なものなので、花柳界の唄というよりは、庄内平野の農民の酒席の唄のような感じになっている。

節まわしの型　今日広く唄われている節まわしは佐藤亀太郎あたりのもので、土臭い、農民の唄になっている。これからは、花柳界調へ戻す一方、『秋田船方節』に似せないようにする工夫が必要である。

七《しち》階《かい》節《ぶし》

〽〔音頭取り〕この家《いえ》に
〔音頭取り・①同席者〕祝《いわ》い供《そな》えし　松《まつ》と竹《たけ》
〔副音頭取り〕（『合の手』　松《まつ》と竹《たけ》）
〔音頭取り〕松《まつ》と竹《たけ》とは　この家《いえ》の祝《いわ》い
《**繰り返し**》
〔音頭取り・同席者〕松《まつ》と竹《たけ》とは　この家《いえ》の祝《いわ》い
〔音頭取り・副音頭取り・同席者〕（ハァ目《め》出度《でた》い　目出度《めでた》い）

〽この家《いえ》に　祝《いわ》い揃《そろ》えし　鶴《つる》と亀《かめ》
鶴《つる》と亀《かめ》とは　この家《いえ》の祝《いわ》い

〽この家《いえ》に　②恵比須《えびす》　③大黒《だいこく》　踏《ふ》み込《こ》んで
④振《ふ》れや福徳《ふくとく》　黄金《こがね》に黄金《こがね》

〽海山《うみやま》を　隔《へだ》てながらも　⑤相生《あいおい》の
松《まつ》と⑥常磐《ときわ》の　真《まこと》に信《まこと》

〽豊《ゆた》かさに　夕《ゆう》べ朝《あした》の　霜《しも》と雪《ゆき》
松《まつ》はお庭《にわ》に　黄金《こがね》湧《わ》く

〽この家《いえ》に　縁《えん》を結《むす》びし　婿殿《むこどの》は
心《こころ》若松《わかまつ》　気《き》は竹《たけ》のよう

注①祝い座敷の同席者。
②七福神の一。福徳・漁・商売繁昌などの神。右手に釣り竿を持ち、左手で鯛を抱える。
③七福神の一。福徳・財宝・食物などの神。右手に打ち出の小槌《こづち》を持ち、左肩に大きな袋をかつぎ、米俵二俵の上に立つ。
④〔振れば、欲しいものがなんでも出てくるという〕打ち出の小槌を振れ。
⑤一つの根元から雄松（黒松）と雌松（赤松）が分かれ出ているもの。夫婦円満と、長寿の象徴とされる。
⑥葉の色が、いつも（一年中）緑の〔松〕。

山形県の祝い唄。山形県の中東部、それも羽州《うしゅう》街道が通じる東根《ひがしね》市とその周辺の村々の人たちが、祝いの席で唄ってきたものである。

唄の履歴　この唄の源流は不明であるが、山形県の各地に点在する祝い唄『福は内』『野も山節』『いざやまき』『菊と桔梗《ききょう》』『三階節』などと源流を同じくするものらしい。

伝説によると、享保年間（一七一六～三六）に鶴岡（鶴岡市）の俳人河上兆而が作ったとか歌舞伎から移入したとかいわれる。しかし、酒田市黒森では三下り調の三味線をつけてお座敷の座ならしに用いているので、花柳界を中心に広まったものが、のちに農村の祝い唄に転用されたと見るほうがよさそうである。また、三句目の五音を副音頭取りが繰り返して唄うが、これは歌舞伎の奴踊りのような感じを与える。いずれにしても山形生まれではなく、上方か江戸あたりの唄が、商人などによって山形県下の花柳界へ持ち込まれて唄われるうちに広まったものと考えられる。

なお、詞型は五七五七七の短歌形式であるが、しまいの七七を繰り返すため、五七五七七・七七の七句になる。曲名は、このことから、「七回節」に「七階節」の文字をあてたものである。

節まわしの型　今日広く唄われている節まわしは、斎藤桃菁《とうせい》のものである。

庄内《しょうない》おばこ

問い掛け唄〔男の問い掛け手〕

〽①おばこ来《く》るかやと　（ハァ　コリャコリャ）
田圃《たんぼ》の端《は》んずれまで　出《で》てみたば
（②来《こ》ばえてェ　来《こ》ばえて）

返し唄〔女の返し手〕

おばこ来《き》もやせで　（ハァ　コリャコリャ）
用《よう》のない煙草《たんばこう》売りなど　③ふれて来《く》る
（来《こ》ばえてェ　来《こ》ばえて）

〽おばこ居《い》ねかやと　裏《うら》の小《こ》ン窓《まど》から　のぞいてみたば
おばこ居《い》もやせで　用《よう》のない婆《ばあ》さんなど　④糸車《いとぐるま》

〽おばこ居《い》たかやと　隣《とな》りの婆様《ばさま》に　聞《き》いてみたば
おばこ居《い》もせず　⑤鳥海《ちょうかい》の⑥社《やしろ》さ　願掛《がんか》けに

〽おばこ来《く》るかやと　橋《はし》の袂《たもと》に　寝《ね》て待《ま》ちた
おばこ来《き》もやせで　蛍《ほたる》の虫《むし》コなど　飛《と》んで⑦来《き》た

〽おばこ約束《やくそく》は　⑧月山《がっさん》の雪消《ゆきき》えても　変《か》わるまい
なんで変《か》わらばや　⑨最上《もがみ》の川水《かわみず》　湯《ゆ》になろと

〽おばこ心持《こころも》ち　池《いけ》の蓮《はす》の葉《は》の　溜《た》まり水《みず》
少《すこ》し⑩触《さわ》るてと　ころころ転《ころ》んで　⑪そんま落《お》ちる

〽おばこ色白《いろじろ》で　⑫藺草田《いぐさだ》に下《お》りてくる　鷺《さぎ》のようだ
どこさ嫁《よめ》に行《い》くか　⑬早苗《さなぶ》振り休《やす》みから　針《はり》仕事《しごと》

〽⑭酒田山王山《さかたさんのうやま》で　海老《えび》コとかんじかコと⑮　相《す》撲《もう》取《と》ったば
海老《えび》コなしてまた　腰《こし》ゃ曲《ま》がた
かんじかコと相撲《すも》コ取《と》って　投《な》んげられて
それで腰《こし》ゃ曲《ま》がた

注①年頃の娘。
②来ればよい、の意。
③大きな売り声をあげて、やってくる。
④糸繰り車。繭から糸を引き出すための器械。
⑤鳥海山。山形県と秋田県の境にそびえる山（二三七メートル）。別称、出羽富士・秋田富士。
⑥大物忌《おおものいみ》神社。鳥海山の山頂近くにある。
⑦「来る」とも。
⑧山形県の中央部にある山（一九八〇メートル）。修験道の霊山で、出羽三山の一。山頂に月山神社がある。
⑨最上川。山形県南部の山地に発して北流、北西流し、酒田市で日本海へ注ぐ川（約二三二キロ）。
⑩「触るでど」とも。
⑪そのまま。すぐに。
⑫畳表を作るための草（藺草）を植えてある田。

⑬田植えが終わって、田の神を山へ送る儀礼。農作業は、すべて休みとなる。
⑭酒田市黒森の日枝神社。黒森歌舞伎で有名。
⑮かじか。河鹿蛙のこと。体の背面は灰褐色の地に暗褐色の斑点、腹面は淡黄色。体長は雄は三・五センチほど、雌は六センチほど。谷川にすむ。雄の鳴き声が美しい。

山形県の酒盛り唄。山形県の北西部、それも最《も》上川《がみがわ》が日本海へ注ぐ河口、酒田《さかた》（酒田市）を中心とする庄内平野の人たちが、酒席で唄ってきたものである。

別名　山形おばこ。この曲名は、ビクターレコードが、太平洋戦争後に初代鈴木正夫に吹き込ませた折りに、『秋田おばこ』に対抗するべく改めたもの。昭和四〇年代（一九六五〜）には、再び『庄内おばこ』に戻っている。

唄の履歴　この唄の源流は不明である。しかし、歌詞の基本型は八八五・八八五という、古い時代からのものであり、上の句と下の句が問答形式になっている。しかも、上の句の唄い出しは「〽おばこ…」が多い。「おばこ」は山形県・秋田県の方言で、年頃の娘のことであるから、上の句は若い女に問い掛ける文句であり、下の句はその返しである。また、伝説によると、この唄は、貧しくて庄屋へもらわれて行った姉に会いたくなった弟が姉を呼び出すために唄い始めたものであるという。そして、神社や寺の縁日に夜籠《よごも》りをしている人たちが盛んに唄っていた。これらのことを併せ考えると、この唄は「掛け唄」（二〇一ページ）として唄われていたものである。

「掛け唄」は、踊り手の一人が唄い掛けると、異性の者がそれに対して歌詞を即興で作って唄い返す、一種の競技である。『庄内おばこ』も、男が「おばこ来るかやと…」（上の句）と唄い掛けると、女が「おばこ来もやせで…」（下の句）のように唄い返す形式になっている。

「おばこ」を用いて「掛け唄」を行った習俗は、庄内地方だけでなく、山形県下から秋田県下一円にまで及んでいたようである。そして、節は各地とも現在の『庄内おばこ』のようなものであったらしい。その後、「掛け唄」が行われなくなると、この唄は酒盛り唄として利用され、上の句と下の句の双方を一人で通して唄うようになっていった。

なお、一八二二年成立の「浮れ草」（松井譲屋編）に、「出羽節」として、

〽おばこ来るかやァと　田圃《たんぼ》の端《はし》こまで　出て見れば
おばこ来もせで　蛍の虫こなんぞが　飛んで来る

など三首が載っている。しかし、それには長ばやしふうのものがついているので、酒田港辺りの花柳界で唄われていたものではないかと思われる。

今日の『庄内おばこ』の踊りは、一九二九年頃、鶴岡劇場の柿落《こけら》としに沢村宗十郎を招いた際に振り付けてもらったものという。また、ラジオで初放送されたのは、湯浅竹山人（民謡・小唄研究家）が一九三〇年頃に鶴岡市でこの唄を聞き、のちに金沢放送局の「東北俚謡研究の旅より」と題する番組の中で唄わせたものであるという。

節まわしの型　今日広く唄われている節まわしは、山形県下の民謡家たちがまとめあげてきたものらしい。

庄内《しょうない》はいや節《ぶし》

〽はいィやアー　出羽《①でわ》の
（ハァ　オヤサー　オヤサー）
三山《②さんざん》　宝《たから》の山《やま》だヨー
（ハァ　オヤサー　オヤサー）
五穀豊穣《③ごこくほうじょ》のコリャ　守《まも》り神《がみ》
（ハァ　オヤサー　オヤサー）

〽出羽《でわ》の庄内《④しょうない》　お米《こめ》の出所《でどこ》
秋《あき》にゃ黄金《⑤こがね》の　花《はな》が咲《さ》く

〽今年《ことし》ゃ豊年《ほうねん》　上作年《じょうさくどし》だ
小桝《⑥こます》いらずで　箕《⑦み》で計《はか》る

〽唄《うた》いなされや　お唄《うた》いなされ
唄《うた》で御器量《ごきりょ》は　下《さ》がりゃせぬ

〽太鼓《たいこう》打つより　三味《しゃみ》ひくよりも
中《なか》の酌取《しゃくと》り　なお可愛《かわ》い

〽泣《な》いて口説《⑧くど》いて　義理《ぎり》立《た》つならば
泣《な》いて口説《くど》かぬ　人《ひと》はない

〽声《こえ》はすれども　姿《すがた》は見《み》えぬ

谷《たに》の鶯《うぐいす》　声《こえ》ばかり
〽飲《の》めや騒《さわ》げや　⑨一寸先《いっすんさき》ゃ闇《やみ》だ
⑩下戸《げこ》で建《た》てたる　蔵《くら》はない

注①旧国名。現山形県・秋田県全域。
②月山《がっさん》（一九八〇メートル）・羽黒山《はぐろさん》（四三六メートル）・湯殿山《ゆどのさん》（一五〇四メートル）のこと。修験道の霊山。山と同名の神社が、各山にある。
③人間にとって主要な五種の穀物。米・麦・粟《あわ》・黍《きび》（または稗《ひえ》）・豆のこと。
④庄内地方。現山形県北西部の、鶴岡市・酒田市と、飽海郡・東田川郡一帯。
⑤近頃は「実りの」と唄うが、改悪。
⑥五合桝・一升桝など、小さな桝。
⑦穀物を入れて上下にふるい、殻やごみを除くための農具。豊作なので、桝で正確に計らずに、箕で大ざっぱに計る、の意。
⑧愚痴を言って。
⑨約三・〇三センチ。
⑩酒を飲めない人。

山形県の酒盛り唄。山形県の北西部、それも最《も》上川《がみ》が日本海へ注ぐ河口の酒田《さかた》市を中心とする庄内平野の人たちが、酒席で唄ってきたものである。

唄の履歴　この唄の源流は、九州天草《あまくさ》の牛深《うしぶか》港（熊本県天草市牛深町）で、船乗り相手の女たちが唄い始めた『牛深はいや節』（六七四ページ）である。それが、船乗りたちによって日本中の港へ持ちまわられ、酒田にも伝えられた。

その「はいや節」は、唄い出しが「はいやー」で、四句目（五音）の前に「ソーレー」が入る「はいや・ソーレ型」であったと思われる。それが、酒田の花柳界から周辺の農村部へ広まるにつれて、「ソーレー」が発音しにいくために「ソーリャー」になり、さらに「コーリャー」と変わって「はいや・コーリャ型」になったようである。

なお、『庄内はいや節』は、訛《なま》って「庄内はえや節」とも呼ばれるが、太平洋戦争前はきちんと「はいや」と発音していた。曲名としては『庄内はいや節』のほうが正式のものである。

さて、海の男相手であった「はいや節」は、農民の酒盛り唄になると、しだいに高い声を張らなくなり、テンポもゆっくりの、穏やかな唄になってしまった。したがって、元へ戻す必要がある。

節まわしの型　今日広く唄われている節まわしは、佐藤八重子あたりのものらしい。

新《しん》庄《じょう》節《ぶし》

〽ハァー（ハァ　キッタサー）
あの山高《やまたか》くて　①新庄《しんじょう》が見《み》えぬ
（ハァ　キッタサー）
新庄恋《しんじょうこい》しや　山憎《やまにく》や
（ハァ　キッタサー）

〽②猿羽根山越《さばねやまこ》え　③舟形越《ふながたこ》えて
④逢《あ》いに来《き》たぞや　⑤万場町《ばんばちょう》に

〽⑥花《はな》が咲《さ》いたと　⑦都《みやこ》の便《たよ》り
こちら雪《ゆき》だと　返《かえ》す⑧文《ふみ》

〽⑨猿羽根《さばね》の地蔵様《じぞうさま》　⑩あらたな神《かみ》よ
一度《いちど》⑪掛《か》ければ　二度叶《にどかな》う

〽親《おや》の意見《いけん》を　俵《たわら》に積《つ》めて
万場町通《ばんばちょうがよ》いの　⑫道普請《みちぶしん》

〽⑬花《はな》の万場町《ばんばちょう》　⑭上《あ》がれば下《さ》がる
⑮金《かね》の足駄《あしだ》も　たまらない

〽新庄生《しんじょうう》まれで　新庄《しんじょう》の育《そだ》ち
わたしの唄《うた》うが　新庄節《しんじょうぶし》

〽猿羽根峠《さばねとうげ》の　梢《こずえ》の露《つゆ》か
新庄通《しんじょうがよ》いの　袖濡《そでぬ》らす

〽夜《よる》の万場町《ばんばちょう》　覗《のぞ》きもするな
とかく万場町《ばんばちょう》は　⑯泊《と》めたがる

〽山《やま》の上《うえ》から　新庄《しんじょう》が見《み》える
遠《とお》い新庄《しんじょう》が　近《ちこ》う見《み》える

字あまり

〽⑰東雲《しののめ》の東雲《しののめ》の　夜明《よあ》けの⑱頃《ころ》は

雀《すずめ》はチュンチュン　烏《からす》はカアカア
お空《そら》で鳶《とんび》が　ヒョーロヒョロ
してまたお寺《てら》の　鐘木魚《かねもくぎょ》
スコポンスコポコ　ポンポンと
鳴《な》らぬうちゃ　帰《かえ》さりょか

注①➡解説。
②羽州街道の峠（一五〇メートル）。尾花沢市と最上郡舟形町との境にある。勾配が険しく、七十七曲がりと呼ばれた。
③現舟形町。羽州街道の宿場町。
④元は「売られましたよ　万場町に」だった。
⑤現新庄市南西部の町。遊廓があった。
⑥桜の花。
⑦江戸（現東京都東部）のこと。
⑧手紙。
⑨猿羽根峠の頂上にある地蔵尊。修験者の大沢靭負がまつったという。縁結び・子育ての地蔵。
⑩霊験あらたかな。
⑪願を。
⑫万場町の遊廓へ通うために、気持ちの整理と、お金の準備をすること。
⑬はなやかで美しい。
⑭遊廓へ上がれば、身上（財産や家格）が下がる。
⑮金属製の足駄も磨り減ってしまって。
⑯遊女の客として。
⑰東の空が少し明るくなる頃。
⑱「頃に」は、唄いやすくしたための誤唱。

山形県のお座敷唄。山形県の北東部、新庄の万《ばん》場《ば》町遊廓《ゆうかく》（新庄市万場町）の酒席で、遊女たちが唄ってきたものである。新庄は、戸沢氏六万石の城下町であり、交通の要地でもあった。

唄の履歴　この唄の源流は、江戸時代後期から明治時代に日本中で大流行した、酒盛り唄の「甚句《じんく》」である。それが万場町へ持ち込まれて、節まわしが洗練されたのであろう。ただ、万場町遊廓は一八七三年に作られたものなので、それ以前にさかのぼれるものではない。

一説に、近郷の羽根沢《はねさわ》温泉の『羽根沢節』（一五〇ページ）が新庄へ伝えられたのだといわれている。しかし、それは逆で、新庄の唄が羽根沢へも伝えられて、農民たちの、単純な節まわしの唄になっていったと見るほうがよい。

踊りの振りは、一九一四年に歌舞伎の尾上多賀《おのえたが》之丞《のじょう》が新庄の三吉座の柿落《こけら》としに来演したので、改作を依頼したという話がある。しかし、尾上がどの程度いじったのかは不明である。

なお、太平洋戦争後まもなくまでは二上り調の、粋で、しゃれた三味線の手がついていたが、東京で本調子の、おさまったものをつけてから、唄が重くなってしまっている。元へ戻すほうがよい。

節まわしの型　今日広く唄われている節まわしは、東京の民謡界のものを逆移入したものである。山形県下で唄われていた旧来の節まわしは、古老の間にしか残っていないようである。

花《はな》笠《がさ》音《おん》頭《ど》

〽①花《はな》の②山形《やまがた》　紅葉《もみじ》の③天童《てんどう》
雪《ゆき》を（チョイ　チョイイ）眺《なが》むる　④尾花沢《おばなざわ》
（ハァヤッショ　マカショ　シャンシャンシャン）

〽俺《おら》が⑤在所《ざいしょ》に　来《き》てみやしゃんせ
⑥米《こめ》のなる木《き》が　おじぎする

〽米《こめ》のなる木《き》で　⑦草鞋《わらじ》を作《つく》り
踏《ふ》めば小判《こばん》の　跡《あと》がつく

〽わしが国《くに》サで　自慢《じまん》なものは
茄子《なす》と胡瓜《きゅうり》と　⑧笠踊《かさおど》り

〽揃《そろ》た揃《そろ》たよ　花笠揃《はながさそろ》た
秋《あき》の出穂《でほ》より　まだ揃《そろ》た

〽逢《あ》いにござれと　⑨紅花《べにばな》入《い》れて
尾花沢《おばなざわ》から　⑩文《ふみ》が来《き》た

〽目出度目出度《めでためでた》の　若松様《わかまつさま》よ
枝《えだ》も栄《さか》えて　葉《は》も繁《しげ》る

〽雪《ゆき》の⑪舟形《ふながた》　情《なさ》けにあつい
呼《よ》べば融《と》けそな　優姿《やさすがた》

〽わたしゃ花笠《はながさ》　伊達《だて》には持《も》たぬ
離《はな》れまいとの　⑫合《あ》い印《じるし》

〽笠《かさ》を投《な》げやる　暇《ひま》あるけれど
主《ぬし》を忘《わす》れる　暇《ひま》はない
〽娘盛《むすめざか》りを　⑬なじょして暮《く》らす
雪《ゆき》に埋《う》もれて　針仕事《はりしごと》
〽秋《あき》の⑭山寺《やまでら》　紅葉《もみじ》も見頃《みごろ》
わたしゃ年頃《としごろ》　紅《べに》もさす
〽山《やま》で咲《さ》くのは　つつじに椿《つばき》
抱《だ》いてからまる　藤《ふじ》の花《はな》

注①桜の花。
②山形市。山形県南東部にある。県庁所在地。
③天童市。山形市のすぐ北にある。温泉と将棋の駒で有名。
④尾花沢市。県北東部にある。日本三多雪地の一。
⑤住んでいる所。また、故郷。
⑥稲が実って、穂が垂れ下がること。
⑦「作り草鞋」とも。
⑧『花笠音頭』の踊り。
⑨➡一五二ページ。
⑩手紙。
⑪船形山（一五〇〇メートル）。尾花沢市と宮城県仙台市の境にある。山名は、山容が（または残雪が）船の形に見えるから、という。
⑫一組であることを示すためにつけておく、そろいの印。
⑬どんなふうにして。
⑭立石寺《りっしゃくじ》。慈覚大師（円仁）の開山と伝えられる。山形市北東部にある。

山形県の、酒盛り唄・踊り唄形式の新民謡。山形県中東部の旧城下町山形（山形市）の人たちが、酒席で、また、パレードで唄い踊ってきたものである。

別名　「花笠踊り」とも呼ぶが、これは踊りの名であるから、正確には「花笠踊り唄」ということになる。唄中心の場合は、筆者（竹内勉）は『花笠音頭』のほうを用いている。

唄の履歴　この唄は、山形市南館《みなみだて》の民謡家有海《ありうみ》桃洲《とうしゅう》が、在来の民謡の歌詞と節を利用して作った新民謡である。

一九三五年頃、蔵王《ざおう》の麓《ふもと》、堀田《ほった》村成沢《なりさわ》（現山形市内）の民謡家で、桃洲の弟子である伊藤桃華が、同地の「櫓胴搗《やぐらどうづ》き唄」を師匠の所へ持ち込んだ。桃洲は、上の句の節はそのまま利用し、下の句の節に手を加えてまとめあげ、弟子で、当時タイヘイレコード専属の伴奏者だった堀江友治に三味線の手をつけさせた。そして、これまた弟子の三沢新次郎に振り付けをさせた。こうしてできあがった『花笠音頭』は、桃洲一門の間で細々と唄われていた。

一九三六年、有海桃洲はこの唄をNHK山形放送局から放送し、のち、しだいに知られるようになったが、桃洲の芸風が地味なので、広まってはいかなかった。ところが、一九五〇年に山形市役所主催の民謡大会が開かれると、その『花笠音頭』を、有海桃洲側は桜井米次郎に唄わせ、東根《ひがしね》市の斎藤桃菁《とうせい》側は、派手な芸風の結城《ゆうき》誠一に唄わせた。節まわしは結城のほうが歯切れよく、明るく、華やかなので優勝し、その時から結城誠一の節まわしが広まっていった。

今日、尾花沢市が『花笠音頭』の発祥地のようになっているのは、「雪を眺むる尾花沢」という名文句のためである。また、元になっている「櫓胴搗き唄」は村山地方一円に、どこにでもあるため、唄う人たちにとっては、みな自分の土地が発祥の地に思われ、それだからこそすぐに広まったとも言える。

この『花笠音頭』は、のちにパレード用の踊り唄として広まっていき、毎年八月六日から三日間行われる「花笠祭り」は、「東北四大祭り」に数えられている。

節まわしの型　今日広く唄われている節まわしは、結城誠一のものである。

羽根沢節《はねさわぶし》

〽ハァーたとえ①鮭川《さけがわ》の　橋流《はしなが》れても
（ハァ　キッタサー）
②羽根沢通《はねさわがよ》いはヨー　やめられぬ
（ハァ　キッタ　コリャコリャ）
〽③花《はな》が咲《さ》いたと　④都《みやこ》の便《たよ》り
こちら雪《ゆき》だと　返《かえ》す⑤文《ふみ》
〽⑥羽根沢街道《はねさわかいど》に　白菊植《しらぎくう》えて
何《なに》を聞《き》く（菊）聞《き》く　便《たよ》り聞《き》く

〽山《やま》の羽根沢《はねさわ》　土産《みやげ》も軽《かる》く
聞《き》かしてやるぞえ　羽根沢節《はねさわぶし》

〽生《う》まれ羽根沢《はねさわ》で　育《そだ》ちも羽根沢《はねさわ》
⑦俺《おれ》の唄《うた》うのも　羽根沢節《はねさわぶし》

〽羽根沢通《はねさわがよ》いが　もし知《し》れたなら
⑧三宝荒神参《さんぼうこうじんまい》りと　言《い》うて通《かよ》え

〽羽根沢《はねさわ》よい所《とこ》　一度《いちど》はおいで
義理《ぎり》と人情《にんじょ》の　花《はな》が咲《さ》く

〽もののついでに　羽根沢《はねさわ》においで
この世《よ》の苦労《くろう》の　捨《す》て所《どころ》

〽山《やま》の羽根沢《はねさわ》に　お⑨湯《ゆ》さえなけりゃ
猪《いのしし》　⑩貉《むじな》の　棲《す》む所《ところ》

〽今《いま》はそうじゃない　そうじゃない今《いま》は
一度《いちど》来《き》てみりゃ　⑪こてられぬ

〽音《おと》がすれども　姿《すがた》は見《み》えぬ
藪《やぶ》に鶯《うぐいす》　声《こえ》ばかり

注①山形・秋田県境の山地に発して南流し、新庄市の南西端付近で最上川へ注ぐ川（約四八キロ）。
②羽根沢温泉へ通うこと。
③桜の花。この歌詞は『新庄節』から借用したもの。
④江戸（現東京都東部）のこと。
⑤手紙。
⑥新庄から羽根沢へ通じる道。この歌詞は、一九八ページ下段一首目の歌詞などの替え唄。
⑦「俺の唄うは」とも。
⑧羽根沢温泉の近くにある神社。
⑨温泉。
⑩穴熊、または狸。
⑪こらえられない。たまらないほどよい。

山形県の酒盛り唄。山形県の北中部、それも新《しん》庄《じょう》市中心部から北西へ一六キロほど離れた羽根沢温泉（最上郡鮭川村羽根沢）周辺の人たちが、酒席で唄ってきたものである。

唄の履歴　この唄の源流は、新庄の万場町《ばんば》遊廓《ゆうかく》で唄われてきたお座敷唄『新庄節』（一四八ページ）である。それを新庄通いの人たちが持ち帰って、酒席で唄い、また、草刈りなどの折りに口ずさんだ。

一説に、『新庄節』の元唄のように言われているが、「水は高きより低きへ流れる」という諺《ことわざ》どおり、戸沢氏六万石の城下町新庄の花柳界の唄が、周辺の農村部へ広まったと考えるほうが自然である。また、羽根沢温泉は、日本石油が石油を試掘したところ、一九二一年に石油ならぬ湯が噴き出して温泉場になったもので、万場町へ影響を与えるには新しすぎるし、温泉場の規模も小さすぎる。

昭和三〇年代（一九五五～）に入って、宮城県民謡界の大西玉子が、二、三人の人を連れて羽根沢を訪ね、加賀谷京子という、食堂の主人から『羽根沢節』を聞いた。そして、大西流にまとめてキングレコードに吹き込んだのが、しだいに広まっていった。

節まわしの型　今日広く唄われている節まわしは、大西玉子のものである。

紅花摘《べにばなつ》み唄《うた》

〽①千歳山《ちとせやま》からナァ　②紅花《べにばな》の種播《たねま》いたヨー
（アァ　シャン　シャン）
それで山形《やまがた》　花《はな》だらけ
（サァさ摘《つ》ましゃれ　摘《つ》ましゃれ）

〽夜明《よあ》け前《まえ》だに　紅花摘《べにばなつ》みの
唄《うた》に浮《う》かれて　飛《と》ぶ雲雀《ひばり》

〽咲《さ》いた花《はな》より　見《み》る花《はな》よりも
摘《つ》んで楽《たの》しむ　花《はな》の唄《うた》

〽紅花摘《べにばなつ》むのも　③そもじとならば
④いらか刺《さ》すのも　なんのその

〽⑤世《よ》にも賑《にぎ》わし　紅花摘《べにばなつ》みよ
ここもかしこも　唄《うた》の声《こえ》

〽同《おな》じ畑《はたけ》でも　そもじとならば
雨《あめ》や風《かぜ》をも　厭《いと》やせぬ

〽露《つゆ》に濡《ぬ》れたか　紅花摘《べにばなつ》みの
笠《かさ》に映《うつ》るよ　日《ひ》の光《ひかり》

〽⑥花《はな》の六月《ろくがつ》　二度《にど》あるならば
枯《か》れた枝《えだ》にも　花《はな》が咲《さ》く

〽濡《ぬ》れらば濡《ぬ》れろ　六月限《ろくがつかぎ》り
今宵《こよい》濡《ぬ》れなけりゃ　濡《ぬ》れられぬ

〽俺《おれ》も行《い》きたや　⑦黒毛《くろげ》に乗《の》って
⑧紅《べに》の供《とも》して　都《みやこ》まで

注①山形駅の南東方約三キロにある山（四七三メートル）。
②「こうか」と唄うのは、「べにばな」が発音しにくいためである。どちらでも字あまりになるが、ほかの所は「べにばな」と唄っているので、ここも本来の読み方へ戻すべきである。
③あなた。「そなた」の「そ」に「文字」を加えた女房詞。
④とげ。
⑤非常に。
⑥紅花の開花期は六月。
⑦毛色の黒い馬。
⑧紅花。紅花を半加工して煎餅状にしたものを紅餅と呼び、これを運送する。

山形県の、踊り唄形式の新民謡。山形県の中央部、紅花を栽培する村山地方の農村の様子を唄にしたものである。

紅花は、薊《あざみ》に似た菊科の二年草で、丈は三〜四尺（約九一〜一二一センチ）ほどある。初夏に黄色の花が咲き、その花が染料や化粧品（口紅など）になり、種子から油を取る。また、花も種子も薬用として役立つ。現産地は不明であるが、古代エジプトでは染料として、インドでは古くから化粧品として用いられていた。中国へは漢の時代に張騫《ちょうが》によって伝えられ、さらに中国から日本に持ち込まれた。初めは近畿・中国・中部地方で栽培されていたが、しだいに東日本にも広まり、山形には正保から慶安年間（一六四四〜五二）に伝えられた。それから百二十年後の明和から安永年間（一七六四〜八一）にかけては、山形の特産品になり、京・大坂から紅花の仲買人が多数山形に集まるようになった。

紅花は、薊同様、茎にとげがあり、葉は鋸《のこぎり》状である。そのため、花を摘む人の指を傷つける。そこで、紅花摘みは、茎や葉が夜露に濡れてまだ柔らかい早朝に行われた。

唄の履歴　この唄を作ったのは、山形市の小学校の校長だといわれている。それは一九一六年のことで、山形市で東北六県の共進会が開かれた際、演芸館で催された常磐津《ときわず》「阿古屋姫」三場のために作ったものだという。

山形市の万松寺（千歳山の北東裾にある）には阿古屋姫の伝説が伝わっており、かつては千歳山全体を阿古屋と呼んでいたという。たぶん、それと名産の紅花を摘む様子とを結びつけた場面でも設け、その下座にこの唄を用いたのであろう。ただし、その校長が作ったのは歌詞のほうで、節は江戸時代後期から明治時代に大流行した「甚句《じんく》」である。

その唱歌的な『紅花摘み唄』を山形市の民謡家加藤桃菊《とうぎく》が好んで唄ったため、その流行歌手的な甘い声と、紅花の名声とによって広まっていった。

節まわしの型　今日広く唄われている節まわしは、加藤桃菊のものである。

真室川音頭《まむろがわおんど》

〽わたしゃ①真室川《まむろがわ》の　梅《うめ》の花《はな》コーリャ
あなたマタ②この町《まち》の　鶯《うぐいす》よ
（ハァ　コリャ　コリャ）
花《はな》の咲《さ》くのを　待《ま》ちかねてコーリャ
蕾《つぼみ》のうちから　通《かよ》て来《く》る
（ハァ　どんと来《こ》い　どんと来《こ》い）

〽あなたは御殿《ごてん》の　八重桜《やえざくら》
わたしゃ垣根《かきね》の　朝顔《あさがお》よ
いくらほどよく　咲《さ》いたとて
御殿《ごてん》の桜《さくら》にゃ　届《とど》かない

〽山越《やまこ》え川越《かわこ》え　はるばると
真室川《まむろがわ》見《み》たさに　故郷《くに》を出《で》た
深山隠《みやまがく》れの　百合《ゆり》の花《はな》
そっと手折《たお》れば　香《か》に迷《まよ》う

〽真室川《まむろがわ》よい所《とこ》　③新庄《しんじょう》を受《う》けて
娘《むすめ》美人《びじん》で　唄所《うたどころ》
上《のぼ》り下《くだ》りに　足止《あしと》めて
聞《き》いてお帰《かえ》り　④この音頭《おんど》

〽夢《ゆめ》を見《み》た夢《ゆめ》を見《み》た　夢《ゆめ》を見《み》た
あなたと添《そ》うとこ　夢《ゆめ》に見《み》た
⑤三三九度《さんさんくど》の　盃《さかずき》を
いただくところで　日《め》がさめた

〽裏《うら》からまわれば　垣根《かきね》コあるし
表《おもて》からまわれば　犬吠《いぬほ》える
鳴《な》くな騒《さわ》ぐな　泥棒《どろぼ》じゃないよ
この家《や》の娘《むすめ》さんの　色男《いろおとこ》

〽鏡《かがみ》見《み》るたび　思《おも》い出《だ》す
両親《ふたおや》怨《うら》むじゃ　ないけれど
も少《すこ》し器量《きりょ》よく　生《う》まれたら
どんな男《おとこ》も　迷《まよ》わせる

〽蕾《つぼみ》のうちから　通《かよ》ってみたが
開《ひら》かぬ花《はな》とて　気《き》が揉《も》める
早《はや》く時節《じせつ》が　来《き》たならば
一枝《ひとえだ》ぐらいは　折《お》ってみたい

〽富士《ふじ》の山《やま》ほど　⑥評判《ひょうばん》されて
笹《ささ》の露《つゆ》ほど　想《おも》われて
話《はなし》ぐらいは　したかもしれぬ
いまだに二人《ふたり》寝《ね》は　⑦したことね

〽わたしゃ真室川《まむろがわ》の　山桜《やまざくら》
あなた浮気《うわき》な　春《はる》の風《かぜ》
咲《さ》かせてくれたは　よいけれど
一夜《いちや》で散《ち》れとは　憎《にく》らしい

〽⑧花《はな》の⑨山形《やまがた》　紅葉《もみじ》の⑩天童《てんどう》
雪《ゆき》を眺《なが》むる　⑪尾花沢《おばなざわ》
声《こえ》ものどかな　⑫新庄節《しんじょうぶし》
⑬庄内《しょうない》⑭鶴岡《つるおか》　⑮米所《こめどころ》

注①➡解説。
②「新庄の」とも。
③新庄文化の影響を受けて、の意。新庄は、戸沢氏六万石の旧城下町で、山形県北東部にある。
④真室川音頭。
⑤結婚式で行う献盃の礼。新郎新婦が、三つ組の盃で三回ずつ酒を飲み合う。
⑥うわさを立てられて。
⑦したことがない。
⑧桜の花。
⑨山形市。県南東部にある。
⑩天童市。山形市のすぐ北にある。温泉と将棋の駒で有名。
⑪尾花沢市。県北東部にある。日本三多雪地の一。
⑫➡一四八ページ。
⑬庄内地方（県北西部）の。
⑭鶴岡市。庄内平野の南西端にある。酒井氏一四万石の旧城下町。
⑮「米の里」とも。

山形県のお座敷唄。山形県の北中部にある最上《もがみ》郡真室川町の花柳界の宴席で、芸者衆が唄ってきたものである。

唄の履歴　この唄の源流は、明治から大正時代にかけて大流行した『ラッパ節』（二三一ページ）である。それは日本中で好んで唄われ、のちに替え唄が数多く生まれた。その代表的なものが『北九州炭坑節』（本書での曲名は『伊田の炭坑節』。➡六一七ページ）であり、機械船の人たちが唄う『ラット節』である（「ラット」とは、船の舵輪のこと）。そして、『ラット節』は、北海道の女工たちの間に広まって『ナット節』（二〇ページ）や『女工節』（一一ページ）へと姿を変えていった。

大正時代の中頃、現尾花沢市でダム工事が始まり、多くの土木労働者が集まってきた。その折りに『ナット節』が尾花沢に持ち込まれて大流行した。ところが、一九三六年、旧萩野村（現新庄市内）の旧陸軍軍馬補充部の跡地に飛行場が建設されることになった。初めは民間飛行場の予定であったが、途中から陸軍宇都宮飛行学校の飛行場に変更された。その工事には、尾花沢ダム工事の人たちがそのまま横滑りし、『ナット節』もまた一緒に入ってきた。

そして、一九三七年から四三年頃までは栗谷川の真室川金山が栄えたため、『ナット節』はその鉱夫たちの酒盛り唄にもなった。太平洋戦争中は、さらに陸軍真室川飛行場や海軍兵器工場の兵隊の酒盛り唄として唄い継がれていったが、歌詞は卑《ひ》猥《わい》なものばかりであった。

さて、真室川出身の近岡ナカエは、宮城県桃生《ものう》郡女川《おながわ》町で、漁師から『ナット節』を習い覚えたが、故郷に戻ってきて次のような歌詞を作り、料亭山水で「山水小唄」の名で唄い始めたという。

〽あなたみたよな　好男子
　わたしみたよな　お多福が
　提灯《ちょうちん》　吊《つ》り鐘　釣り合わぬ
　見捨てられても　無理はない
〽わたしゃ真室川の　溜まり水
　あなたまたこの町の　流れ水
　同じ水とは　呼びながら
　溜まり水とは　情けない

それは一九三一年のことだそうだが、真室川の料亭でであれば、時期が早すぎる。飛行場建設は一九三六年から、真室川金山が栄えたのは三七年からなので、時期はそれよりずっとあとの、『真室川音頭』という曲名に統一される少し前のことではないかと思われる。また、真室川にある他の三軒の料亭でも、それぞれ『ナット節』に新作の歌詞をあてて唄い、屋号を冠せて「紅屋小唄」などと呼んでいたという。これも同じ時代のことであろう。

そうした中で、料亭紅屋の女将《おかみ》お春（佐藤ハルエ）が沢山の歌詞を作り、三味線の手もつけた。そして、一九五一年に真室川町が歌詞の公募を行い、紅屋の歌詞（前掲一首目）が入選した。そんなこんなで、『ナット節』が「山水小唄」や「紅屋小唄」などと呼ばれた時代を経て、『真室川音頭』という曲名で統一されることになった。

その唄のことを、レコード卸商の松本一晴が東北旅行中の車中で知って紅屋を訪ね、のちに、同じ真室川町の伊藤一子《かずこ》（当時一六歳）に覚えさせ、マーキュリーレコードに吹き込ませた。そして、民間放送で「真室川音頭」という番組を作ってもらい、伊藤に唄わせたところ、たちまち大流行し、日本中へ広まっていった。

近年、『真室川音頭』は近岡ナカエが作ったという話が広まっているのは、紅屋が店をたたんで、女将お春が町を出てしまったためではないかと思われる。

節まわしの型　今日広く唄われている節まわしは、伊藤一子のものである。

村山博労節《むらやまばくろうぶし》

〽ハァーエードーエ　①竿頭《かんとう》にナァーヨーエ
　②幟《のぼり》のヨー
　③小坂《こさか》の茶屋《ちゃや》でヨー
　④最上《もがみ》のナーエ⑤博労《ばくろう》さんよナーエ
　お帰《かえ》りの際《さい》にはヨー
　（ハァイ　ハイト）
　お寄《よ》りくださんせヨー
　ほんにナァーヨーエほんにナーヨーエ　待《ま》ちておるヨー
　（ハァイ　ハイト）
〽二両《にりょう》で　買《か》ったる馬《うま》っコ
　売《う》りにかけたら
　十両《じゅうりょう》で売《う》れた
　儲《もう》けを見《み》たら
　八両儲《はちりょうもう》けた
　⑥今年《ことし》の今年《ことし》の　⑦初博労《はつばくろう》

注①さおの先。
②細長い布を、長い竿に取り付けたもの。飲食物の名や屋号を書いて軒先に立てる。
③現山形県東村山郡中山町金沢字松の木に、二八軒の茶屋があった。そのうちの一軒の屋号。
④最上地方。県の北東部、現最上郡・東村山郡・西村山郡一帯。
⑤⬇解説。
⑥諸歌詞集は「今年の年《ねん》の」とする。「今日の日の」「今年の年《とし》の」といった表現はあるが、これは不詳。一首目は「ほんにほんに」と繰り返しているので、「今年の今年の」の「今」が脱落したのであろう。
⑦今年初めてした、馬の仲買いの仕事。

山形県の仕事唄。山形県中央部の村山地方（東村山郡・西村山郡）の博労たちが、馬市などへの往来に、夜道を、何頭もの馬を曳《ひ》いて歩きながら唄ってきたものである。博労とは、牛馬の仲買いを職業とする人のことで、獣医を兼ねる人もいる。（なお、「馬喰」の字をあてると、馬で喰ってる悪い奴という軽蔑《けいべつ》の意味なので、用いないほうがよい。）

唄の履歴　この唄の源流は、旧南部藩領（岩手県中央部から青森県東部一帯）の博労たちが唄っていた「夜曳《よび》き唄」（一七七ページ）である。それが、馬市などを通じて、博労仲間によって東北地方一円へ広まり、山形県下にも伝えられた。

「馬方節」の本来の詞型は七七七五調であるが、時折り、技巧を見せるために字あまりの唄を唄う人もいた。その字あまりのものを西村山郡左沢町《あてらざわ》（現大江町内）の渡辺国俊（郷土史家・詩人）が覚えていた。ただし、それは歌詞だけであったのかもしれないが、一九五一年頃にその唄の復元を計り、渡辺好みの、技巧的な馬方節に仕立て上げた。その時一役買ったのが近くに住む羽柴重見《はしばしげみ》で、五二年にラジオ（NHK仙台放送局）で初放送した。筆者（竹内勉）は、五七年四月二五日のニッポン放送「お国自慢のど自慢全国コンクール」で聞いたのが縁で、一九六四年秋、上京中の羽柴と会った。そして、六九年にコロムビアレコードに吹き込ませ、「羽柴重見　山形民謡集」を発売した。

このレコードで、ディレクターの掛川尚雄が、それまで羽柴が通してきた「最上博労節」という曲名をやめて、「山形博労節」としてしまった。しかし、一九六〇年四月八日のNHK仙台放送局「民謡をどうぞ」では、『村山博労節』という呼び名もあると紹介していたので、すでに地元ではその曲名で広まり始めていたのであろう。そして、地元の辻政美が好んで唄うようになってからは、『村山博労節』という曲名が一般的になっている。

節まわしの型　今日広く唄われている節まわしは、羽柴重見のものである。

最上川舟唄《もがみがわふなうた》

前ばやし

〽〔船頭〕ヨォーイサノ　マガーショ
〔漕ぎ手〕エェンヤ　コラマーガセ
〔船頭〕エェエンヤー　エーエヤーエー
〔漕ぎ手〕エェエヤー　エード
〔船頭〕ヨォーイサノ　マガーショ
〔漕ぎ手〕エェンヤ　コラマーガセ

本唄〔船頭〕

〽①酒田《さかだ》さ②行《い》ぐさげ　③まめでろちゃヨイト　コ
ラサノ　セー
流行《はや》り風邪《かぜ》など　引《ひ》がねように

中ばやし

〽〔船頭〕エーエンヤー　エーエヤーエー
〔漕ぎ手〕エェエヤー　エード
〔船頭〕ヨォーイサノ　マガーッショ
〔漕ぎ手〕エェンヤ　コラマーガセ

長ばやし

〽〔船頭〕④まっかん大根《だいご》の　⑤塩汁煮《しょっしるに》
塩《しお》しょぱくて　食《く》らわんないちゃ
エーエヤー　エーエ
〔漕ぎ手〕エェエヤー　エード

後ばやし

〽〔船頭〕ヨォーイサノ　マガーショ
〔漕ぎ手〕エェンヤ　コラマーガセ

本　唄

〽⑥碁点《ごてん》⑦隼《はやぶさ》　やれ⑧三ケ瀬《みかのせ》も
まめで下《くだ》ったと　頼《たの》むぞえ

長ばやし

〽⑨あの女《へな》　⑩いんねげりゃ
⑪小鵜飼《こうかい》乗《の》りも　⑫すねがったっちゃ

本　唄

〽⑬やませ風《かぜ》だよ　あきらめしゃんせ
俺《おれ》を恨《うら》むな　風恨《かぜうら》め

長ばやし

〽あの女《へな》　ためだ
⑭なんぼ取《と》っても　⑮足《た》らんこたんだ

注①現酒田市。最上川の河口にある、日本海側最大の港町。
②行くから。「行ぐはげ」とも。
③元気でいろよ。
④二股の大根。これを女性のこととするのは、考証のしすぎ。
⑤塩味だけの、粗末な料理。
⑥沢山の岩が、碁石を並べたように水上に出ている所。大石田の上流にある。以下、最上川の三大難所で、下流へ三ヶ瀬・隼と続く。
⑦隼が飛ぶように、水勢の激しい所。
⑧川床が隆起して、川が三筋になって流れている所。
⑨最上川の船着き場にいる、なじみの女。この場合は遊女。

⑩いなければ。
⑪最上川の、左沢辺より上流を往来する、小型の船。三人乗りで、船尾に草ぶきの屋根をかけ、蓆《むしろ》の帆を張る。積み荷は二〇駄（馬二〇頭に積める程度の量）ほど。「小鵜飼乗りなど」とも。「航海乗り」は誤り。
⑫しなかったよ。
⑬山形県の日本海沿岸では、山を越えて吹いてくる北東風。
⑭いくら稼いでも。
⑮足りないよ。

山形県の仕事唄。山形県の最上川中流、西村山郡大江町左沢《あてらざわ》辺りの川舟船頭が、艪《ろ》を押しながら唄ってきたものである。

最上川では、左沢を中心にして上流は小《こ》型の小鵜飼船《うかいぶね》が、下流は酒田船《さかたぶね》と呼ばれる大型の艜船《ひらたぶね》（船底の平らな川舟）が受け持ち、内陸の物資（青麻《あおそ》・藍《あい》・米・木炭など）は河口酒田《さかた》へ、海路運ばれて酒田港に陸揚げされた物資（塩・砂糖・鰊《にしん》・数の子など）は内陸部へと回送された。その所要時間は、下り船は二日間、上り船は一週間ほどであった。

唄の履歴　この唄の源流は、長崎県の北西端にある平戸島《ひらどしま》の田助《たすけ》港（平戸市田助町）へ港入りする帆船の船乗りたちが、伝馬船を降ろして艪を漕《こ》ぎながら唄っていた『エンヤラヤ』（六四八ページ）である。その酒田化したものを「本唄」とし、それにはやし詞を配して、一九三六年にまとめられた。（『エンヤラヤ』は、今日の『江差追分《えさしおいわけ》』の「前唄」「後唄」としても利用されている。）

一九三二年初冬、左沢町（現大江町内）の郷土史家で詩人の渡辺国俊は、同町の佐藤やす（七二歳）から、「酒田追分」とか「庄内追分」と呼ばれる「松前くずし」を聞いた。そして、その歌詞をNHK仙台放送局編「東北の民謡」（一九三四年刊）に「最上川舟唄」と命名して載せた。当時、同放送局で民謡番組製作の相談に乗っていた後藤桃水は、その本を見てラジオで放送しようと考え、渡辺を訪ねた。しかし、それは、艪を押しながら唄う仕事唄ではなく、酒席の流行《はや》り唄だったので、放送を断念した。

一九三六年、仙台放送局は、「最上川を下る」という番組を企画し、渡辺国俊に協力を依頼した。前回のことがあるので、渡辺は左沢町の民謡家後藤岩太郎に相談し、二人で「舟唄」を捜しまわった。そして、柴橋村中郷（現寒河江《さがえ》市内）の後藤作太郎（元船頭）から掛け声を、後藤与三郎（元船頭）の母親から「松前くずし」を教わった。その唄が、のちの『最上川舟唄』の「本唄」部分である。「松前くずし」という曲名は、「松前追分」の「合の手」部分のくずしという意味である。しかし、歌詞が「〽酒田さ行ぐさげ…」の一首しかないため、二、三首目は「東北の民謡」に載せたものを利用して渡辺が手を加え、今日の形にまとめた。そして、最上川に舟を浮かべて節を整え、唄後藤岩太郎、はやし詞後藤作太郎・後藤与三郎で同年九月に放送した。

一九四一年、柳田国男を団長として「東北民謡試聴団」が結成され、東北六県をまわって民謡を聞く会が行われた。メンバーは町田佳聲《かしょう》・折口信《しの》夫《ぶ》・中山晋平・田辺尚雄《ひさお》ら二一名であった。山形県では五月一九日に行われたが、後藤岩太郎たち三人がこの唄を唄ったところ、それまで青森県や秋田県の三味線伴奏つきの民謡にうんざりしていた一行は、無伴奏の唄に感激し、作曲家信時潔《のぶとききよし》などは「ボルガの舟唄」以上と絶賛したため、一躍有名になった。そして、一九四六年一〇月五日、東京神田の共立講堂で催された「東日本郷土民謡コンクール」に先の顔ぶれで出場して第一位になった。それ以来、この『最上川舟唄』は山形県を代表する唄になった。

その優勝を記念して、一九四八年春、同郷の菊地病院院長菊地真一郎の尽力でコロムビアレコードに吹き込み、三〇枚の自費レコードを製作した。今日残っている後藤岩太郎たちの唄は、一九四一年のものと、この四八年のものの二種類だけである。

節まわしの型　今日広く唄われている節まわしは、後藤岩太郎のものである。

山形《やまがた》金《かね》掘《ほ》り唄《うた》

〽ハァー俺《おら》が父様《ととさま》　①金山《かなやま》の主《ぬし》だナンヨォ
（ハァ　ヨーイ　ショデコラ　ショー）
俺《おら》も子《こ》じゃもの　山《やま》の主《ぬし》
（ハァ　ヨーイ　ショデコラ　ショー）

〽高《たか》い山《やま》から　谷底《たにそこ》見《み》れば
茄子《なす》や南瓜《かぼちゃ》の　花《はな》だらけ

〽山《やま》でねんねすりゃ　木《き》の根《ね》が枕《まくら》

落ちる木《こ》の葉《は》が　夜具《やぐ》となる
〽朝《あさ》も早《は》よから　弁当箱《べんとばこ》さげて
今日《きょう》も行《ゆ》きます　②金掘《かねほ》りに
〽見《み》たか聞《き》いたか　これこの山《やま》を
掘《ほ》れば掘《ほ》るほど　黄金《こがね》涌《わ》く
〽山《やま》は鉱山《こうざん》　お国《くに》の宝《たから》
来《き》てもみやんせ　金掘《かねほ》りに
〽連《つ》れて行《ゆ》くから　③髪結《かみゆ》い直《なお》せ
旅《たび》は辛《つら》いもの　泣《な》かぬよに
〽可愛《かわ》いあの娘《こ》の　顔《かお》さえ見《み》えず
④発破《はっぱ》⑤鏨《たがね》の　音《おと》ばかり

注①吉野鉱山のこと。
②金の鉱石を採掘しに。
③既婚女性の髪型は丸髷が一般的。江戸時代は、未婚女性（島田髷に結っていた）の旅は禁じられていた。
④爆薬を仕掛けて、鉱石の層を爆破すること。
⑤金槌でたたいて、鉱石を掘ったり割ったりするための、鉄鋼製の工具。

山形県の仕事唄。山形県の南東部、それも南陽市を流れる吉野川の上流にあった吉野鉱山で、金の鉱石を採掘する鉱夫たちが、鉄ノミを金槌《かなづち》でたたきながら唄ってきたものである。

唄の履歴　この唄の源流は不明である。しかし、七七七五調の歌詞の二句目のしまいに「ナンヨ」がつく。これは、関西地方から四国・北九州地方にかけて用いられる方言で、「…なのよ」の訛《なま》りであるから、これらの地方で生まれた唄と考えられる。

また、各地の鉱山で鉱夫が鉱石を掘る時は「石《せっ》刀節《とうぶし》」が唄われた。それは、愛媛県の大規模鉱山で唄われていた『別子《べっし》石刀節』（六〇八ページ）と同系統の唄であるが、『山形金掘り唄』はそれとは別種の唄である。したがって、筑豊あたりの炭坑で炭坑夫たちの間で唄われていた、流行《はや》り唄的な仕事唄が、明治から大正時代にかけて、炭坑夫の移動にともなって吉野鉱山へ持ち込まれたのであろう。

その「金掘り唄」に三味線の伴奏をつけて今日の節まわしにまとめたのは、山形市の民謡家加藤桃菊《とうぎく》で、一九二八年頃のことである。しかし、三味線伴奏では唄が軽くなりすぎるので、尺八だけの伴奏にするほうがよい。

節まわしの型　今日広く唄われている節まわしは、加藤桃菊のものである。

山形《やまがた》木挽《こび》き唄《うた》

〽ハァー①旦那喜《だんなよろこ》べ（コイィ　ナンダー）
②今度《こんど》の山《やま》はヨー
（ハァ　ゾロント来《こ》い）
〽ハァー③尺幅揃《しゃくはばぞろ》いの（コイィ　ナンダー）
④柾《まさ》が出《で》るヨー
（ハァ　ゾロント行《い》って　ゾロント来《こ》い）
〽木挽《こび》きいたかよ⑤　この山奥《やまおく》に
今朝《けさ》も⑥鑢《やすり》の　音《おと》がする
〽⑦山家《さんか》⑧深山《みやま》の　奥《おく》には住《す》めど
木《き》の実《み》　⑨榧《かや》の実《み》　⑩食《た》べはせぬ
〽木挽《こび》き深山《みやま》の　沢《さわ》コに住《す》めど
木《き》の実《み》榧《かや》の実《み》　食《た》べはせぬ
〽大工木挽《だいくこび》きが　この世《よ》になけりゃ
⑪神《かみ》も仏《ほとけ》も　雨《あま》ざらし
〽山《やま》は高山《こうざん》だよ　木《き》は大木《たいぼく》だ
仲間頼《なかまたの》んで　挽《ひ》きくずす
〽山《やま》に⑫小屋《こや》掛《が》け　生木《なまき》を焚《た》いて
苦労《くろう》するのも　嬶《かか》のため
〽朝《あさ》の暗《くら》いから　向《む》こう鉢《はち》巻《ま》きで
仕事《しごと》するのも　嬶《かか》のため

山形県

〽この山終《やまお》えれば　次《つぎ》の山《やま》どこ
次《つぎ》は⑬最上《もがみ》の　⑭杉山《すぎやま》よ

〽旦那《だんな》⑮大黒《だいこく》だよ　おかみさんは⑯恵比須《えびす》
寄《よ》り来《く》る⑰西行《さいぎょう》さんが　⑱福《ふく》の神《かみ》

〽烏《からす》鳴《な》け鳴《な》け　山小屋《やまごや》の屋根《やね》で
木挽《こび》き繁昌《はんじょ》と　⑲鳴《な》け烏《からす》

〽朝《あさ》の寝《ね》ざめに　東《ひがし》を見《み》れば
黄金《こがね》まじりの　⑳霧《きり》が立《た》つ

〽旦那喜《だんなよろこ》べ　今度《こんど》の山《やま》は
㉑七分二枚《しちぶにまい》の　板《いた》が出《で》る

注①山の立ち木を買い取った人。
②今度買った山林。
③幅一尺（約三〇・三センチ）の板の取れる木。
④柾目の木。板にした時、木目が平行に通っている木。上質。
⑤「いたようだ　この沢奥に」とも。
⑥鋸の歯の目立てをするための工具。
⑦山の中の家。
⑧奥深い山。
⑨イチイ科の常緑高木。山形県以南の山野に自生し、また庭木とする。高さ約二〇メートル。雌雄異株。春に開花し、翌年の秋に、長さ二、三センチで楕円形の、種皮に包まれた実をつける。実は茶褐色に熟し、食用とし、油を取る。材は建材や碁盤とする。
⑩木挽き職人は、鳥や獣ではないから、米の飯を食って生活している、の意。
⑪お堂が造れないから、神像も仏像も。
⑫木挽き職人は、その山での仕事が終わるまで、小屋で生活する。
⑬最上地方。山形県の北東部、現最上郡・東村山郡・西村山郡一帯。
⑭杉は、高価な上、木挽き職人には楽な仕事なので最高の仕事場。
⑮七福神の一。福徳・財宝・食物などの神。右手に打ち出の小槌《こづち》を持ち、左肩に大きな袋をかつぎ、米俵二俵の上に立つ。
⑯七福神の一。福徳・漁・商売繁昌などの神。右手に釣り竿を持ち、左手で鯛を抱える。
⑰渡り職人の木挽き。西行は、平安時代末期～鎌倉時代初期の僧侶で歌人。歌集に「山家集」がある。西行が日本中を巡り歩いたことから、各地を渡り歩く木挽き職人を、俗に「西行さん」と呼ぶ。
⑱人に幸せや利益をもたらす神。
⑲烏が悪い鳴き方をすると、死人が出るという。そこで木挽きが居直って、「商売繁昌」と鳴いてみろと命令しているのである。
⑳朝霧が降ると、日中はよい天気になる。
㉑幅一尺、厚さ七分（約二一・一センチ）の板が二枚も取れる、立派な木がある。

山形県の仕事唄。山形県下の山々で働く木挽き職人たちが、木材を大割りにしたり、板に挽いたりする折りに、大鋸《おおのこ》を引く手に合わせて唄ってきたものである。（木挽きが唄を唄う理由については一七八ページ参照）

唄の履歴　この唄の源流は、旧南部藩領（岩手県中央部から青森県東部一帯）の『南部木挽き唄』（一七七ページ）である。南部木挽きは、冬の農閑期を利用して、出稼ぎ仕事として東日本各地の山々へ入ったが、その唄を山形県下にも持ち込んだ。それを地元の木挽き職人がまねて唄うようになった。したがって、本来は各地共通の節であったが、木挽き職人の個人差によって、のちにはいろいろな節まわしになった。

その『山形木挽き唄』、一九五八年八月一二日の「第五回みちのく早苗《さなぶ》振り大会」で松田久助が唄ってから広まり始めた。ところが、昭和四〇年代（一九六五～）に入ると三味線物全盛時代になって、しだいに消えてしまい、昭和六〇年代に復活してきた時は、松田久助時代の唄とはかなり変形したものになっている。

節まわしの型　今日広く唄われている節まわしは、松田久助のものが元になっている。

山形大黒舞《やまがただいこくまい》

前口上

〽〔才蔵〕　どっさり祝《いわ》って参《まい》ろう　さア
（〔踊り手〕　ハイイ）

本　唄

〽〔太夫〕　さアさアさァ儲《も》け出《だ》した　儲《も》け出《だ》したナー
〔才蔵〕　コラ何《なに》がさて①また　儲《も》け出《だ》したナー
（〔踊り手〕　ソレ　ソレイ）
〔太夫〕　②こちの旦那様《だんなさま》　お心《こころ》よしで
（〔踊り手〕　ソレイ）

〔太夫〕　商売繁昌《しょうばいはんじょ》で　儲《も》け出《だ》したナー
〔才蔵〕　コラ③七十《しちじゅう》五軒《ごけん》の　蔵《くら》を建《た》て
（〔踊り手〕ソレ　ソレイ）
〔太夫〕　今年《ことし》や豊年《ほうねん》　よい年《とし》だヨ
（〔踊り手〕ソレイ）
〔才蔵〕　④陸作田作《おかさくたさく》も　万作《まんさく》で
〔太夫〕　コラ稲《いね》を刈《か》って　みたれば
　　コラ⑤十万八千《じゅうまんはっせん》　⑥あったとや
〔太夫〕　⑦四束三把《しそくさんば》で　⑧五斗八升《ごとはっしょう》
（〔踊り手〕アァ　ソレソレ）
〔太夫〕　俵《たわら》立《た》てておき
（〔踊り手〕ソリャ）
〔太夫〕　桝《ます》もいらずに　⑨箕《み》で計《はか》る
（〔踊り手〕アァ　ソレソレ）
〔才蔵〕　コラ米《こめ》を積《つ》んで　みたれば　コラ
　　⑩七万俵《しちまんびょう》
〔太夫〕　お旦那様《だんなさま》も　お喜《よろこ》び
（〔踊り手〕アァ　ソレソレ）
〔太夫〕　町《まち》も⑪在郷《ざいごう》も　にぎやかだヨ
（〔踊り手〕ソレイ）
〔太夫〕　治《おさ》まるところは　さア何《なに》よりも
　　目出度《めでた》いとナー

本唄

〽さァさァさァ舞《ま》い込《こ》んだ　舞《ま》い込《こ》んだ
何《なに》がさてまた　舞《ま》い込《こ》んだ
⑫御聖天《ごしょうてん》が　先《さき》に立《た》ち
⑬福大黒《ふくだいこく》が　舞《ま》い込《こ》んだ
四方《しほう》の棚《たな》を　眺《なが》むれば
⑭飾《かざ》りの餅《もち》は　⑮十二重《じゅうにがさ》ね
神《かみ》のお膳《ぜん》も　⑯十二膳《じゅうにぜん》
（⑰コラ大《だい》としょう）
⑱代々《だいだい》この家《や》は　末繁昌《すえはんじょう》と
⑲打《う》ち込《こ》むところは　さア何《なに》よりも　目出度《めでた》
いと

〽さァさァさァ馳《は》せ込《こ》んだ　馳《は》せ込《こ》んだ
何《なに》がさてまた　馳《は》せ込《こ》んだ
⑳毘沙門天《びしゃもんてん》が　帆《ほ》を捲《ま》き上《あ》げて
㉑宝船《たからぶね》が　馳《は》せ込《こ》んだ
乗《の》ったるお方《かた》は　誰々《だれだれ》
㉒恵比須大黒《えびすだいこく》　㉓お田《た》の神《かみ》
㉔布袋《ほてい》　㉕福禄《ふくろく》　㉖弁財天《べざいてん》
積《つ》んだる宝《たから》は　何々《なになに》
㉗延命小袋《えんめいこぶくろ》に　㉘打《う》ち出《で》の小槌《こづち》
㉙隠《かく》れ蓑《みの》に　㉚隠《かく》れ笠《がさ》
これもまた　目出度《めでた》いと
この家《や》はますます　繁昌《はんじょう》と
㉛打《う》ち込《こ》むところは　さア何《なに》よりも　目出度《めでた》
いと

〽さァさァさァ舞《ま》い込《こ》んだ　舞《ま》い込《こ》んだ
㉜明《あ》きの方《かた》から　福大黒《ふくだいこく》は
この家繁昌《やはんじょ》と　舞《ま》い込《こ》んだ
大黒様《だいこくさま》と　いうものは
一《いち》に俵《たわら》を　踏《ふ》んまえて
二《に》でにっこり　笑《わろ》うて
三《さん》で盃《さかずき》　いただいて
四《よっ》つ㉝世《よ》の中《なか》　よいように
五《いっ》つ泉《いずみ》が　涌《わ》くように
六《むっ》つ㉞無病《むびょう》　息災《そくさい》に
七《なな》つ何事《なにごと》　ないように
八《やっ》つ㉟屋敷《やしき》の　悪魔《あくま》を払《はら》って
九《ここの》つ米蔵《こめぐら》　建《た》て替《か》えて
十《とお》で当家《とうけ》の　お旦那様《だんなさま》初《はじ》め
家内一同《かないいちどう》　㊱まめ息災《そくさい》で　働《はたら》くように
どっさり祝《いわ》って　参《まい》ろうと

〽さァさァさァ舞《ま》い込《こ》んだ　舞《ま》い込《こ》んだ
今日《きょう》は㊲吉日《きちにち》　身《み》を平《たい》らかに
㊳七福神《しちふくじん》の　船遊《ふなあそ》び
大鯛小鯛《おおだいこだい》　いかほども
世《よ》の中《なか》よかろと　祀《まつ》りたまえ
㊴身上《しんしょう》ますます　㊵泉酒《いずみざけ》
飲《の》めども尽《つ》きず　汲《く》めども尽《つ》きず

七福神《しちふくじん》が　明《あ》きの方《かた》より
㊶宝豆《たからまめ》で　福《ふく》は内《うち》
田《た》も陸作《おかさく》も　大揃《おおぞろ》い
黄金柱《こがねばしら》に　㊷八重穂《やえほ》を掛《か》けて
家内繁昌《かないはんじょ》と　目出度《めでた》いと

注①「そのように」とも。
②「この家の」とも。
③七・五の、縁起のよい数字を用いたもので、実数ではなく、沢山の意。
④畑の作物も、田圃の稲作も。
⑤十万八千束。
⑥「刈ったとや」は、前に「刈って」があるためと、唄いやすいための誤唱。
⑦一把は、刈った稲を両手で握った分量。一束は、六把、九把、一〇把、一二把など、時代によって異なる。
⑧約一〇四・六リットル。
⑨穀物を入れて上下にふるい、殻やごみを除くための農具。豊作なので、桝で正確に計らずに、箕で大ざっぱに計る、の意。
⑩二斗入りの俵で。一束九把とすると、十万八千束で七万二千俵以上になる。
⑪田舎。
⑫大聖歓喜自在天の略。歓喜天。招福・息災・夫婦和合・子宝の神。
⑬福の神である大黒天。大黒天は七福神の一。福徳・財宝・食物などの神。右手に打ち出の小槌《こづち》を持ち、左肩に大きな袋をかつぎ、米俵二俵の上に立つ。
⑭鏡餅。神に供える餅。お供え。
⑮⑯一年は十二ヶ月なので、年神への供え物も十二組。
⑰合の手。一人で通して唄う場合は、他の人が掛ける。大きい、立派なのにしよう、の意。「大と小」ではない。「大とセー」は、「ショウ」と発音するのが苦手な人がくずしたもの。
⑱何代も続いて。
⑲大黒天が持つ、打ち出の小槌（⬇注㉘）を。
⑳七福神の一。福徳・財宝・戦勝などの神。武将姿で、手に宝塔や矛を持つ。
㉑七福神を乗せ、種々の宝物を積み込んだ船。正月などに、その絵を縁起物として飾る。
㉒七福神の一。福徳・漁・商売繁昌などの神。右手に釣り竿を持ち、左手で鯛を抱える。
㉓稲作の守り神。山に住んでいるので、田植えの時に早乙女たちが「田植え唄」を唄って、田へ招く。
㉔七福神の一。福徳・円満などの神。丸顔、肥満体で大きな腹を出し、袋をかつぐ。
㉕福禄寿。七福神の一。福徳・長寿などの神。背が低く、ひげが長い。杖に経巻を結びつけ、鶴を従えている。
㉖べんざいてん。弁天。七福神の一。福徳・財宝・音楽・穀物などの神。女神で、宝冠をつけ、琵琶《びわ》を抱える。
㉗福の神が持っている、宝の入った錦の小さな袋。
㉘振れば、欲しいものがなんでも出てくるという、小さな槌。
㉙着ると姿が見えなくなる蓑。
㉚かぶると姿が見えなくなる笠。
㉛「馳せ込むところは」とも。
㉜その年の年神がやってくる、縁起のよい方角。「明けのほう」ではない。
㉝稲などの、農作物のできが。
㉞病気をしないで、健康であること。
㉟一般的には「屋敷を　おし広め」。
㊱元気で。

㊲何かをするのに縁起のよい日。

㊳福徳をもたらす七体の神。恵比須・大黒天・毘沙門天・弁財天・布袋・福禄寿・寿老人。

㊴財産が、「泉酒」と同じように湧き出て尽きない。

㊵地下から湧き出す、不老不死の酒。

㊶福豆。節分の豆まきに用いる大豆。

㊷穂が幾重にも重なって、豊作の稲。


山形県の祝福芸唄。正月から小正月にかけて、山形県中央部に広がる西村山地方の家々をまわる、門付けの祝福芸人たち（「大黒舞」と呼ぶ）が唄い舞ってきたものである。

大黒とは、インドの神、大黒天のことで、この神は文字通り闇黒《あんこく》の神であり、戦いに勝つ戦勝神としての性格と、寺の台所の守護神としての性格を備えていた。寺々では台所の神として柱や門前にまつったが、その台所の守護神としての信仰が中国南部にまで広まった。

平安時代の初期、日本天台宗の開祖である最澄《さいちょう》が、中国南部からこの信仰を日本へ持ち帰って延《えん》暦寺《りゃくじ》にもたらし、台所へまつった。ところが、大黒は、日本神話に登場する大国主命《おおくにぬしのみこと》と音が通じるところから、同じ神様のように考えられて流布《るふ》し、室町時代頃からは七福神に加えられ、庶民の人気を集めた。

大黒信仰が広まり始めると、京・大坂辺りの人たちは、大黒天の姿を借りて家々をまわり、門口でお祝いの文句を並べてその家の家内安全と商売繁昌を祈り、大黒のお札を配り、その代価として、いくらかのお金や米をもらうことを始めた。彼らは、頭に大黒頭巾《ずきん》を被り、法被《はっぴ》を着込み、たっつけ袴《ばかま》をはき、右手に小槌《こづち》、左手に日の丸の扇を持っていた。それがいつか専業になって、大黒の御利益ある目出度づくしの文句を唱え、さらには舞いまで披露するようになった。その大黒舞商売が日本中へ広まっていった。

唄の履歴　この唄の源流は不明であるが、室町時代に西日本で生まれた「大黒舞」が東北地方にまで及び、山形県下にも伝えられた。

山形県下では、はやし方が五～十人、舞い手が大黒や恵比須一～二人の大編成で家々をまわり、農村では大黒が舞い、漁村では恵比須が舞って、その家の繁昌を祈った。はやし方は、唐草の大風呂敷で包んだ太鼓を背に負い、適当な所に来るとおろしてたたく。このほかに笛、さらに金が入るという縁起もあってチャッパとか手平鉦《てびらがね》と呼ばれるものでにぎやかにはやしながら、目出度づくしの文句を並べていった。

そうした「大黒舞」が西村山地方でも行われていたが、明治時代の中頃からしだいに廃ってしまい、唄だけが農村に残った。それを現西村山郡河北《かほく》町高島の斎藤力夫が覚えていて、のど競べのような所で時折り唄った。その唄を旧北村山郡山口村（現天童市内）の民謡家大泉さだよが覚え、節まわしを工夫して今日の形にまとめあげた。それは一九四九、五〇年頃であった。それ以来、『山形大黒舞』は山形県を代表する唄になっていった。

なお、この唄は、今日では一人で通して唄う形にしてしまっているが、本来は「太夫」と「才蔵」との掛け合い形式で演じてきたものである。

節まわしの型　今日広く唄われている節まわしは、大泉さだよのものである。

山形《やまがた》盆《ぼん》唄《うた》

〽ハァー　ヤーレン　ヤーレン
（ハァ　ヨイ　ヨイ）
盆《ぼん》が来《き》た来《き》た　山越《やまこ》え野越《のこ》え
（ハァ　アリャアリャ　アリャサー）
ハァーお手々《てて》つないでヤーレン
（ハァ　ヨイ　ヨイ）
ヤレサァ①山形《やまがた》へ
（ハァ　アリャアリャ　アリャサー）

〽地蔵様《じぞうさま》さえ　②ゆだれを掛《か》けて
浮《う》かれ出《で》だして　見《み》てござる

〽お月様《つきさま》さえ　夜遊《よあそ》びなさる
主《ぬし》の夜遊《よあそ》び　無理《むり》はない

〽③盆《ぼん》の十六日《じゅうろくにち》　稲穂《いなほ》も踊《おど》る
踊《おど》る稲穂《いなほ》も　黄金色《こがねいろ》

〽盆《ぼん》の十六日《じゅうろくにち》　二度《にど》あるならば
裏《うら》の枯《か》れ木《き》に　花《はな》が咲《さ》く

〽④最上乙女《もがみおとめ》と　出初《でそ》めの月《つき》は
何《なに》を恥《は》じてか　赤《あか》くなる

〽踊《おど》りましょうよ　輪《わ》になって踊《おど》れ
輪数増《わかずま》すほど　景気《けいき》づく

〽踊《おど》りなされや　苦労《くろう》も忘《わす》れ
年《ねん》に一度《いちど》の　盆《ぼん》じゃもの

〽盆《ぼん》が来《き》た来《き》た　今年《ことし》の⑤作《さく》は
千両万両《せんりょまんりょ》の　穂《ほ》が実《みの》る

注①⬇解説。
②よだれ掛けを掛けて。
③旧暦七月一六日。月遅れの盆では新暦の八月一六日。盆の終わる日。
④最上地方。山形県の北東部、現最上郡・東村山郡・西村山郡一帯。
⑤稲の作柄。

山形県の盆踊り唄。山形県の中央部、西村山郡大江町左沢《あてらざわ》と周辺の人たちが、お盆に唄い踊ってきたものである。

唄の履歴　この唄の源流は、新潟県北蒲原《かんばら》郡を中心に広く唄われている、盆踊り唄の「甚句《じんく》」である。それは、七七七五調の歌詞の四句目の前に「ヤレサ」（または「アレサ」）が入る唄で、民謡研究家の町田佳聲《かしょう》はこの系統の唄に「ヤレサ型」（アレサ型）盆踊り唄」と命名した。ちなみに、その分布は広く、新潟・山形・宮城・福島・茨城・栃木・群馬・埼玉の八県に及んでいる。有名な唄としては、『相馬盆唄』（福島）・『三浜《さんぴん》盆唄』（茨城）・『日光和楽踊り』（栃木）・『秩父音頭《ちちぶ》』（埼玉）などがあり、北海道へも開拓者によって持ち込まれて『北海盆唄』となっている。そうした唄が山形県下の南部から、しだいに左沢方面にまで広まってきたのであろう。

　前掲一首目の歌詞のしまい「山形へ」は、本来は「左沢へ」であったが、昭和三〇年代（一九五五〜）に山形市民謡界の人が替えたものである。県内の一地方の唄ではなく、山形県を代表する唄にしたいと考えたためと思われる。

　また、一九五七年に佐藤節子がキングレコードに吹き込み、好んで唄うようになると、唄い出しの「ヤーレー　ヤーレー」が唄いにくいため、「ヤーレン　ヤーレン」とした。今日では、そのほうで広まっている。

　節まわしの型　今日広く唄われている節まわしは、佐藤節子のものである。

山形《やまがた》籾摺《もみす》り唄《うた》

〽挽《ひ》けよナァー挽《ひ》け挽《ひ》けヨー（ホイイ）挽《ひ》く
　ほど積《つ》もるヨー
　（ハァ　ヨーイト　ヨイト）
積《つ》んだるナァー俵《たわら》はヨー（ホイイ）チョイ
ト菊模様《きくもよう》①
　（ハァ　ヨーイト　ヨイト）
〽お米一粒《こめひとつぶ》も　粗末《そまつ》にするな
八十八度《はちじゅうやたび》②の　手《て》がかかる
〽今年《ことし》や豊年《ほうねん》だよ　穂《ほ》に穂《ほ》が咲《さ》いて
裏《うら》の籾蔵《もみぐら》に　米《こめ》の山《やま》
〽千俵《せんびょう》積《つ》んでは　大黒様《だいこくさま》③は
豊年祭《ほうねんまつ》りの　お酒盛《さかも》り
〽富士《ふじ》の山《やま》ほど　お米《こめ》を積《つ》んで
この家御亭主《やごていしゅ》の　恵比須顔《えびすがお》④
〽切《き》れた草鞋《わらじ》も　粗末《そまつ》にならぬ⑤
お米育《こめそだ》てた　親《おや》じゃもの

注①桟俵をなわで俵に結わえつけたのが、天皇家の御紋章のように見えて目出度い、の意。
②沢山、の意。米の字を分解すると八十八になることから。
③大黒天。七福神の一。福徳・財宝・食物などの神。右手に打ち出の小槌《こづち》を持ち、左肩に大きな袋をかつぎ、米俵二俵の上に立つ。
④恵比須のように、にこにこしている顔。恵比須は七福神の一。福徳・漁・商売繁昌などの神。右手に釣り竿を持ち、左手で鯛を抱える。
⑤「するな」とも。

　山形県の、仕事唄形式の新民謡。米所、山形県下の人たちが籾摺りをする時の仕事唄として作られたものであるが、主として舞台で唄われてきた。籾摺りとは、粘土臼《ねんどうす》（唐臼とも。➡九一ページ）をまわして籾殻を取り除き、玄米にする作業である。

　別名　単に「籾摺り唄」と呼ばれることが多いが、先々のことを考えて、本書では『山形籾摺り唄』とする。

　唄の履歴　この唄を作ったのは、山形市南館《みなみだて》の民謡家有海桃洀《ありうみとうしゅう》である。一九三六年頃、東北民謡育ての親後藤桃水が、仙台放送局から山形県下の農作業唄を放送するため、弟子の桃洀に「籾摺り唄」を依頼した。しかし、山形県下ではすでに絶えてしまっていたので、桃洀は自分で作ろうと考えた。ちょうどこの頃は新民謡運動華やかなりし頃で、各地で次々と新民謡が作られた時代でもあった。

　桃洀は、歌詞は自分で作り、節は山形市内の酒蔵で唄われていた「酒屋唄」のうちの「酛摺《もとす》り唄」を利用し、一句目と二句目の節尻を下げることによって節を整えた。それ以来、米所、山形の秋を象徴する仕事唄として、広く唄われるようになった。節が在来のものであり、唄う桃洀の地味な芸風と民謡調の声柄のため、新しい唄という感じを全く抱かせなかったのである。

　節まわしの型　今日広く唄われている節まわしは、有海桃洀のものである。

山寺《やまでら》石切《いしき》り唄《うた》

〽わたしゃ羽前《うぜん》①のヨーイ　山形育《やまがたそだ》ち②ヨーイ
石《いし》も固《かた》いが　手《て》も固《かた》いヨーイ
ヤレッサ　ヨーイ　ヨォーイ　ヨーイ

（ハァ　ドッコイ　ドッコイ）

〽石屋《いしや》　③福《ふく》の神《かみ》　④大黒顔《だいこくがお》で
槌《つち》を振《ふ》り振《ふ》り　⑤金《かね》たたく

〽見《み》たか聞《き》いたか　⑥山寺名所《やまでらめいしょ》
⑦慈覚大師《じかくだいし》の　開山《かいさん》だ

〽⑧山寺街道《やまでらかいどう》に　山椒《さんしょ》の木《き》二本《にほん》
⑨あがらさんしょに　飲《の》まさんしょ

〽山寺《やまでら》出《で》て見《み》りゃ　⑩三山様《さんざんさま》は
黄金《こがね》まじりの　⑪霧《きり》が降《ふ》る

注①旧国名。現山形県全域。
②現山形市。県南東部にある。
③人に幸せや利益をもたらす神。
④大黒天のような、にこにこした顔。大黒天は七福神の一。福徳・財宝・食物などの神。右手に打ち出の小槌《こづち》を持ち、左肩に大きな袋をかつぎ、米俵二俵の上に立つ。
⑤金属。鏨《たがね》（鉄鋼製のノミ）のこと。お金の意を掛ける。
⑥宝珠山立石寺《りっしゃくじ》の通称。
⑦円仁のおくり名。平安時代初期の僧。日本天台宗の教義を大成させた。山寺の創建は八六〇年。
⑧現山形市中央部から山寺へ通じる道。
⑨召しあがりなさい。
⑩出羽三山。月山《がっさん》（一九八〇メートル）・羽黒山《はぐろさん》（四三六メートル）・湯《ゆ》殿山《どのさん》（一五〇四メートル）のこと。修験道の霊山。山と同名の神社が、各山にある。
⑪朝霧が降ると、日中はよい天気になる。

山形県の仕事唄。山形県の中東部、山形市山寺の石切り場で、石工《いしく》たちが花崗岩《かこうがん》を切り出す折りに唄ってきたものである。

石切りとは、石の目に沿って穴を点々とあけ、そこへ楔《くさび》を打ち込んで割って、石を目的の大きさに切り出す作業である。「石切り唄」は、その穴をあける時に唄われた。

この作業は三人一組で、一人は、長さ二尺（約六一センチ）、直径一寸（約三センチ）ほどの石ノミを両手で握って、石の面に立てる。残る二人は、七、八百匁から二貫匁（約二・六〜七・五キロ）もある玄能（大型のハンマー）を交互に振り上げては打ちおろして石ノミをたたく。この時、三人の動作をそろえるために「石切り唄」を唄ったのである。

唄の履歴　この唄の源流は、瀬戸内海の島々にある花崗岩の石切り場で石工たちが唄っていた「石切り唄」である。その石工たちが他の石切り場へ移動することなどによって唄も広まり、山寺にも伝えられたのであろう。

その山寺の石切り場で石工として働いていた縄《なわ》野《の》桃村（善十郎）が石片で失明し、のちに東根《ひがしね》温泉（東根市）のあづま旅館で、湯治客相手に唄を聞かせるようになり、この『山寺石切り唄』を十八番にして唄った。それを民謡あづま会の人たちが覚え、特に工藤登などが中心になって広めていった。

節まわしの型　今日広く唄われている節まわしは、工藤登のものである。

岩手県

釜石浜唄《かまいしはまうた》

〽①奥《おく》で名高《なだか》い　②釜石浦《かまいしうら》は
（ホイィヤー　ホイ）
いつも大漁《たいりょ》で　繁昌《はんじょ》する

〽③時化《しけ》を覚悟《かくご》の　④荒灘稼《あらなだかせ》ぎ
浜《はま》の守《まも》りは　⑤尾崎様《おさきさま》

〽俺《おら》が⑥看板《かんばん》　朝日《あさひ》に鴎《かもめ》
波《なみ》に鯨《くじら》の　浮《う》く姿《すがた》

〽俺《おら》が旦那《だんな》は　沖漁《おきりょう》が好《す》きで
不景気知《ふけいきし》らずの　大当《おおあ》たり

〽俺《おら》が⑦苫屋《とまや》の　垣根《かきね》に咲《さ》くは
色《いろ》も香《か》もよい　⑧女《め》の子花《こばな》

注①奥州で。奥州は旧国名「陸奥《むつ》」の別称で、現青森・岩手・宮城・福島県全域と、秋田県の一部。
②釜石港のこと。
③風雨のため、海が荒れること。
④釜石湾外の荒海で働くこと。
⑤尾崎神社。海の神で、釜石湾の出入り口に近い尾崎半島に本宮《もとみや》が、釜石市浜町に里宮がある。
⑥目印である袢纏《はんてん》の絵柄。
⑦薄《すすき》・芦・萱などを編んだもので屋根をかけ、家のまわりをおおった、粗末な家。
⑧女郎花《おみなえし》のこと。

岩手県のお座敷唄。岩手県の南東部、それも太平洋に面した釜石港（釜石市）の浜町にあった沢村遊廓《ゆうかく》の遊女たちが、宴席で唄っていたものである。

唄の履歴　この唄の源流は不明であるが、「甚句《じんく》」をゆっくり伸ばしたもので、「本調子甚句」の『宮津節』（京都）にちょっと似たところがある。そして、歌詞を見ると、「〽俺《おら》が…」と唄い出す形がきちんと整っており、釜石自慢に徹している。その歌詞は、釜石市の尾崎神社宮司山本茗次郎が、大正時代の初めに作ったという話が伝わっている。しかし、大正初めというのはちょっと早すぎるので、たぶん、新民謡運動の始まった大正時代末頃に作られたものであろう。町の有力者たちが相談し、その頃沢村遊廓で唄われていた「本調子甚句」の流行《はや》り唄的酒席の唄を利用して替え唄を作ったのではないかと思われる。

その『釜石浜唄』、一九二八年に大西玉子がコロムビアレコードに吹き込んでから、しだいに唄われるようになった。

節まわしの型　今日広く唄われている節まわしは、大西玉子のものである。

からめ節《ぶし》

本　唄〔唄い手〕

〽田舎《いなか》なれども　①南部《なんぶ》の国《くに》は
西《にし》も東《ひがし》も　②金《かね》の山《やま》

長ばやし〔はやし手〕

ドッコイ　ドッコイ　ドッコイナ
③からめて　からめて　からめた黄金《こがね》は
岩手《いわて》の花《はな》だよ　どんどと④吹《ふ》き出《だ》せ
（ハァドッコイ　ドッコイ　ドッコイナ）

〽⑤金《きん》のべごこに　⑥錦《にしき》の手綱《たづな》
俺《おら》も曳《ひ》きたい　曳《ひ》かせたい

〽⑦鳥《とり》も鳴《な》く鳴《な》く　⑧床屋《とこや》の屋根《やね》で

岩手県

⑨お山繁昌《やまはんじょ》と　鳴《な》く烏《からす》

〽⑩金《かね》が出《で》る出《で》る　銀《しろがね》黄金《こがね》
鉄《てつ》も鉛《なまり》も　銅《あかがね》も

〽目出度《めでた》目出度《めでた》の　若松《わかまつ》よりも
盛《さか》るお⑪山《やま》は　黄金山《こがねやま》

〽⑫直利《なおり》ゃ出《で》てくる　⑬世《よ》の中豊《なかゆた》か
どこもかしこも　みな繁昌《はんじょ》

〽からめからめと　⑭親父《おやじ》が責《せ》める
なんぼからめても　からめだてァならぬ

〽からめからめと　⑮お山《やま》の唄《うた》は
お家繁昌《いえはんじょ》と　鳴《な》り響《ひび》く

長ばやし

〽からめてからめて　しっかりからめて
握《にぎ》った手綱《たづな》は　うっかり放《はな》すな

〽⑯金釣《かねつ》る(鶴)千年《せんねん》　からめ(亀)は万年《まんねん》
ドッコイ千両《せんりょう》　ドッコイ万両《まんりょう》

〽からめてからめて　からめて千貫《せんがん》
親父《おやじ》の借金《しゃっきん》　⑰年賦《ねんぶ》で済《す》ませ

〽どっしり掘《ほ》り出《だ》せ　お国《くに》の名物《めいぶつ》
どんどと掘《ほ》り出《だ》せ　どっこも繁昌《はんじょう》

注①旧南部藩領。現岩手県中央部から青森県東部一帯と、秋田県鹿角市。
②金山。
③鉱石を砕いて。⬇解説。
④（踏鞴場《たたらば》へ送って）精錬しろ。
⑤東北地方の方言で、「べご」は牛、「コ」は、名詞につけて親しみや小さいという気持ちを添える接尾語。この歌詞は、牛の形をした金塊を掘り当て、それに綱を掛けて坑外へ曳き出したことを唄ったものだという。しかし、「黄金を背に積んだ牛に…」と解してもよい。
⑥金銀糸や色糸を縦横に交差させて美しい模様を織り出した、厚手の絹織物。
⑦「鳥ァ」とも。
⑧鉱石の精錬所。
⑨鉱山。⑩金属。
⑪「お山の　黄金花」とも。
⑫鉱脈のうち、特に鉱物含有量の多いもの。
⑬農作物が豊作で。
⑭鉱山の現場長。
⑮鉱山の唄。「からめ節」のこと。
⑯千年も掘り続けることのできる大鉱脈。
⑰負債を毎年一定の割合で返済すること。

岩手県のお座敷唄。岩手県中央部、南部藩の旧城下町盛岡《もりおか》（盛岡市）の花柳界の宴席で、芸者衆が、笊《ざる》を持っての踊りつきで披露してきたものである。

鉱山には砕女士《かなめし》と呼ばれる人たちがいた。掘り出した鉱石を、精錬するのに都合のよい大きさ（拳骨大）に小割りにするのが仕事で、台の上に鉱石を置き、金槌《かなづち》でたたいて割る。その砕女士が金槌に合わせて唄う唄を「かなめ節」と言い、それが訛って『からめ節』となった。

唄の履歴　この唄の源流は、伊勢神宮（三重県伊勢市）の遷宮祭のために、氏子が社殿建て替え用の建築材を曳《ひ》いて運ぶ折りの「お木曳き木遣《きや》り」のうちの『ヤートコセー』（通称『伊勢音頭』）である。遷宮祭は、二〇年に一度ずつ行われてきた。

その唄が、伊勢の古市《ふるいち》の花柳界を中心に唄われ、参拝者の伊勢土産となったため、また、願人坊主が伊勢信仰を普及するのにその唄を唄って諸国をまわったため、日本中へ広まり、南部藩領の金山である尾去沢《おさりざわ》鉱山（秋田県鹿角《かづの》市）にも伝えられた。そして、たぶん、初めは大勢で重い物を動かす時の唄や祝い唄に利用されていたものと思われる。その後、砕女士たちが金槌を振る折りに口ずさむ「かなめ節」になり、『からめ節』と呼ばれるようになった。

その『からめ節』、尾去沢鉱山の鉱夫たちが盛岡の花柳界に持ち込み、酒席で唄ううちに、芸者衆によって伴奏がつけられた。それは明治初年（一八六八）頃のことといわれている。

一八八六年、英国領事のクエンが盛岡視察に来た折りに、芸者衆の総踊りを披露するについて、盛岡市函番の橘《たちばな》正三が、今日唄われている歌詞を補作したという話が残っている。たぶん、岩手県を宣伝するような歌詞や「長ばやし」がそれであろう。

この時から『からめ節』は世間によく知られるようになった。そして、一八九七年には、東北六県の共進会の余興踊りに取り上げられ、以後、盛岡名物になっていった。

『からめ節』がレコード化されたのは、明治時代末か大正時代の初めらしく、大変に早い。年代は不明であるが、ヒコーキ印に盛岡芸者の石川家美代吉・春の家花子が吹き込んでおり、それには「ヤートコセー　ヨーイヤナ」という『伊勢音頭』のはやし詞が、まだついている。

節まわしの型　今日広く唄われている節まわしは、大西玉子のものである。

くるくる節《ぶし》

問い掛け唄〔問い掛け手・男〕

〽①くるくるとナァー　くるくるとナーサーヨー　（アァヨイショ　ヨイショ）
②車座敷《くるまざしき》に　③いながれてサーンサエー
（サーンサエェー）

返し唄〔返し手・女〕

いながれてナァー　いながれてナーサーヨー　（アァヨイショ　ヨイショ）
④下戸《げこ》も⑤上戸《じょうご》も　みな⑥靡《なび》くサーンサエー
（サーンサエェー）

〽くるくると　空《そら》にまわるや　⑦丹頂《たんちょう》の
丹頂《たんちょう》の　鶴《つる》がこの家《や》に　飛《と》んで来《く》る

〽くるくると　瓶《かめ》に汲《く》み込《こ》む　⑧宝水《たからみず》
宝水《たからみず》　瓶《かめ》に汲《く》み込《こ》む　宝水《たからみず》

〽くるくると　今日《きょう》も来《く》る来《く》る　明日《あす》も来《く》る
明日《あす》も来《く》る　⑨長者《ちょうじゃ》の館《やかた》に　福《ふく》が来《く》る

〽⑩鶯《うぐいす》は　梅《うめ》の小枝《こえだ》に　巣《す》をかけて
巣《す》をかけて　風《かぜ》に吹《ふ》かれて　子《こ》が育《そだ》つ

〽⑪つばくろは　船《ふね》の⑫舳先《へさき》に　巣《す》をかけて
巣《す》をかけて　波《なみ》に揉《も》まれて　子《こ》が育《そだ》つ

〽⑬十七《じゅうしち》は　親《おや》に隠《かく》れて　⑭鉄漿《かね》つける
鉄漿《かね》つける　笠《かさ》の⑮締《し》め緒《お》で　顔隠《かおかく》す

注①福が来ることと、次の「車座敷」に掛けて車がくるくるまわることをいう。
②車座の座敷。酒宴の客が、丸く車座になって座っている座敷。
③「居長らえて」のことらしい。長く居続けること。
④酒が飲めない人。
⑤酒を沢山飲む人。
⑥酒宴の楽しい雰囲気に同調していく。
⑦丹頂鶴。頭のてっぺんが赤い鶴。
⑧若水のこと。元日の朝に、その年初めて井戸から汲んだ水。霊力が宿っていて、年神に供え、調理やお茶に用いる。
⑨「このや館に」とも。
⑩以下三首、一七一ページの形式の歌詞の替え唄。
⑪つばめ。
⑫船首。
⑬十七歳の娘。年頃の娘のこと。
⑭お歯黒をつけて、歯を黒く染める。江戸・明治時代に、結婚した女性がつけた。
⑮笠が飛ばないように、あごにかけて結ぶひも。

岩手県の祝い唄。伊達《だ て》藩領であった現岩手県南部、一関《いちのせき》市の農村部や東磐井《いわい》郡・西磐井郡の人たちが、また、南隣りの現宮城県栗原市の人たちも、祝いの席で唄ってきたものである。

唄の履歴　この唄の源流は、東北地方六県に広く分布している、山の神への祝い唄で、『そんでこ節』（一三六ページ）とか『ひでこ節』（一七一ページ）とか呼ばれるものである。

宮城県柴田郡大河原《おおがわら》町小山田には、『しょんでこ節』の名で、『そんでこ節』と同じ節と歌詞の唄が伝わっているが、「しょんでこ」は、「そんでこ」の訛《なま》りである。また、同系の唄は現福島県北部から岩手県南部に至る旧伊達藩領一円の農村で、正月の祝い唄として広く唄われていたと思われる。

『そんでこ節』も『くるくる節』も、詞型は五七五調で、江戸時代前のものである。しかも、「返し唄」の初め五音は、「問い掛け唄」のしまい五音をそっくり繰り返すという、古い形式になっている。

ところが、一関地方では、唄い手が唄のしまいに添える「コノしょんでコナー」を、岩手県南部の盆踊り唄「サンサ踊り」（一八四ページ）の「サーンサエー」と差し替えたことから、一関地方独自の唄になっていった。

その『くるくる節』、「くるくると」という文句が、福が来る来るなどと語呂が通じるところから、祝い座敷で好んで唄われるようになった。

なお、旧東磐井郡川崎村（現一関市内）辺りでは紙漉《かみす》き作業でもこの唄を唄っているが、「紙漉き唄」は日本各地とも「甚句」系統の唄ばかりで、こうした特殊なものは存在しない。これは、作業中に口ずさんでいた、多くの唄のうちの一つと考えるほうがよい。

節まわしの型　今日広く唄われている節まわしは、岩手県・宮城県下の若手女性民謡歌手のものである。

気《け》仙《せん》坂《ざか》

本　唄〔音頭取り〕
〽①気仙坂《けせんざか》ヤァハーエー　七坂八坂《ななさかやさか》　九坂《ここのさか》
口　説《くどき》〔祝い座敷の同席者〕
②十坂目《とさかめ》にヤァーハーエー　鉋《かんな》をかけて　平《たい》らめた
口　説〔音頭取り〕
それは③嘘《うそ》ヤァハーエー　御人足《ごにんそく》かけて　平《たい》らめた
止めばやし〔音頭取り・同席者〕
〽ヨイトソォーリャ　サァノーナー　ヨーホーイ

〽どこの旦那様《えなさま》　今朝《けさ》の④しばれに　どこさ行《ゆ》く
娘《あね》コ騙《だま》しの　帯買《おびか》いに
帯《おび》コ買《か》うならば　⑤地《じ》よく幅《はば》よく　丈長《たけなが》く
結《むす》ぶところは　鶴《つる》と亀《かめ》
鶴《つる》と亀《かめ》　下《さ》がるところは　下《さ》がり藤《ふじ》
目出度《めでた》いところは　⑥祝《いわ》い松《まつ》
〽⑦十七八《じゅうしちはち》　後《うし》ろのくね⑧で　鳩《はと》が鳴《な》く
鳴《な》くでない　長者《ちょうじゃ》になれと　囀《さえず》るよ
〽気仙坂《けせんざか》　七坂八坂《ななさかやさか》　九坂《ここのさか》
⑨九坂《ここのさか》　今度目出度《こんどめでた》や　⑩九重《ここのえ》の坂《さか》

注①②⬇解説。
③一般に「嘘よ」と唄われているが、「よ」は、唄いこなせない人が加えたもの。本来は五音なので、「よ」は入れない。
④冷え込むこと。
⑤生地。
⑥「祝います」は誤唱。
⑦十七、八歳の、年頃の娘。ただし、この地方の民謡では「十七、八」と唄い出す歌詞が多かったため、その形式が残ったもの。以下の文句とは、意味上の関係はない。
⑧屋敷のまわりの林。
⑨これが元唄である（⬇解説）。古い時代の歌詞は、上の句のしまいの五音を、下の句の初めで繰り返す。
⑩宮中へ向かう坂。

岩手県の祝い唄。岩手県の中央部、盛岡《もりおか》市から、南に隣接する紫波《しわ》郡にかけての農村で、初孫の、それも男の子が生まれた時に催される「孫抱き」の行事の折りに、来客の女だけが唄う祝い唄である。

「孫抱き」とは、嫁が長男を生むと、一五日後か三〇日後あたりに、その子に名前をつけてもらうため、親戚や近所の人たちを招いて祝いの宴を開く。この時、嫁の両親が、子供の産着《うぶぎ》と二升入りの角樽《つのだる》、それに赤い魚（鯛のようなもの）二匹と、いくらかの金を携えて出席し、床の間を背にして左側に嫁の父親、右側に嫁の母親が座る。そして、嫁の父親側に男だけが本家を上座にして順に座る。嫁の母親側には女だけがこれまた格の高い順に並んで座る。一番下座の男側には生まれた子供の祖父、女側には祖母が座り、その祖父と祖母の間に膳を二つ置き、一つは子供の分、もう一つは子供の母、すなわち嫁の分とする。その子供の席に産婆が子供を抱いて座る。

こうして座ができると、いよいよ「孫抱き」が開始される。子供を抱いた産婆が、まず男側の前に座り、上座から順に「お名前をひとつ下さい」と口上を述べて子供を客に抱かせる。すると、客は子供を抱いたまま、これはと思われる名前を言う。その名前は、産婆の後ろの女が半紙に書き取る。それを全員に繰り返し、集まった名前を書き込んだ半紙は、祖父が神棚へ供え、後日この中より選ばせてもらうことにして、男の客たちは謡曲か、祝い唄の『御祝《ごいわ》い』を合唱する。それに続いて今度は女の客が全員で『気仙坂』を唄う。これがすめば酒盛りになる。

唄の履歴　この唄の源流は、岩手県南東端の現陸前高田市気仙《けせん》町辺りの「木遣《きや》り唄」である。曲名の『気仙坂』は坂の名前で、気仙町から宮城県気仙沼市へ至る松ノ坂（標高一七七メートル）と綱木坂（標高三三メートル）をさす俗称である。その坂を詠んだ、前掲四首目の歌詞の唄が、祝い唄として広く唄われるようになった。ところが、気仙坂を利用して気仙沼へ荷物を運ぶ背負《しょ》い子たちが、この歌詞をもじって、前掲一首目の二行目「十坂目に…」のようにした。それがはやり文句になり、いつか元唄のような扱いを受けるようになっていった。

さて、その『気仙坂』、もとは「木遣り唄」で、みんなで重いものを動かす時の唄としての性格と、祝いの唄としての性格を持っているだけに、鉱山の唄に、銭吹き唄に、大漁祝いの唄に、さらには一般の祝い唄にと広く利用され、陸海双方に広まった。それが盛岡周辺にも伝えられ、「孫抱き祝い」に唄われるようになったのであろう。

『気仙坂』は、太平洋戦争後、秋田の『娘《あね》こもさ』流行の影響と、一九五五年に井上成美（岩手郡滝沢村出身）が今日の津軽的な伴奏をつけたことから、唄が早間のもの（今のもの）になった。

節まわしの型　今日広く唄われている節まわしは、福田岩月《がんげつ》の唄を覚えた畠山孝一《はたけやまこういち》のものである。

沢《さわ》内《うち》甚《じん》句《く》

問い掛け唄・普通調子〔問い掛け手・男〕

〽①沢内三千石《さわうちさんぜんごく》　お米《こめ》の出所《でどこ》
②付《つ》けて納《おさ》めた　コリャ③お蔵米《くらまい》
（ハイハイト　キタサ）
（ハイハイト　キタサ）

〽沢内三千石《さわうちさんぜんごく》　お米《こめ》の出所《でどこ》
桝《ます》で計《はか》らねで　④箕《み》で計《はか》る

〽沢内三千石《さわうちさんぜんごく》　⑤所《ところ》のならい
姉《あね》が妹《いもと》の　仲人《なこど》する

〽雨《あめ》の降《ふ》る時《とき》ゃ　⑥葦谷地通《あしやちとお》たれば
⑦びっきだァ手振《てぶ》りして　堰跳《せきは》ねた

返し唄・高調子⑧〔返し手・女〕

〽月《つき》の夜《よ》でさえ　送《おく》られました
一人《ひとり》⑨帰《かえ》らりょか　この闇《やみ》に

〽⑩大志田《おおしだ》⑪歯朶《しだ》の中《なか》　⑫貝沢《かいざわ》⑬野中《のなか》
まして⑭大木原《おぎわら》　⑮岳《だけ》の中《なか》

〽わたしゃ⑯遠山《とおやま》　三本松《さんぼんまつ》よ
二本《にほん》伐《き》られて　わしゃ一人《ひとり》

〽浮世離《うきよはな》れた　牧場《まきば》の小屋《こや》で
牛《うし》と添《そ》い寝《ね》の　草枕《くさまくら》

注①➡解説。三千石は約五四一キロリットル。
②牛の背の鞍に付けて。
③南部藩の米蔵へ納める良質米。米蔵は、現盛岡市と北上市にあった。
④穀物を入れて上下にふるい、殻やごみを除くための農具。豊作なので、桝で正確に計らずに、箕で大ざっぱに計る、の意。
⑤その土地の風習。
⑥葦が生い茂っている湿地帯。
⑦蛙たちが手を振って。
⑧唄い出しを高く出る。ほかは「普通調子」と同じ。
⑨「帰さりょか」は誤唱。
⑩⑫⑭旧沢内村の地名。
⑪歯朶の生えている山の中。歯朶は、大きな、羽状の葉の裏や縁《へり》に胞子をつけて増える植物の総称。花も種子もつけない。生長して葉を広げたゼンマイやワラビも歯朶である。なお、正月に飾る裏白は、東北地方には自生しない。
⑬原野の中。
⑮高い山の中。一般に「岳の下」と唄われているが、この歌詞は「中づくし」であり、「岳の中」でないと、意味が通じない。
⑯紫波郡紫波町北東部の地名。

岩手県の酒盛り唄。岩手県の南西部、それも秋田県との境にある山村、和賀《わが》郡沢内村（現西和賀町内）の人たちが、酒席で唄ってきたものである。

沢内は、周囲を千メートル級の山々に囲まれた、南北約二八キロ、東西約九キロの盆地にあり、全体の九割が山林原野で、しかも毎年の平均積雪が二メートルを超える豪雪地帯である。その沢内は一五九一年に南部氏の領地となり、三千～四千石の産米のほとんどは藩の蔵入り米となっていた。

唄の履歴　この唄の源流は、旧南部藩領の北部でお盆に唄い踊られている『なにゃとやら』（七四ページ）である。その唄の詞型は五七五調であったが、江戸時代に入って七七七五調の唄が盛んになってくると、『なにゃとやら』の詞型も七七七五調に改められた。それが沢内に伝えられてお盆に唄い踊られるようになり、『沢内甚句』となったのである。

その盆踊りは男女の「掛け唄」（二〇一ページ）風のもので、男の唄い手が「問い掛け唄」の歌詞を作って唄うと、女の返し手が「返し唄」の歌詞を即興で作って唄い返すという問答をした。そのため、低く唄い出す唄い方（普通調子）と、高く唄い出す唄い方（高調子）の二種類が存在する。

ところが、明治時代末に、沢内の南入り口にある湯田温泉（和賀郡西和賀町）で、湯治客がこの唄を唄い始めたことから、温泉芸者によって三味線の伴奏がつけられ、湯田温泉名物にとなっていった。したがって、表面的な感じとは異なって、かなり技巧的な唄に仕立て直されている。

その唄を湯田温泉で覚えた大西玉子が、一九三四年にキングレコードに吹き込み、それ以後、広く唄われるようになった。

なお、「沢内三千石およねの出所　桝で計らねで身で計る」という歌詞があり、税を払えない農民が娘の「およね」を税の代わりに代官へ差し出したことを唄ったものだとされている。しかし、これは前掲二首目の歌詞の「お米」を「およね」に、「箕」を「身」に読み替えて作られた話で、昭和時代に入ってからのことらしい。また、この歌詞に合わせて「およね地蔵」が一九六三年に旧沢内村太田の浄円寺に建立されたが、この地蔵は、もと近くの道端にあったものを移しただけである。したがって、「およね」は実在しなかったと考えるほうがよい。

節まわしの型　今日広く唄われている節まわしは、大西玉子のものである。

外《そと》山《やま》節《ぶし》

〽わたしゃ外山《そとやま》①の　日陰《ひかげ》の蕨《わらび》
誰《たれ》も折《お》らぬで　ほだ②となる
〔はやし手〕
コラサァノサンンサ　コラサァノサンンサー

〽わたしゃ外山《そとやま》の　野《の》に咲《さ》く桔梗《ききょう》
折《お》らば折《お》らんせ　今《いま》のうち

〽わしと行《い》かねか　あの山陰《やまかげ》さ
駒《こま》コ育《そだ》てる　萩刈《はぎか》り③に

〽南部外山《なんぶそとやま》④は　山中《やまなか》なれど
駒《こま》コ買《か》うなら　外山《そとやま》へ

〽外山街道《そとやまかいどう》⑤に　笠松名所《かさまつめいしょ》⑥
名所《めいしょ》越《こ》えれば　行在所《あんざいしょ》⑦

〽兄《あん》⑧コ行《い》かねか　あの山越《やまこ》えて
わしと二人《ふたり》で　蕨採《わらびと》り

〽外山育《そとやまそだ》ちでも　駒《こま》コに劣《おと》る
駒《こま》コ千両《せんりょう》で　買《か》われゆく

〽南部外山《なんぶそとやま》　金《かね》無ェどァ嘘《うそ》だ
千両万両《せんりょうまんりょう》の　駒育《こまそだ》つ

〽わたしゃ玉山《たまやま》⑨　主《ぬし》ャ外山《そとやま》で
山《やま》の奥《おく》にて　日《ひ》を暮《く》らす

〽日戸《ひのと》⑩越《こ》えれば　唐傘松《からかさまつ》⑪よ
外山牧場《そとやまぼくじょ》の　お関所《せきしょ》⑫よ

注①➡解説。
②蕨が生長して葉を開き、食用にならなくなったもの。女性が婚期を逸したことをいう。「榾《ほだ》」ではない。
③牛馬の飼料用（➡二二一ページ）。
④旧南部藩領内。現岩手県中央部から青森県東部一帯。
⑤盛岡市と下閉伊郡岩泉町を結ぶ道。
⑥旧玉山村（現盛岡市内）の、外山街道沿いにある、笠のような形の松。枝垂れ赤松で、県の天然記念物。
⑦天皇の旅行先に設けた、仮の御殿。旧玉山村巻堀の巻堀神社別当、工藤家をさす。明治天皇が東北地方行幸の折りに休息されたので「行在所」という名が残り、庭に記念碑が建っている。
⑧若者。
⑨旧玉山村玉山。外山牧場はその南東一二キロほどの

所にあった。
⑩旧玉山村の地名。
⑪注⑥の松のこと。
⑫唐笠松が、関所の番人よろしく立っている、の意。

岩手県の酒盛り唄。岩手県の中央部にあった外山牧場（現盛岡市内）で働く牧童や農民たちが、酒席で唄ってきたものである。

外山牧場は、一八七六年、藪川《やぶかわ》村（現盛岡市内）に岩手県営として開設され、翌年、イギリス人マッキノンを招いて、牛馬百頭ほどで西洋式の牧場経営を始めた。そして、一八九一年、宮内庁の御料牧場となったが、その後、胆沢《いざわ》郡相去《あいさり》村（現北上市内）に六原軍馬補充部が置かれて六原牧場が開設され、外山牧場は一九三七年に閉鎖されてしまった。

唄の履歴　この唄の源流は、旧南部藩領の北部でお盆に唄い踊られている『なにゃとやら』（七四ページ）である。それを、外山牧場へ牧童として入った人たちが酒席で唄い始めた。そのため、初期は、

〽わたしゃ外山の　日陰のわらび
誰も折らぬで　ほだとなる
ほだとなる
誰も折らぬで　ほだとなる

と、下の句の七五を繰り返して唄っていた（これが『正調外山節』）。

ところが、昭和一〇年代（一九三五〜）に入ると、東北民謡研究家の武田忠一郎が、夫人の大西玉子のためにこの『外山節』を編曲し、繰り返しの部分を除いて今日唄われている節まわしに近いものを作り上げ、放送にレコードにと唄わせた。しかし、当初は唱歌のような感じで、あまり唄われることはなかったが、太平洋戦争後の民謡ブームで、南部民謡というと、とかく牛・馬・木挽《こび》きといった、いずれも尺八で唄う、男臭い唄ばかりの中にあって、この『外山節』は女性向きで、しかも覚えやすいところから、しだいにはやり始め、昭和三〇年代初めには岩手県を代表する唄にまでなった。そして節まわしもこの間に改良され、すっかり民謡らしいものになった。

なお、一九七六年九月に、旧玉山村役場藪川出張所長の深沢勘一が、この『外山節』の作者は上野キツ（一八五九年生まれ）と橋本ふゆという、外山牧場の草刈り人夫が作って唄い出したものであるという説を唱えた。だが、この両人が作ったという意味は、今日の作曲という考え方ではなくて、好んで唄ったとか、上手だったとか、歌詞を一つ二つ作った、あるいは節まわしを少し変えたといった程度と考えればよいであろう。

節まわしの型　今日広く唄われている節まわしは、大西玉子のものが元になっている。それは唱歌のような唄であったが、南部民謡の唄い手たちが小節などを加味して、しだいに山崎勝代あたりの節まわしにまとまり、それが広まっている。

そんでこ節《ぶし》

問い掛け唄〔問い掛け手・男〕

〽①そんでこはナァー　どこで生《う》まれて　声《こえ》がよいナ　コノそんでこナー
（アラそんでこナ　アラそんでこナァー）

返し唄〔返し手・女〕

声《こえ》がよいナァー　向《む》かい小山《こやま》の　蟬《せみ》の巣《す》でナ　コノそんでこナー
（アラそんでこナ　アラそんでこナァー）

〽蟬《せみ》の巣《す》で　親《おや》に隠《かく》れて　②歯黒《はぐろ》した
歯黒《はぐろ》した　笠《かさ》の③締《し》め緒《お》で　顔隠《かおかく》す

〽そんでこは　今朝《けさ》の④朝草《あさくさ》　どこで刈《か》る
どこで刈《か》る　⑤烏帽子《えぼし》長嶺《ながね》の　陰《かげ》の沢《さわ》

〽陰《かげ》の沢《さわ》　⑥葛《くず》の若萌《わかも》え　⑦七《なな》まるき
七《なな》まるき　馬《うま》につけても　⑧そよそよと

〽⑨かのししが　岩《いわ》の狭間《はざま》で　昼寝《ひるね》して
昼寝《ひるね》して　⑩マタギ来《く》るのを　夢《ゆめ》に見《み》た

〽そんでこは　小川《おがわ》⑪頭《かしら》に　竹刈《たけか》りに
竹刈《たけか》りに　腕《うで》の限《かぎ》りに　伐《き》り落《お》とす

〽伐《き》り落《お》とす　伐《き》りし竹《たけ》をば　みな束《たば》ね
みな束《たば》ね　⑫ねごいながらに　背《せ》に背負《せお》い

注①「その手児《てこ》」の転で、「その乙女」「その若い娘」

の意らしい。「手児」は、「大言海」に「年ワカキ女。ヲトメ。少女。」とあり、「万葉集」「夫木抄」の用例と、「駿河国風土記」からの引用「東俗ノ詞ニ、女ヲてこト云フ」が載っている。「そんでこ」は、これまで山菜「しおで」（牛尾菜）のことだとされてきたが、それだと、歌意が通じない。
②お歯黒をつけた。歯を黒く染めること。江戸・明治時代に、結婚した女性が染めた。
③笠が飛ばないように、あごに掛けて結ぶひも。
④早朝に、牛馬の飼料用の草を野山で刈ること。また、その草。
⑤烏帽子岳。岩手県の中西部、岩手郡雫石《しずくいし》町と秋田県仙北市の境にそびえる山（一四七八メートル）。「長嶺」は、里から見て、山の頂上部が横に長いもの。「日干し長根」は誤り。
⑥マメ科の、つる性の多年草で、山野に自生。葉の裏は白い。根から葛粉を取る。
⑦七束。
⑧本来の語は「ゆさゆさと」か。
⑨鹿のこと。「そんでこが」とも。
⑩東北地方で、猟師のあだ名。「猴鬼《またぎ》」（猿の妖怪）からの語だという。
⑪源流の山に。
⑫眠い。

岩手県の祝い唄。岩手県の北西部から、隣接する青森県・秋田県の山間部、南は宮城県・山形県・福島県下に及ぶ山村の若い男女が、「歌垣《うたがき》」（二〇一ページ）で「歌問答」をする折りに唄ってきたものである。のちには、岩手県・青森県・秋田県を中心に、山の神へ捧げる「山の神祝い唄」となり、山仕事や山菜摘みで入山する折りにも、山の神へ安全を祈願して唄われるようになった。

唄の履歴　この唄の源流は不明であるが、

〽〇〇〇〇が　〇〇の〇〇〇で　昼寝した
　昼寝した　〇〇〇来るのを　夢に見た

という歌詞が、元唄のような扱いで唄われてきた。

詞型は五七五・五七五で、「上の句」のしまい五音を「下の句」の初めで繰り返す。問い掛け手が「上の句」で問い掛けたことに対して、返し手が「下の句」を即興で作る時間を稼ぐために繰り返すもので、東北地方に現存する民謡の中では最古の唄の一つと思われる。

このような形式の歌詞は、西日本地方一円に広く分布する「はやし田」に見られる。それは、田の神を迎えるために、太鼓・笛・ささらなどではやし、田植え唄を唄いながら田植えをする習俗で、鎌倉時代より古くから行われてきた。

『そんでこ節』の「そんでこ」は、注①で述べたように、「その乙女」「その若い娘」の意らしい。男が「問い掛け唄」を、即興で「〽そんでこはナ…」と唄えば、女がそれに応じて「返し唄」の歌詞を即興で作って唄い返すのである。それは、『秋田おばこ』で、男が「問い掛け唄」を「〽おばこなんぼになる」と唄えば、女が「返し唄」を唄い返すのと同じである。

その『そんでこ節』、曲名と、添《そ》え詞《ことば》（⬇前五ページ）「コノそんでこナー」や、はやし詞「アラそんでこナ」の部分が、「そでこ」「しょんでこ」「しょでこ」「しょんねこ」「しょねこ」「しゅでこ」「しでこ」「ひでこ」などと変わって東北地方各地へ広まり、「そでこ節」「しょんでこ節」……「しでこ節」「ひでこ節」などと呼ばれている。

一方、「山の神祝い唄」として唄われたものは、岩手県・青森県・秋田県下で、種々の「山唄」になった。

これらの唄のうち、秋田県の『ひでこ節』（一三六ページ）と青森県の『津軽山唄』（六四・六六ページ）が世に出てきた。特に『ひでこ節』は、踊り唄として軽快な三味線唄に仕立てられて有名になった。そこで、昭和二〇年代（一九四五〜）の中頃に、大西玉子が『そんでこ節』に三味線伴奏を加えて舞台用の唄にしたが、それによって、本来の唄から古風さと素朴さが失われてしまった。これからは、間拍子をはっきり刻まない、竹物の、ゆったりした唄へ戻して、古風な「歌問答」の唄として唄うほうがよいであろう。

節まわしの型　今日広く唄われている節まわしは、大西玉子のものである。

チャグチャグ馬《うま》っコ

本　唄〔唄い手〕

〽①馬《うま》っコ嬉《うれ》しか　お②山《やま》へ参《まい》ろ
金《きん》の③轡《くつわ》に　④染《そ》め手綱《たづな》

長ばやし〔唄い手・はやし手〕

⑤チャグチャグ馬《うま》コが　もの言《い》うた
⑥じゃじゃも居《え》ねから　お入《へ》れんせ

〽去年祭《きょねんまつ》りで　見初《みそ》めて初《そ》めて
今年《ことし》ゃ背中《せなか》の　子《こ》と⑦踊《おど》る

〽俺《おら》が馬《うま》コは　⑧三国一《さんごくいち》よ
嫁《よめ》コ⑨しゃんと曳《ひ》け　人《ひと》が見《み》る

〽五月《さつき》⑩早瀬《はやせ》の　⑪北上川《きたかみがわ》へ
⑫鈴《すず》コチャグチャグ　音《ね》が響《ひび》く

注①馬。「コ」は、東北地方の方言で、名詞につけて親しみや、小さいという気持ちを添える接尾語。
②駒形神社のこと。⬇解説。
③手綱をつけるために、馬の口にくわえさせる金具。
④⑤⬇解説。
⑥母。その家の女主。
⑦盆踊りの「サンサ踊り」を踊る。
⑧世界一。三国は日本・中国・インド。昔の日本人は、それで全世界と考えた。
⑨「しっかり馬を曳け」の意。「しゃんとしろ」は誤唱。
⑩「柳の」とも。
⑪岩手県北西部の山地に発して県中央部・宮城県北東部を南流し、石巻市北東部で追波《おっぱ》湾へ注ぐ川(約二四九キロ)。
⑫「馬コチャグチャグ　鈴が鳴る」とも。

岩手県の、酒盛り唄形式の新民謡。旧暦の五月五日(現在は新暦の六月一五日)、岩手県中央部の駒形神社(岩手郡滝沢村鵜飼)へ、近郷の農民たちが、飼っている農耕馬を参詣させる。馬は赤・黄・緑・白・水色の五色のしごきで飾りたて、首や鞍《くら》には鈴を吊るし、紅白や金銀紫紅の縒《よ》り手綱を曳く。その鈴の音から、この馬と行事を「チャグチャグ馬っコ」と呼ぶ。この唄は、この行事を元にして作られた新民謡である。今日では、岩手県の観光用に、若い女性の民謡家が舞台で唄っている。

「チャグチャグ馬っコ」という行事は、本来は田植えが終わったあとの「早苗振《さなぶ》り正月」の行事で、駒形神社へ馬の健康を祈願し、馬へ御馳走をする日であった。ところが、昭和三〇年代(一九五五〜)に入ると、その行事が観光用になった。飼い主は紺地の法被《はっぴ》に腹掛け、長股《もも》引きに菅笠姿で手綱を取り、馬の背には袢纏《はんてん》にねじり鉢巻きの子供を乗せ、駒形神社から盛岡八幡宮まで約一五キロを行進するのである。

なお、駒形神社を「蒼前様《そうぜんさま》」と呼ぶのは、毛並みが青白色で、ひづめの白い馬を「驄騚《そうぜん》」と言うためである。この馬は四歳(大人の馬)で白馬になることから、特別の霊感が宿る馬、すなわち神馬《しんめ》と考えられ、それにあやかるための、馬の宮参りなのである。

唄の履歴　この唄の作詞者は小野金次郎(本名小泉安、一八九二年生まれ)で、一九三六年にビクターレコードに入社した人である。作曲者は小沢直与志(一九一三年生まれ)で、ビクターオーケストラのアコーディオン奏者で、編曲者でもあった。

両人が作ったのは一九五七年八月で、唄の母胎は、岩手郡から盛岡市・紫波《しわ》郡・稗貫《ひえぬき》郡にかけて広く唄われている酒盛り唄『ちょっときま』であるらしい。そして、この唄の歌詞の一部「じゃじゃも居《え》ねはんて　お入《へ》れんせ」を「長ばやし」の一部として利用している。

なお、ビクターレコードでレコード化されたのは、一九五七年八月のことで、唄は伊藤一子《かずこ》であった。しかし、その時はさして評判にならなかった。その後、一九六四年に「ビクター少年民謡隊」(第二期生)が再吹き込みをすると、子供用の唄として評判になり、日本中へ広まっていった。

節まわしの型　今日広く唄われている節まわしは、「ビクター少年民謡隊」(第二期生)のものである。

ドドサイ節《ぶし》

〽①南部名物《なんぶめいぶつ》　数々《かずかず》あれど
娘《あね》コ得意《とくい》の　ドドサイ節《ぶし》
(ドンドンサイサイ　ドドサイサイィ
ドンドンサイサイ　サーイ)

〽山《やま》で咲《さ》く花《はな》　②十七椿《じゅうしちつばき》
里《さと》に移《うつ》せば　咲《さ》いて散《ち》る

〽惚《ほ》れた(掘れた)惚《ほ》れたと　川端柳《かわばたやなぎ》
水《みず》に圧《お》されて　根《ね》が掘《ほ》れた

〽咲《さ》いた花《はな》より　見《み》る花《はな》よりも
咲《さ》いて実《み》がなる　花《はな》がよい

〽山《やま》の雪《ゆき》ほど　想《おも》いを積《つ》んで
笹《ささ》の露《つゆ》ほど　想《おも》われず

〽惚《ほ》れたからとて　毎晩来《まいばんく》るな

月《つき》に二度《にど》とか　三度《さんど》来《こ》い
〽上《のぼ》り七坂《ななさか》　下《くだ》りは八坂《やさか》
一《ひと》つ一《ひと》つが　恋《こい》の坂《さか》
〽一夜《いちや》でもよい　会《あ》わせておくれ
わしの願《ねが》いは　そればかり
〽一度《いちど》二度《にど》なら　会《あ》わねばよかった
心《こころ》見《み》られて　口《くち》惜《お》しい

注①旧南部藩領内。現岩手県中央部から青森県東部一帯。
②十七歳の、年頃の娘のような椿。

岩手県の酒盛り唄。岩手県の中西端、それも現盛岡《もりおか》市から秋田県の角館《かくのだて》（仙北市角館町）へ通じる秋田街道の、岩手県側最後の宿場町であった岩手郡雫石《しずくいし》町の人たちが、酒席で唄ってきたものである。

唄の履歴　この唄の源流は、秋田の、『秋田甚句』（一〇四ページ）とか『サイサイ節』と呼ばれる唄である。それが秋田街道を東へ進み、仙岩峠を越えて雫石に伝えられた。ただ、雫石の人が考えたのか、伝えた人がそうしたのかは不明であるが、伴奏の部分を口譜《くちふ》にした「ドンドン　サイササイ　ドドサイサイ　ドンドン　サイサイ　サーイ」が人気を集め、いつか、それがそっくりそのままはやし詞となり、曲名もその一部を取って『ドドサイ節』となった。この唄が、のちに秋田の『ドンパン節』（一三二ページ）を生み出した。

節まわしの型　今日広く唄われている節まわしは、山崎勝代のものである。

なにゃとやら

七四ページ参照。

南部《なんぶ》牛《うし》追《お》い唄《うた》

〽①田舎《いなか》なれどもサァーハーエー　②南部《なんぶ》の国《くに》は
サー
西《にし》も東《ひがし》もサァーハーエー　③金《かね》の山《やま》コーラサ
ンサエー
〽④今度《こんど》来《く》る時《とき》や　持《も》って来《き》てたもれ
奥《おく》の深山《みやま》の　⑤梛《なぎ》の葉《は》を
〽さても見事《みごと》な　牛方浴衣《うしかたゆかた》
肩《かた》に⑥籠角《かごつの》　⑦裾小斑《すそこぶち》
〽⑧歯朶《しだ》の中《なか》の　茅野《かやの》の兎《うさぎ》
親《おや》が跳《は》ねれば　子《こ》も跳《は》ねる
〽⑨江刈《えかり》　⑩葛巻《くずまき》　牛方《うしかた》の出所《でどこ》
いつも春出《はるで》て　秋戻《あきもど》る
〽肥《こ》えだ⑪べごコに　⑫曲《ま》がり木《き》の鞍《くら》コ
⑬金《かね》のなる木《き》を　⑭横《よこ》コにつけて
〽⑮沢内《さわうち》　⑯三千石《さんぜんごく》　お米《こめ》の出所《でどこ》
⑰付《つ》けて納《おさ》めた　⑱お蔵米《くらまい》
〽牛《うし》も⑲えらかろ　いまひと辛抱《しんぼ》
辛抱《しんぼ》する気《き》(木)に　花《はな》が咲《さ》く
〽⑳先《さき》もよいよい　㉑中牛《なかうし》もよいが
まして㉒後牛《あとうし》　なお可《か》愛《わ》い
〽㉓一《いち》の先達《せんだつ》は　㉔すだれと小斑《こぶち》
それの㉕後《あと》たちァ　㉖裾小斑《すそこぶち》
〽㉗けろり㉘かっかり　㉙伊達《だて》に㉚四《よ》つ柱《ばしら》
㉛五升袋《ごしょうぶくろ》に　㉜蝿《はえ》はらりん
〽㉝えァべェでァ小斑《こぶち》よ　㉞うがべェり遅《おそ》い
㉟向《む》げェの㊱長嶺《ながね》で　日《ひ》が暮《く》れる
〽先《さき》に立《た》ったる　㊲はかまの牛《うし》は
㊳あとをからめて　ぞろぞろと

〽㊴大志田《おおしだ》㊵歯朶《しだ》の中《なか》　㊶貝沢《かいざわ》㊷野中《のなか》
まして㊸大木原《おぎわら》　㊹岳《だけ》の中《なか》

注①この歌詞は、本来は『からめ節』のもの。
②旧南部藩領。現岩手県中央部から青森県東部一帯と、秋田県鹿角市。
③金山。鉱山。
④西日本に広く分布する歌詞。
⑤マキ科の常緑高木。近畿地方以西に自生し、高さ約二〇《メートル》。熊野神社（和歌山県）の御神木。葉は供物を盛り、また、お守り袋に入れて災難よけとした。男女の縁が切れないようにと、女は鏡の裏に入れる。その梛のない岩手県下では、歯朶《しだ》の一種を「ナギ」と呼んで、同じように用いた。
⑥竹で作った籠の編み目のような模様に、牛の角を配した図柄。
⑦裾模様は、小さな斑点のある牛の図柄だ。
⑧大きな、羽状の葉の裏や縁《へり》に胞子をつけて増える植物の総称。花も種子もつけない。生長して葉を広げたゼンマイやワラビも歯朶である。なお、正月に飾る裏白は、東北地方には自生しない。
⑨江刈村。現岩手郡葛巻町内。
⑩現葛巻町。盛岡市の北東方約四〇キロにある。
⑪牛。「コ」は、名詞につけて親しみや小さいという気持ちを添える接尾語。
⑫曲がった天然木を用いて作った、牛の鞍。鞍は、牛の背に付けて、荷物をのせるための道具。
⑬稲のこと。
⑭「横づけに」とも。
⑮沢内村（現和賀郡西和賀町内）。
⑯約五四一キロ《リットル》。安永年間（一七七二～八一）には四千石を記録している。「沢内」の「サ」に合わせて「三千石」としたのであろう。
⑰牛の背の鞍に付けて。「桝で計らねで　箕で計る」とも。
⑱南部藩の米蔵へ納める良質米。米蔵は、現盛岡市と北上市にあった。
⑲苦しいだろう。つらいだろう。
⑳行列の先頭を歩く牛（➡解説）。
㉑先頭と最後尾の牛に挟まれて歩く牛たち。
㉒行列の最後尾の牛。牛方は、その脇について歩く。
㉓行列の先頭を歩く牛。
㉔黒・茶・白色などの体毛が、縦の筋をなしている牛。
㉕先頭の牛のあとについて歩く牛たち。
㉖足に小さな斑点模様のある牛。
㉗牛の耳のこと。
㉘牛の角のこと。
㉙格好よく。
㉚牛の四本の足のこと。
㉛水などが五升（約九《リットル》）入る袋の意で、牛の陰嚢のこと。
㉜蝿を追い払うものの意から、牛の尾のこと。
㉝行こうよ。
㉞お前だけが。
㉟向かいの。
㊱里から見て、山の頂上部が横に長いもの。「長根」は誤字。

㊲羽織り袴で正装した人間のような、端然とした感じの牛ということか。

㊳あとについてくる牛たちをまとめて、ぞろぞろ歩かせる。

㊴旧沢内村の地名。この歌詞は、本来は『沢内甚句』のもの。

㊵歯朶の生えている山の中。

㊶㊸旧沢内村の地名。

㊷原野の中。

㊹高い山の中。一般に「岳の下」と誤唱されているが、この歌詞は「中づくし」であり、「岳の中」でないと意味が通じない。


岩手県の仕事唄。岩手県南西部の沢内《さわうち》（現和賀郡西和賀町内）を中心に陸路の輸送を受け持つ牛方たちが、背に荷をつけた牛たちを追いながら唄ってきたものである。

牛方は、厚手の布の上着に紺木綿の腹掛けを着け、首から天保銭を吊るし、菅笠をかぶり、腰に鉈《なた》をさし、手に「牛殺し」と呼ばれる生木の杖《つえ》を持つ。そして、先頭に力の強い牛を、最後尾におとなしい牛を配し、中に普通の牛たちを挟んで行列を作る。左へ曲がる時は、最後尾の牛の尻の左側を「牛殺し」で軽くたたけば、牛は前の牛へ角で突いて知らせ、それが先頭の牛に伝わると左へ曲がり始める。

唄の履歴　この唄の源流は、岩手県下一円で広く唄い踊られている盆踊り唄「サンサ踊り」（一八四ページ）であるらしい。というのは、『戸田牛方節』（九戸村）や『安家《あっか》牛方節』（岩泉町）などは、「サンサ…」と唄い出し、「コラサンサエー」と結ぶが、この結び部分は、今日一般に広く唄われている『南部牛追い唄』にも残っている。したがって、牛方が牛を追いながら「サンサ踊り」を唄ううちに、しだいに長く、ゆったりとした唄になっていったのではないかと考えられる。

その「牛追い唄」、地域によって節まわしに違いがあり、大きく三つに分けられる。一つは、青森県八戸《はちのへ》市から来満《らいまん》峠越えに秋田県鹿角《かづの》市へ向かう、現九戸《くのへ》郡下の牛方たちのもの、二つ目は、奥州街道の東側の、現上閉伊《かみへい》郡・下閉伊郡下の牛方たちのもの、三つ目は、西側の、現和賀《わが》郡下のものである。そして、今日広く唄われている「牛追い唄」は和賀郡下のものである。なお、「牛追い唄」や「牛方節」という名称は、たまたまそう呼んだだけで、曲の違いではない。

昭和時代の初め、その和賀郡下の「牛追い唄」を、盛岡市の星川万多蔵《またぞう》が、舞台で、青竹を持って写実的に唄うようになった。それを、現宮城県東松島市大塚の八木寿水《じゅすい》が、さらに舞台用に仕立て、後藤桃水一門の間で広まっていった。そして、太平洋戦争後に二代目福田岩月《がんげつ》が、「星川万多蔵節」と「八木寿水節」の間を取ったような、きりっとした「福田岩月節」をまとめあげた。

ところが、昭和三〇年代（一九五五～）に入って、熊谷《くまがい》武男（のちの熊谷岩月）が、ゆったりした、のどかな節まわしで唄い始めると、のど自慢やコンクールの人たちが、さらに長く伸ばして唄うようになった。今日では、星川時代の唄の三、四倍の長さで唄われている。

節まわしの型　今日広く唄われている節まわしは、熊谷岩月のものである。

補足　近頃、岩手県民謡界の人たちは、奥州街道の西側（和賀郡下）の唄と東側（上閉伊郡・下閉伊郡下）の唄とに分けているが、東側の唄とされているのは「福田岩月節」である。それは、一九六八年に国立劇場で行われた「日本の民謡」で、筆者（竹内勉）が畠山孝一に両方の節で唄わせたのが始まりで、いつのまにか誤解されてしまった。

南部馬方節《なんぶうまかたぶし》

〽ハァー朝《あさ》の出掛《でが》けに　ハァー山々《やまやま》ハァ見《み》れ
ばヨー
ハァー①霧《きり》のハァーかからぬ　ハァ山《やま》はない
（ハイィハイ）

〽②南部片富士《なんぶかたふじ》　裾野《すその》の原《はら》は
西《にし》も東《ひがし》も　馬《うま》ばかり

〽駒《こま》が三歳《さんさい》　③博労《ばくろ》さんは二十歳《はたち》
売《う》れば値《ね》もよい　④七十五両《しちじゅうごりょう》

〽雨《あめ》は降《ふ》れども　逗留《とうりゅう》はならぬ
明日《あす》は⑤南部《なんぶ》の　馬《うま》の市《いち》

〽一人淋《ひとりさび》しい　博労《ばくろ》の夜曳《よび》き
鳴《な》るは⑥轡《くつわ》の　音《おと》ばかり

〽一夜《いちや》⑦五両《ごりょ》でも　馬方嫌《うまかたいや》だ
⑧七日七夜《なのかななよ》の　露《つゆ》を踏《ふ》む

〽一夜五両《いちやごりょ》でも　馬方嫌《うまかたいや》だ
駒《こま》の手綱《たづな》で　身《み》をやつす

〽可愛《かわ》い博労様《ばくろさま》　どこで夜《よ》を明《あ》かす
⑨四十三坂《しじゅうさんさか》　七《なな》つ目《め》で

〽さても見事《みごと》な　博労《ばくろ》の浴衣《ゆかた》
肩《かた》に⑩鹿毛駒《かげこま》　裾《すそ》⑪栗毛《くりげ》

〽⑫七《なな》つ八《や》つ曳《ひ》く　親方《おやかた》よりも
⑬一《ひと》つ手曳《てび》きの　主《ぬし》がよい

〽行《ゆ》くも帰《かえ》るも　この山道《やまみち》は
馬《うま》もせつなや　馬子《まご》も泣《な》く

注①朝霧がかかると、日中はよい天気になる。
②岩手山のこと。岩手県の中西部にそびえる山（二〇四一メートル）。南部富士とも呼ばれ、稜線の片側が富士山を思わせる。
③牛馬の仲買いを職業とする人。獣医を兼ねる人もいる。
④三歳・二十歳との語呂合わせの数字で、実数ではない。
⑤➡解説。
⑥手綱をつけるために、馬の口にくわえさせる金具。
⑦語呂合わせの数字で、実際の額ではない。年季奉公の若い男女の一年の給金が二両ぐらいの頃の金額。
⑧〔実数ではなく〕何日も何夜もの。
⑨次の「七つ目」を生かすための語呂合わせ。
⑩鹿のような、茶褐色の毛の馬。
⑪黒みをおびた茶色の毛の馬。
⑫一人で七頭も八頭もの馬を連れて歩ける熟練者。
⑬一頭の馬だけ、しかも手綱を曳くことでしか馬を動かせない初心者。

岩手県の仕事唄。旧南部藩領（岩手県中央部から青森県東部一帯）の博労たちが、馬市への往来などに、夜間、一人で十数頭もの馬を曳《ひ》いて移動する折りに唄ってきた「夜曳《よび》き唄」である。

博労が、日中、多くの馬を曳いて歩いては通行人のじゃまになるし、臆病な動物である馬が、何かに驚いて暴れたら困るので、日中は野原で遊ばせておいて、夜間に移動する。その時に唄を唄うのは、馬をあやしたり元気づけたりするため、また、博労自身が孤独に耐えるため、眠気ざましのためである。そして、この「馬方節」によって、周辺の人々は、今、どこそこの博労が、近くをなんの異状もなく通過していくということがわかるわけである。

唄の履歴　この唄の源流は、江戸時代後期から明治時代に日本中で大流行した「甚句《じんく》」である。それを博労たちが口ずさむうちに、今日のような節まわしになったようである。南部藩領には藩御用の博労たちがおり、南部駒を江戸へ曳いて行く道中で『南部駒曳き唄』(二七八ページ)を唄っていた。筆者(竹内勉)の推測では、一般の博労たちはそれにあこがれ、別の唄を利用して道中で唄ったのではないかと思われる。

その「夜曳き唄」が、東北地方一円に広まって各種の「馬方節」になり、さらに関東地方や中部地方の主要街道の駄賃付けの「馬子唄」になり、のちには「追分節《おいわけぶし》」まで生み出すのである。(「追分節」の源流を蒙古《もうこ》に求める人が十数年ごとに現れるが、七七七五調の唄は江戸時代に入ってから生まれたものであり、蒙古起源説は夢かあこがれの世界のものにすぎない。)

さて、今日の『南部馬方節』は、盛岡市街の北方約一三キロの、旧岩手郡玉山村(現盛岡市内)の博労が唄っていた節まわしを、盛岡の星川万多蔵《またぞう》が整え、その芸をさらに盛岡の福田岩月《がんげつ》が受け継いで今日に伝えたものである。

ただ、近頃は唄がのろくなっている。ちなみに星川は一首六五秒、福田は一〇五秒であるが、中《なか》岩持勝子《いわもちかつこ》は一二五秒で、今は実に二倍の長さになっている。舞台芸としての目安は百秒前後であろう。

節まわしの型　今日広く唄われている節まわしは、福田岩月の系統を引く中岩持勝子のものである。

南部《なんぶ》木挽《こび》き唄《うた》

〽ハァー木挽《こび》きいたよだ　ハァーあの沢奥《さわおく》に
ヨー
ハァー今朝《けさ》も①鑪《やすり》の　オヤサハー音《おと》がするヨ
ー
(アァ締《し》めてこい　締《し》めてこい)

〽なんの因果《いんが》で　木挽《こび》きに惚《ほ》れた
木挽《こび》きゃ半年《はんとし》　山暮《やまぐ》らし

〽山《やま》は深山《しんざん》　木《き》は大木《たいぼく》だ
②親方繁昌《おやかたはんじょ》と　鳴《な》り響《ひび》く

〽親方金貸《おやかたかねか》せ　③鋸《のこ》の歯欠《はか》けた
鋸《のこ》は嘘《うそ》だよ　④逢《あ》いに行《い》く

〽町《まち》の鍛冶屋《かじや》で　今朝見《けさみ》た娘《むすめ》
男《おとこ》泣かせの　⑤投《な》げ島田《しまだ》

〽⑥七分二枚《しちぶにまい》の　板挽《いたひ》くよりも
可愛《かわ》いあの娘《こ》の　袖《そで》を引《ひ》く

〽大工木挽《だいくこび》きが　この世《よ》になけりゃ
⑦神《かみ》も仏《ほとけ》も　雨晒《あまざら》し

〽親方《おやかた》⑧大黒《だいこく》　おかみさんは⑨恵比須《えびす》
⑩りん場《ば》の若《わか》い衆《しゅ》は　⑪福《ふく》の神《かみ》

〽⑫西行《さいぎょう》打つなら　法被《はっぴ》一枚《いちまい》で
⑬胴巻《どうま》きゃ⑭身上《しんしょ》で　足袋《たび》はだし

〽木挽《こび》き稼業《かぎょう》は　鼠《ねずみ》の性《しょう》だ
いつも挽《ひ》(引)かなきゃ　食《た》べられぬ

〽この山深山《やましんざん》だが　後山《あとやま》どこだ
あとは⑮南部《なんぶ》の　檜山《ひのきやま》

〽大工《だいく》さんより　木挽《こび》きが憎《にく》い
仲《なか》のよい木《き》を　挽《ひ》き分《わ》ける

注①鋸の歯の目立てをするための工具。
②山の立ち木を買い取った人から木挽き作業をまかされた、現場の責任者。
③「鋸の目」とも。
④女に逢いに。遊廓へ行くことをさす。
⑤島田髷の根を低く下げて結い、髷が後ろに反る形にした髪型。結婚した女性が結うもの。
⑥幅一尺（約三〇㌢）、厚さ七分（約二・一㌢）の板。
⑦お堂が造れないから、神像も仏像も。
⑧大黒天。七福神の一。福徳・財宝・食物などの神。右手に打ち出の小槌《こづち》を持ち、左肩に大きな袋をかつぎ、米俵二俵の上に立つ。
⑨七福神の一。福徳・漁・商売繁昌などの神。右手に釣り竿を持ち、左手で鯛を抱える。
⑩木挽きの作業場。材木の、鋸を入れる所に墨を引くことを「りん」と言うことから。
⑪人に幸せや利益をもたらす神。
⑫渡り職人として木挽きの仕事をするなら。西行は、平安時代末期～鎌倉時代初期の僧侶で歌人。歌集に「山家集」がある。日本中を巡り歩いたことから、各地を渡り歩く木挽き職人を、俗に「西行さん」と呼ぶ。
⑬金銭や貴重品を入れて腹に巻きつけておく、帯状の袋。
⑭財産。
⑮⬇解説。

岩手県の仕事唄。旧南部藩領（岩手県中央部から青森県東部一帯）の木挽き職人「南部木挽き」が、東日本各地の山々へ入って、木材を大割りにしたり板に挽いたりする折りに、大鋸《おおのこ》を挽く手に合わせて唄ってきたものである。

木挽きは、「西行《さいぎょう》さん」と呼ばれる渡り職人と、地元の木挽きと見習いの農民、それに賄《まかな》い婦の集団で、仕事は冬の農閑期を利用して行われた。山へ入ると小屋掛けをし、「元林《もとりん》」と呼ばれる親方の下で、二〇日、三〇日、五〇日、長い場合は三ヶ月ほども山暮らしをして、木材を挽き続ける。

この木挽きたちがなぜ唄を唄うかというと、山での急病や怪我《けが》は命取りになりかねないので、自分の居場所と、唄が聞こえている間は身辺に異状がないということを、周辺の山々で働いている仲間たちに知らせるためである。また、単調な仕事にあきてくるので、それを防ぐためである。

唄の履歴　この唄の源流は不明であるが、曲の形は「甚句《じんく》」である。たぶん、元は草刈りの時の「山甚句」のように、酒盛り唄の「甚句」を鋸《のこぎり》に合わせて唄っているうちに、いつか、長く伸ばして唄う「木挽き唄」にまとまっていったのであろう。

南部の人たちは、性格を牛にたとえられるように辛抱強く、単調な作業に長時間耐えられる特性を持っており、しかも寒さにも強い。その南部木挽きは北は樺太《からふと》・北海道から、東北地方はもちろん、関東・中部地方の山々までも、出稼ぎ仕事として出かけていった。そして、行った先々の山でこの「木挽き唄」を唄ったため、その地方の人たちもまねて唄うようになり、南部の「木挽き唄」は東日本地方一円へ広まった。

ただ、木挽きは単独作業だけに、その節まわしは十人十色であった。ところが、太平洋戦争後、盛岡の福田岩月《がんげつ》が、岩手郡滝沢村の斎藤某《なにがし》が覚えていた節を元にしてまとめあげ、それを弟子の熊《くま》谷《がい》岩月が習い覚えて唄うようになって、その節まわしが広まっていった。

なお、もう一つの唄い方がある。それは、盛岡市上太田の井上一子《かずこ》が、宮城県の熊谷一夫《かずお》からコンクール用に習い、一九六〇年度の「NHKのど自慢全国コンクール」で優勝したために広まったものである。これは、高音部を生かす、若い女性のための唄い方で、一般的ではない。

節まわしの型　今日広く唄われている節まわしは、熊谷岩月のものである。

南部《なんぶ》駒《こま》曳《ひ》き唄《うた》

前口上〔音頭取り〕
「ハァ今日《きょう》は天気《てんき》もよいし　日《ひ》①もよいし
どんどと曳《ひ》き出《だ》せ　ホォイホイ」

本唄・上の句〔音頭取り〕
〽目出度目出度《めでためでた》のヨヤー　若松様《わかまつさま》よ
（ホォイ）

本唄・下の句〔付け手〕
枝《えだ》もナーエ栄《さか》えるヨー　葉《は》も繁《しげ》る
（ホォイ）

《繰り返し》
〔音頭取り〕栄《さか》える　枝《えだ》も
〔付け手〕　枝《えだ》もナーエ
〔音頭取り・付け手〕栄《さか》えるヨー　葉《は》も繁《しげ》る

締め口上〔音頭取り〕
「ハァとも②沓《ぐつ》③はらって　どんどと追《お》い込《こ》め
④三十五両千匹《さんじゅうごりょうせんびき》　ホォイホイ」

本唄

〽言《い》うな語《かた》るな　⑤雄駒《おごま》の池《いけ》の
底《そこ》に清水《しみず》の　あることを
〽⑥余五《よご》の大将《たいしょう》　鬼《おに》をも蹴立《けた》て
山《やま》を乗《の》り越《こ》す　大《おお》⑦葦毛《あしげ》
〽昔《むかし》⑧宇治川《うじがわ》　⑨鵯　越《ひよどりごえ》で
世《よ》にも名高《なだか》い　⑩太夫黒《たゆうぐろ》
〽⑪関《せき》の地蔵様《じぞうさま》　なぜ鼻削《はなそ》げた
駒《こま》に蹴《け》られて　鼻削《はなそ》げた

締め口上

「⑫粗菰《あらこも》蹴立《けた》てて　⑬地道《じみち》に乗《の》り出《だ》せ
⑭天下《てんか》の御用《ごよう》だ　ホーイ　ホイ」
「御国《おくに》の産物《さんぶつ》　天下《てんか》の⑮逸物《いちもつ》
どんどと追《お》い込《こ》め　ホーイ　ホイ」
「⑯鬣《たてがみ》振《ふ》り立《た》て　⑰蛇腹《じゃばら》の沓履《くつは》く
⑱アイノメネンボウ⑲　天下《てんか》の御用《ごよう》だ」
「⑳御三家《ごさんけ》　㉑三卿《さんきょう》　㉒酒井《さかい》か㉓井伊様《いいさま》
どのみち御用《ごよう》だ　ホーイ　ホイ」

注①暦の上での、その日の縁起もよいし。
②未詳。馬に履かせる藁靴《わらぐつ》のことか。
③ぬがせて。
④一頭三十五両の馬が千頭。
⑤未詳。推測するに、盛岡城付近に、かつて「雄駒の池」と「雌駒の池」があったと思われる。近くを旧北上川が流れていたため地下水が湧出していて、馬の飲用水として利用したのであろう。
⑥平　維茂《たいらのこれもち》のこと。「余五」は、平貞盛の養子となり、その第十五子にあたるための称。平安時代中期の武将。山城の鬼を退治した武勇伝で有名。謡曲・歌舞伎「紅葉狩り」の主人公にもされている。
⑦白い毛に黒や濃褐色の毛が混じっている馬。
⑧琵琶湖南端に発して南流、南西流し、大阪市北西部で大阪湾へ注ぐ淀川《よどがわ》の、中流部の称。一一八四年一月、源　義経《みなもとのよしつね》軍と木曽義仲軍によって宇治川の合戦が行われ、名馬生唼《いけずき》に乗る佐々木高綱と、磨墨《するすみ》に乗る梶原景季《かじわらかげすえ》の先陣争いで有名。
⑨現兵庫県神戸市中南部の、六甲山地西部を横断する山道。一一八四年二月、源義経軍はこの急坂を馬で駆け下り、平家を奇襲した。
⑩義経の愛馬の名。五位の、黒毛の馬の意。「太夫」は五位の通称で、義経が馬に五位の位を与えたことから。
⑪現岐阜県関市関町にある法然寺の豆木地蔵尊。
⑫藁を粗く編んで作った蓆《むしろ》。南部藩では、御用馬が出発する時、道に敷きつめてその上を歩かせた。
⑬粗菰を敷いてない、土の道。
⑭江戸幕府の用事。
⑮群を抜いてすぐれているもの。
⑯馬の首の背中側に生えている長い毛。
⑰なめし革製で、つま先に十二のひだを作った乗馬靴。
⑱乗用馬。
⑲荷物運び用の馬。
⑳徳川御三家。水戸家・尾張家・紀伊家のこと。いずれも家康の子を初代藩主とする。
㉑徳川家の親族、田安家・一橋家・清水家のこと。御三家に次ぐ家格。
㉒大老職を務めた酒井家。
㉓大老職を務めた井伊家。

岩手県の祝い唄。現岩手県の中央部、旧南部藩の城下町盛岡《もりおか》（盛岡市）の御用博労たちが、御用馬を曳いて江戸へ上る、その出発式の折りに唄ってきたものである。この唄は、江戸幕府の御馬買い付け係が盛岡を訪れた際に、南部藩が設けた宴席でも唄われた。

御用馬というのは、江戸幕府への上納馬である。古来、南部藩領は馬の産地で、藩内の牧場で育てた野馬の中から駿馬《しゅんめ》が集められると、八幡馬場で南部藩主自らが五、六頭から十頭あまりを選んで上納する。その馬の首には「本丸御用」の烙印《らくいん》を押した木札をさげさせ、これを曳く御用博労は、江戸へ注文してこしらえた、紺の股《もも》引きに腹掛け、加賀特産の菅笠をかぶり、「本丸御用」の小田原提　灯《ぢょうちん》に威儀を正し、浅黄または白の木綿の手綱をとって、江戸へと向かった。

御用馬の行列は、藩主自ら選んだ馬を先頭にして百～百五十頭の南部駒を連ね、これを守る博労は、上は士分の親方から下は馬子に至るまで、総勢三〇～四〇人にもなった。この一行が、夜一〇時頃出発し、城下はずれまで小銭をまきながら江戸へと向かっていった。

唄の履歴　この唄の源流は不明であるが、木遣《きや》り唄的な祝い唄である。旧岩手郡太田村や旧紫波《しわ》郡飯岡村（ともに現盛岡市内）の「田植え踊り」の前芸に、駒曳き姿で踊ったことが明治末年（一九一二）頃まであり、さらに婚礼の席でも唄ったというから、祝い唄であったことは確かである。同系統の唄が、福島県いわき市では「目出度《めでた》」の名で祝い唄として唄われており、こうしたものが東北地方の太平洋側では、かなり広い地域で唄われていたのであろう。それが江戸時代後期に流行した『さんさ時雨《しぐれ》』に押されて姿を消したのかもしれない。

さて、一六九二年からは、幕府の御馬買い付け係は南部藩まで来なくなり、以後、南部藩が自主的に馬選びをして江戸へ連れていくようになった。したがって、『南部駒曳き唄』が御用馬出発の儀式唄に定着したのは、このあとであろう。

ところが、明治維新で上納の慣習がなくなったため、唄える人も一人減り二人減りして、一九一二年には、七〇数歳と八〇余歳の老人二人きりになってしまった。一九二九年正月になり、盛岡の郷土玩具製造業者高瀬仙行が、浅沼金兵衛（盛岡市大工町）という最後の伝承者を見つけ出し、復活を計った。そして、すでに九五歳の浅沼老人から高瀬が習い覚えたが、一週間後には老人は他界するというぎりぎりのものであった。その後、この唄は盛岡の民謡家福田岩月《がんげつ》が覚え、さらに畠山《はたけやま》孝一《こういち》に受け継がれて今日に至っている。

節まわしの型　今日広く唄われている節まわしは、福田岩月の唄を覚えた畠山孝一のものである。

南部酒屋流し唄《なんぶさかやながしうた》

上の句〔音頭取り〕

〽ハァーハーハァ今朝《けさ》のヨーハーエ寒《さむ》さに
　ハァーハーエ洗《あら》①い場《ば》はどなた

下の句〔酒屋職人〕

可愛《かわ》いヨーハァエ男《おとこ》の　ハァーコリャ声《こえ》が
　するヨー

〽流《なが》②し始《はじ》まる　洗《あら》③い物出《ものだ》せよ
早《はや》く出《だ》さなきゃ　あ④がります

〽可愛《かわ》い男《おとこ》の　来《く》る時《とき》ゃ知《し》れる
裏《うら》の小池《こいけ》の　鴨《かも》が鳴《な》く

〽可愛《かわ》い男《おとこ》の　洗《あら》い場《ば》の時《とき》は
お顔見《かおみ》たさに　まわり道《みち》

〽可愛《かわ》い男《おとこ》の　洗《あら》い場《ば》の時《とき》は
水《みず》も湯《ゆ》となれ　風吹《かぜふ》くな

〽揃《そろ》た若《わか》い衆《しゅ》に　袢纏《はんてん》着《き》せて
やるぞお⑤蔵《くら》の　働《はたら》きに

注①酒蔵の、酒造り用具や米を洗う所。「洗い番」は、「場ア」の「ア」が、口を閉じたために「ン」になったもので誤唱。
②洗う作業が。
③酒造り用具で、洗うべき物。
④今日の仕事をおしまいにします。
⑤酒蔵。酒の醸造所。

岩手県の仕事唄。岩手県の中央部、紫波《しわ》郡などの酒造り職人が、東北地方各地の酒蔵の洗い場で、仕込み桶《おけ》などを、熱湯を用いて竹のささらで洗う折りに唄ってきたものである。

桶の中へ入り、天狗がはくような高下駄をはいて熱湯で桶を洗うのだが、仕込み桶は背が高く、中へ入ったら人の姿は見えなくなる。そこへ熱湯を浴びせられると大変なので、唄を唄う。そうすれば、だれがどの桶に入って働いているのかわかるし、唄が聞こえている間は、その職人の身辺に異状がないことがわかるわけである。

唄の履歴　この唄の源流は、紫波郡から水沢市（現奥州市内）にかけての農民たちが唄っていた『南部萩刈り唄』（一八二ページ）である。それは、野山で、急病や怪我《けが》の場合に備えて、自分の居場所を周辺の人たちに知らせておくために唄っていた唄であるが、そのまま酒蔵へ持ち込んで唄ったようである。流し場の仕事には酒造り技術はいらないため、近郷の農民を下働きに雇う場合が多かった。したがって、「萩刈り唄」が酒蔵へ持ち込まれる機会はいくらもあったと思われる。

節まわしの型　今日広く唄われている節まわしは、佐々木利男あたりのものらしい。

南部酒屋酛摺り唄《なんぶさかやもとすりうた》

問い掛け唄〔音頭取り〕

〽ハァー①酛摺《もとす》りはヤラヨーイ　楽《らく》そに②見《み》えて
楽《らく》じゃない

返し唄〔酒屋職人〕

何仕事《なにしごと》ヤラヨーイ　仕事《しごと》に楽《らく》が　③あるもの
か

《繰り返し》

〔音頭取り〕何仕事《なにしごと》ヤラヨーイ　仕事《しごと》に楽《らく》が
〔酒屋職人〕あるものか

〽④燕《つばくろ》は　酒屋《さかや》の軒《のき》に　巣《す》をかける
夜明《よあ》くれば　酒売《さけう》り出《だ》せと　⑤囀《さえず》るよ

〽⑥乙部町《おとべまち》　柳《やなぎ》の葉《は》より　狭《せま》い町《まち》
⑦狭《せま》くとも　一夜《いちや》の宿《やど》で　銭《ぜに》を取《と》る
銭《ぜに》も銭《ぜに》　諸国《しょこく》をまわる　丸《まる》い銭《ぜに》

〽⑧西根山《にしねやま》　⑨お駒ヶ岳《こまがたけ》の　岩《いわ》つつじ
岩《いわ》の上《うえ》　若《わか》さをしのぐ　岩《いわ》つつじ

〽⑩南部様《なんぶさま》　⑪御沙汰《ごさた》に負《ま》けて　牛《うし》に乗《の》る
牛《うし》も牛《うし》　鼻欠《はなか》け牛《うし》に　お乗《の》りやる

注①➡解説。
②「見せて」は誤唱。
③「ありゃしない」とも。
④つばめ。
⑤「さよずる」は方言。
⑥北上川の船着き場としてにぎわった旧宿場町。現盛岡市中南部にある。
⑦「狭いども」とも。
⑧岩手県の中西部～南西部にそびえる山々。
⑨胆沢《いさわ》郡金ヶ崎町の北西部、北上市との境にそびえる山（一一三〇メートル）。山頂に駒形神社奥宮がある。
⑩南部藩主、南部信直。
⑪一五九〇年、津軽為信は、小田原征伐中の豊臣秀吉の元へ駆けつけ、南部藩領であった津軽地方の「本領安堵」の朱印状をもらった。南部藩は異議を申し立てたがかなわず、津軽藩の独立を認めざるをえなくなった。それ以来、南部藩主は牛のようにのろいという印象を持たれるようになった。「戦に負けて」は誤唱。

岩手県の仕事唄。岩手県の中央部、紫波《しわ》郡などの酒屋職人たちが、東北地方各地の酒蔵で酛摺り作業をしながら唄ってきたものである。

酛摺りとは、日本酒を醸造する時、その「酛」（酒母）を造る作業である。まず、蒸《む》し米《まい》五斗（約九〇リットル）、麹《こうじ》二斗、水六斗を、八箇ほどの半切り桶《おけ》に分けて入れる。その桶は、直径五尺（約一五二センチ）、深さ一尺ほどの、浅くて、平たい、たらいのような桶である。温度は攝氏六度ぐらいで、これを「酛立て」と呼ぶ。それから五、六時間すると、蒸し米と麹は水を吸収し、水分がなくなってくる。そこで、ツメという棒櫂《ぼうがい》で二、三時間ごとに何回か掻き混ぜる。これを「手酛《てもと》」と呼ぶ。

「酛立て」から一五～二〇時間たったところで一つの桶に集め、三、四人の酒屋職人が蒸し米と麹を蕪櫂《かぶらがい》で突いて摺りつぶしていく。この蕪櫂は、柄の長さ三メートルほどで、先に直径一五センチほどの円形の板がついている。これを両手で桶の中へ途中まで軽く二回突き立て、次に右手一本で底まで突き込む。その動作に合わせて「酛摺り唄」を唄うのである。

なお、酵母菌は、古来、酒蔵の空中に存在する天然酵母菌を利用していたが、一九〇六年頃からは、蒸し米と麹に水を加えたあとで、日本醸造協会が培養した酵母や既製の乳酸も加えて、蒸し米等を摺りつぶす作業を省略し、櫂で掻き混ぜるだけになった。

唄の履歴　この唄の源流は、紫波郡から和賀《わが》郡に及ぶ現岩手県南部の広い地域で、粘土臼で籾《もみ》を摺る時に唄っていた「籾摺り唄」である。この辺りの農民の冬の出稼ぎ仕事は酒造りであった。彼らは南部地方（岩手県中央部から青森県東部一帯）の酒蔵で、酛摺り作業をしながらこの「籾摺り唄」を唄った。それが、いつか「酛摺り唄」として定着した。

その後、南部杜氏《とうじ》と酒屋職人たちは、東北地方各地の酒蔵へ出かけていって酒造りをしながらこの唄を唄った。そのため、のちには東北地方の各地で、節まわしの異なる、その地の「酒屋酛摺り唄」になっていった。

節まわしの型　今日広く唄われている節まわしは、旧紫波郡乙部《おとべ》村（現盛岡市内）の法領《ほうりょう》田《だ》万助が、太平洋戦争前から唄っていたものが基本になっているようである。

南部茶屋節《なんぶちゃやぶし》

〽ハァー目出度目出度《めでためでた》の　この家《や》の座敷《ざしき》
（チョイサッサ　コラサッサ）
茶屋節《ちゃやぶし》背負《しょ》ってくる　鶴《つる》と亀《かめ》
（チョイサッサ　コラサッサ）
（チョイサッサ　コラサッサ）

〽声《こえ》はすれども　姿《すがた》は見《み》えぬ
藪《やぶ》に鶯《うぐいす》　声《こえ》ばかり

〽踊《おど》れ踊《おど》れと　茶屋節《ちゃやぶし》せめる
踊《おど》りゃ出《で》ぬので　汗《あせ》が出《で》る

〽唄《うた》もできたし　踊《おど》りもできた
狭《せま》いお庭《にわ》も　広《ひろ》くなる

〽目出度目出度《めでためでた》の　若松《わかまつ》よりも
盛《さか》るお①山《やま》の　②黄金花《こがねばな》

〽目出度嬉《めでたうれ》しや　思《おも》うこと叶《かの》うた
鶴《つる》は御門《ごもん》に　巣《す》を作《つく》る

〽お酒《さけ》よいもの　気《き》を勇《いさ》ませて
顔《かお》がほんのり　桜色《さくらいろ》

〽お酒《さけ》飲《の》め飲《の》め　飲《の》んで死《し》んだならば
徳利《とくり》③卒塔婆《そとば》に　立《た》ててやる

〽さても目出度《めでた》い　この家《や》の座敷《ざしき》
四方《しほう》の隅《すみ》から　黄金《こがね》涌《わ》く

〽わしも唄《うた》います　はばかりながら
文句違《もんくちが》いは　御免《ごめん》なされ

〽声《こえ》がこのとおり　塩辛声《しおからごえ》で
文句違《もんくちが》いは　御免《ごめん》なされ

注
①金山のこと。
②黄金《おうごん》。金のこと。
③供養・追善のため、墓に立てる細長い板。上部に五輪塔の形の切り込みをつけ、梵字《ぼんじ》や経文などを書く。

岩手県のお座敷唄。岩手県中央部、南部藩の旧城下町盛岡《もりおか》（盛岡市）の花柳界の宴席で、芸者衆が唄ってきたものである。

唄の履歴　この唄の源流は、江戸時代末期から明治時代初期に、江戸の花柳界を中心に流行した「二上り甚句《じんく》」である。それが日本中へ広まり、盛岡の花柳界や、釜石（釜石市）など三陸沿岸の港町の花柳界でも盛んに唄われた。そのため、「茶屋節」という曲名が生まれたのである。

節まわしの型　今日広く唄われている節まわしは、盛岡の竹田満月のものである。

南部萩刈《なんぶはぎか》り唄《うた》

〽俺《おれ》と行《ゆ》かねかナーハー　あの山越《やまこ》えて
藁《わら》と鎌持《かまも》ってナーハァー　アラ①萩刈《はぎか》りに

〽萩《はぎ》を刈《か》り刈《か》り　あの山上《やまうえ》で
里《さと》の馬《うま》コを　思《おも》い出《だ》す

〽粋《いき》な②小唄《こうた》で　萩刈《はぎか》る娘《むすめ》
お顔見《かおみ》たさに　まわり道《みち》

〽萩《はぎ》は③外山《そとやま》　馬《うま》コは④南部《なんぶ》
日本一《にほんいち》だよ　俺《おら》が牛《うし》

注
①牛馬の飼料用。
②流行《はや》り唄。
③現盛岡市の地名。『外山節』に唄われる外山牧場のあった所。
④旧南部藩領内。現岩手県中央部から青森県東部一帯。

岩手県の仕事唄。岩手県の県南部、北上川沿いの紫波《しわ》郡から旧水沢市（現奥州市内）にかけての農民たちが、夏に野山で萩刈りをする、その往来や、作業の合い間に唄ってきたものである。（萩刈りと、山で唄を唄う理由については二二一ページ参照）

唄の履歴　この唄の源流は、江戸時代後期から明治時代に日本中で大流行した「甚句《じんく》」である。それは「盆踊り唄」や「酒盛り唄」として唄われたが、のちには農作業をする時に利用された。南部（岩手県中央部から青森県東部一帯）では、萩を刈りに馬を曳いて野山へ行く、その往来や、萩刈る手を休めた時などに唄うようになった。そして、その唄は、遠くの山や谷で働いている人々にも聞こえるように長く引っぱって唄ったため、しだいに節が伸びていった。
　その『南部萩刈り唄』、一九六九年に畠山孝一《はたけやまこういち》がコロムビアレコードに吹き込み、それが少しずつ広まっていった。
　なお、『南部酒屋流し唄』（一八〇ページ）は、南部の酒屋職人たちがこの「萩刈り唄」を酒蔵の流し場へ持ち込んだものである。
節まわしの型　今日広く唄われている節まわしは、畠山孝一のものである。

南部《なんぶ》よしゃれ節《ぶし》

〽ハァー①よしゃれ茶屋《ちゃや》の嬶《かか》サー　花染《はなぞ》めの襷《たすき》
　サァハーヨー
（チョイサノサッサ　チョイサノサッサ）
肩《かた》にかからねでサー　気《き》にかかるよしゃれ
　サァーハーヨー
（チョイサノサッサ　チョイサノサッサ）

〽②よしゃれおかしゃれ　その手《て》は食《く》わぬ
その手《て》食《く》うよな　野暮《やぼ》じゃない

〽よしゃれ③駒下駄《こまげた》の　鼻緒《はなお》が切《き》れた
④立《た》てまもなく　また切れた

〽⑤南部南部《なんぶなんぶ》と　皆様《みなさま》おっしゃる
南部娘《なんぶあね》コと　馬《うま》がよい

〽⑥十七八《じゅしちはち》ばり　花《はな》だと思《おも》うな
わたし三十九《さんじゅく》で　花盛《はなざか》り

〽お前唄《まえうた》えば　天飛《てんと》ぶ鳥《とり》も
羽《はね》を⑦よどめて　聴《き》いている

〽さてもよい声《こえ》　お前《まえ》さんの声《こえ》は
銀《ぎん》で延《の》べたか　とろとろと

注①よしなさいよ。
②よしなさいよ、いいかげんにしなさいよ。
③一つの木材から、台と歯を一緒にくりぬいて作った下駄。馬のひづめの形をしている。
④すげ替えて。「誰が立てたやら」とも。
⑤旧南部藩領内。現岩手県中央部から青森県東部一帯。
⑥十七、八歳の娘だけを。
⑦あまり動かさないで。

岩手県の酒盛り唄。岩手県の中西端、それも現盛岡《もりおか》市から秋田県の角館《かくのだて》（仙北市角館町）へ通じる秋田街道の、岩手県側最後の宿場町であった岩手郡雫石《しずくいし》町の人たちが、酒席の手踊り唄として唄ってきたものである。
別名　雫石よしゃれ。
唄の履歴　この唄の源流は不明であるが、上掲二首目の歌詞が元唄らしい。これは東北生まれとはいい難く、関東地方以西の、それも花柳界生まれのものと思われる。それが流行《はや》り唄となって日本中へ広まり、東北地方にも移入されたようである。
　天保年間（一八三〇～四四）に編集された「御笑草諸国の歌」という本には、「出羽国庄内節」は庄内地方では「よしゃれ節」という、とあるが、その唄は花柳界の拳遊び（狐・鉄砲・庄屋のジャンケン遊び）の下座ばやしに利用された。それがさらに奥東北地方一円に広まって、秋田県下の花輪（鹿角市花輪）や青森県下、さらには北海道へと広まっていくその一時代前に、雫石の宿場にも持ち込まれて酒盛りの手踊り唄に利用され、「雫石よしゃれ」と呼ばれた。
　この「雫石よしゃれ」という曲名は、昭和三〇年代（一九五五～）初めまで用いられていたが、この唄を盛岡市の民謡界の人たちが好んで唄うようになると、「雫石」という一地域の名を冠せるのは、よその唄を唄っているようで面白くない。そこで「南部」という大きな名前に改め、唄い出しに「ハー」を加えるようになった。
節まわしの型　今日広く唄われている節まわしは、中岩持勝子《なかいわもちかつこ》（雫石町出身）のものである。

盛岡《もりおか》サンサ踊《おど》り

上の句〔問い掛け手・男〕

〽①サンサ踊《おど》らばヤーイ　②科《しな》よく踊《おど》れ
（ヤッコラ　チョイガヤッセ）

下の句〔返し手・女〕

科《しな》のよい娘《こ》を　嫁《よめ》に取《と》るサーンサエェー
（ヤッコラ　チョイガヤッセ）

〽サンサ踊《おど》りの　始《はじ》まる時《とき》は
篦《へら》も杓子《しゃくし》も　手《て》につかぬ

〽③盆《ぼん》の十六日《じゅうろくにち》や　正月《しょうがつ》から待《ま》ちだ
待《ま》ちだ十六日《じゅうろくにち》や　今夜《こんや》ばかり

〽④踊《おど》り来《く》る来《く》る　⑤お庭《にわ》が狭《せま》い
⑥お庭広《にわひろ》げろ　⑦太鼓《たいこう》打ち

〽揃《そろ》た揃《そろ》たよ　踊《おど》り子《こ》揃《そろ》た
秋《あき》の出《で》穂《ほ》より　よく揃《そろ》た

〽秋《あき》の出《で》穂《ほ》には　遅《おく》れ穂《ほ》ござる
この家《や》踊《おど》り子《こ》にゃ　遅《おく》れ無《な》い

〽駒《こま》は三歳《さんさい》　⑧博労《ばくろ》さんは二十歳《はたち》
売《う》れりゃ値《ね》もよい　⑨七十五両《しちじゅうごりょう》

〽サンサ踊《おど》らば　寺《てら》の前《まえ》で踊《おど》れ
踊《おど》る片手《かたて》で　⑩後生願《ごしょねが》う

〽豆腐嫁《とうふよめ》に行《い》く　蒟蒻仲人《こんにゃくなこど》
⑪きらずお酌《しゃく》で　のど詰《つ》まる

〽十五夜《じゅうごや》お月様《つきさま》　⑫山《やま》の腰《こし》抱《だ》いた
俺《おら》も抱《だ》きたい　⑬十七八《じゅうしちはち》

〽声《こえ》が立《た》つので　唄《うだ》せで聞《き》けば
小杉林《こすぎばやし》の　蟬《せみ》の声《こえ》

〽声《こえ》の悪《わる》いのに　唄《うだ》せで聞《き》けば
⑭ざざら林《ばやし》の　⑮ほうの声《こえ》

注①「サンサ踊り」を。
②しぐさ。体の動きから受ける感じ。
③旧暦七月一六日。月遅れの盆では新暦の八月一六日。盆の終わる日。
④前年のお盆後一年間に亡くなった人の家へ「サンサ踊り」の連中がまわってきて、新仏の供養踊りをする。
⑤家の庭。「サンサ踊り」を踊る場所。
⑥見物人を後ろへさげて、踊る場所を広げろ、の意。
⑦太鼓を打つ役の人。
⑧牛馬の仲買いを職業とする人。獣医を兼ねる人もいる。
⑨三歳・二十歳との語呂合わせの数字で、実数ではない。
⑩死後に極楽へ生まれ変わるように祈る。
⑪おから。豆腐の搾りかす。
⑫山の中腹。
⑬十七、八歳の娘。年頃の娘のこと。
⑭雑木林。
⑮ふくろう。「ほう」は、鳴き声からの呼び名。

岩手県の盆踊り唄。岩手県中央部にある、南部藩の旧城下町盛岡（盛岡市）と周辺の町村の人たちが、お盆に唄い踊ってきたものである。

唄の履歴　この唄の源流は、江戸時代後期から明治時代に日本中で大流行した「甚句《じんく》」である。

旧南部藩領（岩手県中央部から青森県東部一帯）の旧来の盆踊り唄は、五七五調の『なにゃとやら』（七四ページ）一色であった。しかし、江戸時代後期には、南部藩領の南地区では『なにゃとやら』をやめて、甚句調（七七七五調）の、新しい形の唄「サンサ踊り」を唄い踊るようになっていった。そして、その唄は、現北上市から盛岡市へ至る、和《わ》賀《が》郡・稗貫《ひえぬき》郡下を中心に広まっていった。その「サンサ踊り」は、現在、県南地方では唄も節まわしも穏やかになっているが、北へ行くほど野性的で、古形を保っている。

なお、新しい盆踊り唄「サンサ踊り」に押された『なにゃとやら』は、現在でも、岩手県中東部から青森県の下北《しもきた》半島に至る地域で唄い踊られている。

ところで、曲名「サンサ踊り」の「サンサ」は、「サァサ踊らば」が、口を強く結んで発音したために「サンサ踊らば」に変化したものである。そして、のちに唄のしまいに「サンサエー」が加えられてこの唄の特徴となり、「サンサ踊り」と呼ばれるようになった。なお、この盆踊りは、本来は郷土芸能の「剣舞《けんばい》」の笛と太鼓だけで踊られていたようである。それに「甚句」の「サンサ踊り唄」を当てはめて唄ったのが、いつか定着したものと考えられる。

今日、「サンサ踊り」というと、盛岡市上太田のものと和賀郡旧沢内村（現西和賀町内）のものが広く知られている。本来、さしたる違いはなかったが、沢内の「サンサ踊り」は少女民謡歌手によって紹介された折りに、東京流の伴奏が加えられてしまった。これに対して盛岡の「サンサ踊り」は、上太田の畠山孝一《はたけやまこういち》や井上一子《かずこ》が唄い、伴奏には旧来の「剣舞」の笛と太鼓を用いている。そして、花笠を被り、激しく腰を振る踊りがついている。そのため、野趣豊かな盆踊りとして人気がある。

盛岡の今の踊りは、地元に伝わっている旧来のものと、パレード用の二種類がある。前者は、各地域それぞれ異なる。後者は一九七六年に岩手公園で踊られ始め、翌年からは八月二日と三日に、盛岡市庁舎前から岩手県庁舎前までの大通りをパレードする輪踊りになった。

節まわしの型　今日広く唄われている節まわしは、畠山孝一のものである。

宮城県

秋《あき》の山《やま》唄《うた》

定型

〽ハァー①奥州《おうしゅう》②涌谷《わくや》の　③篦岳様《ののだけさま》はヨー
④山子繁昌《やまこはんじょ》の　ハー守《まも》り神《がみ》ヨー

〽山《やま》に木《き》の数《かず》　野《の》に⑤萱《かや》の数《かず》
黄金田圃《こがねたんぼ》は　⑥はせの数《かず》

〽声《こえ》がよく似《に》た　来《く》るはずないが
わしの心《こころ》が　迷《まよ》うのか

〽俺《おれ》と行《い》かねか　あの山越《やまこ》えて
縄《なわ》と鎌持《かまも》って　⑦萩刈《はぎか》りに

字あまり

〽気《き》になる気《き》になる　お山《やま》の狐《きつね》
これほど待《ま》つのに　なぜコン（来ん）と鳴《な》く

注①陸奥《むつ》の国の別称。現青森・岩手・宮城・福島県全域と秋田県の一部。
②現宮城県遠田郡涌谷町。
③天台宗無夷山箟峯寺《むいさんこんぽうじ》。涌谷町中央部の篦岳山（一三二メートル）山頂にある。農村守護の神、五穀豊穣の神。
④山で働く人。木挽き・きこり・炭焼きなど。また、山村に住む人々。
⑤屋根を葺くのに用いる、丈の高い草の総称。薄《すすき》・刈安・刈萱《かるかや》・葦《あし》・菅など。
⑥刈り取った稲を乾燥させるための木組み。立てた木や竹に一本から数本の横木を渡して稲束を掛け、日光に当て、風を通す。稲掛け。
⑦牛馬の飼料用（➡二二一ページ）。

宮城県の仕事唄。宮城県の中央部、仙台市郊外から黒川郡・桃生《ものう》郡にかけての農村で、農民たちが、秋に山へ入って、冬の燃料にする雑木を木伐《きき》り鎌《がま》で刈る折りに唄ってきたものである。（山で唄を唄う理由については二二一ページ参照）

唄の履歴　この唄の源流は、江戸時代後期から明治時代に日本中で大流行した「甚句《じんく》」である。現宮城県中央部の農村の農民たちは、それを「酒盛り唄」として唄っていたが、手拍子にのる、早間の唄であった。

ところが、その唄を山へ持ち出して、向こうの山にいる人にも、こちらの谷にいる人にも声が届くようにと唄っているうち、節がしだいに長く伸びていき、山の「木伐り唄」としての形ができあがっていった。そして、一九四三、四四年頃、後藤桃水（桃生郡鳴瀬町大塚〈現東松島市内〉）が、ラジオで放送するに際して、その唄に『秋の山唄』と命名した。これは『夏の山唄』と対をなす曲名で、宮城県下にあまりにも沢山の山唄があったためと思われる。

その『秋の山唄』、一九五二年の「NHKのど自慢全国コンクール」で、黒川郡大和《たいわ》町出身の熊谷《くまがい》一夫《かずお》が美声で、しかも無伴奏で唄って優勝したことから脚光を浴びた。その後、熊谷の兄弟子で、黒川郡大郷《おおさと》町出身の赤間森水（政夫）がこの唄を十八番にして唄い始め、それが広まっていった。

節まわしの型　今日広く唄われている節まわしは、赤間森水のものである。

石投《いしな》げ甚句《じんく》

〽船《ふね》は出《で》て行《ゆ》く　朝日《あさひ》は昇《のぼ》る
（アァハットセ）
鷗《かもめ》飛《と》び立《た》つアノー　にぎやかさ
（アァハットセ　ハットセ）

宮　城　県

〽朝《あさ》の①出船《でふね》の　艪櫂《ろかい》の音《おと》で
磯《いそ》の千鳥《ちどり》も　目《め》をさます

〽②後《うし》ろ鉢巻《はちま》き　伊達《だて》には締《し》めぬ
締《し》めた③下《さ》げ緒《お》を　見《み》ておくれ

〽唄《うた》の掛《か》け合《あ》い　掛《か》けらば掛《か》けろ
千《せん》も二千《にせん》も　掛《か》けてみろ

〽唄《うた》の掛《か》け合《あ》い　するではないが
唄《うた》で御返事《ごへんじ》　貰《もら》いたい

〽唄《うた》は袂《たもと》に　山《やま》ほどあるが
心《こころ》が初《うぶ》で　唄《うた》われぬ

〽④さァさヤッコラサと　出《で》て行《ゆ》く船《ふね》は
どこの港《みなと》に　着《つ》くのやら

〽さァさ唄《うた》えや　石投《いしな》げ甚句《じんく》
いつも大漁《たいりょ》が　続《つづ》くよに

〽お前来《まえく》るかと　浜《はま》まで出《で》たが
浜《はま》は松《まつ》(待つ)風《かぜ》　音《おと》ばかり

〽浜《はま》はよい所《とこ》　一度《いちど》はござれ
魚《さかな》⑤食《か》せ食《か》せ　面倒見《めんどみ》る

〽笠《かさ》を忘《わす》れた　⑥笠野《かさの》の茶屋《ちゃや》に
雨《あめ》が降《ふ》るたび　思《おも》い出《だ》す

〽⑦赤《あか》い帯締《おびし》め　浜辺《はまべ》の子《こ》らと
千鳥《ちどり》聞《き》き聞《き》き　昼寝《ひるね》する

注①「出掛けの」と唄う人が多いが、「出船の」のほうがよい。
②鉢巻きの締め方で、頭の後ろで結ぶもの。
③鉢巻きの結び目から先の垂れ下がったところが、風になびいて格好がよいのである。
④六七四ページ下段一首目の歌詞の替え唄。
⑤「食わせ」の約音。
⑥⬇解説。
⑦娘が、赤い帯を締めて、おしゃれをするような年頃になったのに、まだ子供たちと一緒になって。

宮城県の酒盛り唄。宮城県の南東端、太平洋に面した亘理《わたり》郡山元町の漁師たちが、酒席で唄ってきたものである。

別名　笠浜甚句。「笠浜」は、山元町の中東部にある、笠野の浜のこと。

唄の履歴　この唄の源流は不明であるが、宮城県の松島湾沿岸の漁師たちが唄っていた酒盛り唄「浜甚句」が南下して笠浜辺りの漁村でも唄われ、『笠浜甚句』とか『石投げ甚句』と呼ばれるようになった。「浜甚句」とは、沿岸部で唄われている甚句という意味である。また、『石投げ甚句』は、石を投げるような格好の、踊りの振りがついているための名称である。群馬県には『石投げ踊り』、福島県には『壁塗り甚句』という唄があるから、かつては広く用いられた命名法なのであろう。
その『石投げ甚句』、太平洋戦争後、松元木兆《もくちょう》の甘い声と芸風で広まると、いつか宮城県民謡界の若い女性の唄い手が好んで唄うようになった。そのため、漁師の唄から、都会の女性向きの唄に姿を変えてしまっている。これからは、漁師の酒盛り唄らしい、野性的な唄い方へ戻すほうがよい。

節まわしの型　今日広く唄われている節まわしは、松元木兆のものである。

エンコロ節《ぶし》

上　げ

〽まず今日《こんにち》の　お祝《いわ》いに
この家長者《やちょうじゃ》の　お酒盛《さかも》り
(アァエンサ　エンサ)

口説《くどき》

お酒《さけ》の肴《さかな》を　①見申《みもう》せば
鯛《たい》や②魴鮄《ほうぼう》　③金頭《かながしら》
(アァエンサ　エンサ)
金《きん》の盃《さかずき》　七《なな》つ組《ぐみ》
④長柄《ながえ》の銚子《ちょうし》に　⑤泉酒《いずみざけ》
(アァエンサ　エンサ)
差《さ》されし盃《さかずき》　よく見《み》れば
中《なか》には鶴亀《つるかめ》　⑥五葉《ごよ》の松《まつ》

（アァエンサ　エンサ）
さてまたお庭《にわ》の　⑦築山《つきやま》に
孔雀《くじゃく》の鳥《とり》が　巣《す》を作《つく》り
口《くち》には小判《こばん》を　くわえ込《こ》み
羽《はね》には宝《たから》を　巻《ま》き込《こ》んで
（アァエンサ　エンサ）
足《あし》には⑧小粒《こつぶ》を　掻《か》き揃《そろ》え
この家繁昌《やはんじょ》と　舞《ま》い遊《あそ》ぶ
（アァエンサ　エンサ）
四《よ》つの隅《すみ》には　蔵七《くらなな》つ
壁《かべ》は銀《しろがね》　戸《と》は黄金《こがね》
（アァエンサ　エンサ）
中《なか》には宝《たから》を　積《つ》み重《かさ》ね

止　め

⑨七福神《しちふくじん》がドッコイ　守《まも》りおるショーガイナ
（アァエンコロ　エンコロ）

〽まず今日《こんにち》の　お祝《いわ》いに
目出度目出度《めでためでた》の　お酒盛《さかも》り
お酒《さけ》の肴《さかな》を　見申《みもう》せば
鯛《たい》や魴鮄《ほうぼう》　金頭《かながしら》
金《きん》の盃《さかずき》　七《なな》つ組《ぐみ》
長柄《ながえ》の銚子《ちょうし》に　泉酒《いずみざけ》
奥《おく》の掛《か》け軸《じく》　見申《みもう》せば
さても見事《みごと》な　大漁船《たいりょぶね》

金《きん》の帆柱《ほばしら》　銀《ぎん》の綱《つな》
⑩大黒様《だいこくさま》が　舵《かじ》を取《と》り
⑪お恵比須様《えびすさま》が　舞《ま》い遊《あそ》ぶ
舳先《へさき》にゃ船神《ふながみ》　⑫大明神《だいみょうじん》
⑬綾《あや》と⑭錦《にしき》の　帆《ほ》を捲《ま》いて
宝《たから》を俵《たわら》に　積《つ》み重《かさ》ね
これの館《やかた》に　走《はし》り込《こ》む

〽正月二日《しょうがつふつか》の　⑮初夢《はつゆめ》に
何《なに》より目出度《めでた》い　夢《ゆめ》を見《み》た
⑯お斗蔵様《とくらさま》の　樫《かし》の木《き》を
⑰申《もう》し降《お》ろして　船《ふね》に⑱はぎ
前《まえ》なるお池《いけ》に　浮《う》かばせて
金銀《きんぎん》⑲延《の》べたる　帆柱《ほばしら》に
綾《あや》と錦《にしき》の　帆《ほ》を捲《ま》いて
俵《たわら》に宝《たから》を　積《つ》み重《かさ》ね
これの館《やかた》に　走《はし》り込《こ》む

〽まず今日《こんにち》の　お祝《いわ》いに
これの座敷《ざしき》は　お目出度《めでた》い
一《いち》の座敷《ざしき》を　見申《みもう》せば
大黒恵比須《だいこくえびす》を　飾《かざ》られて
二《に》の座敷《ざしき》を　見申《みもう》せば
七福神《しちふくじん》の　お酒盛《さかも》り
三《さん》の座敷《ざしき》を　見申《みもう》せば

松竹梅《しょうちくばい》を　飾《かざ》られて
亀《かめ》は下《した》から　舞《ま》い上《あ》がる
鶴《つる》は上《うえ》から　舞《ま》い下《さ》がる
富士《ふじ》の山《やま》ほど　お金《かね》積《つ》み
万《よろず》の宝《たから》を　掻《か》き寄《よ》せる

〽正月二日《しょうがつふつか》の　初夢《はつゆめ》に
⑳如月山《きさらぎやま》の　楠《くすのき》を
船《ふね》に造《つく》りて　㉑はや降《お》ろし
㉒銀柱《しろがねはしら》を　押《お》し立《た》てて
黄金《こがね》の　㉓滑車《せみ》を　㉔くくませて
㉕身縄《みなわ》㉖手縄《てなわ》に　琴《こと》の糸《いと》
錦《にしき》の風《かぜ》を　帆《ほ》に受《う》けて
宝《たから》が島《しま》に　乗《の》り込《こ》んで
万《よろず》の宝《たから》を　積《つ》み込《こ》んで
あまたの蔵《くら》に　納《おさ》めおく

注①拝見しますと。
②カサゴ目の海魚。体長約四〇センチ。頭が大きく、角ばっていて、尾のほうが細くなる。紫褐色に赤い斑点。胸びれは大きく、緑色の地に青い斑点がある。
③カサゴ目の海魚。体長約四〇センチ。魴鮄によく似ているが、胸びれに斑点がない。
④柄銚子。酒を盃に注ぐための器。木製または金属製で、長い柄がついている。
⑤地下から涌き出す、不老不死の酒。
⑥五葉松。松科の常緑高木。山地に自生。高さ三〇メートルになるが、庭木や盆栽にする。針形の葉が五本

ずつ小枝に密に束生し、夫婦と三人の子にたとえて一家繁栄の象徴とされる。
⑦庭園で、土砂や岩を盛り上げて山をかたどったもの。
⑧小粒金の略。一分金（一両の四分の一）の俗称。
⑨福徳をもたらす七体の神。恵比須《えびす》・大黒天・毘沙《びしゃ》門《もん》天・弁財天・布袋《ほてい》・福禄寿・寿老人。
⑩大黒天。七福神の一。福徳・財宝・食物などの神。右手に打ち出の小槌《こづち》を持ち、左肩に大きな袋をかつぎ、米俵二俵の上に立つ。
⑪七福神の一。福徳・漁・商売繁昌などの神。右手に釣り竿を持ち、左手で鯛を抱える。
⑫特に霊験あらたかな神。
⑬交差させた縦糸または横糸の浮きが布面に斜線となって表れた、美しい絹織物。
⑭金銀糸や色糸を縦横に交差させて美しい模様を織り出した、厚手の絹織物。
⑮その年最初に見る夢。元日の夜や、二日の朝または夜見た夢をさすのが一般的。よい夢を見ると幸せになるとされる。
⑯斗蔵山神社。現角田市小田の斗蔵山（三三八メートル）山頂にある。樫の木は神木。この山は裏白樫の北限地である。
⑰斗蔵山神社の神にお願いして、下げ渡してもらって。
⑱張り付けて。
⑲たたいて延ばした。
⑳二月の山。船や建築に用いる木は、二月に山に入って伐り倒し、寝かせておくことから。
㉑すぐに。
㉒銀の帆柱。
㉓帆柱の先端の滑車。帆を捲き上げるのに用いる。
㉔取り付けて。
㉕帆を上げ下げするのに用いる麻綱。一端を帆桁《ほげた》の中央に結びつけ、他方を帆柱の滑車を通して船尾へ引いて固定する。
㉖帆桁の両端から船上へ張り渡した一対の綱。帆の角度を変えるためのもの。

宮城県の祝い唄。宮城県の中東部、松島湾沿岸一円の漁村の漁師たちが、新造船の船おろしや、正月二日の仕事始めの祝い、その他いろいろな祝いの席で、手拍子に合わせて唄ってきたものである。

別名　船おろし祝い唄。

唄の履歴　この唄の源流は、九州地方一円に広く分布する祝い唄「ヨイヤナ」である。それは、江戸時代前期頃に上方で生まれたと思われる三味線唄で、海路九州入りして、大分県下を中心に広まった。曲名は、唄のしまいに、はやし詞「ヨイヤナ」がつくためである。そのはやし詞は、瀬戸内海に広まってから「ヨイコノ」とか「ションガイナ」と変化したものもあり、曲名も「ヨイコノ節」とか「ションガイナ節」（縮めて「ションガ節」とも）と呼ばれるようになった。一方、日本海へ出た「ヨイヤナ」は、能登半島で『輪島まだら』や『七尾まだら』（石川）を生んで北上し、秋田県下にまで及んでいる。

さて、「ヨイヤナ」が瀬戸内海へ抜けて変化した「ヨイコノ節」は太平洋沿岸を北上したが、伊東（静岡県伊東市）から三浦三崎（神奈川県三浦市）にかけての漁村で、「ヨイコノ」が訛《なま》って「ヨイコロ」「エンコロ」となり、曲名も『エンコロ節』と呼ばれるようになった。それを鰹《かつお》漁船などの漁師たちが松島湾沿岸に持ち帰り、祝い唄として利用したのである。

その『エンコロ節』を、一九四〇、四一年頃、亘理《わたり》郡山元町の斎藤勝男や渡辺富治が舞台で唄うようになった。そして、舞台映えを考えて、しまい五音の前に「ドッコイ」を挿入して、唄を大きくし、強く印象づける形に改め、今日の節まわしに固めていった。

節まわしの型　今日広く唄われている節まわしは、斎藤勝男や渡辺富治の唄を受け継いだ赤間森水（政夫）のものである。

オイトコソオダヨ

上げ

〽①オイィトコソ②オダヨ　紺《こん》の暖簾《のれん》に
伊勢屋《いせや》と　書《か》いてだんよ

口説《くどき》

③お梅《うめ》④女郎衆《じょろうしゅう》は　十代伝《じゅうだいつた》わる
粉屋《こなや》の　娘《むすめ》だんよ
あの娘はよい娘だ　あの娘《こ》と添《そ》うなら
⑤三年三月《さんねんみつき》も
裸《はだか》で茨《ばら》も背負《しょ》いましょ　水《みず》も汲《く》みましょ
⑥手鍋《てなべ》もさげましょ
なるたけ朝《あさ》は早起《はやお》き　上《のぼ》る東海道《とうかいどう》は
⑦五十三次《ごじゅうさんつぎ》

止め

⑧粉箱《こなばこ》ヤッコラサと担《かつ》いで　歩《ある》かにゃなるまい　オイィトコソオダヨ

〽オイトコソオダヨ　西《にし》の果《は》てから
小雪《こゆき》さらさら飛《と》んでくる
奥山《おくやま》で雉子《きじ》が鳴《な》く鳴《な》く　小松《こまつ》の下《した》で
⑨夫《つま》を呼《よ》ぶ声《こえ》　⑩千代千代《ちょちちよ》と
土手《どて》で鳴《な》くのは　こおろぎ
鈴虫《すずむし》きりぎりす　⑪くだを巻《ま》く
軒場《のきば》でチャボが　鳴《な》く鳴《な》く
⑫帰《かえ》さにゃなるまい　オイトコソオダヨ

〽正月《しょうがつ》⑬門《かど》に門松《かどまつ》　二月《にがつ》は⑭初午《はつうま》
三月《さんがつ》⑮雛《ひな》の節句《せっく》　四月《しがつ》は⑯釈迦《しゃか》の誕生日《たんじょうび》で
五月《ごがつ》⑰幟《のぼり》の節句《せっく》　六月《ろくがつ》は⑱天神様《てんじんさま》よ
七月七夕《しちがつたなばた》　⑲八月十五夜《はちがつじゅうごや》の節句《せっく》で
九月《くがつ》は⑳菊《きく》の節句《せっく》　十月《じゅうがつ》は㉑恵比須講《えびすこう》で
十一月《じゅういちがつ》は㉒油《あぶら》搾《し》めだよ　十二月《じゅうにがつ》は餅搗《もちつ》き
オイトコソオダヨ

注①②➡解説。
③娘の名は、『白桝粉屋』では「お小夜」であったが、江戸で流行し始めてから「伊勢屋のお梅」となった。しかし、どこの娘か不明。「お梅十六」とも。
④女性の名前につけて、軽い敬意を表す語。
⑤「三年三月でも」とも。
⑥〔貧しくて家政婦を雇えなければ〕自分で炊事の苦労もしましょう。
⑦東海道（江戸の日本橋～京の三条大橋）に置かれた五三の宿場。「五十と三次」とも。
⑧小麦粉を詰めた、木の箱。
⑨古くは、夫も妻も「つま」といった。夫婦や恋人が、お互いに相手を呼ぶ時に用いた。
⑩雉子の鳴き声「チヨチヨ」と、「千代（千年）」を掛ける。
⑪盛んに鳴く。
⑫泊まっていた恋人を。
⑬家の門口。
⑭初午祭り。二月の最初の午の日に稲荷神社で行われる。
⑮雛祭り。桃の節句。三月三日に、女の子の成長と幸せを願って雛人形を飾り、桃の花を供える。
⑯仏教の開祖。誕生日は四月八日で、花祭り（灌仏会）が行われる。
⑰端午の節句。五月五日に、男の子の成長と幸せを願って鯉幟を立てる。
⑱菅原道真をまつった天満宮のお祭り。道真の命日（二月二五日）にちなんで、六月二五日に行われる。
⑲陰暦八月一五日の夜、仲秋の名月に里芋・団子・薄《すすき》などを供える。
⑳重陽の節句。陰暦九月九日に、宮中では観菊や菊酒（菊の花を浮かべた酒）の宴が催された。民間でも菊酒や栗飯を神棚に供え、飲食した。
㉑陰暦一〇月二〇日に商売繁昌を願って行う、恵比須のお祭り。親類・知人を招いて酒宴を催す。恵比須は七福神の一。福徳・漁・商売繁昌などの神。右手に釣り竿を持ち、左手で鯛を抱える。
㉒菜種を搾め木でしぼる作業。菜種油は、今日の石油にあたる重要なエネルギー源。

宮城県のお座敷唄・酒盛り唄。宮城県の中央部にある旧城下町仙台（仙台市）の花柳界の宴席で、芸者衆が唄ってきたものである。また、宮城県下一円の酒席で唄い踊られてきた。

別名　オイトコ節。オイトコ。

唄の履歴　この唄の源流は、現千葉県山武《さんぶ》郡芝山町大里字白桝《しらます》の粉屋の娘、木内小夜を唄った、「小念仏《こねんぶつ》」のうちの『白桝粉屋』である。

「小念仏」は、念仏講・法会・盆・彼岸などに人々が集まり、念仏供養の合い間に演じる念仏踊りである。そして、『白桝粉屋』は、「万作師」とか「お洒落《しゃらく》」と呼ばれる農民芸人の一団によって、祭礼の余興や寺社の縁日などで四つ竹を持って踊られ、また、歌舞伎のお軽勘平の道行の下座にも用いられたりしていた。しかし、和讃仕立ての難しい節まわしは、「上げ」と呼ばれる唄い出しを覚えるだけでも一年はかかるといわれ、素人にはちょっと唄いこなせない。それでも歌詞の面白さに人気があったので、江戸時代末期に、そうした難しい部分を除き、サワリの部分だけを集めて作り上げられたのが、この『オイトコソオダヨ』である。

それは、たちまち流行《はや》り唄となって、千葉県下を中心に関東地方一円に広まった。そして、天保から弘化（一八三〇～四八）にかけて江戸で大流行し、飴売りが好んで唄い歩いたため、日本中へ広まっていった。仙台の花柳界へ伝えられたのもこの頃なのであろう。

その後、明治時代から大正時代にかけて、東京では俗曲として唄われていたが、しだいに忘れられてしまった。しかし、仙台地方ではずっと唄い継がれてきたので、今日では宮城県民謡とされている。

ところで、千葉県下には「木更津ソオダヨ」「高《たか》砂《さご》ソオダヨ」「下妻ソオダヨ」といった唄が沢山ある。節は同じであるが、歌詞がそれぞれの地域の名所・名物・風俗の紹介になっている。その「ソオダヨ」は、「なるほどそうだよ」のような文句から、いつか「そうだよ節」となり、のちには地名を冠せた「□□ソオダヨ」となったのであろう。

一方、「オイトコソオダヨ」は、「よい娘《こ》と添うだよ」「お糸と添うだよ」「お江戸で添うだよ」といった言葉が訛ったものであろう。

また、『白桝粉屋』の歌詞の母胎となっているのは、東京都江戸川区江戸川にも残っていた和讃「一代二代の海老屋《えびや》じゃござらぬ　十代伝わる海老屋でござれば…」のようなものであろう。それを下敷きにして、お大師参りなどで寺に集まった信者で器用な人が、夜籠《よごも》りの暇つぶしに御当地ソング的な「白桝粉屋《じび》」の娘の物語を作った。（類似したものに、地曳きの娘を主人公にした『新川地曳き』がある。）それを、半玄人《くろうと》の集団である「万作師」や「お酒落」が好んで演じるうちに、しだいに芝居仕立てになっていった。

節まわしの型　今日広く唄われている節まわしは、松元木兆《もくちょう》のものである。

お立《た》ち酒《ざけ》

〽目出度《めでた》目出度《①めでた》の　思《おも》うこと叶《かの》うた
末《すえ》は鶴亀《つるかめ》　五葉《②ごよ》の松《まつ》

〽今日《きょう》は日《③ひ》もよし　天気《てんき》もよいし
七福神《④しちふくじん》の　お酒盛《さかも》り

〽お前《まえ⑤》お立《た》ちか　お名残《なご》り惜《お》しい
名残《なご》り情《なさ》けの　⑥くくみ酒《ざけ》

〽お前《まえ》お立《た》ちか　お名残《なご》り惜《お》しい
雨《あめ》の十日《とおか》も　降《ふ》ればよい

〽またも来《く》るから　身《み》を大切《たいせつ》に
流行《はや》り風邪《かぜ》など　引《ひ》かねように

〽泣《な》いてくれるな　今立《いまた》つ酒《さけ》に
わしの心《こころ》も　鈍《にぶ》くなる

〽障子《しょうじ》明《あ》ければ　紅葉《もみじ》の座敷《ざしき》
お客《きゃく》そろそろ　竜田川《⑦たつたがわ》

注
①「うれしや」とも。
②五葉松。マツ科の常緑高木。山地に自生。高さ三〇《メートル》になるが、庭木や盆栽にする。針形の葉が五本ずつ小枝に密に束生し、夫婦と三人の子にたとえて一家繁栄の象徴とされる。
③暦の上での、その日の縁起もよい。
④福徳をもたらす七体の神。恵比須《えびす》・大黒天・毘沙門《びしゃもん》天・弁財天・布袋《ほてい》・福禄寿・寿老人。「この家長者の」とも。
⑤出発なさるのか。
⑥一つの器で酒を飲み合うこと。なお、➡解説。
⑦奈良県北西部の生駒山地に発して南流し、生駒郡斑鳩《いかるが》町の南で大和川へ注ぐ川（約一五キロ）。紅葉の名所。「立つ」（出発する）を掛ける。

宮城県の祝い唄。宮城県の中央部、黒川郡大和《たいわ》町宮床《みやどこ》の人たちが、結婚披露宴の酒盛りがすんだあとで唄ってきたものである。嫁方の親戚の者たちが縁側より庭へと出て帰ろうとすると、婿方の親戚の者たちも庭先へ出て、帰りかける嫁方の客にかわらけの盃を持たせる。そして、「立ち振る舞い酒」として、冷や酒を注いでまわる。その酒を飲み干した嫁方の客たちは、空になった盃を地面へたたきつけて粉々に打ち砕き、これを花嫁との別れとする。その時、一人残してゆく花嫁への別れの唄として唄われるのが『お立ち酒』である。この、かわらけの盃を打ち砕く縁切りの風習はかなり古いもので、各地で見られる。

唄の履歴　この唄の源流は不明である。しかし、曲の形は「甚句《じんく》」で、それを長く伸ばして唄っただけのものであるから、さほど古い唄ではない。せいぜい明治前数十年ぐらいのものか、ひょっとすると、明治時代に入ってからのものかもしれない。ともあれ、風習は古いが、唄は新しい。

さて、その『お立ち酒』、一九六一、六二年頃までは民謡界では相手にされなかった。その理由は、妙に新しい流行《はや》り唄的な感じと軽さがあったからである。しかも、この地方には婚礼の儀式用の唄として『宮城長持唄』（二一八ページ）という名曲があった。ところが、一九六三年に加賀とく子が、黒川郡出身の赤間森水（政夫）の唄を元に、長く伸ばして唄うように改めた。同じ黒川郡の美声の持ち主熊谷一夫《くまがいかずお》が唄うような、美声を聞かせ所とする節まわしにしようと考えたようである。それが、折りからの民謡ブームに乗り、歌詞の感傷的な文句が中年の女性民謡愛好者に受け、しかも、

『宮城長持唄』のような技巧もいらないことから流行を見せ始めた。そして、ショー化しつつあった結婚披露宴用の唄として日本中へ広まっていった。

節まわしの型　今日広く唄われている節まわしは、民謡調の、辛くて、技巧的な唄い方が赤間森水のもの、流行歌調の、甘くて、長く伸ばす唄い方が加賀とく子のものである。

小野田甚句《おのだじんく》

〽音《おと》に名高《なだか》い　①薬莱《やくらい》②様《さま》の（チョイサ）
下《した》を流《なが》るる　アノ③鳴瀬川《なるせがわ》
（チョイイチョイ　チョイサ）

〽わたしゃ薬莱《やくらい》　一軒家《いっけんや》だけれど
住《す》めば都《みやこ》よ　花《はな》が咲《さ》く

〽田舎《いなか》なれども　一度《いちど》はござれ
小野田《おのだ》　④馬《うま》の市《いち》　盛《さか》り場《ば》に

〽嫁《よめ》を貰《もら》うなら　小野田《おのだ》から貰《もら》え
小野田《おのだ》　⑤水柄《みずがら》　⑥心柄《こころがら》

〽⑦甚句《じんく》いささか　師匠《ししょう》取《と》って習《なら》た
師匠《ししょう》に劣《おと》らぬ　⑧竹《たけ》の節《ふし》

〽甚句《じんく》さなかに　誰《た》が茄子《なす》投《な》げた
茄子《なす》の棘《とげ》やら　手《て》に刺《さ》さる

〽長《なが》い長坂《ながさか》　登《のぼ》れば下《くだ》る
登《のぼ》りゃしだいに　汗《あせ》が出《で》る

〽川《かわ》の鳴《な》る⑨瀬《せ》に　⑩絹機《きぬばた》たてて
俺《おら》も着《き》せたい　あの⑪小袖《こそで》

〽飲《の》めや唄《うた》えや　お唄《うた》いなされ
唄《うた》で御器量《ごきりょ》が　下《さ》がりゃせぬ

〽船《ふね》は⑫稲荷丸《いなりまる》　船頭衆《せんどしゅ》は狐《きつね》
中《なか》のお客《きゃく》さん　みな狸《たぬき》

〽⑬鳴瀬七滝《なるせななたき》　⑭不動《ふどう》の滝《たき》は
⑮大崎五郡《おおさきごぐん》の　祈禱《きとう》の神《かみ》

注①薬莱神社。加美町の中南部、薬莱山（五五三メートル）山頂に奥の院（薬師堂）がある。七三七年、疫病を鎮めるために建立。農作の神。薬莱山は「加美富士」とも。
②「様よ」は誤唱。
③宮城県中西部の奥羽山脈中に発して東流し、東松島市鳴瀬町で石巻湾へ注ぐ川（約八九キロ）。
④小野田は明治時代に陸軍省によって乗馬買い上げ候補地となり、毎年一一月四～六日に馬市が行われた。
⑤良質の水に恵まれた所で。
⑥女性の気立てがよい所だ。
⑦『小野田甚句』のこと。
⑧尺八のような、いい声が出る、の意。
⑨流れる水が音をたてている、川の浅い所。「鳴瀬川」を掛ける。
⑩絹の布を手足で操作して織る機械を備えて。音の美しい所で織れば、布も美しく織り上がる、という気持ち。
⑪絹の綿入れ。
⑫乗っているのが狐と狸なので、船名を稲荷丸にしたもの。
⑬鳴瀬川の、多くの滝。
⑭鳴瀬川の支流、大滝川にある大滝。七段に分かれて落ちる。一の滝は落差一五メートルほど。
⑮中世の戦国大名大崎氏の領地、旧玉造・加美・志田・遠田・栗原郡をさす。

宮城県の酒盛り唄。宮城県の北西部、中羽前《なかうぜん》街道の宿場町としてにぎわった加美《かみ》郡加美町小野田の人たちが、酒席で唄ってきたものである。

唄の履歴　この唄の源流は、江戸時代後期から明治時代に日本中で大流行した「甚句《じんく》」である。それが小野田地方に伝えられて定着したが、昭和一〇年代（一九三五～）以来、小野田の内出幸雄《うちでさちお》が普及を図ってきた。

なお、この唄には「普通調子」と「高調子」の二通りの唄い方がある。「高調子」は、酒席で一人が「普通調子」で唄うと、他の一人がその唄を追いかけるようにして、酒席を盛り上げるために、前の唄にかぶせる感じで、高く、熱っぽく唄っていくうちに派生してきたものである。

節まわしの型　今日広く唄われている節まわしは、内出幸雄のものである。

北上川舟唄《きたかみがわふなうた》

〽①北上川口《きたかみかわぐち》ゃ　ドンと打《う》つ波《なみ》はエンヤラヤノ
　ヤァ
みんな男《おとこ》の　度胸試《どきょうだめ》し
（ハァエンヤラヤノヤ　ソリャ　エンヤ
　ラヤノ　エンヤラヤノ　エンヤラヤ
　ノヤー）

〽島《しま》で名高《なだか》い　②網地島《あじしま》③田代《たしろ》
④山谷越《やまたにこ》えれば　⑤金華山《きんかざん》

〽北上川口《きたかみかわぐち》　夜霧《よぎり》が晴《は》れて
沖《おき》に見《み》えるは　⑥真帆《まほ》⑦片帆《かたほ》

〽沖《おき》の鷗《かもめ》が　もの言《い》うならば
便《たよ》り聞《き》いたり　聞《き》かせたり

〽出船入《でふねい》り船《ふね》　港《みなと》は盛《さか》る
ほんによい所《とこ》　⑧石巻《いしのまき》

注①旧北上川の河口で、石巻港のある所。現北上川は、岩手県北西部の山地に発して県中央部・宮城県北東部を南流し、石巻市北東部で追波《おっぱ》湾へ注ぐ（約二四九キロ）。旧北上川は、宮城県登米市津山町で分流し、石巻市の中心部で石巻湾へ注ぐ。
②石巻湾の東、牡鹿半島南端部の南西にある島。周囲約二〇・七キロ。
③網地島の北西にある島。周囲約一一・二キロ。
④「山鳥」は誤唱。
⑤牡鹿半島南端部の東にある島。周囲約二六キロ。黄《こ》金山《がねやま》神社が鎮座。
⑥帆船が順風を受けて走るために、進行方向に対して直角に張った帆。
⑦帆船が横風を受けて走るために、進行方向に対して斜めに張った帆。
⑧➡解説。

宮城県の仕事唄。宮城県の北東部、それも石巻《いしのまき》（石巻市）で太平洋へ注ぐ旧北上川の高瀬船船頭たちが、河口石巻と、奥州街道の宿場町である、現岩手県の一関《いちのせき》（一関市）や水沢（奥州市）、そして南部藩の米蔵のあった黒沢尻（北上市）との間を、物資を積んで往来する際、下り船の艪《ろ》を押しながら唄ってきたものである。

唄の履歴　この唄の源流は、長崎県の北西端にある平戸島《ひらどしま》の田助《たすけ》港（平戸市田助町）へ港入りする帆船の船乗りたちが、伝馬船を降ろして艪を漕《こ》ぎながら唄っていた『エンヤラヤ』（六四八ページ）である。

その唄が、田助の花柳界に入って三味線伴奏がつけられ、酒席の唄になった。そのお座敷唄の『エンヤラヤ』が、帆船の船乗りたちによって、明治時代の後期に、流行《はや》り唄として日本中の港へ持ちまわられた。そして、石巻港の花柳界にも、酒席の唄として伝えられたようである。

ところが、本来が「舟唄」であるだけに、北上川を往来する川舟船頭たちは、そのお座敷唄の『エンヤラヤ』を、再び川舟の「舟唄」に戻して唄ったのである。その唄を後藤桃水（桃生郡鳴瀬町大塚〈現東松島市内〉）がどこかで見つけてきて、一九四〇、四一年頃、同郷の高橋守に覚えさせた。そのきっかけは、山形県下の『最上《もがみ》川舟唄』（一五五ページ）に対抗できる「舟唄」が、宮城県側の北上川でも欲しかったためである。それで、曲名も『北上川舟唄』とした。

ただ、この唄が世間に紹介されたのは意外に新しく、一九六二年五月一一日のNHKラジオ（仙台放送局）の「民謡をどうぞ」で、唄い手は高橋守であった。翌六三年、手代木《てしろぎ》徳之助が「北上艪漕ぎ唄」の名で東芝レコードに吹き込んだ。しかし、さしたる反応はなかった。その後、六五年四月二六日に、筆者（竹内勉）が病気の高橋守に代えて赤間森水（政夫）にコロムビアレコードに吹き込ませたものが、しだいに広まっていった。

節まわしの型　今日広く唄われている節まわしは、赤間森水のものである。

米《こめ》節《ぶし》

上の句
〽米《こめ》という字《じ》を　分析《ぶんせき》すればヨー

口説《くどき》
八十八度《はちじゅうやたび》の　手《て》がかかる
お米《こめ》①一粒《ひとつぶ》　②粗末《そまつ》にゃならぬ

下の句
米《こめ》は我《われ》らの　親《おや》じゃもの

〽③米《こめ》のなる木《き》で　作《つく》りし草鞋《わらじ》
踏《ふ》めば小判《こばん》の　跡《あと》がつく
金《かね》のなる木《き》は　ないとは嘘《うそ》よ
辛抱《しんぼ》する木《き》(気)に　金《かね》がなる

〽④千代《ちよ》に八千代《やちよ》に　変《か》わらぬものは
⑤尾上《おのえ》　⑥高砂《たかさご》　⑦曽根《そね》の松《まつ》
わしとお前《まえ》は　二葉《ふたば》の松《まつ》よ
色《いろ》も変《か》わらぬ　末長《すえなが》く

〽今年《ことし》ゃ豊年《ほうねん》　祈《いの》りをこめて
鳴《な》らす太鼓《たいこ》に　気《き》が弾《はず》む
唄《うた》い踊《おど》れや　⑧大黒《だいこく》⑨恵比須《えびす》
めぐる盃《さかずき》　花《はな》が咲《さ》く

〽⑩日《ひ》の出屏風《でびょうぶ》は　漕《こ》ぎ出《だ》す船《ふね》に
富士《ふじ》の山《やま》ほど　米《こめ》を積《つ》み
夫婦《めおと》気取《きど》りの　⑪弁天《べんてん》恵比須《えびす》
風《かぜ》もうらやむ　宝風《たからかぜ》

注①「ひとつ」は誤唱。
②「粗末に」は誤唱。
③稲藁のこと。
④「千年も八千年も」の意から、非常に長い歳月。
⑤兵庫県加古川市の尾上神社にある「尾上の松」。相生の松として有名。
⑥兵庫県高砂市の高砂神社にある「高砂の松」。相生の松として有名。
⑦高砂市の曽根天満宮にある。菅原道真手植えの松という。
⑧大黒天。七福神の一。福徳・財宝・食物などの神。右手に打ち出の小槌《こづち》を持ち、左肩に大きな袋をかつぎ、米俵二俵の上に立つ。
⑨七福神の一。福徳・漁・商売繁昌などの神。右手に釣り竿を持ち、左手で鯛を抱える。
⑩朝日を描いた、縁起物の屏風。
⑪弁財天。七福神の一。福徳・財宝・音楽・穀物などの神。女神で、宝冠をつけ、琵琶《びわ》を抱える。

宮城県の、お座敷唄形式の新民謡。宮城県仙台市を中心とする民謡の唄い手たちが、舞台などで唄ってきたものである。

唄の履歴　この唄の元唄は、歌謡曲「博多《はかた》小女《こじょ》郎浪枕《ろうなみまくら》」である。一九三五年八月にポリドールレコードから発売になったもので、作詞藤田まさと、作曲大村能章、編曲福田正、唄東海林《しょうじ》太郎である。それが大ヒットして日本中の人々が愛唱し、宮城県下でも広く唄われた。

『米節』は、その替え唄として昭和三〇年代（一九五五〜）に生まれ変わったものである。替え唄とはいっても、前掲の一首目と二首目は創作ではなく、旧来の伝承民謡の歌詞に手を加えたものである。これを石巻市出身の大森とよみが、日本髪を結って、舞台を中心に唄い広めた。鶯芸者による日本調のお座敷唄のない宮城県下では、それがうまく当たって、日本調歌謡曲的民謡として広まった。

なお、日本音楽著作権協会には、作詞藤田まさとで承認されている。ひょっとしたら、上掲の三首目からが藤田の創作で、一・二首目は替え唄時代のものなのかもしれない。

節まわしの型　今日広く唄われている節まわしは、大森とよみのものである。

嵯峨立甚句《さがだちじんく》

〽唄《うた》いなされや　①声張《こえは》り上《あ》げて
（チョイサ）
唄《うた》は仕事《しごと》の　ホンニ弾《はず》みもの
（チョイイチョイ　チョイサ）

〽②昔《むかし》なじみと　つまずく石《いし》は
憎《にく》いながらも　振《ふ》り返《かえ》る

〽音《おと》に聞《き》こえた　③嵯峨立薪《さがだちまき》は
広《ひろ》い世間《せけん》で　④飯《まま》を炊《た》く

〽花《はな》の⑤三月《さんがつ》　十九日《とくび》の祭《まつ》り
⑥錦《にしき》飾《かざ》りて　駒勇《こまいさ》む

〽嵯峨立女《さがだちおんな》は　愛嬌《あいきょ》もよいが
山《やま》に住《す》むせいか　声《こえ》もよい

〽たとえ細《ほそ》くも　煙《けむり》を立《た》てて
⑦一《ひと》つ竈《かまど》で　暮《く》らしたい

〽なんつらよかんべ[8]　あなたの声《こえ》は
小杉林《こすぎばやし》の　蟬《せみ》の声《こえ》

注①「お唄いなされ」とも。
②昔、親しくしていた人。
③嵯峨立で取れる薪。
④「飯となる」は誤唱。
⑤三月十九日は、華足寺《げそくじ》（東和町米川）の春の大祭。馬頭観世音をまつってあり、昔は人と馬でにぎわった。
⑥金銀糸や色糸を縦横に交差させて美しい模様を織り出した、厚手の絹織物。華足寺にお参りする馬は、『チャグチャグ馬っコ』（一七二ページ）のように、美しい布やしごきで飾りたてた。
⑦夫婦になって、一緒に生活したい。「かまど」は煮炊きをするための設備。土・石などで築き、釜や鍋をかけて、下から火を燃やす。
⑧なんとまあ、よいのでしょう。

宮城県の酒盛り唄。宮城県の北東部、登米《とめ》市東和町錦織《にしこおり》の人たちが、酒席で唄ってきたものである。

嵯峨立は北上川の東岸にあり、その地名の由来は「鮭立ち」ではないかともいわれる。一八八九年まで村名であったが、その後、町村合併が何度も行われて一九五七年には登米郡東和町錦織になり、二〇〇五年からは登米市になった。そのため、嵯峨立という名称は、現在では通称や、小学校名・公民館名としてだけ残っている。

唄の履歴　この唄の源流は、江戸時代後期から明治時代に日本中で大流行した「甚句」である。『小野田甚句』（一九三ページ）と同系統の「甚句」が宮城県下で広く唄われ、小野田と嵯峨立に定着したのであろう。

節まわしの型　今日広く唄われている節まわしは、地元の人たちの唄を元に、仙台市民謡界の若手女性歌手が唄っているものである。

ザラントショウ節《ぶし》

〽今夜《こんや》[1]ここに寝《ね》て　明日《あす》[2]の晩《ばん》はどこよ
明日《あす》は田《た》の中《なか》　畦枕《あぜまくら》
（〔唄い手・はやし手〕ザラントショォ
ザラントショー）

〽畦《あぜ》を枕《まくら》に　夜露《よつゆ》と寝《ね》れば
月《つき》は照《て》る照《て》る　夜明《よあ》けまで

〽秋《あき》が来《き》たのに　田圃《たんぼ》の案山子《かかし》
誰《たれ》に見《み》しょとて　水鏡《みずかがみ》

〽濡《ぬ》れた袂《たもと》を　朝日《あさひ》にあてて
今日《きょう》は刈《か》[3]り上《あ》げ　我《わ》が宿《やど》で

〽今朝《けさ》[4]の寒《さむ》さだ　お山《やま》は雪《ゆき》だ
[5]あおよ寒《さむ》かろ　冷《つめ》たかろ

〽今年《ことし》や豊年《ほうねん》　泥田《どろた》の水《みず》も
飲《の》めば甘露《かんろ》[6]の　味《あじ》がする

注①主語は、田圃のいなご。
②稲が刈り取られて、寝る場所がなくなるだろうから。
③稲を刈り終えること。また、それを田の神に感謝して祝うこと。
④近年は「今朝の寒さに　お山は雪よ　あおも寒かろ　冷たかろ」と唄われているが、これでは単なる情景説明である。本来の歌詞には、そこに暮らす人たちの想いがこめられている。
⑤青みがかった黒い毛色の馬。また、その馬の名。
⑥仏教で、天から降る甘い霊液。苦悩をいやし、長寿を保たせ、死者を蘇生させるという。

宮城県の、仕事唄形式の新民謡。秋の農村の、刈り取った稲を馬の背に積んで戻る様子を唄にしたものである。作詞者は浦本政三郎、作曲者は後藤桃水。曲名の「ザラントショウ」は、稲の穂が、馬の背で揺れて出す音のことである。

別名　稲上げ唄。農作業を表す動詞の連用形に「唄」をつけると、伝承民謡の命名法では「仕事唄」になる。しかし、この唄は伝承民謡ではなく、稲上げ作業の時に唄う仕事唄でもないので、旧来の『ザラントショウ節』のほうがよい。

唄の履歴　宮城県下には農作業唄の種類が多い。東北民謡の指導者後藤桃水（桃生郡鳴瀬町大塚〈現東松島市内〉）は、民謡を電波にのせて普及を計っていたが、種蒔きから収穫まで、稲作作業順にひと揃いの唄が欲しいと思った。しかし、刈り入れの唄は見つからなかった。そこで、桃水は、馬の背に稲束を積んで戻る途中、稲の穂先が揺れて、ザランザランと音を立てる様子をはやし詞にする唄を作ろうと考えた。そして、歌詞は、山形県鶴岡市出身の医学博士であり、民謡愛好家でもある浦本政三郎に作ってもらった。節は、仙台市郊外の農村で、朝草刈りなどの往来に、農民たちが馬を曳《ひ》いたり、その背に乗ったりしながら唄っていた「草刈り唄」を利用した。すなわち、馬の荷を草から稲に替えたのである。そして、はやし詞をとって曲名にあてたのは一九三九、四〇年頃のことである。

この唄は、のちに赤間森水（政夫）によって唄い広められたが、菊池淡水の尺八伴奏が効果的で、創作曲という違和感はなく、伝承民謡のような感じで広く唄われている。

節まわしの型　今日広く唄われている節まわしは、赤間森水のものである。

さんさ時雨《しぐれ》

〽〔音頭取り〕（裏間から出る）①さんさ時雨《しぐれ》か②
③萱《かや》
〔音頭取り・同席者〕④野《の》の雨《あめ》か
（ハァヤートオ　ヤートオ）
〔音頭取り・同席者〕⑤音《おと》もせで来《き》て　濡《ぬ》れかかるショーガイナ
（ハァ目出度《めでた》い　目出度《めでた》い）

〽この家座敷《やざしき》は　目出度《めでた》い座敷《ざしき》
鶴《つる》と亀《かめ》とが　舞《ま》い遊《あそ》ぶ

〽雉子《きじ》の雌鳥《めんどり》　小松《こまつ》の下《した》で
⑥夫《つま》を呼《よ》ぶ声《こえ》　⑦千代千代《ちよちよ》と

〽⑧さんさ振《ふ》れ振《ふ》れ　⑨五尺《ごしゃく》の袖《そで》を
今宵《こよい》振《ふ》らいで　いつの夜《よ》に

〽⑩武蔵鐙《むさしあぶみ》に　⑪紫《むらさき》手綱《たづな》
かけて乗《の》りたや　⑫春駒《はるこま》に

〽目出度嬉《めでたうれ》しや　思《おも》うこと叶《かの》うた
末《すえ》は鶴亀《つるかめ》　⑬五葉《ごよ》の松《まつ》

〽扇目出度《おうぎめでた》や　末広《すえひろ》がりで
重《かさ》ね重《がさ》ねの　お喜《よろこ》び

〽さすぞ盃《さかずき》　見込《みこ》んでさすぞ
よそへもらすな　露《つゆ》ほども

〽⑭門《かど》に門松《かどまつ》　祝《いわ》いに小松《こまつ》
かかる白雪《しらゆき》　みな黄金《こがね》

〽竹《たけ》になりたや　⑮紫竹《しちく》の竹《たけ》に
元《もと》は尺八《しゃくはち》　中《なか》は笛竹《ふえたけ》
⑯末《うら》は⑰恵比須《えびす》の　釣《つ》り魚竹《おだけ》

〽一人娘《ひとりむすめ》を　くれたぞ婿《むこ》よ
打《う》つな叩《たた》くな　⑱悋気《りんき》せまいぞ
一人《ひとり》⑲寝《ね》やるな　抱《だ》いて寝《ね》ろ

注①時雨の降る様子の形容。
②初冬の雨で、しばらくの間激しく降ってはやみ、降ってはやみするもの。
③薄《すすき》の野原。
④祝い座敷の同席者。
⑤雨が音もせずに降るように、私たちの恋は、世間に知られぬようにする、忍ぶ恋だ、の意。
⑥古くは、夫も妻も「つま」といった。夫婦や恋人が、お互いに相手を呼ぶ時に用いた。
⑦千年。雉子の鳴き声「チヨチヨ」を掛ける。
⑧「さァさ」の転。
⑨鯨尺で。曲尺《かねじゃく》の四尺（約一二一・二センチ）にあたる。女が恋心を表すために、また、身の安全を守るお札代わりに、想う男に「五尺手ぬぐい」を渡す風習があった。振り袖の袂《たもと》を振ることで、それと同じ気持ちを示す。
⑩武蔵の国（現東京都・埼玉県と、神奈川県北東部）製の鐙。鐙は、鞍の両脇に垂らした馬具で、乗り手が足を掛ける。
⑪紫色の手綱。紫は、古来、高貴な色とされる。
⑫春の野に遊ぶ馬。
⑬五葉松。マツ科の常緑高木。山地に自生。高さ三〇メートルになるが、庭木や盆栽にする。針形の葉が五本ずつ小枝に密に束生し、夫婦と三人の子にたとえて一家繁栄の象徴とされる。
⑭家の門口。
⑮中国から伝来した淡竹《はちく》の栽培変種で、稈《かん》が黒紫色の竹。黒竹。
⑯竹の稈の、先の方の細い部分。

⑰七福神の一。福徳・漁・商売繁昌などの神。右手に釣り竿を持ち、左手で鯛を抱える。
⑱やきもちをやくなよ。
⑲「寝せるな」とも。

宮城県の祝い唄。宮城県下のみならず、岩手県南部と福島県北部の旧伊達《だて》藩領一円で、祝いの席では必ず唄われてきた唄である。

唄の履歴　この唄の歌詞は伊達政宗が作ったという伝説があるが、政宗とは全く無縁で、源流は、江戸時代中期以降の流行《はや》り唄か踊り唄のようなものらしい。その証拠に、歌謡集「落葉集《おちばしゅう》」（一七〇四年刊）の踊音頭之部「山庄太夫」の中に「さっさ時雨のな　萱野《かやや》のあられよの　音もせできて降り心　せで来て音も　音もせで来て　降り心」という歌詞が載っている。また、「浮れ草」（一八二二年成立）にも「下の関節」として「さんざ時雨か　萱家の雨か　音もせで来て　濡れかかる　しょんがへ」という歌詞が載っている。

そして、常磐津《ときわず》「三つ人形」の中に「さんさ時雨か　かややの雨に　トウ来ましてどん　音もせできて　ぬれかかる　しょんがいな　トウ来ましてどん…」という歌詞があり、今日の『さんさ時雨』を常磐津化したような節まわしで唄われている。この曲は、一八一八年四月に、江戸中村座で初演された三変化の一つで、江戸は吉原仲之町を背景に、丹前武士と赤面の供奴《ともやっこ》と傾城《けいせい》の三人が踊る場面のもので、作詞は三世桜田治助、作曲は岸沢右和佐といわれる。

もう一つ、清元の「土佐絵」の中に、「三つ人形」とそっくり同じものが取り入れられていて、これは一八三〇年三月の作で、江戸市村座の九月狂言に初演されたものである。したがって、当時の江戸ではこの種のものが流行していたということになる。

それを裏書きするかのように、一八九一、九二年頃まで、現東京都足立区の小右衛門町（現梅島一～三丁目）辺りでは、毎年お盆になると、二〇歳前後の娘を頭に、六歳から一三歳ぐらいの女の子が行列を作り、盆踊りの行進踊りのようなものを町内ですませると、その足で吉原まで行って踊った。その踊り唄の中に「さんさ踊り」と呼ばれる、二尺ほどの「サンサ棒」を持って踊る踊り唄があった。それは「さんさ時雨のエ　萱野の雨かナ　シュウガイナ　音もせできて（泣きの涙で）　濡れかかる（袖しぼる）　シュウガイナ」という歌詞で、ゆっくりのばして、古風な感じに唄うもので、今日の『さんさ時雨』の「芸者節」によく似ている。

このように、江戸は吉原を中心に流行していた唄が、たまたま江戸土産として東北地方へ持ち込まれ、城下町仙台（仙台市）の花柳界では、お座敷唄として、長唄調そのままで唄われた。それが伊達藩領内の農村部にまで流行り唄として広まって、のちに祝い唄となり、山形県・福島県下でも「ショーガイナ」とか「目出度《めでた》」の名で、やはり祝い唄として唄われるようになった。今日、『さんさ時雨』という時は、宮城県の農村部の節まわしをさす。

さて、明治時代に入ると、仙台の広瀬川のほとりにある、新河原町の料亭対橋楼が、地元の芸者にこの『さんさ時雨』を唄い踊らせ、これを名物にしたため、しだいに有名になっていった。

なお、「ヤートオ　ヤートオ」というはやし詞は、先の常磐津「三つ人形」に見られる「トウ来ましてどん」の前に「ヤー」という感動詞のようなものがついた「ヤートオ来ましてどん」の前半だけが利用されたのであろう。

補足　祝いの席では、全員で手拍子を打ちながら前掲三首目までを通して唄うのがしきたりで、この三首を「三幅一対《さんぷくいっつい》」という。

節まわしの型　今日広く唄われている「農民節」の節まわしは赤間森水（政夫）のもの、「芸者節」の節まわしは対橋楼の時栄《ときえ》のものである。

塩《しお》釜《がま》甚《じん》句《く》

〽①塩釜《しょがま》（ハットセ）街道《かいど》に　白菊《しらぎく》植《う》えて
（ハットセ）
なにを聞《き》く（菊）聞《き》く　アリャ便《たよ》り聞《き》く
（ハッハッ　ハットセ）

〽②塩釜出《しょがまで》る時《とき》や　③大手《おおて》ン振《ぶ》りよ
④奏社《そうしゃ》の宮《みや》から　⑤胸勘定《むなかんじょう》

〽⑥千賀《ちが》の浦風《うらかぜ》　身《み》にしみじみと
語《かた》り合《お》う夜《よ》の　友千鳥《ともちどり》

〽⑦末《すえ》の松山《まつやま》　⑧末《すえ》かけまくも
⑨神《かみ》の始《はじ》めし　海《うみ》の幸《さち》

〽千賀《ちが》の浦《うら》から　沖見渡《おきみわた》せば
遠《とお》く絵《え》になる　⑩金華山《きんかざん》

〽船《ふね》は⑪稲荷丸《いなりまる》　船頭衆《せんどしゅ》は狐《きつね》
中《なか》のお客《きゃく》は　みな狸《たぬき》

〽押《お》せや押《お》せ押《お》せ　二挺艪《にちょろ》で押《お》せや
押《お》せば港《みなと》が　近《ちか》くなる

〽塩釜港《しょがまみなと》に　錨《いかり》はいらぬ
三味《しゃみ》や太鼓《たいこ》で　船《ふね》つなぐ

〽塩釜《しょがま》⑫西町《にしまち》　鳴《な》いて通《とお》る烏《からす》
銭《ぜに》も持《も》たずに　⑬カオ（買おう）カオと

〽塩釜西町《しょがまにしまち》　沼《ぬま》やら田《た》やら
⑭立《た》つに立《た》たれぬ　⑮羽抜《はぬ》け鳥《どり》

〽蛸《たこ》が嫁取《よめと》る　烏賊殿仲人《いかどのなこど》
蟹《かに》のお酌《しゃく》で　はさまれた

字あまり

〽さァさヤッコラサと　乗《の》り出《だ》す船《ふね》は
命《いのち》　帆《ほ》に掛《か》け　波　枕《なみまくら》

注
①仙台と塩釜を結ぶ街道。江戸時代は、現仙台市岩切若宮で石巻街道と分かれ、奏社の宮の前を通って塩釜へ出た。
②塩釜の廓を出る時は。
③大きく手を振って、意気揚々と出たよ。
④現多賀城市市川にある陸奥の国総社宮。享保年間（一七二六～三六）の造営。
⑤心の中で計算すること。酔いもさめて、昨夜、気前よく散財してしまったことを後悔しているのである。
⑥塩釜湾の別称。松島湾の、南西部にある支湾。
⑦現多賀城市の宝国寺裏にある、老い松の丘。「古今集」の「君をおきてあだし心を我が持たば　末の松山波も越えなむ」以来の歌枕。次の「末」を導くために入れたもの。
⑧〔末の松山という名所があるが、この塩釜も〕末長く栄えるようにと。祝詞《のりと》の常用句に「かけまくも畏き神の御名は」（口に出して言うのもおそれ多い神の御名は）がある。したがって、「かけまくも」は、「末かけて」を掛け、「畏き」を略し、次の「神」を導く語として用いているのであろう。
⑨塩釜神社の祭神、塩土老翁神《しおつちのおじのかみ》が、海藻を焼き、海水を煮つめて塩を作る方法を民に教えたことをさす。
⑩宮城県の中東端、牡鹿半島先端部の東にある島。周囲約二六キロ。
⑪乗っているのが狐と狸なので、船名を稲荷にしたもの。
⑫塩釜神社表参道石段下の左右に広がる町。かつては二十数軒の遊廓があった。この歌詞は、日本中の遊廓で地名を替えて好んで唄われた。
⑬遊女を買おう。
⑭出発しようと思ってもできない。
⑮羽が抜けて、飛べない鳥。廓へ払う金がなくなり、帰れなくなってしまった客のこと。

宮城県のお座敷唄。宮城県の中東部、松島湾に面した漁港であり、奥州一の宮塩釜神社の鳥居前町としてもにぎわった塩釜（塩釜市）の花柳界の宴席で、芸者衆が唄ってきたものである。

別名　ハットセ節。

唄の履歴　この唄の源流は、江戸時代後期に、九州は天草《あまくさ》の牛深港（熊本県天草市牛深町）で、帆船の船乗り相手の女たちが酒盛り唄として唄っていた『牛深はいや節』（六七四ページ）である。それが鹿児島から大坂行きの船で瀬戸内海の港町へ伝えられた。それを大坂発下関まわり松前（北海道）行きの西まわり航路の帆船の船乗りたちが日本海の港町へ広めた。さらに山形・秋田辺りから出航した船で津軽海峡まわりで江戸入りする東まわり航路の船乗りたちが、それを太平洋側の港町へ持ちまわり、塩釜の花柳界にも伝えられたのである。その唄は「はいや節」と呼ばれていたが、京都の宮津港（宮津市）辺りから東では、訛《なま》って「あいや節」となった。この『塩釜甚句』も、明治時代までは「あいや節」の名で呼ばれていた。

一九六五年四月一一日に筆者（竹内勉）が、塩釜の北東、桃生《ものう》郡雄勝《おがつ》町明神（現石巻市内）で採集した「旧塩釜甚句」は、唄い出しが「あいやー」で、四句目（五音）の前に「ヤーレー」が入る「あいや・ヤーレ型」であった。これは日本海側も新潟・寺泊辺りの港で唄われていたものと同系統である。ところが、宮城県は「甚句」の盛んな所であり、加えて牛深からは遠いため、「はいや節」色が薄くなって、唄い出しの「あいやー」部分が失われ、そこにそのまま「甚句」の歌詞をあてはめて唄うようになった。そして、曲名も、はやし詞をとって「ハットセ節」と呼ばれるようになった。この「ハッ　ハッ　ハットセ」というはやし詞は、岩手県上閉伊《かみへい》郡辺りの港で唄われている「ハットサッサー」が塩釜入りしたものである。「ハットセ」というはやし詞そのものは『出雲崎《いずもざき》おけさ』(新潟)にも見られるので、日本海側で生まれたものかもしれない。

一八六八年、仙台市内を流れる広瀬川のほとりにある、新河原町の料亭対橋楼が、芸者衆にこの唄を覚えさせ、仙台名物とした。そして、一九一二年、対橋楼の芸者時栄《ときえ》が、その唄をニッポノフォンレコードに吹き込んだため、「芸者節」のほうが早く世に出た。それは、二上り調の海の騒ぎ唄ではなく、おさまった感じの、しっとりとした、本調子調の伴奏に乗るもので、茨城県の『潮来《いたこ》甚句』を連想させる節まわしである。

節まわしの型　今日広く唄われている「漁師節」の節まわしは峰岸とし子あたりのもの、「芸者節」の節まわしは対橋楼の時栄のものである。

十三浜甚句《じゅうさんはまじんく》

〽ソリャーひとつ唄《うた》います　ハー十三浜甚句《じゅうさんはまじんく》
地《じ》①なし節《ふし》なし（ハァヨーイトサ）　コイチャ
所節《ところぶし》②
（ハァヨーイトサッサ　ヨーイトサ）

〽ひとつ唄《うた》ううちゃ　遠慮《えんりょ》もするが
唄《うた》い始《はじ》めりゃ　幕引《まくひ》③かぬ

〽よくも吹《ふ》く風《かぜ》　昨日今日《きのうきょう》で二日《ふつか》
明日《あす》の出船《でふね》が　気《き》にかかる

〽そばにも寄《よ》られぬ　茨株《ばらかぶ》さえも
触《さわ》りたいよな　花《はな》が咲《さ》く

〽船《ふね》は出《で》て行《ゆ》く　朝日《あさひ》は昇《のぼ》る
鷗《かもめ》飛《と》び立《た》つ　にぎやかさ

〽浜《はま》でなんだれ④　手拭《てぬぐ》⑤い帯《おび》に
いつも大漁《たいりょ》か　締《し》めどおし

〽名振《なぶり》⑥　船越《ふなこし》⑦　岸浅《きしあさ》けれど
なぜに鰯《いわし》が　色深《いろふか》⑧い

〽今朝《けさ》の鷗《かもめ》に　夢《ゆめ》さまされた
いつが船出《ふなで》に　なるのやら⑨

注①下地に、特別な芸の素養がない。
②その唄い手が住んでいる狭い地域だけで通用する節まわし。
③やめない。「幕を引く」は、舞台と客席の間の幕を引いて芝居を終わりにする、の意。
④なんだ、あれは。
⑤手拭いを帯にするのは大漁の目印。
⑥⑦ともに追波湾南岸の地名。現石巻市雄勝町内。
⑧鰯の群れが押し寄せてきて、海の色が変わっていることをいう。
⑨「じゃやら」は音が汚く響くので、「のやら」のほうがよい。

宮城県の酒盛り唄。宮城県の北東部、北上川が追波《おっぱ》湾へ注ぐ河口に近い漁村、旧桃生《ものう》郡北上《きたかみ》町十三浜（現石巻市内）の漁師たちが、酒席で唄ってきたものである。

十三浜という地名は、北上川河口近くの北岸から追波湾北岸にかけて十三の浜があることに由来する。この辺りは、北上川を利用した水運の拠点で、仙台藩の主要な港としてにぎわっていた。

唄の履歴　この唄の源流は不明であるが、宮城県の松島湾沿岸の漁師たちが唄っていた酒盛り唄の「浜甚句」が十三浜に伝えられ、ここで独特の『十三浜甚句』になった。「浜甚句」とは、沿岸部で唄われている甚句という意味であるが、その代表的なものは『遠島《とおしま》甚句』（二〇八ページ）である。

しかし、『遠島甚句』は、昭和時代（一九二六〜）に入ると『大漁唄い込み』（二〇五ページ）に組み込まれたため、酒盛り唄として唄う人が少なくなってしまった。そこで、節まわしに野性味が残っており、漁村の酒盛り唄の感じが漂う『十三浜甚句』が、民謡に野性味を求める人たちの関心を集め始めた。そうした中で、一九六三年、十三浜出身の佐藤庄八が東芝レコードに吹き込み、以後、しだいに広まっていった。

その後、石巻市出身の加賀とく子が、この唄を平板に唄って広めたため、現在では、二通りの唄い方が存在している。

節まわしの型　今日広く唄われている節まわしは、野趣豊かな、角ばった唄い方が佐藤庄八のもの、平板な唄い方が加賀とく子のものである。

定《じょう》義《げ》節《ぶし》

〽ハァー①定義定義《じょうげじょうげ》とナー　②七坂八坂《ななさかやさか》
　（ハァイヤサカ　サッサト）
ここは定義《じょうげ》か　よい所《ところ》　よい所《ところ》
　（ハァイヤサカ　サッサ　ヨイサッサ）

〽ござれ③七月《しちがつ》　④七日《なのか》の晩《ばん》に
⑤定義参《じょうげまい》りと　⑥出《で》てござれ

〽ござれ七月《しちがつ》　⑦七日《なのか》の晩《ばん》に
二人揃《ふたりそろ》って　⑧縁結《えんむす》び

〽縁《えん》が切《き》れたら　定義《じょうげ》にござれ
切《き》れて結《むす》ばる　凧《たこ》の糸《いと》

〽⑨七月六日《しちがつむいか》に　結《むす》んだ縁《えん》は
解《と》けてなろうか　いつまでも

〽ありがたいぞや　⑩定義《じょうげ》の如来《にょらい》
掛《か》けた⑪所願《しょがん》は　みな叶《かの》う

〽ありがたいぞや　定義《じょうげ》の如来《にょらい》
一度《いちど》拝《おが》めば　二度《にど》叶《かの》う

〽⑫定義街道《じょうげかいど》に　豆蕎麦《まめそば》植《う》えて
達者《まめ》(豆)でいつまでも⑬　主《ぬし》のそば(蕎麦)

〽いつか結《むす》んだ　二人《ふたり》の縁《えん》も
定義参《じょうげまい》りで　深《ふか》くなる

〽定義如来様《じょうげにょらいさま》　この家《や》の内《うち》の
西《にし》と東《ひがし》の　守《まも》り神《がみ》

注①⬇解説。
②沢山の坂を越えてやってきた、の意。
③陰暦七月七日は、西方寺の夏の祭典。
④「六日の」とも。
⑤定義如来（西方寺）参詣にかこつけて、家を出ておいで。
⑥「名をつけて」とも。
⑦「六日の」とも。
⑧定義如来は男女の縁結びなどに御利益がある。
⑨西方寺の宵宮の夜。
⑩⬇解説。
⑪願いごと。
⑫作並街道（仙台市西の八幡と、山形県天童市を結ぶ）の白沢（仙台市青葉区）から定義へ向かう道。
⑬「達者《たっしゃ》で」とも。

宮城県の祭礼唄。宮城県仙台市の中西部（青葉区大倉字上下）にある極楽山西方寺《さいほうじ》（浄土宗）では、旧暦七月七日に夏の祭典が催される。信者たちは、その夜と、前日の宵宮《よいみや》に夜籠《よごも》りをしたが、若い男女は「掛け唄」を行い、歌詞を即興で作って勝負をした。その時に唄ってきたのが『定義節』である。

伝説によると、壇ノ浦の合戦に敗れた平家の落ち武者、平貞能《たいらのさだよし》（平重盛の重臣）が家臣とともにこの地に逃れた。貞能は定義と名を変え、持ってきた平家一門の守り神である阿弥陀《あみだ》如来《にょらい》画像をまつった。そのため、この地を定義《じょうげ》と称し、西方寺の本尊を定義如来という。この寺には縁結びと安産の御利益がある。そこで、若い男女が集まってきて古い求婚儀式「掛け唄」を始めたのである。（地名の「定義」は、現在は「上下」と表記している。）

唄の履歴　この唄の源流は、江戸時代末期から明治時代初期に、江戸の花柳界を中心に流行した「二上り甚句《じんく》」である。それが日本中へ広まり、定義如来の信者たちは、即興で歌詞を作って交互に唄い合う「掛け唄」に用いた。

古代には、毎年春と秋に若い男女が特定の神聖な山や川辺・海辺などに集まって、飲食したり、踊ったり、相互に唄い掛け、唄い返したりする「歌《うた》垣《がき》」が行われた。農耕の始まる春には豊作を予祝し、収穫の秋にはそれを祝う行事であり、また、性的に解放される日でもあった。男女の性的結合によって作物にも生命力が与えられて、作物がよく生育し、成熟することを願ったものと考えられる。

のちに「歌垣」の習俗は廃ってしまったが、その後明治時代に至るまで「掛け唄」が行われた。それは、寺や神社の縁日の夜籠りに行われる唄合戦である。若い男女が集まり、ぐる輪になって踊りだすと、踊り手の一人が即興で歌詞を作り、唄で異性に問い掛ける。すると、これを受けて即興で返事の歌詞を作り、同じ節で唄い返す。それを何度も繰り返し、歌詞が作れなくなったほうが負けとなる。男が負ければ、相手の女に着物や帯などを買って贈ったり、仕事を手伝ってやったりする。女が負ければ、相手の男に体を与えたり、結婚の約束をしたりする。「掛け唄」は、配偶者を求める、一つの手段でもあった。なお、歌詞のしまい五音を二度繰り返すのは、「返し手」に歌詞を作る時間を与えるためである。

『定義節』は、かつてはかなり広い地域ではやったようであるが、西方寺周辺の農村では、今日でも野良仕事の折りに唄っており、山形県下では『かくま刈り唄』(一四二ページ)になっている。これらは、西方寺での「掛け唄」の練習を兼ねて唄ったり、思い出して口ずさんだりしたものが根付いたのであろう。

「掛け唄」は、現福島県相馬市の羽黒大権現《はぐろだいごんげん》(現号出羽《でわ》神社)でも行われていた。そこで唄われた『羽黒節』(二五一ページ)は、現宮城県・山形県下の人たちが覚えた『定義節』を、羽黒大権現参詣の折りに持ち込んだものである。

節まわしの型　今日広く唄われている節まわしは、松本木兆あたりのものらしい。

新《しん》さんさ時雨《しぐれ》

上の句

〽①萱《かや》の根方《ねかた》に　②そと降《ふ》る雨《あめ》は

口説《くどき》

音《おと》も立《た》てねば　名《な》も立《た》たぬ
音《おと》も立《た》てねど　萱野《かやの》の③雨《あめ》に

下の句

想《おも》い増《ま》す穂《ほ》は　色《いろ》に出《で》るショーガイナ

〽萩《はぎ》の根方《ねかた》に　④鈴振《すずふ》る虫《むし》は
今宵《こよい》振《ふ》らずに　いつの夜《よ》に
今宵《こよい》振《ふ》らずに　またいつの夜《よ》と
胸《むね》もせかれる　七揺《ななゆ》すり

〽⑤さんさ⑥時雨《しぐ》れて　時雨《しぐれ》れて晴《は》れて
月《つき》の夜頃《よごろ》を　帰《かえ》る君《きみ》
影《かげ》は隠《かく》れる　想《おも》いは残《のこ》る
⑦時雨《しぐれ》くずしの　唄《うた》の声《こえ》

〽二人《ふたり》いてさえ　淋《さび》しいものを
まして時雨《しぐ》れる　秋《あき》の夜《よ》は
月《つき》も山《やま》の端《は》　我《わ》が身《み》も一人《ひとり》
せめて⑧倭文機《しずはた》　⑨織《お》り明《あ》かす

注①薄《すすき》のこと。
②そっと。静かに。
③「雨は」は誤唱。
④鳴く鈴虫は。
⑤時雨の降る様子の形容。
⑥初冬の雨が、しばらくの間激しく降ってはやみ、降ってはやみして。
⑦「さんさ時雨くずし」の意で、『新さんさ時雨』のこと。
⑧青や赤に染めた麻糸などで、乱れ模様を織り出す織機。
⑨夜どおし織り続ける。

宮城県の、お座敷唄形式の新民謡。宮城県の中央部、仙台市の人たちが日本調歌謡曲として唄ううち、しだいにお座敷唄風にまとまってきたものである。

唄の履歴　この唄の作詞者は、仙台に住んでいた刈田仁で、一九四二、四三年頃、四首の詞を知人の武田忠一郎(東北民謡研究家)にあずけた。その頃は、新民謡運動という名の御当地ソング作りブームがまだ続いていたが、曲ができたのは太平洋戦争後で、今日の形にまとまったのは一九五一年頃といわれている。曲は、前後が『さんさ時雨』、中間が「唐人お吉小唄」(佐々紅華作曲)の一部を借用したもので、武田夫人の大西玉子(民謡歌手)のための日本調歌謡曲として作られた。

ところが、東北民謡育ての親である後藤桃水は、『新さんさ時雨』という曲名に怒った。理由は、宮城県人にとって『さんさ時雨』は「君が代」にあたるため、「新○○節」といった形の曲名が持つ軽薄さを嫌ったため、また、民謡と歌謡曲の間に一線を画したかったためと思われる。

それでも大西玉子の唄でしだいに広まり、昭和三〇年代(一九五五〜)の民謡ブーム絶頂期には、声をきたえていない都会の民謡愛好者(それも女性)が、裏声を用いて好んで唄う唄になっていった。そのため、今日でもなかなか民謡調で唄う人はおらず、半民謡、半歌謡曲の域から抜け出せずにいる。とりあえず、裏声を用いないようにすることが大切である。

節まわしの型　今日広く唄われている節まわしは、大西玉子のものである。

銭《ぜに》吹《ふ》き唄《うた》

〽①松島《まつしま》のサーヨォー　②瑞巌寺《ずいがんじ》ほどの　③寺《てら》はない
前《まえ》は海《うみ》サーヨォー　後《うし》ろは④繁《しげ》き　小松山《こまつやま》
松《まつ》の中《なか》にサーヨォー　坂《さか》もおじゃる　坂《さか》も坂《さか》
坂《さか》も坂《さか》サーヨォー　⑤七坂八坂《ななさかやさか》　九坂《ここのさか》
十坂目《とさかめ》にサーヨォー　⑥火床《ほンど》を建《た》てて　銭《ぜに》を吹《ふ》く
銭《ぜに》も銭《ぜに》サーヨォー　銀貨《ぎんか》の銭《ぜに》を　⑦吹《ふ》き申《もう》す
（アァドードット）

〽⑧潮汲《しおく》みが　降《お》りくる波《なみ》に　桶取《おけと》られ
桶返《おけかえ》せ　戻《もど》せや沖《おき》の　白波《しらなみ》

〽忘《わす》れ来《き》た　船場《ふなば》に笠《かさ》を　忘《わす》れ来《き》た
忘《わす》れ来《き》た　⑨お江戸《えど》ではやる　⑩菅《すげ》の笠《かさ》

注①現宮城郡松島町。
②青竜山瑞巌円福禅寺。八二八年、慈覚大師が創建。伊達正宗が一六〇五年から四年の歳月をかけて再建した。
③「寺も」は誤唱。
④『斎太郎節』（大漁唄い込み）中の「山で　小松原」は、後藤桃水が改作したもの。
⑤一六八ページ上段一首目の歌詞の替え唄。
⑥金属をきたえるための、簡単な炉。
⑦鋳造いたします。
⑧海水を桶に汲んで塩田へ運ぶ仕事の人。
⑨現東京都東部。江戸幕府の所在地。
⑩菅で作った編み笠。菅は、水辺や湿地に生える多年草。茎は三角形で、葉は細長い。

宮城県の仕事唄・祝い唄。宮城県の北東部、それも旧北上川が太平洋へ注ぐ河口に開けた港町石巻（石巻市）に造られた銅鉄銭の鋳造所で、職人たちが小型の箱蹈鞴《はこだたら》を手で押しながら唄ってきたものである。

伊達《だて》藩の銅鉄銭の鋳造は、一六三七年八月に、三迫《さんのはさま》（現栗原市栗駒・金成・若柳）に鋳造所が設立された時から始まる。しかし、ここはまもなく閉鎖されてしまい、一七二七年に石巻に新設された。その石巻の鋳造所は、新田町と山下の二ヶ所で、前者は現在の石巻駅前道路の東側で、一万坪ほどの広さであった。山下鋳造所の位置は禅昌寺の西側辺りである。

さて、そこで働く職人たちは、北上川沿いの鉱山から運び込まれる鉱石を利用して鋳造する関係から、南部藩領の人たちが多かった。その職人たちが炉に風を送る箱蹈鞴を押しながら唄ってきたのが『銭吹き唄』である。それは、のちには一般の鍛冶屋でも唄われるようになった。さらに、銭を造る唄で目出度いということから、祝いの席でも好んで唄われるようになった。

唄の履歴　この唄の源流は、岩手県南東端の現陸前高田市気仙《けせん》町で唄われていた祝い唄『気仙坂』（一六八ページ）である。それは、もとは「木遣《きや》り唄」であったから、みんなで重い物を動かす時に力を結集させる唄としての性格と、神々に願いを掛ける祝い唄としての性格を持っていた。そのため、『気仙坂』は東北地方一円へ広まってゆき、銭座の蹈鞴押しの唄にも利用された。そして、銭を造る時に唄う唄で、『銭吹き唄』なる曲名が生まれた。

石巻の鋳造所は明治時代に閉鎖されたが、唄のほうは、鉱山の精錬所や鍛冶屋の「蹈鞴唄」として、また、祝い唄として生き続けた。その『銭吹き唄』を石巻の隣町、桃生《ものう》郡矢本《やもと》町（現東松島市内）の片倉宗太郎が守り続けた。

節まわしの型　今日広く唄われている節まわしは、片倉宗太郎のものである。

仙《せん》台《だい》松《まつ》坂《ざか》

〽①この家旦那様《やだんなさま》　お名《な》をばなんと
蔵《くら》は②九《ここの》つ　③蔵之助《くらのすけ》

〽目出度目出度《めでためでた》の　若松様《わかまつさま》よ
枝《えだ》も栄《さか》える　葉《は》も繁《しげ》る

〽④これの館《やかた》は　目出度《めでた》い館《やかた》
鶴《つる》と亀《かめ》とが　舞《ま》い遊《あそ》ぶ
〽この家座敷《やざしき》に　鶴亀《つるかめ》降《お》りて
⑤身上《しんしょ》あがれと　舞《ま》い遊《あそ》ぶ
〽目出度《めでた》いものは　胡桃《くるみ》の花《はな》よ
⑥長《なが》く咲《さ》いても　実《み》は丸《まる》く

注①「これの」とも。
②〔実数ではなく〕沢山、の意。
③赤穂四十七士の大石内蔵助《くらのすけ》の名声にあやかる気持ちがある。
④「この家座敷は　目出度い座敷」とも。
⑤この家の財産がふえ、家格が上がるようにと。
⑥細長い房のような、薄緑色の花が咲くが、実は、花の形と異なって丸い。末は円満に、の意。

宮城県の祝い唄。宮城県中央部の旧城下町仙台(仙台市)や仙北《せんぼく》地方(仙台の北)の人たちが、祝いの席で『さんさ時雨《しぐれ》』の次に唄ってきたものである。

唄の履歴　この唄の源流は、新潟県下の『越後《えちご》松坂』(三九三ページ)である。

『仙台松坂』は、それが越後瞽女《ごぜ》や座頭によって阿賀野川沿いに会津《あいづ》地方へ伝えられ、さらに仙台地方にまで及んだものと思われる。そして、たぶん『さんさ時雨』流行以前の祝い唄として、宮城県下で広く唄われたのであろう。

ところが、農村部には三味線をひく人がいないため、また、祝い唄は長く伸ばして朗々と唄うとありがたみがあるため、しだいにゆっくりした唄にとなっていった。そして、赤間森水(政夫)の名人芸で広まったが、あまりにも上手すぎて、森水が一九八二年に没してからは、誰も唄いこなせなくなってしまっている。(なお、⬇『中お国松坂』)

節まわしの型　今日広く唄われている節まわしは、赤間森水のものである。

仙台目出度《せんだいめでた》

本　唄〔太夫役〕
〽目出度目出度《めでためでた》の　若松様《わかまつさま》よ
枝《えだ》も　(〔才蔵役〕コラショッ)　栄《さか》えて
葉《は》も繁《しげ》る　お目出度《めでた》い

長ばやし〔才蔵役〕
ヨーイヤナ　ヨーイヤナ　アァ目出度《めでた》い
目出度《めでた》い

〽この家旦那様《やだんなさま》　①お多福顔《たふくがお》で
にこと笑《わら》えば　福《ふく》が寄《よ》る
〽この家旦那様《やだんなさま》　②大黒顔《だいこくがお》で
にこと笑《わら》えば　お金《かね》涌《わ》く
〽これのお③店《たな》は　目出度《めでた》いお店《たな》
四《よ》つの隅《すみ》から　黄金《こがね》涌《わ》く
〽目出度目出度《めでためでた》の　重《かさ》なる時《とき》は
④天《あま》の岩戸《いわと》も　押《お》し開《ひら》く
〽目出度目出度《めでためでた》の　思《おも》うこと叶《かの》うた
末《すえ》は鶴亀《つるかめ》　⑤五葉《ごよ》の松《まつ》
〽⑥これの⑦座敷《ざしき》は　目出度《めでた》い座敷《ざしき》
鶴《つる》と亀《かめ》とが　舞《ま》い遊《あそ》ぶ
〽これの旦那様《だんなさま》　お名《な》をばなんと
蔵《くら》は⑧九《ここの》つ　⑨蔵之助《くらのすけ》
〽年《とし》の初《はじ》めに　⑩若水迎《わかみずむか》え
長《なが》い柄杓《ひしゃく》で　宝《たから》汲《く》む
〽⑪春《はる》の初《はじ》めに　井戸《いど》掘《ほ》り初《ぞ》めて
水《みず》が涌《わ》かいで　黄金《こがね》湧《わ》く
〽春《はる》の初《はじ》めに　筆《ふで》執《と》り初《ぞ》めて
万宝《よろずたから》を　書《か》き(掻き)集《あつ》め
〽この家《や》お庭《にわ》に　⑫姫松《ひめまつ》植《う》えて
⑬松《まつ》の緑《みどり》は　みな黄金《こがね》

〽お台所《だいどころ》と　⑭いよ川《かわ》の瀬《せ》は
いつもドンドと　鳴《な》るがよい
〽⑮目出度《めでた》あがるも　今日明日《きょうあす》ばかり
あとは来年《らいねん》　暇乞《いとまご》い

注①お多福面のような顔。丸顔の女の面で、額が高く、頬がふくれ、鼻が低い。福を招くとされる。「お福」は、その面を額につけている。
②大黒天のような、にこにこした顔。大黒天は七福神の一。福徳・財宝・食物などの神。右手に打出の小槌《こづち》を持ち、左肩に大きな袋をかつぎ、米俵二俵の上に立つ。
③商店。「座敷は　目出度い座敷」とも。
④神話で、天上界にある岩屋の戸。天照大神《あまてらすおおみかみ》（太陽神）が、弟の素戔嗚尊《すさのおのみこと》の乱暴な行動に怒ってこの岩屋にこもったため、世の中がまっ暗になった。神々は、その戸を開けるのに苦労した。
⑤五葉松。マツ科の常緑高木。山地に自生。高さ三〇メートルになるが、庭木や盆栽にする。針形の葉が五本ずつ小枝に密に束生し、夫婦と三人の子にたとえて一家繁栄の象徴とされる。
⑥「この家」とも。
⑦「館《やかた》は　目出度い館」とも。
⑧〔実数ではなく〕沢山、の意。
⑨赤穂四十七士の大石内蔵助《くらのすけ》の名声にあやかる気持ちがある。
⑩元日の朝に、その年初めて井戸から水を汲むこと。その水が「若水」で、霊力が宿っていると考えられた。年神に供え、調理やお茶に用いる。
⑪正月に。
⑫小さな松。また、姫小松（五葉松）のこと。
⑬冬も枯れない松の葉は繁栄の象徴である。繁栄は富すなわち黄金による。
⑭「いよいよ」の古形。さらに。ますます。「いよよ高まる」を略したものか。
⑮目出度い文句を唱える「お福」が参上するのも。

宮城県の祝福芸唄。宮城県の中央部、旧城下町仙台（仙台市）の商家の軒先で、毎年正月二日の初売りの時に、「お福」と呼ばれる祝福芸人たちが唄ってきたものである。お福とは、お高祖頭巾《こそずきん》を冠り、額にお多福面をつけた人たちのことで、老女から少女まで六、七人が一団となって、店先で目出度づくしの文句を唄い、商売繁昌を祝うのである。

こうした祝福芸人は、江戸時代末期には江戸にもおり、鹿島万兵衛（一八四九年、江戸堀江町生まれ）の著書「江戸の夕栄《ゆうばえ》」に、「お福の滑稽、これらは皆江戸趣味の芸にして、正月のほか祭礼・五節句などに来り演ず」とある。お福は、かなり広い地域に存在した祝福芸人のようである。

唄の履歴　この唄の源流は不明である。ただ、七七七五調の歌詞のあとにつく「お目出度い　ヨーイヤナ　ヨーイヤナ　目出度い目出度い」は、西日本地方一円に分布している地固め唄『ヒョータン節』と似ている。

『ヒョータン節』の場合は、「おもしろや　イヨノーヒョータンヤ」で、これがのちに「お目出度や　イヨノーヒョータンヤ」となり、地固め工事の人たちによって関東地方の利根《とね》川流域にまで伝えられた。千葉県下では、それを「餅搗き唄」に利用しているので、『仙台目出度』も、正月の「餅搗き唄」として唄われていたものを、お福が転用したとも考えられる。

そのお福は、明治時代に入ると姿を消してしまったが、唄は老人の記憶にあって、それを後藤桃水一門の人たちが昭和時代の初めに復元した。その折り、一人で唄い通す形にまとめてしまったので、これからは「太夫役」と「才蔵役」による掛け合い形式の、旧来の形へ戻すほうがよい。

節まわしの型　今日広く唄われている節まわしは、鈴木たけのものである。

大漁唄い込み《たいりょううたいこ》

御祝《ごいわ》い

〽オォイ　オォホーイ
これより海上安全《かいじょうあんぜん》を　神々《かみがみ》に祈願《きがん》いたす
船《ふね》にはお船《ふな》①大膳《だいぜん》　沖《おき》には沖《おき》の②明神《みょうじん》
岸《きし》には③金毘羅大権現《こんぴらだいごんげん》　東《ひがし》には④黄金山神社《こがねやまじんじゃ》
西《にし》には⑤奥州《おうしゅう》⑥一《いち》の宮《みや》　⑦塩釜神社《しおがまじんじゃ》
この神々《かみがみ》　海上安全《かいじょうあんぜん》　家内安全《かないあんぜん》を守《まも》りたまえ
ヤァンヤン
（ソレ　ヤァンヤン）

斎太郎節《さいたろうぶし》
（⑧ウンリャ　トットー　ウンリャ　トットー）
〽⑨松島《まつしま》のサーヨー　⑩瑞巌寺《ずいがんじ》ほどの　⑪寺《てら》はない

トーエー

長ばやし

アレワエェエット　ソーリャァ　大漁《たいりょう》だエ
ー

前《まえ》は海《うみ》サーヨー　後《うし》ろは山《やま》⑫で　小松原《こまつばら》トー
エー

長ばやし

アレワエェエット　ソーリャァ　大漁《たいりょう》だエ
ー

（リャ⑬　リャ　リャ　リャ　リャァ）

遠島甚句《とおしまじんく》⑭

〽ハァー沖《おき》で鷗《かもめ》の　アラ鳴《な》く声《こえ》聞《き》けば
船乗《ふなの》り稼業《かぎょう》は　アレッサやめらりょか
（ハァヨイヨイ　ヨイトサッ）
（［音頭取り・漕ぎ手］リャ⑮　リャ
リャ　リャァ）

斎太郎節

〽⑯石巻《いしのまき》　その名《な》も高《たか》い　日和山《ひよりやま》⑰
西東《にしひがし》　松島《まつしま》⑱遠島《とおしま》　目《め》の下《した》に

〽⑲富山《とみやま》は　高《たか》さも高《たか》い　名所山《めいしょやま》
見渡《みわた》せば　八百八島《はっぴゃくやしま》⑳　目《め》の下《した》に

〽㉑塩釜様《しおがまさま》の　御門《ごもん》の前《まえ》の　八重桜《やえざくら》
咲《さ》き乱《みだ》れ　浮《う》き名《な》も辰巳《たつみ》㉒　西《にし》㉓ノ町《まち》

〽㉔潮汲《しおく》みが　降《お》りくる波《なみ》に　桶取《おけと》られ
桶返《おけかえ》せ　戻《もど》せや沖《おき》の　白波《しらなみ》

注①チドリ科の鳥。全長三〇センチほど。夏羽は顔から腹にかけて黒色で、頭や体の上面は黒と白の斑模様。冬羽は下面が白地に褐色の縦斑模様となる。春と秋に日本を通過する旅鳥だが、南日本では越冬するものも多い。海岸部の湿地を好む。漁師は吉鳥としていた。鳥名は、肉が美味で、宮廷の料理に用いられたことによる。

②特に霊験あらたかな神。

③香川県多度津郡琴平町にある金刀比羅宮《ことひらぐう》を本社とする神社。海上守護の神。

④牡鹿半島南端部東方の金華山にある。

⑤陸奥《むつ》の国の別称。現青森・岩手・宮城・福島県全域と秋田県の一部。

⑥平安時代末期〜中世に民間でつけた社格で、その国第一位の神社。

⑦現塩釜市にある。航海安全・豊漁・安産の神。

⑧「遠島甚句」のしまいまで掛け続ける。

⑨現宮城郡松島町。

⑩青竜山瑞巌円福禅寺。八二八年、慈覚大師の創建。伊達政宗が一六〇五年から四年をかけて再建した。

⑪「寺もない」は誤唱。

⑫後藤桃水の改作。本来は「繁き　小松山」。

⑬「斎太郎節」の最後の唄に加える。

⑭他の歌詞は➡次項。

⑮「遠島甚句」の最後の唄に加える。

⑯現石巻市。旧北上川河口の港町。仙台藩の、米の積み出し港であった。

⑰現石巻市の、旧北上川河口近くにある小山（五六メートル）。帆船時代、ここに登って天候を見定め、出港を決めた。

⑱宮城県北東部の、牡鹿半島と、周辺の島々。「トシマ」は、関東地方の民謡愛好者たちが縮めてしまったもの。

⑲現松島町の北部にある山（一一七メートル）。山頂からの松島湾は「麗観」と称せられる。

⑳多くの島々、の意。

㉑塩釜神社。

㉒南東の方角。「立つ」を掛ける。

㉓塩釜神社表参道石段下の、左右に広がる町。かつては二十数軒の遊廓があった。

㉔海水を桶に汲んで塩田へ運ぶ仕事の人。

宮城県の祝い唄。このうち、「御祝《ごいわ》い」と「斎太郎節」は、宮城県中東部の松島湾沿岸の漁師たちが、鰹《かつお》の大漁の折りに、海の神に大漁を感謝し、次の豊漁を願い、また、浜で待つ者たちに大漁を知らせるべく、艪《ろ》を押しながら唄ってきたものである。

この辺りの鰹漁は、毎年梅雨明けから始まり、新暦の一一月七日、八日頃まで行われる。船は全長一七間（約三一メートル）の大船で、これに一二反の帆をかけ、二二〜二三人の漁師が乗り込むと、金華山沖から岩手県の宮古沖にまで出漁していった。船を漕《こ》ぐのは、右舷《うげん》六人、左舷六人の一二人である。漁法は一本釣りで、千本釣るのに二日から五日ほどかかった。そして、千本釣れれば、船の艫《とも》に掲げる旗の下に笠や酒樽《さかだる》をさげ、二千本の時は笠を二つ、三千本の時は三つ、満船の時は五つ吊るし、釣り上げた鰹に海水をかけ続けて血を洗い流しながら港へと戻ってくる。この時、船の舳《へさき》に乗っている表船頭か年長の漁師が音頭取りになって、一二人の艪がそろうように唄を唄う。

その唄「御祝い」と「斎太郎節」に、東北民謡育ての親といわれる後藤桃水（桃生郡鳴瀬町大塚〈現東松島市内〉）が「遠島《とおしま》甚句」を加えて三曲から成る組唄にし、『大漁唄い込み』と命名した。

唄の履歴　「御祝い」の源流は、江戸時代以前にすでに現青森県・岩手県下を中心に広く唄われていた祝い唄である。節はいろいろあるようだが、中には節らしいものがほとんどない、祝詞《のりと》風のものさえある。ただ、元唄として唄われている歌詞は、

〽お祝いごとは　繁ければ
お壺《つぼ》の松は　そよめく

で、中世に流行した唄の名残りらしい。ともあれ、東北地方に伝わる現存民謡中、最も古い祝い唄の一つである。

さて、『大漁唄い込み』に用いられた「御祝い」の旧来の歌詞は「〽お祝いごとは…」であった。しかし、あまりに古風なので、後藤桃水がのちにこの唄を整理した折りに、新たに祝詞風の文句を作った。それが前掲の歌詞で、太平洋戦争前はこれで唄っていた。

次の「斎太郎節」の源流は、岩手県南東端の現陸前高田市気仙《けせん》町辺りの人たちが唄っていた祝い唄『気仙坂』（一六八ページ）である。それは、もとは「木遣《きや》り唄」であったから、みんなで重い物を動かす時に力を結集させる唄としての性格と、神々に願いを掛ける祝い唄としての性格を持っていた。そのため、『気仙坂』は気仙大工などによって東北地方一円へ広まり、三陸沿岸方面の漁村に伝わったものは、艪漕ぎ唄や大漁祝い唄として利用された。

一九二五年、後藤桃水は現東松島市鳴瀬《なるせ》町野蒜《のびる》で門下生の「のど自慢大会」を開いた。その時に、現鳴瀬町東名《とうな》の漁師斎藤清次郎（一八八二年頃の生まれ）が飛び入りで出場し、「サイタラ節」を唄った。その歌詞は「〽気仙坂　七坂八坂九坂　十坂目に　鉋《かんな》をかけて　平らめた」であった。この唄は舞台で使えると即座に判断した桃水は、帰り道、弟子の八木寿水《じゅすい》（鳴瀬町大塚）に節まわしの整理を命じた。また、自らは、在来の『銭吹き唄』の歌詞、

〽松島の　瑞巌寺ほどの　寺はない
〽前は海　後ろは繁き　小松山
〽塩釜様よ　八百八島　目の下に

に手を加え、曲名も「サイタラ節」に「斎太郎節」という漢字をあてた。

曲名に漢字をあてるのは当時の風潮で、大正時代から昭和時代初めにかけて民謡がレコードになり、ラジオで放送されるようになった頃、漢字のほうが品位があり、格調が高く、伝統を感じさせると考えられたためである。おまけに桃水は、石巻（現石巻市）の銭座の踏鞴《たたら》職人斎太郎が唄い始めたという由来話まで作り上げた。それでも昭和三〇年代（一九五五〜）の中頃までは、宮城県下の民謡家は、文字では「斎太郎節」と書いても、読みは「サイタラ節」であった。この「サイタラ」は、掛け声の「サイドヤラ」が訛って「サイトヤラ」「サイタラ」になったようである。曲名を「斎太郎節」と書くようになってからもう九〇年以上になるので、すぐには無理であるが、時間をかけて本来の「サイタラ節」へ戻すべきである。

三曲目の「遠島甚句」の源流は不明である（⬇二〇九ページ）。

これらの三曲を組唄にした『大漁唄い込み』を、一九二八年六月、後藤桃水はNHK仙台放送局の開局記念番組で初放送した。音頭八木寿水、掛け声赤間森水（政夫）・松元木兆《もくちょう》であった。その時から、この唄は宮城県民謡の代表曲になっていった。

一九五三年、塩釜市出身の我妻桃也《わがつまとうや》は「NHKのど自慢全国コンクール」に出場して、『大漁唄い込み』（「御祝い」は略して）を、東北大会までは八木寿水と赤間森水の掛け声で唄って勝ち残った。そして、全国大会（大阪産経ホール）では森水の掛け声で唄って優勝した。そのあと、菊池淡水の尺八伴奏でコロムビアレコードに吹き込んだが、SPレコードは片面の収録時間が約三分という枠があるため、「御祝い」を省いてしまった。また、のちの人たちがこの唄を酒盛り唄に利用したため、以後の『大漁唄い込み』は「御祝い」なしとなってしまった。そこで、かつて桃水の命を受けて『大漁唄い込み』をまとめあげた八木寿水（八二歳）の記憶を元にして桃水作詞の「御祝い」を筆者（竹内勉）が復元し、一九六四年七月三〇日に八木寿水・赤間森水の唄でコロムビアレコードに吹き込んだ。なお、旧来の「御祝い」のほうは、NHK編「復刻　日本民謡大観　東北篇」CDの『大漁唄い込み』（音頭八木寿水、掛け声赤間森水・松元木兆）中のものしか現存していないようである。復元を考える人は、その録音を元にするとよい。

節まわしの型　今日広く唄われている節まわしは、豪快な艪《ろ》漕ぎ唄としては八木寿水・赤間森水のもの、酒盛り唄としては我妻桃也のものである。

遠島甚句《とおしまじんく》

〽ハァー押《お》せや押《お》せ押《お》せ（アァヨーイトサ）
　ハァ二挺艪《にちょろ》で押《お》せや
押《お》せば港《みなと》が（アァヨーイトサ）　オヤサ近《ちか》く
　なる
　（ハァヨイヨイ　ヨイトサ）

長ばやし〔はやし手〕
烏賊《いか》さん　蛸《たこ》さん　海鼠《なまこ》さん
あとから海鞘《ほや》さん　ホーイホイ
（トコヤッサイ　ヤッサイナ）

本　唄

〽①三十五反《さんじゅごたん》の　帆《ほ》を捲《ま》き上《あ》げて
行《ゆ》くよ②仙台《せんだい》　③石　巻《いしのまき》

〽沖《おき》で鷗《かもめ》の　鳴《な》く声《こえ》聞《き》けば
船乗《ふなの》り稼業《かぎょう》は　やめらりょか

〽沖《おき》を流《なが》るる　④炭《すみ》すごさえも
鷗《かもめ》に一夜《いちや》の　宿《やど》を貸《か》す

〽⑤南吹《みなみふ》かせて　⑥船下《ふねくだ》らせて
⑦元《もと》の⑧千石《せんごく》　積《つ》ませたい

〽⑨端島沖《はしまおき》から　白帆《しらほ》が三艘《さんぞ》
中《なか》の⑩丸六《まるろく》　主《ぬし》の船《ふね》

〽風《かぜ》はならい⑪で　高帆《たかほ》に魔風《まかぜ》
思《おも》う⑫遠島《とおしま》に　寄《よ》せかねる

〽⑬大須《おおす》よい所《とこ》　⑭朝日《あさひ》を抱《だ》いて
⑮最上《もがみ》お客《きゃく》の　長泊《ながど》まり

〽⑯胡蝶《こちょう》　⑰駒鳥《こまどり》　何《なん》の木《き》に留《と》まる
沖《おき》の⑱大灘《おおなだ》　流《なが》れ木《き》に

〽遠島《とおしま》どこよと　鷗《かもめ》に聞《き》けば
⑲黄金花咲《こがねはなさ》く　⑳金華山《きんかざん》

〽飲《の》めや唄《うた》えや　今宵《こよい》が限《かぎ》り
明日《あす》は出船《でふね》の　舵　枕《かじまくら》

〽㉑島《しま》と㉒唐桑《からくわ》に　㉓反《そ》り橋架《はしか》けて
渡《わた》りたいぞや　今一度《いまいちど》

〽㉔気仙《けせん》㉕気仙沼《けせんぬま》の　烏賊《いか》釣《つ》り船《ぶね》よ
烏賊《いか》も釣《つ》らねで　㉖女郎《めろう》を釣《つ》る

〽㉗尾浦御殿《おうらごてん》で　撞《つ》き鐘《がね》つけば
㉘伊達《だて》の梁川《やながわ》　思《おも》い出《だ》す

〽島《しま》でなんだれ㉙　㉚手拭《てぬぐ》い帯《おび》に
㉛いつも大漁《たいりょ》か　締《し》めどおし

〽よくも吹《ふ》く風《かぜ》　昨日今日《きのうきょう》で二日《ふつか》
明日《あす》の出船《でふね》が　気《き》にかかる

〽㉜北上川口《きたかみかわぐち》　ドンと打《う》つ波《なみ》は
可愛《かわ》い男《おとこ》の　度胸試《どきょだめ》し

〽色《いろ》が黒《くろ》いたて　釣《つ》り竿持《ざおも》てば
沖《おき》で㉝鰹《かつお》の　色　男《いろおとこ》

〽そばにも寄《よ》られぬ　茨株《ばらかぶ》さえも
触《さわ》りたいよな　花《はな》が咲《さ》く

長ばやし

〽㉞ほだからほだから　㉟俺言《おらい》ったっけ
一時《いっとき》㊱耐《こ》てれば　㊲耐《こ》てるもの
一時耐《いっときこ》てねで　㊳事出《ことだ》した
㊴ほにほにほにほに　㊵ずんけねェ
トコヤッサイ　ヤッサイナ

〽ハーすってん㊶ばってん㊷　はやりの袢纏《はんてん》

鍋釜《なべかま》売《う》っても　着《き》ね者《もの》馬鹿《こけ》だよ
トコヤッサイ　ヤッサイナ

注
①三五反の麻布で作った帆。一反は、幅二尺五寸（約七六センチ）、長さ二丈六尺（約七・九メートル）か八尺。千五百石積みぐらいの大型船の帆。
②現仙台市。伊達《だて》氏六二万石の仙台藩の城下町。
③現石巻市。石巻港は、仙台藩の米の主要積み出し港であった。
④炭俵。萱を編んで作る。
⑤南風。
⑥「下る」は、京都と反対方向へ行くこと。ここでは、仙台湾を航行する船が石巻方面へ戻ること。
⑦その船が船出した港。
⑧千石の米。四斗（約七二・二リットル）入りの俵で二千五百俵分。
⑨東松島市南部にある宮戸島の、南東方の小島。江戸時代までは端島、現在は波島と書く。
⑩丸の中に六の字を染め抜いた帆。六兵衛・六右衛門などという船主の頭文字であろう。
⑪宮城県北部の太平洋沿岸では、冬に吹く、寒い強風で、北西の風。
⑫⇩解説。
⑬石巻市雄勝町の地名。雄勝半島の東端にある。かつての捕鯨基地。
⑭朝、布団の中に朝日がさし込むまで、のんびり寝ていられるぜいたくさをいう。
⑮現山形県から、庄内米を初めとする山形産の物資を千石船に積んできた船頭のこと。酒田の本間家所有の物産などを、津軽海峡経由の東まわり航路で回漕してきたのであろう。
⑯蝶々。
⑰ヒタキ科の夏鳥。体長一四センチほど。名は、鳴き声が馬のいななきに似ていることによる。
⑱大海原。
⑲七四九年、現遠田郡涌谷町で、日本で初めて金が発掘され、朝廷に献上された。その金は大仏鋳造に役立てられたが、それをたたえた、大伴家持の「天皇《すめろき》の御代栄えむと東《あづま》なる　陸奥山《みちのくやま》に黄金花咲く」（万葉集）による。
⑳牡鹿半島南端部の東にある島。周囲約二六キロ。前項の金発掘後、この島に黄金山神社が建立された。
㉑大島。宮城県北東部、気仙沼湾の中央にある島。周囲約二二キロ。
㉒現気仙沼市唐桑町。
㉓中央部が上方へ反った形の橋。
㉔現岩手県陸前高田市気仙町。
㉕現宮城県気仙沼市。
㉖女を。
㉗現牡鹿郡女川町尾浦の御殿峠。伝説によると、神《じん》亀《ぎ》年間（七二四～二九）に天竺《てんじく》（現インド）の王子が漂着し、永住するために御殿を構えた所。
㉘現福島県伊達市梁川町。仙台藩主伊達家の祖先の領有地であったが、江戸時代は一七三一年まで松平氏三万石の領地。のち、松前藩領。
㉙なんだ、あれは。
㉚手拭いを帯にするのは、大漁の目印。
㉛「伊達かはやりか　帯ないか」とも。
㉜旧北上川の河口で、石巻港のある所。現北上川は岩手県北西部の山地に発して県中央部・宮城県北東部を南流し、石巻市北東部で追波《おっぱ》湾へ注ぐ（約二四九キロ）。旧北上川は宮城県登米市津山町で分流し、石巻市中心部で石巻湾へ注ぐ。
㉝鰹を釣り上げると小脇に抱え込むことから、鰹を抱くので色男と言った。
㉞そうだから。
㉟「言ったでねェか」とも。
㊱こらえれば。がまんすれば。
㊲こらえられるものだ。がまんできるものだ。
㊳もめごとを起こした。
㊴本当に。
㊵わずらわしい。駄目なやつは世話がやける、の意。
㊶「すってんてん」の略。金が全くなくなること。以下、「てん」づくし。
㊷「×」印のこと。よくない、まちがいだ、などの意。

宮城県の酒盛り唄。宮城県の北東部、それも牡《お》鹿《しか》半島を中心とする遠島地方の漁師たちが、酒席で唄ってきたものである。

曲名の「遠島」とは、仙台湾の北部、太平洋へ突き出た牡鹿半島一円の沿岸部を示す名称で、用い方に二通りある。一つは、牡鹿半島全域とその周辺の島々をさす場合、もう一つは、牡鹿半島の東西の海上に点在する江ノ島・網地島《あじしま》・田代島・出島《いずしま》などの小島群をさす場合である。これらの島々は仙台藩の流刑地《るけいち》で、俗に「遠島」と呼ばれた。しかし、今日の『遠島甚句』の分布を見ると、前者の広い地域をさすと考えるほうがよさそうである。

唄の履歴　この唄の源流は不明である。江戸時代後期から明治時代に「甚句」が日本中で大流行したが、宮城県下の太平洋沿岸地方では、それが酒盛り唄として唄われ、地元では「浜甚句」と呼んでいた。浜辺の甚句、漁師の甚句といった意味である。その後、各地の「浜甚句」を区別するために、そうした唄にその地方の地名を冠せて呼ぶようになった。『遠島甚句』は、遠島地方の「浜甚句」ということである。

ところが、この唄は、『大漁唄い込み』（二〇五ページ）の中に取り込まれると、いつのまにか、長ばやしを略し、艪漕《ろこ》ぎ唄としての力強さ、鋭さ、激しさのみの唄になってしまい、本来の酒盛り唄として唄う人が少なくなってきている。これからは、長ばやしを加えて、『大漁唄い込み』の場合とは異なった、ゆったりした唄い方を確立することが必要である。

なお、『遠島甚句』の「遠島」は、宮城県下の民謡家は、昭和三〇年代（一九五五〜）までは「トオシマ」と言っていたが、関東地方の民謡愛好者たちがいつのまにか「トシマ」にしてしまった。これも、時間をかけて元へ戻すほうがよい。

節まわしの型　今日広く唄われている節まわしは、赤間森水（政夫）のものである。

中《なか》お国松坂《くにまつざか》

上の句

〽さても目出度《めでた》い　①正月様《しょうがつさま》よ

口説《くどき》

②門《かど》に立《た》てたる　③五蓋松《ごかいまつ》
風《かぜ》がそよそよ　雪《ゆき》④ほろけ
降《ふ》りくる雪《ゆき》は　黄金《こがね》なり
庭《にわ》に⑤這《は》いずる　亀《かめ》の舞《まい》

下の句

アァー⑥つるつる（鶴々）と　唄《うた》う⑦はね釣瓶《つるべ》

〽正月二日《しょうがつふつか》の　⑧初夢《はつゆめ》に
何《なに》より目出度《めでた》い　夢《ゆめ》を見《み》た
⑨一富士二鷹《いちふじにたか》　三茄子《さんなすび》

〽⑩お斗蔵様《とくらさま》の　樫《かし》の木《き》を
⑪申《もう》し降《お》ろして　船《ふね》に⑫はぎ
前《まえ》なるお池《いけ》に　浮《う》かばせて
金銀《きんぎん》⑬延《の》べたる　帆柱《ほばしら》に
⑭綾《あや》と⑮錦《にしき》の　帆《ほ》を捲《ま》いて
俵《たわら》に宝《たから》を　⑯積《つ》み重《かさ》ね
⑰この家繁昌《やはんじょ》と　走《はし》り込《こ》む

〽この家《や》　⑱長者《ちょうじゃ》の　目出度《めでた》い座敷《ざしき》
⑲正座《しょうざ》の方《かた》を　⑳眺《なが》むれば
お客仲人《きゃくなこうど》　花嫁御《はなよめご》
㉑待《ま》ち女房《にょうぼ》ともに　居並《いなら》んで
㉒蓬莱山《ほうらいさん》を　飾《かざ》り置《お》き
㉓三三九度《さんさんくど》を　取《と》り交《か》わし
天《てん》から鶴《つる》が　舞《ま》い下《さ》がり
前《まえ》の池《いけ》から　亀上《かめあ》がる
㉔げにや目出度《めでた》い　お酒盛《さかも》り

〽㉕新玉《あらたま》の
年《とし》の初《はじ》めの　祝《いわ》いとて
これの館《やかた》を　眺《なが》むれば
㉖八棟造《やつむねづく》りで　総檜《そうひのき》
前《まえ》㉗坪庭《つぼにわ》を　眺《なが》むれば
大松小松《おおまつこまつ》に　㉘布袋竹《ほていちく》
天《てん》より鶴《つる》は　舞《ま》い下《さ》がり
池《いけ》より亀《かめ》は　舞《ま》い上《あ》がり
前《まえ》の㉙泉水《せんすい》　眺《なが》むれば
㉚仁義礼智信五《じんぎれいちしんいつ》つの石《いし》を　飾《かざ》り置《お》き
中《なか》に金魚《きんぎょ》　㉛銀魚《ぎんぎょ》が　子《こ》を生《う》みて
㉜身上《しんしょ》は鯉《こい》の　滝登《たきのぼ》り
これへ御座《ござ》れや　㉝福《ふく》の神《かみ》

〽うちの旦那様《だんなさま》　目出度《めでた》いお人《ひと》
前《まえ》に豆蔵《まめぐら》　お米蔵《こめぐら》
後《うし》ろのお蔵《くら》を　見《み》てやれば
㉞恵比須《えびす》　㉟大黒《だいこく》　お酒盛《さかも》り
銀《ぎん》の盃《さかずき》　取《と》り上《あ》げて
㊱長柄《ながえ》の銚子《ちょうし》に　㊲泉酒《いずみざけ》
扇《おうぎ》のごとくに　末広《すえひろ》く
団扇《うちわ》のごとくに　世《よ》を丸《まる》く
芭蕉《ばしょう》のごとく　葉《は》を広《ひろ》く
柳《やなぎ》のごとく　㊳ごよ長《なが》く
㊴九穴《くけつ》の貝《かい》の　お肴《さかな》で
お家繁昌《いえはんじょ》の　御祝《おんいわ》い

注①正月に、その家の繁栄や豊作を約束してくれる神。年神様・歳徳神《としとくじん》とも。
②家の門口。
③枝葉が、笠を五つ重ねたような形になっている松の木。
④振るい落とし。
⑤「這い出る」「這いくる」とも。
⑥前々行の「亀」に対し、はね釣瓶の音で「鶴」を

出した。
⑦柱で支えた横木の端に桶をつるし、他方の端につけた重石の反動を利用して井戸水を汲み上げるもの。
⑧その年最初に見る夢。元日の夜、二日の朝または夜見た夢をさすのが一般的。よい夢を見ると幸せになるという。
⑨初夢に見ると目出度いとされるもの。
⑩斗蔵山神社。現角田市小田の斗蔵山（二三八メートル）山頂にある。樫の木は神木。この山は裏白樫の北限地である。
⑪斗蔵山神社の神にお願いして、下げ渡してもらって。
⑫張りつけて。
⑬たたいて延ばした。
⑭交差させた縦糸または横糸の浮きが布面に斜線となって表れた、美しい絹織物。
⑮金銀糸や色糸を縦横に交差させて美しい模様を織り出した、厚手の絹織物。
⑯「積み込んで」とも。
⑰「これの館に」とも。
⑱「館の」とも。
⑲最も大事な客が座る、正面の席。
⑳「見申せば」とも。
㉑結婚式の時に花嫁の世話をする係の女。
㉒結婚式用の飾り物。不老不死の仙人が住む、想像上の仙境をかたどり、松竹梅・鶴亀・老夫婦を配したもの。
㉓結婚式で行う献盃の礼。新郎新婦が、三つ組の盃で三回ずつ酒を飲み合う。
㉔実に。全く。
㉕「年」に係る枕詞。
㉖「「八」は実数ではなく」棟がいくつもあって、形が複雑な造りになっている屋根。
㉗建物や塀で囲まれた、小さな庭。
㉘真竹の変種。中国原産。観賞用に植える。高さ四〜八メートル、直径四センチほど。根元の部分は節の間がつまって、ふくれている。釣り竿や杖にする。
㉙庭の池や泉。
㉚儒教で、人が常に守るべき五つの徳目。
㉛金魚の一種。金魚が、老いて紅色から銀白色に変わったもの。
㉜その家の財産が急激に増え、家格が急に上がること。
㉝人に幸せや利益をもたらす神。七福神など。
㉞七福神の一。福徳・漁・商売繁昌などの神。右手に釣り竿を持ち、左手で鯛を抱える。
㉟大黒天。七福神の一。福徳・財宝・食物などの神。右手に打ち出の小槌《こづち》を持ち、左肩に大きな袋をかつぎ、米俵二俵の上に立つ。
㊱柄銚子。酒を盃に注ぐための器。木製または金属製で、長い柄がついている。
㊲地下から湧き出す、不老不死の酒。
㊳枝を長く。
㊴あわびのこと。

宮城県の祝い唄。宮城県中央部の旧城下町仙台（仙台市）や仙北《せんぼく》地方（仙台の北）の人たちが、祝いの席で、『さんさ時雨《しぐれ》』の次に唄ってきたものである。

唄の履歴　この唄の源流は、新潟県下の『越後《えちご》松坂』（三九三ページ）である。

ところが、越後の瞽女《ごぜ》や座頭は、七七七五調の短い歌詞では商売に用いにくいので、上の句（七七）と下の句（七五）の間に「祭文《さいもん》」を挿入する「祭文松坂」を作り上げ、長編の物語にして唄うようになった。その「祭文松坂」が、越後瞽女や座頭によって阿賀野川沿いに会津《あいづ》地方へ伝えられ、さらに仙台地方にまで及んだ。

しかし、仙台地方の遊芸人たちには「祭文」は難しく、なじみも薄かったので、「祭文」の代わりに「お国浄瑠璃」と呼ばれる語り物を挿入した。（それは、昭和時代の「岡本文弥節」のようなものである。）そのため、その唄は「お国浄瑠璃松坂」とか「中お国浄瑠璃松坂」と呼ばれるようになり、のちにはそれを略して「中お国松坂」となった。

そのうち、その「お国浄瑠璃」さえ難しくて扱いかねる遊芸人たちは、上の句と下の句の間に、七五・七五（二十四音）を一単位にして挿入する長編の「口説節《くどきぶし》」を作って、それですませるようになった。かくして中身は「口説松坂」になったが、『中お国松坂』という曲名だけは残った。なお、仙台地方には、別にもう一曲『仙台松坂』（二〇三ページ）がある。節まわしが異なるのは、伝えた瞽女や座頭の個人差によるものなのか、伝えられた年代が異なるのか、なのであろう。

その『中お国松坂』を、黒川郡大郷《おおさと》町の赤間森水（政夫）が十八番にして、太平洋戦争前から唄い続けてきたが、一九八二年に没してからは唄い手不在となってしまっている。

節まわしの型　今日広く唄われている節まわしは、赤間森水（政夫）のものである。

夏《なつ》の山唄《やまうた》

〽ハァー鳴《な》くな①チャボ鶏《とり》　ハァーまだ夜《よ》が明《あ》けぬ
明《あ》けりゃお山《やま》のナー　鐘《かね》が鳴《な》る

〽朝《あさ》の出掛《でが》けに　野山《②のやま》を見《み》れば
霧《③きり》のかからぬ　山《やま》はない
〽声《こえ》はすれども　姿《すがた》は見《み》えぬ
鎌《④かま》の音《おと》ばり　もやの中《なか》
〽寝《ね》ても眠《ねむ》たい　宵《よい》から寝《ね》ても
今朝《けさ》の朝草《あさくさ》　夢《ゆめ》で刈《か》る
〽一人《ひとり》徒然《⑤とぜん》だ　この山道《やまみち》を
一声《ひとこえ》鳴《な》かんせ　ほととぎす
〽雨《あめ》の晴《は》れ間《ま》に　大高森《⑥おおたかもり》は
笑《わら》い顔《がお》して　水鏡《みずかがみ》
〽粋《いき》な声《こえ》して　草刈《くさか》る人《ひと》の
お顔《かお》見《み》たさに　まわり道《みち》
〽草《くさ》を刈《か》られた　アノきりぎりす
鳴《な》き鳴《な》き子馬《こうま》に　乗《の》せられる
〽馬《うま》コ踏《ふ》むなよ　蛍《ほたる》の虫《むし》を
蛍《ほたる》可愛《かわ》いや　闇照《やみて》らす

注①鶏の一品種。小形で、愛玩用。江戸時代にインドシナのチャンパからもたらされ、日本で改良された。
②「どの山見ても」とも。
③朝霧が降ると、日中はよい天気になる。
④鎌の音ばかり。「雨の音ばり　山の中」は誤唱。
⑤淋しい。
⑥東松島市南部の宮戸島にある山（一〇六メートル）。山頂から望む松島湾は「壮観」と称せられる。

宮城県の仕事唄。宮城県の中央部、それも仙台市南の郊外の農村で、農民たちが、朝草刈りの折りに唄ってきたものである。（朝草刈りと「草刈り唄」については一〇〇ページ参照）

唄の履歴　この唄の源流は、江戸時代後期から明治時代に日本中で大流行した「甚句《じんく》」である。それを、仙台市周辺の農村の農民たちは、酒盛りの時に唄っていた。そして、その「酒盛り唄」を戸外へ持ち出し、草刈りへの往来や、草刈る手を休めた時に唄っているうち、遠く離れた山や谷の人たちに聞かせるために、節がしだいに長く、ゆったりしたものになっていった。その唄を、地元では「草刈り唄」と呼んでいた。

ところが、後藤桃水（桃生郡鳴瀬町大塚〈現東松島市内〉）が東北民謡を舞台で上演したりラジオで放送したりするために整理した際、あまりにも一般的な曲名の「草刈り唄」を『夏の山唄』と改名した。冬支度の薪を作る時の「木伐《きき》り唄」を『秋の山唄』と改名したのと同じ考えである。それは、一九三三、三四年の頃と思われる。

その『夏の山唄』、宮城郡高砂《たかさご》村（現仙台市宮城野区高砂）出身の松元木兆《もくちょう》の美声と甘い雰囲気の唄で広まっていった。

節まわしの型　今日広く唄われている節まわしは、松元木兆のものである。

浜市《はまいち》ドヤ節《ぶし》

御祝《ごいわ》い

〽今朝《けさ》の凪《①なぎ》で（エンヤァ　エンヤー）
ソーリャ（エンヤァ　エンヤー）
端島《②はしま》の沖《おき》で（エンヤァ　エンヤー）
ソーリャ（エンヤァ）
大鮪《③おおしび》小鮪《こしび》を（エンヤァ　エンヤー）
ソーリャ（エンヤァ）
胴丸《④どうまる》に満船《まんせん》させて（エンヤァ　エンヤー）
ソーリャ（エンヤァ　エンヤー）
塩釜港《⑤しおがまみなと》に　走《はし》り込《こ》むホホエ
（〔音頭取り・漕ぎ手〕アァリャア　リ
ヤア　リヤア　リヤア）

浜市甚句《はまいちじんく》

（⑥ウンリャアトット　ウンリャアトット）
〽ハァー浜市《⑦はまいち》　白萩《⑧しらはぎ》　アァ石上様《⑨いしがみさま》は
大漁大漁《たいりょうたいりょう》のコラヤノヤァ　ホンニ守《まも》り神《がみ》
（ヨォイ　ヨーイ　ヨーイトナー）
（〔音頭取り・漕ぎ手〕⑩リャ　リャ
リャ　リャ　リャア）

御祝い

〽竜舞岬《⑪たつまいみさき》に　腰打《こしう》ち掛《か》けて

沖《おき》を眺《なが》めりゃ　寄《よ》せくる船《ふね》は
⑫真帆《まほ》に⑬片帆《かたほ》に　数知《かずし》れず

〽目出度嬉《めでたうれ》しや　思《おも》うこと叶《かの》うた
金銀珊瑚《きんぎんさんご》　満船《まんせん》させて
塩釜港《しおがまみなと》に　走《はし》り込《こ》む

浜市甚句

〽押《お》せや押《お》せ押《お》せ　二挺艪《にちょろ》で押《お》せや
押《お》せば港《みなと》が　近《ちか》くなる

〽沖《おき》の黒潮《くろしお》　矢《や》のよに速《はや》い
可愛《かわ》い船頭衆《せんどしゅ》の　腕試《うでだめ》し

〽⑭大網《おおあみと》取らせて　⑮看板《かんばん》衣装着《いしょき》せて
⑯瀬主大謀《せぬしだいぼう》の　顔見《かおみ》たい

〽端島沖《はしまおき》から　白帆《しらほ》が三艘《さんぞ》
中《なか》で目《め》につく　主《ぬし》が船《ふね》

〽風《かぜ》は北風《きたかぜ》　片帆《かたほ》に魔風《まかぜ》
思《おも》う塩釜《しおがま》　寄《よ》せかねる

注①風がやんで、海が穏やかになること。
②東松島市南部にある宮戸島の、南東方の小島。江戸時代までは端島、現在は波島と書く。
③大きなまぐろ。
④漁船の中央部にある部屋。丸みがあるところからの称。
⑤現塩釜市の港。ここを「気仙沼港」とするのは、熊谷一夫が替えたもの。⬇解説。
⑥「浜市甚句」のしまいまで掛け続ける。
⑦東松島市の、鳴瀬川河口東岸の地名。
⑧浜市の字名。
⑨白萩にある石上神社。
⑩「浜市甚句」の最後の唄に加える。
⑪気仙沼湾の中央に横たわる大島の、南端にある岬。
⑫帆船が順風を受けて走るために、進行方向に対して直角に張った帆。
⑬帆船が横風を受けて走るために、進行方向に対して斜めに張った帆。
⑭大掛かりな定置網を仕掛けさせて。
⑮万祝《まいわ》いのこと。大漁の折りに網元が漁師に配る長《なが》袢纏《ばんてん》。鯛や鶴・亀・七福神・波模様などを染め抜いたもの。
⑯大謀網を仕掛けさせた網元。大謀網は、垣網と袋網を組み合わせた定置網。

宮城県の祝い唄。宮城県の北東部、東松島市浜市や気仙沼《けせんぬま》市の漁師たちが、鰹《かつお》などの大漁の折りに船を港へ漕《こ》ぎ寄せながら、海の神に大漁を感謝し、次の豊漁を願って唄ってきたもので、「御祝《ごいわ》い」と「浜市甚句」の組唄になっている。(船の大きさや、大漁の標示などについては二〇六ページ参照)

唄の履歴　「御祝い」の源流は、江戸時代以前の古風な祝い唄(二〇七ページ)である。東北地方の太平洋岸の漁師たちは、それを鰹などの大漁の折りにも船上で唄ったが、鳴瀬川が石巻湾へ注ぐ河口に開けた漁港浜市でも唄われた。その唄を八木運吉が十八番にして唄っていた。

ところが、歌詞の一部「塩釜港に走り込む」を「気仙沼港に」と替えたものが一九六九年になって熊谷《くまがい》一《かず》夫《お》によって放送された(NHKラジオ)。そして、同年五月二七日にコロムビアレコードに吹き込まれ、以来、それが広まって、歌詞の中の地名から気仙沼の唄になった。しかし、唄はその土地の生活の中で育ったものなので、唄の所在地を知名度の高い土地へ移動させるのはさけるべきである。加えて、「気仙沼港に」は字あまりで、語呂も悪い。

次の「浜市甚句」の源流は不明であるが、松島湾沿岸一円で広く唄われている酒盛り唄「浜甚句」(二〇九ページ)の一種である。

なお、曲名の「ドヤ節」は、砂鉄製錬所のことを「烔屋《どうや》」と言うから、あるいは「烔屋節」なのかもしれない。東北地方には、『気仙坂』(一六八ページ)という木遣《きや》り唄系統の祝い唄を「銭吹き唄」と呼ぶ土地が多い。『大漁唄い込み』(二〇五ページ)の中の『斎太郎節』も「銭吹き唄」であった。その「銭吹き唄」は鉄銭の鋳造所の踏鞴《たたら》押しの仕事唄であったから、「ドヤ節」が砂鉄製錬所の「烔屋節」である可能性は、かなり高いと思われる。

今日伝わっている『浜市ドヤ節』は、「御祝い」と「浜市甚句」から成る組唄であるが、「浜市甚句」は「烔屋節」ではない。したがって、『浜市ドヤ節』は、本来は「烔屋節」を含む、三曲から成る組唄であったのに、のちに「烔屋節」を省いてしまったのか、あるいは「御祝い」を「烔屋節」と呼んでいたのかのいずれかであろう。

もし、「御祝い」が「烔屋節」であるのなら、それは、踏鞴押しの仕事唄ではなく、踏鞴場の祝い唄で、その唄を海の神へ捧げたものと考えれば、不自然ではない。

節まわしの型　今日広く唄われている節まわしは、八木運吉の唄を元にした、熊谷一夫のものである。

豊年《ほうねん》来《こ》い来《こ》い節《ぶし》

（〔才蔵役〕豊年万作《ほうねんまんさく》　さっさと来《こ》い来《こ》い）

上げ〔才蔵役〕

〽今年《ことし》やエェー　来《こ》い来《こ》い

本唄〔太夫役〕

〽今年《ことし》や豊年《ほうねん》　穂《ほ》に穂《ほ》が咲《さ》いて
道《みち》の小草《おぐさ》に　米《こめ》がなる
（〔太夫役・才蔵役〕　豊年万作《ほうねんまんさく》　さっさと来《こ》い来《こ》い）

〽今年《ことし》や豊年《ほうねん》　案山子《かかし》を急《いそ》げ
①渡《わた》り雀《すずめ》の　来《こ》ないうちに

〽今年《ことし》や豊年《ほうねん》　穂《ほ》に花咲《はなさ》いて
②この家身上《やしんしょ》の　上《あ》がり花《ばな》

〽今年《ことし》や豊年《ほうねん》　万作《まんさく》で
桝《ます》もいらねで　③箕《み》で計《はか》る

〽今年《ことし》や豊年《ほうねん》　浜《はま》さえ大漁《だいりょ》
どこの家《うち》にも　蔵《くら》が建《た》つ

注①えさ場を求めて集団で移動する雀たち。
②この家の財産がふえ、家格が上がっていくしるし。
③穀物を入れて上下にふるい、殻やごみを除くための農具。豊作なので、桝で正確に計らずに、箕で大ざっぱに計る、の意。

宮城県の遊芸唄。宮城県中央部の、仙台市から旧黒川郡・旧桃生《ものう》郡にかけての農村に、豊作祈願にやってくる祝福芸人が唄っていたものらしい。そのため、「上げ」がついている。

農村では、小正月（一月一五日頃）や、稲の花が咲き始める八朔《はっさく》（八月一日）の頃、田の神に対して豊作になった状況を目出度づくしの文句につづって唄うと、田の神の能力が活性化して、秋に豊作を招いてくれると考えられていた。その豊作祈願の役を、祝福芸人たちが、いくらかの金をもらって演じてきた。したがって、「豊年万作さっさと来い来い」というはやし詞が重要だったのである。

唄の履歴　この唄の源流は不明である。また、祝福芸人がどんな格好をしていたのかもわからなくなっている。しかし、伊豆半島の伊東（静岡県伊東市）には、「大漁来い来い節」という、節は異なるが、似たような形式の唄が伝わっているので、同じような習俗が、かつてはかなり広く分布していたものと思われる。『豊年来い来い節』は、のちには小正月の豊年予祝行事である「田植え踊り」の中にも取り込まれて演じられている。

その『豊年来い来い節』、一九四〇、四一年頃、東北民謡育ての親、後藤桃水（桃生郡鳴瀬町大塚〈現東松島市内〉）が、赤間森水（政夫）に節まわしを整えさせ、今日のものにまとめて、ラジオなどで紹介した。桃水の頭の中には、唄でつづる宮城県の農村の一年と「米の一生」のようなものがあり、その折り折りの唄を暦順にそろえたかったのではないかと思われる。ただ、桃水は、民謡は農民が唄う唄であるという考えを持っていたので、「太夫役」と「才蔵役」の掛け合い形式で唄うものもすべて一人の農民が唄い、それを周囲の農民がはやすという形式にまとめてしまった。したがって、もう一度本来の形へ戻すほうがよい。

節まわしの型　今日広く唄われている節まわしは、赤間森水のものである。

豊年《ほうねん》ホイヤ節《ぶし》

〽〔音頭取り〕今年《ことし》や豊年《ほうねん》　穂《ほ》に穂《ほ》が咲《さ》いて
道《みち》の小草《おぐさ》に　米《こめ》がなる
《繰り返し》〔田圃で働く人たち〕
米《こめ》がなる
（〔音頭取り・田圃で働く人たち〕ホイ
ヤァ　ホイヤ）

〽今年《ことし》や豊年《ほうねん》　穂《ほ》に花咲《はなさ》いた
①この家身上《やしんしょ》の　上《あ》がり花《ばな》

〽今年《ことし》や豊年《ほうねん》　浜《はま》さえ大漁《だいりょ》
四《よ》つの隅《すみ》には　蔵《くら》が建《た》つ

〽今年《ことし》や豊年《ほうねん》　②篦岳《ののだけ》　颪《おろし》
どこも繁昌《はんじょ》と　吹《ふ》きまわる

〽今年《ことし》や豊年《ほうねん》　ホイヤ③が盛《さか》る
年《ねん》に一度《いちど》の　④作祭《さくまつ》り

〽今年《ことし》や豊年《ほうねん》　⑤弥勒《みろく》の世中《よなか》
秋《あき》の実《みの》りを　⑥箕《み》で計《はか》る

注①この家の財産がふえ、家格が上がっていくしるし。
②篦岳山から吹きおろしてくる颪。篦岳山は遠田郡涌谷町中央部にある山（二三二メートル）。山頂に、農作の神、天台宗無夷山《むいさん》篦峯寺《こんぽう》がある。
③田圃の稲に集まってくる野鳥を追う叫び声「ホイヤァ　ホイヤ」が盛んになる。
④豊作を感謝して、田の神をまつるお祭り。
⑤弥勒菩薩が現れ、釈迦の救いからもれた大衆を救ってくれる世の中。
⑥穀物を入れて上下にふるい、殻やごみを除くための農具。豊作なので、桝で正確に計らずに、箕で大ざっぱに計る、の意。

宮城県の、仕事唄形式の新民謡。宮城県の中東部、桃生《ものう》郡下の農民たちが、秋、稲が実った田圃へ出て、雀《すずめ》などの野鳥を追う様子を唄にしたもの。作曲者は後藤桃水（桃生郡鳴瀬町大塚〈現東松島市内〉）であるが、作詞者は、その友人浦本政三郎（山形県鶴岡市出身）ではないかと思われる。

唄の履歴　この唄が作られたのは一九三六年頃で、後藤桃水が、田圃で雀を追う老婆の掛け声にヒントを得て作ったといわれているが、曲は「甚句《じんく》」である。たぶん、元の唄は県下の農村の酒盛り唄か農作業唄で、それを土台にして「繰り返し」をつけたもので、その部分が桃水の創作なのであろう。

また、前掲一首目の歌詞は、古来、日本中で唄われているものである。これにならって、他の歌詞も「今年や豊年」を唄い出しにして形を整えたのであろう。

このように旧来のものを土台にして作り替えたことが、すぐに消えてしまう新民謡が多い中で、長く唄い続けられる最大の原因になっているようである。

節まわしの型　今日広く唄われている節まわしは、赤間森水（政夫）のものである。

豆引《まめひ》き唄《うた》

〽〔音頭取り〕①豆《まめ》はこう引《ひ》けヨー（ソレー）
こうして②丸《まる》けドントヤーヤ
③馬《うま》はこうして　④こうつけろ
〔音頭取り・畑で働く人たち〕さァさ引《ひ》かし
やれ　ドントヤーヤ

〽風《かぜ》はならい⑤で　日和《ひより》が続《つづ》く
今年《ことし》や豆作《まめさく》　大当《おおあ》たり

〽ありがたいぞや　⑥篦岳様《ののだけさま》は
⑦五穀《ごこく》⑧豊穣《ほうじょ》の　守《まも》り神《がみ》

〽⑨野蒜街道《のびるかいど》に　豆蕎麦《まめそば》植《う》えて
達者《まめ》（豆）で繁昌《はんじょ》で　主《ぬし》の側《そば》（蕎麦）

〽⑩西《にし》の雲見《くもみ》りゃ　やたらに⑪揉《も》める
⑫畑半途《はたけはんと》で　気《き》が揉《も》める

注①大豆の茎は、このように引き抜け。「（粉に）挽け」ではない。
②束ねろ。
③「馬にゃ」とも。
④（馬の背に）このように積め。
⑤宮城県中部では、北西〜西の風。
⑥天台宗無夷山《むいさん》篦峯寺《こんぽう》。農作の神。遠田郡涌谷町中央部の篦岳山（二三二メートル）山頂にある。ここを「三山様」（出羽三山神社）と唄うのは、この唄が山形県下で広まったためである。本来の「篦岳様」へ戻すほうがよい。
⑦人間にとって主要な五種の穀物。米・麦・粟《あわ》・黍《きび》（または稗《ひえ》）・豆のこと。
⑧豊かに実ること。「繁昌」は誤唱。
⑨塩釜から石巻へ通じる石巻街道と鳴瀬川が交差する地点から、鳴瀬川の西岸を通って野蒜へ至る道。野蒜は東松島市鳴瀬町の地名。石巻湾に面している。
⑩西空の雲が厚くなると、天気が崩れてくるので。
⑪気が揉める。
⑫畑仕事（豆引き作業）が、まだ半分しか済んでな

いので。

宮城県の、仕事唄形式の新民謡。晩秋の農村で、畑の大豆を穫り入れる際、大豆の茎の根元に手をかけて引き抜いては束ねる、その豆引き作業の様子を唄にしたものである。

唄の履歴 この唄の作詞者は浦本政三郎（山形県鶴岡市出身）、作曲者は後藤桃水（宮城県桃生郡鳴瀬町大塚〈現東松島市内〉）で、一九三三、三四年頃の作である。

浦本は、医学博士ながら民謡が好きで、桃水とは友人であり、日本民謡協会初代理事長でもあった。曲は全くの創作ではなく、福島県伊達《だて》郡の『桑摘み唄』を利用したもので、作曲とは言いかねるほど酷似している。この唄が作られたのは新民謡運動たけなわの頃で、桃水は在来の民謡の曲を生かし、新民謡として復活させようとしていた時期である。

その唄を、鳴瀬《なるせ》町大塚の桃水隠居所で、門人たちが唄っていた。その中に山形県の現東根《ひがしね》市から通ってくる斎藤桃菁《とうせい》がいて、この唄を覚えて山形へ戻ると、仲間と三味線の伴奏をつけ、東根温泉のあづまや旅館などで、湯治客相手に唄った。

そして、一九三五年頃、桃菁は新聞社主催の民謡コンクールにこの『豆引き唄』で出場した。当時は『大漁唄い込み』が圧倒的な人気を持っており、どの大会でもこの唄が優勝に次ぐ優勝で、関係者は、これではぐあいが悪いと考え、まだ世間に普及していない『豆引き唄』を唄った桃菁を第一位とした。この時から、この唄は「山形県民謡」として扱われるようになった。作者の後藤桃水は、「誰が唄っても、大切にしてくれさえすればいい」と、唄の所在地が山形県に移されたことは、さして意に介していなかったようである。しかし、本書では、作られた時のいきさつから、宮城県民謡へ戻すことにした。

節まわしの型 今日広く唄われている節まわしは、斎藤桃菁のものである。

宮城願人節《みやぎがんにんぶし》

上の句

〽頃《ころ》はナー二月《にがつ》の　十六日《じゅうろくにち》よネェ
（ハァナモーダ　ナモーダ）

口説《くどき》

①釈迦《しゃか》の②涅槃《ねはん》の　ことなれば
③八百屋《やおや》お七《しち》が　寺参《てらまい》り
（ハァナモーダ　ナモーダ）
そのまたお七《しち》の　装束《しょうぞく》は
髪《かみ》は④禿風《かむろふう》　⑤勝山《かつやま》か
（ハァナモーダ　ナモーダ）
⑥文金島田《ぶんきんしまだ》か　⑦投《な》げ島田《しまだ》
⑧五色《ごしき》の綛《かせ》を　綾《あや》と掛《か》け
（ハァナモーダ　ナモーダ）
金《きん》の簪《かんざし》　さわやかに
上着《うわぎ》は⑨白無垢《しろむく》　⑩浅葱裏《あさぎうら》
（ハァナモーダ　ナモーダ）
下着《したぎ》は⑪羽二重《はぶたえ》　⑫緋縮緬《ひぢりめん》
⑬琥珀《こはく》の帯《おび》を　⑭猫《ねこ》じゃらし
（ハァナモーダ　ナモーダ）
足袋《たび》は⑮紋羽《もんば》の　⑯雌針留《めはりど》め
⑰桐駒下駄《きりこまげた》に　身《み》を乗《の》せて
（ハァナモーダ　ナモーダ）
しゃなりしゃなりと　⑱吉原表《よしわらおもて》を通《とお》たらば
あれあれ八百屋《やおや》の　お七《しち》かと
（ハァナモーダ　ナモーダ）
吉原女郎衆《よしわらじょろしゅ》に　指《ゆび》さされ
さされし姿《すがた》の　艶《あで》やかさ
（ハァナモーダ　ナモーダ）
ものに例《たと》えて　みたならば

下の句

青田《あおた》にナーィ白鷺《しらさぎ》　ヤレサ降《お》りたようだネ
ー
（ハァナモーダ　ナモーダ）

〽⑲奥州《おうしゅう》⑳仙台《せんだい》　㉑塩釜様《しおがまさま》よ
掛《か》けし㉒所願《しょがん》が　叶《かな》うなら
銀《ぎん》の灯籠《とうろ》も　七灯籠《ななとうろ》
㉓唐金灯籠《からかねとうろ》も　七灯籠《ななとうろ》
真鍮《しんちゅ》の灯籠《とうろ》も　七灯籠《ななとうろ》
合《あ》わせて三七《さんしち》　二十一灯籠《にじゅういちとうろ》
それでも御所願《ごしょがん》　叶《かな》わずば

㉔綾《あや》と㉕錦《にしき》の　㉖幕《まく》をあげ
それでもまだまだ　足《た》らざらば
㉗繻子《しゅす》と㉘緞子《どんす》の　幕《まく》をあげ
それでもまだまだ　足《た》らざらば
㉙七里四方《しちりしほう》の　竹藪《たけやぶ》を
鎌《かま》で刈《か》りたる　その上《うえ》を
裸《はだか》で裸足《はだし》で　七転《ななころ》び
八起《やお》きに起《お》きても　足《た》らざらば
前《まえ》なるお池《いけ》に　身《み》を捨《す》てる

〽㉚お伊勢参《いせまい》りに　㉛お杉《すぎ》にお玉《たま》
お杉三味《すぎしゃみ》ひく　お玉《たま》は踊《おど》る
㉜縞《しま》さん㉝紺《こん》さん　㉞花色《はないろ》さん
お先《さき》に立《た》ったる　頬被《ほっかぶ》りさん
お休《やす》みならば　休《やす》まんせ
お泊《と》まりならば　泊《と》まらんせ
お風呂《ふろ》もどんどん　沸《わ》いておる
㉟旅籠《はたご》もずいぶん　まけてやる
昨日畳《きのうたたみ》の　表替《おもてが》え
ついでに㊱行灯《あんどん》　張《は》り替《か》えて
お寝間《ねま》にお㊲伽《とぎ》が　要《い》るならば
㊳新造《しんぞ》なりとも　㊴年増《としま》なり
お茶《ちゃ》は出花《でばな》で　㊵飲《の》みしだい
一日二日《いちにちふつか》と　日《ひ》を繰《く》りて
あなたのおいでを　待《ま》ちかねる

みやぎがん

注①仏教の開祖。
②死ぬこと。釈迦が死去したとされる陰暦二月一五日（現在は三月一五日）に寺で行う追悼の法会を涅槃会という。
③江戸本郷駒込の八百屋の娘。一六八二年、火事で避難した寺の寺小姓と恋仲になり、また火事になれば会えると考えて放火し、火あぶりの刑にされた。
④髪を結ばずに、末を切りそろえたもの。おかっぱ。
⑤江戸吉原の遊女勝山が結い始めた髪型。後頭部で束ねた髪を輪のように丸くして前へ返し、笄《こうがい》で留めたもの。
⑥文金高島田。根を高くして結った島田髷。今は花嫁の髪型として用いられる。
⑦島田髷の根を低く下げて結い、髷が後ろに反る形にした髪型。
⑧五色の糸を斜めに交差させた髪飾りをつけて。
⑨白い布で仕立てた着物。
⑩着物の裏地で、緑色を帯びた薄い青色のもの。
⑪縒《よ》りをかけない生糸を縦糸に用いて平織りにした、白い絹布。薄くて、柔らかくて、光沢がある。
⑫深紅色の縮緬。縮緬は、縒りをかけない生糸と、縒りの強い生糸を平織りにして縮めた絹布。布面に細かいしぼがある。
⑬琥珀織。細い縦糸と太い横糸を用いて平織りにした絹織物。布面に横筋ができる。
⑭結んだ帯の端を長く垂れ下げにしたもの。
⑮足袋の裏地。けば立たせて織った、厚くて柔らかい綿布。
⑯長い針目と短い針目が交互に出るようにぬったもの。
⑰一つの桐材から台と歯を一緒にくりぬいて作った下駄。馬のひづめの形をしている。
⑱吉原遊廓。現東京都台東区千束にあった。
⑲陸奥《むつ》の国の別称。現青森・岩手・宮城・福島県全域と秋田県の一部。
⑳仙台藩領内の。
㉑塩釜神社。奥州一の宮で、航海安全・豊漁・安産の神。現塩釜市にある。
㉒願い。
㉓青銅。中国から製法が伝わったための称。
㉔交差させた縦糸または横糸の浮きが布面に斜線となって表れた、美しい絹織物。
㉕金銀糸や色糸などを縦横に交差させて美しい模様を織り出した、厚手の絹織物。
㉖神社の社殿にかける垂れ幕を奉納し。
㉗布面に縦糸だけ、または横糸だけを浮かせた絹織物。光沢があり、肌ざわりがよい。ここを「黒と」と唄う人が多いが、それでは意味が通じない。この誤唱はかなり古く、一九三四年刊「東北の民謡」（日本放送協会東北支部編）以来である。
㉘繻子地に紋様を織り込んだ、厚地の絹織物。
㉙約二七・五キロ。
㉚伊勢神宮（三重県伊勢市）へ参詣すること。
㉛江戸時代、伊勢神宮の内宮《ないくう》と外宮《げくう》の間（間《あい》の山）に小屋掛けし、三味線や胡弓で俗謡を唄い踊った女芸人が、代々名乗った芸名。
㉜縞の着物を着た人よ。
㉝紺色の着物を着た人よ。
㉞薄い藍色の着物を着た人よ。
㉟旅館代。
㊱木や竹の枠に紙をはり、中に火をともす照明具。
㊲寝る相手が必要ならば。
㊳若い遊女。
㊴少し年を取った女。今の三〇歳以上。「なり」は、「なりとも」の略。
㊵飲みほうだい。

宮城県の祝福芸唄。宮城県中央部の現仙台市から宮城郡・黒川郡や東松島市・石巻《いしのまき》市・登米《とめ》市一円にやってきた願人坊主たちが、家々の門口で、その家の繁栄を祈って唄ってきたものである。

願人坊主とは、他人に頼まれて社寺への代参詣りや代願、あるいは代垢離《だいごり》をする坊さんのことである。江戸時代には藤沢派と鞍馬《くらま》派の二派があり、寺社奉行が管理していた。願人坊主の全国的な総統は京都鞍馬山大蔵院にあり、その支配下で、願人坊主たちは日本各地をまわって『御祈禱』『チョボクレ坊主』『アホダラ経』『住吉踊り』などをやり、いくらかのお金をもらい歩いて生活していた。

唄の履歴　この唄の源流は、伊勢神宮の社殿建て替え用の御用材を曳《ひ》く折りに氏子たちが唄った「お木曳き木遣《きや》り」のうちの、俗に「ヤートコセー」と呼ばれる『伊勢音頭』（四八九ページ）である。社殿建て替えは、二〇年に一度ずつ行われてきた。

前記の「住吉踊り」は、神功《じんぐう》皇后が「三韓征伐」から凱旋《がいせん》され、泉州七道浜（現大阪府堺市舳松町）に上陸した折りに、これを祝って土地の漁民が踊り始めたものといわれるが、中古からは住吉神宮の社僧によって踊られるようになった。その後、この踊りが住吉大社の祭礼に奉納されるようになると、これを願人坊主たちも諸国へ持ちまわって演じ、供物や金をもらって歩いた。そうした時、音頭取りが傘の長柄を析《せき》でたたき、拍子を取りながら唄い、そのまわりを菅笠をかぶり、うちわを持った踊り手が跳ねまわる。その時の唄が、「ヤートコセー」の『伊勢音頭』である。こうしてこの唄は日本中へ広まった。宮城県下のものは、「南無阿弥陀仏」の訛《なま》った「ナモオダ　ナモオダ」というはやし詞がつくことが特徴になっている。

節まわしの型　今日広く唄われている節まわしは、赤間森水（政夫）のものである。

宮城長持唄《みやぎながもちうた》

〽ハァー目出度《めでた》ナー嬉《うれ》しやヨー　ハァー思《おも》うこと叶《かの》うた
末《すえ》はナー鶴亀《つるかめ》ヨー　ハァー①五葉《ごよう》の松《まつ》ナァエー
（ヨイィ　ヨイト）

〽今日《きょう》は②日《ひ》もよし　天気《てんき》もよいし
結《むす》び合《あ》わせて　縁《えん》となる

〽簞笥《たんす》③長持《ながもち》　七棹八棹《ななさおやさお》
あとの④荷物《にもつ》は　馬《うま》で来《く》る

〽笠《かさ》を手《て》に持《も》ち　皆様《みなさま》さらば
重《かさ》ね重《がさ》ねの　暇乞《いとまご》い

〽今日《きょう》は⑤吉日《きちにち》　⑥日柄《ひがら》もよいし
嫁《よめ》は⑦三国一《さんごくいち》　⑧今小町《いまこまち》

〽蝶《ちょう》よ花《はな》よと　育《そだ》てた娘《むすめ》
今日《きょう》は⑨晴《は》れての　お嫁入《よめい》り

〽簞笥長持《たんすながもち》　嫁諸共《よめもろとも》に
二度《にど》と⑩戻《もど》すな　故郷《ふるさと》へ

〽故郷恋《こきょうこい》しと　思《おも》うなよ娘《むすめ》
故郷《こきょう》⑪当座《とうざ》の　仮《かり》の宿《やど》

〽さァさ立《た》ちます　皆様《みなさま》さらば
後《あと》の親様《おやさま》　頼《たの》みます

〽さァさお立《た》ちだ　お名残《なご》り⑫惜《お》しや
今度《こんど》来《く》る時《とき》ゃ　孫《まご》連《つ》れて

〽目出度目出度《めでためでた》の　重《かさ》なる時《とき》は
⑬天《あま》の岩戸《いわと》も　押《お》し開《ひら》く

〽昇《のぼ》る朝日《あさひ》の　勢《いきお》いこめて
簞笥長持《たんすながもち》　担《かつ》ぎ込《こ》む

注①五葉松。マツ科の常緑高木。山地に自生。高さ三〇《メートル》になるが、庭木や盆栽にする。針形の葉が五本ずつ小枝に密に束生し、夫婦と三人の子にたとえて一家繁栄の象徴とされる。
②暦の上での、その日の縁起もよい。
③衣服・調度品などをしまっておくための大きな箱。木製で、ふたつき。両端の金具に棹を通して、二人以上で担ぐ。
④「お荷物」とも。
⑤なにかをするのに縁起のよい日。
⑥暦の上での、その日の縁起のよしあし。

⑦世界一。三国は日本・中国・インド。昔の日本人は、それで全世界と考えた。
⑧当代の小野小町のような美人。小町は、平安時代前期の女流歌人。六歌仙の一。
⑨「長持唄」を披露宴で唄うようになってから替えたもの。花嫁宅付近で唄っていた本来の歌詞は「他人の　手に渡す」であった。
⑩「返すな」とも。ただし、言葉の刺激が強すぎるので、「戻すな」のほうがよいであろう。
⑪しばらくの間の。
⑫「惜しい」とも。
⑬神話で、天上界にある岩屋の戸。天照大神《あまてらすおおみかみ》（太陽神）が、弟の素戔嗚尊《すさのおのみこと》の乱暴な行動に怒ってこの岩屋にこもったため、世の中がまっ暗になった。神々はその戸を開けるのに苦労した。

宮城県の祝い唄。宮城県の仙台市以北の農村で、婚礼の折りに、嫁入り道具の長持・箪笥《たんす》などを担いで運ぶ人たちが、花嫁行列の道中で唄ってきたものである。ただし、担いで歩きながら唄うのではなく、担ぐ柄を息杖《いきづえ》で支えておいて、長持や箪笥を大きく揺すりながら唄うのである。

花嫁行列は参勤交代の大名行列を模したものである。嫁入り道具には家紋を染め抜いた油単《ゆたん》を掛け、担ぎ手は揃《そろ》いの袢纏《はんてん》に股《もも》引き姿で、赤い鉢巻きを締める。出発の時は、花嫁の家の門前で担ぎ手が親子別れの「長持唄」を唄い、親側が返し唄を唄う。花婿宅へ向かう道中では、沿道の見物人から声がかかると、立ち止まって長持や箪笥を揺すりながら、花嫁や荷物を自慢する文句の唄を唄う。そして担ぎ手は、花婿の村の入り口で花婿側が用意した担ぎ手と交替する。この時、荷物の受け渡しを唄問答で行う。そのあと、花婿側の担ぎ手が沿道の人たちに唄を聞かせながら進み、花婿の家の前では盛大に唄う。庭へ入ってからさらに唄いまくり、最後は縁側から嫁入り道具を座敷へ納める。この時、荷物を花婿の両親へ引き渡す儀式を唄問答で行う。すべてが「長持唄」の節を用いての唄問答で、それは、大名行列で「雲助」たちが行っていた儀式の模倣である。

唄の履歴　この唄の源流は、『箱根駕籠《かご》かき唄』である。それが、三五八ページに述べたように大名行列の唄になり、さらに、助郷《すけごう》制度で大名行列に狩り出された各地の農民たちによって花嫁行列の唄になった。そのため、「長持唄」は日本各地共通の節である。（節まわしは、土地によって異なる。）その大元は、どうやら江戸の「雲助唄」らしく、愛知県下には「お江戸来《らい》」という曲名が残っている。たぶん、お江戸土産という意味であろう。

『宮城長持唄』の節まわしは桃生《ものう》郡下のもので、昭和時代の初めに、鳴瀬《なるせ》町大塚（現東松島市内）の八木寿水《じゅすい》がまとめあげた。それを弟弟子が受け継ぎ、赤間森水（政夫）と松元木兆《もくちょう》が中心になって県下へ唄い広めた。なお、仙南地方（仙台の南）には、これと異なった節まわしの、掛け合いで唄う長持唄がある。

節まわしの型　今日広く唄われている節まわしは、甘口の穏やかな唄い方が八木寿水のもの、辛口で厳しく、折り目のはっきりした唄い方が赤間森水のものである。

宮城野盆唄《みやぎのぼんうた》

〽ハァーヤーレン①竹《たけ》に雀《すずめ》は　②科《しな》よく留《と》まる
（アァドーシタネ）
踊《おど》り上手《じょうず》は　踊《おど》り上手《じょうず》は　サー目《め》に留《と》まる
《繰り返し》
サーハァ踊《おど》り上手《じょうず》は　目《め》に留《と》まるヨー
（アァソートモ　ソートモ　ソートモネ）

〽踊《おど》り上手《じょうず》と　噂《うわさ》の種《たね》を
蒔《ま》いて嬉《うれ》しや　恥《は》ずかしや

〽揃《そろ》た揃《そろ》たよ　踊《おど》りが揃《そろ》た
笛《ふえ》や太鼓《たいこ》の　音《ね》も揃《そろ》た

〽冴《さ》える太鼓《たいこ》に　広《ひろ》がる踊《おど》り
広《ひろ》い野原《のはら》も　狭《せま》いよだ

〽老《お》いも若《わか》いも　皆出《みなで》て踊《おど》る
月《つき》もなつかし　③宮城野《みやぎの》に

〽どこで踊《おど》るか　一目《ひとめ》でわかる
④さんさ振《ふ》る手《て》に　踏《ふ》む足《あし》に

〽萩《はぎ》は夜風《よかぜ》に　踊《おど》りは唄《うた》に

さす手引《てひ》く手《て》も　しなやかに
〽唄《うた》えはやせや　⑤三五《さんご》の月《つき》の
いつか闇夜《やみよ》に　なるまでも
〽月《つき》が雲間《くもま》に　隠《かく》れてさえも
踊《おど》る姿《すがた》は　ありありと

注①仙台藩主伊達《だて》氏の家紋「竹に雀」を詠み込んだ。この家紋は、葉のついた二本の竹で作った輪の中に、羽ばたく二羽の雀を向き合わせに配した図柄のもの。
②しぐさ。体の動きから受ける感じ。
③現仙台市宮城野区宮城野辺り。萩の名所であった。
④語調を整えるために入れたものか。『さんさ時雨』の「さんさ振れ振れ　五尺の袖を」を踏まえた表現のようである。
⑤三×五で、十五夜の月。満月。

宮城県の、盆踊り唄形式の新民謡。宮城県中央部の仙台市の人たちが、お盆に唄い踊ってきたものである。

唄の履歴　この唄の作者は、作詞渡辺波光、作曲佐藤長助、編曲武田忠一郎となっている。

仙台藩では、伊達《だて》家三代目の藩主綱宗の乱行が原因で盆踊りを禁じたので、宮城県下には盆踊り唄がほとんどなかった。一九五三年、仙台市宮城野町の町内会長が、町民の懇親と慰安のため、盆踊りを始めようと考え、町内在住の詩人渡辺波光に唄を作ってほしいと依頼した。そこで渡辺が作詞し、東北民謡研究家の武田忠一郎が作曲し、大西玉子（武田夫人）が振り付け、五四年七月二四日午後一時から宮城野町公会堂で発表会が行われた。

その『宮城野盆唄』、一九五八年二月一五日に、米谷威和男《よねやいわお》と斎藤京子の唄でキングレコードで初レコード化された。ところが、著作権者の許可なくしての吹き込みであったことからトラブルが起こった。そして、日本音楽著作権協会の裁定で、作曲者は佐藤長助、編曲者が武田忠一郎となった。

なお、曲は、唄い出しの「ハァーヤーレン」は『山形盆唄』とそっくりであり、繰り返し部分は『北海盆唄』の節まわしと似ている。これらの唄は、それまで仙台の人たちがお盆に唄い踊っていた『相馬盆唄』（福島）と同系統のものである。それを取り入れたのは、武田の考えによるのであろう。

節まわしの型　今日広く唄われている節まわしは、大西玉子のものである。

宮城《みやぎ》萩《はぎ》刈《か》り唄《うた》

〽ハァーエー　①ドンが鳴《な》ったのに　まだ萩《はぎ》ゃ
取《と》れぬヨー
今日《きょう》の②わっぱか　日《ひ》が暮《く》れるヨー
（カリーン　カリント）
〽粋《いき》な③小唄《こうた》で　④萩《はぎ》刈《か》る主《ぬし》の
お顔《かお》見《み》たさに　まわり道《みち》
〽山《やま》でガサガサ　狐《きつね》か狸《たぬき》
⑤なして狐《きつね》だべ　萩《はぎ》刈《か》りだ
〽音《おと》に名高《なだか》い　⑥宮城野萩《みやぎのはぎ》は
駒《こま》コ育《そだ》てる　⑦元《もと》になる
〽俺《おれ》と行《い》かねか　あの森《もり》越《こ》えて
駒《こま》コ育《そだ》てる　萩《はぎ》刈《か》りに
〽萩《はぎ》も若萩《わかはぎ》　刈《か》り手《て》も若衆《わかしゅ》
今日《きょう》のわっぱか　日《ひ》が高《たか》い
〽声《こえ》がよく似《に》た　来《く》るはずないが
わしの心《こころ》が　迷《まよ》たのか
〽よくも立《た》つ声《こえ》　あなたの声《こえ》は
小杉林《こすぎばやし》の　蟬《せみ》の声《こえ》

注①号砲。正午と三時に、空砲を鳴らして時を知らせた。ここでは三時のほう。
②その日の分として割り当てられた仕事。また、その分担量。
③流行《はや》り唄。
④➡解説。
⑤なんで狐であろうか。
⑥現仙台市宮城野区宮城野辺りの萩。この一帯は萩の名所であった。

⑦「元草だ」とも。

宮城県の仕事唄。宮城県の北西部、加美《かみ》郡加美町小野田《おのだ》地方の農民たちが、夏の早朝に馬を曳《ひ》いて野山へ出かけ、萩刈りをする、その往来や、作業の合い間に唄ってきたものである。

萩は牛馬の飼料にするためのもので、刈ってすぐ与えるほか、冬の保存用として干し、干し草と混ぜて食べさせる。種類は、山萩・木萩・丸葉萩などいろいろあるが、葉に良質のタンパク質が多量に含まれている。夏の牛馬の飼料は萩を中心にして刈り集め、萩だけを刈り取る作業を、一般の草刈りとは区別して「萩刈り」と呼ぶ。

萩刈りの折りに唄を唄うのは、野山で一人で仕事をするので、怪我《けが》や急病の場合は捜してもらえるように、自分の居場所を周囲の人たちに知らせておくためである。また、唄が聞こえている間は異状なく仕事を続けているという証にもなる。それで、遠くの人にまで聞こえるように大声で唄う。これに呼応して、周辺で働く人たちも、掛け声を掛けたり、唄い継いだりするのである。

唄の履歴　この唄の源流は、江戸時代後期から明治時代に日本中で大流行した「甚句《じんく》」である。それは「盆踊り唄」や「酒盛り唄」として唄われたが、のちには農作業唄としても利用されるようになった。そして、萩を刈る手を休めた時などに唄ううち、遠くの野山で働いている人々にも聞こえるように長く引っぱって唄ったため、しだいに節が伸びていった。特に唄い出しを技巧的にし、長く伸ばして、谷の向こうとこちらで声競べをしたりしたが、時には、同じ山で働く異性の人を誘うための恋唄にも利用した。

その『宮城萩刈り唄』を、小野田の内出幸雄《うちでさちお》が太平洋戦争前から得意にして広めてきた。

節まわしの型　今日広く唄われている節まわしは、内出幸雄のものである。

宮城馬子唄《みやぎまごうた》

〽あおよ①（ハイイ）ハァー鳴《な》くなよ（ハイイ）
ハァー俺家《おらうち》や（ハイイ）近《ちか》い（ハイイハイ）
宮《みや》の森《もり》から（ハイイ）エェー灯《ひ》が見《み》える
（ハイイ　ハイヨー）

〽あおよ急《いそ》げよ　②涌谷《わくや》が近《ちか》い
③黄金山《こがねやま》から　灯《ひ》が見《み》える

〽ここは④登谷坂《とやざか》　⑤御番所《ごばんしょ》どこよ
もはや涌谷《わくや》も　近《ちか》くなる

〽関東《かんとう》⑥博労《ばくろ》が　⑦二度《にど》来《く》るならば
枯《か》れた牡丹《ぼたん》に　花《はな》が咲《さ》く

〽さても博労《ばくろ》さん　どこで夜《よ》が明《あ》けた
⑧奥《おく》の⑨三坂《さんさか》　⑩七《なな》つ頃《ごろ》

〽博労《ばくろ》するせいか　お色《いろ》が黒《くろ》い
お笠《かさめ》召すやら　召《め》さぬやら

〽さても⑪優《やさ》しい　博労《ばくろ》さんの浴衣《ゆかた》
肩《かた》に⑫黒鹿毛《くろかげ》　⑬裾栗毛《すそくりげ》

〽⑭七《なな》つ八《や》つ曳《ひ》く　親方《おやかた》よりも
⑮一《ひと》つ手曳《てび》きの　主《ぬし》がよい

〽さても淋《さび》しい　博労《ばくろ》さんの夜道《よみち》
鳴《な》るは⑯轡《くつわ》の　音《おと》ばかり

注①青みがかった黒い毛色の馬。また、その馬の名。
②現遠田郡涌谷町。宮城県の北東部にある。
③黄金山神社。日本で最初に金が発見され、採掘された所。涌谷町黄金迫にある。
④現黒川郡大和町吉岡にある、陸羽街道の坂。
⑤交通の要所に設けられた、小さな関所。
⑥牛馬の仲買いを職業とする人。獣医を兼ねる人もいる。
⑦東北地方の馬市へ、馬の買い付けに年に二度も来る。普通は年一度だけのもの。
⑧奥州のこと。陸奥《むつ》の国（旧国名）。現青森・岩手・宮城・福島県全域と秋田県の一部。
⑨特別な地名ではなく、三と次の七とで合計十にしたもの。
⑩午前四時頃。
⑪「見事な」「粋だよ」とも。
⑫鹿のような茶褐色に、黒みがかった毛の馬の図柄。
⑬裾模様は、黒みをおびた茶色の毛の馬の図柄だ。
⑭一人で七頭も八頭もの馬を連れて歩ける熟練者。
⑮一頭の馬だけ、しかも手綱を曳くことでしか馬を動かせない初心者。

⑯手綱をつけるために、馬の口にくわえさせる金具。

宮城県の仕事唄。宮城県下の博労《ばくろう》たちが、馬市などへの往来に、夜間、何頭もの馬を曳《ひ》いて移動する折りに唄ってきたものである。

唄の履歴　この唄の源流は、旧南部藩領（岩手県中央部から青森県東部一帯）の博労たちが唄っていた「夜曳《よび》き唄」（➡一七七ページ）である。

それが、博労仲間や馬市を通じて東北地方一円へ広まり、宮城県下にも伝えられた。それだけに、本来は各地とも共通の節であったが、博労の個人差によって節まわしがしだいに変わっていった。そして、のちには、それを関東地方から中部地方にかけての主要街道の駄賃付け馬子もまねて唄うようになった。

さて、今日の『宮城馬子唄』は、黒川郡大郷町《おおさとまち》粕川《かすかわ》出身の赤間森水（政夫）が、一九六二年頃、長野県の『小諸《こもろ》馬子唄』（三七七ページ）の節まわしを加味し、尺八の菊池《きくち》淡水の協力でまとめあげたもので、六三年に東芝レコードに吹き込んだ。

それを覚えた、仙台市民謡界の鈴木たけが、「赤間節」は落とす節を見せ場にするので難しすぎ、一般的ではないとして、大衆向けに「俺家《おらうち》ゃ近い宮の森から」で高い声を張る唄い方に作り直した。そのため、今日では「赤間森水節」と「鈴木たけ節」の二通りの唄い方が広まっている。

節まわしの型　今日広く唄われている節まわしは、東京方面では赤間森水のものである。仙台市を中心とする宮城県民謡界では、鈴木たけの唄を覚えた斎藤貴男あたりのものである。

宮《みや》城《ぎ》松《まつ》前《まえ》

本唄・五字冠り〔唄い手〕

〽船底《ふなぞこ》の（サイィ）
枕《まくら》はずして　ハァ①聞《き》く浜《はま》（サイィ）千鳥《ちどり》
（サァィ　サイサイ）
寒《さむ》いじゃアーないかい　波《なみ》の上《うえ》

合の手〔唄い手〕

②越後《えちご》出《で》る時《とき》ゃ　涙《なみだ》で出《で》たがヤラヤノヤー
今《いま》じゃ越後《えちご》の　風《かぜ》も嫌《いや》
（サイィサイ）

本唄・五字冠り

〽波《なみ》の音《おと》
聞《き》くが嫌《いや》さに　③山家《やまが》に住《す》めば
またも聞《き》こゆる　鹿《しか》の声《こえ》

〽白鷺《しらさぎ》が
小首《こくび》④かたげて　⑤二《に》の足踏《あしふ》んで
やつれ姿《すがた》を　水鏡《みずかがみ》

〽奥山《おくやま》の
滝《たき》に打《う》たるる　あの岩《いわ》さえも
いつ掘《ほ》れる(惚れる)ともなく　深《ふか》くなる

〽朝咲《あささ》いて
昼《ひる》にしおるる　朝顔《あさがお》さえも
思《おも》い思《おも》いの　⑥色《いろ》を持《も》つ

〽⑦竜田川《たつたがわ》
無理《むり》に渡《わた》れば　⑧紅葉《もみじ》が散《ち》るし
渡《わた》らにゃ聞《き》かれぬ　鹿《しか》の声《こえ》

〽夕立《ゆうだ》ちの
晴《は》れ間《ま》晴《は》れ間《ま》に　逢《あ》おうとすれど
またも降《ふ》りくる　涙雨《なみだあめ》

〽竹《たけ》ならば
割《わ》って見《み》せたい　わたしの心《こころ》
中《なか》に曇《くも》りの　ないわたし

〽⑨明《あ》けの鐘《かね》
ゴンと鳴《な》りゃ　帰《かえ》さにゃならぬ
帰《かえ》しゃいつ来《く》る　あてもない

合の手

〽心細《こころぼそ》さよ　身《み》は浮《う》き舟《ふね》の
誰《たれ》も舵取《かじと》る　人《ひと》はない

〽ふとしたことから　ついこうなって

今《いま》じゃ他人《たにん》と　思《おも》われぬ

〽恋《こい》の道《みち》にも　⑩追分《おいわけ》あれば
こんな迷《まよ》いは　せまいもの

〽沖《おき》を眺《なが》めて　ほろりと涙《なみだ》
空飛《そらと》ぶ鷗《かもめ》が　なつかしい

注①「泣く」は誤唱。大正時代からの誤り。
②旧国名。佐渡島を除く新潟県全域。
③山の中の家。
④かたむけて。かしげて。
⑤一歩目は踏み出したが、二歩目はためらって足踏みをすること。
⑥「情人」の意を掛ける。
⑦奈良県北西部の生駒山地に発して南流し、生駒郡斑鳩《いかるが》町の南で大和川へ注ぐ川（約一五キロ）。紅葉の名所。
⑧川の水に映った紅葉の影が乱れることをいう。
⑨明け六つ（午前六時頃）に寺で鳴らす鐘。
⑩道が二つに分かれる所。牛馬を追い分けることから。

宮城県のお座敷唄。宮城県の中東部、仙台市の花柳界を中心に、塩釜市・石巻市など港町の花柳界の宴席で、芸者衆が唄ってきたものである。

唄の履歴　この唄の源流は、新潟県下の『越後《えちご》追分《おいわけ》』（三九〇ページ）である。しかも、詞型は、越後瞽女《ごぜ》が工夫したと思われる「五字冠り」（五・七七七五調）である。それは、瞽女や座頭などによって流行《はや》り唄として各地へ広められたが、太平洋側の宮城県下にも伝えられ、花柳界で盛んに唄われた。

曲名の「松前」は「松前節」の略で、『越後追分』という曲名になる前の時代の呼び名であるが、「〽蝦夷《えぞ》や松前やらずの雨が　七日七夜も降ればよい」という歌詞からの名称である。

『宮城松前』は赤間森水（政夫）が十八番にしていたが、その節まわしとそっくり同じものが新潟県新潟市や十日町市に伝わっている。ただ、新潟県下のものは、唄い出しに、『宮城松前』にはない「ハー」がついている。森水の師匠後藤桃水は、在京中、各地の民謡家と広く交流があり、興行などにも手を染めていたので、東京の越後出身者か、越後の民謡家かから聞いたものを、弟子の森水に教えたとも考えられるが、今となっては不明である。

同じ桃水一門の松元木兆《もくちょう》が唄う『越後追分』は、『江差《えさし》追分』の「前唄」風のものであるから、一口に「松前」とか「越後追分」といっても、宮城県下ではいろいろな節まわしのものが唄われていたと考えられる。

節まわしの型　今日広く唄われている節まわしは、赤間森水のものである。

文字《もん》字《じ》甚《じん》句《く》

〽①甚句《じんく》アラ出《で》た出《で》た　座敷《ざしき》が狭《せま》い
（チョイサ）
狭《せま》いアラ座敷《ざしき》も　サァサ②広《ひろ》くなる
（ハイィ　ハイ　ハイハイ　チョイサ）

〽花《はな》と紅葉《もみじ》は　どちらも色《いろ》よ
花《はな》はほころぶ　紅葉《もみじ》は染《そ》まる

〽③文字《もんじ》④花山《はなやま》　⑤鳴《な》いて通《とお》る烏《からす》
銭《ぜに》もないのに　カオ（買おう）カオと

〽嫁御《よめご》⑥貰《もら》うなら　文字《もんじ》の娘《むすめ》
実家《さと》の土産《みやげ》に　二歳駒《にさいごま》

〽俺《おら》もなりたや　⑦栗駒山《くりこまやま》に
文字花山《もんじはなやま》　下《した》に見《み》る

〽⑧川《かわ》の源《みなもと》　栗駒山《くりこまやま》に
残《のこ》る白雪《しらゆき》　⑨駒姿《こますがた》

〽わしとお前《まえ》は　⑩焼《や》け野《の》の蕨《わらび》
蕨《わらび》焼《や》けても　根《ね》は残《のこ》る

〽わたしゃ文字《もんじ》の　山中生《やまなかう》まれ
山《やま》で生《う》まれて　沢育《さわそだ》ち

〽俺《おら》が文字《もんじ》は　山中《やまなか》なれど
住《す》めば都《みやこ》の　風《かぜ》が吹《ふ》く

〽飲《の》めや唄《うた》えよ　今宵《こよい》が限《かぎ》り

行《ゆ》くぞ山中《やまなか》　炭焼《すみや》きに
〽文字名物《もんじめいぶつ》　何《なに》よと問《と》えば
炭《すみ》に⑪甚句《じんく》に　二歳駒《にさいごま》
〽⑫真坂《まさか》よい所《とこ》　⑬館姫小松《たてひめこまつ》
影《かげ》を宿《やど》して　⑭迫川《はさまがわ》

注①『文字甚句』の踊り手が座敷の中央へ出た。
②にぎやかになって、大広間の大宴会のように見える。
③➡解説。
④旧栗原郡花山村（現栗原市内）。文字の南西隣りに位置する。
⑤以下、日本中の遊廓街で好んで唄われた、酒盛り唄の歌詞。
⑥「取るなら」とも。
⑦➡解説。標高一六二八メートル。「お駒ヶ岳に」とも。
⑧一迫《いちのはさま》川・二迫川・三迫川が栗駒山に発し、東流して北上川へ注ぐ。
⑨山頂付近の残雪が、馬が疾走している姿に見える。
⑩失火や火遊びによって焼けた野原。また、春先に、草の芽がよく出るように、そして害虫駆除のために、枯れ草に火を放って焼いたあとの野原。
⑪文字甚句。
⑫現栗原市一迫《いちはさま》の中心地。
⑬姫松館。真坂の一迫川《いちのはさまがわ》北岸にあった。平泉藤原氏の家臣、井山雅楽之丞《うたのじょう》の城と伝えられる。
⑭➡注⑧。ここは一迫川。

宮城県の酒盛り唄。宮城県の北西端、それも岩手県・秋田県との境にそびえる栗駒山南東麓《なんとうろく》の旧栗原郡文字村（現栗原市内）の人たちが、酒席で、手踊りをつけて唄ってきたものである。

唄の履歴　この唄の源流は、江戸時代末期から明治時代初期に、江戸の花柳界を中心に流行した「二上り甚句」である。それを大正時代末から昭和時代の初めにかけて、この文字へやってきた門付け芸人の二人姉妹が、踊りつきで演じていた。

その唄を文字の人たちが覚え、酒盛りの時に唄い始めた。そして、一九四一年頃、鈴木仁一郎（現栗原市栗駒桜田）がラジオなどで紹介し、しだいに広く知られるようになった。

なお、現在よく唄われている歌詞は、文字の菅原信一が作ったものだという話もある。

節まわしの型　今日広く唄われている節まわしは、鈴木仁一郎のものである。

山甚句《やまじんく》

〽ハァー見《み》せてやりたい　都《みやこ》の人《ひと》に
（コラシヨ）
一目千両《ひとめせんりょ》の　色紅葉《いろもみじ》
（コラシヨォ　パカパア）
〽月《つき》の①幡坂《はたざか》　峠《とうげ》を②三里《さんり》
登《のぼ》りゃ③船形《ふながた》　よい眺《なが》め
〽④なして来《こ》ないか　あの娘《こ》が遅《おそ》い
⑤背中《せなか》あぶりで　ひと休《やす》み
〽粋《いき》な⑥小唄《こうた》で　草刈《くさか》る主《ぬし》の
お顔見《かおみ》たさに　まわり道《みち》
〽娘十七《むすめじゅうしち》　⑦紅葉《もみじ》に染《そ》めて
霧《きり》の降《ふ》るたび　顔隠《かおかく》す

注①現黒川郡大和町吉岡にある峠。
②約一一・八キロ。
③船形山（一五〇〇メートル）。宮城県の中西部、山形県との境にある。
④なんで。どうして。
⑤背中をたき火のほうに向けてあたること。
⑥流行《はや》り唄。
⑦紅葉のように、顔を赤くして。

宮城県の仕事唄。宮城県の中央部、黒川郡・桃生《ものう》郡を中心とする農村で、農民たちが、山仕事の折りに唄ってきたものである。（山で唄を唄う理由については二二二ページ参照）

唄の履歴　この唄の源流は、江戸時代後期から明治時代に日本中で大流行した「甚句《じんく》」である。それを、この地方の農民たちは酒席で「酒盛り唄」として唄っていた。そして、その唄を山へ持ち出し、向こうの山や谷の人たちにも聞こえるように、節を伸ばし、節尻を押すため、しだいに朗々と唄う唄になっていった。『山甚句』という曲名は、「甚句」の山唄化したものということを示している。

なお、この『山甚句』の節まわしがさらに整理されて、のちに草刈り唄『夏の山唄』（二二一ページ）になった。

節まわしの型　今日広く唄われている節まわしは、赤間森水（政夫）のものである。

閖上大漁節《ゆりあげたいりょうぶし》

本　唄〔唄い手〕

〽今朝《けさ》の日和《ひより》は　空晴《そらは》れ渡《わた》り

（チョイイチョイ）　波静《なみしず》かエー

長ばやし〔はやし手〕

アラエェーノ　ソーリャ　またも大漁《たいりょう》だエ

ー

（①アァエンヤサ　エンヤサ）

〽船出《ふねだ》せ出《だ》せと　乗《の》り子《こ》も揃《そろ》い　出《いで》て行《ゆ》く

〽②鮪鰹《しびかつ》混《ま》じりで　一万《いちまん》③こごり　積《つ》み込《こ》んだ

〽唄《うた》え踊《おど》れよ　大漁《たいりょう》祝《いわ》い　たんと祝《いわ》え

〽④スド船《ぶね》あそこ　⑤招《まね》きを上《あ》げて　呼《よ》び寄《よ》せる

〽⑥辰巳《たつみ》の風《かぜ》に　帆《ほ》を捲《ま》き上《あ》げて　走《はし》り込《こ》む

〽⑦乗《の》り場《ば》はどこよ　⑧お山《やま》の近《ちか》く　急《いそ》ぎ行《ゆ》く

〽⑨いなさ沖《おき》から　近《ちか》づき来《く》るは　鮪《しび》と鰹《かつ》

〽お目出度《めでと》う　⑩五色《ごしき》の印《しるし》　立《た》て揃《そろ》え

注①「ハァ目出度い　目出度い」とも。
②まぐろとかつお。
③「梱《こり》」（包装した荷物を数える単位）のことか。
④ゴリ船。⬇解説。
⑤他の船や陸への合図のために、帆柱に掲げる印。一般には笠が用いられた。
⑥南東の風。
⑦漁場。
⑧金華山のこと。宮城県の中東端、牡鹿半島南端部の東にある島。周囲約二六キロ。黄金山《こがねやま》神社が鎮座。沖合いは日本三大漁場の一。
⑨南東の方角の海上。「いなさ」は、その方角から吹いてくる強風のこと。
⑩五色（赤青黄白緑）の大漁旗。

宮城県の祝い唄。宮城県の南東部、それも仙台市の南方二〇キロほどの、名取川が仙台湾へ注ぐ河口にある閖上漁港（名取市閖上）の漁民たちが、船団を組んで鮪《まぐろ》・鰹《かつお》などの漁に出、その大漁の折りに唄ってきたものである。また、大漁祈願のため、網元の座敷で唄うこともあった。本来の曲名は「閖上大漁唄い込み」で、「御祝《ごいわ》い」と「艪漕《ろこ》ぎ唄」の組唄であるが、今日では、「御祝い」は難しいために略され、「艪漕ぎ唄」だけで「閖上大漁節」とか「閖上大漁祝い唄」と呼ばれている。

閖上の鮪・鰹漁は巾着網《きんちゃくあみ》漁法で行われた。船長の乗る三〇トン級の本船と、獲った魚を港へ運ぶ運搬船、それに網を扱うゴリ船（スド船とも）という艪船で船団を組む。本船の船長が、イロと呼ばれる場所（魚群で海面の色が変わって見える所）を探し、巾着網を仕掛けさせる。網の長さは一〇〜一五間（約一八〜二七メートル）ほどある。本船はすぐにそこから去る。そのあとへゴリ船が手漕ぎで寄り、網の浮きのようなものを上げ下げして、魚を網の中へ入れる。そして、網を引いて口を締めると、網は巾着状になる。（このゴリ船に乗り込んでいる漁師のことをスドと呼ぶ。それでスド船というのかもしれない。）

漁は鮪が中心で、それに鰹が混じる。普通規模の大漁は二千本ぐらいで、四千本、五千本ということはたまにしかなく、一万本は、閖上の歴史上数回しかなかったという。『閖上大漁節』を唄うのは千本ぐらいからで、漁が少なくなると、五百本でも、次の豊漁を海の神に願う意味で唄った。唄うのは、ゴリ船が名取川の河口へ入り始めてからだったという。

別名　閖上大漁祝い唄。閖上大漁唄い込み。

唄の履歴　この唄の源流は、岩手県南東端の現陸前高田市気仙《けせん》町辺りの人たちが祝い唄として唄っていた『気仙坂』（一六八ページ）である。それは、もとは「木遣《きや》り唄」であったから、みんなで重い物を動かす時に力を結集させる唄としての性格と、神々に願いを掛ける祝い唄としての性格を持っていた。そのため、『気仙坂』は三陸沿岸の漁民の間に広まって艪漕ぎ唄や大漁節として利用され、のちには宮城県下から福島県下にまで及び、『閖上大漁節』や『原釜大漁節』を生んだ。

宮城県の大漁節には松島湾沿岸の『大漁唄い込み』（二〇五ページ）があるが、これがあまりにも評判になり、節も整いすぎてしまうと、素朴で野性味のあるものが欲しくなった。そこで脚光を浴びたのが、この『閖上大漁節』である。

この唄を民謡界で唄い始めたのは松元木兆《もくちょう》で、一九五七年一一月一〇日に、ラジオの「民謡お国めぐり」（ニッポン放送）で『閖上大漁唄い込み』の名で初放送した。ところが、この時から東京の藤本秀夫社中の三味線伴奏がついたのと、松元木兆の芸風、さらには藤本門下の唄い手たちの芸風のため、剛の『大漁唄い込み』に対する柔の『閖上大漁唄い込み』となり、また、「御祝い」部分もはずされてしまった。「御祝い」の復活はともかくとして、豪快に唄う、本来の唄い方へ戻すことが必要である。

節まわしの型　今日広く唄われている節まわしは、松元木兆のものである。

涌谷《わくや》お茶屋節《ちゃやぶし》

〽①お茶屋《ちゃや》お茶屋《ちゃや》と　皆様《みなさま》お茶屋《ちゃや》
お茶屋《ちゃや》に（コラショ）②御殿《ごてん》が　あればこそ
（サァッサ　コラコラ）

〽涌谷《わくや》③茶屋《ちゃや》の町《まち》　④安芸様《あきさま》の城下《じょうか》
お茶屋《ちゃや》お茶屋《ちゃや》と　茶屋繁昌《ちゃやはんじょ》

〽⑤竹《たけ》に雀《すずめ》は　⑥仙台《せんだい》さんの御紋《ごもん》
⑦月《つき》に九曜《くよ》の星《ほし》　⑧涌谷様《わくやさま》

〽あれあれ見《み》しゃんせ　御殿《ごてん》の桜《さくら》
枝《えだ》は七枝《ななえだ》　八重《やえ》に咲《さ》く

〽⑨花勝山《けかちやま》とは　どう書《か》かしゃんす
花《はな》に勝《まさ》りし　山《やま》と書《か》く

〽さすぞ盃《さかずき》　中見《なかみ》てあがれ⑩
中《なか》に濃《こ》い字《じ》（恋路）の　⑪文《ふみ》がある

〽お茶屋《ちゃや》お茶屋《ちゃや》と　皆様《みなさま》お茶屋《ちゃや》
わしもお茶屋《ちゃや》で　苦労《くろう》する

五字冠り

〽⑫政岡《まさおか》が
ぐっとこらえて　飲《の》み込《こ》む涙《なみだ》
⑬五十四郡《ごじゅうよぐん》の　浮《う》き沈《しず》み

〽鐘《かね》の音《おと》
聞《き》くが嫌《いや》さに　⑭山家《やまが》に住《す》めば
また聞《き》こえる　鹿《しか》の声《こえ》

〽山中《やまなか》に
住《す》んでおれども　わしゃ美《うつく》しい
咲《さ》いたら見《み》やんせ　桔梗《ききょう》の花《はな》

注①➡解説。
②「桜が」とも。
③「花の町」とも。
④第四代涌谷城主、伊達安芸宗重。伊達騒動で有名。仙台藩四代の幼君亀千代（綱村）の後見者伊達兵部宗勝や原田甲斐の非政を幕府に訴えたが、一六七一年、詮議中に原田に斬殺された。
⑤葉のついた二本の竹で作った輪の中に、羽ばたく二羽の雀を向き合わせに配した図柄。
⑥仙台藩主、伊達氏の家紋。
⑦中央の円の周りに八つの小円を配し、それを半円で囲んだ図柄の家紋。
⑧涌谷伊達氏。➡解説。
⑨現涌谷町南東部、江合《えあい》川の南岸にある山。標高九メートルだが、平坦地にあるため、眺望がよい。
⑩召しあがれ。飲みなさい。
⑪手紙。
⑫伊達騒動を題材にした歌舞伎『伽羅先代萩《めいぼくせんだいはぎ》』中の人物。幼君鶴喜代君の乳母。幼君を守るため、実子の千松を犠牲にする。
⑬伊達藩六二万石の領地が、伊達騒動によって危うくなっていることをさす。
⑭山の中の家。

宮城県のお座敷唄。宮城県の北東部、涌谷伊達《だて》氏二万六千石の旧城下町涌谷（遠田郡涌谷町）の花柳界の宴席で、芸者衆が唄ってきたものである。

現宮城県南の亘理《わたり》氏は、八千八百石で涌谷に城下町を築いたが、三代城主定宗の時から伊達を名乗って「涌谷伊達」と呼ばれるようになった。そして、四代宗重の時に知行高二万二千六百石に増えた。この城下町は、江合《えあい》川の水運に恵まれ、石巻《いしのまき》街道の宿場町としてもにぎわった。

さて、五代伊達安芸《あき》宗元は、仙台藩主伊達綱村が日光廟《びょう》修理営監となったのに伴い、譜請総奉行として、一六八八年一一月から九〇年七月まで、大規模な日光廟修築工事に従事した。夫人の類姫は、その労をねぎらって、城の北端、お茶屋沼の岸近くに館を造った。周辺は桜の名所で、毎年、桜の季節になると城主の花見の宴が催され、そのあと一般庶民に開放された。そのため、この館は「お茶屋」と呼ばれた。そして、明治時代に入ると、桜の名所として掛け茶屋が十数軒も出るようなにぎわいを見せ、そうした酒席で好んで唄われたのが『涌谷お茶屋節』である。

唄の履歴　この唄の源流は、一八七〇年頃に流行を見せた流行《はや》り唄「サッサコレコレ節」である。それは江戸時代末期に流行した「字あまりよしこの節」が変化したもので、涌谷では、はやし詞を「サッサコラコラ」と変えて唄われ、掛け茶屋での花見の宴の唄になっていった。

その『涌谷お茶屋節』の保存と普及を、地元の三神君男が中心になって図ったが、公務員であった三神の唄は固く、お座敷唄としての華やかさや艶っぽさがなくなってしまった。しかし、この唄を残した功労者である。

その後、一九六二、六三年頃になって加賀とく子が手を加え、流行歌調の、異なった節まわしで唄うようになっている。

節まわしの型　今日広く唄われている節まわしは、三神君男のものである。ただし、仙台市の民謡界では、加賀とく子のものである。

福島県

会津大津絵《あいづおおつえ》

（キタサァ）
〽頃《ころ》は①戊辰《ぼしん》の　②中《なか》の秋《あき》（ヨオ）
二十三日《にじゅうさにち》の　③朝《あさ》まだき（イヨオ）
④戸《と》ノ口原《くちはら》の（キタサー）　戦《たたか》いに（イヨオ）
やむなく⑤引《ひ》き揚《あ》げ（イヨオ）　⑥滝沢《たきざわ》の
⑦飯盛《いいもり》（ヨオ）山《やま》に　よじ登《のぼ》り（ヨオ）
⑧刀《かたな》を杖《つえ》に　見《み》おろせば
炎《ほのお》の中《なか》に　⑨鶴ヶ城《つるがじょう》（ヨオ　ヨォ）
⑩はやこれまでと　⑪十九人《じゅうくにん》（ヨオ）　潔《いさぎよ》く
（ヨオ　ヨォ）
血潮《ちしお》に⑫染《そ》みし　紅葉葉《もみじば》の
⑬赤《あか》き心《こころ》を　偲《しの》ぶれば（ヨオ）
袖《そで》に露散《つゆち》る　⑭白虎塚《びゃっこづか》

〽一夜明《ひとよあ》ければ　⑮新玉《あらたま》の
気《き》も浮《う》き浮《う》きと　突《つ》く羽根《はね》の
唄《うた》う唄《うた》さえ　⑯一《ひと》ごに二《ふた》ご
いつしか積《つ》もる　年《とし》の数《かず》
⑰二八姿《にはちすがた》の　愛《あい》らしさ
心《こころ》もすぐな⑱　⑲呉竹《くれたけ》の
色《いろ》も変《か》わらぬ　⑳姫小松《ひめこまつ》
㉑千代《ちよ》も八千代《やちよ》も　㉒万歳《まんざい》の
鼓《つづみ》打《う》ちては　しどろもどろの　㉓酒機嫌《ささきげん》
祝《いわ》い納《おさ》めて　寝《ね》よとの鐘《かね》に
並《なら》ぶ枕《まくら》の　㉔宝船《たからぶね》

〽楽《たの》しみも　苦《くる》しみも
嬉《うれ》しきことも　憂《う》きことも
世《よ》の有《あ》り様《さま》を　㉕つくづくと
人《ひと》の身《み》の上《うえ》　今日見《きょうみ》れば
明日《あす》は我《わ》が身《み》の　上《うえ》となる
げに定《さだ》めなき　浮《う》き雲《ぐも》の
月《つき》の光《ひかり》を　見《み》やしゃんせ
晴《は》れては曇《くも》り　曇《くも》りては　晴《は》れ渡《わた》る
みな何事《なにごと》も　かくやあらん
必《かなら》ずくよくよ　思《おも》わずに
心大《こころおお》きく　持《も》たしゃんせ

〽しかと握《にぎ》りし　手《て》と手《て》の内《うち》に
どんな思《おも》いが　こもるやら
月日数《つきひかぞ》えて　おるうちに
またうたた寝《ね》の　膝枕《ひざまくら》
夢《ゆめ》でも見《み》たかや　こちの人《ひと》
主《ぬし》が風邪《かぜ》引《ひ》きゃ　共難儀《ともなんぎ》
薬温《くすりあたた》め　口移《くちうつ》し
しみじみお顔《かお》を　見《み》ぬうちに　㉖ゴンと鳴《な》り
や
帰《かえ》さにゃなるまい　こちの人《ひと》
㉗弁慶《べんけい》さんほど　力《ちから》があらば
取《と》って投《な》げたい　㉘明《あ》けの鐘《かね》

〽会津名所《あいづめいしょ》の　そのうちに
空《そら》にそびゆる　㉙磐梯《ばんだい》の
姿《すがた》を映《うつ》す　㉚湖《みずうみ》に
浮《う》かぶ眺《なが》めの　㉛翁島《おきなじま》
㉜戸《と》ノ口堰《くちぜき》の　㉝十六橋《じゅうろっきょう》
黄金湧《こがねわ》き出《い》ずる　㉞金堀《かねほり》や
㉟滝沢峠《たきざわとうげ》を　とぼとぼと

下《くだ》ればほどなく　鶴ヶ城《つるがじょう》
㊱石部桜《いしべざくら》の　語《かた》り草《ぐさ》
散《ち》りて香《かお》りし　㊲白虎隊《びゃっこたい》

注①十干と十二支を組み合わせて年を表したもの。一八六八年のこと。
②仲秋。太陰暦八月のこと。
③夜の明けやらぬ頃。
④現会津若松市北東部にある。会津軍（約五百人）と官軍（約二千六百人）とが戦った所。
⑤「退き」とも。
⑥現会津若松市市街地の北東部の地名。
⑦滝沢にある山（三八〇メートル）。
⑧「はるかに見渡す　鶴ヶ城　炎は空に　立ち昇る」とも。
⑨会津松平氏二三万石の本城。会津戦争で落城し、解体された。若松城・会津城とも。現在の天守閣は一九六五年に再建。
⑩もはや。
⑪自刃した白虎隊員。白虎隊は、鳥羽・伏見の戦いに敗れて帰国した松平容保《かたもり》（会津藩主）が編成した、一六～一七歳の少年による会津藩防衛隊。隊は年齢別で、他に朱雀隊（一八～三五歳）・青竜隊（三六～四九歳）・玄武隊（五〇歳以上）があった。
⑫染まった。「染み」は、「染める」の自動詞形「染む」の連用形。
⑬「赤心」を読み下したもの。偽りのない心。真心。
⑭飯盛山の中腹にある、白虎隊員の墓のこと。「白虎隊」は誤唱。
⑮新年の。
⑯羽根突き唄の唄い出し。
⑰二×八で、一六歳。娘盛り。
⑱まっすぐな。素直な。
⑲中国の呉から渡来した竹。淡竹《はちく》。稈《かん》の高さ一〇メートル、直径二〇センチほど。
⑳五葉松の別称。マツ科の常緑高木。山地に自生。高さ三〇メートルになるが、庭木や盆栽にする。針形の葉が五本ずつ小枝に密に束生し、夫婦と三人の子にたとえて一家繁栄の象徴とされる。
㉑千年も八千年もの長い間。
㉒「万年」の意と、会津万歳を掛ける。万歳は、正月に門付けをする、二人一組（太夫と才蔵）の祝福芸人。家々をまわり、鼓に合わせて新年の祝い言を述べ、舞を舞う。
㉓酒を飲んで、よい気持ちになっていること。
㉔七福神を乗せ、種々の宝物を積み込んだ船の絵。正月二日に枕の下に入れて寝ると、よい夢を見、よいことが起こるとされる。
㉕「つらつらと」とも。
㉖明けの鐘が。
㉗号は武蔵坊。平安時代末期～鎌倉時代初期の僧。源義経《みなもとのよしつね》の家臣で、力の強い男の代表者。
㉘明け六つ（午前六時頃）に寺で鳴らす鐘。
㉙磐梯山。会津若松市の北東方にそびえる山（一八一九メートル）。
㉚猪苗代湖。磐梯山の南方にある。周囲約四九キロ。
㉛猪苗代湖の北西部にある小島。周囲約一・五キロ。水面よりの高さ二～三メートル。
㉜猪苗代湖の北西端から流出する日橋《にっぱし》川の西岸、戸ノ口で取水し、現会津若松市天寧寺町に至る用水路。全長三一キロ。灌漑用・上水道用。一六一五年に着工し、九三年に完成した。
㉝日橋川の流出口近くに架かる橋。一七八六年、会津藩主松平容頌《かたのぶ》の命で作られた、一六のアーチから成る石造のめがね橋。
㉞現会津若松市北中部にある一箕《いっき》町の地名。江戸時代に金を産出した。
㉟金堀の西方約五百メートルにある峠（四八〇メートル）。
㊱一箕町八幡にある、桜の名木。樹齢六百年ほど。
㊲➡注⑪。

福島県のお座敷唄。福島県の西部に広がる会津地方の花柳界の宴席で、芸者衆が唄ってきたものである。のちには、会津地方の人たちが祝い唄として唄うようにもなった。

唄の履歴　この唄の源流は、現滋賀県の『近江《おうみ》大津絵』（四九九ページ）である。江戸時代末期に、唄の「大津絵」は、土産品の大津絵の画題づくしの趣向によって日本中へ広まり、各地でその地方の名所・名物や風物を詠み込んだ歌詞が作られた。

会津では、現会津若松市などの花柳界で、お座敷唄として二上りの三味線伴奏で唄われていたが、農村部では三味線がないために素唄となり、節もゆっくりとのびるようになった。そして、明治から大正時代にかけて、若松派・本郷派・高田派などという流派まで生まれた。

そのうちに、前掲一首目の白虎隊《びゃっこたい》の歌詞が作られると、唄い方が詩吟調になっていった。そして、いつか酒席の唄から祝い唄にと変わって、大切にされるようになった。それは、昭和時代に入ってからである。

節まわしの型　今日広く唄われている節まわしは、山内磐水《やまのうちばんすい》の節を母胎にして詩吟調に仕立てた、横山吟風のものである。

会津磐梯山《あいづばんだいさん》

〽イイヤー①会津磐梯山《あいづばんだいさん》は　宝《たから》の山《やま》よ
（アァヨイトー　ヨイトー）
笹《ささ》に黄金《こがね》がエェマター　なり下《さ》がる

（チョイサァ　チョイサ）

長ばやし〔唄い手〕

②小原庄助《おはらしょうすけ》さん　なんで③身上《しんしょう》つぶした
朝寝《あさね》朝酒《あさざけ》朝湯《あさゆ》が　大好《だいす》きで
それで身上《しんしょう》　つぶした
もっともだ　もっともだ

〽④東山《ひがしやま》から　⑤日《ひ》にちの便《たよ》り
行《ゆ》かざなるまい　顔見《かおみ》せに

〽誰《たれ》か来《き》たよだ　垣根《かきね》の外《そと》に
鳴《な》いた鈴虫《すずむし》　音《ね》を止《と》めた

〽なぜに磐梯《ばんだい》　あのよに若《わか》い
⑥湖水鏡《こすいかがみ》に　化粧《けしょう》する

〽⑦主《ぬし》は笛吹《ふえふ》く　わたしは踊《おど》る
⑧櫓踊《やぐらおど》りの　上《うえ》と下《した》

〽主《ぬし》が唄《うた》えば　踊《おど》りが締《し》まる
櫓太鼓《やぐらだいこ》の　音《ね》も⑨はずむ

〽櫓太鼓《やぐらだいこ》の　音《おと》さえ聞《き》けば
眠《ねむ》い目《め》も開《あ》く　気《き》も勇《いさ》む

〽会津磐梯山《あいづばんだいさん》に　振《ふ》り袖着《そでき》せて
奈良《なら》の大仏《だいぶつ》　婿《むこ》に取《と》る

〽会津磐梯山《あいづばんだいさん》は　俺《おら》が父《と》っつぁんの山《やま》だ
父《と》っつぁん死《し》んだら　俺《おら》が山《やま》

〽声《こえ》がよく似《に》た　来《く》るはずないが
もしや来《き》たかと　胸《むね》がせく

〽北《きた》は磐梯《ばんだい》　南《みなみ》は湖水《こすい》
中《なか》に浮《う》き立《た》つ　⑩翁島《おきなじま》

〽踊《おど》り疲《つか》れて　寝《ね》は寝《ね》たけれど
櫓太鼓《やぐらだいこ》で　寝《ね》つかれぬ

注①磐梯山。会津若松市の北東方にそびえる山（一八一九メートル）。「会津」は、福島県の西部地方。この歌詞は、本来は『玄如節《げんじょぶし》』のもの。
②実在の人物であるが、この「長ばやし」は悪口の文句であるから、伝説上の人物にしておくほうがよい。
③財産を全部なくしてしまった。
④現会津若松市市街地の南東方にある東山地区。東山温泉の遊女から、の意らしい。
⑤毎日毎日の。
⑥会津若松市東方の、猪苗代湖の水。
⑦「主が唄えば　わたしが踊る」とも。
⑧盆踊りのこと。
⑨「締まる」とも。
⑩猪苗代湖の北西部にある小島。周囲約一・五キロ。水面からの高さ二、三メートル。

福島県の盆踊り唄。福島県の北西部、会津地方の中心である会津若松市の人たちが、お盆に唄い踊ってきたものである。

唄の履歴　この唄の源流は、越後《えちご》地方（新潟県）に伝わる盆踊り唄の「甚句《じんく》」である。それが、阿賀野川沿いに現福島県下へ入ってきた。今日、「中通り」（阿武隈《あぶくま》川流域）を中心に広く分布している同系統の唄の唄い出しは「サンヤー」であるが、会津地方では、のちに「イィヤー」と変わったのであろう。なお、初代鈴木正夫は、ここを、口を閉じ、力を加えて「エンヤー」と唄っていた。

ところで、この盆踊りは「かんしょ踊り」と呼ばれていた。「かんしょ」とは、会津方言で狂気の意で、煽情的に踊る踊りであった。寺の境内などで踊られ、唄は、若い男女が、相手の唄う上の句に対して即興で下の句を作って唄い合う、「掛け唄」（二〇一ページ）のようなものであった。そして、その歌詞を考える時間を与えるために、長い間奏が上の句と下の句の間に挿入されていた。

その「かんしょ踊り」、昭和の初めには「会津盆踊り」などと呼ばれた時代もあったが、一九三四年に小唄勝太郎が会津に来てこの唄を聞き覚え、同年七月にビクターレコードに吹き込んだ。この時、『玄如節《げんじょぶし》』（二三七ページ）の歌詞「〽会津磐梯山は　宝の山よ…」を借用し、また、「会津盆踊り唄」の歌詞の一部を改めて「長ばやし」として加え、曲名を『会津磐梯山』とした。それが大当たりを取って、日本中へ広まっていった。

その人気にあやかって、太平洋戦争後、地元民謡界の山内磐水《やまのうちばんすい》が唄い方を整え、今日の形にして紹介した。すなわち、それまで「前奏—上の句—間奏—下の句—後奏」だったが、笛と太鼓の長い間奏を省いたのである。それがしだいに広まって、今日に至っている。

節まわしの型　今日広く唄われている節まわしは、山内磐水のものである。

補足　この唄、一八六八年に越後五ヶ浜の油締め職人が、現会津若松市の阿弥陀《あみだ》寺境内で唄い踊ったのが始まりとする人がいる。しかし、この話の出所は定かでなく、阿弥陀寺の境内は狭く、また、同系統の唄が会津から中通りにかけて点々とあり、加えて、五ヶ浜の「盆踊り唄」とはそれほど似ていない。したがって、筆者（竹内勉）はその説を採らない。

会津松坂《あいづまつざか》

定　型

〽①このや館《やかた》は　目出度《めでた》い（アァオカア）館《やかた》
鶴《つる》と亀《かめ》とが　舞《ま》い遊《あそ》ぶ
（アァオカア　オカ）

〽目出度嬉《めでたうれ》しや　思《おも》うこと叶《かの》うた
末《すえ》は鶴亀《つるかめ》　②五葉《ごよ》の松《まつ》

〽うちのお庭《にわ》に　生《は》えたる葦《よし》は
嫁《よめ》と姑《しゅうと》の　仲良《なかよ》し（葦）で

五字冠り

〽朝咲《あささ》いて
③四《よ》つにしおる（アァオカア）　朝顔《あさがお》さえも
離《はな》れまいとて　からみつく
（アァオカア　オカ）

〽朝顔《あさがお》の
花《はな》によく似《に》た　この盃《さかずき》よ
今日《きょう》も酒《さけ》（咲け）酒《さけ》　明日《あす》も酒《さけ》

〽元日《がんじつ》に
④鶴《つる》の声《こえ》する　あの⑤井戸車《いどぐるま》
瓶《かめ》（亀）に汲《く》み込《こ》む　⑥若《わか》の水《みず》

〽春来《はるく》れば
ほろりと咲《さ》いた　白梅《しらうめ》の花《はな》
鶯《うぐいす》と留まれや　この枝《えだ》に

〽⑦更科《さらしな》の
月《つき》は⑧田《た》ごとに　映《うつ》るといえど
わたしゃ主《ぬし》より　⑨移《うつ》りゃせぬ

〽ほおずきも
初手《しょて》は揉《も》まれて　⑩中《なか》ほど切《き》られ
末《すえ》は⑪フウフ（夫婦）と　⑫鳴《な》るわいな

〽朝顔《あさがお》は
馬鹿《ばか》な花《はな》だよ　根《ね》のない竹《たけ》に
垣根忍《かきねしの》んで　からみつく

注①「こちの」「これの」とも。
②五葉松。マツ科の常緑高木。山地に自生。高さ三〇《メートル》になるが、庭木や盆栽にする。針形の葉が五本ずつ小枝に密に束生し、夫婦と三人の子にたとえて一家繁栄の象徴とされる。
③昔の時刻。午前一〇時頃。「夜に」「夜露に」は誤唱。
④つるべの音をいう。「鶴が音《ね》を出す」とも。
⑤井戸の上に吊るして綱をかけ、つるべを上下させるのに用いる滑車。「車井戸」とも。
⑥若水。元日の朝に、その年初めて井戸から汲んだ水。霊力が宿っていると考えられ、年神に供え、調理やお茶に用いる。
⑦現長野県千曲《ちくま》市一円の地域。
⑧山の斜面に作られた、小さな、狭い田一枚一枚に。
⑨心移りはしない。
⑩途中で、実と柄を切り放され。
⑪ほおずきの鳴る音。
⑫「夫婦となる」を掛ける。

福島県の祝い唄。福島県の西部に広がる会津地方の人たちが、祝いの席で唄ってきたものである。

唄の履歴　この唄の源流は、新潟県下の『越後《えちご》松坂』（三九三ページ）である。それが越後瞽女《ごぜ》や座頭によって阿賀野川沿いに会津地方へ伝えられた。

会津でも、初期には三味線の伴奏をつけて唄っていたと思われるが、三味線は農民たちにはなじみが薄く、無伴奏で唄ううちに、祝い唄として用いられるようになった。のちに、それに尺八が加えられ、詩吟調の、重厚で、朗々とした唄に仕立てられて、今日の形にまとまっていった。

節まわしの型　今日広く唄われている節まわしは、会津民謡界の人たちのものである。

会津目出度《あいづめでた》

上の句〔音頭取り〕

〽目出度目出度《めでためでた》の　この酒盛《さかも》りは

（ハァ目出度《めでた》い）

下の句〔祝い座敷の同席者〕

鶴《つる》と亀《かめ》とが　舞《ま》い遊《あそ》ぶショーガイナー

（ハァ目出度《めでた》い　目出度《めでた》い）

〽①さんさ②時雨《しぐれ》か　③萱野《かやの》の雨《あめ》か

④音《おと》もせで来《き》て　濡《ぬ》れかかる

〽⑤さんさ振《ふ》れ振《ふ》れ　⑥五尺《ごしゃく》の袖《そで》を

今宵《こよい》振《ふ》らいで　いつの夜《よ》に

〽目出度目出度《めでためでた》を　車《くるま》に積《つ》んで

鶴《つる》と亀《かめ》とに　曳《ひ》かせたい

〽⑦納《おさ》め盃《さかずき》　いただくからは

よそにもらすな　露《つゆ》ほども

〽⑧納《おさ》めなるかや　げに道広《みちひろ》き

千秋万歳《せんしゅうばんぜい》と　舞《ま》い遊《あそ》ぶ

〽一《いち》に嫁取《よめと》り　二《に》に孫《まご》もうけ

三《さん》に黄金《こがね》の　蔵《くら》が建《た》つ

〽雉子《きじ》の雌鳥《めんどり》　小松《こまつ》の下《した》で

⑨夫《つま》を呼《よ》ぶ声《こえ》　⑩千代千代《ちよちよ》と

〽目出度目出度《めでためでた》の　重《かさ》なる時《とき》は

⑪天《あま》の岩戸《いわと》も　押《お》し開《ひら》く

〽孫《まご》の祝《いわ》いに　⑫産着《うぶぎ》を贈《おく》り

⑬褄《つま》を揃《そろ》えて　⑭宮参《みやまい》り

〽⑮納《おさ》めなさるな　まだ日《ひ》は高《たか》い

⑯お膝直《ひざなお》して　夜明《よあ》けまで

注①時雨の降る様子の形容。

②初冬の雨で、しばらくの間激しく降ってはやみ、降ってはやみするもの。

③薄《すすき》の野原。

④雨が音もせずに降るように、私たちの恋は、世間に知られぬようにする、忍ぶ恋だ、の意。

⑤「さァさ」の転。

⑥鯨尺で。曲尺《かねじゃく》の四尺（約一二一・二㌢）にあたる。女が恋心を表すために、また、身の安全を守るお札代わりに、想う男に「五尺手ぬぐい」を渡す風習があった。振り袖の袂《たもと》を振ることで、それと同じ気持ちを示す。

⑦祝い事のしめくくりとして飲む酒。

⑧千年も、万年もの長寿をと。

⑨古くは、夫も妻も「つま」と言った。夫婦や恋人が、お互いに相手を呼ぶ時に用いた。

⑩千年。雉子の鳴き声「チヨチヨ」を掛ける。

⑪神話で、天上界にある岩屋の戸。天照大神《あまてらすおおみかみ》（太陽神）が、弟の素戔嗚尊《すさのおのみこと》の乱暴な行動に怒ってこの岩屋にこもったため、世の中がまっ暗になった。神々は、その戸を開けるのに苦労した。

⑫宮参りの時に赤ん坊に着せる着物。

⑬産着をきちんと着せて。「褄」は、着物の裾の、左右の端。

⑭生まれた子どもを、初めて氏神様へ参詣させること。その地域の人間として仲間入りする儀式である。

⑮祝い酒を飲むのを終わりにするな。

⑯祝い事を終わりにするために正座した、その膝をもう一度くずして。

福島県の祝い唄。福島県の西部に広がる会津地方の人たちが、祝いの席で、手拍子に合わせて唄ってきたものである。

唄の履歴　この唄の源流は、江戸時代の流行《はや》り唄「さんさ時雨《しぐれ》」である。

福島県下で唄われていた唄は、宮城県の『さんさ時雨』（一九七ページ）の「花柳界節」と同様の、長唄風のものであった。それが、三味線の伴奏が失われて無伴奏になり、のちに尺八伴奏になってからは、長く伸ばして唄うようになった。そして、上掲二首目の「〽さんさ時雨か…」の前に一首目の歌詞を加えて祝い唄にしたため、唄い出しの語を取って「目出度」と呼ばれるようになった。

節まわしの型　今日広く唄われている節まわしは、会津民謡界の人たちのものである。

いわき馬方節《うまかたぶし》

定型

〽嬶《かか》よハァエ今来《いまき》た　ハァ味噌米《みそこめ》あるかヨー
（ハァイハイ）
ハァエ味噌米《みそこめ》どころか　ハァ①塩《しお》もないヨー
（ハァイハイ　ドードードードー）

〽ここは②名代《なだい》の　③御斎所峠《ございしょとうげ》
峠《とうげ》 ④三里《さんり》は　⑤七曲《ななま》がり

〽わしが自慢《じまん》の　馬方節《うまかたぶし》を
聞《き》いてくれるか　⑥駒栗毛《こまくりげ》

〽⑦小川越《おがわこ》えれば　⑧川前紅葉《かわまえもみじ》
滝《たき》の飛沫《しぶき》に　鈴《すず》の音《おと》

〽唄《うた》う⑨鈴声《すずごえ》　野山《のやま》に響《ひび》く
⑩春告《はるつ》げ鳥《どり》も　谷渡《たにわた》り

字あまり

〽嫌《いや》だ嫌《いや》だよ　馬方嫌《うまがだいや》だ
日《ひ》にち毎日《まいにち》　手綱《たづな》で暮《く》らす

注①最低限度の生活さえもできない、の意。庶民は、米・味噌・醤油さえあれば、最低限度の生活ができるとされた。
②有名な。
③現いわき市常磐湯本町から石川郡石川町へ通じる御斎所街道にある峠（一五〇メートル）。
④約一一・八キロ。
⑤「七」は実数ではなく、道が幾重にも曲がりくねっていること。
⑥黒みをおびた茶色の毛の馬。
⑦現いわき市中東部の小川町。夏井川流域にある。
⑧同市北西部の川前町。小川町の上流にある。
⑨鈴の音のような、いい声。
⑩鶯のこと。

福島県の仕事唄。福島県の南東部、磐城《いわき》地方（いわき市）の駄賃付け馬子たちが、街道で馬を曳《ひ》きながら唄ってきたものである。駄賃付けは、農家の副業で、荷物や人を馬の背にのせて運び、その運び賃をもらう仕事である。

唄の履歴　この唄の源流は、旧南部藩領（岩手県中央部から青森県東部一帯）の博労たちが、馬市などへの往来に唄っていた「夜曳《よび》き唄」（一七七ページ）である。それが東北地方一円の博労たちの間へ広まり、駄賃付け馬子たちもまねて唄うようになった。

今日の『いわき馬方節』は、現いわき市小川町の白井清治（一八九三年生まれ）が一八歳から五五、五六歳頃まで、平―小野間（約三九キロ）で馬を曳いて商売をしていた時に唄っていたものである。その唄を、一九六一年に、いわき市小名浜の坂脇尚《さかわきしょう》基《き》が習い覚え、今日の節まわしに整えた。そして、一九七五年四月にクラウンレコードに吹き込むと、たちまち、いわき地方を代表する唄になった。

節まわしの型　今日広く唄われている節まわしは、坂脇尚基のものである。

いわき目出度《めでた》

〽〔音頭取り〕目出度目出度《めでためでた》の　若松様《わかまつさま》よ
〔①同席者〕枝《えだ》もナァーエ栄《さか》ゆる
〔音頭取り〕ゆる　葉《は》も繁《しゅ》
（〔副音頭取り〕アァしゅげるヨ）
〔音頭取り・同席者〕しゅげるヨナァーエ

樽入れ

〽②よき日選《ひえら》んで　定《さだ》めし御縁《ごえん》
離《はな》れまいぞよ　③抱《だ》き茗荷《みょうが》

嫁頼み

〽娘《むすめ》あげます　④とどかぬ娘《むすめ》
万事《ばんじ》よろしく　頼《たの》みます

船おろし祝い

〽船《ふね》がよいとさ　船頭《せんど》がよいな
歩《ある》く若《わか》い衆《しゅ》は　威勢《いせい》がよい
〽⑤明神様《みょうじんさま》より　沖眺《おきなが》むれば
出船入《でふねい》り船《ふね》　⑥旗揃《はたぞろ》い

納　め

〽君《きみ》は⑦高砂《たかさご》　尾上《おのえ》の松《まつ》よ
⑧千秋楽《せんしゅうらく》こそ　お目出度《めでた》い
〽納《おさ》め納《おさ》まる　この盃《さかずき》は
よそへもらすな　露《つゆ》ほども

注①祝い座敷の同席者。
②暦の上で、縁起がよいとされている日。
③家紋。茗荷の花を二つ向き合わせ、円形にまとめた図柄。花婿と花嫁が、いつまでも仲むつまじく、の意。
④ゆきとどかない。
⑤現いわき市小川町関場の神明神社。
⑥沢山の船が大漁旗を掲げていること。
⑦現兵庫県高砂市の、山の上の松。一帯は松の名所であった。あるいは、高砂神社と、尾上神社（加古川市）の相生の松のことか。
⑧謡曲「高砂」のしまいの部分。小謡として、婚礼などのお祝いに謡われる。あるいは、祝賀行事のしまいの部分のことか。

福島県の祝い唄。福島県の南東部、磐城《いわき》地方（いわき市）の人たちが、婚礼などの祝いの席で唄ってきたものである。

歌詞は祝い事によっていろいろあり、その進行につれて唄問答のような形式で唄われてきた。今日でも「樽入れ」とか「船おろし」といったものが残っており、「納め」を唄ってその祝宴を終わりにする。

唄の履歴　この唄の源流は不明である。しかし、岩手県下では同系統の『南部駒曳《こまひ》き唄』（一七八ページ）が元禄時代（一六八八～一七〇四）から唄われているので、かなり古い「木遣《きや》り唄」ではなかったかと思われる。それは東北地方一円で広く唄われていたようであるが、「松坂」や「さんさ時雨《しぐれ》」の流行によって廃れ、東北地方の両端にある南部地方といわき地方にのみ残ったのであろう。

その『いわき目出度』を、いわき市小名浜《おなはま》の坂《さか》脇尚基《わきしょうき》が発掘し、一九七五年四月にクラウンレコードに吹き込んだ。そして、七七年四月一〇日にいわき市民会館で「いわき目出度コンクール大会」を催して普及を計ったため、今日では、いわき地方一円で広く唄われるようになった。

節まわしの型　今日広く唄われている節まわしは、坂脇尚基のものである。

カンチョロリン節《ぶし》

本　唄〔音頭取り〕

〽オォイ俺《おら》が①相馬《そうま》の（ホォイ）　カンチョロリ
ン節《ぶし》はヨォ（ホォイ）
お②御等《ごら》のオサ　カンチョロリン　③和子等《わこら》の
ノーノサイィ　④唄始《うたはじ》めヨー

長ばやし〔踊り手〕

トコイッサイノーサ　カンチョロリィン
オッテン　チロリン　チンチロリンノ　シ
ヤーン　シャーン
（ホォイ　ホイ）

〽お前相馬《まえそうま》の　カンチョロリンで
鳶烏《とんびからす》の舞《ま》い見《み》たか
〽お前鳶《まえとんび》か　烏《からす》でないか
ともに社《やしろ》の　森《もり》で鳴《な》け
〽鳶山《とんびやま》で鳴《な》け　烏《からす》は浜《はま》で
里《さと》で鶏《にわとり》　⑤時作《ときつく》れ
〽鳴《な》くな烏《からす》コ　騒《さわ》ぐな鳶《とんび》
俺家《おらや》の⑥わらしが　目《め》をさます
〽明《あ》けの烏《からす》に　日暮《ひぐ》れの鳶《とんび》
昼《ひる》は⑦ひねもす　⑧揚《あ》げ雲雀《ひばり》
〽お前鳶《まえとんび》に　油《あぶら》げさらわれ
わたしゃ烏《からす》に　餅取《もちと》られ

〽鳶《とんび》⑨トロロは　お空《そら》でまわる
烏《からす》はガアガア　畔突《くろつ》つく
〽鳶烏《とんびからす》コ　後先先《あとさきさき》に
ともにお空《そら》で　羽競《はねくら》べ
〽⑩磐城燕《いわきつばくろ》　⑪仙台雀《せんだいすずめ》
相馬鳶《そうまとんび》に　さらわれた

注①相馬地方。福島県北東部の、現相馬市・南相馬市・相馬郡一帯。
②お嬢さんたちの。
③ぼっちゃんたちの。
④唄というものを覚え、唄うのは『カンチョロリン節』が最初だ。
⑤鳴いて、夜明けを知らせろ。
⑥子供。
⑦朝から夕方まで。一日中。
⑧雲雀が空高く、まっすぐに舞い上がること。また、その雲雀。
⑨鳶の鳴き声。
⑩現福島県南東部の、旧磐城市（現いわき市内）一帯。
⑪現宮城県仙台市。仙台藩主伊達氏の家紋は竹に雀。

福島県の酒盛り唄。福島県の北東部、南相馬市原町区の人たちが、酒席で唄ってきたものである。

唄の履歴　この唄の源流は、江戸時代末期に江戸吉原を中心に大流行した流行《はや》り唄である。それは「あのやカンチロリンはどこからはやる　お江戸さカンチロリン　お江戸吉原の中村楼の二階ネ　嘘ではないよネ　カンチロリン」といった歌詞で、今でも東京や伊豆大島に残っている。たぶん、そうした唄が陸前浜街道を通って相馬地方に伝えられ、酒盛り唄として唄われたのであろう。

ところが、一九三五年頃、原ノ町（現南相馬市原町区）の相馬郷土芸術振興会会長の岡和田甫《おかわだはじめ》が、歌詞から、少年少女が鳶《とんび》の冠をかぶって踊る振りをつけ、踊り唄に仕立て直した。そのため、それ以後、この『カンチョロリン節』は鳶踊りのわらべ唄的なものに形を変えてしまった。

節まわしの型　今日広く唄われている節まわしは、岡和田甫のものである。

北方《きたかた》二《に》遍返《へんがえ》し

〽ハァー鮎《あゆ》は瀬《せ》につく　鳥《とり》や木《き》に留《と》まる
（ハイ　ハイ）
人《ひと》は情《なさ》けの　下《した》に住《す》む　下《した》に住《す》む
（ハイィ　ハイハイ）
〽煙草一葉《たばこひとは》に　①想《おも》いを書《か》いて
心刻《こころきざ》んで　②吸《す》わせたい
〽蝉《せみ》は鳴《な》けども　③暮《く》れ六《む》つ限《かぎ》り
蛍可愛《ほたるかわ》いや　夜明《よあ》けまで
〽遊《あそ》び暮《く》らせば　身《み》にしむ寒《さむ》さ
④稼《かせ》げば凍《こお》らぬ　水車《みずぐるま》

☆〔歌詞は『相馬二遍返し』と共通〕

注①「思惑書いて」「思惑のせて」とも。
②「飲ませたい」とも。
③暮れ方の六つ時。季節によって異なるが、今の午後六時頃。
④働けば。

福島県の酒盛り唄。福島県の北東部、相馬地方（相馬市・南相馬市・相馬郡）の人たちが、酒席で唄ってきたものである。

唄の履歴　この唄の源流は、『相馬二遍返し』（二四六ページ）である。それを、昭和時代の初めに、相馬民謡の指導者堀内秀之進が編曲した。

新民謡運動が始まった大正時代末に、相馬地方でも新曲の創作運動が起こったが、これといった作詞家も作曲家もいなかった。そこで堀内は、東北地方という保守性がそうさせたのかもしれないが、在来の唄を編曲して「○○くずし」のような唄を作った。『相馬節』をくずしたものが『新相馬節』であり、『相馬二遍返し』をくずした新二遍返しともいうべきものが『北方二遍返し』である。

曲名の「北方」は、編曲者の堀内秀之進が住んでいた現相馬市中村飯豊《いいとよ》字大毛内が、相馬の北部地方であったための命名で、北相馬の節まわしという意味である。

その『北方二遍返し』、初代鈴木正夫の美声によって唄い広められていった。

節まわしの型　今日広く唄われている節まわしは、初代鈴木正夫のものである。

玄《げん》如《じょ》節《ぶし》

問い掛け唄〔問い掛け手・男〕

〽ハァ①玄如見《げんじょみ》たさに　②朝水汲《あさみずく》めばヨー
（サァサ　ヨイヤショーエ）
姿隠《すがたかく》しの　霧《きり》が降《ふ》るヨー
《繰り返し1》〔踊り手（はやし手）〕
アァ霧《きり》が降《ふ》るヨー
《繰り返し2》〔問い掛け手・男〕
姿隠《すがたかく》しの　霧《きり》が降《ふ》るヨー
（サァサ　ヨイヤショーエ）

〽③玄如踊《げんじょおど》りは　飯《まま》より好《す》きだ
④わけたお飯《まま》も　食《た》べず来《き》た

〽⑤会津磐梯山《あいづばんだいさん》は　宝《たから》の⑥山《やま》よ
笹《ささ》に黄金《こがね》が　なり下《さ》がる

〽⑦会津玄如《あいづげんじょ》は　⑧偉《えら》くちゃできぬ
⑨まるで馬鹿《ばか》では　なおできぬ

〽⑩東山《ひがしやま》とは　誰《た》が名《な》をつけた
山《やま》じゃないもの　里《さと》じゃもの

〽⑪会津殿様《あいづとのさま》　力《ちから》が強《つよ》い
⑫二十三万石《にじゅうさんまんごく》　⑬取《と》って投《な》げた

〽会津《あいづ》　⑭猪《いのしし》　⑮米沢狸《よねざわたぬき》
⑯新発田狐《しばたきつね》に　だまされた

〽声《こえ》が出《で》なくば　⑰漆《うるし》の薬師《やくし》
⑱蟬《せみ》の抜《ぬ》け殻《がら》　千七《せんなな》つ

〽⑲鯉《こい》の⑳滝沢《たきざわ》　㉑舟石越《ふないしこ》えて
㉒親《おや》は㉓諸白《もろはく》　㉔強清水《こわしみず》(子は清水)

〽丸《まる》い話《はなし》を　なぜそのように
角《かど》をつけるか　火打《ひう》ち石《いし》

〽可愛《かわ》いがられて　なでさすられて
見捨《みす》てられたか　夏火鉢《なつひばち》

〽堅《かた》いようでも　油断《ゆだん》がならぬ
融《と》けて流《なが》るる　雪達磨《ゆきだるま》

〽忍《しの》ぶ恋路《こいじ》と　夜降《よるふ》る雪《ゆき》は
人目知《ひとめし》れずに　深《ふか》くなる

〽十二三《じゅうにさん》から　心《こころ》にかけて
丸《まる》くなられる　十五夜《じゅうごや》に

〽案《あん》じられます　㉕土用《どよう》の卵《たまご》
黄味《きみ》(君)に変《か》わりが　ないかよと

注
①寺小姓の名。⬇解説。
②朝、井戸や泉から、飲料用の水を汲めば。その日に必要な分量の水を、家の中の瓶に汲み溜めておくのである。
③『玄如節』の踊り。
④茶碗によそった御飯。
⑤会津若松市の北東方にそびえる山（一八一九メートル）。「会津」は、福島県の西部地方。この歌詞は、本来、『玄如節』のもの。のちに『会津磐梯山』に流用された（⬇二三〇ページ）。
⑥「山で」とも。
⑦『玄如節』の踊り。
⑧「利口じゃ」「利口で」とも。
⑨全くの。
⑩現会津若松市市街地の南東方にある東山地区。東山温泉辺り一帯。
⑪会津藩の第九代藩主、松平容保《かたもり》。
⑫会津藩の石高。
⑬明治維新の折り、会津藩が佐幕派として官軍と戦い、徳川家に殉じて全滅したことをさす。
⑭剛直で一本気な会津藩を、猪にたとえた。
⑮明治維新の折り、東北・北越地方の諸藩は奥羽越列藩同盟を結んで官軍に抵抗したが、米沢藩（現山形県米沢市）は、途中で同盟を脱退した。それを、会津藩をだましたとして狸にたとえた。
⑯新発田藩（現新潟県新発田市）が奥羽越列藩同盟

を脱退したことを狐にたとえた。
⑰漆薬師。耶麻郡北塩原村北山字漆にある北山薬師の別称。
⑱蝉の抜け殻を煎じて飲むと、声がよくなるという俗信がある。
⑲諸歌詞集は「恋の」としているが、「鯉の滝登り」をもじったものと思われる。この歌詞、飯盛山北麓から猪苗代湖北西岸に至る街道沿いの地名と、魚名とその縁語を並べ、さらに「強清水」を「子は清水」と分解して、間に「親は諸白」を挟み込んだもの。
⑳現会津若松市街地の北東部の地名。滝沢本陣があった。
㉑滝沢の東方、滝沢峠（四八〇メートル）の西にある地名。「鮒」を掛ける。
㉒「強清水井戸」の伝説。きこりの父親は働き者で、この井戸の水を飲もうとすると酒に変わったが、怠け者の息子が飲んでも水のままだった。
㉓蒸し米も麹も、精白した米を用いて造った、上等の酒。
㉔滝沢峠の東方、現会津若松市河東町の地名。
㉕夏の最も暑い時期。七月二〇日頃から八月七日頃までの間。歌詞は、物が腐りやすく、人も体調をくずしやすい時期なので心配だ、の意。

福島県の祭礼唄。福島県の中西部、会津《あいづ》若松市の農村部の若い男女が、寺や神社の縁日に夜籠《よごも》りをし、「掛け唄」（二〇一ページ）として唄い踊ってきたものである。

唄の履歴　この唄の源流は、全く不明である。同系統の唄も見当たらないが、七七七五調の歌詞や節の感じから、江戸時代の流行《はや》り唄であったと思われる。

曲名の『玄如節』は、前掲一首目の歌詞の唄い出しから取ったものである。その玄如は、現会津若松市内、天寧寺（曹洞宗）の寺小姓で、美男だったという話だけが伝わっている。

「掛け唄」の風習は、明治時代末期にはほとんど廃ってしまった。そこで、山内磐水《やまのうちばんすい》（本名、岩記）が『玄如節』を保存するために、一九一五年に若冠二五歳で「玄如節会」を結成した。そのおかげでこの唄が残ったのである。

節まわしの型　今日広く唄われている節まわしは、山内磐水のものである。

常磐炭坑節《じょうばんたんこうぶし》

〽ハァー朝《あさ》も早《は》よからヨー　①カンテラさげて
ナイイ
（アァヤロ　ヤッタナイ）
②坑内通《こないがよ》いもヨー　ドント③主《ぬし》のためナイ
（アァヤロ　ヤッタナイ）

〽炭坑《やま》で高《たか》いは　④竪坑《たてこう》の⑤櫓《やぐら》
まわる車《くるま》は　右左《みぎひだり》

〽俺《おら》が炭坑《たんこ》に　一度《いちど》はござれ
義理《ぎり》と人情《にんじょ》の　花《はな》が咲《さ》く

〽俺《おら》が炭坑《たんこ》で　見《み》せたいものは
男《おとこ》　純情《じゅんじょ》と　よい⑥女《おんな》

〽坑夫《こうふ》さんには　どこようて惚《ほ》れた
⑦飯場通《はんばがよ》いの　ほどのよさ

〽⑧発破《はっぱ》かければ　⑨切羽《きりは》が⑩延《の》びる
⑪延《の》びる切羽《きりは》は　金《かね》となる

〽⑫台《だい》ノ山《やま》から　⑬飛《と》んで来る烏《からす》
金《かね》もないのに　カオ（買おう）カオと

〽主《ぬし》は坑内《こうない》　わたしは⑭選炭場《せんたんば》
便《たよ》りやりたい　坑内《こうない》に

〽坑夫《こうふ》さんなら　来《こ》ないでおくれ
来《く》れば娘《むすめ》の　気《き》をそそる

〽娘《むすめ》よう聞《き》け　坑夫《こうふ》の嬶《かか》は
⑮岩《いわ》がドンと来《く》りゃ　若後家《わかごけ》よ

〽竪坑《たてこう》　⑯三千尺《さんぜんじゃく》　下《くだ》れば地獄《じごく》
死《し》ねば廃坑《はいこう》の　土《つち》となる

注①携帯用の灯油ランプ。
②炭坑の坑道内。
③「親のため」とも。
④地下の石炭採掘現場へ通じる坑道で、地表から垂直に掘って作ったもの。

⑤坑道への鉱夫の出入りや、掘った石炭を運び出すのに用いる捲き上げ機械を据えつけたもの。
⑥「おなご」とも。
⑦坑夫の宿泊用・休息用として、採掘現場近くに設けた建物。
⑧爆薬を仕掛けて、石炭の層を爆破すれば。
⑨石炭を掘りくずしている、坑道の先端部分が、先へ向かって進む。
⑩⑪「残る」とも。
⑫現いわき市常磐湯本町台ノ山。常磐炭坑本社のあった所。「ダミネ山」は誤唱。
⑬以下、日本中の遊廓で好んで唄われた、酒盛り唄の文句。
⑭坑外へ運び出した石炭から、質の悪い石炭や岩石を取り除く作業をする所。
⑮落磐事故が起こると。
⑯約九〇九メートル。ただし、実数ではなく、非常に深い、の意。

福島県と茨城県の酒盛り唄・盆踊り唄。福島県南東部の磐城《いわき》地方から茨城県北東部（北茨城市）にかけての常磐炭坑の坑夫たちが、酒席で、また、お盆に唄い踊ってきたものである。

　常磐炭坑は、福島県双葉郡富岡町を北限に、南は茨城県日立市十王町に至る長さ約九五キロ、太平洋岸から阿武隈《あぶくま》山脈の東裾に至る幅約五～二五キロの、細長い炭坑であった。一八五五年に現福島県いわき市平の片寄《かたよせ》平蔵が弥勒沢《みろくさわ》（同市内郷白水町）で石炭を発見し、小名浜《おなはま》港から京浜地方へ積み出して以来、掘り続けられてきたが、一九七六年までに閉山となった。

　唄の履歴　この唄の源流は、現いわき市四倉《よつくら》町や周辺の農村で、朝草刈りの折りに唄われてきた「草刈り唄」である。そのはやし詞《ことば》は「野郎《やろ》刈ったナイ」であった。ところが、常磐炭坑へ坑夫として働きに出た近郷の農民たちによって炭坑に持ち込まれ、酒盛り唄として唄われるようになると、はやし詞は「ヤロヤッタナイ」という、いかにも炭坑の唄らしい、荒々しいものに変わっていった。その唄が、近くの湯本温泉（いわき市湯本）の花柳界に持ち込まれ、芸者衆によって本調子の三味線伴奏がつけられた。そして、この頃から「炭坑節」の名が生まれたようである。それは一九三五年頃のことである。

　その「炭坑節」が、芸者の鞍替えによってか客によってか、八六キロ南の茨城県水戸市の花柳界へ伝えられた。その名も「磐城炭坑節」の名で。しかし、この頃の唄はまだ「草刈り唄」時代の名残りがあって、唄い出しの「ハー」の部分は今のものよりはるかに長かった。そして、はやし詞も花柳界らしく、艶っぽく「ヤロヤッタナ」といった軽いものであった。そのため、一九三八年七月五日、ビクターレコードへ吹き込みに行った水戸芸者の加津江は、担当者から力を入れて荒く唄うように注意を受けたほどだった。

　その後、第二次大戦中はこの唄はさして知られることなく福島・茨城県下で唄われていたが、一九四五年八月に終戦を迎え、焼け野原と化した日本の復興の原動力にと、農業や石炭産業中心の政策がとられることとなった。NHKラジオでも、こうした所で働く人々を勇気づけるために、同年八月二三日より「炭坑へ送る夕べ」という番組を始めた。それに、九州は筑豊炭坑（福岡県田川市）の「炭坑節」（➡六一七ページ）が登場した。そうなると、次は常磐炭坑の唄も必要となり、この唄が脚光をあびたのである。そして、一九四八年頃、相馬民謡の唄い手初代鈴木正夫によってレコード化された。曲名は、「俚謡　炭坑節」で、ビクター管弦楽団の伴奏で唄ったものであるが、なぜかはやし詞「ヤロヤッタナイ」はついていなかった。しかし、その後は「ヤロヤッタナイ」か「ヨイショ　ヨイショヨイショ」を用いて唄うようになり、曲名も『常磐炭坑節』と呼ばれるようになった。

　ところが、鈴木正夫ですっかり広まった昭和三〇年代（一九五五～）に入ると、茨城県日立市の実業家で民謡愛好者の煙山喜八郎が、茨城県那珂湊《なかみなと》（ひたちなか市）の尺八家初代谷井法童の伴奏でこの『常磐炭坑節』を唄い始め、谷井も弟子の福田佑子に唄わせるなどして、しだいに福島県の唄が茨城県側でも盛んになっていった。

　なにしろ福島県民謡といえば相馬で代表され、南東端の磐城地方などは眼中にない時代に、郷土民謡協会の理事長まで務め、東京在住の民謡家たちににらみのきく煙山喜八郎と、福田佑子を抱えて勢力を急激に伸ばしてきた谷井法童が力を合わせたのでは、福島県側はかなうはずもない。昭和三〇年代中頃には、もう『常磐炭坑節』は茨城県の唄にと籍を移させられていた。そして民謡解説者も、「ヤロヤッタナイ」は関東的だからと、茨城県側の肩を持ったため、すっかり茨城県民謡に定着してしまったのである。

　そこで、筆者（竹内勉）は、「草刈り唄」が元唄であること、その他の事情のわかった一九七〇年九月より、この唄を福島・茨城両県の民謡とすることにした。

節まわしの型　今日広く唄われている節まわしは、初代鈴木正夫のものである。

新《しん》相《そう》馬《ま》節《ぶし》

〽ハァーアァーはるかかなたは　①相馬《そうま》の空《そら》か
ヨー　ナンダコラヨォト
（ハァチョーイ　チョイ）
相馬恋《そうまこい》しや　なつかしやナンダコラヨート
（ハァチョーイ　チョイ）

〽②当座《とうざ》の花《はな》なら　なぜこのように
堅《かた》いわたしを　迷《まよ》わせた

〽ほろり涙《なみだ》で　風呂焚《ふろた》く嫁御《よめご》
煙《けむ》いばかりじゃ　ないらしい

〽秋《あき》の夜寒《よさむ》に　針《はり》の手止《てと》めて
主《ぬし》の安否《あんぴ》を　③思《おも》いやる

〽待《ま》つ夜《よ》の長《なが》さを　④四五尺《しごしゃく》つめて
逢《お》うたその夜《よ》に　延《の》ばしたい

〽惚《ほ》れたがわたしの　身《み》の誤《あやま》りよ
どんな無理《むり》でも　言《い》わしゃんせ

〽忘《わす》れていたのに　また顔見《かおみ》せて
二度《にど》の苦労《くろう》を　させる気《き》か

〽⑤忘《わす》れ草《ぐさ》とて　植《う》えてはみたが
思《おも》い出《だ》すよな　花《はな》が咲《さ》く

〽情《なさ》けないぞや　今朝降《けさふ》る雪《ゆき》は
主《ぬし》の出船《でふね》も　見《み》え隠《がく》れ

〽嫌《いや》であろうが　そこ聞《き》き分《わ》けて
はいと返事《へんじ》を　しておくれ

〽呼《よ》ぶに呼《よ》ばれず　戸《と》は叩《たた》かれず
柱《はしら》なでたり　空見《そらみ》たり

〽振《ふ》られたわたしは　どうにもなるが
振《ふ》ったあなたの　末《すえ》を見《み》る

〽早《はや》く行《い》きたい　あの山越《やまこ》えて
行《い》けば見《み》もする　逢《あ》いもする

〽燕《つばめ》可愛《かわ》いや　⑥千里《せんり》の空《そら》も
相馬恋《そうまこい》しと　飛《と》んで来《く》る

注①相馬地方。福島県北東部の、現相馬市・南相馬市・相馬郡一帯。
②しばらくの間の。
③「思い出す」は誤唱。
④約一・二〜一・五メートル。
⑤藪萱草《やぶかんぞう》の別称。ユリ科の多年草。草原に自生。夏、細長い葉の間から八〇センチほどの花茎を立て、先に赤黄色の花を次々につける。花は八重の一日花で、朝開花し、夕方しぼむ。
⑥約三九二七キロ。

福島県の、酒盛り唄形式の新民謡。相馬民謡の指導者、堀内秀之進《ひでのしん》（相馬市中村飯豊字大毛内）が、酒盛り唄として作ったものである。

唄の履歴　この唄は、堀内秀之進が、大正時代末から始まった新民謡運動の中で作った新民謡で、一九三五年頃の作である。しかし、曲節は全くの創作ではなく、相馬地方に伝わる酒盛り唄『相馬節』に手を加えたものである。また、歌詞も、「どどいつ」のものを流用していた。（たとえば、「〽当座の花なら…」「〽待つ夜の長さを…」）

その唄を、弟子の初代鈴木正夫がいろいろ工夫しているうちに、唄い出しの「ハー」の部分が、しだいに今日のような技巧的なものになっていった。

なお、元になった『相馬節』の源流は、越後《えちご》地方（佐渡島を除く新潟県全域）の「越後甚句《じんく》」（⬇四一六ページ）である。それが東京や千葉県下へ伝えられ、さらに、海路、船乗りたちによって茨城県の那珂湊《なかみなと》（ひたちなか市）や、相馬の原釜港に持ち込まれたようである（⬇二八四ページ）。

さて、その『新相馬節』、太平洋戦争後の民謡ブームに乗って初代鈴木正夫によってレコード化されたが、その頃は『佐渡おけさ』の伴奏を用いたりしていた。その後、尺八の榎本《えのもと》秀水が新たに伴奏をつけ、峰村利子に三味線をひいてもらって、今日の節まわしができ上がっていった。そして、一九五五年の日活映画「警察日記」（監督久松静児、主演森繁久弥）の中で鈴木の『新相馬節』が流れ、大流行のきっかけとなった。次いで、三橋美智也の唄で再流行した。そのあとは、美声を聞かせる「ハー」のついた、美声競べの唄となっていった。

一時期、作曲は初代鈴木正夫だという話があったが、作曲は堀内秀之進で、編曲と普及が鈴木正夫というほうが妥当である。

節まわしの型　今日広く唄われている節まわしは、初代鈴木正夫のものである。

相馬壁塗り甚句《そうまかべぬじんく》

〽ハァー①相馬相馬《そうまそうま》と　②木萱《きかや》も靡《なび》くナー　ナン
　ダヨー
　（ハァイッチャ　イッチャ　イッチャヤナ）
靡《なび》く木萱《きかや》にサイショ　花《はな》が咲《さ》くナー　ナン
　ダヨー
　（ハァイッチャ　イッチャ　イッチャヤナ）

〽③相馬中村《そうまなかむら》　④石屋根《いしやね》ばかり
瓦《かわら》（変わら）ないので　人《ひと》が好《す》く

〽わたしゃ筍《たけのこ》　まだ親《おや》がかり
留《と》めたい雀《すずめ》も　留《と》められぬ

〽好《す》きで気《き》ままで　こうなるからは
誰《だれ》に恨《うら》みの　ないわたし

〽⑤小高《おだか》⑥五明楼《ごめいろう》に　三明楼《さんめいろう》足《た》して
早《はや》く八《や》明楼《めいろう》（やめろ）に　してみたい

〽⑦竹《たけ》に雀《すずめ》は　⑧仙台《せんだい》さんの御紋《ごもん》
⑨相馬六万石《そうまろくまんごく》　⑩九曜《くよう》の星《ほし》

〽相馬名物《そうまめいぶつ》　⑪駒焼《こまや》き茶碗《ちゃわん》
またも名物《めいぶつ》　⑫お野馬追《のまお》い

〽なんだ⑬太郎七《たろしち》　豆腐《とうふ》は豆《まめ》だ
⑭菖蒲団子《あやめだんご》は　米《こめ》の粉《こな》

〽雨《あめ》は天《てん》から　横《よこ》には降《ふ》らぬ
風《かぜ》が頼《たよ》りで　横《よこ》に降《ふ》る

〽唄《うた》の唄《うた》い初《ぞ》め　暦《こよみ》の見初《みそ》め
貰《もら》た手拭《てぬぐ》い　かぶり初《ぞ》め

〽お前《まえ》の姿《すがた》と　雷様《かみなりさま》は
形《なり》（鳴り）もよければ　振《ふ》り（降り）もよい

注①相馬地方。福島県北東部の、現相馬市・南相馬市・相馬郡一帯。⬇二四七ページ注①。
②木や薄《すすき》も。
③相馬藩の城下町。現相馬市中村。
④小さな四角い板でふいた屋根の上に、石をのせたもの。
⑤現南相馬市小高区。
⑥現小高区にあった遊廓の名。
⑦葉のついた二本の竹で作った輪の中に、羽ばたく二羽の雀を向き合わせに配した図柄。
⑧仙台藩伊達氏の家紋。
⑨相馬藩の石高。
⑩相馬藩相馬氏の家紋。中央の円の周囲に、八つの小円を配した図柄。円は、日・月と、火星・水星などの星を表す。
⑪相馬藩の御用窯で焼かれた陶器。相馬中村の二代目田代清治右衛門が、藩主の命によって走馬の絵を焼き込んだのに始まる。他に、大堀相馬焼という、走馬の日用雑器がある。これは、元禄時代に半谷休閑が現双葉郡浪江町大堀に開窯したもの。
⑫相馬野馬追い。⬇二四五ページ。
⑬もの知らず。馬鹿者。
⑭先を四つに割った竹串に、平たい、小さな団子をさしたもの。菖蒲の花に似ている。

福島県のお座敷唄。福島県の北東端、相馬中村（相馬市中村）の花柳界の宴席で、芸者衆が唄い踊ってきたものである。

唄の履歴　この唄の源流は、江戸時代後期から明治時代に日本中で大流行した「甚句」である。その唄が、「イッチャイッチャ　イッチャヤサ」というはやし詞が加わって、『イッチャ節』（三一七ページ）と呼ばれるようになった。そして、明治時代の初め頃に、女相撲の興行に「相撲甚句」代わりに利用されたため、関東地方から東北地方にかけて広まっていった。それが相馬地方にも伝えられ、中村の花柳界で酒席の騒ぎ唄になった。その後、初代鈴木正夫がラジオやレコードで紹介し、広く唄われるようになった。

なお、曲名の「壁塗り」は、女たちが腰を振って踊る後ろ姿が、左官屋が壁を塗る動作に似ているところからつけられたものである。それは、港町の女たちに共通の踊りで、後ろ向きになった女たちが、尻を左右に大きく煽情的にゆする振りになっている。そうした踊りの代表的なものは、『牛《うし》深《ぶか》はいや節』（六七四ページ）である。

節まわしの型　今日広く唄われている節まわしは、初代鈴木正夫のものである。しかし、少し唄がゆっくりすぎる。もっと速く唄うほうが、にぎやかさや熱っぽさが出てきて、よくなると思う。

相馬草刈り唄《そうまくさかりうた》

〽ハァー俺《おれ》と行《ゆ》かねか　朝草刈《あさくさか》りにトー　ナンダコラヨー
（ハァチョーイ　チョイ）
いつも変《か》わらぬ　アノ土手《どて》の陰《かげ》にナンダコラヨー
（ハァチョーイ　チョイ）

〽粋《いき》な小唄《こうた》①で　草刈《くさか》る娘《むすめ》②
お顔見《かおみ》たさに　まわり道《みち》

〽寝《ね》ても眠《ねむ》たい　宵《よい》から寝《ね》ても
露《つゆ》③の朝草《あさくさ》　夢《ゆめ》で刈《か》る

〽奥山育《おくやまそだ》ちの　木通《あけび》④でさえも
縁《えん》ありゃ肴《さかな》の　つま⑤となる

〽草《くさ》を刈《か》られた　アノきりぎりす
泣《な》き泣《な》き小馬《こんま》に　乗《の》せられる

〽声《こえ》はすれども　姿《すがた》は見《み》えぬ
今朝《けさ》の草刈《くさか》り　霧《きり》の中《なか》

〽今朝《けさ》⑥の朝草《あさくさ》　どこで刈《か》るものか
いつも変《か》わらぬ　広谷地《ひろやち》⑦で

〽街道唄《かいどううた》で通《とお》る　流《なが》⑧しで聞《き》けば
ある⑨水投《みずな》げても　汲《く》みに出《で》る

〽馬《うま》コ踏《ふ》むなよ　蛍《ほたる》の虫《むし》コ
蛍《ほたる》可愛《かわ》いや　闇照《やみて》らす

注①流行《はや》り唄。
②「主の」とも。

③「今朝の朝草」とも。「朝の朝草」は誤唱。
④アケビ科のつる性落葉低木。山野に自生。葉は五枚の小葉から成り、若葉や若芽をおひたしやあえ物にする。実は長卵形で長さ七、八㌢になり、秋、熟して厚い皮が紫色になると、縦に裂ける。黒い小さな種を含む果肉は、白くて甘い。つるは細工物に用いる。「わさび」とも。
⑤主要な料理に添える、野菜・山菜・海藻など。配偶者の「妻」を掛ける。
⑥「朝の」は誤唱。
⑦広々とした湿地。
⑧台所。
⑨汲んで備えてある水を捨ててでも。

福島県の仕事唄。福島県の北東部、相馬地方（相馬市・南相馬市・相馬郡）の農民たちが朝草刈りの折りに唄ってきたものである。（朝草刈りと「草刈り唄」については一〇〇ページ参照）

唄の履歴　この唄の源流は、相馬地方の酒盛り唄『相馬節』である。それを、朝草刈りへの往来や、草刈る手を休めた折りに、高らかに、朗々と唄っているうち、しだいに節が伸びて、尺八物の唄になった。

ところが、初代鈴木正夫がビクターレコードに吹き込んだ時、三味線の伴奏を加えたことから、再び元の酒盛り唄的なものへ戻ってしまった。加えて、舞台で観客を楽しませることが主目的になったため、鈴木は、字あまりの歌詞を集めて好んで唄い、「ゴロニャーン」という猫の鳴き声まで入れたりした。

節まわしの型　今日広く唄われている節まわしは、初代鈴木正夫のものである。

補足　草刈り唄が、字あまりで、技巧的すぎるのは不自然である。したがって、この唄は、曲名どおりの仕事唄らしく、定型の歌詞（七七七五調二十六音）を、尺八だけの伴奏で、野性的に、のびのびと、大きく唄うものへ戻すほうがよい。

相馬胴搗き唄《そうまどうづうた》

本唄〔音頭取り〕

〽ハァーここは大事《だいじ》な　大黒柱《①だいこくばしら》
（〔男のはやし手〕チョイィ　チョイ）
頼《たの》みますぞえ　コラ皆様《みなさま》にエェエンヤーレー

長いはやし詞〔綱の引き手〕

サノヨォイ　サーヨン　ヤラサノエーン
ヤレコノセー
（〔音頭取り〕チョイィ　チョイ　チョイト）
ヤーハモ　エェエンヤー　コレワサエェエンヤーレー
（〔綱の引き手〕ハァヨイショ　ヨイショ）

本唄

〽上《あ》げろ持《も》ちゃげろ　天竺《②てんじく》までも
天《あま》の川原《かわら》の　果《は》てまでも

〽上《あ》げろ持《も》ちゃげろ　天竺《てんじく》までも
上《あ》げて落《お》とせば　地《じ》が締まる

そうまくさ〜そうまどう

〽この家旦那《やだんな》は　お名前《なまえ》なんと
蔵《くら》は九《③ここの》つ　蔵之助《④くらのすけ》

〽この家御座《や⑤おんざ》は　目出度《めでた》い御座《おんざ》
四《よ》つの隅《すみ》から　黄金《こがね》涌《わ》く

〽ここは大事《だいじ》な　戌亥《⑥いぬい》の柱《はしら》
頼《たの》みますぞえ　綱《つな》の人《ひと》

〽ここは大事《だいじ》な　大黒柱《だいこくばしら》
爺《じい》さん出《で》て見《み》ろ　孫《まご》連《つ》れて

〽サンヨ胴搗《⑦どうづ》き棒《ぼう》は　上《あ》がるようで上《あ》がらぬ
米《⑧こめ》の水《みず》でも　飲《の》みたいか

〽ヨイサヨイヤラサノ　百槻村《⑨どうづきむら》よ
腰《こし》をかがめて　馬場野村《⑩ばばのむら》

〽目出度目出度《めでためでた》の　この胴搗《どうづ》きは
黄金《こがね》まじりの　砂利《じゃり》を搗《つ》く

〽ここで止《と》めおく　扇《おうぎ》の要《かなめ》
扇《おうぎ》　目出度《めでた》や　末広《すえひろ》く

注①日本家屋の中心部にある、最も太い柱。その家を支える、最も大事な柱とされる。
②空。
③〔実数ではなく〕沢山、の意。
④赤穂四十七士の大石内蔵助《くらのすけ》の名声にあやかる気持ちがある。
⑤みんなのいる場所。
⑥戌と亥の中間の方角。北西の方角。
⑦地搗き唄のはやし詞に「サンヨ」がよく用いられることから、地搗きを「サンヨ搗き」「サンヨ胴搗き」ともいう。「棒」は櫓胴搗きの錘《おもり》（松などの大木）。
⑧酒のこと。
⑨⑩ともに江戸時代の村名。現相馬市東部。それぞれ「胴搗き」、「婆の」を掛ける。

福島県の仕事唄。福島県の北東部、相馬地方（相馬市・南相馬市・相馬郡）の人たちが、家や土蔵を建てる際に、櫓《やぐら》胴搗きをしながら唄ってきたものである。

櫓胴搗きとは、四本柱の櫓を組み、綱を結びつけた三〇貫（約一一二・五キロ）ほどの錘《おもり》（木製や鉄製）を吊り上げては落として、土台などの地固めをすることである。この錘は、胴とかタコと呼ばれ、その綱を十五、六人から三十人ぐらいで曳《ひ》いてはゆるめ、ゆるめては曳く。この時、曳き手の力がそろうように唄を唄う。

なお、地元の人たちが発音する曲名は「ドズキウタ」なので、筆者（竹内勉）は一九八七年に「土搗き唄」の文字をあてた。しかし、地固めには「櫓胴搗き」と「亀の子搗き」の二種があり、前者は櫓を組んでの大規模な地固めであり、後者は櫓なしの小規模なものである。そして、「ドズキウタ」は、「櫓胴搗き唄」の「櫓」を略したものであるから、筆者は一九九二年より『相馬胴搗き唄』と改めることにした。

唄の履歴　この唄の源流は不明である。しかし、同系統の唄に江戸の端唄『木遣《きや》りくずし』（三四一ページ）や、石川県の『加賀鳶《とび》木遣り』がある。後者は江戸から持ち帰ったものなので、江戸で唄われていた「木遣り唄」が東北地方一円へ広まっていったと考えるほうがよさそうである。東北地方には、七之助という名音頭取りがいたらしく、岩手県や山形県では、同系統の胴搗き唄を「七之助節」と呼んでいる。そうした唄が相馬地方にも伝えられたのであろう。

　その唄を初代鈴木正夫がビクターレコードに吹き込んだのは一九五七年頃であるが、発売した時の曲名は「相馬木遣りくずし」であった。ということは、江戸の『木遣りくずし』の存在がすでに気になっていたものと思われる。

　相馬民謡界では、則岡《そくおか》勉がこの『相馬胴搗き唄』を得意にして唄っていたが、一九六七年頃、杉本栄夫《よしお》（相馬市程田）が三味線・太鼓などの伴奏を加えてキングレコードに吹き込んでから、しだいに知られるようになった。

節まわしの型　今日広く唄われている節まわしは、杉本栄夫のものである。

相馬《そうま》流山《ながれやま》

上の句

〽①相馬流山《そうまながれやま》ナーェ　ナァーエ　（サイー）
習《なら》いたかござれナァーエ
（サイィ　サイー）

下の句

②五月中《ごがつなか》の申《さる》ナーェ　ナァーエ　（サイー）
アーノサお③野馬追《のまお》いナァーエィ
（サイィ　サイ）

〽手綱《たづな》さばきも　ひときわ目立《めだ》つ
主《ぬし》の④陣笠《じんがさ》　⑤陣羽織《じんばおり》

〽⑥武蔵鐙《むさしあぶみ》に　⑦紫《むらさき》手綱《たづな》
⑧乗《の》って見《み》せたい　お野馬追《のまお》い

〽起《お》きてたもれや　乗《の》り手《て》も駒《こま》も
鳴《な》るぞ⑨法螺貝《ほらがい》　⑩陣太鼓《じんだいこ》

〽⑪小手《こて》をかざして　⑫本陣山《ほんじんやま》見《み》れば
旗《はた》や纏《まとい》や　⑬鳥毛《とりげ》の槍《やり》も　春霞《はるがすみ》

〽枝垂《しだ》れ小柳《こやなぎ》　なぜ寄《よ》り(縒り)かかる
⑭いとど心《こころ》の　乱《みだ》るるに

〽鞭《むち》がもの言《い》う　今日《きょう》この手柄《てがら》
馬上豊《ばじょうゆた》かに　流山《ながれやま》

〽⑮轡揃《くつわそろ》えて　御帰陣《ごきじん》なさる
君《きみ》を⑯松原《まつばら》　⑰駒返《こまがえ》し

〽駒《こま》にまたがり　両手《りょうて》に手綱《たづな》
野馬追《のまお》い帰《がえ》りの　ほどのよさ

〽行《ゆ》けば⑱原《はら》ノ町《まち》　帰《かえ》れば⑲小高《おだか》
ここが思案《しあん》の　⑳二《ふた》つ池《いけ》

注

①⬇解説。
②五月中旬の申の日。⬇解説。
③⬇解説。
④下級武士が陣中でかぶった笠。鉄製や革製で、兜《かぶと》の代わりにしたもの。
⑤武士が、陣中で、鎧《よろい》・具足の上に着けた、袖なしの上着。
⑥武蔵の国（現東京都・埼玉県と、神奈川県北東部）製の鐙。鐙は、鞍の両脇に垂らす馬具で、乗り手が足を掛ける。
⑦紫色の手綱。紫は、古来、高貴な色とされる。
⑧「乗せてみたいよ　若殿を」「かけて乗りたや春駒に」とも。
⑨海産の巻き貝。紡錘形で、殻の先端を切って歌口をつけ、吹き鳴らして軍兵に進退を知らせた。相馬藩のは武田流。
⑩戦場で、軍兵に進退を知らせるために打つ太鼓。
⑪手を目の上にあげて。遠くを眺めたり、光をさえぎったりする動作。
⑫雲雀ヶ原の南端にある高台。野馬追い行事の本陣が置かれ、かつては相馬藩主が指揮した所。⬇解説。
⑬鳥の羽で飾った鞘《さや》をつけた、長柄の槍。
⑭ますます。
⑮手綱をつけるために、馬の口にくわえさせる金具。

⑯現南相馬市鹿島区の、陸前浜街道（現国道六号線）の松並木周辺をさす。「松」に「待つ」を掛ける。
⑰雲雀ヶ原の野馬追いを終えて、現相馬市方面へ馬で戻ること。
⑱現南相馬市原町区の中心部。
⑲現南相馬市小高区。町の北部高台に相馬藩の小高城があった。その本丸跡に小高神社がある。⬇下段。
⑳南相馬市原町区の南東部、小木迫《おぎさく》にある池。周囲五〇《メートル》ほど。

福島県の祭礼唄。福島県北東部の相馬地方、それも常磐線原ノ町駅の西方に広がる雲雀ヶ原《ひばりがはら》で七月二三、二四日に催される野馬追い行事で、騎馬武者たちが行事唄として唄ってきたものである。

この野馬追い行事については、次のような事情がある。相馬藩の祖先は下総《しもうさ》辺り（現千葉県）を本拠地にしていた平将門《たいらのまさかど》であったが、一二代目の領主相馬師常《もろつね》の時代に、源義経《みなもとのよしつね》をかくまって源頼朝の怒りを買った。しかし、奥州平泉の藤原泰衡《やすひら》征伐の折りには、その怒りを帳消しにしてさらにお釣りがくるほどの手柄をたて、褒美として今日の相馬地方の地を給わった。その、せっかくの領地に誰もいないのでは取られてしまう危険もあるため、一三二三年四月、領主相馬重胤《しげたね》の時代に、下総の流山から現相馬市にと移ったのである。

ところが、ここはわずか六万石の小さなもの。北隣りには六二万石の伊達《だて》氏がおり、常に侵略の危険にさらされていた。そこで、流山時代に平将門が始めたという野馬追い行事を相馬でも行うことにし、阿武隈《あぶくま》山脈の東裾《すそ》の野原、原ノ町を中心とする一八ヶ村に及ぶ牛越原（のちの雲雀ヶ原）で始めたのである。

この野馬追いの始まりは野馬懸けと呼ばれる風習で、野生の馬を追いかけ、最初に捕らえた馬の毛色によってその年の豊作を占うものであった。平将門はこれを軍事訓練に仕立て直し、現流山市の小金ヶ原に馬を放して、甲冑《かっちゅう》に身を固め、馬に乗った兵士たちに追いかけさせた。それをそのまま相馬の牛越原へ移したのである。そのため、豊臣秀吉の時代には、相馬藩は人口八万四千人なのに馬は一万六千頭もおり、禄高一五〇石以上の武士は一頭以上の馬を飼うことを義務づけられていた。そして、江戸時代初期からは野馬追いの総大将として藩主が指揮をとるようになった。

さて、一六六六年、一九代藩主の相馬忠胤は江戸から兵法学者を招いて武田流の兵法を習うと、それを野馬追い行事に活用し、それまでの、馬を一騎一騎で追いかけさせる形式をやめ、部隊を編成して追わせるようにした。さらに一六九〇年五月の野馬追いからは、相馬中村から雲雀ヶ原へ至る道中の行列に陣螺《じんら》と呼ばれる法螺貝《ほらがい》や陣太鼓を使用するようになり、九七年には旗差し物を行列に立て、禄高二八石以上の侍はすべて騎馬で参加することを許可した。その結果、騎乗の士百人、徒士《かち》六〇人、足軽一二九人、長柄《ながえ》三六人、小人《こひと》六八人、雑卒《ざっそつ》六四〇人の合計一〇三三人が一つの隊を作り、ほかに一四、これと同じようなものを編成させたため、一万人以上が、野馬追いに参加したのである。

野馬追いを五月中の申《さる》の日になぜ行ったかというと、五月は十二支の午《うま》の月であり、猿は、山の父と呼ばれ、馬の守りを務めると言い伝えられているため、加えて相馬家の守護神の妙見神社の縁日が申の日であったためである。

こうして、雲雀ヶ原では、放牧する野生の馬一千頭を追いかけさせる行事が相馬藩によって毎年行われた。ところが、明治維新によって相馬藩は解体し、一八七二年一一月より一ヶ月かかってこの馬の売買が行われた。そうなると、野馬追い行事そのものにも変化が起こり、七四年からは旧暦の七月一、二、三日の三日間に変わり、初日宵乗り、二日野馬追い、三日野馬懸けとなった。その後、一九〇四年からは七月一一日より三日間となり、一九六一年になると梅雨のあがった時にという理由で七月一七日からとなり、七一年からは今日のように七月二三日に宵乗り、二四日野馬追い、二五日野馬懸けとなったのである。

次に野馬追い行事の内容であるが、この行事は太田神社（南相馬市原町区）・小高《おだか》神社（小高区）・中村神社（相馬市）の三つの妙見神社が行うものである。七月二三日、太田神社には、午前一〇時頃、中ノ郷地区の人たちが、陣笠・陣羽織姿で馬に乗って集合する。午前一一時頃、神官が神社の御神体を本殿から神輿《みこし》に移し、二百騎ばかりの騎馬武者がその神輿の供をして雲雀ヶ原へ向かう。そして、雲雀ヶ原の南端にある本陣山の頂上に設けた本陣へ神輿を安置する。また、小高神社のほうでも、やはり神輿を先頭に騎馬武者が行列を仕立て、雲雀ヶ原へと向かう。

中村神社のほうでは、午前七時頃、三軍の指揮をとる総大将（今は相馬家の人が務めている）宅へ、法螺貝を吹く螺役《らやく》三〇騎が集まり、総大将を先頭に中村神社へとやってくる。そして午前八時、御神体を神輿に移し、相馬城内の長友の広場で行列を整えて閲兵式を行う。午前九時、雲雀ヶ原へ向かって出発するにあたり、『相馬流山』を合唱する。この時、騎馬数百騎であるが、途中より鹿島地方の騎馬約百騎も合流して行列は進む。相馬清水まで来たところで休憩となる。そして再び出発する時、二度目の『相馬流山』を唄い、雲雀ヶ原に着くと、神輿を本陣山へ安置する。その夜は総大将・侍大将・軍師・軍者などが陣羽織のまま軍者会議を開き、明日の作戦をたてる。

なお、この日の午後二時頃より、行列に加わった三社の騎馬武者が、宵乗りと呼ばれる、一種の競馬を行う。乗り手はいずれも向こう鉢巻きに陣羽織・野袴で、古式の馬具をつけた馬に乗る。

明けて二四日は、早朝、一番法螺貝で起き、二番法螺貝で武装準備をすると、原ノ町の北端にある新田川原に集合、三体の神輿を並べる。午前一〇時、三番目の法螺貝が鳴ると総大将の指揮で雲雀ヶ原へ向かって出発である。午前一一時、本陣山に神輿を安置したところで野馬追いの開会式が行われる。その式典で、三回目の『相馬流山』の合唱をする。それがすめば、騎馬武者たちはそれぞれの控え場所で昼食をとる。このあと、再び古式豊かな甲冑競馬が行われる。

正午を過ぎた頃、本陣山上の本陣より開始の合図が法螺貝で行われ、騎馬武者たちは一斉に駆け始める。続いて二回目の法螺貝で、花火とともに太田・小高・中村の三妙見神社の神旗が打ち上げられる。ひらひら舞い落ちてくる神旗を騎馬武者たちが追いかける。その神旗をつかんだ者は本陣山の七曲がりの坂を駆けのぼり、山頂の神前に言上し、お札をいただいて山を下りてくる。

この花火の数は二〇発、神旗は一発に二つずつ入っており、それが全部終われば、神輿は騎馬武者に守られてそれぞれの神社へと帰っていく。そして社前に着くと、その前で全員で四回目の『相馬流山』を唄ってお開きとなる。

三日目の二五日には小高神社でのみ野馬懸けが行われる。これは、馬を素手で捕り押さえる、本来の形の野馬追いである。

唄の履歴　この唄の源流は、相馬地方から宮城県下の現柴田郡大河原町辺りにかけて唄われていた「田植え唄」である。それを、野馬追い行事に参加した農民たちが、次の行事の始まるまでの待ち時間に、暇つぶしに唄っていたが、いつか正式に野馬追い行事唄として、行事の中に取り込まれるようになった。

そして、この唄に合わせて踊りも作られた。それは、陣羽織・馬乗袴に小刀・鉄扇・馬柄杓のいでたちで、法螺貝・陣太鼓・竜笛の楽器を合図に、「流山振り込み踊り」「二番太鼓・流山鉄扇踊り」「三番太鼓・流山駒返り踊り」「四番太鼓・流山駒止め踊り」「五番太鼓・流山振り込み終わり」といった順に踊るもので、初日の夜などに演じられている。これらは原ノ町（現南相馬市原町区）の相馬郷土芸術振興会を組織していた岡和田甫《おかわだはじめ》の思いつきのようである。

ところで、この『相馬流山』という曲名は、前掲一首目の唄い出しからとったものである。この歌詞は、『越後松坂《えちごまつざか》』（三九三ページ）の「〽新潟松坂習いたかござれ　金の四五両も持ってござれ」の替え唄である。野馬追いが五月の中の中の日だということから、これは一応江戸時代に作られたことになるが、『相馬流山』のために作られた歌詞であるかどうかは不明である。

その『相馬流山』、昭和時代の初めに初代鈴木正夫によってレコード化され、有名になった。

節まわしの型　今日広く唄われている節まわしは、杉本栄夫《よしお》のものである。

補足　この唄の名手は、初代鈴木正夫と杉本栄夫である。鈴木の唄は派手で、華やかであり、杉本の唄は声に凄《すご》みがあって、野武士的である。

相馬《そうま》二《に》遍返《へんがえ》し

本　唄〔唄い手〕

〽ハァー①相馬相馬《そうまそうま》と　②木萱《きかや》も靡《なび》く
（ハァコラヤノ　ヤー）
靡《なび》く木萱《きかや》に　花《はな》が咲《さ》く　花《はな》が咲《さ》く
（ハァイッサイ　コレワイ　パラットセ）

長ばやし〔唄い手〕

ハァイッサイ　コレワイ　パラットセ
③大灘沖《だいなんおき》まで　パラットセ

〽駒《こま》にまたがり　両手《りょうて》に手綱《たづな》
④野馬追《のまお》い帰《がえ》りの　ほどのよさ

〽⑤伊達《だて》と相馬《そうま》の　境《さかい》の桜《さくら》
花《はな》は相馬《そうま》に　⑥実《み》は伊達《だて》に

〽相馬《そうま》恋《こい》しや　お⑦妙見様《みょうけんさま》よ
離《はな》れまいとの　⑧繋《つな》ぎ駒《こま》

〽⑨鹿島焼《かしまや》き餅《もち》　⑩小高《おだか》でおこし
餅《もち》の⑪名代《なだい》は　⑫原《はら》ノ町《まち》

〽⑬昔馴染《むかしなじ》みと　つまずく石《いし》は
痛《いた》いながらも　振《ふ》り返《かえ》る

〽⑭義理《ぎり》に詰《つ》まれば　鶯《うぐいす》さえも
⑮梅《うめ》の木《き》離《はな》れて　藪《やぶ》で鳴《な》く

〽二遍返《にへんがえ》しで　すまないならば
お国自慢《くにじまん》の　⑯流山《ながれやま》

注①相馬地方。この歌詞は、天保の大飢饉（一八三二～三七）で人口の三分の二を失ったので、相馬藩主相馬益胤が移民招来のために唄わせたものだという。しかし、同じ歌詞が地名を替えて日本中に広く分布しており、また、酒盛り唄で移民政策の宣伝をするのには無理がある。
②木や薄《すすき》も。
③大海の沖。
④相馬野馬追い。
⑤伊達藩（仙台藩）。
⑥「身は派手に」の意を掛ける。
⑦妙見神社。祭神は北斗七星で、相馬藩の守護神。太田神社（南相馬市原町区）・小高神社（南相馬市小高区）・中村神社（相馬市）の三社がある。
⑧妙見神社の幕紋。左右の杭に手綱を結びつけられた馬が、後足を蹴り上げている図柄。繋ぎ馬。相馬氏の家紋でもある。
⑨現南相馬市鹿島区。
⑩現南相馬市小高区。
⑪評判が高いのは。
⑫現南相馬市原町区の中心部。
⑬昔、親しくしていた人。
⑭「義理に迫れば」は誤唱。
⑮「梅を」とも。
⑯『相馬流山』（二四四ページ）。

福島県の酒盛り唄。福島県の北東部、相馬地方（相馬市・南相馬市・相馬郡）の人たちが、酒席で唄ってきたものである。

別名　南方《みなみかた》二遍返し。これは、「相馬二遍返しくずし」ともいうべき『北方《きたかた》二遍返し』（二三六ページ）と対比させるための名称である。また、何もつかない「二遍返し」は、『相馬二遍返し』をさす。

唄の履歴　この唄の源流は、相馬市にあった羽《は》黒大権現《ぐろだいごんげん》（現号出羽《でわ》神社）の祭礼の夜籠《よごも》りで、「掛け唄」（二〇一ページ）として唄われていた『羽黒節』（二五一ページ）である。出羽神社は、相馬駅の西方約六キロの、宮城県九森町との境に近い羽黒山（三四四メートル）の山頂にある。

相馬地方の人たちは、講を作って現宮城県仙台市の中西部（青葉区大倉）にある西方寺《さいほうじ》へ参詣に出かけた。そして、そこで「掛け唄」として唄われていた『定義節《じょうげぶし》』（二〇一ページ）を持ち帰り、羽黒山の羽黒大権現の夜籠りで利用した。そのため、その唄は『羽黒節』と呼ばれるようになった。七七五調の歌詞の四句目を二度繰り返すのは、「掛け唄」で、相手に歌詞を考える時間を与えるためのものであった。

その『羽黒節』、のちに周辺の農村部の酒席でも唄われるようになり、曲名も、四句目を二度繰り返すところから、「二遍返し」と呼ばれるようになった。

『相馬二遍返し』は、昭和時代に入って初代鈴木正夫によってレコード化され、その美声とともに広まっていった。

節まわしの型　今日広く唄われている節まわしは、初代鈴木正夫のものである。

相《そう》馬《ま》盆《ぼん》唄《うた》

〽ハァーイヨー今年《ことし》ゃ豊年《ほうねん》だよ
（ハァコーリャ　コリャ）
穂《ほ》に穂《ほ》が咲《さ》いてヨー　（コラショ）
ハァー道《みち》の小草《こぐさ》にも　ヤレサ米《こめ》がなるヨー
（ハァヨイ　ヨイ　ヨイトナ）

〽道《みち》の小草《こぐさ》に　米《こめ》なる時《とき》は
山《やま》の木①萱《きかや》に　金《かね》がなる

〽金《かね》のなる木《き》が　四五本欲《しごほんほ》しい
それを育《そだ》てて　②孫譲《まごゆず》り

〽揃《そろ》た揃《そろ》たよ　踊《おど》り子《こ》が揃《そろ》た
秋《あき》の出穂《でほ》より　まだよく揃《そろ》た

〽③盆《ぼん》の十六日《じゅうろくにち》　木《こ》の葉《は》も踊《おど》る
子《こ》持《も》ち嬶《かかあ》も　出《で》て踊《おど》る

〽盆《ぼん》が来《き》たのに　踊《おど》らぬ者《もの》は
木仏金仏《きぶつかなぶつ》　石仏《いしぼとけ》

〽踊《おど》り④踊《おど》るなら　⑤科《しな》よく踊《おど》れ
科《しな》のよい娘《こ》を　嫁《よめ》に取《と》る

〽踊《おど》り疲《つか》れて　寝《ね》てみたものの
遠音《とおね》ばやしで　寝《ね》つかれぬ

〽踊《おど》り⑥踊《おど》るなら　三十《さんじゅ》が盛《さか》り
三十越《さんじゅこ》えれば　子《こ》が踊《おど》る

〽踊《おど》り踊《おど》りたし　この子《こ》がじゃまだ
この子《こ》⑦だますよな　守《も》り欲《ほ》しい

〽盆《ぼん》の十六日《じゅうろくにち》　二度《にど》あるならば
⑧親《おや》の墓所《はかしょ》へ　二度参《にどまい》る

注①木や薄《すすき》に。
②孫へ譲ること。
③旧暦七月一六日。月遅れの盆では新暦の八月一六日。盆の終わる日。
④「踊らば」とも。
⑤しぐさ。体の動きから受ける感じ。
⑥「踊らば」とも。
⑦なだめる。あやす。
⑧「お墓参りも」とも。

福島県の盆踊り唄。福島県の北東部、相馬地方（相馬市・南相馬市・相馬郡）の人たちが、お盆に唄い踊ってきたものである。

唄の履歴　この唄の源流は、越後《えちご》（新潟県）の北部、北蒲原《かんばら》地方に広く分布している盆踊り唄の「甚句《じんく》」である。それは日本中へ広まって、『日光和楽踊り』（栃木）・『秩父《ちちぶ》音頭』（埼玉）・『北海盆唄』（北海道）など、多くの盆踊り唄を生んだ。これらの唄の特徴は、七七七五調の歌詞の四句目の前に「ヤレサ」（または「アレサ」）が入ることである。そこで、民謡研究家の町田佳聲《かしょう》は、この系統の唄に「ヤレサ型（アレサ型）盆踊り唄」と命名した。

さて、その越後の「甚句」は、阿賀野川沿いに現福島県北西部の会津地方へ入り、さらに「中通り」（阿武隈川流域）、「浜通り」と広まって、相馬地方にも伝えられた。ただし、その節まわしは、現在の『いわき盆唄』（福島）や『三浜《さんぴん》盆唄』（茨城）などと同じで、しかも、盆踊り唄ではなく、豊年踊りの唄であった。豊年踊りは、稲の開花期に豊年を予祝して行うもので、前掲一首目の歌詞「〽今年ゃ豊年だよ…」などは、その名残りである。

ところが、豊年踊りと盆踊りとは踊る時期が近く、また、稲作技術が向上して作神《さくがみ》信仰が薄れてきたため、豊年踊りは盆踊りの中に吸収されてしまった。

その『相馬盆唄』、太平洋戦争後まもなく、初代鈴木正夫が今日の節まわしに整え直して、いわゆる「鈴木正夫節」で唄ったところ、爆発的な流行を見せ、今ではその節まわし一色になっている。

節まわしの型　今日広く唄われている節まわしは、初代鈴木正夫のものである。

相馬馬子唄《そうままごうた》

〽朝《あさ》のサーエード　ハァー出掛《でが》けにサーエ
ハァーどの山《やま》アーエードーエ見《み》てもドー
（ハイ）
①霧《きり》のサーエェかからぬエードーェ　山《やま》はな
いドー
（ハイィ　ハイ）

〽②七《なな》つ八《や》つ曳《ひ》く　親方《おやかた》よりも
③一《ひと》つ手曳《てび》きの　主《ぬし》がよい

〽駒《こま》は痩《や》せたし　④駄馬荷《だばに》は重《おも》し
⑤百《ひゃく》に三升《さんじょ》の豆《まめ》　買《か》って食《く》わそ

〽雨《あめ》がしんしん　風《かぜ》そよそよと
心細《こころぼそ》いよ　鶏《とり》の声《こえ》

〽可哀相《かわいそう》だよ　⑥大荷駄《おおにだ》⑦小付《こづ》け
⑧帰《かえ》り駄賃《だちん》も　馬泣《うまな》かせ

〽浜《はま》は大漁《だいりょ》で　馬《うま》に苦労《くろ》かける
⑨九里《くり》の夜道《よみち》を　⑩通《とお》し馬《うま》

〽⑪東街道《ひがしかいど》を　⑫小荷駄《こにだ》が通《とお》る
宿場《しゅくば》じゃ⑬一番《いちばん》　鶏《どり》の声《こえ》

〽心細《こころぼそ》さに　山路《やまじ》を行《ゆ》けば
笠《かさ》に木《こ》の葉《は》が　舞《ま》いかかる

注①朝霧がかかると、日中はよい天気になる。
②一人で七頭も八頭もの馬を連れて歩ける熟練者。
③一頭の馬だけ、しかも手綱を曳くことでしか馬を動かせない初心者。
④馬の背の荷物。
⑤百文で三升という、良質の大豆。
⑥馬で運ぶ大荷物。
⑦馬の両脇腹に付けた、追加の小さな荷物。
⑧帰り道も、馬の背に荷を積んで仕事をすること。
⑨約三五・三キロ。
⑩途中で馬を替えずに、目的地まで同じ馬で行くこと。
⑪現南相馬市原町区東町を通る道。鹿島―浪江間の県道。
⑫荷物の少ない馬が。
⑬夜明けに、最初に鳴く鶏。

福島県の仕事唄。福島県下の駄賃付け馬子たちが、馬の背に塩を積んで運ぶ道中で唄ってきたものである。その塩は、現福島県北東端の松川浦（相馬市岩ノ子）辺りで生産され、五〇キロほど西の現福島市から、さらに北の現伊達《だて》市伊達町まで運ばれた。

唄の履歴　この唄の源流は、旧南部藩領（岩手県中央部から青森県東部一帯）の博労たちが、馬市などへの往来に唄っていた「夜曳《よび》き唄」（⬇一七七ページ）である。それが東北地方一円の博労仲間の間へ広まって相馬地方にも伝えられ、のちには駄賃付けを副業とする農民たちの「馬子唄」にとなっていった。

その唄を、初代鈴木正夫が小唄調の粋な節まわしに整え、一九三一年に、天性の美声でコロムビアレコードに吹き込んだ。それ以来、鈴木の持ち唄として広まっていった。そして、一九六二、六三年頃になって再流行し、広く唄われるようになった。

節まわしの型　今日広く唄われている節まわしは、初代鈴木正夫のものである。

相馬麦搗《そうまむぎつ》き唄《うた》

〽麦《むぎ》を搗《つ》くなら　七臼八臼《ななからやから》
（トオットトー）
三臼四臼《みからよから》はホントニ　誰《だれ》も搗《つ》く
（ハァ　トーットトー　コラショ）

〽麦《むぎ》を搗《つ》くなら　男《おとこ》と搗《つ》きゃれ
女《おんな》どうしじゃ　やるせない

〽麦《むぎ》を搗《つ》くなら　男《おとこ》と搗《つ》きゃれ
男　力《おとこぢから》で　麦《むぎ》の皮《かわ》むける

〽男力《おとこぢから》で　麦《むぎ》の皮《かわ》むける
麦《むぎ》を搗《つ》くよな　婿欲《むこほ》しや

〽麦《むぎ》じゃからとて　粗末《そまつ》にするな
麦《むぎ》はお米《こめ》の　①足《た》しになる

〽麦《むぎ》を搗《つ》くにも　真心《まごころ》こめて
これも②身《み》のため　主《ぬし》のため

〽今夜《こんや》の麦搗《むぎつ》きゃ　③黙《だま》り虫揃《むしそろ》た
よくも集《あつ》めた　こちの嬶《かか》

〽④搗《つ》いてお手伝《てつだ》い　する気《き》で来《き》たか
搗《つ》かぬ気《き》ならば　そばにも寄《よ》るな

〽来《こ》いと七声《ななこえ》　来《く》るなと八声《やこえ》
あとの一声《ひとこえ》　気《き》にかかる

〽可愛《かわ》いお方《かた》と　麦搗《むぎつ》く時《とき》は

杵《きね》も軽《かる》いし　臼《うす》⑤の中《なか》まわる
〽唄《うた》の機嫌《きげん》で　麦搗《むぎつ》く夜《よ》さは
知《し》らず知《し》らずに　早《はや》⑥く搗《つ》き上《あ》がる
〽麦《むぎ》も搗《つ》けたし　寝頃《ねごろ》もきたし
うちの親《おや》たちゃ　寝《ね》ろ寝《ね》ろと

注①不足分を補うのに役立つ。
②自分のため。
③唄を唄わない人が。
④「搗いて手伝え　片肌ぬいで」とも。
⑤臼の中の麦が、底から上へと循環すること。
⑥「早く」は、「ホントニ」の代わりに入れる。

福島県の仕事唄。福島県の北東部、相馬地方（相馬市・南相馬市・相馬郡）の農民たちが、木製の立ち臼《うす》に入れた麦を杵《きね》で搗きながら唄ってきたものである。

相馬地方の麦搗きとは、次のような作業である。まず、刈り取った麦を小束にまとめ、その穂首に火をつけると、穂先だけが焼け落ちる。その穂を集めて、一斗入りや二斗入りの臼の中へ入れる。それを搗く杵は、同じ相馬でも南相馬市鹿島区から南では竪杵《たてぎね》と呼ばれる、兎の餅《もち》搗きに見られるような杵で、左手を臼の縁にかけ、二人が互いに向き合って搗く。相馬市以北では柄のついた横杵で、二人が向き合って搗く。普通、麦搗きは、夜なべ仕事として、また、雨の日に、近所の人を頼んで、臼を三つも四つも並べて六人か八人で搗くものであった。

ところで、臼の中の穂を杵でこずくと、粒が放れてばらばらになる。しかし、表面は殻をかぶっているし、その内側には薄茶色の皮がある。これを搗き除かなければならない。そこで、口に含んだ水を霧のようにして吹きつけたあと、臼の中の麦が熱をおびてくるまで搗き続ける。一般には麦の粒の真ん中にある溝のような黒い筋がとれるまで搗くのであるが、一臼搗き上げるのに二時間ほどかかった。その間、休むと麦が冷えてしまって搗けがたくなる。その単調な作業にあきたり、眠くなったりするのを防ぐために、さらには杵の拍子をそろえるために、「麦搗き唄」を唄ったのである。

唄の履歴　この唄の源流は不明である。しかし、酒盛り唄の「甚句《じんく》」を麦搗き唄に転用したことだけは確かで、さして古いものではなく、特徴のあるものでもない。ところが、一九〇八年に、大正天皇（当時皇太子）が野馬追いを見物に相馬を訪れた折りにこの『相馬麦搗き唄』を上覧に入れたため、以来、相馬地方では由緒ある唄の一つになった。

レコード化されたのは存外早く、一九三七年四月で、初代鈴木正夫がテイチクレコードに吹き込んだ。しかし、一般的になったのは昭和三〇年代（一九五五～）後半で、民謡ブームになってからであった。

節まわしの型　今日広く唄われている節まわしは、杉本栄夫《よしお》のものである。

高田甚句《たかだじんく》

上の句〔問い掛け手・男〕
〽ハァー高田恋《たかだこい》①しや　伊佐須美様《いさすみさま》②よ
（チョイサァ　チョイサ）
下の句〔返し手・女〕
森《もり》が見《み》えます　ホンニほのぼのと
（チョイサァ　チョイサ）
〽高田下町《たかだしもちょう》③の　石箱清水《いしはこしみず》④
飲《の》めば甘露《かんろ》⑤の　味《あじ》がする
〽想《おも》いまわせば　ただうらめしい
恋《こい》しあの夜《よ》の　櫓唄《やぐらうた》⑥
〽高田永井野《たかだながいの》⑦の　境《さかい》の欅《けやき》
枝《えだ》は永井野《ながいの》⑧で　根《ね》は高田《たかだ》⑨
〽高田《たかだ》　宮川《みやかわ》⑩　千本桜《せんぼんざくら》
八重《やえ》と一重《ひとえ》の　水鏡《みずかがみ》
〽高田伊佐須美《たかだいさすみ》　薄墨桜《うすずみざくら》⑪
心堅気《こころかたぎ》で　薄化粧《うすげしょう》
〽会津名物《あいづめいぶつ》　数々《かずかず》あれど

一《いち》に高田《たかだ》の　⑫盆踊《ぼんおど》り

〽⑬声《こえ》で聞《き》き取《と》れ　⑭姿《すがた》で見取《みと》れ
⑮たとえ知《し》れても　名《な》を呼《よ》ぶな

〽会津《あいづ》高田《たかだ》の　伊佐須美様《いさすみさま》は
かけた⑯所願《しょがん》が　みな叶《かな》う

〽金《かね》が欲《ほ》しくば　高田《たかだ》へござれ
高田《たかだ》　⑰花《はな》の町《まち》　⑱金《かね》の町《まち》

〽高田《たかだ》よい所《とこ》　朝日《あさひ》を受《う》けて
北《きた》に⑲新鶴《にいつる》　舞《ま》い遊《あそ》ぶ

〽今夜《こんや》ここらで　とどめておいて
踊《おど》りましょうぞ　明日《あす》の晩《ばん》

注①➡解説。
②伊佐須美神社。会津最古の神社。会津美里町宮林にある。
③会津高田駅南西方の市街地。北から「下町」「中町」「上町」と続く。
④石で作った箱のようなものに引いて溜めてある天然水。
⑤仏教で、天から降る甘い霊液。苦悩をいやし、長寿を保たせ、死者を蘇生させるという。
⑥盆踊り唄。『高田甚句』のこと。
⑦現会津美里町北東部の地名。旧高田町と旧永井野村。
⑧「長い」を掛ける。
⑨「高い」を掛ける。
⑩会津美里町南部の山地に発し、町の中央部を北流、北西流して阿賀川へ注ぐ川（約三〇キロ）。
⑪伊佐須美神社の神木。薄紅色の八重桜だが、一重もまじっている。
⑫『高田甚句』による盆踊り。
⑬誰であるかを、声で聞き分けろ。
⑭誰であるかを、姿格好で見分けろ。
⑮たとえ誰であるか分かっても、世間の目があるから、名前を呼ぶな。
⑯願いごと。
⑰桜の名所、の意。
⑱金が動く町。会津高田は旧宿場町で、大沼郡地方の経済の中心地。
⑲「飛来してきたばかりの鶴」と、旧新鶴村（現会津美里町内）を掛ける。

福島県の盆踊り唄。福島県中西部にある会津《あいづ》高田（大沼郡会津美里町内）の人たちが、お盆に唄い踊ってきたものである。

唄の履歴　この唄の源流は、越後《えちご》（新潟県）の北部、北蒲原《かんばら》地方に広く分布している盆踊り唄の「甚句《じんく》」である。それは日本中へ広まって、『相馬盆唄』（福島）・『三浜盆唄《さんぴんぼんうた》』（茨城）・『日光和楽踊り』（栃木）・『秩父《ちちぶ》音頭』（埼玉）・『北海盆唄』（北海道）など、多くの盆踊り唄を生んだ。これらの唄の特徴は、七七七五調の歌詞の四句目の前に「ヤレサ」（または「アレサ」）が入ることである。そこで、民謡研究家の町田佳聲《かしょう》は、この系統の唄に「ヤレサ型（アレサ型）盆踊り唄」と命名した。

その越後の「甚句」は、阿賀野川沿いに会津地方にも伝えられた。ただし、『高田甚句』では、「ヤレサ（アレサ）」が「ホンニ」（ほんとに、まあ）と変わっており、その点が他所とは異なった特徴である。また、上の句と下の句の間に笛と太鼓の長い間奏が入る。これは「掛け唄」（二〇一ページ）時代の名残りで、上の句を聞いた相手が、この間奏の間に下の句の歌詞を即興で作る、そのための時間なのである。

この盆踊りは、伊佐須美神社の、通称高天ヶ原《たかまがはら》という広場で、夜を徹して行われる。踊り手は、男は女の赤い長襦袢《じゅばん》を着て、手ぬぐいで頬《ほお》かぶりをし、背に花笠を背負う。これは、風流《ふりゅう》踊りの仮装と道化が加味されているのであろう。一方、女は浴衣姿である。

その『高田甚句』、山内磐水《やまのうちばんすい》が一九三五年八月にテイチクレコードに吹き込んだのが、世に出た最初と思われる。同系統の唄は周辺に沢山あるが、聞かせ所がないため、『会津磐梯山《ばんだいさん》』（二三〇ページ）の名声の陰に隠れてしまっている。

節まわしの型　今日広く唄われている節まわしは、山内磐水のものである。

羽《は》黒《ぐろ》節《ぶし》

〽ハァ①昔節《むかしぶし》では　盃《さかずき》ゃ来《こ》ない
（チョイ　チョイ）
今《いま》のはやりの　羽黒節《はぐろぶし》　羽黒節《はぐろぶし》
（チョイィ　チョイチョイ）

〽月《つき》に②一度《いちど》の　③お羽黒様《はぐろさま》よ
④御利生《ごりしょう》あるなら　来月《らいげつ》も⑤再来月《さらいげつ》も

〽月《つき》にお羽黒様《はぐろさま》　二度《にど》あるならば
⑥こんな苦労《くろう》は　⑦せまいもの

〽⑧羽黒様《はぐろさま》さえ　登《のぼ》れば下《くだ》る
わたしゃ⑨お前《まえ》さんに　⑩とろのぼせ

〽惚《ほ》れたのぼせた　髪《かみ》の毛《け》までも
入《い》れた⑪髢《かもじ》の　中《なか》までも

〽忘《わす》れらりょうか　お羽黒様《はぐろさま》の
⑫一《いち》の鳥居《とりい》の　左脇《ひだりわき》

〽わたしゃ⑬初野《はつの》の　⑭羽黒《はぐろ》の下《した》で
生水《きみず》飲《の》むせいか　⑮気《き》がさくい

注①流行の廃れた唄。
②「一度は　お羽黒様へ」とも。
③羽黒大権現（現出羽神社）の縁日。
④神仏から受ける恩恵。
⑤「来月も」を繰り返して唄うべきところに、別の語をあてたもの。
⑥好きな人に会いたいという、せつない思いをすること。
⑦「しまいもの」とも。
⑧羽黒大権現の神社。
⑨「あなたに」とも。
⑩全く夢中になること。
⑪女性が日本髪を結う時、自分の髪に加える髪の毛。生きていない毛までも、の意。
⑫神社の参道に入って最初の鳥居。
⑬出羽神社の所在地。現相馬市内。
⑭羽黒大権現の。
⑮気さくだ。

福島県の祭礼唄。福島県の北東部、相馬市にあった羽黒大権現《だいごんげん》（現号出羽《でわ》神社）で、近郷の若い男女が、縁日（毎月一七日）の前夜（宵宮《よいみや》）から泊まり込んで、「掛け唄」（二〇一ページ）として唄ってきたものである。

出羽神社は、相馬駅西方約六キロの、宮城県丸森町との境に近い羽黒山（三四四メートル）の山頂にあるが、「掛け唄」の風習は明治時代の初め頃には廃ってしまった。現在では、この神社は縁結びの神様であるという信仰だけが残っている。

唄の履歴　この唄の源流は、現宮城県仙台市の中西部（青葉区大倉）にある西方寺《さいほうじ》の縁日に、近郷から集まってきた信者たちが「掛け唄」として唄っていた『定義節《じょうげぶし》』（二〇一ページ）である。

それを、現宮城県・山形県下の人たちが羽黒大権現参詣の折りに持ち込んだもので、曲名も『羽黒節』と改められた。七七七五調の四句目を二度繰り返すのは、「返し手」に歌詞を考える時間を与えるためである。

その『羽黒節』、「掛け唄」の風習が失われたあとは、相馬の民謡界の人たちによって、手拍子の酒盛り唄的な扱いで唄い継がれてきた。また、周辺の農村部へ広まった『羽黒節』は、酒席で唄われるうちに『相馬二遍返し』（二四六ページ）を生み出した。

節まわしの型　今日広く唄われている節まわしは、杉本栄夫《よしお》のものである。

原釜大漁祝い唄《はらがまたいりょういわいうた》

本　唄〔音頭取り〕

〽ソーリャ①相馬沖《そうまおき》から　走《はし》り込《こ》む船《ふね》は
（アァソレ　ソレ）
明神《みょうじん》　丸よ

長ばやし〔付け手〕

アリャエーノ　ソーリャ
（アァソレ　ソレ）
②今日《きょう》も大漁《だいりょう》だネー
（アァ大漁《だいりょう》　大漁《だいりょう》）

〽③相馬中村《そうまなかむら》　④原釜浜《はらがまはま》は
⑤角網《かくあみどころ》　所

〽角網大漁《かくあみだいりょ》で　⑥万祝《まいわ》い貰《もろ》た
⑦今日《きょう》も大漁《だいりょう》だ

〽⑧いなさの風《かぜ》に　帆《ほ》をはらませて
走《はし》り込《こ》む

〽沖《おき》に跳《は》ねるは　鰹《かつお》か鯖《さば》か

早《はや》く出《で》て見《み》ろ

〽沖《おき》に⑨見《み》ゆるは　ありゃ何船《なにぶね》か
鮪《まぐろ》船《ぶね》だよ

〽積《つ》みし宝《たから》は　ありゃ何々《なになに》か
鯛《たい》や鮃《ひらめ》よ

注①「原釜沖から」とも。
②「浜は」とも。
③相馬藩の城下町。現相馬市中村。
④⬇解説。
⑤角網漁で有名な所。角網は定置網の一。魚を誘導する垣網の先に、箱形の袋網を仕掛けるもの。主に鰊漁や鮭鱒漁に用いる。
⑥大漁の折りに網元が漁師に配る長袢纏《ながばんてん》。鯛や鶴・亀・七福神・波模様などを染め抜いたもの。万祝い着。
⑦このあとの長ばやしは「明日も〔浜は〕大漁だネ」となる。
⑧福島県では、南東〜南の強風。
⑨「見えるは」とも。

福島県の祝い唄。福島県の北東端にある漁港原釜（相馬市原釜）の漁師たちが、鰹《かつお》や鮪《まぐろ》の大漁を祝う席で唄ってきたものである。

唄の履歴　この唄の源流は、岩手県南東端の現陸前高田市気仙《けせん》町で育った祝い唄『気仙坂』（一六八ページ）である。それは、もとは「木遣《きや》り唄」であったから、みんなで重い物を動かす時に力を結集させる唄としての性格と、神々に願いを掛ける祝い唄としての性格を持っていた。そのため、『気仙坂』は三陸沿岸の漁民の間に広まって艪漕《ろこ》ぎ唄や大漁節として利用されるようになった。

そうした唄が原釜に伝えられた経路は定かでないが、原釜のすぐ北、宮城県名取市閖上《ゆりあげ》には同系統の『閖上大漁節』（二二五ページ）がある。一説では、松島湾辺りの唄が南下して閖上や原釜へ伝えられ、明治時代中頃に角網漁法が用いられ始めてから、今日の歌詞が生まれたという。もう一説では、斎藤勝男が唄っていた、宮城県の『笠浜大漁節』（亘理《わたり》郡山元町笠野）を初代鈴木正夫が覚え、歌詞を誰かに作ってもらったものであるという。後者の説を裏づけるように、民謡研究家町田佳聲《かしょう》は、太平洋戦争前には原釜ではこの唄を唄う人はいなかったと言っていたので、相馬民謡の同好会の中だけで唄われていたようである。

その「原釜大漁節」、一九五五年前後に、初代鈴木正夫が、「大漁祝い唄」の名でビクターレコードに吹き込んだ。のちに、曲名は、原釜という地名が冠せられて『原釜大漁祝い唄』となった。

節まわしの型　今日広く唄われている節まわしは、初代鈴木正夫のものとはかなり異なるので、則岡《そくおか》勉（相馬市）のものらしい。

三春甚句《みはるじんく》

〽サンヤァーわたしゃ三春町《①みはるまち》（アァヨイ　ヨイ）②五万石育《ごまんごくそだ》ち
（チョイサット）
サンヤァーお国自慢《くにじまん》の（アァヨイ　ヨイ）アラ　ホンニナー盆踊《ぼんおど》り
（チョイサァ　チョイサ）

〽揃《そろ》た揃《そろ》たよ　踊《おど》り子《こ》が揃《そろ》た
稲《いね》の出穂《でほ》より　よく揃《そろ》た

〽月《つき》の明《あ》かりに　③山路《やまじ》を越《こ》えて
唄《うた》で三春《みはる》に　駒買《こまか》いに

〽お月様《つきさま》さえ　雲《くも》からのぞく
三春甚句《みはるじんく》の　笛太鼓《ふえたいこ》

〽今年《ことし》や豊年《ほうねん》　姑《しゅうと》も嫁《よめ》も
ともに手《て》を取《と》り　盆踊《ぼんおど》り

〽④奥州《おうしゅう》三春《みはる》に　⑤庚申坂《こうしんざか》なけりゃ
旅《たび》の⑥博労《ばくろ》も　金残《かねのこ》す

〽三春《みはる》よい所《とこ》　踊《おど》りの里《さと》よ
月《つき》に太鼓《たいこ》が　高《たか》くなる

注①⬇解説。
②一六四五年八月、秋田俊季が常陸《ひたち》の国から入封し、五万五千石の三春藩が成立。次の盛季の時代（一六四九）に、秋田本家支配の五万石領と、分家支配の五千石領とに分けた。
③「山道越えて」「山坂越えて」とも。
④陸奥《むつ》の国（旧国名）の別称。現青森・岩手・宮

城・福島県全域と秋田県の一部。

⑤三春町新町にあった遊廓。一八二六年九月、土橋架け替え工事中に温泉が湧出して遊廓ができたが、九五年五月に弓町へ移転した。

⑥牛馬の仲買いを職業とする人。獣医を兼ねる人もいる。

福島県の盆踊り唄。福島県の中央部、秋田氏五万石の旧城下町三春（田村郡三春町）の人たちが、お盆に唄い踊ってきたものである。

別名　三春盆唄。三春盆踊り唄。

唄の履歴　この唄の源流は、越後《えちご》地方（新潟県）に伝わる盆踊り唄の「甚句《じんく》」である。それが、阿賀野川沿いに福島県下へ伝えられ、三春にまで及んだもので、会津《あいづ》地方から「中通り」（阿武隈川流域）にかけて広く分布している。これらの盆踊り唄は、唄い出しの「サンヤー」が特徴となっているが、『会津磐梯《ばんだい》山』（二三〇ページ）と同系統である。

その『三春甚句』、一九四五年末頃から、三春町出身の大塚美春《みはる》が、初代鈴木正夫の勧めで、放送やレコードで唄い広めた。

節まわしの型　今日広く唄われている節まわしは、大塚美春のものである。

民謡豆知識

●民謡の指導者

後藤《ご》藤《とう》桃《とう》水《すい》

東北民謡の指導者。一八八〇年一〇月二五日に現宮城県東松島市（旧桃生《ものう》郡鳴瀬《なるせ》町大塚）に生まれた。本名は正三郎。仙台第二高等学校（現東北大学）時代、普化《ふけ》尺八の小梨錦水に師事し、桃水と号した。一九〇五年、日本大学に入学したが、二年で中退。神田《かんだ》猿楽《さるがく》町（現東京都千代田区内）に「追分節《おいわけぶし》道場」を開き、弟子の太田北海（本名、山田敏之）と「追分節」（現『江差《えさし》追分』）の普及を始めた。そして、一九一九年に神田美土代《みとしろ》町のキリスト教青年館で「追分節大会」を開き、二〇年一〇月には同館に有名民謡家を集めて「全国民謡大会」を催した。これが、「民謡」という語を初めて用いた大会といわれる。二三年九月一日の関東大震災で焼け出された桃水は、尺八をたずさえ、小犬を連れて故郷へ帰り、以後、宮城県下の民謡発掘と普及を行った。

一九二八年には仙台放送局が開局したが、桃水は民謡番組の制作者となり、東北民謡をラジオで放送するために、歌詞や節や曲名の整理を行った。『大漁唄い込み』は、その代表的な唄である。また、多くの門弟を育て、尺八の弟子には「水」、唄い手には「桃」の字を号として贈った。（ただし、初期の弟子は、唄い手も「水」であった。）門弟は東北六県に及んでおり、桃水は「東北民謡育ての親」と呼ばれた。しかし、遊芸人を嫌ったため、津軽の遊芸唄などは放送しなかった。一九六〇年八月八日に他界。

成《なり》田《た》雲《うん》竹《ちく》

青森県民謡の唄い手。青森県の民謡の発掘と普及に尽力した人。一八八八年一月一五日に現青森県つがる市（旧西津軽郡森田村月見野）に生まれた。本名は武蔵《たけぞう》。養家の義理の祖父、山本与助は唄好きで、ひざの上の武蔵の腹を指でたたいて拍子を取るなどして、いろいろな民謡を教えた。その一曲が、のちの『津軽音頭』である。

武蔵は鉄道員や電信工夫として働いたのち、一九〇八年に青森県の警察官となった。そして、一三年四月、防火講演会の余興で、防火を主題にした歌詞を即興で作り、津軽民謡の節で唄ったため、「唄う警察官」として有名になった。この頃、流行中の浪花節にあこがれ、桃中軒雲右衛門の語り口をまねて、近所の医師、工藤京蔵から「雲竹」という名をもらった。

一九一七年、青森県警を辞して北海道警に再就職、佐々木冬玉から「追分節《おいわけぶし》」の本格的な稽古を受けた。しかし、この時代は、唄は、働くのが嫌いな道楽者が唄うもの、盲人などの遊芸人が三味線を抱えて門付けをしながら唄うものとしてさげすまれていたので、二四年には上司から依願退職を勧められた。そこで雲竹は「追分道場」を開き、「国風雲竹流」を掲げた。そして、「新民謡運動」が盛んであったから、各地の勤務先で覚えた唄を整理して、青森県民謡として発表した。それが今日の『津軽けんりょう節』や『津軽山唄（東通り山唄）』である。

しかし、雲竹は、警察官であったため、きまじめで、声質が固く、芸風は折り目正しく、きっちりとしていたので、遊芸人が得意とする「津軽三つ物」（『津軽じょんがら節』『津軽ヨサレ節』『津軽オハラ節』）や『江《え》差《さし》追分』には不向きであった。したがって、興行には向かず、三八年には引退興行を行った。

一九五〇年、弟子の成田雲竹女の紹介で、高橋定蔵（のちの竹山）を三味線伴奏者として迎え、『津軽音頭』『弥三郎節』『十三《とさ》の砂山』『鰺ヶ《あじが》沢《さわ》甚句』などに三味線の新しい手をつけさせた。そして、「雲竹節」を作り上げ、五一年からキングレコードやビクターレコードに次々と吹き込んだ。折りから民間放送が開局し、以後、雲竹はラジオやテレビに出演したり舞台で唄ったりして「津軽民謡の神様」と呼ばれた。一九七四年五月二二日に他界。

堀《ほり》内《うち》秀《ひで》之《の》進《しん》

相馬民謡の指導者。一八七六年一月二〇日、現福島県相馬市柏崎に、旧相馬藩家老職の孫として生まれた。一〇歳で大坪流の馬術師範、木村公定に師事し、一八九一年に「相馬野馬追い」に初参加。九七年に大坪流馬術師範となり、「野馬追い」のために馬術指導を始めた。また、この行事で唄われる『相馬流山』の歌唱指導のため、「中村城下民謡研究会」を結成した。会員は男だけであり、加えて堀内は武家の家柄なので、三味線を用いずに無伴奏で指導した。したがって、相馬民謡は、格調と重厚さを重んじ、低音部を生かした唄い方が好まれるようになっていった。

その後一九三八年まで、堀内は、「野馬追い」で旧相馬藩主の名代《みょうだい》を務めた。一九五七年七月一二日に他界。

町《まち》田《だ》佳《か》聲《しょう》

邦楽・民謡研究家。一八八八年六月八日に現群馬県伊勢崎市三光町に生まれた。幼名は英《はなぶさ》、のちに博三《ひろぞう》、嘉章《かしょう》。六三年に佳聲《かしょう》と改名したのは、後継者の筆者（竹内勉）が育つようにとの願いからであった。

一九一三年に東京美術学校（現東京芸術大学）を卒業し、時事新報、中外商業新聞（現日本経済新聞）を経て、二五年に東京放送局（現ＮＨＫ）の邦楽番組制作者になった。以後、各地の民謡を放送するため、多くの民謡家と交流し、二七年には『チャッキリ節』を作曲した。

一九三四年、ＮＨＫを退局し、邦楽・民謡の研究家として独立。三七年には特製の「写音機」を持って東北地方へ向かったが、それは、日本最初の、民謡の録音採集旅行であった。町田は民謡の楽譜集を作りたかったので、翌三八年からは、作曲家藤井清水《きよみ》と組んで、各地で採譜を行った。その頃、ＮＨＫは、軍部の圧力のため、番組で洋楽が使えなくなった。しかし、邦楽は軟弱で艶っぽく、国威発揚には向かないので日本民謡に着目し、二人が作成した楽譜を中心にした「日本民謡大観」を出版しようと考えた。ところが、民俗学者の柳田国男を監修者に据えたことから、企画の意図は、単なる楽譜集から、民俗学的な手法による民謡研究書へと発展した。その「日本民謡大観」が刊行されたのは、最初の「関東篇」が一九四四年、最終の第九巻「九州篇（南部）・北海道篇」が八〇年であった。町田は翌一九八一年九月一九日に他界した。（筆者、竹内勉が同書の編集に加わったのは一九六三年で、「近畿篇」からである。）

●民謡の用語

仕《し》事《ごと》唄《うた》

仕事をする時に唄う唄。

古くは、田畑を耕して農作物を栽培する場合も、豊作を希求するのに神の力を借りようとした。農作業をしながら唄を唄って、神に豊作を「祈願」したのである。その代表的なものが、中国地方の「はやし田」のような、古風な「田植え唄」である。

ところが、道具や技術が進歩してくると、神への依存度が低くなっていった。それにつれて、仕事をしながら唄う唄も、「祈願」の部分が薄れ、「仕事の拍子を取るため」「大勢の人たちの動作をそろえるため」「単調な仕事に飽きないようにするため」「孤独な作業からくる淋しさを紛らわすため」などに唄うようになってきた。

したがって、用いる唄も、仕事の拍子を取る場合は「掛け声」部分が重要視されたが、その他の場合は、節まわしの美しいもの、誰もが知っているもの、唄いやすいものということから、「盆踊り唄」「酒盛り唄」や、単なる流行《はや》り歌が転用された。それが、各地で一定の仕事をする時に唄われるようになって、「仕事唄」として定着していった。

しかし、太平洋戦争後、道具が機械化され、技術が進歩したために、人の力を動力源とする「仕事」が激減し、「仕事唄」もまた消え去っていった。日本民謡の中で最も早く姿を消したのが、実は仕事唄である。

なお、戦後、左翼系の文化人が「労作唄」「労働唄」「作業唄」という名称を好んで用いるようになった。「労働者」と「資本家」という、対立した図式を持ち込もうとしたもののようであるが、民謡の世界では、そのようなむずかしい語は用いずに、「仕事唄」と呼ぶほうが自然である。

祝《いわ》い唄《うた》

身の安全や、物事の成功などを祈願し、また、豊作を予祝し、あるいは成就《じょうじゅ》したことを感謝して、神へささげる唄。また、目出度いことを祝って唄う唄。

道具や技術が未発達の時代には、神に成功を祈願し、成功した折りには神に感謝をした。そうした席で唄われてきたのが「祝い唄」である。

ところで、神の世界には、人間界の言葉とは異なった、神の言葉があると考えられていたようである。しかし、人間は神の言葉を知るわけがないので、人間界の目出度い言葉を集め、母音《ぼいん》を長く長く伸ばし、奇妙な抑揚《よくよう》を加えて、朗々と、唄うがごとく、語るがごとくの、神道の「祝詞《のりと》」のような唄が作り出された。その、母音部分（生み字）を重ねた、意味不明の、「神様言葉」にしたつもりの「祝い唄」の代表が、石川県の「七尾《ななお》まだら」である。

ところが、道具や技術が進歩して生産力が高まり、神の力を借りる必要がなくなってくると、神の存在がしだいに薄れていった。祝いの席での唄もまた、神へ向けての唄から、同席している人々にもわかりやすい唄へと移行していった。しかし、目出度づくしの言葉を並べ、長く伸ばして、ゆっくりと、朗々と唄う点は、古来の流れを受け継いでいると言える。そして、江戸時代中期以降になると、

〽目出度目出度の　若松様よ
　枝も栄えて　葉も繁る
〽この家座敷は　目出度い座敷
　鶴と亀とが　舞い遊ぶ

などの歌詞が、日本中で好んで唄われた。

　現代社会では道具が機械化され、技術が進歩し、神への依存度がなくなったため、物の生産にまつわる祝い唄は、しだいに姿を消している。しかし、「人間の一生」にかかわる儀礼だけは相変わらず「神頼み」で、「婚礼祝い唄」のような祝い唄は、今日でも盛んに唄われている。

酒盛《さかも》り唄《うた》

　大勢の人が集まって、酒をくみかわしながら唄う唄。宴席で芸者衆が唄う唄は、「お座敷唄」として区別する。

　古来、酒を飲めば、酔うことによって神の世界へ近づけると考えられてきたようである。そして、酒盛りは、神の力を借りるために祈願する場合や、神の力を借りたことによって成就《じょうじゅ》したことを感謝する場合に行われたものであり、神へ供えた御神酒《おみき》を、一堂に会した者たちが一緒に飲むことに始まる直会《なおらい》でもある。したがって、そこで唄われる「酒盛り唄」は、一種の「祝い唄」であったと思われる。

　ところが、時代が下ってくると、唄を聞かせる相手が、神から人へと移ってきた。そして、最初に登場した「酒盛り唄」は、山形県の『あがらしゃれ』のような、客に酒を勧めるための唄ではなかったかと思われる。

　その後、酒席をにぎやかにということが主眼になって、種々の流行《はや》り唄を唄うようになっていった。しかし、それでも、酒盛りは参会者全員が仲間意識を共有するのが目的と考えられて、唄を合唱したり、順に唄ったり、他の者が手拍子を加えたりして、一つの共同体を作り出すものであった。

お座敷《ざしき》唄《うた》

「お座敷」の「お」は、本来は丁寧の意を表す接頭語であったが、のちには「お座敷」で一語となり、花柳界で、芸者衆が同席する宴席をさすようになった。したがって、「お座敷唄」は、花柳界で、宴席を盛り上げるために、芸者衆が三味線の伴奏に乗せて唄う唄のことである。一般の者が芸者衆をまじえない宴席で唄う唄は、「酒盛り唄」として区別する。

甚《じん》句《く》

　酒盛りや盆踊りに参加した者が、順番に唄い踊る形式の酒盛り唄や盆踊り唄。詞型は「七七七五」であるが、節はさまざまである。

「甚句」は江戸時代末期から明治時代に流行した唄で、現在、「○○甚句」という曲名の唄は、東日本を中心にして、南は中部地方にまで分布している。西日本では、『熊本甚句』（熊本県）のような「本調子甚句」系統の唄が数曲と、『祖谷《いや》甚句』（徳島県）のような「二上り甚句」系統の唄が数曲点在しているだけである。広島県の『室尾《むろお》甚句』（安芸《あき》郡倉橋町室尾）も「二上り甚句」系統であるが、かつては「東京甚句」と呼ばれていたので、西日本の「甚句」は、「江戸」が「東京」と改名した明治以降の移入であろう。

　ところで、秋田県・岩手県・宮城県下には、「甚句」ならぬ「甚コ」と呼ばれる盆踊り唄が点々と残っている。東北地方では、名詞の後に「コ」を加えて、「娘っコ」といった言い方をする。したがって、「甚句」の場合は「甚句っコ」となるはずであるが、なぜか「甚コ」である。

さて、西日本の盆踊り唄は、「七七七七」または「七五七五」の四句を一単位にして繰り返していく「口説《くどき》形式」で、一人の音頭取りが延々と語って、踊り手を踊らせる。これに対して東日本の盆踊り唄は、特定の音頭取りではなく、踊り手が踊りながら「七七七五調」などの短詞型の唄を代わる代わる唄い合って、踊ってきた。

これらのことを併せ考えると、「ジン」は「順」の訛ったもので、「ジンコ」は、「順コ」、すなわち「順番コ」のことで、本来は「音頭取り形式」に対する「順番コ形式」のことではなかったかと、筆者（竹内勉）は推測した。それは、一九七四年八月一六日に、秋田県鹿角《かづの》市八幡平《はちまんたい》字石鳥谷《いしどりや》で、盆踊りの「甚コ」を見物していて気がついたことである。その「順コ」の「コ」も「ク」と変化し、いつの時代かに「甚句」という文字をあてたのであろう。なお、東北地方の酒盛り唄も、参会者が順に唄い、踊る形式になっている。

「甚句」の語源については、次のような説がある。①「神供」で、神に奉納する唄や踊り。②「地《じ》ん句」で、その地その地の唄。③越後の甚九という男が大坂で身請けした遊女が「甚九甚九は　越後の甚九…」と唄ったことから。④長崎の豪商、えび屋甚九郎を唄った唄から。しかし、いずれも説得力のあるものではない。

口《く》説《どき》

日本民謡の「口説」とは、歌詞が、長い物語になっているもののことをいう。

「口説」の代表的な形式は、「七七七七」または「七五七五」の四句を一単位にするもので、前半の二句を高く、後半の二句を低くというように、対照的な節を並べ、それを繰り返して唄っていく。

その「七七七七調」は、「御詠歌」の詞型「五七五七七」の、しまい「七七」を利用したものらしい。音頭取りが上の句「五七五」を唄うと、他の人たちが下の句「七七」を付ける。その「七七」を繰り返すと「七七・七七」となるが、繰り返し「七七」の節に少し変化をつけて唄っているうちに、「七七・七七、七七・七七、…」という長編の「口説」が生まれたのではないか、と筆者（竹内勉）は考えている。かつては、長編の物語を唄い納める時は、最後の「七七」を二度繰り返して「止め」の節にしていたのは、その一つの証左であろう。

また、「七五七五調」は、「和讃《わさん》」を活用したもののようである。

このほかに、「七七七」の三句を一単位にして繰り返していくものや、「八八八八」または「八八八」を一単位にして繰り返していくものもある。

盆《ぼん》踊《おど》り唄《うた》

盆踊りに唄われる唄。

「盆」は、「盂蘭盆《うらぼん》」の略称で、「お盆」ともいう。先祖の「魂祭《たままつ》り」を中心とした、仏教の行事で、旧暦七月一三日夜に迎え火をたいて自宅に先祖の霊を迎え、種々の供物を供えて供養し、一六日夜に送り火をたいてその霊を送る。この期間に大勢の人たちが集まって供養のために踊るのが盆踊りで、輪になって踊る「輪踊り」と、行列を作って進んでいく「行進踊り」とがある。前者は寺の境内や町の広場や、新仏の家の庭先などで踊り、後者は街路などで踊る。

「盂蘭盆」は、「仏説盂蘭盆経」に由来する仏事であった。目連《もくれん》が、餓鬼道に落ちた母を救うため、師の釈迦《しゃか》の教えに従って、七月一五日に僧たちに飲食《おんじき》を供したことによる。その法会《ほうえ》は、中国では五三八年に行われたのが最初であるが、日本でも推古一四年（六〇六）に催されたという記録がある。そして、その後、僧を供応するよりも、先祖の霊を供養するという性格が濃くなって民間へ広まった。

さて、その盆行事は大陰暦（旧暦）七月に行われていたが、太陽暦（新暦）が採用されると、新暦七月は旧暦七月より一ヶ月ほど早いため農作業が忙しく、仕事のくぎりがつかないことなどもあって、新暦八月に行うようになった。ところが、旧暦八月には「八月踊り」と総称される踊りが四種類もあった。

その一つは、旧暦八月の満月の夜に、男女が異性を求めて唄い踊る「歌垣《うたがき》」を源流とするもので、東北地方の「甚句踊り」もこの系統である。歌詞は性的なものが多く、煽情的な感じを出すために裏声を用いたりする。青森県の『ホーハイ節』の裏声や、奄美《あまみ》大島・沖縄県の「八月踊り」の指笛などは、その名残りである。

二つ目は、「豊年祈願踊り」（通称「豊年踊り」）である。春には田の神を田へ招き、音取りと早乙女が「田植え唄」を唄って豊作を祈願する。そして、稲が開花する旧暦八月に唄い踊って、田の神に再度豊作を祈願する。

今日盆踊り唄とされている、香川県の『一合播《ま》いた』の歌詞は、「〽一合播いた　籾《もみ》の種子《たね》　その桝《ます》有り高は　一石《いちこく》一斗一升　一合と一勺《いっしゃく》」であり、福島県の『相馬盆唄』の歌詞は、「〽今年ゃ豊年だよ　穂に穂が咲いて　道の小草にも　米が生《な》る」である。したがって、本来は、田の神に豊作の暗示をかけ、豊作を祈願する「豊年踊り」の唄であった。

三つ目は、「虫送り」の行事である。大きな音の出るものをたたいて、村境や川・海まで踊りながら行進していき、村内から害虫や悪病を追い払う。青森県の『黒石ヨサレ節』や徳島県の『阿波《あわ》踊り』などは、その名残りである。

そして、鎌倉時代には、「南無阿弥陀仏《なむあみだぶつ》」を唱えながら踊る「念仏踊り」が生まれた。これを源流とするものは福島県の『ジャンガラ念仏』や東京都の『佃島《つくだじま》盆踊り』などで、歌詞の中に「南無阿弥陀仏」が詠み込まれている。

その後、仏教国日本では、これら四種類の「八月踊り」は、踊る時期が同じであるため、いつか、死者や先祖を慰める「供養踊り」としての「盆踊り」に統合されていった。

盆踊《ぼんおど》り　西・東

「盆踊り」は、西日本と東日本では全く異なった形式になっている。西日本では、専門の音頭取りが「盆踊り口説《くどき》」（長い物語）を唄って踊り手を踊らせる「音頭取り形式」である。これに対して東日本では、踊り手が代わる代わる唄って踊る「甚句踊り形式」である。

また、「盆踊り唄」の詞型は、西日本では、「七七七七」または「七五七五」の四句を一単位にして繰り返していく、長編のものである。東日本では、「七七七五調」などの短詞型のものである。

盆唄《ぼんうた》と盆踊《ぼんおど》り唄《うた》

今日では、「盆唄」は「盆踊り唄」を略した呼び方のように思われているが、本来は別のものである。「盆唄」は、お盆に、一二、三歳ぐらいまでの女の子だけ（時には男の子がまじる場合もある）が町内を流して歩く「小町踊り」の名残りを伝えるもので、大人は加わらない。大阪府の『おんごく』、京都府の『さのやの糸桜』、愛知県の『盆ならさん』、富山県の『さんさい』などがそれである。

したがって、『北海盆唄』（北海道）や『相馬盆唄』（福島県）は、『北海盆踊り唄』や『相馬盆踊り唄』と呼ぶほうがよい。

新《しん》民《みん》謡《よう》

大正時代以降に、古くから伝えられてきた「伝承民謡」風に、新たに作られた唄。「創作民謡」とも。曲名・歌詞・節の三つが、独自の創作でなければならない。曲名だけを替えた場合は「転用」、歌詞だけを作り替えた場合は「替え唄」か「補作」であろう。曲名と歌詞が現存していて、失われている節を推測して作った場合は「復元」である。

前都立大 中島平三編

ことばのおもしろ事典

51047-8 C3580 B5判 324頁 本体7400円

身近にある“ことば”のおもしろさや不思議さから，多彩で深いことば・言語学の世界へと招待する。〔内容〕I.ことばを身近に感じる(ことわざ／ことば遊び／広告／ジェンダー／ポライトネス／育児語／ことばの獲得／バイリンガル／発達／ど忘れ，など) II.ことばの基礎を知る(音韻論／形態論／統語論／意味論／語用論) III.ことばの広がりを探る(動物のコミュニケーション／進化／世界の言語・文字／ピジン／国際語／言語の比較／手話／言語聴覚士，など)

岡田芳朗・神田 泰・佐藤次高・
高橋正男・古川麒一郎・松井吉昭編

暦の大事典

10237-6 C3540 B5判 528頁 本体18000円

私たちの生活に密接にかかわる「暦」。世界にはそれぞれの歴史・風土に根ざした多様な暦が存在する。それらはどのようにして生まれ，変遷し，利用されてきたのだろうか。本書は暦について，総合的かつ世界的な視点で解説を加えた画期的な事典である。〔内容〕暦の基本／古代オリエントの暦／ギリシャ・ローマ／グレゴリオ暦／イスラーム暦／中国暦／インド／マヤ・アステカ／日本の暦(様式・変遷・地方暦)／日本の時刻制度／巻末付録(暦関連人名録，暦年対照表，文献集等)

前九州芸工大 佐藤方彦編

日本人の事典

10176-8 C3540 B5判 736頁 本体28500円

日本人と他民族との相違はあるのか，日本人の特質とは何か，ひいては日本人とは何か，を生理人類学の近年の研究の進展と蓄積されたデータを駆使して，約50の側面から解答を与えようとする事典。豊富に挿入された図表はデータブックとしても使用できるとともに，資料に基づいた実証的な論考は日本人論・日本文化論にも発展できよう。〔内容〕起源／感覚／自律神経／消化器系／泌尿器系／呼吸機能／体力／姿勢／老化／体質／寿命／諸環境と日本人／日本人と衣／日本人の文化／他

前東大 末木文美士・東大 下田正弘・
中村元東方研究所 堀内伸二編

仏教の事典

50017-2 C3515 A5判 580頁 本体8800円

今日の日本人が仏教に触れる際に疑問を持つであろう基本的な問題，知識を簡明に，かつ学術的視点に耐えるレベルで包括的にまとめた。身近な問題から説き起こし，宗派や宗門にとらわれず公平な立場から解説した，読んで理解できる総合事典。〔内容〕〈仏教を知る(歴史)〉教典／教団〈仏教を考える(思想)〉ブッダと聖者／教えの展開〈仏教を行う(実践)〉／実践思想の展開／社会的実践／〈仏教を旅する(地理)〉寺院／聖地／仏教僧の伝来／〈仏教を味わう(文化・芸術)〉仏教文学の世界／他

前東大 尾鍋史彦総編集 京工繊大 伊部京子・
日本紙パルプ研 松倉紀男・紙の博物館 丸尾敏雄編

紙の文化事典

10185-0 C3540 A5判 592頁 本体16000円

人類の最も優れた発明品にして人間の思考の最も普遍的な表現・伝達手段「紙」。その全貌を集大成した本邦初の事典。魅力的なコラムを多数収載。〔内容〕歴史(パピルスから現代まで・紙以前の書写材料他)／文化(写経・平安文学・日本建築・木版画・文化財修復・ホビークラフト他)／科学と技術(洋紙・和紙・非木材紙・機能紙他)／流通(大量生産型・少量生産型)／環境問題(パルプ・古紙他)／未来(アート・和紙・製紙他)／資料編(年表・分類・規格他)／コラム(世界一薄い紙・聖書と紙他)

元アジア・アフリカ図書館 矢島文夫総監訳
前東大 佐藤純一・元京大 石井米雄・前上野大 植田 覺・
元早大 西江雅之監訳

世界の文字大事典

50016-5 C3580 B5判 984頁 本体39000円

古今東西のあらゆる文字体系を集大成し歴史的変遷を含めて詳細に解説。〔内容〕文字学／古代近東(メソポタミア，エジプト他)／解読(原エラム，インダス他)／東アジア(中国，日本，朝鮮他)／ヨーロッパ(フェニキア，ギリシア他)／南アジア(ブラーフミー，デーヴァナーガリー他)／東南アジア(ビルマ，タイ，クメール他)／中東(ユダヤ，アラム，イラン他)／近代(チェロキー，西アフリカ他)／諸文字の用法と応用／社会言語学と文字／二次的表記体系(数，速記，音声他)／押印と印刷

日本ことわざ文化学会 時田昌瑞著
ことわざのタマゴ
—当世コトワザ読本—
51056-0 C3581 A5判 248頁 本体2300円

メディアを調査した著者が，新しく生まれるコトワザ800余を八の視点から紹介。ことばと人の織りなす世相を読み解く1冊。〔分野〕訓戒・道しるべ／人と神様／人と人／世の中／気象・地理など／衣食住・道具など／動植物／ことばの戯れ

国立国語研 大西拓一郎編
新日本言語地図
—分布図で見渡す方言の世界—
51051-5 C3081 B5判 320頁 本体6000円

どんなことばで表現するのか，どんなものを表現することばか，様々な事象について日本地図上にまとめた150図を収録した言語地図・方言地図集。〔本書は「全国方言分布調査」(国立国語研究所，2010-15)に基づいています。〕

梅花女子大 米川明彦著
俗語入門
—俗語はおもしろい！—
51053-9 C3081 A5判 192頁 本体2500円

改まった場では使ってはいけない，軽く，粗く，汚く，ときに品がなく，それでいてリズミカルで流行もする話しことば，「俗語」。いつ，どこで，だれが何のために生み出すのか，各ジャンルの楽しい俗語とともにわかりやすく解説する。

大正大 伊藤雅光著
Jポップの日本語研究
—創作型人工知能のために—
51054-6 C3081 A5判 216頁 本体3200円

Jポップの歌詞を「ことば」として計量的な分析にかけていくことで，その変遷や様々な特徴を明らかにしつつ，研究の仕方を示し，その成果をもとに人工知能にラブソングを作らせることを試みる。AIは一人で恋の歌を歌えるのか？

前文教大 謡口 明著
漢文ライブラリー
時代を超えて楽しむ『論語』
51537-4 C3381 A5判 168頁 本体2600円

とくに日本人に馴染みの深い文章を『論語』の各篇より精選。各篇の構成と特徴，孔子と弟子たちの生きた春秋時代の世界，さまざまな学説などをわかりやすく解説。日本人の教養の根底に立ち返る，あたらしい中国古典文学テキスト。

早大 渡邉義浩著
漢文ライブラリー
十八史略で読む『三国志』
51538-1 C3381 A5判 152頁 本体2600円

日本人に馴染みの深い『三国志』を漢文で読む入門編のテキスト。中国で歴史を学ぶ初学者のための教科書として編まれた「十八史略」のなかから、故事や有名な挿話を中心に，黄巾の乱から晋の成立に至るまでの30編を精選し収録した。

前青学大 大上正美著
漢文ライブラリー
唐詩の抒情
—絶句と律詩—
51539-8 C3381 A5判 196頁 本体2800円

唐代の古典詩(漢詩)を漢文で味わう入門編のテキスト。声に出して読める訓読により，教養としてだけでなく，現代の詩歌を楽しむように鑑賞することができる。李白・杜甫をはじめ，初唐から晩唐までの名詩75首を厳選して収録した。

早大 渡邉義浩著
漢文ライブラリー
十八史略で読む『史記』
—始皇帝・項羽と劉邦—
51587-9 C3381 A5判 164頁 本体2600円

歴史初学者のために中国で編まれた教科書，「十八史略」をテキストとして学ぶ，漢文入門。秦の建国から滅亡，項羽と劉邦の戦い，前漢の成立まで，有名なエピソードを中心に30編を精選し，書き下し・現代語訳・鑑賞と解説を収録した。

国立歴史民俗博物館監修
歴博万華鏡（普及版）
53017-9 C3020 B4判 212頁 本体24000円

国立で唯一，歴史と民俗を対象とした博物館である国立歴史民俗博物館(通称：歴博)の収蔵品による紙上展覧会。図録ないしは美術全集的に図版と作品解説を並べる方式を採用せず，全体を5部(祈る，祭る，飾る，装う，遊ぶ)に分け，日本の古い伝統と新たな創造の諸相を表現する項目を90選定し，オールカラーで立体的に作品を陳列。掲載写真の解説を簡明に記述し，文章は読んで楽しく，想像を飛翔させることができるように心がけた。巻末には詳細な作品データを付記。

東京都江戸東京博物館監修
大江戸図鑑［武家編］
53016-2 C3020 B4判 200頁 本体24000円

東京都江戸東京博物館の館蔵史料から，武家社会を特徴づける品々を厳選して収録し，「武家社会の中心としての江戸」の成り立ちから「東京」へと引き継がれるまでの，およそ260年間を武家の視点によって描き出す紙上展覧会。江戸城と徳川幕府／城下町江戸／武家の暮らし／大名と旗本／外交と貿易／武家の文化／失われた江戸城，の全7編から構成され，より深い理解の助けとなるようそれぞれの冒頭に概説を設けた。遠く江戸の昔への時間旅行へと誘う待望の1冊。

竹内　勉（たけうち　つとむ）

●編著者略歴

民謡研究家・民謡評論家。

1937年5月，東京都杉並区に生まれた。12歳から近所の古老を訪ね歩いて，東京の民謡採集を開始し，25歳から町田佳聲（かしょう）に師事。

現地調査を第一として北海道〜鹿児島県を限なく歩き，研究を続けた。

2015年3月24日，死去。

1965年，「民謡源流考—江差追分と佐渡おけさ—」（コロムビア）で芸術祭奨励賞（レコード部門）受賞。

レコード各社「日本民謡全集」の監修や解説を担当。

「日本民謡大観」近畿篇・中国篇・四国篇・九州篇・北海道篇（日本放送出版協会）の中心スタッフ。

NHKラジオ「ミュージックボックス・民謡」（水曜日夕方）を，2006年3月まで，30年間担当。

●主な著書

「うたのふるさと」（音楽之友社）	1969
「新保広大寺—民謡の戸籍調べ—」（錦正社）	1973
「日本の民謡」（日本放送出版協会）	1973
「民謡に生きる—町田佳聲　八十八年の足跡—」（ほるぷ出版）	1974
「民謡のふるさとを行く。—わたしの採集手帖—」正・続（音楽之友社）	1978・1983
「追分節—信濃から江差まで—」（三省堂）	1980
「民謡—その発生と変遷—」（角川書店）	1981
「民謡のふるさと—北海道・東北—」（保育社）カラーブックス	1981
「民謡のこころ」1〜8集（東研出版）	1982〜1995
「生きてごらんなさい」百歳の手紙　1〜9集（本阿弥書店）	1995〜2002
「民謡地図①　はいや・おけさと千石船」（本阿弥書店）	2002
「民謡地図②　じょんがらと越後瞽女」（本阿弥書店）	2002
「民謡地図③　追分と宿場・港の女たち」（本阿弥書店）	2003
「民謡地図④　東京の漁師と船頭」（本阿弥書店）	2004
「民謡地図⑤　東京の農民と筏師」（本阿弥書店）	2004
「民謡地図⑥　田植えと日本人」（本阿弥書店）	2006
「民謡地図⑦　稗搗き節の焼き畑と彼岸花の棚田」（本阿弥書店）	2009
「民謡地図⑧　恋の歌垣　ヨサコイ・おばこ節」（本阿弥書店）	2011
「民謡地図⑨　盆踊り唄　踊り念仏から阿波踊りまで」（本阿弥書店）	2014
「民謡地図⑩　ヤン衆のソーラン節とマタギの津軽山唄」（本阿弥書店）	2016
「民謡地図・別巻　民謡名人列伝」（本阿弥書店）	2014

日本民謡事典Ⅰ　北海道・東北　　定価はカバーに表示

2018年5月1日　初版第1刷
2019年5月1日　　　第2刷

編著者　竹　内　　勉
発行者　朝　倉　誠　造
発行所　株式会社　朝　倉　書　店

東京都新宿区新小川町6-29
郵便番号　162-8707
電話　03（3260）0141
FAX　03（3260）0180
http://www.asakura.co.jp

〈検印省略〉

新日本印刷・牧製本

ISBN 978-4-254-50026-4　C 3539　　Printed in Japan

曲名索引

太字は本巻に収録されていることを示す。

別名索引

太字は本巻に収録されていることを示す。

●し

●す

●せ

●そ

●た

●ち

●つ

●と

●な

●に

●ね

●の

●は

●ひ

●ふ

●ほ

●ま

唄い出し索引

太字は本巻に収録されていることを示す。

●あ

●い

●う

●え

●お

●か

●き

●く

●け

●こ

●さ

●し

●す

●せ

●そ

●た

●ね

●の

●は

●ひ

●ふ

●へ

●ほ

●ま

『日本民謡事典』付録

音源一覧

本書に採録した民謡のうちCD等で聴けるものについて，情報を記載した。著名な民謡はいくつもの音源が発売されているが，原則として発売の新しいものを中心に三点まで掲載している。

民謡は唄い手や地域，時代によって歌詞や節まわしの細部が異なることが珍しくなく，本書において編著者が採録した唄と同じものであるとは限らないが，参考のためということでご容赦を賜りたい。　（朝倉書店編集部）

磯浜盆唄

『正調　日本民謡大全集』，ポニーキャニオン，2007.

イヤサカ音頭

『正調　日本民謡大全集』，ポニーキャニオン，2007.

江差追分

『決定盤　正調　日本民謡ベスト』，ポニーキャニオン，2014.

『SP盤復刻　日本民謡の名人をたずねて（上）』，日本コロムビア，2011.

『正調　日本民謡大全集』，ポニーキャニオン，2007.

江差三下り

『正調　日本民謡大全集』，ポニーキャニオン，2007.

『小野花子／ふるさとの民謡ベスト20』，キングレコード，1996.

『小野花子／民謡ベスト20』，キングレコード，1993.

江差餅搗きばやし

『復刻　日本民謡大観　九州（南部）・北海道編』，日本放送出版協会，1994.

『正調　日本民謡大全集』，ポニーキャニオン，2007.

女工節

『日本の民謡ベスト20』，キングレコード，2000.

ソーラン節

『決定盤　正調　日本民謡ベスト』，ポニーキャニオン，2014.

『日本民謡ベストカラオケ（範唄付）江差追分―前唄・本唄・後唄―，ソーラン節，道南口説』，日本コロムビア，2013.

『正調　日本民謡大全集』，ポニーキャニオン，2007.

道南口説

『日本民謡ベストカラオケ（範唄付）江差追分―前唄・本唄・後唄―，ソーラン節，道南口説』，日本コロムビア，2013.

『ザ・民謡ベスト北海道・青森編』，日本コロムビア，2010.

『正調　日本民謡大全集』，ポニーキャニオン，2007.

道南盆唄

『正調　日本民謡大全集』，ポニーキャニオン，2007.

『三橋美智也　民謡ベスト百選　第1集』，キングレコード，2006.

『ザ・民謡ベストコレクションきわめつきシリーズ～北海道編』，コロムビアミュージックエンタテインメント，1996.

道南艪漕ぎ唄

『決定盤　日本民謡集1　北海道篇』，コロムビアミュージックエンタテインメント，1989.

十勝馬唄

『民謡ベスト　上』，キングレコード，2010.

『正調　日本民謡大全集』，ポニーキャニオン，2007.

『民謡ベスト　上』，King Record，2004.

ナット節

『ザ・民謡ベスト　北海道・青森編』，日本コロムビア，2010.

『正調　日本民謡大全集』，ポニーキャニオン，2007.

『日本の民謡ベスト20』，キングレコード，2000.

浜小屋おけさ

『ザ・民謡ベスト　北海道・青森編』，日本コロムビア，2010.

『ザ・民謡ベストコレクション　きわめつきシリーズ～北海道編』，コロムビアミュージックエンタテインメント，1996.

『佐々木基晴／民謡ベスト20』，キングレコード，1993.

美国鯡場音頭

『復刻　日本民謡大観　九州（南部）・北海道編』，日本放送出版協会，1994.

舟漕ぎ流し唄

『佐々木基晴』，キングレコード，2011.
『金田たつえ』，コロムビアミュージックエンタテインメント，2003.

ホーホラホイ節

『こころの民謡ベスト20 藤山進』，キングレコード，2007.

北洋節

『ふるさと民謡〜北海道』，バンダイ・ミュージックエンタテインメント，1994.

北海金掘り唄

『北海道民謡大全集5』，コロムビアミュージックエンタテインメント，1994.
『決定盤　日本民謡集1　北海道篇』，コロムビアミュージックエンタテインメント，1989.

北海けんりょう節

『正調　日本民謡大全集』，ポニーキャニオン，2007.

北海大漁節

『三橋美智也　民謡ベスト百選　第1集』，キングレコード，2006.

北海鱈釣り口説

『正調　日本民謡大全集』，ポニーキャニオン，2007.

北海たんと節

『ザ・民謡ベスト　北海道・青森編』，日本コロムビア，2010.
『ザ・民謡ベストコレクション　きわめつきシリーズ〜北海道編』，コロムビアミュージックエンタテインメント，1996.

北海にかた節

『正調　日本民謡大全集』，ポニーキャニオン，2007.
『ふるさとの歌 NHK 編集・録音集《ふるさとのうた》より．北海道』，東京：主婦と生活社，1969.

北海盆唄

『決定盤　正調　日本民謡ベスト』，ポニーキャニオン，2014.
『ロック民謡ベスト5　決定版!』，キングレコード，2012.
『正調　日本民謡大全集』，ポニーキャニオン，2007.

北海ヨサレ節

『正調　日本民謡大全集』，ポニーキャニオン，2007.

鰺ヶ沢甚句

『みちのく民謡ベスト』，Tokyo : King Record，2013.
『正調　日本民謡大全集』，ポニーキャニオン，2007.
『津軽じょんから節〜津軽三味線と津軽民謡ベスト〜』，Sony Music House，2002.

嘉瀬の奴踊り

『ザ・民謡ベストコレクション　きわめつきシリーズ〜青森編』，コロムビアミュージックエンタテインメント，1996.

黒石ヨサレ節

『正調　日本民謡大全集』，ポニーキャニオン，2007.

白銀ころばし

『青森縣　白銀ころばし』，コロムビア，1941.（国立国会図書館歴史的音源：http://dl.ndl.go.jp/info:ndljp/pid/3578725）

田名部おしまコ節

『正調　日本民謡大全集』，ポニーキャニオン，2007.

津軽あいや節

『日本民謡ベストカラオケ（範唄付）津軽あいや節・十三の砂山・八戸小唄』，日本コロムビア，2013.
『東北民謡ベスト名人編』，日本コロムビア，2011.
『正調　日本民謡大全集』，ポニーキャニオン，2007.

津軽オハラ節

『正調　日本民謡大全集』，ポニーキャニオン，2007.

津軽音頭

『SP 盤復刻　日本民謡の名人をたずねて（上）』，日本コロムビア，2011.
『日本の心・民謡ベスト』，EMI ミュージック・ジャパン，2010.
『ザ・民謡ベストコレクション　きわめつきシリーズ〜青森編』，コロムビアミュージックエンタテインメント，1996.

津軽願人節

『ふるさと民謡〜津軽（2）』，バンダイ・ミュージックエンタテインメント，1994.

津軽けんりょう節

『SP 盤復刻　日本民謡の名人をたずねて（上）』，日本コロムビア 2011.
『正調　日本民謡大全集』，ポニーキャニオン，2007.

津軽木挽き唄

『正調　日本民謡大全集』，ポニーキャニオン，2007.

津軽三下り

『日本の心・民謡ベスト』，EMI ミュージック・ジャパン，2010.

『正調　日本民謡大全集』，ポニーキャニオン，2007.

『津軽じょんから節～津軽三味線と津軽民謡ベスト～』，Sony Music House，2002.

津軽塩釜

『ふるさと民謡～津軽（1）』，バンダイ・ミュージックエンタテインメント，1994.

津軽じょんがら節

『決定盤　正調　日本民謡ベスト』，ポニーキャニオン，2014.

『SP 盤復刻　日本民謡の名人をたずねて（上）』，日本コロムビア，2011.

『正調　日本民謡大全集』，ポニーキャニオン，2007.

津軽たんと節

『ザ・民謡ベストコレクションきわめつきシリーズ～青森編』，コロムビアミュージックエンタテインメント，1996.

津軽道中馬方節

『ザ・民謡ベストコレクションきわめつきシリーズ～青森編』，コロムビアミュージックエンタテインメント，1996.

『正調　日本民謡大全集』，ポニーキャニオン，2007.

津軽ばやし

『ザ・民謡ベストコレクションきわめつきシリーズ～青森編』，コロムビアミュージックエンタテインメント，1996.

津軽山唄『西通り山唄』

『正調　日本民謡大全集』，ポニーキャニオン，2007.

津軽山唄『東通り山唄』

『正調　日本民謡大全集』，ポニーキャニオン，2007.

津軽ヨサレ節

『SP 盤復刻　日本民謡の名人をたずねて（上）』，日本コロムビア，2011.

『正調　日本民謡大全集』，ポニーキャニオン，2007.

十三の砂山

『日本民謡ベストカラオケ（範唄付）津軽あいや節・十三の砂山・八戸小唄』，日本コロムビア，2013.

『ザ・民謡ベスト　北海道・青森編』，日本コロムビア，2010.

『正調　日本民謡大全集』，ポニーキャニオン，2007.

どだればち

『決定盤　正調　日本民謡ベスト』，ポニーキャニオン，2014.

『決定盤!! 正調　東北民謡ベスト』，ポニーキャニオン，2009.

『正調　日本民謡大全集』，ポニーキャニオン，2007.

とらじょ様

『平成 14 年度　日本民謡特撰集』，テイチク／インペリアルレコード，2002.

『正調　日本民謡大全集』，ポニーキャニオン，2007.

ナオハイ節

『日本の民謡ベスト 20』，キングレコード，2000.

『小野花子／ふるさとの民謡ベスト 20』，キングレコード，1996.

なにゃとやら

『復刻　日本民謡大観　東北編』，日本放送出版協会，1992.

南部あいや節

『日本の心・民謡ベスト』，EMI ミュージック・ジャパン，2010.

『ザ・民謡ベストコレクションきわめつきシリーズ～岩手編』，コロムビアミュージックエンタテインメント，1996.

南部馬方三下り

『日本の心・民謡ベスト』，EMI ミュージック・ジャパン，2010.

『正調　日本民謡大全集』，ポニーキャニオン，2007.

『ザ・民謡ベストコレクションきわめつきシリーズ～岩手編』，コロムビアミュージックエンタテインメント，1996.

南部追分

『ザ・民謡ベストコレクション　きわめつきシリーズ～岩手編』，コロムビアミュージックエンタテインメント，1996.

南部俵積み唄

『日本の民謡ベスト 20』，キングレコード，2000.

『正調　日本民謡大全集』，ポニーキャニオン，2007.

南部にかた節

『正調　日本民謡大全集』，ポニーキャニオン，2007.

南部餅搗き唄

『ひと粒のちから～里景色～』，AWAI Records，2015.

八戸小唄

『日本民謡ベストカラオケ（範唄付）津軽あいや節・十三の砂山・八戸小唄』，日本コロムビア，2013.

『ザ・民謡ベスト　北海道・青森編』，日本コロムビア，2010.

『正調　日本民謡大全集』，ポニーキャニオン，2007.

ホーハイ節

『決定盤!!正調　東北民謡ベスト』，ポニーキャニオン，2009.

『ザ・民謡ベストコレクション　きわめつきシリーズ～青森編』，コロムビアミュージックエンタテインメント，1996.

『正調　日本民謡大全集』，ポニーキャニオン，2007.

弥三郎節

『正調　日本民謡大全集』，ポニーキャニオン，2007.

『三橋美智也　民謡ベスト百選　第1集』，キングレコード，2006.

『民謡ベスト20　小野花子』，キングレコード，2004.

ヨサレ大漁節

『復刻　日本民謡大観　東北編』，日本放送出版協会，1992.

りんご節

『ザ・民謡ベスト　北海道・青森編』，日本コロムビア，2010.

『日本の心・民謡ベスト』，EMIミュージック・ジャパン，2010.

『正調　日本民謡大全集』，ポニーキャニオン，2007.

ワイハ節

『日本の心・民謡ベスト』，EMIミュージック・ジャパン，2010.

『こころの民謡ベスト20大塚文雄』，キングレコード，2007.

『日本の民謡ベスト20』，キングレコード，2000.

秋田飴売り唄

『こころの民謡ベスト20大塚文雄』，キングレコード，2007.

『ザ・民謡ベストコレクション　きわめつきシリーズ～秋田編』，コロムビアミュージックエンタテインメント，1996.

『唄くらべ民謡競演　第12集』，オリエントレコード，2006.

秋田馬方節

『尺八民謡ベスト　決定版』，キングレコード，2011.

『ザ・民謡ベスト　秋田・岩手編』，日本コロムビア，2010.

秋田追分

『SP盤復刻　日本民謡の名人をたずねて（上）』，日本コロムビア，2011.

『正調　日本民謡大全集』，ポニーキャニオン，2007.

『ザ・民謡ベストコレクション　きわめつきシリーズ～秋田編』，コロムビアミュージックエンタテインメント，1996.

秋田おばこ

『決定盤　正調　日本民謡ベスト』，ポニーキャニオン，2014.

『SP盤復刻　日本民謡の名人をたずねて（上）』，日本コロムビア，2011.

『正調　日本民謡大全集』，ポニーキャニオン，2007.

秋田オハラ節

『SP盤復刻　日本民謡の名人をたずねて（上）』，日本コロムビア，2011.

『正調　日本民謡大全集』，ポニーキャニオン，2007.

秋田音頭

『決定盤　正調　日本民謡ベスト』，ポニーキャニオン，2014.

『SP盤復刻　日本民謡の名人をたずねて（中）』，日本コロムビア，2011.

『正調　日本民謡大全集』，ポニーキャニオン，2007.

秋田草刈り唄

『民謡プレミアム　小野花子』，キングレコード，2014.

秋田酒屋米磨ぎ唄

『復刻　日本民謡大観　東北編』，日本放送出版協会，1992.

秋田酒屋仕込み唄

『日本の民謡ベスト20』，キングレコード，2000.

『小野花子／民謡ベスト20』，キングレコード，1993.

秋田酒屋酛摺り唄

『原田直之民謡大全集』，ユニバーサルミュージック，2012.11

秋田竹刀打ち唄

『復刻　日本民謡大観　東北編』，日本放送出版協会，1992.

秋田甚句

『正調　日本民謡大全集』，ポニーキャニオン，2007.

『三橋美智也　民謡ベスト百選　第1集』，キングレコード，2006.
『日本の民謡ベスト20』，キングレコード，2000.

秋田大黒舞
『正調　日本民謡大全集』，ポニーキャニオン，2007.
『コロムビア民謡会～民謡ベストコレクション』，コロムビアミュージックエンタテインメント，1996.
『ザ・民謡ベストコレクション　きわめつきシリーズ～秋田編』，コロムビアミュージックエンタテインメント，1996.

秋田たんと節
『正調　日本民謡大全集』，ポニーキャニオン，2007.

秋田長持唄
『民謡ベスト　上』，キングレコード，2010.
『こころの民謡ベスト20　小野花子』，キングレコード，2007.
『正調　日本民謡大全集』，ポニーキャニオン，2007.

秋田にかた節
『正調　日本民謡大全集』，ポニーキャニオン，2007.

秋田人形甚句
『ザ・民謡ベストコレクション　きわめつきシリーズ～秋田編』，コロムビアミュージックエンタテインメント，1996.

秋田節
『こころの民謡ベスト20　小野花子』，キングレコード，2007.
『ザ・民謡ベストコレクション　きわめつきシリーズ～秋田編』，コロムビアミュージックエンタテインメント，1996.

秋田船方節
『日本民謡ベストカラオケ（範唄付）本荘追分・秋田船方節・花笠音頭』，日本コロムビア，2013.
『ザ・民謡ベスト秋田・岩手編』，日本コロムビア，2010.
『正調　日本民謡大全集』，ポニーキャニオン，2007.

秋田馬子唄
『こころの民謡ベスト20藤山進』，キングレコード，2007.
『こころの民謡ベスト20　小野花子』，キングレコード，2007.
『民謡ベスト20　小野花子』，キングレコード，2004.

娘コもさ
『正調　日本民謡大全集』，ポニーキャニオン，2007.

岡本新内
『原田直之　民謡大全集』，ユニバーサルミュージック，2012.11
『日本の民謡ベスト20』，キングレコード，2000.

おこさ節
『ザ・民謡ベスト　秋田・岩手編』，日本コロムビア，2010.
『こころの民謡ベスト20　小野花子』，キングレコード，2007.
『正調　日本民謡大全集』，ポニーキャニオン，2007.

生保内田植え踊り
https://www.youtube.com/watch?time_continue=1&v=31F1YAU6bs4

生保内節
『日本民謡ベストカラオケ（範唄付）秋田おばこ・生保内節・喜代節』，日本コロムビア，2013.
『ザ・民謡ベスト　秋田・岩手編』，日本コロムビア，2010.
『ザ・民謡ベストコレクション　きわめつきシリーズ～秋田編』，コロムビアミュージックエンタテインメント，1996.

オヤマコサンリン
『民謡：お山コ三里』，コロムビア，1952（国会図書館デジタルコレクション歴史的音源 http://dl.ndl.go.jp/info:ndljp/pid/3569153）

喜代節
『日本民謡ベストカラオケ（範唄付）秋田おばこ・生保内節・喜代節』，日本コロムビア，2013.
『民謡ベスト　上』，キングレコード，2010.
『正調　日本民謡大全集』，ポニーキャニオン，2007.

久保田節
『ザ・民謡ベストコレクション　きわめつきシリーズ～秋田編』，コロムビアミュージックエンタテインメント，1996.
『正調　日本民謡大全集』，ポニーキャニオン，2007.

正調生保内節
『ザ・民謡ベスト　秋田・岩手編』，日本コロムビア，2010.
『正調　日本民謡大全集』，ポニーキャニオン，2007.

仙北にかた節

『復刻　日本民謡大観　東北編』，日本放送出版協会，1992.

大正寺おけさ

『日本の民謡ベスト 20』，キングレコード，2000.

長者の山

『日本民謡ベストカラオケ（範唄付）チャグチャグ馬コ・外山節・長者の山』，日本コロムビア，2013.
『尺八民謡ベスト決定版』，キングレコード，2011.
『正調　日本民謡大全集』，ポニーキャニオン，2007.

ドンパン節

『決定盤　正調　日本民謡ベスト』，ポニーキャニオン，2014.
『東北民謡ベスト　名人編』，日本コロムビア，2011.
『正調　日本民謡大全集』，ポニーキャニオン，2007.

能代船方節

『ふるさと民謡～秋田』，バンダイ・ミュージックエンタテインメント，1994.

八郎節

『俚謡：八郎節』，コロムビア，1954.（国会図書館歴史的音源：http://rekion.dl.ndl.go.jp/info:ndljp/pid/8270327）

ひでこ節

『日本の民謡ベスト 20』，キングレコード，2000.
『ザ・民謡ベストコレクション　きわめつきシリーズ～秋田編』，コロムビアミュージックエンタテインメント，1996.
『正調　日本民謡大全集』，ポニーキャニオン，2007.

本荘追分

『日本民謡ベストカラオケ（範唄付）本荘追分・秋田船方節・花笠音頭』，日本コロムビア，2013.
『SP 盤復刻　日本民謡の名人をたずねて（中）』，日本コロムビア，2011.
『正調　日本民謡大全集』，ポニーキャニオン，2007.

港の唄

『こころの民謡ベスト 20 小野花子』，キングレコード，2007.
『民謡ベスト 20　大塚文雄』，キングレコード，2004.
『ザ・民謡ベストコレクション　きわめつきシリーズ～秋田編』，コロムビアミュージックエンタテインメント，1996.

三吉節

『こころの民謡ベスト 20　藤山進』，キングレコード，2007.
『日本の民謡ベスト 20』，キングレコード，2000.

あがらしゃれ

『ザ・民謡ベスト　宮城・山形・福島編』，日本コロムビア，2010.
『こころの民謡ベスト 20　梅若朝啄』，キングレコード，2007.
『正調　日本民謡大全集』，ポニーキャニオン，2007.

かくま刈り唄

『決定版　ふるさとの民謡～山形編』，コロムビアミュージックエンタテインメント，1999.

木場の木流し唄

『白田鴻秋　民謡集』，日本コロムビア，2008.

酒田甚句

『日本の民謡ベスト 20』，キングレコード，2000.
『早坂光枝／ふるさとの民謡ベスト 20』，キングレコード，1996.

酒田船方節

『ザ・民謡ベスト　宮城・山形・福島編』，日本コロムビア，2010.
『ザ・民謡ベストコレクション　きわめつきシリーズ～山形・福島編』，コロムビアミュージックエンタテインメント，1996.
『小野花子／ふるさとの民謡ベスト 20』，キングレコード，1996.

七階節

『日本の民謡　秋田・山形編』，Tokyo : King Record, 2013.

庄内おばこ

『ザ・民謡ベスト　宮城・山形・福島編』，日本コロムビア，2010.
『日本の心・民謡ベスト』，EMI ミュージック・ジャパン，2010.
『正調　日本民謡大全集』，ポニーキャニオン，2007.

庄内はいや節

『歌宴』，コロムビアミュージックエンタテインメント，2010.

新庄節

『ザ・民謡ベスト　宮城・山形・福島編』，日本コロムビア，2010.

『三橋美智也　民謡ベスト百選　第2集』，キングレコード，2006.
『民謡ベスト20　早坂光枝』，キングレコード，2004.

花笠音頭
『日本民謡ベストカラオケ（範唄付）本荘追分・秋田船方節・花笠音頭』，日本コロムビア，2013.
『ロック民謡ベスト5　決定版!』，キングレコード，2012.
『正調　日本民謡大全集』，ポニーキャニオン，2007.

羽根沢節
『早坂光枝／ふるさとの民謡ベスト20』，キングレコード，1996.

紅花摘み唄
『ザ・民謡ベスト　宮城・山形・福島編』，日本コロムビア，2010.
『決定盤!!正調　東北民謡ベスト』，ポニーキャニオン，2009.
『正調　日本民謡大全集』，ポニーキャニオン，2007.

真室川音頭
『日本民謡ベストカラオケ（範唄付）最上川舟唄・真室川音頭・塩釜甚句』，日本コロムビア，2013.
『ザ・民謡ベスト宮城・山形・福島編』，日本コロムビア，2010.
『正調　日本民謡大全集』，ポニーキャニオン，2007.

村山博労節
『完全版「日本の民謡」CD20枚組』，日本音声保存，2009.

最上川舟唄
『日本民謡ベストカラオケ（範唄付）最上川舟唄・真室川音頭・塩釜甚句』，日本コロムビア，2013.
『SP盤復刻　日本民謡の名人をたずねて（中）』，日本コロムビア，2011.
『正調　日本民謡大全集』，ポニーキャニオン，2007.

山形金掘り唄
『復刻　日本民謡大観　東北編』，日本放送出版協会，1992.

山形木挽き唄
『完全版「日本の民謡」CD20枚組』，日本音声保存，2009.

山形大黒舞
『ザ・民謡ベスト　宮城・山形・福島編』，日本コロムビア，2010.
『民謡ベスト　上』，キングレコード，2010.
『三橋美智也　民謡ベスト百選　第2集』，キングレコード，2006.

山形盆唄
『決定版　ふるさとの民謡～山形編』，コロムビアミュージックエンタテインメント，1999.

山形籾摺り唄
『日本民謡大全集』，テイチクエンターテイメント，2011.11

山寺石切り唄
『今泉侃惇　民謡いちばん』，日本コロムビア，2007.
『決定版　ふるさとの民謡　山形編』，日本コロムビア，1999.

釜石浜唄
『早坂光枝／民謡ベスト20』，キングレコード，1993.

からめ節
『日本民謡ベストカラオケ（範唄付）南部牛追唄・南部よしゃれ節・からめ節』，日本コロムビア，2013.
『ザ・民謡ベスト　秋田・岩手編』，日本コロムビア，2010.
『こころの民謡ベスト20　漆原栄美子』，キングレコード，2007.

くるくる節
『こころの民謡ベスト20　漆原栄美子』，キングレコード，2007.
『ザ・民謡ベストコレクション　きわめつきシリーズ～岩手編』，コロムビアミュージックエンタテインメント，1996.

気仙坂
『日本の民謡ベスト20』，キングレコード，2000.
『ザ・民謡ベストコレクション　きわめつきシリーズ～岩手編』，コロムビアミュージックエンタテインメント，1996.
『正調　日本民謡大全集』，ポニーキャニオン，2007.

沢内甚句
『ザ・民謡ベスト　秋田・岩手編』，日本コロムビア，2010.
『決定盤!!正調　東北民謡ベスト』，ポニーキャニオン，2009.
『正調　日本民謡大全集』，ポニーキャニオン，2007.

外山節

『日本民謡ベストカラオケ（範唄付）チャグチャグ馬コ・外山節・長者の山』，日本コロムビア，2013.
『みちのく民謡ベスト』，Tokyo : King Record，2013.
『正調　日本民謡大全集』，ポニーキャニオン，2007.

そんでこ節

『コロムビア民謡会〜民謡ベストコレクション』，コロムビアミュージックエンタテインメント，1996.
『ザ・民謡ベストコレクション　きわめつきシリーズ〜岩手編』，コロムビアミュージックエンタテインメント，1996.

チャグチャグ馬っコ

『日本の民謡ベスト 20』，キングレコード，2000.
『正調　日本民謡大全集』，ポニーキャニオン，2007.

ドドサイ節

『日本の民謡ベスト 20』，キングレコード，2000.

南部牛追い唄

『日本の民謡　東日本編』，コロムビアミュージックエンタテインメント，2008.
『正調　日本民謡大全集』，ポニーキャニオン，2007.
『決定盤　日本の民謡（下）』，キングレコード，1993.

南部馬方節

『みちのく民謡ベスト』，Tokyo : King Record，2013.
『こころの民謡ベスト 20　漆原栄美子』，キングレコード，2007.
『日本の民謡ベスト 20』，キングレコード，2000.

南部木挽き唄

『完全版「日本の民謡」CD20 枚組』，日本音声保存，2009.
『正調　日本民謡大全集』，ポニーキャニオン，2007.

南部駒曳き唄

『原田直之　民謡大全集』，ユニバーサルミュージック，2012.11

南部酒屋流し唄

『復刻　日本民謡大観　東北編』，日本放送出版協会，1992.

南部酒屋酛摺り唄

『日本民謡大全集』，テイチクエンターテイメント，2011.
『正調　日本民謡大全集』，ポニーキャニオン，2007.

南部茶屋節

『コロムビア民謡会〜民謡ベストコレクション』，コロムビアミュージックエンタテインメント，1996.

南部萩刈り唄

『菊池マセ　民謡いちばん』，日本コロムビア，2008

南部よしゃれ節

『日本民謡ベストカラオケ（範唄付）南部牛追唄・南部よしゃれ節・からめ節』，日本コロムビア，2013.
『みちのく民謡ベスト』，Tokyo : King Record，2013.
『正調　日本民謡大全集』，ポニーキャニオン，2007.

盛岡サンサ踊り

『復刻　日本民謡大観　東北編』，日本放送出版協会，1992.

秋の山唄

『日本民謡ベストカラオケ（範唄付）大漁唄い込み・お立ち酒・秋の山唄』，日本コロムビア，2013.
『民謡ベスト 20　岩井きよ子宮城編』，キングレコード，2004.
『SP 盤復刻　日本民謡の名人をたずねて（上）』，日本コロムビア，2011.

石投げ甚句

『決定版　ふるさとの民謡〜宮城編』，コロムビアミュージックエンタテインメント，1999.

エンコロ節

『原田直之　民謡大全集』，ユニバーサルミュージック，2012.
『復刻　日本民謡大観　東北編』，日本放送出版協会，1992.

オイトコソオダヨ

『復刻　日本民謡大観　東北編』，日本放送出版協会，1992.

お立ち酒

『日本民謡ベストカラオケ（範唄付）大漁唄い込み・お立ち酒・秋の山唄』，日本コロムビア，2013.
『尺八民謡ベスト決定版』，キングレコード，2011.
『正調　日本民謡大全集』，ポニーキャニオン，2007.

小野田甚句

『民謡ベスト 20　岩井きよ子　宮城編』，キングレコード，2004.
『岩井きよ子／民謡ベスト 20』，キングレコード，1996.

北上川舟唄

『こころの民謡ベスト20 漆原栄美子』，キングレコード，2007.

米節

『民謡ベスト　上』，キングレコード，2010.

『決定盤!!正調　東北民謡ベスト』，ポニーキャニオン，2009.

『正調　日本民謡大全集』，ポニーキャニオン，2007.

嵯峨立甚句

『原田直之　民謡大全集』，ユニバーサルミュージック，2012.

ザラントショウ節

『復刻　日本民謡大観　東北編』，日本放送出版協会，1992.

さんさ時雨

『日本民謡ベストカラオケ（範唄付）さんさ時雨・長持唄・相馬二遍返し』，日本コロムビア，2013.

『SP盤復刻　日本民謡の名人をたずねて（上）』，日本コロムビア，2011.

『正調　日本民謡大全集』，ポニーキャニオン，2007.

塩釜甚句

『日本民謡ベストカラオケ（範唄付）最上川舟唄・真室川音頭・塩釜甚句』，日本コロムビア，2013.

『東北民謡ベスト　定番編』，日本コロムビア，2011.

『正調　日本民謡大全集』，ポニーキャニオン，2007.

十三浜甚句

『ザ・民謡ベスト　宮城・山形・福島編』，日本コロムビア，2010.

『コロムビア民謡会～民謡ベストコレクション』，コロムビアミュージックエンタテインメント，1996.

『ザ・民謡ベストコレクション　きわめつきシリーズ～宮城編』，コロムビアミュージックエンタテインメント，1996.

定義節

『原田直之　民謡大全集』，ユニバーサルミュージック，2012.11

新さんさ時雨

『三橋美智也　民謡ベスト百選　第2集』，キングレコード，2006.

『民謡ベスト20　岩井きよ子　宮城編』，キングレコード，2004.

『SP盤復刻　日本民謡の名人をたずねて（上）』，日本コロムビア，2011.

銭吹き唄

『復刻　日本民謡大観　東北編』，日本放送出版協会，1992.

仙台松坂

『復刻　日本民謡大観　東北編』，日本放送出版協会，1992.

仙台目出度

『原田直之　民謡大全集』，ユニバーサルミュージック，2012.11

大漁唄い込み

『日本民謡ベストカラオケ（範唄付）大漁唄い込み・お立ち酒・秋の山唄』，日本コロムビア，2013.

『SP盤復刻　日本民謡の名人をたずねて（上）』，日本コロムビア，2011.

『正調　日本民謡大全集』，ポニーキャニオン，2007.

遠島甚句

『日本の民謡ベスト20』，キングレコード，2000.

中お国松坂

『復刻　日本民謡大観　東北編』，日本放送出版協会，1992.

夏の山唄

『尺八民謡ベスト　決定版』，キングレコード，2011.

『三橋美智也　民謡ベスト百選　第2集』，キングレコード，2006.

『正調　日本民謡大全集』，ポニーキャニオン，2007.

浜市ドヤ節

『東北民謡ベスト～定番編～』，日本コロムビア，2011（amazon デジタルミュージック：https://www.amazon.co.jp/gp/product/B00J7MDOPK/ref=dm_ws_sp_ps_dp）

豊年来い来い節

『原田直之　民謡大全集』，ユニバーサルミュージック，2012.11

『日本民謡大全集』，テイチクエンターテイメント，2011.11

豆引き唄

『原田直之　民謡大全集』，ユニバーサルミュージック，2012.11

『復刻　日本民謡大観　東北編』，日本放送出版協会，1992.

宮城願人節

『ザ・民謡ベストコレクション　きわめつきシリーズ〜宮城編』，コロムビアミュージックエンタテインメント，1996.

宮城長持唄

『みちのく民謡ベスト』，Tokyo : King Record，2013.

宮城野盆唄

『民謡ベスト 20　岩井きよ子　宮城編』，キングレコード，2004.

『日本の民謡ベスト 20』，キングレコード，2000.

宮城萩刈り唄

『復刻　日本民謡大観　東北編』，日本放送出版協会，1992.

宮城馬子唄

『ザ・民謡ベスト　宮城・山形・福島編』，日本コロムビア，2010.

『日本の民謡ベスト 20』，キングレコード，2000.

宮城松前

『民謡源流考　江差追分と佐渡おけさ』，ミュージックグリッド，1965.

文字甚句

『民謡ベスト 20　岩井きよ子　宮城編』，キングレコード，2004.

『ザ・民謡ベストコレクション　きわめつきシリーズ〜宮城編』，コロムビアミュージックエンタテインメント，1996.

山甚句

『こころの民謡ベスト 20　松本政治』，キングレコード，2007.

『日本の民謡ベスト 20』，キングレコード，2000.

『早坂光枝／民謡ベスト 20』，キングレコード，1993.

閖上大漁節

『ザ・民謡ベスト　宮城・山形・福島編』，日本コロムビア，2010.

『ザ・民謡ベストコレクション　きわめつきシリーズ〜宮城編』，コロムビアミュージックエンタテインメント，1996.

『原田直之／ふるさとの民謡ベスト 20』，キングレコード，1996.

涌谷お茶屋節

『ザ・民謡ベストコレクション　きわめつきシリーズ〜宮城編』，コロムビアミュージックエンタテインメント，1996.

会津大津絵

『ザ・民謡ベストコレクション　きわめつきシリーズ〜山形・福島編』，コロムビアミュージックエンタテインメント，1996.

会津磐梯山

『日本民謡ベストカラオケ（範唄付）会津磐梯山・新相馬節・相馬盆唄』，日本コロムビア，2013.

『東北民謡ベスト　定番編』，日本コロムビア，2011.

『正調　日本民謡大全集』，ポニーキャニオン，2007.

会津松坂

『民謡プレミアム　根本美希』，Tokyo : King Record，2016.

『ふるさと民謡〜福島』，バンダイ・ミュージックエンタテインメント，1994.

『正調　日本民謡大全集』，ポニーキャニオン，2007.

会津目出度

『民謡いちばん　歌川重雄』，日本コロムビア，2007

いわき馬方節

『東北民謡ベスト　定番編』，日本コロムビア，2011.

いわき目出度

『日本民謡大全集』，テイチクエンターテイメント，2011.

カンチョロリン節

『正調　日本民謡大全集』，ポニーキャニオン，2007.

北方二遍返し

『日本の民謡ベスト 20』，キングレコード，2000.

玄如節

『ザ・民謡ベストコレクション　きわめつきシリーズ〜山形・福島編』，コロムビアミュージックエンタテインメント，1996.

常磐炭坑節

『こころの民謡ベスト 20　大塚文雄』，キングレコード，2007.

『正調　日本民謡大全集』，ポニーキャニオン，2007.

『日本民謡大全集』，テイチクエンターテイメント，2011.11

新相馬節

『日本民謡ベストカラオケ（範唄付）会津磐梯山・新相馬節・相馬盆唄』，日本コロムビア，2013.

『こころの民謡ベスト 20　早坂光枝』，キングレコード，2007.
『正調　日本民謡大全集』，ポニーキャニオン，2007.

相馬壁塗り甚句

『正調　日本民謡大全集』，ポニーキャニオン，2007.

相馬草刈り唄

『原田直之／ふるさとの民謡ベスト 20』，キングレコード，1996.

相馬胴搗き唄

『復刻　日本民謡大観　東北編』，日本放送出版協会，1992.

相馬流山

『正調　日本民謡大全集』，ポニーキャニオン，2007.

相馬二遍返し

『日本民謡ベストカラオケ（範唄付）さんさ時雨・長持唄・相馬二遍返し』，日本コロムビア，2013.
『ザ・民謡ベストコレクション　きわめつきシリーズ～山形・福島編』，コロムビアミュージックエンタテインメント，1996.
『正調　日本民謡大全集』，ポニーキャニオン，2007.

相馬盆唄

『日本民謡ベストカラオケ（範唄付）会津磐梯山・新相馬節・相馬盆唄』，日本コロムビア，2013.
『SP 盤復刻　日本民謡の名人をたずねて（中）』，日本コロムビア，2011.
『正調　日本民謡大全集』，ポニーキャニオン，2007.

相馬馬子唄

『尺八民謡ベスト決定版』，キングレコード，2011.
『正調　日本民謡大全集』，ポニーキャニオン，2007.

相馬麦搗き唄

『ふる里の民踊　第 46 集』，コロムビアミュージックエンタテインメント，2006.

高田甚句

『ふるさと民謡～福島』，バンダイ・ミュージックエンタテインメント，1994.

羽黒節

『復刻　日本民謡大観　東北編』，日本放送出版協会，1992.

原釜大漁祝い唄

『ザ・民謡ベストコレクション　きわめつきシリーズ～山形・福島編』，コロムビアミュージックエンタテインメント，1996.
『正調　日本民謡大全集』，ポニーキャニオン，2007.

三春甚句

『日本の民謡決定版 5　山形・福島』，ビクター伝統文化振興財団，1997.

足尾石刀節

『完全版「日本の民謡」CD20 枚組』，日本音声保存，2009.

鬼怒の船頭唄

『全国温泉民謡めぐり　東』，日本コロムビア，2009.

越名の舟唄

『完全版「日本の民謡」CD20 枚組』，日本音声保存，2009.

篠井の草刈り唄

『復刻　日本民謡大観　関東編』，日本放送出版協会，1992.

那須松坂

『唄くらべ民謡競演　全十四曲入り　第 11 集』，オリエントレコード，2003.

那須湯揉み唄

『全国温泉民謡めぐり　東』，日本コロムビア，2009.

日光山唄

『日本民謡ベストカラオケ（範唄付）草津節・日光山唄・磯節』，日本コロムビア，2013.

日光和楽踊り

『SP 盤復刻　日本民謡の名人をたずねて（中）』，日本コロムビア，2011.
『ザ・民謡ベスト　関東・甲信越・中部・北陸・近畿編』，日本コロムビア，2010.
『正調　日本民謡大全集』，ポニーキャニオン，2007.

福原・那須餅搗き唄

『正調　日本民謡大全集』，ポニーキャニオン，2007.

八木節

『ロック民謡ベスト 5　決定版！』，キングレコード，2012.
『SP 盤復刻　日本民謡の名人をたずねて（中）』，日本コロムビア，2011.
『正調　日本民謡大全集』，ポニーキャニオン，2007.

野州麦打ち唄

『復刻　日本民謡大観　関東編』，日本放送出版協会，1992.

草津節

『日本民謡ベストカラオケ（範唄付）草津節・日光山唄・磯節』，日本コロムビア，2013.

『三橋美智也　民謡ベスト百選　第3集』，キングレコード，2006.

『日本の民謡ベスト20』，キングレコード，2000.

草津ヨホホイ節

『復刻　日本民謡大観　関東編』，日本放送出版協会，1992.

上州田植え唄

『完全版「日本の民謡」CD20枚組』，日本音声保存，2009.

上州馬子唄

『日本の民謡ベスト20』，キングレコード，2000.

上州松前

『復刻　日本民謡大観　東北編』，日本放送出版協会，1992.

上州麦打ち唄

『復刻　日本民謡大観　関東編』，日本放送出版協会，1992.

利根川舟唄

『日本民謡集』，日本放送協会，1972

網のし唄

『三橋美智也　民謡ベスト百選　第3集』，キングレコード，2006.

『藤みち子／磯節～民謡ベスト・アルバム』，ビクターエンタテインメント，1994.

磯原節

『こころの民謡ベスト20　比気由美子』，キングレコード，2007.

『ふるさとの民謡ベスト40　東日本編』，キングレコード，2003.

『日本の民謡ベスト20』，キングレコード，2000.

磯節

『日本民謡ベストカラオケ（範唄付）草津節・日光山唄・磯節』，日本コロムビア，2013.

『SP盤復刻　日本民謡の名人をたずねて（中）』，日本コロムビア，2011.

『正調　日本民謡大全集』，ポニーキャニオン，2007.

潮来音頭

『藤みち子／磯節～民謡ベスト・アルバム』，ビクターエンタテインメント，1994.

潮来甚句

『藤みち子／磯節～民謡ベスト・アルバム』，ビクターエンタテインメント，1994.

『正調　日本民謡大全集』，ポニーキャニオン，2007.

大洗甚句

『こころの民謡ベスト20　比気由美子』，キングレコード，2007.

『小杉真貴子／ふるさとの民謡ベスト20』，キングレコード，1996.

『藤みち子／磯節～民謡ベスト・アルバム』，ビクターエンタテインメント，1994.

鹿島甚句

『復刻　日本民謡大観　東北編』，日本放送出版協会，1992.

鹿島目出度

『磯節物語』，日本クラウン，1997.

霞ヶ浦帆曳き唄

『完全版「日本の民謡」CD20枚組』，日本音声保存，2009.

ゲンタカ節

『復刻　日本民謡大観　東北編』，日本放送出版協会，1992.

三浜盆唄

『完全版「日本の民謡」CD20枚組』，日本音声保存，2009.

篠山木挽き唄

『完全版「日本の民謡」CD20枚組』，日本音声保存，2009.

常磐炭坑節

『こころの民謡ベスト20　大塚文雄』，キングレコード，2007.

『正調　日本民謡大全集』，ポニーキャニオン，2007.

『日本民謡大全集』，テイチクエンタテイメント，2011.

波崎鰯網大漁祝い唄

『復刻　日本民謡大観　関東編』，日本放送出版協会，

1992.

常陸麦打ち唄

『磯節物語』，日本クラウン，1997.

本町二丁目

『本町二丁目』，ビクター，1938.（国会図書館歴史的音源：http://rekion.dl.ndl.go.jp/info:ndljp/pid/1330195）

水戸の二上り

『日本民謡特撰集　平成 24 年度』，テイチクエンタテインメント，2011.

『完全版「日本の民謡」CD20 枚組』，日本音声保存，2009.

吾野の機織り唄

『民謡プレミアム　長瀬和子・比気由美子・秋野恵子』，Tokyo : King Record，2016.

川越舟唄

『日本民謡特撰集　平成 21 年度』，テイチクエンタテインメント，2008.

埼玉松坂

『若い民謡』，日本伝統文化振興財団，2003.

狭山茶作り唄

『完全版「日本の民謡」CD20 枚組』，日本音声保存，2009.

秩父音頭

『SP 盤復刻　日本民謡の名人をたずねて（中）』，日本コロムビア，2011.

『ザ・民謡ベスト　関東・甲信越・中部・北陸・近畿編』，日本コロムビア，2010.

『正調　日本民謡大全集』，ポニーキャニオン，2007.

秩父木挽き唄

『完全版「日本の民謡」CD20 枚組』，日本音声保存，2009.

飯能筏唄

『完全版「日本の民謡」CD20 枚組』，日本音声保存，2009.

朝の出掛け

『完全版「日本の民謡」CD20 枚組』，日本音声保存，2009.

『復刻　日本民謡大観　関東編』，日本放送出版協会，1992.

安房節

『平成 14 年度　ふる里の民謡　第 42 集』，コロムビアミュージックエンタテインメント，2002.

イッチャ節

『イッチャ節』，ビクター，2011.（国会図書館歴史的音源：http://rekion.dl.ndl.go.jp/info:ndljp/pid/3570754）

押し込み甚句

『押込甚句』，ビクター，1960.（国会図書館歴史的音源：http://rekion.dl.ndl.go.jp/info:ndljp/pid/3570940）

鴨川ヤンザ節

『完全版「日本の民謡」CD20 枚組』，日本音声保存，2009.

木更津甚句

『ザ・民謡ベスト　関東・甲信越・中部・北陸・近畿編』，日本コロムビア，2010.

『民謡ベスト　下』，キングレコード，2010.

『正調　日本民謡大全集』，ポニーキャニオン，2007.

九十九里大漁木遣り

『ふるさとの民謡　第 5 集〈関東編〉』，キングレコード，1991.

白浜音頭

『日本の民謡ベスト 20』，キングレコード，2000.

『ザ・民謡ベストコレクション　きわめつきシリーズ～関東・甲信越編』，コロムビアミュージックエンタテインメント，1996.

『佐藤松子／民謡ベスト 20』，キングレコード，1993.

銚子大漁節

『ザ・民謡ベスト　関東・甲信越・中部・北陸・近畿編』，日本コロムビア，2010.

『正調　日本民謡大全集』，ポニーキャニオン，2007.

『三橋美智也　民謡ベスト百選　第 3 集』，キングレコード，2006.

東浪見甚句

『原田直之／ふるさとの民謡ベスト 20』，キングレコード，1996.

江戸大津絵

『民謡プレミアム　長瀬和子・比気由美子・秋野恵子』，キングレコード，2016.1

江戸相撲甚句

『相撲甚句』，Sony Music Direct (Japan) Inc.，2006

江戸二上り新内

『古典芸能ベスト・セレクション「端唄」』，日本伝統文化振興財団，2017.

お江戸日本橋

『ハンドベル世界の音楽めぐり　コンドルは飛んで行く』，コロムビアミュージックエンタテインメント，2005.

『エレキが踊る日本の民謡』，Victor，［1967］

大島あんこ節

『SP盤復刻　日本民謡の名人をたずねて（中）』，日本コロムビア，2011.

『ザ・民謡ベストコレクション　きわめつきシリーズ～関東・甲信越編』，コロムビアミュージックエンタテインメント，1996.

大島節

『日本の民謡　関東・甲信越編』，Tokyo : King Record，2013.

『日本の民謡 5　関東・甲信越編』，キングレコード，2005.

『唄のないオーケストラによる日本の民謡 3　相馬盆唄・木更津甚句』，コロムビアミュージックエンタテインメント，2000.

カッポレ

『古典芸能ベスト・セレクション「端唄」』，日本伝統文化振興財団，2017.

『かっぽれ』，ビクター，1928.（国会図書館歴史的音源：http://rekion.dl.ndl.go.jp/info:ndljp/pid/1318071）

木遣りくずし

『江利チエミ 2 ベスト 12CD-1178 Special Edition』，キングレコード，2008.

千住節

『完全版「日本の民謡」CD20 枚組』，日本音声保存，2009.

佃島盆踊り唄

『ふるさと民謡～関東』，バンダイ・ミュージックエンタテインメント，1994.

東京サノサ

『さのさ』，テイチク，2013.（国会図書館歴史的音源：http://rekion.dl.ndl.go.jp/info:ndljp/pid/8271368）

八丈ショメ節

『日本の民謡ベスト 20』，キングレコード，2000.

深川節

『ふるさと民謡～関東』，バンダイ・ミュージックエンタテインメント，1994.

武蔵野麦打ち唄

『復刻　日本民謡大観　関東編』，日本放送出版協会，1992.

武蔵野餅搗き唄

『復刻　日本民謡大観　東北編』，日本放送出版協会，1992.

六郷ひやかし節

『東京の古謡　第 19 回芸術祭参加』，コロムビアレコード，1964.

ダンチョネ節

『ザ・民謡ベスト　関東・甲信越・中部・北陸・近畿編』，日本コロムビア，2010.

箱根駕籠かき唄

『完全版「日本の民謡」CD20 枚組』，日本音声保存，2009.

箱根馬子唄

『ザ・民謡ベスト　関東・甲信越・中部・北陸・近畿編』，日本コロムビア，2010.

『三橋美智也　民謡ベスト百選　第 3 集』，キングレコード，2006.

『正調　日本民謡大全集』，ポニーキャニオン，2007.

三崎甚句

『日本の民謡ベスト 20』，キングレコード，2000.

『正調　日本民謡大全集』，ポニーキャニオン，2007.

市川文殊

『こころの民謡ベスト 20　大塚文雄』，キングレコード，2007.

『正調　日本民謡大全集』，ポニーキャニオン，2007.

馬八節

『山梨縣　馬八節』，コロムビア（NHK），1941.（国会図書館歴史的音源：http://rekion.dl.ndl.go.jp/info:ndljp/pid/3578412）

縁故節

『ザ・民謡ベスト　関東・甲信越・中部・北陸・近畿編』，日本コロムビア，2010.

『民謡ベスト 20　小杉真貴子』，キングレコード，2004.

武田節

『民謡ベスト　下』，キングレコード，2010.
『民謡ベスト　下』，King Record，2004.
『オリジナル録音による三橋美智也民謡ベスト20』，キングレコード，2003.

奈良田追分

『若い民謡2nd.』，日本伝統文化振興財団，2016.

粘土節

『ふるさとの歌 NHK 編集・録音集《ふるさとのうた》より．中部2（長野・山梨・静岡・愛知・岐阜）』，東京：主婦と生活社，1969.

安曇節

『ザ・民謡ベストコレクション　きわめつきシリーズ～関東・甲信越編』，コロムビアミュージックエンタテインメント，1996.

伊那節

『SP 盤復刻　日本民謡の名人をたずねて（下）』，日本コロムビア，2011.
『民謡ベスト　下』，キングレコード，2010.
『正調　日本民謡大全集』，ポニーキャニオン，2007.

追分宿馬子唄

『復刻　日本民謡大観　中央高地・東海地方編』，日本放送出版協会，1993.

木曾節

『SP 盤復刻　日本民謡の名人をたずねて（下）』，日本コロムビア，2011.
『正調　日本民謡大全集』，ポニーキャニオン，2007.
『ザ・民謡ベストコレクション　きわめつきシリーズ～関東・甲信越編』，コロムビアミュージックエンタテインメント，1996.4

小諸馬子唄

『決定盤　正調　日本民謡ベスト』，ポニーキャニオン，2014.
『日本民謡ベストカラオケ（範唄付）ちゃっきりぶし・小諸馬子唄・木曽節』，日本コロムビア，2013.
『正調　日本民謡大全集』，ポニーキャニオン，2007.

信濃追分

『こころの民謡ベスト20　早坂光枝』，キングレコード，2007.
『民謡ベスト　下』，King Record，2004.
『正調　日本民謡大全集』，ポニーキャニオン，2007.

相川音頭

『日本民謡ベストカラオケ（範唄付）佐渡おけさ・相川音頭・十日町小唄』，日本コロムビア，2013.
『SP 盤復刻　日本民謡の名人をたずねて（中）』，日本コロムビア，2011.
『正調　日本民謡大全集』，ポニーキャニオン，2007.

出雲崎おけさ

『ザ・民謡ベスト　関東・甲信越・中部・北陸・近畿編』，日本コロムビア，2010.
『こころの民謡ベスト20　松本政治』，キングレコード，2007.
『ザ・民謡ベストコレクション　きわめつきシリーズ～関東・甲信越編』，コロムビアミュージックエンタテインメント，1996.

岩室甚句

『ザ・民謡ベスト　関東・甲信越・中部・北陸・近畿編』，日本コロムビア，2010.
『ザ・民謡ベストコレクション　きわめつきシリーズ～関東・甲信越編』，コロムビアミュージックエンタテインメント，1996.
『SP 盤復刻　日本民謡の名人をたずねて（中）』，日本コロムビア，2011.

越後追分

『日本の民謡決定版6　新潟』，ビクター伝統文化振興財団，1997.
『ふるさとの歌 NHK 編集・録音集《ふるさとのうた》より．中部1（新潟・富山・石川・福井）』，東京：主婦と生活社，1969.
『正調　日本民謡大全集』，ポニーキャニオン，2007.

越後松坂

『小杉真貴子／民謡ベスト20』，キングレコード，1993.

小木おけさ

『日本の民謡決定版6　新潟』，ビクター伝統文化振興財団，1997.

加茂松坂

『こころの民謡ベスト20　松本政治』，キングレコード，2007.

佐渡おけさ

『決定盤　正調　日本民謡ベスト』，ポニーキャニオン，2014.
『SP 盤復刻　日本民謡の名人をたずねて（中）』，日本コロムビア，2011.
『正調　日本民謡大全集』，ポニーキャニオン，2007.

三階節
『こころの民謡ベスト20　松本政治』，キングレコード，2007.
『こころの民謡ベスト20　早坂光枝』，キングレコード，2007.
『SP盤復刻　日本民謡の名人をたずねて（中）』，日本コロムビア，2011.

三条凧ばやし
『ザ・民謡ベスト　関東・甲信越・中部・北陸・近畿編』，日本コロムビア，2010.
『ザ・民謡ベストコレクション　きわめつきシリーズ～関東・甲信越編』，コロムビアミュージックエンタテインメント，1996.

新保広大寺
『復刻　日本民謡大観　中部編　北陸地方』，日本放送出版協会，1992.

大の坂
『復刻　日本民謡大観　中部編　北陸地方』，日本放送出版協会，1992.

寺泊おけさ
『復刻　日本民謡大観　中部編　北陸地方』，日本放送出版協会，1992.

十日町小唄
『日本民謡ベストカラオケ（範唄付）佐渡おけさ・相川音頭・十日町小唄』，日本コロムビア，2013.
『ザ・民謡ベスト　関東・甲信越・中部・北陸・近畿編』，日本コロムビア，2010.
『三橋美智也　民謡ベスト百選　第3集』，キングレコード，2006.

長岡甚句
『こころの民謡ベスト20　松本政治』，キングレコード，2007.

七浦甚句
『大塚文雄／ふるさとの民謡ベスト20』，キングレコード，1996.
『早坂光枝／ふるさとの民謡ベスト20』，キングレコード，1996.
『早坂光枝／民謡ベスト20』，キングレコード，1993.

新潟おけさ
『ザ・民謡ベスト　関東・甲信越・中部・北陸・近畿編』，日本コロムビア，2010.
『こころの民謡ベスト20　松本政治』，キングレコード，2007.
『三橋美智也　民謡ベスト百選　第3集』，キングレコード，2006.

新潟甚句
『三橋美智也　民謡ベスト百選　第3集』，キングレコード，2006.
『小杉真貴子／ふるさとの民謡ベスト20』，キングレコード，1996.
『小杉真貴子／民謡ベスト20』，キングレコード，1993.

新潟船方節
『こころの民謡ベスト20　松本政治』，キングレコード，2007.

新津松坂
『こころの民謡ベスト20　比気由美子』，キングレコード，2007.

米山甚句
『こころの民謡ベスト20　松本政治』，キングレコード，2007.
『正調　日本民謡大全集』，ポニーキャニオン，2007.
『日本の民謡ベスト20』，キングレコード，2000.

両津甚句
『ザ・民謡ベスト　関東・甲信越・中部・北陸・近畿編』，日本コロムビア，2010.
『こころの民謡ベスト20　藤山進』，キングレコード，2007.
『こころの民謡ベスト20　松本政治』，キングレコード，2007.

越中オワラ節
『SP盤復刻　日本民謡の名人をたずねて（中）』，日本コロムビア，2011.
『正調　日本民謡大全集』，ポニーキャニオン，2007.

五箇山古代神
『ふるさと民謡～北陸』，バンダイ・ミュージックエンタテインメント，1994.

こきりこ節
『ザ・民謡ベスト　関東・甲信越・中部・北陸・近畿編』，日本コロムビア，2010.
『こころの民謡ベスト20　比気由美子』，キングレコード，2007.
『正調　日本民謡大全集』，ポニーキャニオン，2007.

しばんば
『正統　日本の民謡　第11集　北陸篇』，東宝レコー

ド，［19- ］

トイチンサ節

『第3回百恵ちゃんまつり（1977年）MOMOE IN KOMA』，Sony Music Direct (Japan) Inc., 2015（amazon デジタルミュージック：https://www.amazon.co.jp/gp/product/B00RFWXTI6/ref=dm_ws_sp_ps_dp）

長麦や

『復刻　日本民謡大観　中部編　北陸地方』，日本放送出版協会，1992.

新川古代神

『No.1 シリーズ(10)～北陸の民謡』，コロムビアミュージックエンタテインメント，1991.

『正調　日本民謡大全集』，ポニーキャニオン，2007.

布施谷節

『ザ・民謡ベストコレクション　きわめつきシリーズ～中部・北陸・近畿編』，コロムビアミュージックエンタテインメント，1996.

帆柱起こし音頭

『ふるさと民謡～北陸』，バンダイ・ミュージックエンタテインメント，1994.

『正調　日本民謡大全集』，ポニーキャニオン，2007.

麦や節

『SP 盤復刻　日本民謡の名人をたずねて（中）』，日本コロムビア，2011.

『こころの民謡ベスト20 藤山進』，キングレコード，2007.

『正調　日本民謡大全集』，ポニーキャニオン，2007.

ヤガエ節

『復刻　日本民謡大観　中部編　北陸地方』，日本放送出版協会，1992.

加賀はいや節

『No.1 シリーズ(10)～北陸の民謡』，コロムビアミュージックエンタテインメント，1991.

柏野じょんがら節

『柏野じょんがら踊り』，日本コロムビア，1997

白峰かんこ踊り

『No.1 シリーズ(10)～北陸の民謡』，コロムビアミュージックエンタテインメント，1991.

鶴来節

『日本の民謡ベスト20』，キングレコード，2000.

七尾まだら

『ザ・民謡ベストコレクション　きわめつきシリーズ～中部・北陸・近畿編』，コロムビアミュージックエンタテインメント，1996.

能登舟漕ぎ唄

『北陸民謡（富山・石川・福井）』，日本クラウン，1998.

『正調　日本民謡大全集』，ポニーキャニオン，2007.

能登麦屋節

『ふるさとの民謡　第7集〈中部・近畿編〉』，キングレコード，1991.

『正調　日本民謡大全集』，ポニーキャニオン，2007.

山中節

『決定盤　正調　日本民謡ベスト』，ポニーキャニオン，2014.

『SP 盤復刻　日本民謡の名人をたずねて（中）』，日本コロムビア，2011.

『正調　日本民謡大全集』，ポニーキャニオン，2007.

芦原節

『ザ・民謡ベスト　関東・甲信越・中部・北陸・近畿編』，日本コロムビア，2010.

『こころの民謡ベスト20　早坂光枝』，キングレコード，2007.

『ザ・民謡ベストコレクション　きわめつきシリーズ～中部・北陸・近畿編』，コロムビアミュージックエンタテインメント，1996.

三国節

『ザ・民謡ベスト関東・甲信越・中部・北陸・近畿編』，日本コロムビア，2010.

『民謡ベスト　下』，キングレコード，2010.

『正調　日本民謡大全集』，ポニーキャニオン，2007.

お婆

『復刻　日本民謡大観　中部篇　中央高地・東海地方』，日本放送出版協会，1993.

郡上踊り「かわさき」

『SP 盤復刻　日本民謡の名人をたずねて（下）』，日本コロムビア，2011.

『正調　日本民謡大全集』，ポニーキャニオン，2007.

郡上踊り「古調かわさき」

『復刻　日本民謡大観　中部篇　中央高地・東海地

方』，日本放送出版協会，1993.

郡上踊り「三百」

『復刻　日本民謡大観　中部篇　中央高地・東海地方』，日本放送出版協会，1993.

郡上踊り「猫の子」

『復刻　日本民謡大観　中部篇　中央高地・東海地方』，日本放送出版協会，1993.

郡上踊り「春駒」

『復刻　日本民謡大観　中部篇　中央高地・東海地方』，日本放送出版協会，1993.

郡上踊り「まつさか」

『復刻　日本民謡大観　中部篇　中央高地・東海地方』，日本放送出版協会，1993.

高山音頭

『ザ・民謡ベスト　関東・甲信越・中部・北陸・近畿編』，日本コロムビア，2010.

『こころの民謡ベスト 20　比気由美子』，キングレコード，2007.

『正調　日本民謡大全集』，ポニーキャニオン，2007.

ホッチョセ

『日本の民謡ベスト 20』，キングレコード，2000.

『正調　日本民謡大全集』，ポニーキャニオン，2007.

下田節

『小杉真貴子／民謡ベスト 20』，キングレコード，1993.

チャッキリ節

『音楽科教科書対応・中学校音楽科教科書教材集〜日本の郷土の音楽と芸能』，コロムビアミュージックエンタテインメント，2002.

『SP 盤復刻　日本民謡の名人をたずねて（下）』，日本コロムビア，2011.

『正調　日本民謡大全集』，ポニーキャニオン，2007.

中木節

『復刻　日本民謡大観　中部篇　中央高地・東海地方』，日本放送出版協会，1992.

三島ノーエ節

『三橋美智也　民謡ベスト百選　第 4 集』，キングレコード，2006.

五万石

『決定盤　正調　日本民謡ベスト』，ポニーキャニオン，2014.

『SP 盤復刻　日本民謡の名人をたずねて（中）』，日本コロムビア，2011.

『正調　日本民謡大全集』，ポニーキャニオン，2007.

十四山音頭

『日本の民謡　決定 8 中　部・北陸』，ビクター伝統文化振興財団，1997.

名古屋甚句

『ザ・民謡ベスト　関東・甲信越・中部・北陸・近畿編』，日本コロムビア，2010.

『正調　日本民謡大全集』，ポニーキャニオン，2007.

『ザ・民謡ベストコレクション　きわめつきシリーズ〜中部・北陸・近畿編』，コロムビアミュージックエンタテインメント，1996.

伊勢音頭

『日本民謡ベストカラオケ（範唄付）伊勢音頭・尾鷲節・宮津節』，日本コロムビア，2013.

『SP 盤復刻　日本民謡の名人をたずねて（下）』，日本コロムビア，2011.

『正調　日本民謡大全集』，ポニーキャニオン，2007.

尾鷲節

『決定盤　正調　日本民謡ベスト』，ポニーキャニオン，2014.

『日本民謡ベストカラオケ（範唄付）伊勢音頭・尾鷲節・宮津節』，日本コロムビア，2013.

『正調　日本民謡大全集』，ポニーキャニオン，2007.

桑名の殿さん

『正調　日本民謡大全集』，ポニーキャニオン，2007.

鈴鹿馬子唄

『早坂光枝／ふるさとの民謡ベスト 20』，キングレコード，1996.

『正調　日本民謡大全集』，ポニーキャニオン，2007.

道中伊勢音頭

『決定版　ふるさとの民謡〜近畿・中国・四国編』，コロムビアミュージックエンタテインメント，1999.

近江大津絵

『復刻　日本民謡大観　近畿編』，日本放送出版協会，1993.

江州音頭

『唄のないオーケストラによる日本の民謡 4　ちゃっきり節・桑名の殿様』，コロムビアミュージックエンタテインメント，2000.
『正調　日本民謡大全集』，ポニーキャニオン，2007.

淡海節
『決定盤　正調　日本民謡ベスト』，ポニーキャニオン，2014.
『SP 盤復刻　日本民謡の名人をたずねて（下）』，日本コロムビア，2011.
『正調　日本民謡大全集』，ポニーキャニオン，2007.

福知山音頭
『日本の民謡ベスト 20』，キングレコード，2000.

府中大漁節
『復刻　日本民謡大観　近畿編』，日本放送出版協会，1993.

宮津踊り
『ふるさとの歌 NHK 編集・録音集《ふるさとのうた》より．近畿・四国』，東京：主婦と生活社，1969.

おんごく
『復刻　日本民謡大観　近畿編』，日本放送出版協会，1993.

河内音頭
『決定盤　正調　日本民謡ベスト』，ポニーキャニオン，2014.
『決定盤!!　正調　日本民謡ベスト』，ポニーキャニオン，2008.
『正調　日本民謡大全集』，ポニーキャニオン，2007.

三十石舟唄
『決定版　民謡ベスト 21 ～西日本編』，コロムビアミュージックエンタテインメント，1994.

天満の子守り唄
『復刻　日本民謡大観　近畿編』，日本放送出版協会，1993.

堀江の盆踊り唄
『若い民謡』，日本伝統文化振興財団，2003.

竜神小唄
『朝啄会 45 周年記念　梅若朝啄 & 岩手の唄仲間　民謡作品撰集』，キングレコード，2015

初瀬追分
『ふるさと民謡～近畿』，バンダイ・ミュージックエンタテインメント，1994.

初瀬おけさ
『復刻　日本民謡大観　近畿編』，日本放送出版協会，1993.

吉野川筏流し唄
『大塚文雄／ふるさとの民謡ベスト 20』，キングレコード，1996.

吉野木挽き唄
『日本民謡大全集』，テイチクエンターテイメント，2011.11

串本節
『決定盤　正調　日本民謡ベスト』，ポニーキャニオン，2014.
『SP 盤復刻　日本民謡の名人をたずねて（下）』，日本コロムビア，2011.
『正調　日本民謡大全集』，ポニーキャニオン，2007.

新宮節
『ふるさと民謡～近畿』，バンダイ・ミュージックエンタテインメント，1994.

根来の子守り唄
『復刻　日本民謡大観　近畿編』，日本放送出版協会，1993.

日高川甚句
『日本民謡大全集』，テイチクエンターテイメント，2011.11

ソオダロ節
『復刻　日本民謡大観　中国編』，日本放送出版協会，1993.

デカンショ節
『日本の民謡　近畿・中国・四国編』，Tokyo：King Record，2013.
『正調　日本民謡大全集』，ポニーキャニオン，2007.
『音楽科教科書対応・中学校音楽科教科書教材集～日本の郷土の音楽と芸能』，コロムビアミュージックエンタテインメント，2002.

下津井節
『SP 盤復刻　日本民謡の名人をたずねて（下）』，日本コロムビア，2011.
『ザ・民謡ベスト　中国・四国・九州・沖縄編』，日本コロムビア，2010.
『正調　日本民謡大全集』，ポニーキャニオン，2007.

白石踊り

『音楽科教科書対応・中学校音楽科教科書教材集～日本の郷土の音楽と芸能』，コロムビアミュージックエンタテインメント，2002.

『ふるさとの歌 NHK 編集・録音集《ふるさとのうた》より．中国』，東京：主婦と生活社，1969.

敦盛さん

『こころの民謡ベスト 20　比気由美子』，キングレコード，2007.

音戸の舟唄

『日本民謡ベストカラオケ（範唄付）安来節・関の五本松・音戸の舟唄』，日本コロムビア，2013.

『ザ・民謡ベスト　中国・四国・九州・沖縄編』，日本コロムビア，2010.

『正調　日本民謡大全集』，ポニーキャニオン，2007.

鞆の大漁節

『ザ・民謡ベスト　中国・四国・九州・沖縄編』，日本コロムビア，2010.

袴踊り

『ふるさと民謡～中国』，バンダイ・ミュージックエンタテインメント，1994.

広島木遣り音頭

『こころの民謡ベスト 20　大塚文雄』，キングレコード，2007.

『ふるさとの民謡ベスト 40　西日本編』，キングレコード，2003.

『大塚文雄／ふるさとの民謡ベスト 20』，キングレコード，1996.

三原ヤッサ

『日本の合唱まるかじり』，日本伝統文化振興財団：ビクターエンタテインメント（発売），2005.

『ふるさとの歌 NHK 編集・録音集《ふるさとのうた》より．中国』，東京：主婦と生活社，1969.

『正調　日本民謡大全集』，ポニーキャニオン，2007.

貝殻節

『決定盤　正調　日本民謡ベスト』，ポニーキャニオン，2014.

『決定盤!!　正調　日本民謡ベスト』，ポニーキャニオン，2008.

『正調　日本民謡大全集』，ポニーキャニオン，2007.

さんこ節

『ザ・民謡ベスト　中国・四国・九州・沖縄編』，日本コロムビア，2010.

三朝小唄

『ザ・民謡ベスト　中国・四国・九州・沖縄編』，日本コロムビア，2010.

ヤーハトナ

『復刻　日本民謡大観　中国編』，日本放送出版協会，1993.

出雲追分

『出雲追分』，ビクター，1954.（国立国会図書館歴史的音源：http://rekion.dl.ndl.go.jp/info:ndljp/pid/1333536）

石見船唄

『復刻　日本民謡大観　中国編』，日本放送出版協会，1993.

隠岐祝い音頭

『こころの民謡ベスト 20　大塚文雄』，キングレコード，2007.

隠岐追分

『ふるさとの民謡　第 8 集〈中国・四国編〉』，キングレコード，1991.

隠岐相撲取り節

『完全版「日本の民謡」CD20 枚組』，日本音声保存，2009.

キンニャモニャ

『にっぽん民謡玉手箱，テイチクエンターテイメント』，2015.

しげさ節

『ザ・民謡ベスト　中国・四国・九州・沖縄編』，日本コロムビア，2010.

『こころの民謡ベスト 20　梅若朝啄』，キングレコード，2007.

『正調　日本民謡大全集』，ポニーキャニオン，2007.

関の五本松

『日本民謡ベストカラオケ（範唄付）安来節・関の五本松・音戸の舟唄』，日本コロムビア，2013.

『ザ・民謡ベスト　中国・四国・九州・沖縄編』，日本コロムビア，2010.

『正調　日本民謡大全集』，ポニーキャニオン，2007.

どっさり節

『ふるさとの歌 NHK 編集・録音集《ふるさとのうた》より．中国』，東京：主婦と生活社，1969.

浜田節

『ザ・民謡ベスト　中国・四国・九州・沖縄編』，日本コロムビア，2010.

『小杉真貴子／ふるさとの民謡ベスト 20』，キングレコード，1996.

安来節

『決定盤　正調　日本民謡ベスト』，ポニーキャニオン，2014.

『SP 盤復刻　日本民謡の名人をたずねて（下）』，日本コロムビア，2011.

『正調　日本民謡大全集』，ポニーキャニオン，2007.

男なら

『ザ・民謡ベスト　中国・四国・九州・沖縄編』，日本コロムビア，2010.

『民謡ベスト　下』，キングレコード，2010.

『正調　日本民謡大全集』，ポニーキャニオン，2007.

南蛮音頭

『ふるさとの歌 NHK 編集・録音集《ふるさとのうた》より．中国』，東京：主婦と生活社，1969.

ヨイショコショ節

『こころの民謡ベスト 20　藤山進』，キングレコード，2007.

『小杉真貴子／民謡ベスト 20』，キングレコード，1993.

一合播いた

『復刻　日本民謡大観　中国編』，日本放送出版協会，1993.

金毘羅船々

『三橋美智也　民謡ベスト百選　第 5 集』，キングレコード，2006.

『正調　日本民謡大全集』，ポニーキャニオン，2007.

讃岐踊り

『復刻　日本民謡大観　四国編』，日本放送出版協会，1994.

阿波踊り

『決定盤　正調　日本民謡ベスト』，ポニーキャニオン，2014.

『ザ・民謡ベスト　中国・四国・九州・沖縄編』，日本コロムビア，2010.

『正調　日本民謡大全集』，ポニーキャニオン，2007.

阿波の麦打ち唄

『ザ・民謡ベスト　中国・四国・九州・沖縄編』，コロムビアミュージックエンタテインメント，2010.

祖谷甚句

『こころの民謡ベスト 20　比気由美子』，キングレコード，2007.

祖谷の粉挽き唄

『決定版　日本の民謡〈四〉近畿・中国・九州』，ビクターエンタテインメント，1995.

『正調　日本民謡大全集』，ポニーキャニオン，2007.

鳴門馬子唄ばやし

『唄くらべ民謡競演　第 6 集』，オリエントレコード，1999.

伊予節

『SP 盤復刻　日本民謡の名人をたずねて（下）』，日本コロムビア，2011.

『ザ・民謡ベスト　中国・四国・九州・沖縄編』，日本コロムビア，2010.

『正調　日本民謡大全集』，ポニーキャニオン，2007.

伊予万歳

『民謡全曲集―口伝え 30th. Kaori Kozai anniversary』，ユニバーサルミュージック，2017.

宇和島さんさ

『ザ・民謡ベスト　中国・四国・九州・沖縄編』，日本コロムビア，2010.

『民謡ベスト　下』，キングレコード，2010.

『三橋美智也　民謡ベスト百選　第 5 集』，キングレコード，2006.

新崖節

『日本の民謡 8〈四国／北九州編〉』，キングレコード，2000.

別子石刀節

『決定版　日本の民謡（15）～近畿，四国編』，コロムビアミュージックエンタテインメント，1995.

三坂馬子唄

『ふるさと民謡～四国』，バンダイ・ミュージックエンタテインメント，1994.

しばてん音頭

『完全版「日本の民謡」CD20 枚組』，日本音声保存，2009.

土佐訛り

『復刻　日本民謡大観　中国編』，日本放送出版協会，

1993.

土佐の柴刈り唄

https://www.youtube.com/watch?v=fCKD6vpDbgY

ヨサコイ鳴子踊り

『原田直之　民謡大全集』，ユニバーサルミュージック，2012.

『心のふるさと　日本の民謡（CD10 枚組）BCD-009 Box set』，コスミック出版，2012.

ヨサコイ節

『教育芸術社『中学生の音楽』準拠 平成 9 〜 12 年度用中学校音楽鑑賞 CD』，コロムビアミュージックエンタテインメント，1997.

『教育出版『中学音楽』準拠 平成 9 〜 12 年度用中学校音楽鑑賞 CD』，コロムビアミュージックエンタテインメント，1997.

『正調　日本民謡大全集』，ポニーキャニオン，2007.

伊田の炭坑節

『復刻　日本民謡大観　九州（北部）編』，日本放送出版協会，1994.

祝い目出度

『ザ・民謡ベスト　中国・四国・九州・沖縄編』，日本コロムビア，2010.

『民謡ベスト　下』，キングレコード，2010.

『正調　日本民謡大全集』，ポニーキャニオン，2007.

久留米の算盤踊り

『正調　日本民謡大全集』，ポニーキャニオン，2007.

黒田節

『日本民謡ベストカラオケ（範唄付）黒田節・おてもやん・日向木挽唄』，日本コロムビア，2013.

『ザ・民謡ベスト　中国・四国・九州・沖縄編』，日本コロムビア，2010.

『正調　日本民謡大全集』，ポニーキャニオン，2007.

正調博多節

『正調　日本民謡大全集』，ポニーキャニオン，2007.

『民謡ベスト　下』，King Record，2004.

『民謡ベスト 20　小杉真貴子』，キングレコード，2004.

筑後酒屋米洗い唄

『復刻　日本民謡大観　九州（北部）編』，日本放送出版協会，1994.

筑後酒屋仕込み唄

『正調　日本民謡大全集』，ポニーキャニオン，2007.

博多の子守り唄

『原田直之　民謡大全集』，ユニバーサルミュージック，2012.11

博多節

『ザ・民謡ベスト　中国・四国・九州・沖縄編』，日本コロムビア，2010.

『民謡ベスト　下』，King Record，2004.

『民謡ベスト 20　小杉真貴子』，キングレコード，2004.

ぼんち可愛いや

『正調　日本民謡大全集』，ポニーキャニオン，2007.

八女の茶山唄

『鎌田英一　民謡の世界』，日本クラウン，2011.

『日本民謡特撰集　平成 21 年度』，テイチクエンタテインメント，2008.

『正調　日本民謡大全集』，ポニーキャニオン，2007.

有田の田植え唄

『復刻　日本民謡大観　九州（北部）編』，日本放送出版協会，1994.

梅干し

『正調　日本民謡大全集』，ポニーキャニオン，2007.

佐賀箪笥長持唄

『鎌田英一　民謡の世界』，日本クラウン，2011.

『正調　日本民謡大全集』，ポニーキャニオン，2007.

千越し祝い唄

『復刻　日本民謡大観　九州（北部）編』，日本放送出版協会，1994.

岳の新太郎さん

『ザ・民謡ベスト　中国・四国・九州・沖縄編』，日本コロムビア，2010.

『正調　日本民謡大全集』，ポニーキャニオン，2007.

『三橋美智也　民謡ベスト百選　第 5 集』，キングレコード，2006.

諫早ノンノコ節

『復刻　日本民謡大観　九州（北部）編』，日本放送出版協会，1994.

五島サノサ

『唄のきずな　早坂光枝 田中祥子作品集』，キングレ

コード，2014.11

島原の子守り唄

『民謡プレミアム　長瀬和子・比気由美子・秋野恵子』，キングレコード，2016.1

高島節

『正調　日本民謡大全集』，ポニーキャニオン，2007.

田助はいや節

『完全版「日本の民謡」CD20 枚組』，日本音声保存，2009.

長崎甚句

『民謡をたずねて　第 12 集　九州編 1』，キングレコード，1971.

長崎浜節

『原田直之／ふるさとの民謡ベスト 20』，キングレコード，1996.

『正調　日本民謡大全集』，ポニーキャニオン，2007.

平戸節

『こころの民謡ベスト 20　早坂光枝』，キングレコード，2007.

『日本の民謡ベスト 20』，キングレコード，2000.

ぶらぶら節

『ザ・民謡ベスト　中国・四国・九州・沖縄編』，日本コロムビア，2010.

『三橋美智也　民謡ベスト百選　第 5 集』，キングレコード，2006.

『正調　日本民謡大全集』，ポニーキャニオン，2007.

久住高原

『全国温泉民謡めぐり　西』，日本コロムビア，2009.

『完全版「日本の民謡」CD20 枚組』，日本音声保存，2009.

国東の櫨採り唄

『関西民謡会　民謡の競演』，コロムビアミュージックエンタテインメント，2003.

コツコツ節

『日本の民謡　九州編』，Tokyo : King Record，2013.

『正調　日本民謡大全集』，ポニーキャニオン，2007.

下ノ江節

『特選・九州民謡（下巻）』，日本クラウン，1995.

『日本民謡集　九州篇 1　大分県 5-6』，日本放送協会，1979.

関の鯛釣り唄

『ザ・民謡ベスト　中国・四国・九州・沖縄編』，日本コロムビア，2010.

『コロムビア民謡会〜民謡ベストコレクション』，コロムビアミュージックエンタテインメント，1996.

『正調　日本民謡大全集』，ポニーキャニオン，2007.

鶴崎踊り

『民謡ベスト 20　小杉真貴子』，キングレコード，2004.

『正調　日本民謡大全集』，ポニーキャニオン，2007.

馬刀突き唄

『ザ・民謡ベスト　中国・四国・九州・沖縄編』，コロムビアミュージックエンタテインメント，2010.

刈干切り唄

『ふるさとの歌 NHK 編集・録音集《ふるさとのうた》より．九州』，東京：主婦と生活社，1969.

『正調　日本民謡大全集』，ポニーキャニオン，2007.

シャンシャン馬道中唄

『ザ・民謡ベスト　中国・四国・九州・沖縄編』，日本コロムビア，2010.

『正調　日本民謡大全集』，ポニーキャニオン，2007.

『三橋美智也　民謡ベスト百選　第 5 集』，キングレコード，2006.

稗搗き節

『ふるさとの調べ　チェロがうたう日本の詩情』，RVC，1980.

日向木挽き唄

『民謡・北から南から』，オリエントレコード，2010.

『正調　日本民謡大全集』，ポニーキャニオン，2007.

安久ヤッサ節

『安久節』，ビクターエンタテインメント，2011.（国立国会図書館歴史的音源 http://rekion.dl.ndl.go.jp/info:ndljp/pid/3571133）

五木の子守り唄
『ザ・民謡ベスト　中国・四国・九州・沖縄編』，日本コロムビア，2010.
『正調　日本民謡大全集』，ポニーキャニオン，2007.
『三橋美智也　民謡ベスト百選　第5集』，キングレコード，2006.

牛深はいや節
『にっぽん民謡玉手箱』，テイチクエンターテイメント，2015.

おてもやん
『日本民謡ベストカラオケ（範唄付）黒田節・おてもやん・日向木挽唄』，日本コロムビア，2013.
『SP盤復刻　日本民謡の名人をたずねて（下）』，日本コロムビア，2011.
『正調　日本民謡大全集』，ポニーキャニオン，2007.

キンキラキン
『熊本の民謡ベスト24』，キングレコード，2000.

球磨の六調子
『正調　日本民謡大全集』，ポニーキャニオン，2007.
『ふるさとの民謡ベスト40　西日本編』，キングレコード，2003.
『熊本の民謡ベスト24』，キングレコード，2000.

田原坂
『正調　日本民謡大全集』，ポニーキャニオン，2007.
『三橋美智也　民謡ベスト百選　第5集』，キングレコード，2006.
『ふるさとの民謡ベスト40　西日本編』，キングレコード，2003.

ノンシコラ
『復刻　日本民謡大観　九州（南部）・北海道編』，日本放送出版協会，1994.

ポンポコニャ
『ザ・民謡ベスト　中国・四国・九州・沖縄編』，日本コロムビア，2010.
『熊本の民謡ベスト24』，キングレコード，2000.

ヨヘホ節
『熊本の民謡ベスト24』，キングレコード，2000.

鹿児島オハラ節
『ふるさと民謡～南九州』，バンダイ・ミュージックエンタテインメント，1994.
『正調　日本民謡大全集』，ポニーキャニオン，2007.

鹿児島三下り
『決定盤　鹿児島民謡ベスト20』，キングレコード，2001.
『日本の民謡ベスト20』，キングレコード，2000.
『小杉真貴子／ふるさとの民謡ベスト20』，キングレコード，1996.

鹿児島浜節
『正調　日本民謡大全集』，ポニーキャニオン，2007.
『こころの民謡ベスト20　梅若朝啄』，キングレコード，2007.
『決定盤　鹿児島民謡ベスト20』，キングレコード，2001.

鹿児島はんや節
『日本民謡大全集』，テイチクエンターテイメント，2011.11
『正調　日本民謡大全集』，ポニーキャニオン，2007.
『ふるさと民謡～南九州』，バンダイ・ミュージックエンタテインメント，1994.

鹿児島夜さ来い節
『正調　日本民謡大全集』，ポニーキャニオン，2007.

串木野サノサ
『日本民謡大全集』，テイチクエンターテイメント，2011.